Zoll und Umsatzsteuer

Alexander Thoma • Robert Böhm
Ellen Kirchhainer

Zoll und Umsatzsteuer

Die rechtliche Beurteilung und praktische Abwicklung von Warenlieferungen mit Drittlandsbezug

3. Auflage

Springer Gabler

Alexander Thoma
Ratingen
Deutschland

Ellen Kirchhainer
Düsseldorf
Deutschland

Robert Böhm
Dormagen Gohr
Deutschland

ISBN 978-3-658-00164-3
ISBN 978-3-658-00165-0 (eBook)
DOI 10.1007/978-3-658-00165-0

Die Deutsche Nationalbibliothek verzeichnet diese Publikation in der Deutschen Nationalbibliografie; detaillierte bibliografische Daten sind im Internet über http://dnb.d-nb.de abrufbar.

Springer Gabler

Gedruckt auf säurefreiem und chlorfrei gebleichtem Papier

Springer Fachmedien Wiesbaden ist Teil der Fachverlagsgruppe Springer Science+Business Media (www.springer.com)

Vorwort

Nicht weil es schwer ist, wagen wir es nicht, sondern weil wir es nicht wagen, ist es schwer.
(Lucius Annaeus Seneca)

Auch die 3. Auflage unseres Buches soll den Umsatzsteuerrechtler dazu bewegen, sich auf das Wagnis „Zollrecht“ einzulassen und umgekehrt den Zollrechtler ermutigen, sich mit dem Thema Umsatzsteuer auseinanderzusetzen.

Dass die Schnittstelle der Bereiche Umsatzsteuer und Zoll für Sie als Mitarbeiter oder Leiter der Steuer-, Zoll-, Finanz-, Vertriebs-, Einkaufs- oder Logistikabteilung Ihres Unternehmens oder als einem Unternehmen zur Seite stehender Steuerberater, Rechtsanwalt oder Unternehmensberater weiterhin eine herausragende Bedeutung hat, lässt sich nicht zuletzt auch an den Zahlen des Statistischen Bundesamtes für das Jahr 2013 ablesen: So sind zwar die Mitgliedstaaten der Europäischen Union (EU) mit einem Anteil von 57,2 % im Jahr 2013 weiterhin wichtigster Handelspartner für Deutschland. Im Umkehrschluss heißt das aber, dass 42,7 % sämtlicher Im- und Exporte aus Drittländern kommen und damit in irgendeiner Weise auch zollrechtlich „verstrickt“ sind. Sich mit den Veränderungen des Umsatzsteuer- und Zollrechts auseinanderzusetzen, um in den Bereichen des Exports und Imports von Waren den immer strengeren Anforderungen an die Compliance und den damit einhergehenden Unternehmensprozessen gerecht zu werden, ist für Sie deshalb unerlässlich. Wir hoffen, Ihnen mit der 3. Auflage unseres Buches hierbei wertvolle Unterstützung leisten zu können.

Selbstverständlich enthält die 3. Auflage neben der Darstellung des rechtlichen Rahmens wiederum eine Vielzahl von Beispielen und Musterformularen, die Ihnen den täglichen Umgang mit den zuständigen Finanz- und Zollbehörden erleichtern sollen. In der 3. Auflage finden Sie außerdem bereits zahlreiche Hinweise im Hinblick auf die zu erwartenden Änderungen bei Umsetzung des „UZK“ (Zollkodex der Europäischen Union) ab dem Jahre 2016.

Unser besonderer Dank gilt an dieser Stelle auch unseren Assistentinnen Birgit Winter und Bärbel Hagenhoff sowie dem gesamten „Düsseldorfer EY Indirect Tax Team“ für die unermüdliche und wertvolle Unterstützung.

Düsseldorf, Juli 2015 Die Autoren

Inhaltsverzeichnis

Abkürzungsverzeichnis

a.A	anderer Ansicht
ABl.	Amtsblatt
ABD	Ausfuhrbegleitdokument
Abs.	Absatz
Alt.	Alternative
AO	Abgabenordnung
Art.	Artikel
ATLAS	Automatisiertes Tarif- und lokales Zoll-Abwicklungs-System
Aufl.	Auflage
AWG	Außenwirtschaftsgesetz
AW-Prax	Außenwirtschaftliche Praxis (Zeitschrift)
AWV	Außenwirtschaftsverordnung
BAFA	Bundesamt für Wirtschaft und Ausfuhrkontrolle
betr.	betreffend
BFD	Bundesfinanzdirektion
BFH	Bundesfinanzhof
BFH/NV	Sammlung amtlich nicht veröffentlichter Entscheidungen des Bundesfinanzhofs
BGB	Bürgerliches Gesetzbuch
BGBl	Bundesgesetzblatt
BMF	Bundesministerium der Finanzen
BStBl	Bundessteuerblatt
Buchst.	Buchstabe
bzw.	beziehungsweise
Carnet ATA	Zollpapier für die vorübergehend abgabenfreie Verwendung (Admission Temporaire/ Temporary Admission)
Carnet TIR	Zollpapier Transport International des Marchandises par la Route
DDP	Delivered Duty Paid
DDU	Delivered Duty Unpaid

d. h.	das heißt
DStR	Deutsches Steuerrecht (Zeitschrift)
DStZ	Deutsche Steuerzeitung (Zeitschrift)
DStRE	Deutsches Steuerrecht Entscheidungen (Zeitschrift)
EFG	Entscheidungen der Finanzgerichte (Zeitschrift)
EDIFACT	Electronic Data Interchange For Administration, Commerce and Transport
EG	Europäische Gemeinschaft
EU	Europäische Union
EuGH	Gerichtshof der Europäischen Union
EuGHE	Sammlung der Entscheidungen des Gerichtshofs der Europäischen Union
EUR	Euro
EUSt	Einfuhrumsatzsteuer
EUStBV	Einfuhrumsatzsteuer-Befreiungsverordnung
EZT	Europäischer Zolltarif
FG	Finanzgericht
FGO	Finanzgerichtsordnung
FOB	Free On Board
GATT	Allgemeines Zoll- und Handelsabkommen (General Agreement on Tariffs and Trade)
gem.	gemäß
ggf.	gegebenenfalls
gVV	gemeinschaftliches Versandverfahren
HS	Harmonisiertes System für die Bezeichnung und Kodierung von Waren des internationalen Handels
HZA	Hauptzollamt
i. d. R.	in der Regel
i. S. d.	im Sinne des
i. V. m.	in Verbindung mit
JStG	Jahressteuergesetz
JPdöR	Juristische Person des öffentlichen Rechts
m. E.	meines Erachtens
MwStR	Mehrwertsteuerrecht (Zeitschrift)
MwStSystRL	Mehrwertsteuer-Systemrichtlinie
NCTS	New Computerized Transit System
Nr.	Nummer
OFD	Oberfinanzdirektion
Rz.	Randziffer
s.	siehe
S.	Seite
TARIC	Integrierter Tarif der Europäischen Union
u. a.	unter anderem

u. E	unseres Erachtens
UAbs.	Unterabsatz
USt	Umsatzsteuer
UR	Umsatzsteuerrundschau (Zeitschrift)
UStB	Der Umsatzsteuerberater (Zeitschrift)
UStDV	Umsatzsteuer-Durchführungsverordnung
UStG	Umsatzsteuergesetz
USt-ID-Nr.	Umsatzsteuer-Identifikationsnummer
UStR	Umsatzsteuerrichtlinien
UVR	Umsatzsteuer- und Verkehrsteuer-Recht (Zeitschrift)
vgl.	vergleiche
VSF	Vorschriftensammlung der Bundesfinanzverwaltung
ZfZ	Zeitschrift für Zölle und Verbrauchsteuern
ZK	Zollkodex
ZK-DVO	Durchführungsverordnung zum Zollkodex
ZollbefrVO	Zollbefreiungsverordnung
ZollV	Zollverordnung

Kurze Einführung in das Zollrecht

1

1.1 Die maßgeblichen Rechtsgrundlagen

1.1.1 Internationales Recht

Um Handelsbeschränkungen abzubauen und weltweit möglichst einheitliche Regelungen für Ein- und Ausfuhrgeschäfte zu erreichen, wurden auf internationaler Ebene die Grundlagen des Zollrechts festgelegt. Mit der Gründung des GATT (*G*eneral *A*greement on *T*ariffs and *T*rade) im Jahre 1947 und seiner Nachfolgeorganisation, der Welthandelsorganisation (*W*orld *T*rade *O*rganisation – WTO) 1994 wurde der Rahmen für entsprechende multilaterale Handelsvereinbarungen geschaffen. Die für alle WTO-Vertragsparteien geltenden Grundregeln des internationalen Handelsrechts sind im GATT-Übereinkommen enthalten. Dieses wird durch mehrere Übereinkommen (z. B. das Zollwertübereinkommen – GATT-Zollwertkodex[1]) ergänzt. All diese internationalen Übereinkommen sind für die Mitgliedstaaten der jeweiligen Organisation verbindlich, gelten jedoch nicht direkt für die Beteiligten in den betreffenden Staaten oder Staatengemeinschaften. Sie bedürfen somit einer Umsetzung in das jeweilige Recht. Zusätzlich werden durch die Weltzollorganisation (*W*orld *C*ustoms *O*rganisation – WCO) Empfehlungen ausgearbeitet, deren Ziel die weltweite Vereinheitlichung des Zollrechts und der Zolltarife ist. Auch diese gelten nicht direkt, sondern müssen in nationales Recht umgesetzt werden.

[1] Vgl. ABl. EG 1994 Nr. L 336, S. 119.

A. Thoma et al., *Zoll und Umsatzsteuer,* DOI 10.1007/978-3-658-00165-0_1

1.1.2 Gemeinschaftsrecht

Die Europäische Gemeinschaft verfügt über eine umfassende und ausschließliche Zuständigkeit im Bereich der Zoll- und Handelspolitik. Die Mitgliedstaaten können in diesem Bereich gesetzgeberisch nur soweit tätig werden, wie der Vertrag über die Arbeitsweise der Europäischen Union (AEUV) oder ein Unionsrechtsakt sie dazu ermächtigen. Zur Regelung ihrer Handelsbeziehungen mit Drittländern stehen der Europäischen Union zwei Möglichkeiten zur Verfügung. Sie kann ein Abkommen schließen (z. B. Präferenzabkommen) bzw. einem bestehenden Abkommen beitreten oder eine eigene autonome Regelung treffen.

Die Europäische Union hat eine Vielzahl autonomer Rechtsakte zur Regelung des Zollrechts geschaffen. Die wichtigsten sind zurzeit der Zollkodex (ZK)[2], die Zollkodex-Durchführungsverordnung (ZK-DVO)[3], die Zollbefreiungsverordnung (ZollBefrVO)[4] sowie der Zolltarif[5].

Bei allen diesen Rechtsakten handelt es sich um Verordnungen. Diese gelten direkt in jedem Mitgliedsstaat und müssen nicht mehr, wie etwa Richtlinien, in nationales Recht umgesetzt werden.

Am 24. Juni 2008 jedoch trat der sog. Modernisierte Zollkodex in Kraft. Der Modernisierte Zollkodex sah tiefgreifende Veränderungen in der rechtlichen Struktur des europäischen Zollrechts vor, wie etwa eine Neuordnung der Zollverfahren. Nach Umsetzungsschwierigkeiten und diversen Änderungen, unter anderem vorgegeben durch den Vertrag von Lissabon (beispielsweise im Hinblick auf die delegierten Rechtsakte), wurde der Modernisierte Zollkodex jedoch in den sog. Unionszollkodex („UZK“) transformiert.[6]

Der UZK, im Amtsblatt der Europäischen Union vom 10. Oktober 2013 veröffentlicht, trat Ende Oktober des Jahres 2013 in Kraft[7]. Wenngleich noch nicht alle IT Systeme bereitgestellt sein werden, wird der UZK 30 Monate nach Inkrafttreten, also ab dem 1. Mai 2016, anzuwenden sein. Die Verordnung sieht jedoch eine Frist für die Umsetzung der erforderlichen IT-Systeme bis (längstens) zum Ende des Jahres 2020 vor.

Kernelement des UZK ist die weitere Fokussierung auf die elektronische Kommunikation zwischen den Zollbeteiligten und der Zollverwaltung. So wird die elektronische Zollanmeldung die Regel.

---

[2] Verordnung (EWG) Nr. 2913/92 des Rates zur Festlegung des Zollkodex der Gemeinschaften (ABl. 1992 Nr. L 302/1).

[3] Verordnung (EWG) Nr. 2454/93 der Kommission mit Durchführungsvorschriften zum Zollkodex (ABl. 1993 Nr. L 253/1).

[4] Verordnung (EWG) Nr. 918/83 des Rates über das gemeinschaftliche System der Zollbefreiungen (ABl. 1983 Nr. L 105/1).

[5] Verordnung (EWG) Nr. 2658/87 des Rates über die zolltarifliche und statistische Nomenklatur sowie den gemeinsamen Zolltarif (ABl. 1987 Nr. L 256/1).

[6] Für Details: Witte in AW-Prax 2013b, S. 299; AW Prax 2013a, S. 373–379.; Zeilinger in ZfZ 2013, S. 141–145.

[7] Verordnung (EU) Nr. 952/2013 des Europäischen Parlaments und des Rates vom 9. Oktober 2013 zur Festlegung des Zollkodex der Union (Neufassung) (ABl. 2013, L 269/1).

Daneben wird die Position des Authorized Economic Operators (AEO) gestärkt, deren Vorteile sich in der Praxis oftmals vermissen ließen. Angesprochen ist hier die Bewilligung für die zentrale Zollabwicklung oder eine mögliche Gestellungsbefreiung beim Anschreibeverfahren nur für AEOs.

An dieser Stelle soll kein umfassender Einblick in die Regelungen des UZK gegeben werden, vielmehr werden im Folgenden die relevanten Neuerungen durch den UZK an jeweils geeigneter Stelle kurz dargestellt.

1.1.3 Nationales Recht

Nationale Gesetze zur Regelung des Zollrechts sind durch die direkt geltenden europäischen Verordnungen weitestgehend überlagert. In den meisten Mitgliedstaaten wurden die betreffenden Regelungen aus der Zeit vor der Schaffung des gemeinsamen Binnenmarktes deshalb aufgehoben. Das europäische Recht lässt jedoch Lücken bzw. ermächtigt die Mitgliedstaaten zur Regelung bestimmter Einzelheiten. Hier greifen dann die nationalen Regelungen. Zu nennen sind insbesondere das Zollverwaltungsgesetz (ZollVG)[8] und die Zollverordnung (ZollV).[9] Obwohl weitgehend durch entsprechende Regelungen des ZK bzw. der ZK-DVO überlagert, gelten in Einzelbereichen (z. B. zu den Einzelheiten des Rechtsbehelfsverfahrens und der Außenprüfung) auch die Vorschriften der Abgabenordnung.

1.2 Das Zollgebiet der Gemeinschaft

Die Europäische Union ist eine Zollunion. Es existiert ein gemeinsamer Binnenmarkt zwischen allen Mitgliedstaaten, d. h. im Warenverkehr zwischen den einzelnen Mitgliedstaaten existieren weder Zölle oder Abgaben gleicher Wirkung noch mengenmäßige Beschränkungen bzw. Maßnahmen mit gleicher Wirkung. Im Warenverkehr mit Drittländern wenden die Mitgliedstaaten der Europäischen Union einen gemeinsamen Zolltarif und eine gemeinsame Handelspolitik an.

Das Zollgebiet der Gemeinschaft beinhaltet grundsätzlich das Hoheitsgebiet der Mitgliedstaaten. Im Einzelnen sind diese in Tab. 1.1 dargestellt.[10]

Die in Art. 3 ZK getroffene Definition des Zollgebiets schließt jedoch einige zum Gebiet der Mitgliedstaaten gehörende Gebiete aus. Dies sind:

- die Färöer-Inseln und Grönland (Hoheitsgebiet von Dänemark),
- Helgoland und Büsingen (Hoheitsgebiet von Deutschland),
- Ceuta und Melilla (Hoheitsgebiet von Spanien),

[8] BGBl. 1992 I S. 2125.

[9] BGBl. 1993 I S. 2449.

[10] Im türkisch sprachigen Teil Zyperns ist die Anwendung des Gemeinschaftsrechts ausgesetzt.

Tab. 1.1 Mitgliedstaaten der Europäischen Gemeinschaft

Belgien	Malta
Bulgarien	Niederlande
Dänemark	Österreich
Deutschland	Polen
Estland	Portugal
Finnland	Rumänien
Frankreich	Slowakei
Griechenland	Slowenien
Irland	Spanien
Italien	Schweden
Kroatien	Tschechien
Lettland	Ungarn
Litauen	Vereinigtes Königreich Großbritannien und Nordirland
Luxemburg	Zypern

- die überseeischen Gebiete Frankreichs ohne Département-Status (Französisch Polynesien, Neukaledonien, Französische Süd- und Antarktisgebiete), Wallis, Futuna, St. Pierre et Miquelon und Mayotte,
- Livigno, Campione d'Italia und der italienische Teil des Luganer Sees (Hoheitsgebiet von Italien).

Daneben gehören die folgenden Gebiete, obwohl teilweise außerhalb des Staatsgebiets der Europäischen Union gelegen, zum Zollgebiet:

- die Kanalinseln und die Insel Man,
- Monaco und
- die britischen Militärbasen Akrotiri und Dhekelia auf Zypern.

Diese Aus- bzw. Einschlüsse sind auf geographische Besonderheiten zurückzuführen oder haben historische Ursachen.

Zollrechtliche Einfuhrregelungen sind grundsätzlich dann anzuwenden, wenn Waren aus einem Land außerhalb des Zollgebiets der Europäischen Union (Drittland) in diese eingeführt werden. Die Vorschriften zur Ausfuhr gelten dann, wenn Waren das Zollgebiet verlassen.

► **NEUREGELUNGEN DURCH DEN UZK (VORAUSSICHTLICH AB MAI 2016)** Mit dem UZK wird die Terminologie hinsichtlich des Zollgebiets an den Vertrag von Lissabon angepasst, sodass man künftig nur noch vom „Zollgebiet der Union" und nicht mehr vom „Zollgebiet der Gemeinschaft" spricht. Bis zur vollständigen Anwendbarkeit des UZK am 1. Juni 2016 bleibt die bisherige Terminologie hingegen bestehen.

1.3 Der zollrechtliche Begriff der „Ware"

Das Zollrecht beinhaltet keine Legaldefinition des Warenbegriffs. Dies erstaunt, da lediglich der grenzüberschreitende Verkehr mit Waren zollrechtlich relevant ist und insofern eine Abgrenzung notwendig erscheint.

Nach der Auffassung der EU-Kommission gelten als Waren diejenigen Handelsgüter, die in den Zolltarif[11] eingeordnet werden können. Gemäß der internen Dienstvorschrift der Bundesfinanzverwaltung sind Waren „alle beweglichen Güter und der elektrische Strom".[12] Nicht unter den Warenbegriff fallen demnach Rechte, Dienstleistungen und andere immaterielle Gegenstände. Auch diese können jedoch zollrechtlich relevant werden, wenn sie in beweglichen Gegenständen verkörpert sind oder mit im- oder exportierten Waren im direkten Zusammenhang stehen.

Beispiel

Ein in Deutschland ansässiges Unternehmen erwirbt ein Computerprogramm von einem im Drittland ansässigen Softwareanbieter und

- lädt dieses vom Server des drittländischen Anbieters über das Internet herunter. Der Vorgang ist zollrechtlich irrelevant, da keine physische grenzüberschreitende Warenlieferung stattfindet.
- bekommt das Computerprogramm auf einem Datenträger per Post übersandt. Der Datenträger ist eine Ware, welche aus dem Drittland ins Zollgebiet der Gemeinschaft verbracht wird. Der Vorgang ist zollrechtlich relevant. Bei der Abgabenerhebung ist seit dem Wegfall von Art. 167 ZK-DVO mit Wirkung zum 19.03.2002 auch der Wert der auf dem Datenträger enthaltenen Software zu berücksichtigen.[13]

1.4 Gemeinschaftsware/Nichtgemeinschaftsware

Maßgebend für die zollrechtliche Behandlung ist der zollrechtliche Status einer Ware gemäß Art. 4 Nr. 6 bis 8 ZK. Hierbei ist zwischen Gemeinschaftswaren und Nichtgemeinschaftswaren zu unterscheiden.

Gemeinschaftswaren sind Waren, die vollständig im Zollgebiet der Gemeinschaft gewonnen oder hergestellt wurden, ohne dass ihnen aus nicht zum Zollgebiet der Gemeinschaft gehörenden Ländern oder Gebieten eingeführte Waren zugefügt wurden.

[11] Vgl. Abschn. 2.1.3.1.

[12] Vgl. Vorschriftensammlung der Bundesfinanzverwaltung VSF Z 0601 Abs. 1.

[13] Vgl. zur Einfuhr von Software Thoma in UStB 2002, S. 225–227.

Beispiel

In Ungarn werden Äpfel angebaut. Diese Äpfel werden geerntet. Bei den Äpfeln handelt es sich um Gemeinschaftswaren, da sie vollständig im Zollgebiet der Gemeinschaft gewonnen wurden.

Beispiel

Die von einer in den deutschen Alpen gehaltenen Kuh gewonnene Milch wird dort zu Käse verarbeitet. Es werden lediglich Kräuter zugesetzt, die ebenfalls ausschließlich in Deutschland angebaut und geerntet wurden. Der Käse wurde vollständig im Zollgebiet der Gemeinschaft hergestellt. Er ist Gemeinschaftsware.

Daneben gelten als Gemeinschaftswaren die Waren, die aus nicht zum Zollgebiet der Gemeinschaft gehörenden Ländern oder Gebieten eingeführt und – im Regelfall unter Entrichtung der Einfuhrabgaben und Anwendung eventueller handelspolitischer Maßnahmen – in den zollrechtlich freien Verkehr überführt wurden.

Beispiel

In Japan werden DVD-Recorder produziert und per Container nach Hamburg verschifft. In Hamburg erfolgt die Abfertigung zum freien Verkehr. Der anfallende Zollbetrag (Zollsatz: 14 %) und die Einfuhrumsatzsteuer (19 %) werden entrichtet. Die Waren werden dem Zollanmelder überlassen. Die DVD-Recorder werden durch die Überführung in den freien Verkehr zu Gemeinschaftswaren.

Ebenfalls Gemeinschaftswaren sind Waren, die im Zollgebiet der Gemeinschaft aus Waren der vorgenannten beiden Gruppen hergestellt wurden.

Beispiel

Die in Ungarn geernteten Äpfel werden ausgepresst. Der so gewonnene Saft wird ebenfalls in Ungarn in Flaschen, welche zuvor aus Asien importiert und zum freien Verkehr abgefertigt wurden, abgefüllt. Bei dem abgefüllten Apfelsaft handelt es sich um Gemeinschaftsware.

Alle anderen als die vorgenannten Waren sind Nichtgemeinschaftswaren. Diese werden durch die Überführung in den freien Verkehr zu Gemeinschaftswaren.

Grundsätzlich bleibt der Status als Gemeinschaftsware nur ohne Verlassen des Zollgebiets erhalten (Territorialitätsprinzip). Gemeinschaftswaren verlieren dahingegen ihren Status und werden zu Nichtgemeinschaftswaren, wenn sie körperlich aus dem Zollgebiet der Gemeinschaft verbracht, d. h. exportiert, werden. Hierfür reicht auch ein nur vorübergehendes Verlassen des Zollgebiets.

Beispiel

Ein deutscher Urlauber fährt mit seinem PKW in die Schweiz. Mit dem Verlassen des Zollgebiets der Gemeinschaft an der Schweizer Grenze wird der Wagen zur Nichtgemeinschaftsware. Bei der Wiedereinreise muss der PKW in den freien Verkehr überführt werden, um wieder zur Gemeinschaftsware zu werden.

Bei der Aus- und Wiedereinfuhr von Beförderungsmitteln gelten weit reichende Sonderregelungen. So werden Ausfuhranmeldung und auch die Zollanmeldung zum freien Verkehr bei der Wiedereinreise konkludent, d. h. lediglich durch Vorfahren an der Zollstelle und ohne tatsächliches zusätzliches Tätigwerden des Anmelders oder der Zollbehörde abgegeben. Aufgrund der Abgabenfreiheit als Rückware kommt es zu keiner Entstehung von Zoll oder Einfuhrumsatzsteuer. Durch die Wiedereinreise wird der PKW wieder zur Gemeinschaftsware.

► **Hinweis** Trotz der weitgehenden Vereinfachungen müssen im beschriebenen Beispiel die notwendigen rechtlichen Voraussetzungen erfüllt sein. So ist es beispielsweise für die Anwendung der Abgabenfreiheit als Rückware u. a. zwingend erforderlich, dass die Wiedereinfuhr des PKW innerhalb von drei Jahren und in unverändertem Zustand erfolgt. Sofern also in einer Schweizer Werkstatt Sonderzubehör in den PKW eingebaut oder dieser mit einer Leistungssteigerung oder ähnlichem versehen wird, sind weder die Abgabenfreiheit noch die Abgabe einer konkludenten Zollanmeldung anwendbar. Der PKW ist stattdessen bei der Wiedereinfuhr förmlich gegenüber den Zollbehörden zum freien Verkehr anzumelden und Einfuhrabgaben (ggf. nur für den Anteil der Wertsteigerung) sind zu entrichten.

Beispiel

Im zollrechtlich freien Verkehr der Gemeinschaft befindliche Maschinenteile (Gemeinschaftswaren) werden aus Deutschland in die Ukraine transportiert. Dort erfolgt die Montage der Teile zu fertigen Maschinen. Mit der Ausfuhr der Teile, d. h. mit dem Verlassen des Zollgebiets der Gemeinschaft, werden diese zu Nichtgemeinschaftswaren. Bei der Wiedereinfuhr der montierten Teile als fertige Maschine muss eine Überführung in den zollrechtlich freien Verkehr erfolgen.

► **Hinweis** Durch die Inanspruchnahme des Verfahrens der passiven Veredelung besteht die Möglichkeit, die bei der Einfuhr der fertigen Maschine zu entrichtenden Abgaben um den auf die exportierten Teile entfallenden Anteil zu reduzieren.[14]

[14] Vgl. Kap. 5 „Die Be- oder Verarbeitung von Gemeinschaftswaren im Drittland".

Ausnahmen vom Grundsatz des Statusverlusts als Gemeinschaftsware beim Verlassen des Zollgebiets der Gemeinschaft stellen lediglich das interne Versandverfahren gemäß Art. 163 ZK und die Möglichkeit des Statuserhalts bei bestimmten Beförderungsarten auf der Basis von Art. 164 ZK dar. Beide Regelungen bieten die Möglichkeit, dass eine Gemeinschaftsware, welche zwischen zwei im Zollgebiet der Gemeinschaft gelegenen Orten über das Gebiet eines Drittlandes befördert wird, ihren zollrechtlichen Status behält und durch das vorübergehende Verlassen des Zollgebiets der Gemeinschaft nicht zur Nichtgemeinschaftsware wird.

Beispiel

In Deutschland im freien Verkehr befindliche Gemeinschaftswaren werden auf dem Landweg über die Schweiz an einen Kunden in Italien geliefert. Durch die Verwendung eines internen Versandverfahrens T2 behalten die Waren trotz Verlassens des Zollgebiets der Gemeinschaft ihren zollrechtlichen Status als Gemeinschaftswaren.

Für Waren, welche sich im Zollgebiet der Gemeinschaft befinden, gilt grundsätzlich die Vermutung, dass es sich um Gemeinschaftswaren handelt. Ein spezieller „Freiverkehrs- oder Gemeinschaftscharakternachweis" ist somit nicht notwendig.[15] Für bestimmte Waren, wie etwa aus dem Drittland ins Zollgebiet verbrachte Waren, Waren in Freizonen oder Waren, die sich in Nichterhebungsverfahren (Zolllagerverfahren, aktive Veredelung, etc.) befinden, gelten Ausnahmen von dieser Positivvermutung.

▶ **NEUREGELUNGEN DURCH DEN UZK (VORAUSSICHTLICH AB MAI 2016)** Durch den UZK wird unter anderem auch die Terminologie des Warenstatus an den Vertrag von Lissabon angepasst. Man spricht folglich nur noch von der Unions- bzw. Nicht-Unionsware.

1.5 Der Zollanmelder und sein Vertreter

1.5.1 Wer kann Zollanmelder sein?

Der Zollanmelder ist für die Richtigkeit der Angaben in der Zollanmeldung, die Echtheit der vorgelegten Unterlagen und die Einhaltung der anmeldebezogenen Zollbestimmungen verantwortlich, Art. 199 ZK-DVO. Der Zollanmelder wird zudem zum Schuldner der Einfuhrabgaben und ist für deren vollständige und rechtzeitige Entrichtung zuständig. Mit dieser Funktion sind somit weitreichende Verpflichtungen verbunden. Es stellt sich deshalb die Frage, wer Zollanmelder sein kann bzw. muss.

[15] Vgl. Fiktion des Art. 313 ZK-DVO.

Zollanmelder ist die Person, die eine Zollanmeldung in eigenem Namen abgibt, oder – im Fall der Vertretung – in deren Namen eine Zollanmeldung abgegeben wird, Art. 4 Nr. 18 ZK. Als Zollanmelder kann dabei jede natürliche oder juristische Person auftreten, die

- die Gestellung der Ware durchführen oder veranlassen kann,
- alle erforderlichen Unterlagen vorlegen kann und
- in der Europäischen Gemeinschaft ansässig ist.

Auf das Eigentum an der importierten Ware kommt es nicht an, d. h. der Zollanmelder muss in keinem Eigentumsverhältnis zur eingeführten Ware stehen.

Beispiel

Ein japanisches Unternehmen unterhält ein Warenlager in Düsseldorf und versendet regelmäßig Fernsehgeräte aus Japan in dieses Lager, um diese von hier europaweit zu vertreiben. Das Lager wird durch eine deutsche Tochtergesellschaft betrieben. Die Überführung der Fernsehgeräte in den freien Verkehr findet im Hafen in Hamburg statt.

Die Zollanmeldung kann nicht im Namen des japanischen Unternehmens abgegeben werden, da dieses nicht in der Europäischen Gemeinschaft ansässig ist. Stattdessen muss die Abgabe der Zollanmeldung im Namen der deutschen Tochtergesellschaft oder jeder anderen gemeinschaftsansässigen Person erfolgen, die in der Lage ist, die Waren zu gestellen und die erforderlichen Unterlagen vorzulegen.

Lediglich in Fällen, in denen die Abgabe einer Zollanmeldung für eine bestimmte Person besondere Verpflichtungen mit sich bringt, muss die Zollanmeldung durch diese Person selbst oder zumindest für deren Rechnung abgegeben werden.

Hinsichtlich der Ansässigkeit in der Europäischen Gemeinschaft existieren Ausnahmen für bestimmte Zollverfahren (Versandverfahren, vorübergehende Verwendung) und für weitere Sonderfälle (nur gelegentliche Abgabe von Zollanmeldungen, etc.).

Beispiel

Ein japanisches Unternehmen unterhält ein Warenlager in Düsseldorf und versendet regelmäßig Fernsehgeräte aus Japan in dieses Lager, um diese von hier europaweit zu vertreiben. Bei dem Lager handelt es sich um ein Zolllager. Dieses wird durch eine deutsche Tochtergesellschaft betrieben, welche zugleich Inhaber der Zolllagerbewilligung ist. Die Überführung der Fernsehgeräte in das Zolllagerverfahren findet im Hafen in Hamburg statt.

Die Zollanmeldung muss zwingend zumindest für Rechnung der deutschen Tochtergesellschaft abgegeben werden, da diese die sich aus der Lagerung der Waren im Zolllager resultierenden Pflichten erfüllen muss.

1.5.2 Möglichkeiten der Vertretung

Es besteht die Möglichkeit, sich bei der Vornahme zollrechtlicher Verfahrenshandlungen, wie z. B. bei der Abgabe einer Zollanmeldung, vertreten zu lassen. An die Person des zollrechtlichen Vertreters werden dabei dieselben Voraussetzungen geknüpft wie an den Zollanmelder (z. B. Erfordernis der Ansässigkeit in der Gemeinschaft). Das Zollrecht unterscheidet zwei Formen der Stellvertretung, Art. 5 ZK:

Direkte Vertretung Bei der direkten Vertretung handelt der Vertreter „im Namen und für Rechnung" des Vertretenen. Der Vertretene wird Zollanmelder. Zollrechtliche Rechte und Pflichten treffen ausschließlich ihn. Als Anmelder wird nur der Vertretene zum Schuldner der Einfuhrabgaben.

Indirekte Vertretung Bei der indirekten Vertretung handelt der Vertreter in eigenem Namen, jedoch für Rechnung des Vertretenen. Der Vertreter selbst wird zum Zollanmelder und als solcher zum Schuldner der Einfuhrabgaben. Daneben wird zusätzlich auch der Vertretene zum Zollschuldner, Art. 201 Abs. 3 ZK. Die indirekte Vertretung ist aufgrund der damit verbundenen Risiken für den Vertreter relativ wenig verbreitet.

Beispiel

Ein japanisches Unternehmen unterhält ein Warenlager in Düsseldorf und versendet regelmäßig Fernsehgeräte aus Japan in dieses Lager, um diese von hier europaweit zu vertreiben. Das Lager wird durch einen gemeinschaftsansässigen Spediteur betrieben. Die Überführung der Fernsehgeräte in den zollrechtlich freien Verkehr findet im Hafen in Hamburg statt.

Die Zollanmeldung kann nicht im Namen des japanischen Unternehmens abgegeben werden, da dieses nicht in der Europäischen Gemeinschaft ansässig ist. Der Spediteur gibt die Zollanmeldung als indirekter Vertreter in eigenem Namen und für Rechnung des japanischen Unternehmens ab.

Die Art der Vertretung und die Vertretungsvollmacht müssen vom Vertreter zweifelsfrei erklärt und auf Verlangen nachgewiesen werden. Bei einer schriftlichen Zollanmeldung mit dem Einheitspapier ist im Fall der Stellvertretung in Feld 14 (Anmelder/Vertreter) neben dem Anmelder auch der Vertreter mit Name, Anschrift und Zollnummer anzugeben. Anmelder und Vertreter sowie die Art der Vertretung sind durch einen vorangestellten Code zu bezeichnen (1 = Anmelder, 2 = direkter Vertreter, 3 = indirekter Vertreter).

In einigen Mitgliedstaaten wurde das Recht der zollrechtlichen Vertretung auf gewisse Personengruppen beschränkt. So steht beispielsweise in zahlreichen Mitgliedstaaten, wie etwa Italien, Polen, Portugal, Spanien und Tschechien, die Möglichkeit der direkten Vertretung lediglich professionellen Zollagenten offen. Diese müssen zudem über eine entsprechende Zulassung der örtlich zuständigen Zollbehörden verfügen.

▶ **NEUREGELUNGEN DURCH DEN UZK (VORAUSSICHTLICH AB MAI 2016)** Der UZK sieht, anders als der bisherige Zollkodex, auch eine Zollschuldentstehung für den direkten Vertreter vor, sofern dieser bei der Zollanmeldung falsche Angaben gemacht hat.

1.6 Die verschiedenen Zollverfahren

1.6.1 Einführung

In Art. 4 Nr. 15 ZK ist festgelegt, welche zollrechtliche Bestimmung eine Ware erhalten kann.

Dies sind:

- Überführung in ein Zollverfahren,
  - Überführung in den zollrechtlich freien Verkehr
  - Versandverfahren
  - Zolllagerverfahren
  - aktive Veredelung
  - Umwandlungsverfahren
  - vorübergehende Verwendung
  - passive Veredelung
  - Ausfuhrverfahren
- Verbringen in eine Freizone oder ein Freilager,
- Wiederausfuhr aus dem Zollgebiet der Gemeinschaft,
- Vernichtung oder Zerstörung,
- Aufgabe zugunsten der Staatskasse (in Deutschland nicht implementiert).

Dabei stellt sich an erster Stelle die Frage, welche Waren überhaupt eine zollrechtliche Bestimmung erhalten sollen bzw. müssen. Im Einzelnen handelt es sich um die folgenden Warengruppen:

- ordnungsgemäß aus dem Drittland ins Zollgebiet der Gemeinschaft verbrachte Nichtgemeinschaftswaren,
- Nichtgemeinschaftswaren, welche sich in einem Nichterhebungsverfahren mit wirtschaftlicher Bedeutung befinden, das beendet werden soll,
- Gemeinschaftswaren, welche aus dem Zollgebiet der Gemeinschaft verbracht werden sollen.

Die Zulässigkeit einer zollrechtlichen Bestimmung hängt grundsätzlich vom Status einer Ware ab.[16] So ist beispielsweise das Ausfuhrverfahren Gemeinschaftswaren vorbehalten, wohingegen ausschließlich Nichtgemeinschaftswaren in den zollrechtlich freien Verkehr überführt werden können.

Um eine Ware einer zollrechtlichen Bestimmung zuzuführen, ist durch den Wirtschaftsbeteiligten eine Zollanmeldung oder Mitteilung abzugeben. Grundsätzlich lässt sich feststellen, dass zur Überführung in ein Zollverfahren regelmäßig eine Zollanmeldung[17] erforderlich ist, wogegen zur Erlangung einer sonstigen zollrechtlichen Bestimmung bis auf wenige Ausnahmen[18] eine Mitteilung an die Zollbehörde ausreichend ist.

Neben der Überführung in ein Zollverfahren, auf deren mögliche Varianten nachfolgend eingegangen wird, kennt das europäische Zollrecht die oben genannten vier weiteren sonstigen zollrechtlichen Bestimmungen:

Verbringen in eine Freizone oder ein Freilager Freizonen und Freilager sind im Zollgebiet der Gemeinschaft gelegene Gebiete, die vom Rest des Zollgebiets räumlich abgegrenzt sind. Nichtgemeinschaftswaren können in diese Gebiete gebracht werden, ohne dass sie Einfuhrabgaben oder handelspolitischen Maßnahmen unterliegen. Sie werden demnach als nicht im Zollgebiet der Gemeinschaft befindlich angesehen. Bestimmte Gemeinschaftswaren werden beim Verbringen in eine Freizone oder ein Freilager so behandelt, als wären sie ausgeführt worden.[19] In Deutschland existieren bislang keine Freilager, sondern nur Freizonen.

Wiederausfuhr aus dem Zollgebiet der Gemeinschaft Die Wiederausfuhr aus dem Zollgebiet der Gemeinschaft als weitere zollrechtliche Bestimmung kommt für Nichtgemeinschaftswaren in Betracht, welche zuvor ins Zollgebiet verbracht wurden, ohne dass sie einer anderen zollrechtlichen Bestimmung zugeführt wurden, oder die sich in einem Zollverfahren mit wirtschaftlicher Bedeutung befinden. Wirtschaftlicher Hintergrund aller Fälle ist, dass die betreffenden Waren nicht in den Wirtschaftskreislauf der Europäischen Union eingehen.

---

[16] Siehe Abschn. 1.4.

[17] Zu den verschiedenen Möglichkeiten der Zollanmeldung siehe u. a. Abschn. 2.1.2 und Abschn. 3.1.3.

[18] Bei der Wiederausfuhr einer Nichtgemeinschaftsware im Anschluss an ein Zollverfahren mit wirtschaftlicher Bedeutung ist gemäß Art. 182 Abs. 3 ZK eine Zollanmeldung abzugeben.

[19] Z. B. bei Zahlung von Ausfuhrerstattungen für landwirtschaftliche Produkte nach den Regelungen des Marktordnungsrechts. Nähere Informationen zu den zoll- und umsatzsteuerlichen Regelungen im Zusammenhang mit Freizonen und Freilagern finden Sie unter Kap. 9.

Beispiel

Ein Container mit Schuhen aus Asien (Nichtgemeinschaftswaren) wird im Hamburger Hafen angelandet und dem dortigen Zollamt gestellt. Im Rahmen einer Vorprüfung nach Art. 42 ZK stellt der Käufer fest, dass durch den Lieferanten andere als die bestellten Modelle geliefert wurden. Die Schuhe werden an den Lieferanten zurückgeschickt und zu diesem Zweck wiederausgeführt.

Vernichtung oder Zerstörung Auch bei der Vernichtung oder Zerstörung handelt es sich um eine zollrechtliche Bestimmung, welche nur auf Nichtgemeinschaftswaren anwendbar ist. Die Vernichtung beinhaltet dabei alle Fälle, in denen die betreffende Ware wirtschaftlich nicht mehr sinnvoll erfassbar ist. Bei der Zerstörung hingegen verbleiben Reste, welche weiterhin als Nichtgemeinschaftswaren gelten und einer eigenen zollrechtlichen Bestimmung zugeführt werden müssen.

Aufgabe zugunsten der Staatskasse Die Aufgabe zugunsten der Staatskasse als zollrechtliche Bestimmung kommt ebenfalls nur für Nichtgemeinschaftswaren in Frage. Sie bedarf nach dem Zollkodex einer Ausgestaltung im einzelstaatlichen Recht, ist jedoch in Deutschland nicht vorgesehen.

- **NEUREGELUNGEN DURCH DEN UZK (VORAUSSICHTLICH AB MAI 2016)** Der UZK hält an dem Institut der Aufgabe von Nicht-Unionswaren zugunsten der Staatskasse fest.

1.6.2 Überführung in den zollrechtlich freien Verkehr

Bei der Überführung in den zollrechtlich freien Verkehr gemäß Art. 79 ff. ZK handelt es sich um das am meisten angewandte Zollverfahren. Es kommt regelmäßig immer dann zur Anwendung, wenn ins Zollgebiet der Gemeinschaft verbrachte oder aus einem Nichterhebungsverfahren stammende Nichtgemeinschaftswaren endgültig in den Wirtschaftskreislauf der Union eingehen sollen. Durch die Überführung in den freien Verkehr und die damit einhergehende Entrichtung der Einfuhrabgaben sowie Anwendung der handelspolitischen Maßnahmen findet ein Statuswechsel statt, d. h. aus den Nichtgemeinschaftswaren werden Gemeinschaftswaren. Nach der Überführung in den freien Verkehr unterliegen die betreffenden Waren grundsätzlich nicht mehr der zollamtlichen Überwachung.[20, 21]

[20] Lediglich Waren, die gemäß Art. 82 ZK aufgrund einer besonderen Verwendung zu einem reduzierten Abgabensatz importiert wurden, unterliegen auch nach der Überführung in den freien Verkehr weiterhin der zollamtlichen Überwachung. Diese dauert regelmäßig so lange an, bis die Waren dem begünstigten Zweck zugeführt wurden.

[21] Umfangreiche Ausführungen zur Überführung von Waren in den zollrechtlich freien Verkehr enthält Kap. 2.

1.6.3 Versandverfahren

Zollrechtliche Versandverfahren bieten die Möglichkeit der Beförderung von Waren u. a. zwischen zwei im Zollgebiet der Gemeinschaft gelegenen Orten. Die Rechtsgrundlagen der Versandverfahren finden sich u. a. in Art. 91 ff. ZK. Der wirtschaftliche Hintergrund kann vielfältig sein. So kommen Versandverfahren beispielsweise zur Anwendung, wenn importierte Nichtgemeinschaftswaren nicht bereits direkt an der Grenze in den zollrechtlich freien Verkehr überführt, sondern (vorerst) ohne Erhebung der Abgaben zu einem anderen Ort im Zollgebiet der Gemeinschaft transportiert werden sollen. An diesem anderen Ort kann sich dann die Überführung in den freien Verkehr oder aber auch jede andere zulässige zollrechtliche Bestimmung anschließen. Denkbar sind u. a. die Überführung der Ware in ein Zolllager oder die Wiederausfuhr (Transit). Auch im Anschluss an ein anderes Nichterhebungsverfahren kann ein Versandverfahren zur Anwendung kommen, um beispielsweise im Rahmen einer aktiven Veredelung erzeugte Nichtgemeinschaftswaren ohne Erhebung der Einfuhrabgaben aus dem Zollgebiet ins Drittland zu befördern. Für die genannten Fälle kann u. a. das externe gemeinschaftliche Versandverfahren „T1" angewandt werden. Dieses stellt ein so genanntes Nichterhebungsverfahren dar.

In Sonderfällen können im Rahmen des Versandverfahrens auch Gemeinschaftswaren befördert werden. Sofern diese von einem Ort im Zollgebiet über ein Drittland zu einem anderen Ort im Zollgebiet, z. B. Versand von Deutschland nach Italien über die Schweiz, versandt werden, kann das interne Versandverfahren „T2" genutzt werden.[22]

1.6.4 Zolllagerverfahren

Bei dem Zolllagerverfahren gemäß Art. 98 ff. ZK handelt es sich um ein weiteres Nichterhebungsverfahren. In dieses Verfahren können Nichtgemeinschaftswaren überführt und zeitlich unbegrenzt gelagert werden, ohne dass es zur Entstehung von Einfuhrabgaben kommt und ohne dass handelspolitische Maßnahmen angewandt werden. Das Zolllagerverfahren folgt insofern dem Wirtschaftszollgedanken, dass beispielsweise eine Abgabenbelastung eine Ware erst dann treffen soll, wenn diese endgültig und tatsächlich in den Wirtschaftskreislauf der Gemeinschaft eingeht. Nichtgemeinschaftswaren, welche sich im Zolllagerverfahren befinden, stehen unter zollamtlicher Überwachung.[23]

---

[22] Eine Darstellung der zoll- und umsatzsteuerlichen Regelungen des Versandverfahrens findet sich unter Kap. 7.

[23] Weitere Ausführungen zu den wirtschaftlichen Funktionen sowie den sonstigen zollrechtlichen Regelungen und den umsatzsteuerlichen Besonderheiten des Zolllagerverfahrens finden Sie unter Abschn. 4.2.

1.6.5 Aktive Veredelung

Im Rahmen des Verfahrens der aktiven Veredelung nach Art. 114 ff. ZK dürfen Nichtgemeinschaftswaren aus dem Drittland abgabenfrei und ohne Anwendung handelspolitischer Maßnahmen importiert, im Zollgebiet der Gemeinschaft unter zollamtlicher Überwachung be- oder verarbeitet und anschließend wieder exportiert werden. Die beabsichtigte Wiederausfuhr der Veredelungserzeugnisse ist dabei eine der Voraussetzungen für die Inanspruchnahme des Verfahrens. Die aktive Veredelung dient dazu, inländische Unternehmen im Wettbewerb mit ihren drittländischen Konkurrenten zu stärken und die Wettbewerbsfähigkeit von aus der Gemeinschaft exportierten Erzeugnissen zu verbessern.

Die Abgabenfreiheit der importierten Vormaterialien kann entweder durch eine Nichterhebung bei der Einfuhr (Nichterhebungsverfahren) oder durch eine nachträgliche Erstattung bei der Wiederausfuhr der Veredelungserzeugnisse (Verfahren der Zollrückvergütung) erreicht werden.[24]

1.6.6 Umwandlungsverfahren

Das Umwandlungsverfahren nach Art. 130 ff. ZK ähnelt dem Verfahren der aktiven Veredelung. Auch im Rahmen dieses Verfahrens werden importierte Waren be- oder verarbeitet. Jedoch erfolgt anschließend keine Wiederausfuhr der gewonnenen Erzeugnisse. Vielmehr bietet das Umwandlungsverfahren die Möglichkeit, die Umwandlungserzeugnisse zu den für sie geltenden Bemessungsgrundlagen (Menge, Beschaffenheit, Zollwert, Zollsatz) in den zollrechtlich freien Verkehr zu überführen. Das Verfahren ist dann sinnvoll, wenn der auf die gewonnenen Erzeugnisse entfallende Abgabenbetrag niedriger ist, als der Betrag, der für die Einfuhrwaren zu entrichten wäre. Dies ist immer dann der Fall, wenn aus mit Zoll belasteten Einfuhrwaren Erzeugnisse hergestellt werden, die zollfrei sind. Sofern die gewonnenen Umwandlungserzeugnisse einem niedrigeren Zollsatz als die Einfuhrwaren unterliegen, ist zur Ermittlung der Wirtschaftlichkeit des Umwandlungsverfahrens auch die in der Europäischen Gemeinschaft herbeigeführte Wertsteigerung zu berücksichtigen. Aufgrund der Systematik des Zolltarifs (steigender Zollsatz mit zunehmender Bearbeitungsstufe) sind entsprechende Konstellationen der Zollsätze regelmäßig immer dann gegeben, wenn Einfuhrwaren auf eine niedrigere Bearbeitungsstufe gebracht werden.[25]

[24] Einzelheiten zur aktiven Veredelung finden Sie unter Abschn. 6.1.

[25] Weitere Informationen zu diesem Nichterhebungsverfahren enthält Abschn. 6.3.

1.6.7 Vorübergehende Verwendung

Im Verfahren der vorübergehenden Verwendung dürfen Nichtgemeinschaftswaren, die im Zollgebiet der Gemeinschaft nur vorübergehend verwendet und anschließend wiederausgeführt werden sollen, abgabenbegünstigt importiert werden. Die Abgabenbegünstigung kann in einer vollständigen oder einer teilweisen Befreiung bestehen. Der Umfang ist dabei von der Art und – bei teilweiser Befreiung von den Einfuhrabgaben – von der Dauer der Verwendung abhängig. Auch in diesem Nichterhebungsverfahren bleiben die importierten Waren während ihres Aufenthalts im Zollgebiet unter zollamtlicher Überwachung.

Ein regelmäßiger Anwendungsfall der vollständigen Befreiung von den Einfuhrabgaben ist die vorübergehende Verwendung von drittländischen Beförderungsmitteln. Daneben besteht auch für weitere wirtschaftlich gerechtfertigte Fälle, wie beispielsweise bestimmte Berufsausrüstung und Ausstellungswaren, die Möglichkeit der vollständigen Befreiung von den Einfuhrabgaben. Die vorübergehende Verwendung unter teilweiser Befreiung von den Einfuhrabgaben kommt für alle nicht von der vollständigen Abgabenbefreiung erfassten Fälle in Betracht. Hierbei wird für jeden angefangenen Monat der Verwendung im Zollgebiet ein bestimmter Prozentsatz des eigentlichen Abgabenbetrags erhoben.[26]

1.6.8 Passive Veredelung

In die passive Veredelung nach Art. 145 ff. ZK dürfen Gemeinschaftswaren überführt werden, welche exportiert, im Drittland be- oder verarbeitet und anschließend als Veredelungserzeugnis wieder importiert werden. Dieser Vorgang kann selbstverständlich auch im Rahmen einer „normalen" Abfertigung zur Ausfuhr mit anschließender Wiedereinfuhr erfolgen. Jedoch bietet das Verfahren der passiven Veredelung die Möglichkeit, die aus dem freien Verkehr der Gemeinschaft ausgeführten Vormaterialien bei der Abgabenerhebung für die eingeführten Veredelungserzeugnisse mindernd zu berücksichtigen.

Hinsichtlich der Berechnung des Abgabenvorteils bestehen zwei Möglichkeiten, die Differenz- und die Mehrwertverzollung. Letztere hat sich aufgrund der deutlich einfacheren praktischen Abwicklung in den vergangenen Jahren zum Regelfall entwickelt.[27]

► **UZK** Künftig wird nach dem UZK nur noch der Einfuhrabgabenbetrag auf der Grundlage der Kosten für den außerhalb des Zollgebiets der Union vorgenommenen Veredlungsvorgang bemessen. Das bedeutet: Es wird nur noch der geschaffene Mehrwert der Verzollung zugrunde gelegt. Die Methode der Differenzverzollung gehört somit ab dem 1. Juni 2016 der Vergangenheit an.

---

[26] Unter Kap. 8 finden Sie weitere Informationen zur vorübergehenden Verwendung.

[27] Eine ausführliche Darstellung der Abgabenberechnung unter den zwei Methoden sowie weitere Informationen zur passiven Veredelung enthält Kap. 5.

1.6.9 Ausfuhrverfahren

Sofern Gemeinschaftswaren aus dem Zollgebiet ins Drittland verbracht werden sollen, sind diese zwingend ins Ausfuhrverfahren gemäß Art. 161 ff. ZK zu überführen. Das Ausfuhrverfahren ist zweistufig. Dieses Verfahren dient vorrangig der Überwachung außenwirtschaftsrechtlicher Beschränkungen.[28]

▶ **NEUREGELUNGEN DURCH DEN UZK (VORAUSSICHTLICH AB MAI 2016)** Mit Anwendbarkeit des Unionszollkodexes werden sich die Zollverfahren grundlegend anders gliedern.

Es wird zukünftig nur noch drei Zollverfahren geben. Diese Zollverfahren sind:

- Überlassung zum zollrechtlich freien Verkehr
- Besondere Verfahren
- Ausfuhr

Das bisherige Zollverfahren der Überführung in den freien Verkehr wird sprachlich zur Überlassung zum zollrechtlich freien Verkehr.

Die besonderen Verfahren unterteilen sich wiederum in die vier folgenden Arten mit ihren jeweiligen Unterarten (Klammerzusätze):

- Versand (vielfältige Unterarten, jedoch grds. wie bisher)
- Lagerung (Zolllager und Freizonen[29])
- Verwendung (Vorübergehende Verwendung und Endverwendung[30])
- Veredelung (aktive und passive Veredelung)

1.7 Die Entstehung der Zollschuld

1.7.1 Allgemeine Grundsätze

Eine Zollschuld kann nur für abgabenpflichtige Waren entstehen. Zu den Einfuhrabgaben gehören dabei neben den Zöllen und Abgaben gleicher Wirkung auch die für bestimmte landwirtschaftliche Erzeugnisse bei der Einfuhr zu erhebenden Agrarabgaben sowie die Einfuhrumsatzsteuer und die gegebenenfalls zu erhebenden besonderen Verbrauchsteuern. Sowohl das Umsatzsteuergesetz als auch die einzelnen Verbrauchsteuergesetze verweisen hinsichtlich der Einfuhr von Waren grundsätzlich auf die zollrechtlichen Bestimmungen

[28] Eine ausführliche Darstellung der zollrechtlichen Verfahrensregelungen sowie der umsatzsteuerlichen Aspekte der Ausfuhr von Waren ins Drittland ist in Kap. 3 enthalten.

[29] Nach UZK wird es keine Freilager mehr, sondern nur noch Freizonen geben.

[30] Angelehnt an die englische Bezeichnung „end-use" wird das im ZK geregelte Verfahren der „Überführung (von Waren) in den zollrechtlich freien Verkehr zur besonderen Verwendung" im UZK begrifflich in die „Endverwendung" transformiert.

zur Abgabenentstehung. Die folgenden Bestimmungen gelten deshalb weitgehend sinngemäß für alle Einfuhrabgaben.

Die Zollschuld kann für eine Ware bei einem Einfuhrvorgang nur einmal entstehen. Dies gilt auch dann, wenn nacheinander verschiedene Tatbestände erfüllt werden, die jeder für sich zur Entstehung der Abgabenschuld führen würden. Maßgebend ist in einem solchen Fall die erste zur Entstehung einer Abgabenschuld führende Handlung. Alle dieser ersten Abgabenentstehung folgenden weiteren Entstehungstatbestände sind zollschuldrechtlich irrelevant.

Beispiel

Eine im Zolllager befindliche Ware wird bearbeitet. Die Bearbeitung geht über den Umfang der zugelassenen üblichen Lagerbehandlungen hinaus. Anschließend wird die Ware im Rahmen des externen gemeinschaftlichen Versandverfahrens zu einem Kunden transportiert. Das Versandverfahren wird nicht ordnungsgemäß beendet.

Sowohl die unzulässige Bearbeitung als auch die Nichtbeendigung des Versandverfahrens führen separat betrachtet zur Zollschuldentstehung. Aufgrund der vorgelagerten Zollschuldentstehung im Rahmen des Zolllagerverfahrens ist die Nichtbeendigung des Versandverfahrens jedoch zollschuldrechtlich bedeutungslos.

Unter Umständen ist es denkbar, dass eine bestimmte Handlung mehrere der nachfolgend genannten Tatbestände der Zollschuldentstehung verwirklicht. Regelmäßig ist dies bei einem Entziehen von Waren aus der zollamtlichen Überwachung (Art. 203 ZK) der Fall, welches gleichzeitig auch eine Pflichtverletzung (Art. 204 ZK) darstellen kann. Hierfür sehen die entsprechenden Regelungen einen Vorrang der Zollschuldentstehung nach Art. 203 ZK vor, sodass es im Ergebnis auch hier nur einmal zur Entstehung der Zollschuld kommt.

Als Zollschuldner kommen bei den einzelnen Zollschuldentstehungstatbeständen jeweils mehrere Personen in Betracht. Grundsätzlich ist dies stets die handelnde Person (Zollanmelder, Entzieher/Schmuggler, Pflichtverletzer, etc.). Daneben können auch Teilnehmer an der die Zollschuld auslösenden Handlung als Zollschuldner belangt werden. Ebenso kann der Kreis der Zollschuldner auf den Erwerber oder Besitzer der Ware ausgedehnt sein. Bei diesen wie auch bei den Teilnehmern wird regelmäßig zu berücksichtigen sein, ob diese von den die Zollschuldentstehung auslösenden Handlungen wussten oder vernünftigerweise hätten wissen müssen. Zusätzlich wird insbesondere bei einer Zollschuldentstehung durch Entziehen aus der zollamtlichen Überwachung auch der Verfahrensinhaber zum Zollschuldner. Hierbei kommt es auf eine Beteiligung an der relevanten Handlung, auf ein Verschulden oder auch nur eine Kenntnis davon nicht an. Allein die Verfahrensherrschaft führt zur Zollschuldnerschaft.[31]

[31] Vgl. Abschn. 1.7.4.

Sofern mehrere Personen Zollschuldner werden, sind diese als Gesamtschuldner zur Erfüllung der Zollschuld verpflichtet. Von welchem Schuldner die Abgaben tatsächlich angefordert werden, hängt vom pflichtgemäßen Ermessen der Zollstelle ab.

▶ **NEUREGELUNGEN DURCH DEN UZK (VORAUSSICHTLICH AB MAI 2016)** Die Heilungsmöglichkeiten nach dem UZK, die eine Einfuhr- und theoretisch auch eine Ausfuhrabgabenentstehung verhindern können werden sich auf sämtliche Zollschuldentstehungstatbestände erstrecken.

1.7.2 Überführung in den zollrechtlich freien Verkehr

Der „Grundtatbestand" des Art. 201 ZK regelt die Entstehung der Zollschuld in den Fällen, dass Waren:

- in den zollrechtlich freien Verkehr oder
- in das Verfahren der vorübergehenden Verwendung, Art. 137 ff. ZK

überführt werden. Im Verfahren der vorübergehenden Verwendung kommt es nur dann zur Zollschuldentstehung, wenn es sich um eine vorübergehende Verwendung unter teilweiser Befreiung von den Einfuhrabgaben handelt.[32]

Die Zollschuld entsteht im Zeitpunkt der Annahme der Zollanmeldung durch die Zollbehörde. Bei Inanspruchnahme von vereinfachten Verfahren[33] ist der Zeitpunkt der Annahme der unvollständigen oder vereinfachten Zollanmeldung durch die Zollbehörde bzw. der Anschreibung maßgebend. Der Zeitpunkt der ergänzenden Zollanmeldung hat in diesem Zusammenhang keine Bedeutung.

Zollschuldner ist der Anmelder. Im Falle der indirekten Vertretung wird zusätzlich auch der Vertretene zum Zollschuldner.

Beispiel

Ein deutsches Unternehmen A importiert Waren aus Japan. Durch den beauftragten Spediteur wird eine Zollanmeldung zur Überführung in den freien Verkehr im Namen von A (direkte Vertretung) abgegeben.

Die Zollanmeldung entsteht durch Annahme der Zollanmeldung durch die Zollbehörde. A wird als Zollanmelder zum Zollschuldner.

---

[32] Vgl. Kap. 8.

[33] Vgl. Abschn. 2.1.1.

1.7.3 Vorschriftswidriges Verbringen/Einfuhrschmuggel

Die Einfuhrzollschuld entsteht beim vorschriftswidrigen Verbringen von Waren in das Zollgebiet der Gemeinschaft, Art. 202 ZK. Dieses kann direkt im Anschluss an die Einfuhr der Ware bis zur ersten Gestellung bei einer Zollstelle („klassischer Einfuhrschmuggel") oder im Anschluss an das Verbringen in eine Freizone bzw. ein Freilager stattfinden. Es liegt insbesondere dann vor, wenn die im Zusammenhang mit dem Verbringen der Waren stehenden Vorschriften[34] nicht eingehalten werden. Auf ein bewusstes Handeln der beteiligten Personen kommt es bei der Frage der Zollschuldentstehung nicht an. Die Zollschuld entsteht im Zeitpunkt des vorschriftswidrigen Verbringens.

Folgende Personen kommen als Zollschuldner in Betracht:

- der Handelnde, d. h. der Verbringer der Waren, der gegen die Vorschriften zur Erfassung des Warenverkehrs verstößt,
- die (auch indirekt) beteiligten Personen, die wussten oder vernünftigerweise hätten wissen müssen, dass sie vorschriftswidrig handeln,
- die Personen, welche die vorschriftswidrig verbrachten Waren erwerben oder in Besitz haben, obwohl sie in dem Zeitpunkt des Erwerbs oder Erhalts der Ware wussten oder vernünftigerweise hätten wissen müssen, dass diese vorschriftwidrig in das Zollgebiet verbracht wurden.

Beispiel

Der deutsche Großhändler A kauft zahlreiche hochwertige Uhren und Schmuck in der Schweiz. Er bringt die Ware auf einem Wanderweg nach Deutschland und verkauft sie zu einem „Spezialpreis" an Schmuckeinzelhändler.

Die Verletzung des Zollstraßenzwangs stellt ein vorschriftswidriges Verbringen dar. Es kommt zur Zollschuldentstehung. A wird zum Zollschuldner. Sofern die Schmuckeinzelhändler wissen oder vernünftigerweise hätten wissen müssen, dass die Waren vorschriftswidrig ins Zollgebiet verbracht wurden, werden auch sie zum Abgabenschuldner.

1.7.4 Entziehen aus der zollamtlichen Überwachung

Ab dem Zeitpunkt des Verbringens in das Zollgebiet der Gemeinschaft unterliegen Nichtgemeinschaftswaren der zollamtlichen Überwachung. Die zollamtliche Überwachung endet erst, wenn die Waren ihren zollrechtlichen Status wechseln, d. h. zu Gemeinschaftswaren werden[35], in eine Freizone oder in ein Freilager verbracht, wiederausgeführt oder

[34] Vgl. Abschn. 2.1.1.2.

[35] Vgl. Abschn. 2.1.

vernichtet bzw. zerstört werden, Art. 37 ZK. Der zollamtlichen Überwachung unterliegen somit auch die Waren, die sich beispielsweise im Versandverfahren, im Zolllagerverfahren, in einem aktiven Veredelungs- oder Umwandlungsverkehr, in der vorübergehenden Verwendung, etc. befinden. Ebenso können Gemeinschaftswaren, die aufgrund ihrer Verwendung zu besonderen Zwecken einfuhrabgabenbegünstigt in den zollrechtlich freien Verkehr überführt wurden, auch nach dieser Überführung weiterhin der zollamtlichen Überwachung unterliegen. Diese endet erst mit der Zweckerreichung bzw. der Ausfuhr, Vernichtung/Zerstörung oder einer anderen bewilligten Verwendung. Eine Zollschuld entsteht dann, wenn Waren eben dieser Überwachung entzogen werden, Art. 203 ZK.

Das Zollrecht enthält keine Legaldefinition des Begriffs „Entziehen aus der zollamtlichen Überwachung". Nach der Rechtsprechung des EuGH wird eine Ware der zollamtlichen Überwachung durch jede Handlung oder jedes Unterlassen entzogen, die dazu führt, dass die zuständigen Zollbehörden – und sei es nur zeitweise – am Zugang zu einer unter zollamtlicher Überwachung stehenden Ware oder an der Durchführung von Überwachungsmaßnahmen gehindert werden[36]. Die Zollschuld entsteht in dem Zeitpunkt, in dem die maßgebliche Handlung oder Unterlassung erfolgt.

Folgende Personen kommen als Zollschuldner in Betracht:

- der Handelnde, d. h. der Entzieher der Waren,
- die (auch indirekt) beteiligten Personen, die wussten oder vernünftigerweise hätten wissen müssen, dass sie vorschriftswidrig handeln,
- die Personen, welche die vorschriftswidrig verbrachten Waren erwerben oder in Besitz haben, obwohl sie in den Zeitpunkt des Erwerbs oder Erhalts der Ware wussten oder vernünftigerweise hätten wissen müssen, dass diese vorschriftwidrig in das Zollgebiet verbracht wurden,
- die Person, welche die sich aus der vorübergehenden Verwahrung bzw. dem betreffenden Zollverfahren ergebenden Verpflichtungen einzuhalten hatte (Verfahrensinhaber).

Beispiel

Eine im Zolllager befindliche Ware wird gestohlen und durch den Dieb an einen Hehler veräußert.

Es kommt zur Zollschuldenstehung nach Art. 203 (ZK) durch Entziehen aus der zollamtlichen Überwachung. Zollschuldner ist der Dieb als Handelnder (Entzieher). Sofern der Hehler vom Diebstahl aus dem Zolllager der Ware wusste oder vernünftigerweise hätte wissen müssen, wird auch er zum Zollschuldner. Zusätzlich wird in jedem Fall auch der Inhaber des Zolllagers zum Zollschuldner.

[36] Vgl. Urteil des EuGH vom 01.02.2001 C-66/99, EuGHE 2001, 911.

1.7.5 Verletzung zollrechtlicher Pflichten

Gemäß Art. 204 ZK kommt es zur Zollschuldenstehung, wenn

- eine der Pflichten nicht erfüllt wird, die sich aus der vorübergehenden Verwahrung von Waren oder der Inanspruchnahme eines Zollverfahrens ergeben, oder
- eine der Voraussetzungen für die Überführung einer Ware in ein Zollverfahren oder für die Gewährung eines ermäßigten Einfuhrabgabensatzes oder Einfuhrabgabenfreiheit aufgrund der Verwendung der Ware zu besonderen Zwecken nicht erfüllt wird.

Eine Zollschuldentstehung nach Art. 204 ZK ist jedoch nur dann gegeben, wenn die Verfehlung nicht gleichzeitig ein Entziehen aus der zollamtlichen Überwachung darstellt. Sofern ein solches vorliegt, entsteht die Zollschuld nach Art. 203 ZK (Vorrangregelung).

Die Zollschuld entsteht in dem Zeitpunkt, in dem die maßgebliche Handlung oder Unterlassung erfolgt. Ein regelmäßiger Fall der Zollschuldentstehung nach Art. 204 ZK sind Fristverletzungen. Die Zollschuld entsteht dann im Zeitpunkt des Fristablaufs. Sofern es zur Zollschuldentstehung wegen Nichtvorliegens der Voraussetzungen für eine Abgabenbegünstigung kommt, entsteht die Zollschuld im Zeitpunkt der Zollabfertigung. Zollschuldner wird grundsätzlich derjenige, dem die Erfüllung der sich aus der vorübergehenden Verwahrung oder der Inanspruchnahme des betreffenden Zollverfahrens ergebenden Verpflichtungen obliegt. Bei Zollschuldentstehung wegen Nichtvorliegens der Voraussetzungen für eine Abgabenbegünstigung wird der jeweilige Zollanmelder zum Zollschuldner.

Eine Sonderstellung unter den Zollschuldentstehungstatbeständen nimmt Art. 204 ZK wegen seiner Heilungsmöglichkeit, der so genannten „es sei denn – Regelung", ein. Diese Vorschrift besagt, dass es trotz Vorliegens der Tatbestandvoraussetzungen für eine Zollschuldentstehung dennoch nicht zu dieser kommt, wenn sich die betreffenden „Verfehlungen nachweislich auf die ordnungsgemäße Abwicklung der vorübergehenden Verwahrung oder des betreffenden Zollverfahrens nicht wirklich ausgewirkt haben". Die Durchführungsbestimmungen zum ZK regeln abschließend[37] die Fälle, in denen eine solche Auswirkung auf die ordnungsgemäße Abwicklung verneint wird.[38] Es handelt sich hierbei um eine Regelung mit enormer praktischer Auswirkung. Dabei ist jedoch stets zuerst zu prüfen, ob durch den betreffenden Tatbestand nicht bereits eine Zollschuldentstehung durch Entziehen aus der zollamtlichen Überwachung (Art. 203 ZK) eingetreten ist. Sofern dies der Fall ist, kommt eine Heilung nicht mehr in Betracht.

Beispiel

Eine in der aktiven Veredelung befindliche Ware wird nicht innerhalb der Wiederausfuhrfrist exportiert (Fristüberschreitung).

[37] Vgl. Urteil des EuGH vom 11.11.1999 C-48/99, EuGHE 1999, 155.

[38] Vgl. Heilungstatbestände des Art. 859 ZK-DVO.

Es kommt zur Zollschuldentstehung nach Art. 204 ZK wegen Verletzung der Pflicht zur fristgerechten Wiederausfuhr. Zollschuldner ist der Inhaber der aktiven Veredelung.

Sofern die Frist bei rechtzeitiger Beantragung verlängert worden wäre, es sich nicht um einen Versuch des Entziehens der betreffenden Ware aus der zollamtlichen Überwachung handelt, keine grobe Fahrlässigkeit des Beteiligten vorliegt und dieser alle notwendigen Formalitäten erfüllt, um die Situation zu bereinigen, kommt es zu einer Heilung der Zollschuldentstehung nach Art. 859 Nr. 1 ZK-DVO.

▸ **NEUREGELUNGEN DURCH DEN UZK (VORAUSSICHTLICH AB MAI 2016)** Durch den UZK wird das Sanktionswesen im Zollverfahrensrecht grundlegend neu geregelt (vgl. Witte in AW Prax 2013a, S. 378). Jeder Mitgliedstaat sieht künftig Sanktionen für Zuwiderhandlungen gegen die zollrechtlichen Vorschriften vor. Diese Sanktionen müssen wirksam, verhältnismäßig und abschreckend sein. Werden verwaltungsrechtliche Sanktionen verhängt, so können sie entweder als eine von den Zollbehörden auferlegte finanzielle Belastung, gegebenenfalls auch an Stelle oder zur Abwendung einer strafrechtlichen Sanktion, oder als Widerruf, Aussetzung oder Änderung einer dem Beteiligten erteilten Bewilligung ausgestaltet sein.
Auch im Falle von Verstößen können künftig Erlöschenstatbestände greifen.

1.7.6 Verbrauch oder Verwendung in einer Freizone oder einem Freilager

Sofern abgabenpflichtige Nichtgemeinschaftswaren in einer Freizone oder in einem Freilager vorschriftswidrig verwendet oder verbraucht werden oder diese Waren verschwunden sind, ohne dass den Zollbehörden eine zufrieden stellende Erklärung gegeben werden kann, entsteht die Zollschuld, Art. 205 ZK.[39] Die Zollschuld entsteht dabei im Zeitpunkt des erstmaligen vorschriftswidrigen Verbrauchs bzw. der erstmaligen vorschriftswidrigen Verwendung. Sofern dieser Zeitpunkt nicht festgestellt werden kann und im Fall des Verschwindens der Ware, entsteht die Zollschuld in dem Zeitpunkt, in dem die Zollbehörden Kenntnis über den Verbrauch, die Verwendung bzw. das Verschwinden erlangen (vgl. Witte 2013c, Art. 205 Rz. 12).

Folgende Personen kommen als Zollschuldner in Betracht:

- die handelnde Person, welche die Waren selbst verbraucht oder verwendet hat,
- die (auch indirekt) beteiligten Personen, die wussten oder vernünftigerweise hätten wissen müssen, dass sie vorschriftswidrig handeln,
- bei Verschwinden der Ware die Person, welche nach Kenntnis der Zollbehörden als letzte im Besitz der Waren war.

[39] Hinsichtlich weiterer Ausführungen zu Freizonen und Freilägern vgl. Kap. 9.

1.7.7 Ausfuhr von Präferenzerzeugnissen

Die Europäische Gemeinschaft hat mit verschiedenen Staaten und Staatengruppen Präferenzabkommen geschlossen. Inhalt dieser Abkommen ist die gegenseitige Gewährung von Zollvorteilen bei der Einfuhr von Ursprungswaren des jeweiligen Vertragspartnerstaates.[40] Viele dieser Abkommen beinhalten die so genannte No-draw-back-Regelung bzw. das Draw-back-Verbot. Diese Regelung sieht vor, dass Präferenznachweise nur dann ausgestellt werden dürfen, wenn zuvor die Einfuhrabgaben auf die zur Herstellung der Ursprungswaren verwendeten Nichtgemeinschaftswaren entrichtet wurden. Durch diese Regelung soll die doppelte Inanspruchnahme von Abgabenvorteilen ausgeschlossen werden.

Die Zollschuld entsteht in dem Zeitpunkt, in dem die Ausfuhranmeldung für die Ursprungswaren angenommen wird, Art. 216 ZK. Zollschuldner ist der Zollanmelder, d. h. derjenige, in dessen Namen die Ausfuhranmeldung abgegeben wird. Im Fall der indirekten Vertretung wird auch der Vertretene zum Zollschuldner.

Beispiel

Im Rahmen einer aktiven Veredelung (Nichterhebungsverfahren) werden in Deutschland aus importierten Einzelteilen fertige Werkzeugmaschinen hergestellt. Die in Deutschland erfolgte Bearbeitung verleiht der fertigen Maschine den präferenziellen Ursprung „EG“. Die Maschine soll in die Schweiz exportiert werden. Damit der Schweizer Importeur die Maschine abgabenfrei einführen kann, bittet er um Ausstellung einer Warenverkehrsbescheinigung EUR. 1.

Aufgrund der im Präferenzabkommen mit der Schweiz enthaltenen No-draw-back-Regelung sind bei der Ausfuhr mit Warenverkehrsbescheinigung EUR. 1 die Einfuhrabgaben für die auf die vorerst im Rahmen der aktiven Veredelung ohne Erhebung der Einfuhrabgaben importierten Einzelteile zu entrichten.

1.7.8 Ausfuhrzollschuld

Die rechtlichen Bestimmungen sehen grundsätzlich vor, dass eine Abgabenschuld sowohl bei der Einfuhr von Waren in das Zollgebiet der Gemeinschaft als auch bei der Ausfuhr entstehen kann, Art. 209 bis 211 ZK. Ausfuhrabgaben sind jedoch in der Vergangenheit nur in seltenen Fällen zeitweilig für ganz bestimmte landwirtschaftliche Erzeugnisse erhoben worden. Zurzeit existieren für keine Ware Ausfuhrabgabenpflichten. Aufgrund dieser aktuellen Bedeutungslosigkeit wird auf die betreffenden Regelungen nicht näher eingegangen.

[40] Vgl. Abschn. 2.1.3.4.2.

Literatur

Thoma, Alexander. 2002. Vertrieb von Standardsoftware über Drittländer, Gestaltungsvarianten anhand eines praktischen Falles. *Der Umsatz-Steuerberater*, 225–227.

Witte, Peter. 2013a. Der Unionszollkodex. *AW-Prax*, 373–379.

Witte, Peter. 2013b. Es ist soweit – Der Unionszollkodex ist verabschiedet. *AW-Prax,* 299.

Witte, Peter, Hrsg. 2013c. *Zollkodex, Kommentar*. 6. Aufl. München: Verlag C.H. Beck. oHG (ISBN: 9783406644597).

Zeilinger, Anton. 2013. Der Unionszollkodex – des Kaisers neue Kleider?. *Zeitschrift für Zölle und Verbrauchssteuern,* 141–145.

Einfuhr von Waren aus dem Drittland 2

2.1 Einfuhr – Aus Nichtgemeinschaftswaren werden Gemeinschaftswaren

2.1.1 Die Erfassung des Warenverkehrs

2.1.1.1 Allgemeines

Die Erfassung des Warenverkehrs und die damit verbundenen Maßnahmen dienen im Wesentlichen der Durchführung der Risikoanalyse, der Sicherung der Erhebung der Einfuhrabgaben und der Beachtung der Anwendung handelspolitischer Maßnahmen sowie sonstiger Verbote und Beschränkungen. Sie schaffen die Grundlage dafür, dass die Zollverwaltungen der Mitgliedstaaten diesen Aufgaben überhaupt erst nachkommen können. Lediglich in wirtschaftlich unbedeutenden Fällen, wie z. B. im Reiseverkehr oder im privaten Postverkehr, sind die Maßnahmen zur Erfassung des Warenverkehrs weniger streng und kaum spürbar.

2.1.1.2 Vorherige summarische Eingangsanmeldung

Veranlasst durch die ständig fortschreitende Globalisierung und die veränderte internationale Sicherheitslage hat die Weltzollorganisation mit der „Framework of Standards to Secure and Facilitate Global Trade“ (SAFE) weltweite Rahmenbedingungen für ein Risikomanagement der Zollverwaltungen geschaffen. Ein wesentliches Element der Umsetzung dieser Sicherheitsinitiative in das Recht der Europäischen Union ist neben der Einführung des Status des Zugelassenen Wirtschaftsbeteiligten (AEO – Authorized Economic Operator) die Schaffung der Verpflichtung zur Abgabe von Vorabanzeigen bei der Warenein- und -ausfuhr.

Die vorherige summarische Anmeldung ist grundsätzlich elektronisch abzugeben. Je nach Art der Beförderung existieren unterschiedliche Fristen.

A. Thoma et al., *Zoll und Umsatzsteuer,* DOI 10.1007/978-3-658-00165-0_2

2.1.1.3 Vom Verbringen bis zur Gestellung

Durch die oben beschriebene vorherige summarische Anmeldung beginnen die Verpflichtungen des Wirtschaftsbeteiligten und auch die Tätigkeiten der Zollbehörden zukünftig bereits vor dem körperlichen Verbringen der Waren ins Zollgebiet. Diese Verpflichtungen setzen sich nach dem Verbringen fort. So sind die verbrachten Waren auf vorgeschriebenen Verkehrswegen (Zollstraßenzwang) zu ebenfalls festgelegten Zollstellen zu befördern. Diese Beförderung muss unverzüglich, d. h. ohne schuldhaftes Verzögern, stattfinden. Dadurch soll sichergestellt werden, dass die Waren in unveränderten Zustand bei den vorgeschriebenen Zollstellen eintreffen. Hierbei sind zusätzlich die ebenfalls amtlich festgelegten Öffnungszeiten der Zollstellen (Öffnungszeitenzwang) zu berücksichtigen. Diese Regelung spielt zumindest beim Verbringen von Waren in das Zollgebiet in der Praxis aufgrund der weitgehend an die jeweiligen Verkehrswege angepassten Öffnungszeiten der Zollstellen nur noch eine untergeordnete Rolle.

Beim Eintreffen an den vorgeschriebenen Zollstellen sind die ins Zollgebiet verbrachten Waren zu gestellen. Der zollrechtliche Begriff der Gestellung umfasst dabei lediglich die bloße an keine konkrete Form gebundene Mitteilung, dass sich Waren an dem dafür vorgesehen Ort befinden. Schlüssige Handlungen, wie unter Umständen das bloße Vorfahren und Registrieren an der Zollstelle, reichen aus. Lediglich hinsichtlich besonders versteckter oder verheimlichter Waren ist gemäß § 8 Satz 2 ZollV eine qualifizierte Mitteilung erforderlich.

Es gelten Ausnahmen von den beschriebenen Formalitäten für bestimmte Beförderungsverkehre, wie etwa den Reise- oder Postverkehr.

Die Nichteinhaltung der Formalitäten vom Verbringen bis zur Gestellung hat neben möglichen straf- und bußgeldrechtlichen Konsequenzen im Regelfall auch die Zollschuldentstehung nach Art. 202 ZK wegen vorschriftswidrigen Verbringens zur Folge.

Beispiel

Ungeachtet des Zollstraßenzwangs werden Zigaretten über die „grüne Grenze“ aus der Ukraine nach Polen geschmuggelt.

2.1.1.4 Vorübergehende Verwahrung

Nach der Gestellung befinden sich die Waren in der vorübergehenden Verwahrung.[1] Sie dürfen nur mit Zustimmung der Zollbehörden wieder vom Ort der vorübergehenden Verwahrung entfernt werden. Die Zollbehörde hat das Recht, gewisse Überprüfungen der Waren vorzunehmen. Hinsichtlich dieser Waren bestehen bestimmte Verpflichtungen. Abgesehen von gewissen Erhaltungsbehandlungen ist eine Be- oder Verarbeitung oder ein Umlagern der vorübergehend verwahrten Waren nicht zulässig.

[1] Vgl. Zolllagerung von Waren in der vorübergehenden Verwahrung und die damit ggf. verbundenen umsatzsteuerlichen Konsequenzen Abschn. 4.1.

Vorübergehend verwahrte Waren sind innerhalb von 20 Tagen (im Seeverkehr innerhalb von 45 Tagen) einer zollrechtlichen Bestimmung zuzuführen. Im Regelfall wird dies die Überführung in ein Zollverfahren sein. Daneben kommen auch sonstige zollrechtliche Bestimmungen, wie beispielsweise das Verbringen in eine Freizone oder ein Freilager oder die Wiederausfuhr aus dem Zollgebiet der Gemeinschaft in Betracht, Art. 4 Nr. 15 ZK.

Beispiel

Eine Warensendung aus China wird mittels Seefracht zum Seehafen in Hamburg befördert. Die Waren werden entladen und der Zollstelle gestellt. Die Waren befinden sich nach der Gestellung im Zustand der vorübergehenden Verwahrung. Erst nachdem innerhalb der Frist von 45 Tagen eine Zollanmeldung zur Überführung der Waren in den freien Verkehr abgegeben, die Einfuhrverzollung durchgeführt und die Waren durch die Zollstelle überlassen wurde, darf der Warenempfänger über die Sendung verfügen.

Die Nichteinhaltung bestehender Pflichten oder das Entfernen der Ware vom Ort der vorübergehenden Verwahrung ohne Zustimmung der Zollbehörde hat neben straf- und bußgeldrechtlichen Konsequenzen im Regelfall auch zollschuldrechtliche Folgen.[2]

Beispiel

Eine mittels LKW transportierte Warensendung aus der Schweiz wird ordnungsgemäß am Zollamt Weil am Rhein gestellt. Noch bevor durch den beauftragten Spediteur eine Zollanmeldung zur Überführung in den freien Verkehr abgegeben wird, setzt der LKW seine Fahrt zum Bestimmungsort Düsseldorf fort.

Aufgrund des Entziehens der Ware aus der zollamtlichen Überwachung kommt es zur Zollschuldentstehung für die Warensendung, Art. 203 ZK.

Beispiel

Für eine per Luftfracht eingetroffene und ordnungsgemäß gestellte Warensendung wird erst nach vier Wochen, d. h. nach Ablauf der 20-Tage-Frist, eine Anmeldung zur Überführung in das Zolllagerverfahren abgegeben. Aufgrund der Fristüberschreitung kommt es zur Zollschuldentstehung wegen Pflichtverletzung gemäß Art. 204 ZK.

► **Hinweis** Für Zollschuldentstehungen wegen Pflichtverletzung nach Art. 204 ZK sind in Art. 859 ZK-DVO gewisse Heilungstatbestände vorgesehen. Sofern im vorliegenden Fall eine Fristverlängerung bei rechtzeitiger Beantragung gewährt worden wäre, die Fristüberschreitung nicht auf eine grobe Fahrlässigkeit des

[2] Vgl. Abschn. 1.7.

Beteiligten zurückzuführen ist und alle notwendigen Förmlichkeiten zur Bereinigung der Situation erfüllt wurden, kommt es demnach trotz verspäteter Abgabe der Anmeldung nicht zur Entstehung der Einfuhrabgabenschuld.

- **Neuregelungen durch den UZK (voraussichtlich ab Mai 2016):** Auch im Rahmen des UZK wird die Vorübergehende Verwahrung nicht zu einem Zollverfahren erhoben, sondern verbleibt als „zollrechtliche Situation/Lage". Dies war im zwischenzeitlich in Kraft getretenen Modernisierten Zollkodex noch anders ausgestaltet (vgl. auch Witte, in AW Prax 2013, S. 373 ff.). Im UZK bleibt die Vorübergehende Verwahrung jedoch als Sonderregelung neben den eigentlichen Zollverfahren bestehen. Es gilt eine Verwahrungsfrist von 90 Tagen.

2.1.2 Anmeldung zur Überführung in den zollrechtlich freien Verkehr

2.1.2.1 Allgemeines

Die Überführung in den zollrechtlich freien Verkehr (siehe auch Abb. 2.1) stellt in der Praxis den Regelfall dar. Sie kommt für den weit überwiegenden Teil der aus dem Drittland importierten Waren zur Anwendung. Sie beinhaltet neben der Entrichtung der Einfuhrabgaben zusätzlich die Anwendung vorgesehener handelspolitischer Maßnahmen. Da es sich bei der Überführung in den zollrechtlich freien Verkehr um ein Zollverfahren handelt, ist hierfür grundsätzlich die Abgabe einer Zollanmeldung erforderlich. Die Zollanmeldung ist eine Willenserklärung, mit der der Anmelder bekundet, in welches Zollverfahren die importierte Ware überführt werden soll.

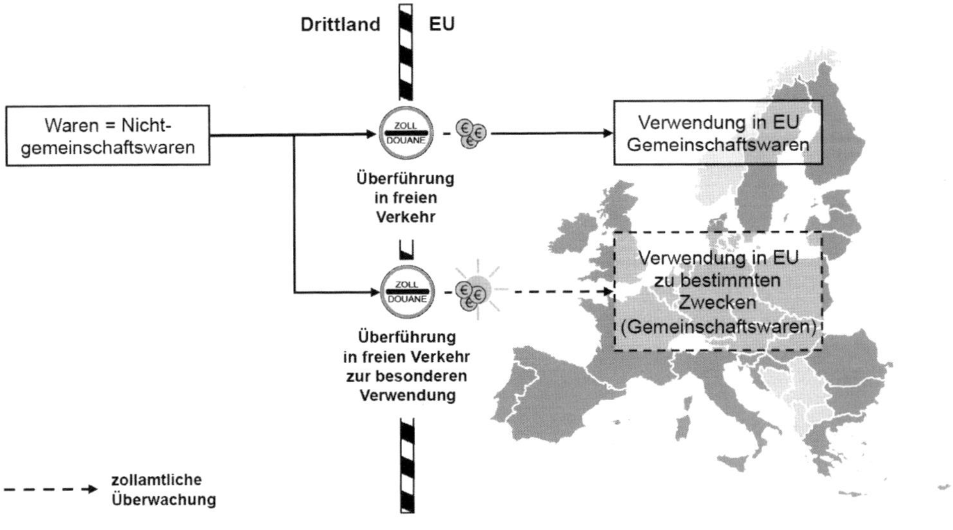

Abb. 2.1 Überführung in den freien Verkehr

2.1.2.2 Schriftliche Zollanmeldung

Derzeit noch normales Verfahren ist aus rechtlicher Sicht die Abgabe einer schriftlichen Zollanmeldung. Hierfür ist der amtlich vorgeschriebene Vordruck, das so genannte Einheitspapier, zu verwenden. Das Einheitspapier ist ein aus insgesamt acht Exemplaren bestehender Vordrucksatz, von dem je nach Verwendungszweck üblicherweise nur drei Exemplare benötigt werden. Da sowohl hinsichtlich des Papiers als auch des Drucks des Einheitspapiers besondere Vorgaben bestehen, ist die Verwendung von Kopien oder aus dem Internet herunter geladenen Vordrucken nicht möglich. Stattdessen sind die vorgeschriebenen Formulare im Vordruckfachhandel zu beziehen. Gegebenenfalls können dabei ständig wiederkehrende individuelle Informationen, wie beispielsweise Bewilligungsnummern, bereits durch die Verlage in die Vordrucke aufgenommen werden. Die Anmeldung zur Überführung in den freien Verkehr ist auf den Exemplaren Nr. 6, 7 und 8 des Einheitspapiers vorzunehmen.[3]

Das durch das Bundesministerium der Finanzen jährlich herausgegebene „Merkblatt zu Zollanmeldungen, summarischen Anmeldungen und Wiederausfuhrmitteilungen" enthält wertvolle und hilfreiche Hilfestellungen im Rahmen der Abgabe von Zollanmeldungen, darunter auch Aufstellungen der zu verwendenden Codierungen. Das Merkblatt kann kostenlos im Internet herunter geladen werden:

http://www.zoll.de/DE/Fachthemen/Zoelle/ATLAS/ATLAS-Publikationen/Merkblaetter/merkblaetter_node.html

2.1.2.3 Elektronische Zollanmeldung

Mit Inkrafttreten des UZK wird die Abgabe elektronischer Zollanmeldungen zum rechtlich vorgeschriebenen Normalfall.

Bei der Anmeldung von Waren zur Überführung in den freien Verkehr werden in Deutschland jedoch bereits heute nur noch in seltenen Ausnahmefällen schriftliche Zollanmeldungen auf dem Einheitspapier abgegeben. Den Regelfall stellt bereits seit einigen Jahren die elektronische Zollanmeldung dar. Für diese elektronischen Einfuhrzollanmeldungen existiert innerhalb der Europäischen Union derzeit noch kein harmonisierter Standard. Art. 222 ZK-DVO schreibt lediglich vor, dass bei der Abgabe von Zollanmeldungen auf Grundlage von Informatikverfahren die für das Einheitspapier geforderten Angaben zu übermitteln sind. Durch die deutsche Zollverwaltung wird das IT-Verfahren ATLAS (Automatisiertes Tarif- und Lokales Zoll-Abwicklungs-System) eingesetzt. Sämtliche Dienststellen der deutschen Zollverwaltung sind mittlerweile mit den für ihre Aufgabenbereiche erforderlichen ATLAS-Modulen ausgestattet.

Mit ATLAS werden schriftliche Zollanmeldungen und Verwaltungsakte (z. B. Einfuhrabgabenbescheide) durch elektronische Nachrichten ersetzt. Der Austausch von Nachrichten zwischen den entsprechend registrierten Teilnehmern einer zuvor durch die Zollbehörde zertifizierten Software und der zuständigen Zollstelle erfolgt somit ausschließlich

[3] Vgl. Anhang 1.

auf elektronischem Weg. Durch die Einführung von Art. 77 Abs. 2 ZK[4] wurde zudem die rechtliche Grundlage dafür geschaffen, dass die ehemals der schriftlichen Zollanmeldung beizufügenden Unterlagen nicht mehr bei jeder Abfertigung vorzulegen, sondern lediglich zur Verfügung der Zollbehörde zu halten sind. Teilweise wird vollständig auf eine Vorlage dieser Unterlagen verzichtet. Teilweise sind diese periodisch (z. B. monatlich) vorzulegen. Nur für wenige spezielle Unterlagen besteht weiterhin die Verpflichtung, diese für jeden Abfertigungsvorgang einzureichen.[5]

Detaillierte Informationen zur elektronischen Zollabwicklung mittels ATLAS lassen sich dem „Merkblatt für Teilnehmer" entnehmen, welches ebenfalls auf den Internetseiten der deutschen Zollverwaltung kostenfrei heruntergeladen werden kann:

http://www.zoll.de/DE/Fachthemen/Zoelle/ATLAS/ATLAS-Publikationen/Merkblaetter/merkblaetter_node.html

Auch die im folgenden Abschnitt dargestellten vereinfachten Verfahren bei der Abgabe von Zollanmeldungen werden können in elektronischer Form mittels ATLAS abgewickelt werden.

2.1.2.4 Vereinfachte Verfahren

2.1.2.4.1 Unvollständige Zollanmeldung

Das Instrument der unvollständigen Zollanmeldung gemäß Art. 76 ZK i. V. m. 254 ff. ZK-DVO bietet die Möglichkeit, Zollanmeldungen abzugeben, obwohl noch bestimmte Angaben oder Unterlagen fehlen. Damit wird dem wirtschaftlichen Anspruch Genüge getan, auch bei eventuellem Fehlen einiger Informationen oder Dokumente möglichst zeitnah über importierte Waren verfügen zu können. Für die Anwendung dieser Vereinfachung ist es jedoch zwingend erforderlich, dass gewisse Mindestangaben in der Anmeldung enthalten sind. So ist beispielsweise das Zollverfahren, in welches die importierten Waren überführt werden sollen, stets anzugeben. Dahingegen können beispielsweise Unterlagen, die dem Anmelder noch nicht im Original vorliegen, deren Existenz er aber belegen kann, lediglich angemeldet, aber noch nicht beigefügt werden. In Betracht kommen hierbei etwa Präferenznachweise zur Erlangung eines reduzierten Zollsatzes. Unterlagen, die für die Überführung in ein Verfahren zwingend erforderlich sind (z. B. Einfuhrgenehmigungen), müssen jedoch bereits mit der Anmeldung im Original vorliegen.

Die Zollbehörde setzt dem Zollanmelder zur Nachreichung der fehlenden Angaben oder Unterlagen eine Frist. Diese beträgt im Regelfall nicht mehr als einen Monat.

Beispiel

Ein deutsches Unternehmen importiert Lederwaren aus Indien. Der Lieferant stellt zum Nachweis des indischen Ursprungs der Waren eine Warenverkehrsbescheinigung Form

[4] Mit Verordnung (EG)Nr. 2700/2000 zur Änderung der Verordnung (EWG) Nr. 2913/92 des Rates zur Festlegung des Zollkodex der Gemeinschaften (ABl. Nr. L 311/17).

[5] Weitere Einzelheiten hierzu finden Sie unter Abschn. 2.1.2.5.

A aus. Mit diesem Dokument kommt für die Waren anstelle des regulären Drittlandszollsatzes bei der Einfuhr in das Zollgebiet der Gemeinschaft der Präferenzzollsatz „frei" zur Anwendung. Aufgrund von Schwierigkeiten beim Lieferanten befinden sich die Originale der Warenverkehrsbescheinigung Form A beim Eintreffen der Ware noch auf dem Postweg.

Die Waren können trotz Fehlens der originalen Warenverkehrsbescheinigungen unter Anwendung des Präferenzzollsatzes mittels unvollständiger Zollanmeldung in den freien Verkehr überführt werden. Die Zollstelle setzt eine Frist, innerhalb derer die Originaldokumente nachgereicht werden müssen. Gegebenenfalls verlangt die Zollstelle eine Sicherheit in Höhe der nicht erhobenen Abgaben.

Die unvollständige Zollanmeldung kommt lediglich für Einzelfälle zur Anwendung. Sie ist nicht für die regelmäßige Abgabe von Zollanmeldungen mit fehlenden Unterlagen oder Angaben vorgesehen. Eine vorherige Bewilligung des Verfahrens ist nicht erforderlich.

2.1.2.4.2 Vereinfachtes Anmeldeverfahren (VAV)

Das vereinfachte Anmeldeverfahren basiert auf der regelmäßigen Abgabe von unvollständigen Zollanmeldungen mit dem Einheitspapier. Alternativ kommt jedoch auch die regelmäßige Abgabe von Verwaltungs- oder Handelsdokumenten in Betracht. Diese Alternativdokumente müssen die gleichen Mindestangaben wie eine unvollständige Zollanmeldung enthalten. Die unvollständigen Zollanmeldungen bzw. die Alternativdokumente sind, wie Zollanmeldungen im Normalverfahren, bei der Abfertigungszollstelle abzugeben.

Die ergänzende Zollanmeldung, d. h. das Nachreichen der fehlenden Unterlagen und Informationen, erfolgt zusammengefasst auf monatlicher Basis. Für die Nutzung dieser Vereinfachung ist eine vorherige Bewilligung erforderlich. Diese wird auf Antrag durch die für den Ort der Hauptbuchhaltung des Antragstellers zuständige Zollstelle erteilt. Das beantragte Verfahren wird regelmäßig für den Beteiligten als auch für die Zollbehörde eine Vereinfachung darstellen. Es darf dadurch eine wirksame zoll- und einfuhrrechtliche Überwachung nicht erschwert werden. Im Rahmen des vereinfachten Anmeldeverfahrens erfolgt die Entrichtung der Abgaben ebenfalls auf monatlicher Basis.

Eine Inanspruchnahme des vereinfachten Anmeldeverfahrens ist auch im Rahmen des IT-Verfahrens ATLAS möglich.

Beispiel

Ein deutsches Unternehmen importiert regelmäßig dringende Maschinenteile aus den USA. Die Abfertigung erfolgt auf der Basis des jeweiligen Lieferscheins, welcher um die zusätzlich erforderlichen Angaben ergänzt wird. Die ergänzende Zollanmeldung wird zusammengefasst für alle innerhalb eines Monats importierten Waren nachträglich jeweils bis zum 3. Tag des Folgemonats abgegeben.

2.1.2.4.3 Anschreibeverfahren (ASV)

Hauptmerkmal und bedeutender Vorteil des Anschreibeverfahrens ist die Möglichkeit, die Überführung von Waren in den freien Verkehr ohne Beteiligung der Zollbehörden vorzunehmen. So kommt das Anschreibeverfahren insbesondere zur Anwendung,

- für Waren, die in einem Versandverfahren befördert und von einem Zugelassenen Empfänger übernommen wurden;
- für Waren, die sich in einem Zolllagerverfahren, in der aktiven Veredelung, im Umwandlungsverfahren oder im Verfahren der vorübergehenden Verwendung befinden und in ein neues Zollverfahren, z. B. in den freien Verkehr, überführt werden sollen,
- für Waren, die unter Befreiung von der Gestellungspflicht in das Zollgebiet der Gemeinschaft verbracht worden sind.

Alle Fälle haben gemeinsam, dass eine Gestellung der Waren bei einer Zollstelle entfällt. Dem Anmelder bietet sich somit die Möglichkeit, Waren ohne Abhängigkeit von Öffnungszeiten der Zollstellen und ohne zusätzliche administrative Kosten abzufertigen. Die Anmeldung erfolgt durch einfaches Anschreiben in den betrieblichen Unterlagen. Zusätzlich ist eine monatliche ergänzende Zollanmeldung abzugeben. Auch die Entrichtung der Abgaben erfolgt auf monatlicher Basis.

Die Inanspruchnahme des Anschreibeverfahrens setzt das Vorliegen einer entsprechenden Bewilligung voraus. Diese wird dem Zollanmelder auf Antrag durch die örtlich für den Ort der Hauptbuchhaltung zuständige Zollstelle erteilt.

2.1.2.5 Welche Unterlagen braucht der Zoll?

2.1.2.5.1 Zollwertanmeldung

Gemeinsam mit der eigentlichen Zollanmeldung auf dem Einheitspapier oder – zwischenzeitlich als praktischer Regelfall – elektronisch per Teilnehmereingabe in ATLAS ist bei der Überführung in den freien Verkehr eine so genannte Zollwertanmeldung nach Art. 178 ZK-DVO abzugeben. Bei Abfertigung im Papierverfahren ist hierzu der amtlich vorgeschriebene Vordruck D.V. 1 zu verwenden.[6] Bei Abfertigung mittels ATLAS erfolgt auch die Abgabe der Zollwertanmeldung in elektronischer Form. In der Zollwertanmeldung ist die Ermittlung des Zollwertes, d. h. der Bemessungsgrundlage für die Erhebung der Zölle, darzulegen.

Die Zollwertanmeldung darf nur von einer Person abgegeben werden, die in der Europäischen Gemeinschaft ansässig ist und die alle Tatsachen über die in der Zollwertanmeldung zu bestätigenden Umstände zur Verfügung hat. In Ausnahmefällen kann es sich bei Zollanmelder[7] und Zollwertanmelder um zwei unterschiedliche Personen handeln. Der Zollwertanmelder ist verantwortlich für die Richtigkeit und Vollständigkeit der in der Zollwertanmeldung enthaltenen Angaben sowie die Echtheit der als Nachweis zu

[6] Vgl. Anhang 2.

[7] Vgl. Abschn. 1.5.1.

diesen Angaben vorgelegten oder, sofern eine Vorlage bei Abfertigung mittels ATLAS nicht erforderlich ist, vorrätig gehaltenen Unterlagen. Er hat ferner alle zur Ermittlung des Zollwertes notwendigen zusätzlichen Auskünfte zu erteilen und Unterlagen vorzulegen. Der Zollwertanmelder trägt die aus einem Verstoß gegen diese Verpflichtungen resultierenden bußgeld- und strafrechtlichen Konsequenzen. Er wird jedoch im Gegensatz zum Zollanmelder nicht zum Schuldner der Abgaben. Im Regelfall wird es sich bei Zoll- und Zollwertanmelder um dieselbe Person handeln.

Auf die Abgabe einer Zollwertanmeldung kann verzichtet werden, wenn

- der Zollwert nicht anhand der Transaktionswertmethode ermittelt wird,[8]
- die angemeldeten Waren zollfrei sind,
- der Zollwert der angemeldeten Waren einen Betrag von 10.000 EUR je Sendung nicht übersteigt (sofern es sich nicht um eine Teilsendung oder um mehrfache Sendungen desselben Absenders an denselben Empfänger handelt) oder
- der Zollanmeldung eine Einfuhr ohne gewerblichen Charakter zugrunde liegt.

Auch in den genannten Fällen kann die Behörde jedoch auf der Vorlage einer Zollwertanmeldung bestehen.

2.1.2.5.2 Rechnung

Regelmäßig ist der Zollanmeldung die Rechnung beizufügen, auf deren Grundlage der Zollwert ermittelt wurde, Art. 181 ZK-DVO. Anhand der Rechnung kann die Zollstelle eine erste Überprüfung des angemeldeten Wertes und der angemeldeten Waren vornehmen. Sofern keine Rechnung existiert, wird regelmäßig ein Nachweis des Wertes in anderer Form gefordert.

Beispiel

Ein amerikanisches Unternehmen liefert im Austausch gegen defekte Waren innerhalb der Garantiezeit kostenlose Ersatzwaren an den deutschen Kunden. Diese werden dem Kunden nicht in Rechnung gestellt, sondern kostenlos geliefert. Zum Nachweis des Wertes wird eine „Proforma-Rechnung“ ausgestellt. Diese wird bei der Zollabfertigung vorgelegt.

▶ **Hinweis** Im Fall einer grenzüberschreitenden Warenlieferung ohne Gegenleistung, sollte auf dem entsprechenden Dokument deutlich gemacht werden, dass es sich nicht um eine tatsächliche Rechnung handelt. Dies kann durch Aufdrucke wie „Proforma-Rechnung“, „No Commercial Invoice“, „Wert nur für Zollzwecke“, etc. geschehen.

[8] Vgl. Abschn. 2.1.3.2.6.

Bei der Abgabe elektronischer Zollanmeldungen mittels Teilnehmereingabe in ATLAS wird weitgehend auf die Vorlage von Unterlagen verzichtet, Art. 77 Abs. 2 ZK. Handelsdokumente, zu denen auch Handelsrechnungen, Proforma-Rechnungen, Frachtrechnungen oder ähnliche Dokumente gehören, brauchen nicht bei der Abfertigung vorgelegt werden. Auf die Vorlage dieser Unterlagen wird grundsätzlich verzichtet. Die Zollbeamten haben jedoch das Recht, trotz dieses generellen Verzichts in Einzelfällen auf der Vorlage der Unterlagen zu bestehen.

Ausgenommen vom generellen Verzicht auf Vorlage sind Handelsrechnungen jedoch dann, wenn auf diesen Dokumenten Ursprungserklärungen abgegeben wurden und für die angemeldeten Waren eine Vorlagepflicht für eine nichtpräferenzielle Ursprungserklärung besteht.[9] In diesem Fall sind die entsprechenden Dokumente den für die Abfertigung zuständigen Zollbehörden mindestens einmal pro Monat oder nach spezieller Vereinbarung mit der Zollstelle vorzulegen. Bei Abfertigung im Normalverfahren hat die Vorlage bei der Abfertigungszollstelle zu erfolgen. Bei Abfertigung in einem vereinfachten Verfahren sind die Unterlagen dem zuständigen Hauptzollamt, d. h. der so genannten Abrechnungszollstelle, vorzulegen. Als Zeitpunkt der Abgabe der Unterlagen wird im zweiten Fall zumeist der Zeitpunkt der Abgabe der ergänzenden Zollanmeldung bestimmt.

Auch wenn grundsätzlich auf die Vorlage von Handelsrechnungen oder ähnlichen Dokumenten bei der Zollabfertigung verzichtet wird, so müssen diese Unterlagen dem Zollanmelder im Zeitpunkt der Abfertigung dennoch im Original vorliegen. Sofern diese Unterlagen nicht im Original vorliegen, ist ein entsprechender Vermerk in die Zollanmeldung aufzunehmen. Gegebenenfalls erfolgt durch die Zollstelle dann eine nicht abschließende Festsetzung der Einfuhrabgaben.

Die Verpflichtung zur Archivierung der Handelsrechnungen oder ähnlicher Dokumente bleiben von dem Verzicht auf die Vorlage bei der Zollabfertigung unberührt, d. h. der Zollanmelder hat entsprechende Dokumente grundsätzlich zehn Jahre aufzubewahren.

2.1.2.5.3 Präferenzielle Ursprungsnachweise

Präferenznachweise, wie Ursprungserklärungen auf der Rechnung und Warenverkehrsbescheinigungen EUR 1, EUR-MED oder Form A, dienen im Regelfall dazu, den präferenziellen Ursprung der angemeldeten Waren in einem bestimmten Land nachzuweisen. Die Anmeldung dieses präferenziellen Ursprungs wiederum führt – sofern tariflich vorgesehen – zur Anwendung eines im Gegensatz zum normalen Drittandszollsatz reduzierten Präferenzzollsatzes.[10] Das Vorliegen eines Präferenznachweises ist somit zwingende Voraussetzung zur Inanspruchnahme eines begünstigten Zollsatzes.

Bei der elektronischen Zollabwicklung mittels Teilnehmereingabe in ATLAS wird auf die Vorlage von Präferenznachweisen grundsätzlich verzichtet. Auch hier haben die Zollstellen jedoch die Möglichkeit, diese Nachweise im Einzelfall anzufordern.

---

[9] Vgl. Abschn. 2.1.2.5.4.

[10] Detaillierte Informationen zum präferenziellen Ursprung entnehmen Sie bitte Abschn. 2.1.3.4.2.

Sofern Präferenznachweise gleichzeitig als Nachweis des nichtpräferenziellen Ursprungs dienen und die Vorlagepflicht eines solchen Nachweises für die angemeldeten Waren besteht, gilt der generelle Verzicht auf Vorlage jedoch nicht. In diesem Fall sind die betreffenden Präferenznachweise den für die Abfertigung zuständigen Zollbehörden mindestens einmal pro Monat oder nach spezieller Vereinbarung mit der Zollstelle vorzulegen. Bei Abfertigung im Normalverfahren hat die Vorlage bei der Abfertigungszollstelle zu erfolgen. Bei Abfertigung in einem vereinfachten Verfahren sind die Unterlagen dem zuständigen Hauptzollamt vorzulegen. Als Zeitpunkt der Abgabe der Unterlagen wird im zweiten Fall zumeist der Zeitpunkt der Abgabe der ergänzenden Zollanmeldung bestimmt.

Auch Präferenznachweise müssen dem Zollanmelder im Zeitpunkt der Abfertigung im Original vorliegen. Sofern diese Unterlagen noch nicht im Original vorhanden sind, die Existenz der Unterlagen jedoch beispielsweise durch eine Kopie nachgewiesen werden kann, ist ein entsprechender Vermerk in die Zollanmeldung aufzunehmen. Auch hier erfolgt gegebenenfalls eine nicht abschließende Festsetzung der Einfuhrabgaben.

▶ **Hinweis** In der Praxis erfolgt die Anmeldung von Präferenznachweisen bei der Abgabe einer Zollanmeldung mittels Teilnehmereingabe in ATLAS oftmals „automatisch". Durch den Zollanmelder sollte jedoch in jedem Fall sorgfältig geprüft werden, ob die Präferenznachweise tatsächlich im Original vorliegen, alle angemeldeten Waren umfassen und den formalen Voraussetzungen entsprechen. Sofern dies nicht der Fall ist, die Anmeldung der Präferenz und somit die Inanspruchnahme des begünstigten Zollsatzes dennoch erfolgt, kann dies im Rahmen einer nachträglich stattfinden Betriebsprüfung durch die Zollbehörde neben der obligatorischen Nacherhebung der Einfuhrabgaben auf der Basis des Drittlandzollsatzes regelmäßig auch zur Einleitung eines Straf- oder Bußgeldverfahrens führen.

Die Vorschriften zur Archivierung von Präferenznachweisen gelten trotz generellen Verzichts auf die Vorlage bei der Zollabfertigung, d. h. auch diese Unterlagen sind grundsätzlich zehn Jahre aufzubewahren, § 147 Abs. 1 Nr. 4a i. V. m. Abs. 3 Satz 1 AO.

Die obigen Ausführungen zur Vorlage und Aufbewahrung von Präferenznachweisen gelten sinngemäß auch für die Freiverkehrsbescheinigungen A.TR.

2.1.2.5.4 Nichtpräferenzielle Ursprungsnachweise

Für verschiedene Waren, wie beispielsweise bestimmte Textilien, ist bei der Zollabfertigung das Vorliegen eines nichtpräferenziellen Ursprungsnachweises gefordert. Hierbei ist zwischen förmlichen Ursprungsnachweisen, so genannten Ursprungszeugnissen, und Ursprungserklärungen zu unterscheiden. Während nichtpräferenzielle Ursprungserklärungen durch den Ausführer bzw. Lieferanten der angemeldeten Waren zum Beispiel durch einen entsprechenden Vermerk auf der Handelsrechnung ausgestellt werden dürfen, handelt es sich bei Ursprungszeugnissen um offizielle Urkunden. Deren Ausstellung ist bestimmten öffentlichen Stellen, oftmals den Handelskammern der Ausfuhrländer, vorbehalten.[11]

Nichtpräferenzielle Ursprungsnachweise sind bei der Abfertigung im herkömmlichen Papierverfahren stets der Zollanmeldung im Original beizufügen. Bei der elektronischen Zollabfertigung mittels Teilnehmereingabe in ATLAS wird auch auf die Vorlage dieser Unterlagen zumindest im Abfertigungszeitpunkt grundsätzlich verzichtet. Auch hier hat die abfertigende Zollstelle jedoch das Recht, auf der Vorlage der Unterlagen zu bestehen.

Nichtpräferenzielle Ursprungserklärungen und Ursprungszeugnisse müssen nachträglich mindestens einmal pro Monat oder nach spezieller Vereinbarung mit der Zollstelle vorgelegt werden. Bei Abfertigung im Normalverfahren hat die Vorlage bei der Abfertigungszollstelle zu erfolgen. Bei Abfertigung in einem vereinfachten Verfahren sind die Unterlagen dem zuständigen Hauptzollamt vorzulegen. Als Zeitpunkt der Abgabe der Unterlagen wird im zweiten Fall zumeist der Zeitpunkt der Abgabe der ergänzenden Zollanmeldung bestimmt.

Das Vorliegen erforderlicher nichtpräferenzieller Ursprungsnachweise beim Zollanmelder ist Voraussetzung für die Überführung der angemeldeten Waren in den zollrechtlich freien Verkehr. Sofern entsprechende Unterlagen nicht oder nicht im Original vorliegen, ist der Zollanmelder verpflichtet, einen entsprechenden Vermerk in die elektronische Zollanmeldung aufzunehmen. Sofern die Unterlagen auch in Kopie nicht vorliegen, darf durch die Zollstelle keine Annahme der Zollanmeldung erfolgen.[12]

2.1.2.5.5 Außenwirtschaftsrechtliche Einfuhrgenehmigungen und Überwachungsdokumente

Die Einfuhr bestimmter Waren unterliegt der Pflicht zur Vorlage von Einfuhrgenehmigungen (§ 39 Außenwirtschaftsverordnung) oder Überwachungsdokumenten (§ 36 AWV) nach dem Außenwirtschaftsrecht. Diese werden durch das Bundesamt für Wirtschaft und Ausfuhrkontrolle (BAFA) ausgestellt. Für die seit dem 1. Juli 2007 ausgestellten Dokumente ist zudem eine Online-Abschreibung vorgesehen, d. h. die Abschreibung der gegebenenfalls teilweise in Anspruch genommenen Einfuhrgenehmigungen bzw. Überwachungsdokumente erfolgt auf elektronischer Basis über eine Schnittstelle von ATLAS zum System des BAFA. Eine papiermäßige Abschreibung und die Vorlage der Dokumente bei der abfertigenden Zollstelle sind in diesem Fall nicht mehr vorgesehen. Die Unterlagen sind durch den Zollbeteiligten dennoch jederzeit zur Verfügung zu halten.

Die Möglichkeit der elektronischen Abschreibung besteht nicht für außenwirtschaftsrechtliche Einfuhrgenehmigungen und Überwachungsdokumente, die in Deutschland vor dem 1. Juli 2007 ausgestellt worden sind. Ebenso ist derzeit eine elektronische Abschreibung für in einem anderen Mitgliedsstaat der Europäischen Gemeinschaft ausgestellte außenwirtschaftsrechtliche Einfuhrgenehmigungen und Überwachungsdokumente noch nicht möglich. Diese Dokumente sind deshalb manuell abzuschreiben und nachträglich

[11] Weitere Einzelheiten zum nichtpräferenziellen Ursprung finden Sie in Abschn. 2.1.3.4.3.

[12] Vgl. Verfahrensanweisung zum IT-Verfahren „ATLAS", Stand: Mai 2014, Tz. 3.1.2. Abs. 8.

mindestens einmal pro Monat oder nach spezieller Vereinbarung mit der Zollstelle vorzulegen. Bei Abfertigung im Normalverfahren hat die Vorlage bei der Abfertigungszollstelle zu erfolgen. Bei Abfertigung in einem vereinfachten Verfahren sind die Unterlagen dem zuständigen Hauptzollamt vorzulegen. Als Zeitpunkt der Abgabe der Unterlagen wird im zweiten Fall zumeist der Zeitpunkt der Abgabe der ergänzenden Zollanmeldung bestimmt.

Sofern außenwirtschaftsrechtliche Einfuhrgenehmigungen oder Überwachungsdokumente nicht oder nicht im Original vorliegen, ist der Zollanmelder verpflichtet, einen entsprechenden Vermerk in die elektronische Zollanmeldung aufzunehmen. Sofern die Unterlagen auch in Kopie nicht vorliegen, darf durch die Zollstelle keine Annahme der Zollanmeldung erfolgen.

Die Verpflichtung zur Archivierung erübrigt sich, da außenwirtschaftsrechtliche Einfuhrgenehmigungen und Überwachungsdokumente nach ihrer vollständigen Inanspruchnahme regelmäßig der ausstellenden Behörde zurückzugeben sind.

2.1.2.5.6 sonstige Unterlagen

Neben den oben genannten Unterlagen können je nach Einzelfall weitere Dokumente und Nachweise bei der Zollabfertigung erforderlich sein. Die Notwendigkeit dieser zusätzlichen Unterlagen kann sich aus der Art der Ware oder einer beantragten Abgabenreduzierung oder -befreiung ergeben.

Bei der elektronischen Zollabfertigung mittels Teilnehmereingabe in ATLAS wird zwischen drei Gruppen von Unterlagen unterschieden:

2.1.2.5.6.1 Unterlagen, auf deren Vorlage grundsätzlich verzichtet wird

Hierzu zählen neben den oben bereits aufgeführten Handelsdokumenten und Präferenznachweisen auch sonstige Bescheinigungen, die zur Einreihung in eine besondere Zolltarifnummer führen, wie etwa Handarbeitsbescheinigungen, Bescheinigungen der Herstellung nach tradierter folkloristischer Volkskunst oder Luftfahrtauglichkeitsbescheinigungen. Im Regelfall ist mit der Einreihung in die besondere Zolltarifnummer eine Abgabenfreiheit oder zumindest eine Reduzierung des anzuwendenden Zollsatzes verbunden.

Für diese Unterlagen gilt, dass die Zollbehörde ungeachtet des grundsätzlichen Verzichts im Einzelfall auf der Vorlage bei der Abfertigung bestehen kann. Sofern die Unterlagen nicht vorgelegt werden brauchen oder nach erfolgter Prüfung durch die Zollstelle zurückgegeben werden, unterliegen sie einer Aufbewahrungsfrist von zehn Jahren.[13]

2.1.2.5.6.2 Unterlagen, die mindestens monatlich oder nach spezieller Vereinbarung mit der Zollstelle vorzulegen sind

Neben den oben genannten nichtpräferenziellen Ursprungsnachweisen, wie Ursprungserklärungen, Ursprungszeugnissen oder Präferenznachweisen, die auch zu nichtpräferenziellen Zwecken verwendet werden, sowie außenwirtschaftsrechtlichen Einfuhrgenehmigungen und Überwachungsdokumenten ohne elektronische Abschreibungsmöglichkeit

[13] Vgl. § 147 Abs. 1 Nr. 4a i. v. m. Abs. 3 Satz 1 AO.

zählen zu dieser Gruppe insbesondere Einfuhrlizenzen nach dem Marktordnungsrecht, EG-Kontrollbescheinigungen (Obst und Gemüse)/Konformitätsbescheinigungen nach § 19 AWV und Unterlagen, anhand derer die Rückwareneigenschaft einer angemeldeten Waren zwecks Inanspruchnahme der Abgabenfreiheit gemäß Art. 185 ff. ZK bzw. § 12 EUStBV (Zoll- bzw. Einfuhrumsatzsteuerfreiheit für Rückwaren) nachgewiesen wird.

Die mindestens monatliche Vorlage dieser Unterlagen hat bei Abfertigung im Normalverfahren bei der Abfertigungszollstelle und bei Abfertigung in einem vereinfachten Verfahren bei der Abrechnungszollstelle, d. h. dem zuständigen Hauptzollamt, zu erfolgen. Auch diese Unterlagen unterliegen der Möglichkeit der Anforderung im Einzelfall durch die Zollbehörde sowie der zehnjährigen Aufbewahrungspflicht.

2.1.2.5.6.3 Unterlagen, die stets direkt bei der Abfertigung vorzulegen sind

In diese Gruppe fallen insbesondere Genehmigungen und Bescheinigungen, die aufgrund von Verboten und Beschränkungen notwendig sind, wie CITES-Bescheinigungen (Artenschutz), Kimberley-Zertifikate (staatliche Herkunftszertifikate für Diamanten), Genehmigungen nach Kriegswaffenkontrollgesetz, Waffenrecht, Betäubungsmittelrecht oder Arzneimittelrecht, Kontrollbescheinigungen für die Einfuhr von Erzeugnissen aus dem ökologischen Landbau, etc. Die Vorlage dieser Unterlagen im Zeitpunkt der Abfertigung zum freien Verkehr ist zwingend erforderlich.

2.1.3 Grundlagen der Abgabenerhebung

2.1.3.1 Der Zolltarif

2.1.3.1.1 Allgemeines

Der Zolltarif legt fest, in welcher Höhe eine bestimmte Ware bei der Einfuhr mit Zöllen belastet wird. Der Zolltarif besteht zu diesem Zweck aus zwei Teilen, dem Zolltarifschema und den Zollsätzen. Das Zolltarifschema, auch Warennomenklatur genannt, stellt sich als Aufstellung aller Waren dar. Bei den Zollsätzen kann es sich um Wertzölle, spezifische Zölle, d. h. Zölle auf der Basis einer spezifischen Eigenschaft der angemeldeten Ware, wie beispielsweise dem Gewicht oder dem Alkoholgehalt, oder Mischzölle handeln.

Grundlage des in der Europäischen Gemeinschaft geltenden gemeinsamen Zolltarifs ist das Harmonisierte System (HS). Es handelt sich dabei um eine weltweit einheitliche Vorgabe zur Bezeichnung und Codierung von Waren, welche durch die Weltzollorganisation (World Customs Organisation – WCO) geschaffen wurde. Das Harmonisierte System wird derzeit in ca. 200 Staaten oder Staatengemeinschaften angewandt. Es gibt die ersten sechs Ziffern der so genannten Zolltarifnummer vor. Diese sollten für identische Waren somit international weitestgehend einheitlich sein, wobei nationale Eigenheiten und Lesarten des HS teilweise zu Abweichungen führen können.

In der Europäischen Gemeinschaft wurde das HS durch die Kombinierte Nomenklatur[14] umgesetzt.

Der Aufbau der Warennomenklatur gliedert sich in folgende Bereiche (am Beispiel von handgearbeiteten Ledergürteln):

- Abschnitt (z. B. Abschn. VIII – Häute, Felle, Leder Pelzfelle und Waren daraus;...)
- Kapitel (z. B. Kap. 42 – Lederwaren; Sattlerwaren; Reiseartikel,...)
- Position (z. B. Position 4203 – Kleidung und Bekleidungszubehör, aus Leder,...)
- Unterposition (z. B. Unterposition 4203 30 – Gürtel,...)

Auf der Ebene der Unterposition wird die Darstellung des HS aus zolltariflichen und statistischen Gründen um zwei bzw. im Rahmen des TARIC um vier Ziffern erweitert. Ergänzt wird diese so zehnstellige Zolltarifnummer um weitere durch die einzelnen Mitgliedstaaten individuell veranlasste Ziffern. Diese beinhalten nationale Aspekte, wie etwa den Verweis auf mögliche Verbrauchsteuern. Maßgebend in Deutschland sind beispielsweise die elfstelligen Codenummern des Elektronischen Zolltarifs (EZT). Bei bestimmten Waren aus den Bereichen Marktordnungsrecht und Verbrauchsteuern kann die elfstellige Zolltarifnummer für Zwecke der genaueren Bestimmung der Ware noch durch jeweils vierstellige Zusatzcodes ergänzt werden.

Die Zolltarifnummer setzt sich wie folgt zusammen:

► **Zolltarifnummer: (am Beispiel von Lederhandschuhen für Männer): 4203 2991 00 0**

42	Kapitel (Harmonisiertes System)
4203	Position (Harmonisiertes System)
4203 30	Unterposition (Harmonisiertes System)
4203 3000	Unterposition (Kombinierte Nomenklatur)
4203 3000 10	Unterposition (TARIC)
4203 3000 10 0	Codenummer (Elektronischer Zolltarif) [Durch Term ersetzen – Return erzeugt Description]

Mittels der Zolltarifnummer kann jeder beliebigen Ware der entsprechend anzuwendende Zollsatz zugeordnet werden. Daneben beinhaltet der EZT für jede Zolltarifnummer eine Zusammenfassung möglicher weiterer warenbezogener Maßnahmen aus den Bereichen Zollrecht, Marktordnungsrecht, Außenwirtschaftsrecht, Verbrauchsteuerrecht, Warenursprungs- und Präferenzrecht, Umsatzsteuerrecht, Statistikrecht sowie zu den einfuhrbezogenen Verboten und Beschränkungen weiterer Rechtsbereiche. Diese Maßnahmen können sich als Einfuhrverbote oder -beschränkungen, als neben den Zöllen zusätzlich zu erhebende Abgaben, als Dokumentenerfordernisse o. ä. darstellen (siehe auch Abb. 2.2).

[14] Verordnung (EWG) 2658/87 über die zolltarifliche und statistische Nomenklatur sowie den gemeinsamen Zolltarif (ABl. 1987 Nr. L 256/1).

31.10.2013 DE Amtsblatt der Europäischen Union 309

KN-Code	Warenbezeichnung	Vertragsmäßiger Zollsatz (%)	Besondere Maßeinheit
1	2	3	4
	– andere:		
4202 91	– – mit Außenseite aus Leder oder rekonstituiertem Leder:		
4202 91 10	– – – Reisetaschen, Toilettentaschen (Necessaires), Rucksäcke und Taschen für Sportartikel	3	—
4202 91 80	– – – andere	3	—
4202 92	– – mit Außenseite aus Kunststofffolien oder Spinnstoffen:		
	– – – aus Kunststofffolien:		
4202 92 11	– – – – Reisetaschen, Toilettentaschen (Necessaires), Rucksäcke und Taschen für Sportartikel	9,7	—
4202 92 15	– – – – Behältnisse für Musikinstrumente	6,7	—
4202 92 19	– – – – andere	9,7	—
	– – – aus Spinnstoffen:		
4202 92 91	– – – – Reisetaschen, Toilettentaschen (Necessaires), Rucksäcke und Taschen für Sportartikel	2,7	—
4202 92 98	– – – – andere	2,7	—
4202 99 00	– – andere	3,7	—
4203	Kleidung und Bekleidungszubehör, aus Leder oder rekonstituiertem Leder:		
4203 10 00	– Kleidung	4	—
	– Fingerhandschuhe, Handschuhe ohne Fingerspitzen und Fausthandschuhe:		
4203 21 00	– – Spezialsporthandschuhe	9	pa
4203 29	– – andere:		
4203 29 10	– – – Schutzhandschuhe für alle Berufe	9	pa
4203 29 90	– – – andere	7	pa
4203 30 00	– Gürtel, Koppel und Schulterriemen	5	—
4203 40 00	– anderes Bekleidungszubehör	5	—
[4204]			
4205 00	Andere Waren aus Leder oder rekonstituiertem Leder:		
	– zu technischen Zwecken:		
4205 00 11	– – Treibriemen und Förderbänder	2	—
4205 00 19	– – andere	3	—
4205 00 90	– andere	2,5	—
4206 00 00	Waren aus Därmen, Goldschlägerhäutchen, Blasen oder Sehnen	1,7	—

Abb. 2.2 Amtsblatt der EU, Abs. 35–36

2.1.3.1.2 Einreihung von Waren

Die korrekte zolltarifliche Einreihung stellt die Grundlage für die Anwendung des maßgebenden Zoll- und Einfuhrumsatzsteuersatzes, für die Erhebung möglicher zusätzlicher Abgaben, wie beispielsweise Verbrauchsteuern und Anti-Dumping-Zöllen, sowie für die Anwendung der jeweiligen handelspolitischen Maßnahmen dar. Daneben kommt der Zolltarifnummer eine wichtige Bedeutung in vielen weiteren Bereichen, wie beispielsweise Statistik (INTRA- und EXTRASTAT), Außenwirtschaftsrecht und Warenursprungs- und Präferenzrecht, bei. Fehlerhafte Zolltarifnummern können schwerwiegende Folgen haben. Diese können etwa in der Festsetzung der Einfuhrabgaben in unzutreffender Höhe mit dem damit verbundenen Risiko der nachträglichen Abgabenerhebung sowie möglichen bußgeld- und strafrechtlichen Konsequenzen bestehen.

Beispiel

Durch ein deutsches Unternehmen werden Digitalrecorder zur Videoüberwachung aus Asien importiert. Die Anmeldung erfolgt unter Zolltarifnummer 8543 7090 99 0 (Elektrische Maschinen, Apparate und Geräte, mit eigener Funktion, in Kap. 85 anderweitig weder genannt noch inbegriffen). Bei der Einfuhr wird aufgrund der angemeldeten Zolltarifnummer ein Zollsatz von 3,7 % angewandt.

Im Rahmen einer Betriebsprüfung stellt der Zollprüfer fest, dass die importierten Recorder neben der Möglichkeit zur Aufzeichnung und Wiedergabe von Bildern zusätzlich auch über eine Audiofunktion verfügen. Er ordnet die Waren deshalb der Zolltarifnummer 8521 9000 90 0 (Videogeräte zur Bild- und Tonaufzeichnung – Zollsatz 13,9 %) zu. Als Ergebnis der Prüfung kommt es zur nachträglichen Festsetzung von Einfuhrabgaben in Höhe des Differenzzolls von 10,2 %. Die importierten Geräte sind zu diesem Zeitpunkt bereits weiterverkauft. Da die Kalkulation der Verkaufspreise der Digitalrekorder ohne die nachträglich festgesetzten Abgaben erfolgte, werden diese für das importierende Unternehmen zu zusätzlichen Kosten.

Das Beispiel verdeutlicht, wie wichtig es ist, jeder Ware die zutreffende Zolltarifnummer zuzuordnen. Die Verantwortung hierfür obliegt dem Zollanmelder.

Die Zuordnung einer Ware zur zutreffenden Zolltarifnummer stellt eine rechtlich anspruchsvolle und komplexe Angelegenheit dar. Dieser Vorgang erfordert detaillierte Kenntnis über die tariflich relevanten Merkmale der Ware. Neben der stofflichen Beschaffenheit und dem Verwendungszweck können dabei auch weitere charakteristische Merkmale relevant sein:

- Handelt es sich bei der einzureihenden Ware um ein Teil einer anderen Ware?
- Ist die Ware bereits vollständig bzw. fertig oder noch unvollständig bzw. unfertig?
- Handelt es sich um eine Zusammenstellung aus mehreren verschiedenen Waren?
- etc.

Daneben ist zur Einreihung einer Ware juristische Kenntnis über das Wesen des Zolltarifs und den Umgang mit demselben notwendig.

Der Zolltarif folgt dem so genannten Produktionsprinzip, d. h. Waren werden nach dem Grad ihrer Bearbeitung ausgehend von Rohstoffen über Halbfertigerzeugnisse bis hin zu Fertigerzeugnissen systematisiert. Dieses Produktionsprinzip kennzeichnet nicht nur den gesamten Zolltarifaufbau sondern es findet sich oftmals auch innerhalb einzelner Kapitel. Der EZT als maßgebliche Rechtsgrundlage enthält neben den Positionen, d. h. dem eigentlichen Zolltarifschema, allgemeine Vorschriften zur Einreihung von Waren, Anmerkungen zu den einzelnen Abschnitten und Kapiteln sowie die so genannten Erläuterungen zur Kombinierten Nomenklatur bzw. zum Harmonisierten System. Es handelt sich bei Letztgenannten zwar größtenteils nicht um Rechtsvorgaben, jedoch um Verwaltungsanweisungen für die Zollbehörden. Sie sind maßgebliches Erkennungsmittel für die Anwendung des Zolltarifs[15] und stellen ein unverzichtbares Hilfsmittel bei der Einreihung von Waren dar. Die Erläuterungen zur Kombinierten Nomenklatur beinhalten u. a. Hinweise, Kommentierungen, Entscheidungen der Europäischen Gemeinschaft und gerichtliche Entscheidungen zur Einreihung von Waren. All diese zusätzlichen Informationen sind bei der Ermittlung der zutreffenden Zolltarifnummer einer Ware zu berücksichtigen.

In der Praxis kommt es regelmäßig darauf an, das oftmals im technischen Bereich eines Unternehmens vorhandene Wissen zu den zolltariflich relevanten Merkmalen und Gegebenheiten einer Ware mit der juristischen Kenntnis über das Wesen und den Aufbau des Zolltarifs zu vereinen. Nur durch diese Kombination kann die korrekte Ermittlung der Zolltarifnummern als Grundlage für die zutreffende zollrechtliche Behandlung sichergestellt werden. Gegebenenfalls können sogar philosophische Aspekte zu berücksichtigen sein (vgl. Hülsmeier 2002, S. 326 ff. und insbesondere Buerstedde und Gelse 2003, S. 298 ff.).

2.1.3.1.3 Verbindliche Zolltarifauskünfte

Oftmals bestehen Zweifel seitens des im- oder exportierenden Unternehmens, ob die in den Zollanmeldungen angegebene Zolltarifnummer tatsächlich zutreffend ist. Von der Richtigkeit der verwendeten Zolltarifnummern hängen neben der zutreffenden Festsetzung der Abgaben auch die korrekte Anwendung sonstiger Maßnahmen, z. B. Erfordernis bestimmter Unterlagen bei Ein- oder Ausfuhr, ab. Die Verwendung unzutreffender Zolltarifnummern birgt erhebliche unternehmerische Risiken, wie z. B. die Verursachung zusätzlicher Kosten durch die Nacherhebung von Abgaben oder die Verzögerung von Lieferungen wegen fehlender oder unzutreffender Unterlagen. Seitens der Beteiligten am Außenhandel besteht deshalb ein erhebliches Interesse daran, weitestgehende Rechtssicherheit im Hinblick auf die zolltarifliche Einreihung von Waren zu erlangen. Zu diesem Zweck existiert das Instrument der verbindlichen Zolltarifauskunft. In einer solchen Auskunft wird dem Zollbeteiligten die zolltarifliche Einreihung einer Ware durch die Zollbehörde rechtsverbindlich mitgeteilt.

Verbindliche Zolltarifauskünfte werden ausschließlich auf schriftlichen Antrag erteilt. Entsprechende Anträge sind auf Vordruck 0307 zu stellen.[16]

Anträge auf die Erteilung von verbindlichen Zolltarifauskünften sind in dem Mitgliedsstaat zu stellen, in dem der Antragsteller seinen Sitz hat oder in dem die betreffende Auskunft verwendet werden soll, Art. 6 Abs. 1 ZK-DVO. Durch die Mitgliedstaaten der Europäischen Gemeinschaft wurden die (Zoll-)Stellen benannt, welche die entsprechenden Anträge entgegennehmen bzw. bearbeiten dürfen. Die aktuelle Liste dieser Stellen in allen Mitgliedstaaten findet sich im Amtsblatt der Europäischen Gemeinschaft.[17] In Deutschland sind Anträge auf Erteilung einer verbindlichen Zolltarifauskunft beim Hauptzollamt Hannover zu stellen. Dieses beauftragt das Bildungs- und Wissenschaftszentrum (BWZ)

[15] U. a. EuGH v. 08.12.1970, C-14/70.

[16] Vgl. Anhang 3.

[17] Vgl. Amtsblatt C 176 vom 11. Juni 2014.

der Bundesfinanzverwaltung dann lediglich intern mit der Erstellung eines Gutachtens. Die Erteilung der verbindlichen Zolltarifauskunft obliegt ausschließlich dem Hauptzollamt Hannover.

Verbindliche Zolltarifauskünfte werden nur dann erteilt, wenn sich der Antrag auf eine tatsächlich beabsichtigte Ein- oder Ausfuhr bezieht. Maßgebend ist dabei, dass die verbindliche Zolltarifauskunft für eine konkrete zolltarifliche Maßnahme benötigt wird.[18] Dies können die Festsetzung von Ein- oder Ausfuhrabgaben, die Inanspruchnahme von Ausfuhrvergünstigungen oder sonstige zolltariflich relevante Maßnahmen sein. Eine bloße Ausfuhr ohne Anwendung einer zolltariflichen Maßnahme rechtfertigt die Erteilung einer verbindlichen Zolltarifauskunft somit nicht. Ebenso kommt die Erteilung entsprechender Auskünfte für Zwecke der Umsatzsteuer nicht in Betracht.[19]

Bei Beantragung und Nutzung von verbindlichen Zolltarifauskünften ist zwischen verschiedenen Personen zu unterscheiden. Da ist zunächst der Antragsteller, welcher in Feld 1 des Antrags auf Erteilung einer verbindlichen Zolltarifauskunft anzugeben ist. Dieser kann sich gegenüber der Zollbehörde bei der Beantragung vertreten lassen. In diesem Fall ist jedoch in Feld 13 auf das Vertretungsverhältnis hinzuweisen. Bei dem Antragsteller kann es sich um einen Dienstleister handeln. Vom Antragsteller zu unterscheiden ist der Berechtigte. Dieser ist in Feld 2 des Antragsformulars anzugeben. Bei dem Berechtigten handelt es sich um diejenige Person, welcher die verbindliche Zolltarifauskunft erteilt wird, d. h. demjenigen, welcher die Auskunft später bei der Zollabfertigung in Anspruch nehmen möchte. Dies ist der Zollanmelder, d. h. die Person, die eine Zollanmeldung in eigenem Namen abgibt oder in deren Namen eine Zollanmeldung abgegeben wird.[20] Der Berechtigte kann natürlich den Antrag auch selbst stellen und dann gleichzeitig Antragsteller sein.

Beispiel

Das deutsche Unternehmen A importiert Kinderspielzeug aus Asien. Dieses wird unmittelbar nach dem Eintreffen des Containers im Hafen Hamburg zum freien Verkehr abgefertigt. Die Zollanmeldung zur Überführung des Spielzeugs in den freien Verkehr wird durch den Spediteur B im Namen des Unternehmens A abgegeben. Unternehmen A als Zollanmelder wird somit zum Schuldner der Einfuhrabgaben. Eine verbindliche Zolltarifauskunft muss in diesem Fall dem Berechtigten Unternehmen A erteilt werden, um eine Bindungswirkung zu entfalten.

Beispiel

Unternehmen A importiert Kinderspielzeug aus Asien. Dieses wird nach dem Eintreffen des Containers im Hafen Hamburg zunächst im Zolllager des Spediteurs B gela-

[18] Vgl. BFH v. 14.11.2000, VII R 84/99, HFR 2001, 369.

[19] Vgl. auch Abschn. 2.1.3.1.4.

[20] Vgl. Abschn. 1.5.

gert. Nachdem ein Kunde für das Spielzeug gefunden wurde, erfolgt die Abfertigung zum freien Verkehr. Aufgrund der Zwischenschaltung des Zolllagerverfahrens muss die Zollanmeldung zur Überführung in den freien Verkehr im Namen des Zolllagerinhabers, d. h. des Spediteurs B, abgegeben werden. Als Zollanmelder wird Spediteur B zum Schuldner der Einfuhrabgaben. Eine verbindliche Zolltarifauskunft muss in diesem Fall dem Berechtigten Spediteur B erteilt werden, um eine Bindungswirkung zu entfalten. Es ist unseres Erachtens unklar, ob eine lediglich Unternehmen A erteilte verbindliche Zolltarifauskunft in dieser Konstellation Bindungswirkung entfaltet.

Wie aus den beiden vorangehenden Beispielen deutlich wird, ist die Unterscheidung zwischen Berechtigtem und Antragsteller deshalb sehr wichtig, da eine verbindliche Zolltarifauskunft ihre Bindungswirkung lediglich gegenüber dem Berechtigten, nicht aber gegenüber anderen Personen entfaltet.

Die verbindliche Zolltarifauskunft bindet die Zollbehörden aller Mitgliedstaaten gegenüber dem Berechtigten. Eine Bindungswirkung des Berechtigten gegenüber den Zollbehörden, d. h. eine Verpflichtung des Zollanmelders auf die ihm erteilte verbindliche Zolltarifauskunft hinzuweisen, existiert derzeit nicht. Die Bindungswirkung gilt nur für die in der verbindlichen Zolltarifauskunft beschriebene Ware. Sie erstreckt sich nicht auf ähnliche oder vergleichbare Waren. Ebenso ist eine pauschale Erteilung von verbindlichen Zolltarifauskünften für gesamte Kollektionen oder Warengruppen grundsätzlich nicht möglich. Aus diesem Grund kann es hilfreich sein, die einzureihende Ware im Antrag nicht zu detailliert zu beschreiben. Dies gilt selbstverständlich nur dann, wenn die betreffenden Informationen nicht zwingend für die Einreihung erforderlich sind.

Beispiel

Ein Unternehmen importiert gestrickte Pullover für Herren. Die aktuelle Kollektion enthält Pullover des gleichen Modells in unterschiedlichen Farben und Größen. Im Antrag auf Erteilung von verbindlichen Zolltarifauskünften sollte auf die Angabe der Farbe und der Größe verzichtet werden. Diese sind für die Zuordnung der Zolltarifnummer irrelevant und würden den Anwendungsbereich der Auskünfte stark einschränken.

Eine verbindliche Zolltarifauskunft gilt ab dem Tag ihrer Erteilung. Sie ist deshalb grundsätzlich nicht auf zurückliegende Ein- oder Ausfuhrvorgänge anwendbar. Auch wenn keine rechtliche Bindungswirkung für die Vergangenheit existiert, so kann eine erlangte verbindliche Zolltarifauskunft dennoch als Grundlage für Erstattungsanträge oder im Rahmen von zolltariflichen Rechtsbehelfs- oder Klageverfahren herangezogen werden. Sofern keine Änderung des maßgeblichen Zolltarifrechts eingetreten ist, stellt sie nämlich trotz fehlender Bindungswirkung zumindest ein starkes Indiz für die zutreffende Einreihung einer Ware auch außerhalb des Gültigkeitszeitraums dar (vgl. Lux in Rüsken 2008, Art. 12 ZK, Rz. 49).

Eine verbindliche Zolltarifauskunft ist ab dem Tag ihrer Erteilung für sechs Jahre gültig. Dieser Gültigkeitszeitraum wird mit Anwendbarkeit des UZK[21] auf drei Jahre verkürzt werden. Neben dem „regulären" Ungültigwerden nach Ablauf von sechs bzw. zukünftig drei Jahren kann eine verbindliche Zolltarifauskunft aus folgenden Gründen ungültig werden:

- aufgrund Rücknahme durch die Zollbehörde, sofern die Auskunft auf Grundlage unrichtiger oder unvollständiger Angaben des Antragstellers erteilt wurde,[22]
- wenn die Auskunft nicht mehr der Auslegung des aktuellen Rechts entspricht, d. h. wenn sie beispielsweise im Widerspruch zu einer Entscheidung des Gerichtshofs der Europäischen Union steht,[23]
- durch Änderung des zu Grunde liegenden Rechts mittels einer entsprechenden Verordnung,[24]
- wenn die Auskunft durch die Zollbehörde widerrufen wird. Dies geschieht dann, wenn die Auskunft zwar nicht auf unrichtigen oder unvollständigen Auskünften beruht, aber dennoch von Anfang an nicht dem geltenden Recht entsprach.[25]

▶ **Hinweis** Außer im erstgenannten Fall kann die verbindliche Zolltarifauskunft unter bestimmten Umständen auch nach Ungültigwerden durch den Berechtigten noch für einen bestimmten Übergangszeitraum von bis zu sechs Monaten weiter verwendet werden. Diese Vertrauensschutzregelung knüpft allerdings an strenge Voraussetzungen, z. B. Abschluss eines Vertrags über den Kauf oder Verkauf der betreffenden Waren unter Vertrauen auf die vorliegende verbindliche Zolltarifauskunft, Art. 12 Abs. 6 ZK.

Obwohl das Zolltarifrecht in den Mitgliedstaaten der Europäischen Gemeinschaft einheitlich ist, kommt es in der Praxis häufig dazu, dass einzelne Mitgliedstaaten die Zolltarifvorschriften unterschiedlich auslegen. Um dennoch eine einheitliche Anwendung des Zolltarifs in der Europäischen Union zu gewährleisten, sind die Mitgliedstaaten verpflichtet, jede erteilte Auskunft zu melden. Diese werden in eine gemeinsame Datenbank eingestellt. Diese Datenbank enthält sämtliche verbindlichen Zolltarifauskünfte aller Mitgliedstaaten. Sie kann unter folgendem Link abgerufen werden:
http://ec.europa.eu/taxation_customs/dds2/ebti/ebti_consultation.jsp?Lang=de

Sofern einzelne Mitgliedstaaten für identische Waren unterschiedliche verbindliche Zolltarifauskünfte erteilen bzw. abweichende Einreihungsauffassungen vertreten, sind sie

[21] Art. 33 Abs. 3 UZK.

[22] Die Rücknahme erfolgt dann ex tunc, d. h. rückwirkend zum Zeitpunkt der Erteilung.

[23] Die Ungültigkeit tritt mit Veröffentlichung der entsprechenden Maßnahme, z. B. des betreffenden EuGH-Urteils, im Amtsblatt der EG ein.

[24] Die Ungültigkeit tritt mit Beginn der Geltungsdauer der maßgeblichen Verordnung ein, sofern die Verordnung nichts anderes bestimmt.

[25] Der Widerruf gilt ab dem Tag der Bekanntgabe gegenüber dem Berechtigten.

dazu verpflichtet, dies der Europäischen Kommission mitzuteilen. Dort werden im Rahmen des so genannten Zolltarifausschusses regelmäßig diese Themen aufgegriffen und entschieden.

> **Hinweis** Verbindliche Zolltarifauskünfte stellen Entscheidungen der Behörde dar. Sofern Sie mit der in einer Ihnen erteilten verbindlichen Zolltarifauskunft festgelegten Einreihung Ihrer Ware nicht einverstanden sind bzw. diese für unzutreffend halten, steht Ihnen das Rechtsbehelfsverfahren offen, d. h. gegen die verbindliche Zolltarifauskunft kann Einspruch eingelegt werden, §§ 347 ff. AO. Sofern diesem nicht abgeholfen wird, besteht die Möglichkeit, Klage beim Finanzgericht Hamburg einzureichen.

2.1.3.1.4 Unverbindliche Zolltarifauskünfte

Die Erteilung einer verbindlichen Zolltarifauskunft erfolgt nur dann, wenn sich der Antrag auf eine tatsächlich beabsichtigte Ein- oder Ausfuhr bezieht, d. h. wenn die Auskunft für die Anwendung zolltariflicher Maßnahmen benötigt wird. In einigen Fällen, in denen keine konkrete Ein- oder Ausfuhr beabsichtigt ist, hat der Wirtschaftsbeteiligte dennoch ein Interesse an der amtlichen Klärung der zutreffenden Einreihung einer Ware. Diese kann beispielsweise für die Anwendung des ermäßigten Umsatzsteuersatzes oder für statistische Meldungen (z. B. INTRASTAT) erforderlich sein. Hierzu kann bei den Zollbehörden die Erteilung einer unverbindlichen Zolltarifauskunft beantragt werden.

Für die Beantragung von für Umsatzsteuerzwecke benötigten unverbindlichen Zolltarifauskünften ist ein separater Vordruck zu verwenden.[26] Die Erteilung unverbindlicher Zolltarifauskünfte für Umsatzsteuerzwecke erfolgt durch das Hauptzollamt Hannover. Eine Bindungswirkung lässt sich dadurch erzielen, dass auf Basis der unverbindlichen Zolltarifauskunft der Zollbehörde eine verbindliche Auskunft der Finanzbehörde gemäß § 89 Abs. 2 AO eingeholt wird.

Unverbindliche Auskünfte zur zolltariflichen Einreihung von Waren werden zudem von jeder Zollstelle erteilt.

2.1.3.2 Zollwert

2.1.3.2.1 Allgemeines

Die meisten Zollsätze des Gemeinsamen Zolltarifs sind Wertzollsätze, d. h. die Erhebung der Einfuhrabgaben findet auf der Basis des Warenwertes statt. Um eine einheitliche Verzollung sicherzustellen, ist deshalb die Ermittlung des Zollwertes als Bemessungsgrundlage für die Erhebung der Einfuhrabgaben von importierten Waren erforderlich. Dass sich dies unter Umständen unterschiedlich komplex gestalten kann, wird an den nachfolgenden Beispielen deutlich:

[26] Vgl. Anhang 4.

Beispiel

Ein amerikanischer Automobilhersteller liefert Sportwagen in die Europäische Gemeinschaft.

Kunde A kauft das Fahrzeug zum regulären Ab-Werk-Preis von $50.000 und kümmert sich selbst um die Verschiffung.

Kunde B lässt sich das Fahrzeug zum Hafen Hamburg liefern und zahlt deshalb einen Preis „frei Hamburg" von $57.000.

Kunde C kauft als Händler mehrere Fahrzeuge und erhält einen Mengenrabatt von 20 %. Er zahlt somit $40.000 pro Fahrzeug.

Kunde D least das Fahrzeug und zahlt eine jährliche Leasingrate von $8000.

Dem eigenen Showroom in Berlin wird das Fahrzeug kostenlos geliefert.

Für die Ermittlung des Zollwertes einer Ware stehen sechs Methoden zur Verfügung:

1. Methode: Transaktionswertmethode (Art. 29 ZK)
2. Methode: Zollwert gleicher Waren (Art. 30 Abs. 2 a) ZK)
3. Methode: Zollwert gleichartiger Waren (Art. 30 Abs. 2 b) ZK)
4. Methode: Deduktive Methode (Art. 30 Abs. 2 c) ZK)
5. Methode: Methode des errechneten Wertes (Art. 30 Abs. 2 d) ZK)
6. Methode: Schlussmethode (Art. 31 ZK)

Diese Methoden sind in einer fest vorgeschriebenen Reihenfolge anzuwenden. Bei der Zollwertermittlung ist also stets zuerst zu prüfen, ob die Voraussetzungen für eine Bewertung nach der Transaktionswertmethode vorliegen. Nur wenn der Zollwert wegen fehlender Voraussetzungen nicht nach dieser Methode ermittelt werden kann, ist zu prüfen, ob eine Zollwertermittlung nach einer der Folgemethoden anwendbar ist. Die Anwendbarkeit der Folgemethode ist in der angegeben Reihenfolge zu prüfen, d. h. eine Zollwertermittlung nach der jeweils nächsten Methode kommt nur dann in Betracht, wenn die vorangegangene Methode wegen fehlender Voraussetzungen entfällt. Eine Ausnahme dieser strengen Reihenfolge stellen die Methoden 4 (Deduktive Methode) und 5 (Methode des errechneten Wertes) dar. Hier kann auf Antrag des Anmelders eine Anwendung in umgekehrter Reihenfolge erfolgen.

Standardfall in der Praxis ist die erste Methode, die so genannte „Transaktionswertmethode". Nach den Vorschriften und Regelungen des GATT-Zollwert-Kodex[27], welcher auch die Grundlage für das Zollwertrecht der Europäischen Gemeinschaft darstellt, soll diese Methode so weit wie möglich die Grundlage für die Bewertung von Waren für Zollzwecke sein. Wann immer es möglich ist, soll die Zollwertermittlung auf der Basis dieser

[27] Das europäische Zollwertrecht beruht auf dem in der Tokio-Runde im Rahmen der Multilateralen Handelsverhandlungen 1973/1979 zustande gekommenen Genfer Übereinkommen zur Durchführung des Art. VII des Allgemeinen Zoll- und Handelsabkommen (GATT), dem so genannten GATT-Zollwert-Kodex (vgl. ABl. 1980 Nr. L 71/1).

Methode stattfinden. Sie kommt bei ca. 95 % aller EG- und weltweiten Warenabfertigungen zum freien Verkehr zur Anwendung.

2.1.3.2.2 Transaktionswertmethode

Die Transaktionswertmethode nach Art. 29 ZK stellt die Regelmethode dar und behandelt zunächst den Normalfall der Abwicklung eines Kaufgeschäfts zwischen Verkäufer und Käufer ohne jede weitere Nebenvereinbarung.

Diese Methode kann sowohl bei rechtlich unverbundenen als auch verbundenen Unternehmen angewandt werden. Voraussetzung für eine Anwendung auf Kaufgeschäfte zwischen verbundenen Unternehmen ist jedoch, dass die Verbundenheit den Preis nicht beeinflusst hat. Der Handel zwischen verbundenen Unternehmen spielt aufgrund der fortschreitenden Globalisierung im grenzüberschreitenden Warenverkehr eine bedeutende Rolle. Aus diesem Grund wird auf die Problematik der Zollwertermittlung beim Handel zwischen verbundenen Unternehmen nochmals separat unter Punkt (d) eingegangen.

Die Anwendung der Transaktionswertmethode kommt nur dann zur Anwendung, wenn die folgenden Voraussetzungen kumulativ erfüllt sind:

- Der vorliegende Preis bezieht sich auf eingeführte Waren.
- Es liegt ein „Verkauf zur Ausfuhr in das Zollgebiet der Gemeinschaft" vor.
- Die Anwendung der Transaktionswertmethode ist nicht ausgeschlossen.

2.1.3.2.2.1 Preis für eingeführte Waren

Der Verzollung unterliegen nur eingeführte, d. h. körperlich in das Zollgebiet der Gemeinschaft verbrachte Waren. Nichtkörperliche Gegenstände, wie etwa Rechte, Dienstleistungen oder Informationen, sind keine Waren im Sinne des Zollrechts. Auch wenn diese aus einem Drittland in das Zollgebiet eingehen, ist dies zollrechtlich irrelevant, d. h. eine Zollwertermittlung ist nicht erforderlich.

Beispiel

Eine Privatperson in der Europäischen Gemeinschaft lädt Musikstücke vom im Drittland befindlichen Server eines amerikanischen Anbieters auf ihren in Deutschland befindlichen Computer.

Anders wäre der Fall jedoch zu beurteilen, wenn die o. g. immateriellen Gegenstände in einer Ware verkörpert sind.

Beispiel

Eine Privatperson bestellt eine Musik-CD bei einem amerikanischen Anbieter. Die CD wird aus den USA nach Deutschland geschickt.

Unter Umständen kann es ratsam sein, im Zusammenhang mit importierten Waren stehende immaterielle Gegenstände nicht gemeinsam mit diesen zu importieren, sondern auf anderem Weg zu beziehen.

Beispiel

Ein Unternehmen importiert Werkzeugmaschinen aus Japan. Neben der zur Grundausstattung gehörenden Standardkonfiguration bestellt das Unternehmen zusätzlich Spezialsoftware. Diese wird bereits in Japan auf die Werkzeugmaschinen aufgespielt und über einen Gesamtpreis abgerechnet. Die Verzollung erfolgt auf der Basis des Gesamtpreises (Maschinen inklusive Spezialsoftware).

Bei einer Einfuhr der Maschinen ohne enthaltene Spezialsoftware und anschließendes Herunterladen dieser aus dem Internet sowie getrennte Abrechnung unterliegen lediglich die importierten Maschinen der Verzollung. Die immateriell ins Zollgebiet der Gemeinschaft eingegangene Software ist zollrechtlich unbeachtlich.

Beispiel

Ein Unternehmen importiert das Masterband einer Musik-CD. Gleichzeitig mit diesem erwirbt es das Recht auf Vervielfältigung der CD. Falls durch den Verkäufer eine Gesamtrechnung erstellt wird, stellt diese die Grundlage für die Verzollung dar. Sofern der Verkäufer die Musik-CD und das Recht auf Vervielfältigung getrennt abrechnet, unterliegt lediglich das Masterband der Verzollung, Art. 32 Abs. 5 Buchst. a) ZK.

2.1.3.2.2.2 Verkauf zur Ausfuhr in die Gemeinschaft

Die Anwendung der Transaktionswertmethode zur Ermittlung des Zollwertes einer eingeführten Ware setzt weiterhin voraus, dass die Ware aufgrund eines Kaufgeschäftes geliefert wird. Nach der internen Dienstvorschrift der Zollbehörde liegt ein Kaufgeschäft dann vor, „wenn der Verkäufer sich verpflichtet, dem Käufer das Eigentum an der Ware zu verschaffen und der Käufer hierfür einen vereinbarten Kaufpreis zu zahlen hat“.[28] Gleichzeitig ist der Begriff des Kaufgeschäfts weit auszulegen. So sind Werk- und Werklieferungsverträge den Kaufverträgen gleichgestellt, sofern die Werkleistung außerhalb des Zollgebietes der Gemeinschaft erbracht wird.[29]

- Als **Werklieferungsvertrag** wird ein Vertrag bezeichnet, bei dem sich der Unternehmer verpflichtet, das bestellte Werk aus einem von ihm zu beschaffenden Stoff herzustellen.[30]

[28] Vgl. Vorschriftensammlung der Bundesfinanzverwaltung VSF Z 5101 Abs. 6 S. 1.

[29] Vgl. Vorschriftensammlung der Bundesfinanzverwaltung VSF Z 5101 Abs. 6 S. 2.

[30] Zum Werklieferungsvertrag vgl. § 651 BGB.

- Ein **Werkvertrag** liegt dann vor, wenn sich der Unternehmer lediglich dazu verpflichtet, das Werk zu erbringen. Die notwendigen Materialien werden durch den Auftraggeber beigestellt.[31]

Bei Werkverträgen wird bei der Zollwertermittlung regelmäßig eine Hinzurechnung der durch den Auftraggeber beigestellten Materialien notwendig.[32]

Der Kauf- bzw. Werk- oder Werklieferungsvertrag muss im Zeitpunkt der Zollschuldentstehung abgeschlossen sein. Ist er dies nicht und werden die Waren somit zum ungewissen Verkauf eingeführt, kommt eine Zollwertermittlung nach der Transaktionswertmethode nicht in Betracht.

Keine Kaufgeschäfte liegen bei Lieferungen im Rahmen von Leasing- oder Mietverträgen vor. Die Anwendung der Transaktionswertmethode scheidet für diese Lieferungen aus. Ebenfalls sind kostenlose Sendungen in Ermangelung eines Kaufpreises zwangsläufig von der Transaktionswertmethode ausgenommen. Dies gilt gleichermaßen für Lieferungen zwischen einem Verkäufer und seinem Verkaufskommissionär bzw. zwischen einem Käufer und seinem Einkaufskommissionär, da es sich bei diesen aus zollrechtlicher Sicht ebenfalls nicht um Kaufgeschäfte handelt.[33] Bei grenzüberschreitenden Lieferungen zwischen rechtlich unselbstständigen Unternehmensteilen handelt es sich ebenfalls nicht um Kaufgeschäfte.

Beispiel

Die Hauptniederlassung eines japanischen Unternehmens liefert Waren an die rechtlich unselbstständige Zweigniederlassung in Düsseldorf.

Das Kaufgeschäft muss zusätzlich zur „Ausfuhr in das Zollgebiet der Gemeinschaft“ abgeschlossen sein. Der Begriff „zur Ausfuhr“ bezieht sich hierbei auf die Sichtweise des Verkäufers im Drittland.

Sofern lediglich ein einziges Kaufgeschäft vorliegt, welches zum Verbringen der Waren in das Zollgebiet der Gemeinschaft geführt hat, genügt die Tatsache, dass diese Waren zur Überführung in den freien Verkehr angemeldet werden. Für ein solches Kaufgeschäft ist die Voraussetzung somit immer erfüllt.

Beispiel

Der japanische Verkäufer verkauft eine Ware zu einem festgelegten Preis an seinen Kunden in Frankreich.

[31] Zum Werkvertrag vgl. § 631 BGB.

[32] Vgl. Abschn. 2.1.3.2.3.

[33] Zum Kommissionärsgeschäft vgl. § 11 mit Darstellungen zu den umsatzsteuerlichen und zollrechtlichen Besonderheiten.

Schwieriger kann sich die Ermittlung des maßgebenden Kaufes bei mehreren aufeinander folgenden Kaufgeschäften, so genannten Reihengeschäften, gestalten. Hierbei ist zu ermitteln, welcher Verkauf tatsächlich zur Ausfuhr in das Zollgebiet der Gemeinschaft geführt hat. Im Regelfall wird dies der erste Verkauf an einen Kunden in der Europäischen Gemeinschaft sein.

Beispiel

Ein chinesischer Hersteller A von Turnschuhen verkauft 50.000 Stück an einen japanischen Verkäufer B und liefert diese in das Lager des Verkäufers in Tokyo. Der japanische Verkäufer verkauft die gesamte Sendung an einen Kunden C in Deutschland und liefert die Turnschuhe in dessen Warenlager in Dresden.

Verkauf zur Ausfuhr in das Zollgebiet der Gemeinschaft ist das Kaufgeschäft zwischen B und C.[34]

2.1.3.2.2.3 Aufgespaltener Kaufpreis

Mitunter kann es vorkommen, dass sich der gezahlte oder zu zahlende Kaufpreis aus mehreren Bestandteilen zusammensetzt (aufgespaltener Kaufpreis). In einem solchen Fall ist die Summe aller Zahlungen oder Leistungen zollwertrechtlich maßgebend.

Ein aufgespaltener Kaufpreis liegt immer dann vor, wenn der Verkäufer auf Grund der vertraglichen oder gesetzlichen Regelungen dazu verpflichtet ist, eine Tätigkeit auszuführen, die sich auf die eingeführte Ware bezieht und für die die zusätzliche Zahlung des Käufers oder einer mit dem Käufer verbundenen Person erfolgt.[35]

Es kommt dabei nicht darauf an, ob die Zahlung an den Verkäufer oder an einen Dritten erfolgt. Ferner ist unerheblich, wer den Auftrag für die Tätigkeit erteilt.

In der Dienstvorschrift Zollwert der Vorschriftensammlung der Finanzverwaltung (Z 5101) werden folgende Beispiele für aufgespaltene Kaufpreisbestandteile aufgeführt[36]:

- Zertifizierungs- und Analysekosten
- Kosten für Qualitätsprüfungen
- Kosten für Werbung[37]
- Kosten für Ursprungszeugnisse
- Kosten für Garantieleistung

[34] Auf die hier gegebenenfalls bestehende Möglichkeit der Anmeldung von Vorerwerberpreisen, d. h. von Preisen aus Kaufgeschäften vor dem eigentlichen Verkauf zur Ausfuhr in die Gemeinschaft wird separat unter Abschn. 2.1.3.2.5 eingegangen.

[35] Vorschriftensammlung der Bundesfinanzverwaltung Z 5101 Abs. 12 UAbs. 2 E-VSF.

[36] S. für nähere Erläuterungen zu den genannten Beispielen Z 5101 Abs. 12 UAbs. 4 E-VSF.

[37] Einen systematischen Überblick zur zollwertrechtlichen Behandlung der unterschiedlichen Kosten für Werbung geben Tomuscheit und Fritzinger 2013, S. 210 ff.

2.1.3.2.2.4 Ausschluss der Transaktionswertmethode

Auch wenn sich der vorliegende Preis auf eingeführte Waren bezieht und aus einem Verkauf zur Ausfuhr in die Gemeinschaft stammt, können gewisse Ausschlusstatbestände der Anwendung der Transaktionswertmethode entgegenstehen. Diese Ausschlusstatbestände beziehen sich ausnahmslos auf Fälle, in denen der für die importierte Ware vereinbarte Preis aufgrund zusätzlicher Vereinbarungen oder Umstände nicht den tatsächlichen Wert der Ware wiedergibt. Eine Zollwertermittlung auf der Basis des tatsächlich gezahlten oder zu zahlenden Preise nach der Transaktionswertmethode scheidet aus, wenn

- hinsichtlich der Verwendung oder des Gebrauchs der Waren Einschränkungen bestehen,[38]
- eine Bedingung oder Leistung vorliegt, deren Wert im Hinblick auf die zu bewertenden Waren nicht ermittelt werden kann,[39]
- ein Teil des Erlöses aus späteren Weiterverkäufen durch den Käufer dem Verkäufer zugutekommt und deren Wert nicht bestimmbar ist,[40]
- die Verbundenheit zwischen Käufer und Verkäufer den Preis beeinflusst hat.[41]

Sofern die obigen Voraussetzungen erfüllt sind und ein Preis für eingeführte Waren aus einem Verkauf zur Ausfuhr in die Union vorliegt und zusätzlich die Anwendung der Transaktionswertmethode nicht ausgeschlossen ist, darf der Zollwert anhand dieses „tatsächlich gezahlten oder zu zahlenden Preises“ ermittelt werden. Als Preis gilt dabei die vollständige Zahlung des Käufers an den Verkäufer der Ware. Bei der Bestimmung dieser vollständigen Zahlung können verschiedene Faktoren zu berücksichtigen sein (Preisermäßigungen und Mengenrabatte, Umsatzboni, Vertragsstrafen und Verzugszinsen, gewährte Skonti, Mengenabweichungen und Teilverluste, Sachmängel und Beschädigung, Ersatzlieferungen, Garantieleistungen und Zahlungen dafür, etc.).

Der tatsächlich gezahlte oder zu zahlende Preis stellt jedoch noch nicht zwangsläufig die Bemessungsgrundlage für die Erhebung des Zolls dar. Er ist gegebenenfalls durch Hinzurechnungen nach Art. 32 ZK oder Abzugsposten nach Art. 33 ZK zu berichtigen.

2.1.3.2.3 Hinzurechnungen/Abzugsposten

Die Hinzurechnung oder der Abzug der nachfolgend aufgeführten Kostenbestandteile kommt generell nur dann in Betracht, wenn die Zollwertermittlung nach der Transaktions-

[38] Ausgenommen hiervon sind nach den Regelungen des Bestimmungslandes gesetzlich vorgegebene Beschränkungen, Einschränkungen im Hinblick auf das Gebiet in dem oder den Personenkreis an den die Waren weiterverkauft werden dürfen, und Einschränkungen, die sich auf den Wert der Ware nicht wesentlich auswirken.

[39] Dies gilt nur, sofern der Wert der zusätzlichen Bedingung oder Leistung nicht bestimmbar ist. Ist der Wert bestimmbar, muss er als abgespaltener Kaufpreisbestandteil dem tatsächlich gezahlten oder zu zahlenden Preis zugeschlagen werden.

[40] Sofern der Wert bestimmbar ist, kann ebenfalls eine Erhöhung des Preises um diesen Wert wiederum zur Anwendbarkeit der Transaktionswertmethode führen.

[41] Vgl. Abschn. 2.1.3.2.4.

wertmethode erfolgt. Bei allen anderen Zollwertermittlungsmethoden sind diese Preiskorrekturen nicht anwendbar.

2.1.3.2.3.1 Hinzurechnungen nach Art. 32 ZK

Art. 32 ZK enthält eine abschließende Aufzählung sämtlicher in Betracht kommender Zuschläge zum tatsächlich gezahlten oder zu zahlenden Preis. Fallen die nachfolgend aufgeführten Kosten und Leistungen im konkreten Einzelfall nicht an oder sind sie bereits im tatsächlich gezahlten oder zu zahlenden Preis enthalten, kommt es nicht zu einer Hinzurechnung. Sofern entsprechende Kosten vorliegen und die Tatbestandsvoraussetzungen erfüllt sind, müssen diese Kosten hinzugerechnet werden. Andere als die nachfolgend genannten Kosten dürfen nicht hinzugerechnet werden, können unter Umständen aber dennoch im Zollwert enthalten sein, weil sie bereits im vereinbarten Preis enthalten sind. Im Einzelnen sind folgende Kosten hinzuzurechnen:

- Provisionen und Maklerlöhne
  Ausgenommen hiervon sind Einkaufsprovisionen, d. h. Provisionen, die der Käufer einem für ihn tätigen Einkaufskommissionär zahlt.
- Kosten für Umschließungen und Verpackungen
  Diese Kosten dürften im Regelfall wohl bereits im Preis der importierten Waren enthalten sein.
- Beförderungs- und Versicherungskosten bis zum Ort des Verbringens in die Gemeinschaft, d. h. bis zum Grenzübertritt.
  Hierbei handelt es sich wohl um die häufigsten Hinzurechnungen zum tatsächlich gezahlten oder zu zahlenden Preis. Erfasst sind Kosten, wie z. B. Frachtkosten, Kosten für Zwischenlagerungen, sonstige Spediteurskosten, Grenz- und Zollabfertigungsgebühren, etc. sowie Kosten für Transportversicherungen, die bis zur Grenze anfallen. Gegebenenfalls sind Kosten, welche sich auf die Gesamtstrecke beziehen und somit einen auf die Europäische Gemeinschaft entfallenden Anteil enthalten, aufzuteilen. In der Praxis werden Versicherungskosten jedoch regelmäßig nicht aufgeteilt, da sich diese nicht nach der Beförderungsstrecke, sondern dem Wert der Ware bemessen.[42]
- Ladekosten und sonstige Kosten für sonstige im Zusammenhang mit der Beförderung der Ware stehende Behandlungen vor dem Ort des Verbringens in das Zollgebiet der Gemeinschaft
- Kosten für Vorleistungen des Käufers
  Hiervon umfasst sind Kosten für Beistellungen des Käufers, wie etwa Werkzeuge, Formen, Vormaterialien, technische Skizzen, etc. Diese sind hinzuzurechnen, sofern sie durch den Käufer dem Verkäufer kostenlos oder zu verminderten Preisen zur Verfügung gestellt werden. So genannte geistige Beistellungen wie Entwicklungen, Entwürfe, Pläne und Skizzen, sind dabei nur dann hinzurechnungspflichtig, sofern sie außerhalb der Europäischen Gemeinschaft erarbeitet wurden.

[42] Vgl. Dienstvorschrift der Bundesfinanzverwaltung DV Z 5101 Abs. 77.

- Lizenzgebühren
  Lizenzgebühren sind dann hinzurechnungspflichtig, sofern sie für die zu bewertenden Waren durch den Käufer zusätzlich zum Kaufpreis der Ware nach den Bedingungen des Kaufgeschäfts zu entrichten sind. Die Bestimmung der Hinzurechnungspflicht für Lizenzgebühren gestaltet sich in der Praxis als sehr komplex (vgl. ausführlich Vonderbank 2005, S. 107 ff.; Grawunder und Vonderbank 2005, S. 303 ff., 348 ff.).
- Beteiligungen des Verkäufers am Erlös des Käufers aus einem späteren Weiterverkauf. Eine Hinzurechnung dieser Kosten kommt selbstverständlich nur dann in Betracht, wenn diese nicht bereits im maßgeblichen Preis der importierten Ware enthalten sind. Sofern sich hinzurechnungspflichtige Kosten nicht ausschließlich auf die zu importierten Waren beziehen, hat eine Aufteilung zu erfolgen.

Beispiel

Ein deutsches Unternehmen lässt Textilien in Thailand fertigen. Es stellt dem Hersteller der Ware kostenlos moderne Webstühle zur Verfügung. Ebenso werden die in den USA entworfenen Designs dem Hersteller kostenlos zur Verfügung gestellt. Der zur Herstellung der Textilien verwendete Stoff wird in Italien durch das deutsche Unternehmen eingekauft und dem thailändischen Hersteller ebenfalls kostenlos zur Verfügung gestellt. Die Textilien werden in Thailand mit einem Bildaufdruck versehen, für welches das deutsche Unternehmen Lizenzgebühren an den Inhaber des Rechts an diesen Bildern zahlt. Der thailändische Hersteller stellt dem deutschen Unternehmen lediglich seine Fertigungskosten in Rechnung. Die Verladung vor Ort und der Transport nach Deutschland erfolgen durch einen dritten Dienstleister, welcher seine Leistungen direkt dem deutschen Unternehmen berechnet. Für den Transport der Textilien hat das deutsche Unternehmen eine Transportversicherung abgeschlossen.

Der Zollwert der Textilien bei der Einfuhr in die Europäische Gemeinschaft setzt sich aus folgenden Kosten zusammen:

Fertigungskosten des thailändischen Herstellers (tatsächlich gezahlter oder zu zahlender Preis) zuzüglich

- anteiliger Wert der kostenlos zur Verfügung gestellten Webstühle,
- anteiliger Wert der Designentwicklung,
- anteiliger Wert der kostenlos beigestellten Stoffe,
- auf die Waren entfallende Lizenzgebühren
- anteilige Lade- und Beförderungskosten bis zum Ort des Verbringens in das Zollgebiet der Gemeinschaft
- anteilige Versicherungskosten bis zum Ort des Verbringens in das Zollgebiet der Gemeinschaft (In der Praxis werden die Versicherungskosten regelmäßig vollständig in den Zollwert einbezogen.)

Die Hinzurechnungspflicht einzelner Kosten ist jeweils individuell zu bestimmen. Die Möglichkeit einer verbindlichen Auskunft der Zollbehörde hierzu wie etwa im Bereich der Einreihung von Waren ist rechtlich nicht vorgesehen. Unter Umständen können nach vorheriger Zustimmung durch die Zollbehörde einzelne Hinzurechnungstatbestände auch unabhängig von ihrer tatsächlichen Höhe als Pauschalbetrag berücksichtigt werden, Art. 156a ZK-DVO. Dies ist insbesondere dann der Fall, wenn die exakte Bestimmung der Höhe der Beträge zum Zeitpunkt der Zollschuldentstehung (noch) nicht oder nur mit einem hohem Aufwand möglich ist. In der Praxis lässt sich durch diese Vereinfachungsregelung eine Reduzierung des Aufwands bei der Erstellung der Zollanmeldungen bzw. der Zollwertanmeldung erreichen.

2.1.3.2.3.2 Abzugsposten nach Art. 33 ZK

Im Gegensatz zu den o. g. Hinzurechnungen nach Art. 32 ZK ist ein Abzug der nachfolgend aufgeführten Kosten nicht zwingend vorgeschrieben. Der Abzug kann vielmehr wahlweise durch den Zollwertanmelder vorgenommen werden. Da ein Abzug bestimmter Kosten vom tatsächlich gezahlten oder zu zahlenden Preis zu einer Verminderung des Zollwertes und somit im Ergebnis zu einer Reduzierung der zu zahlenden Einfuhrabgaben führt, wird ein Abzug jedoch stets im wirtschaftlichen Interesse des Zollbeteiligten liegen. Lediglich in Fällen, in denen die importierten Waren zollfrei sind und die gegebenenfalls anfallende Einfuhrumsatzsteuer als Vorsteuer abgezogen werden kann[43] oder wenn der Aufwand für die Ermittlung der abzugsfähigen Kosten die Reduzierung der Abgaben übersteigt, wird der Zollbeteiligte auf einen Abzug der Kosten verzichten.

Ein Abzug der nachfolgend aufgeführten Kosten vom tatsächlich gezahlten oder zu zahlenden Preis kommt selbstverständlich nur dann in Betracht, wenn diese Kosten im Rechnungspreis enthalten sind. Im Einzelnen dürfen folgende Kosten abgezogen werden:

- Innergemeinschaftliche Beförderungskosten
  Abzugsfähig sind Kosten der Beförderung vom Ort des Verbringens, d. h. der EU-Außengrenze, bis zum Bestimmungsort in der Europäischen Gemeinschaft. Entsprechende Kosten werden regelmäßig dann im Rechnungspreis enthalten sein, wenn für das Kaufgeschäft Lieferbedingungen (INCOTERMS 2010) wie CIP, CIF, CFR, CPT, DAP, DDP oder ähnliches vereinbart wurden.[44]
- Montagekosten
  Erfasst hiervon sind Kosten für Arbeiten, die vom Verkäufer nach der Einfuhr an den importierten Waren (Aufbau von Anlagen, Einrichtung und Prüfung von Maschinen, etc.) durchgeführt werden.
- Finanzierungszinsen
  Sofern durch den Verkäufer eine tatsächliche Kreditierung des Kaufpreises erfolgt, die entsprechende Finanzierungsvereinbarung schriftlich abgeschlossen wurde und der angewandte Zinssatz den üblichen Zinssätzen für entsprechende Geschäfte entspricht, dürfen die Finanzierungszinsen von tatsächlich gezahlten oder zu zahlenden Preis abgezogen werden.

[43] Vgl. Abschn. 2.2.3.

[44] Vgl. Aufstellung der Incoterms 2010 Anhang 5.

- Kosten für Vervielfältigungsrechte
  Sofern der Rechnungspreis auch die Gegenleistung für die Vervielfältigung (körperliche Vervielfältigung wie Vermehrung einer Ware sowie unkörperliche Vervielfältigung wie Aufführungs- und Senderecht) enthält, dürfen diese Kosten abgezogen werden. Der Verzollung soll lediglich der Wert der importierten Ware ohne den immateriellen Wert des Rechts unterliegen. In der Praxis wird eine genaue Aufteilung häufig nicht möglich sein. Dann reicht es grundsätzlich jedoch aus, wenn der Wert der Einfuhrware mit einem angemessenen Betrag angemeldet wird.[45]
- Einkaufsprovisionen
  Sofern der Rechnungspreis Kosten enthält, die der Käufer der Ware einem für ihn tätigen Einkaufkommissionär zahlt, dürfen diese abgezogen werden.
- Einfuhrabgaben
  Sofern der Rechnungspreis bereits die bei der Einfuhr in die Europäische Gemeinschaft anfallenden Einfuhrabgaben enthält, dürfen diese in gesetzlich geschuldeter Höhe abgezogen werden. Deutliches Indiz dafür, dass Einfuhrabgaben im Rechnungspreis enthalten sind, ist die Lieferbedingung (INCOTERMS 2010) DDP („delivered duty paid“).

Beispiel

Die deutsche Vertriebsgesellschaft eines japanischen Automobilherstellers importiert Fahrzeuge aus Japan. Die Lieferung der Fahrzeuge nach Deutschland erfolgt unter der Lieferbedingung DDP Düsseldorf. Im Rechnungspreis sind somit die Beförderungskosten für den Warentransport von Japan bis nach Düsseldorf sowie die anfallenden Zölle enthalten. Die auf die Strecke vom Ort des Verbringens in die Europäische Gemeinschaft bis nach Düsseldorf entfallenden innergemeinschaftlichen Beförderungskosten sowie die Zölle in der gesetzlich geschuldeten Höhe dürfen bei der Ermittlung des Zollwertes vom Rechnungspreis abgezogen werden.

Gemeinsame Voraussetzung für den Abzug aller genannten Kosten ist, dass diese getrennt vom Rechnungspreis ausgewiesen sind. Dies beinhaltet einerseits das Geltendmachen des Abzugs und daneben auch den Nachweis der Kosten. Die Geltendmachung erfolgt durch Angabe des Gesamtrechnungspreises und der einzelnen Abzugsposten in der Zollwertanmeldung. Alternativ kann in der Zollwertanmeldung auch direkt der um die Abzugsposten reduzierte Rechnungsbetrag angegeben werden.[46] Grundsätzlich ist dieser getrennte Ausweis im Zeitpunkt der Abgabe der Zollanmeldung zu erbringen. Unter bestimmten Umständen ist jedoch auch eine nachträgliche Geltendmachung der Abzugsposten möglich, d. h. auch nach der Einfuhrabfertigung kann eine Reduzierung des Zollwertes und daraus

[45] Vgl. Vorschriftensammlung der Bundesfinanzverwaltung VSF Z 5101 Abs. 96.

[46] Vgl. Vorabentscheidung des EuGH v. 20.11.2003 (Kyocera) und Folgeurteil des BFH v. 29.01.2004, VII R 42/99, DStRE 2001, 775.

resultierend eine Erstattung von Einfuhrabgaben beantragt werden.[47] Auf Verlangen der Zollbehörde hat der Zollwertanmelder zusätzlich nachzuweisen, dass die abgezogenen Kosten in der angegebenen Höhe auch tatsächlich angefallen sind. Sofern sich die exakte Ermittlung der Abzugsbeträge schwierig oder unmöglich gestaltet, kommt ebenfalls ein Abzug von Pauschalbeträgen in Betracht. Dieser bedarf jedoch der vorherigen Zulassung durch die Zollbehörde, Art. 156a ZK-DVO.

2.1.3.2.4 Verbundenheit

Nach Schätzungen der Organisation für wirtschaftliche Zusammenarbeit und Entwicklung (Organisation for Economic Co-Operation and Development – OECD) wurden bereits zu Anfang der neunziger Jahre 60 % des Welthandels zwischen verbundenen Unternehmen abgewickelt (vgl. Möller 2004, S. 5). Vor dem Hintergrund der rasant fortschreitenden Globalisierung dürfte dieser Anteil in den letzten Jahren weiter erheblich gestiegen sein. Der Zollwertermittlung bei grenzüberschreitenden Geschäften zwischen verbundenen Unternehmen kommt deshalb eine besondere Bedeutung bei.

Die Verbundenheit im zollrechtlichen Sinn lässt sich in drei Gruppen einteilen. Zum einen kann eine Verbundenheit aufgrund persönlicher Beziehungen bestehen. Hiervon sind beispielsweise Arbeitnehmer-Arbeitgeber-Verhältnisse, aber auch verwandtschaftliche Beziehungen erfasst. Daneben kann eine Verbundenheit aufgrund von Kapitalbeteiligungen oder aufgrund von Kontrollfunktionen bestehen (vgl. Möller 2004, S. 190 ff.). Alle Fälle der zollrechtlichen Verbundenheit sind abschließend in Art. 143 ZK-DVO geregelt.

Sofern Käufer und Verkäufer verbunden sind, ist diese Verbundenheit in der Zollwertanmeldung anzugeben. Eine vorliegende Verbundenheit ist noch kein Grund, den angemeldeten Transaktionswert als unannehmbar anzusehen. Dies geschieht vielmehr erst, wenn die Verbundenheit den Preis beeinflusst hat. Aus diesem Grund ist durch den Zollwertanmelder zusätzlich in der Zollwertanmeldung anzugeben, ob der zwischen den beiden Kaufvertragsparteien vereinbarte Kaufpreis durch die Verbundenheit beeinflusst ist. Eine solche schädliche Preisbeeinflussung kann vorliegen, wenn der zwischen den verbundenen Unternehmen vereinbarte Preis niedriger ist als der Preis, der bei gleichen Umständen einem nicht verbundenen Käufer berechnet worden wäre.[48] In besonderen Fällen, z. B. bei zu erhebenden Antidumpingzöllen oder Mindestpreisregelungen, kann eine Preisbeeinflussung auch dann vorliegen, wenn der dem verbundenen Käufer berechnete Preis höher ist als der Preis, der bei gleichen Umständen einem nicht verbundenen Käufer berechnet worden wäre.[49]

Eine Überprüfung, ob eine schädliche Preisbeeinflussung gegeben ist, soll durch die Zollbehörden ausdrücklich nicht in jedem Fall einer vorliegenden Verbundenheit durchgeführt werden.[50] Aus diesem Grund nehmen die Zollstellen eine genauere Überprüfung

[47] Vgl. EuGH v. 20.10.2005, C-468/03 (Overland 2), BFH/NV Beilage 2006, 55.

[48] Vgl. Vorschriftensammlung der Bundesfinanzverwaltung VSF Z 5101 Abs. 30 Uabs. 1.

[49] Vgl. Vorschriftensammlung der Bundesfinanzverwaltung VSF Z 5101 Abs. 30 UAbs. 2.

[50] Vgl. Erläuternde Anmerkung zu Art. 1 GATT-Zollwert-Kodex.

des angemeldeten Preises nur dann vor, wenn sich entsprechende Zweifel ergeben. Entsprechende Zweifel könne sich jedoch bereits aus der Bezeichnung eines Preises als „Intercompany-", „Verrechnungs-" oder „Transfer-Preis" ergeben. Sofern zusätzlich Anhaltspunkte[51] dafür vorliegen, dass die Preise an den verbundenen Käufer auf andere Art und Weise gebildet werden, als an nicht verbundene Käufer, liegen begründete Zweifel für eine Preisbeeinflussung vor.

Beispiel

Die Tochtergesellschaft eines amerikanischen Unternehmens bezieht von diesem Waren. Die zur Verzollung der Waren angemeldeten Preise werden in der Rechnung als Intercompany-Preise bezeichnet und liegen ca. 30 % unter den Preisen, die die amerikanische Muttergesellschaft an unverbundene Importeure in der Europäischen Gemeinschaft berechnet.

Es liegen somit begründete Zweifel für eine Preisbeeinflussung aufgrund der Verbundenheit zwischen Käufer und Verkäufer vor.

Falls die Zollbehörde entsprechende Zweifel hinsichtlich einer Preisbeeinflussung hat, teilt sie dies dem Zollwertanmelder mit. Dieser hat dann die Gelegenheit, diese Zweifel auszuräumen. Hierfür gibt es die folgenden Möglichkeiten:

- Vorlage von Vergleichszollwerten
  Der Zollwertanmelder kann Unterlagen, wie etwa Abfertigungsunterlagen, Einfuhrabgabenbescheid oder Prüfungsberichte vorlegen, aus denen sich ergibt, dass von einer Zollstelle in der Gemeinschaft bereits korrekt ermittelte Zollwerte akzeptiert wurden, die dem angemeldeten Wert sehr nahe kommen. Es muss sich dabei allerdings um Zollwerte handeln, die sich auf gleiche oder gleichartige Ware derselben Handelsstufe beziehen, welche in vergleichbarer Menge und zeitnah zur jetzigen Einfuhr importiert wurden.
- Darlegung der Preisermittlung (Fremdvergleich)
  Sofern der Zollwertanmelder nachweisen kann, dass der Verkäufer der importierten Ware den zu Grunde gelegten Preis auf der Basis einer in der betreffenden Branche üblichen Preispraxis ermittelt hat, wird dieser Preis ebenfalls als nicht durch die Verbundenheit beeinflusst anerkannt. Dies ist auch dann der Fall, wenn sich aus den Ausführungen des Zollwertanmelders ergibt, dass beim Verkäufer der Ware eine identische Ermittlung der Preise für verbundene und unverbundene Käufer stattfindet oder dass die Preisermittlung mittels Kostenaufschlagsmethode durchgeführt wird.

Die unter dem zweiten Punkt dargelegten Methoden des Fremdvergleichs sind dabei nicht abschließend. Hierbei kommen vielmehr alle Methoden in Betracht, die auf den Nach-

[51] Eine exemplarische Auflistung möglicher Anhaltspunkte für eine Preisbeeinflussung enthält die DV Zollwert der Vorschriftensammlung der Bundesfinanzverwaltung VSF Z 5101 in Abs. 31.

weis gerichtet sind, dass Käufer und Verkäufer wie Unverbundene miteinander handeln. Dies entspricht inhaltlich den Grundsätzen der Ermittlung von Verrechnungspreisen.[52] Als weitere Nachweismöglichkeiten kommen somit auch die auf den OECD-Verrechnungspreisleitlinien beruhenden Preismethoden in Betracht. Nach Auffassung der deutschen Zollverwaltung kann deshalb auch eine Verrechnungspreisdokumentation zum Nachweis des Nichtvorliegens einer zollwertrechtlich schädlichen Preisbeeinflussung herangezogen werden (vgl. Vonderbank 2005, S. 311 ff.).

Sofern die Zweifel der Zollbehörde nicht ausgeräumt werden können bzw. wenn die Prüfung der Zollbehörde das Vorliegen einer schädlichen Preisbeeinflussung bestätigt, scheidet die Transaktionswertmethode aus. Auch wenn festgestellt werden sollte, in welchem Umfang eine Preisbeeinflussung vorliegt, erfolgt keine Korrektur im Rahmen der Transaktionswertmethode. Es ist vielmehr eine der Folgemethoden der Zollwertermittlung anzuwenden.[53]

Gelegentlich kommt es zwischen verbundenen Unternehmen zu nachträglichen Preisanpassungen („transfer pricing adjustments"). Auch solche Preisanpassungen können zollwertrechtlich relevant sein und bei einer nachträglichen Erhöhung der Preise für importierte Waren zu einer zusätzlichen Festsetzung von Einfuhrabgaben oder bei einer nachträglichen Preisreduzierung zu Erstattungsansprüchen führen. Maßgebend ist hierbei, ob die rechtliche Grundlage für die Preisanpassung, d. h. im Regelfall die entsprechende Klausel im zu Grunde liegenden Vertrag zwischen den verbundenen Parteien, bereits im Zeitpunkt der Zollschuldentstehung existierte und Gültigkeit besaß. Grundsätzliche Voraussetzung ist jedoch weiterhin, dass der sich nach der Preisanpassung ergebende Preis als unbeeinflusst anzusehen ist.

Beispiel

Die Tochtergesellschaft eines amerikanischen Unternehmens bezieht von diesem Waren. Die Waren werden zu einem Stückpreis von $50 eingekauft. Im Folgejahr ergibt eine Überprüfung, dass der interne Verrechnungspreis zu hoch war und es erfolgt eine nachträgliche Korrektur der Preise für die im Vorjahr importierten Waren. Der sich nach der Korrektur ergebende Preis beläuft sich auf $45.

Sofern die vertragliche Klausel, welche die nachträgliche Preisanpassung und den Maßstab der Anpassung vorsieht, bereits im Zeitpunkt der Zollschuldentstehung für die importierten Waren existierte, kann der Zollanmelder eine Erstattung der auf den reduzierten Anteil des Einkaufspreises entfallenden Einfuhrabgaben beantragen.

[52] Ausführliche Informationen zum Verhältnis von Verrechnungspreisen und der Zollwertermittlung finden sich in Möller 2004. Eine aktuelle Bestandsaufnahme zu diesem Thema unternimmt Möller 2014, S. 147–152.

[53] Vgl. Abschn. 2.1.3.2.6.

2.1.3.2.5 Vorerwerbergeschäft

Bei der Anwendung der Transaktionswertmethode ist grundsätzlich auf den Preis aus dem „Verkauf zur Ausfuhr in die Gemeinschaft" abzustellen.[54] Dieser Preis bildet gegebenenfalls nach der Vornahme von Hinzurechnungen und Abzügen den Zollwert. Dies gilt auch im Fall von Reihengeschäften.

Beispiel

Ein chinesischer Hersteller A von Turnschuhen verkauft 50.000 Stück zu einem Preis von insgesamt EUR 150.000 an einen japanischen Verkäufer B. Der japanische Verkäufer verkauft die gesamte Sendung zu einem Preis von insgesamt EUR 200.000 an einen Kunden C in Deutschland.

Verkauf zur Ausfuhr ist grundsätzlich das Rechtsgeschäft zwischen B und C. Der vereinbarte Preis von EUR 200.000 ist zur Ermittlung des Zollwertes heranzuziehen. Ohne Berücksichtigung weiterer Hinzurechnungen oder Abzüge ergibt sich bei einem Zollsatz von 16,9 % ein zu zahlender Zoll von EUR 33.800.

Das europäische Zollrecht sieht zusätzlich die Möglichkeit vor, auch einen Preis aus einem Rechtsgeschäft der Zollwertermittlung zu Grunde zu legen, welches dem Rechtsgeschäft, das zum Verbringen der Waren in die Gemeinschaft führt, vorausgeht, Art. 147 Abs. 1 letzter Satz ZK-DVO, sog. First-Sale-Rule. Für das obige Beispiel bedeutet dies, dass die Zollwertermittlung grundsätzlich auch auf der Basis des Preises zwischen A und B stattfinden kann. Da im Regelfall mit jedem Umsatzgeschäft der Kaufpreis durch die Marge des jeweiligen Verkäufers steigt, ergibt sich durch die Anmeldung eines solchen Vorerwerberpreises die Möglichkeit zur Reduzierung der zu entrichtenden Einfuhrabgaben.

Beispiel

Ein chinesischer Hersteller A von Turnschuhen verkauft 50.000 Stück zu einem Preis von insgesamt EUR 150.000 an einen japanischen Verkäufer B. Der japanische Verkäufer verkauft die gesamte Sendung zu einem Preis von insgesamt EUR 200.000 an einen Kunden C in Deutschland.

Bei Anmeldung des Preises aus dem Kaufgeschäft zwischen A und B in Höhe von 150.000 ergibt sich bei einem Zollsatz von 16,9 % ein zu zahlender Zoll von EUR 25.350.

Zwingende Voraussetzung für die Anmeldung eines solchen Vorerwerberpreises ist es jedoch, dass es sich bei dem anzumeldenden Vorerwerbergeschäft ebenfalls um einen Verkauf zur Ausfuhr in die Gemeinschaft handelt. Hierzu ist den Zollbehörden nachzuweisen,

[54] Vgl. Abschn. 2.1.3.2.2.

dass dieser Verkauf von Waren bereits mit der Bestimmung Europäische Gemeinschaft abgeschlossen wurde. Dieser Nachweis kann z. B. wie folgt erbracht werden:[55]

- die Vertragsunterlagen lassen die Bestimmung der Waren für das Zollgebiet der Gemeinschaft erkennen,
- die betreffenden Waren wurden speziell für einen Käufer in der Europäischen Gemeinschaft hergestellt,
- bestimmte Waren werden bei einem Zwischenhändler bestellt, der die Waren seinerseits bei einem Hersteller in Auftrag gibt. Die Waren werden direkt von diesem Hersteller an den Abnehmer in der Europäischen Union geliefert,
- die Waren wurden gemäß Spezifikationen für das Zollgebiet der Gemeinschaft hergestellt,
- es wird festgestellt (z. B. anhand von Kennzeichnungen für Produktsicherheit usw.), dass die Waren für das Zollgebiet der Gemeinschaft gedacht sind.

Des Weiteren muss der Zollwertanmelder grundsätzlich im Besitz aller notwendigen Unterlagen hinsichtlich des angemeldeten Kaufgeschäftes sein. Für die Anmeldung eines Preises aus einem Vorerwerbergeschäft bedeutet dies, dass er neben der Warenrechnung auf Verlangen auch den Kaufvertrag, sonstige Vertragsunterlagen und andere das angemeldete Kaufgeschäft betreffende Unterlagen und Nachweise, wie etwa Unterlagen über Beförderungs- und Versicherungskosten, Werkzeugkostenrechnungen oder Lizenzverträge, etc. vorzulegen hat. Zusätzlich kann durch die Zollbehörde auch die Vorlage von Auszügen bestimmter Konten und Buchführungsunterlagen des Käufers des maßgeblichen Kaufgeschäftes verlangt werden. Die Anmeldung eines Vorerwerbergeschäfts wird regelmäßig also nur dann möglich sein, wenn es sich bei den betroffenen Parteien um verbundene Unternehmen handelt, da in anderen Fällen der Käufer des Vorerwerbergeschäfts nicht bereit sein dürfte, seine Einkaufspreise aufzudecken und zudem auch noch die umfangreichen vorgenannten Nachweise beizubringen.

Durch die Anmeldung eines Preises aus einem Vorerwerbergeschäft kann die Belastung mit Einfuhrabgaben reduziert werden. Es empfiehlt sich jedoch, im Vorfeld den Umfang der notwendigen Unterlagen und Informationen mit der Zollbehörde abzustimmen.

▶ **UZK** Nach dem derzeitigen Entwurf der Durchführungsbestimmungen zum UZK soll das Vorerwerbergeschäft künftig bei der Transaktionswertermittlung nicht mehr berücksichtigt werden

2.1.3.2.6 Andere Zollwertmethoden

Sofern der Zollwert aufgrund fehlender Voraussetzungen nicht nach der Transaktionswertmethode ermittelt werden kann, weil beispielsweise im Fall einer kostenlosen Lieferung

[55] Vgl. hierzu Vorschriftensammlung der Bundesfinanzverwaltung VSF Z 5101 Abs. 8 und 9 i. v. m. 129.

kein Kaufpreis existiert oder der gezahlte oder zu zahlende Preis durch eine Verbundenheit zwischen Käufer und Verkäufer beeinflusst ist, kommen die Folgemethoden der Zollwertermittlung zur Anwendung. Diese sind in der vorgeschriebenen Reihenfolge anzuwenden. Nur wenn die Voraussetzungen für eine Methode nicht vorliegen, darf auf die nächste Methode übergegangen werden. Eine Ausnahme bilden dabei die Methoden 4 (Deduktive Methode) und 5 (Methode des errechneten Wertes), deren Anwendung auf Antrag des Zollanmelders in umgekehrter Reihenfolge erfolgen kann. Die Folgemethoden der Zollwertermittlung sind:

- Zollwert gleicher Waren (2. Methode)
  Inhalt dieser Methode ist der Rückgriff auf vorhandene Zollwerte für gleiche Waren, die zu demselben oder annähernd zu demselben Zeitpunkt wie die zu bewertenden Waren importiert wurden, Art. 30 Abs. 2 Buchst. a) ZK i. V. m. Art. 150 ZK-DVO. Als „gleich" gelten dabei Waren, die in demselben Land hergestellt sind und in jeder Hinsicht – einschließlich der körperlichen Eigenschaften, der Qualität und des Ansehens – gleich sind. Geringfügige Unterschiede im Aussehen schließen Waren nicht aus, die ansonsten nach der Definition als gleich anzusehen sind.
  Als annähernd im selben Zeitpunkt eingeführt gilt ein Zeitpunkt, der nicht mehr als 60 Tage vor oder nach der Ausfuhr der zu bewertenden Ware liegt.[56] Liegen mehrere Transaktionswerte gleicher Waren innerhalb dieses Zeitraumes vor, ist der niedrigste zu wählen.[57] Der Zollwert gleicher Waren muss zudem aus einem Kaufgeschäft auf der gleichen Handelsstufe und über im Wesentlichen gleiche Mengen wie die zu bewertenden Waren stammen. Es dürfen keine wesentlichen Unterschiede hinsichtlich der Lieferungskosten bezüglich der Entfernung und der Beförderungsart bestehen, Art. 150 ZK-DVO.
  Die Vergleichszollwerte sind durch den Zollanmelder beizubringen. Ist dies nicht möglich, scheidet diese Zollwertermittlungsmethode aus und die Anwendbarkeit von Methode 3 ist zu prüfen.
- Zollwert gleichartiger Waren (3. Methode)
  Im Rahmen dieser Methode wird auf den Zollwert gleichartiger Waren abgestellt, welche zu demselben oder annähernd zu demselben Zeitpunkt wie die zu bewertenden Waren ausgeführt wurde, Art. 30 Abs. 2 Buchst. b) ZK i. V. m. Art. 151 ZK-DVO. Dabei gelten als gleichartige Waren solche Waren, die in demselben Land hergestellt sind und – obwohl sie nicht in jeder Hinsicht gleich sind – gleiche Eigenschaften und gleiche Materialzusammensetzungen aufweisen, die es ihnen ermöglichen, die gleichen Aufgaben zu erfüllen und im Handel austauschbar zu sein. Bei der Feststellung, ob Waren als gleichartig anzusehen sind, sind unter anderem die Qualität der Waren, ihr Ansehen und das Vorhandensein eines Warenzeichens zu berücksichtigen. Die Ausführungen zu Methode 2 gelten entsprechend.

[56] Vgl. Vorschriftensammlung der Bundesfinanzverwaltung VSF Z 5101 Abs. 103.
[57] Vgl. Vorschriftensammlung der Bundesfinanzverwaltung VSF Z 5101 Abs. 104.

Bei Nichtanwendbarkeit eines Zollwertes gleichartiger Waren ist zu prüfen, ob der Zollwert anhand von Methode 4 oder, auf Antrag des Zollanmelders, Methode 5 ermittelt werden kann.

- Deduktive Methode (4. Methode)
  Bei der deduktiven Methode wird von einem inländischen Verkaufspreis auf den Zollwert zurückgerechnet, vgl. Art. 30 Abs. 2 Buchst c) ZK i. V. m. Art. 152 ZK-DVO. Ausgangspunkt ist dabei der Preis, zu dem die zu bewertende oder eine gleiche bzw. gleichartige Waren im Zollgebiet der Gemeinschaft im selben oder annähernd im selben Zeitpunkt wie die Einfuhr der zu bewertenden Waren in der größten Menge insgesamt an unverbundene Personen verkauft wird. Von einem solchen Preis sind folgende Kosten abzuziehen:
  – die bei Verkäufen in der Gemeinschaft in der Regel gezahlten oder vereinbarten Provisionen oder die üblichen (nicht grundsätzlich die tatsächlichen) Zuschläge für Gewinn und Gemeinkosten bei eingeführten Waren derselben Gattung oder Art;
  – die in der Gemeinschaft anfallenden üblichen (nicht grundsätzlich die tatsächlichen) Beförderungs- und Versicherungskosten sowie damit zusammenhängende Kosten und
  – Einfuhrabgaben und andere aufgrund der Einfuhr oder des Verkaufs der Waren in der Gemeinschaft zu zahlenden Abgaben.

  Liegen keine entsprechenden Verkaufspreise vor, ist diese Zollwertermittlungsmethode nicht anwendbar.
- Methode des errechneten Wertes oder additive Methode (5. Methode)
  Sofern keine der zuvor genannten Zollwertermittlungsmethoden anwendbar ist oder auf Antrag des Zollanmelders anstelle von Methode 4, bietet die Methode des errechneten Wertes die Möglichkeit, den Zollwert auf der Basis der tatsächlichen Herstellungskosten des ausländischen Herstellers zu ermitteln, Art. 30 Abs. 2 Buchst. d) ZK i. V. m. Art. 153 ZK-DVO Hierzu sind durch diesen die betreffenden Kalkulationsunterlagen vorzulegen. Der Zollwert soll im Rahmen dieser Methode aus den folgenden Bestanteilen ermittelt werden:
  – Kosten oder den Wert des Materials, der Herstellung sowie sonstiger Be- oder Verarbeitungen, die bei der Erzeugung der eingeführten Waren anfallen;
  – Betrag für Gewinn und Gemeinkosten, der dem Betrag entspricht, der üblicherweise von Herstellern im Ausfuhrland bei Verkäufen von Waren der gleichen Art oder Beschaffenheit wie die zu bewertenden Waren zur Ausfuhr in die Gemeinschaft angesetzt wird;
  – Beförderungs-, Versicherungs- und Ladekosten gemäß Artikel 32 Abs. 1 Buchst. e) ZK.

  In der Praxis spielt die Methode des errechneten Wertes keine Rolle.
- Schlussmethode (6. Methode)
  Sofern aufgrund fehlender Voraussetzungen keine der vorgenannten Bewertungsmethoden zur Ermittlung eines Zollwertes anwendbar ist, muss der Zollwert zwingend anhand der sechsten Bewertungsmethode ermittelt werden, Art. 31 ZK. Dies bedeutet, dass der Zollwert auf andere Weise nach einer zweckmäßigen Methode zu ermitteln ist.

In erster Linie bietet diese Regelung die Grundlage für eine flexiblere Anwendung der ersten fünf Zollwertermittlungsmethoden. Sofern bei diesen einzelne Voraussetzungen nicht erfüllt sind, kann über Methode 6 dennoch eine Zollwertermittlung auf der Basis der Grundgedanken der vorherigen Methoden stattfinden.

Beispiel

Ein deutsches Unternehmen kauft von dem mit ihm verbundenen Lieferanten in Japan DVD-Recorder und meldet diese zur Überführung in den freien Verkehr an. Dabei wird festgestellt, dass der angemeldete Preis um 30 % unter dem Preis für unverbundene Käufer liegt und die Verbundenheit den Preis somit schädlich beeinflusst hat. Die Anwendung der Transaktionswertmethode scheidet demnach aus.

Sofern keine der Folgemethoden anwendbar ist, kann im Rahmen der Schlussmethode eine Korrektur des angemeldeten Preises um den Umfang der Preisbeeinflussung erfolgen, d. h. mittels der Schlussmethode wird der Verkaufspreis zwischen den verbundenen Unternehmen um 30 % erhöht und (gegebenenfalls nach analoger Berücksichtigung weiterer Hinzurechnung oder Abzüge) als Zollwert anerkannt.

Der im Rahmen der Schlussmethode ermittelte Zollwert darf nicht zur Grundlage haben:

- den Verkaufspreis in der Gemeinschaft von Waren, die in der Gemeinschaft hergestellt worden sind;
- ein Verfahren, nach dem jeweils der höhere von zwei Alternativwerten für die Zollwertermittlung heranzuziehen ist;
- den Inlandsmarktpreis von Waren im Ausfuhrland;
- andere Herstellungskosten als jene, die bei dem errechneten Wert für gleiche oder gleichartige Waren nach Art. 30 Abs. 2 Buchst. d) ZK ermittelt worden sind;
- Preise zur Ausfuhr in ein Land, das nicht zum Zollgebiet der Gemeinschaft gehört;
- Mindestzollwerte;
- willkürliche oder fiktive Werte.

In der Praxis ist die Schlussmethode die nach der Transaktionswertmethode am meisten angewandte Art der Zollwertermittlung.

▶ **NEUREGELUNGEN DURCH DEN UZK (VORAUSSICHTLICH AB MAI 2016)** Der UZK sieht neben der Möglichkeit der Beantragung verbindlicher Zolltarifauskünfte (vgl. oben) grundsätzlich auch die Erlangung einer verbindlichen Auskunft über die Faktoren, auf deren Grundlage Einfuhr- oder Ausfuhrabgaben bemessen werden, vor. Hierunter fallen insbesondere Fragen zum Zollwert. Auf Antrag können die Zollbehörden zudem bewilligen, dass bestimmte zollwertrelevante Beträge (Bestandteile des Transaktionswertes sowie Hinzurechnungen und Abzüge) auf der Grundlage besonderer Kriterien festgelegt werden, sofern sich diese im Zeitpunkt der Annahme der Zollanmeldung nicht bestimmen lassen.

2.1.3.3 Zollschuld

Bei der Überführung in den freien Verkehr entsteht die Zollschuld durch die Annahme der Zollanmeldung, Art. 201 ZK. Unbedeutend ist dabei, ob diese Zollanmeldung im Normalverfahren oder im Rahmen eines vereinfachten Verfahrens abgegeben wird. Der Zollanmelder, d. h. die Person, die in eigenem Namen eine Zollanmeldung abgibt oder in deren Namen eine Zollanmeldung abgegeben wird, wird zum Schuldner der Einfuhrabgaben. Im Verfahren der indirekten Stellvertretung wird auch der Vertretene zum Zollschuldner.[58]

2.1.3.4 Ursprung einer Ware

2.1.3.4.1 Allgemeines

In der täglichen Zollpraxis wird sehr häufig vom Ursprung einer Ware gesprochen. Oftmals werden Bescheinigungen des Ursprungs benötigt, und in verschiedenen Dokumenten ist der Warenursprung anzugeben. Dem Warenursprung kommen im Zollrecht viele verschiedene Aufgaben zu. So spielt er beispielsweise neben Zolltarif und Zollwert auch bei der Abgabenerhebung eine wichtige Rolle.

Aus zollrechtlicher Sicht existieren zwei „Ursprünge“. Dies sind der präferenzielle Ursprung und der nichtpräferenzielle (oder auch IHK-) Ursprung. Beide Ursprünge haben eine unterschiedliche Bedeutung und verschiedene Anwendungsbereiche. Auch die Ermittlung des jeweiligen Ursprungs erfolgt nach abweichenden Kriterien. Während eine Ware stets einen nichtpräferenziellen Ursprung hat und es hierbei „lediglich“ darum geht, diesen zutreffend zu ermitteln, hängt das Vorliegen des präferenziellen Ursprungs einer Ware von weiteren Voraussetzungen ab. Im Extremfall können präferenzieller und nichtpräferenzieller Ursprung einer Ware auseinander fallen.

2.1.3.4.2 Der präferenzielle Ursprung

2.1.3.4.2.1 Bedeutung

Der Präferenzursprung steht im Zusammenhang mit internationalen Abkommen über Vorzugsbehandlungen bei der Einfuhr von Waren. Solche Abkommen werden Präferenzabkommen genannt. Die Europäische Union hat mit zahlreichen Staaten bzw. Staatengruppen Präferenzabkommen geschlossen, die den Charakter völkerrechtlicher Verträge haben. Kern dieser Präferenzabkommen ist, dass sich die Europäische Gemeinschaft und die andere Vertragspartei bei Einfuhren von Waren, die aus der Europäische Union oder aus dem Vertragsstaat stammen, einen vom Regelzollsatz abweichenden, günstigeren Zollsatz (im Regelfall Zollsatz von 0 %) gewähren. Grundsätzliche Bedingung für die Gewährung

[58] Weitere Einzelheiten zur Zollschuldentstehung entnehmen Sie bitte den allgemeinen Ausführungen unter Abschn. 1.7

des günstigeren Zollsatzes ist, dass die eingeführte Ware die Eigenschaft des Präferenzursprungs der Europäischen Gemeinschaft oder des Vertragsstaates aufweist.

Gewährt die Europäische Union diese Vergünstigung nur für die Einfuhren von Waren mit Präferenzursprung des Vertragsstaates in die Europäische Union, spricht man von einer einseitigen Präferenzmaßnahme[59]. Gewährt der Vertragsstaat umgekehrt auch für Waren mit Präferenzursprung der Europäischen Union eine Vergünstigung, so spricht man von einem zweiseitigen oder bilateralen Präferenzabkommen. Die Europäische Union hat mit zahlreichen Staaten zweiseitige Präferenzabkommen abgeschlossen. Dies sind u. a. die EFTA-Länder (Island, Norwegen, Schweiz und Liechtenstein), Kroatien und Mazedonien, die Länder des Mittelmeerraums (Jordanien, Syrien, Libanon, Ägypten, Tunesien, Marokko, Algerien, Israel sowie Westjordanland und Gazastreifen), die Cariforum-Ländergruppe, Montenegro, Bosnien und Herzegowina, Albanien, die Faröer Inseln, Mexiko, Chile, Südafrika, Ceuta und Melilla sowie Andorra. Einseitige Präferenzabkommen existieren u. a. mit den AKP-Staaten (Staaten des afrikanischen, karibischen und pazifischen Raums, derzeit 77 Länder der Region, zumeist ehemalige französische oder englische Kolonien), den ÜLG (Überseeische Länder und Gebiete, 20 zumeist ehemalige französische oder englische Kolonien), den SPG (verschiedene Entwicklungsländer), der Republik Moldawien, dem Kosovo, Serbien, Syrien u. a. Keine Präferenzabkommen bestehen traditionell mit wirtschaftlich starken Staaten wie den USA, Kanada, Australien, Neuseeland, Südkorea sowie Japan.

2.1.3.4.2.2 Wann ist eine Ware Präferenzursprungsware?

Die Definition, ob eine Ware als präferenzielle Ursprungsware gilt, ergibt sich aus dem jeweiligen Präferenzabkommen. Grundsätzlich wird dabei unterschieden zwischen Waren, die im Gebiet der Vertragspartei vollständig gewonnen oder hergestellt worden sind, und Waren, die entsprechend den Bedingungen der Vorschrift unter Verwendung von Vormaterialien ohne Ursprung ausreichend be- oder verarbeitet worden sind.

Als vollständig im Gebiet der Vertragspartei gewonnen oder hergestellt gelten grundsätzlich alle Waren, die ohne Verwendung von „fremden" Materialien erzeugt worden sind. Dies sind beispielsweise:[60]

- aus dem Boden oder dem Meeresgrund des Gebietes gewonnene mineralische Erzeugnisse,
- im Gebiet geerntete pflanzliche Erzeugnisse,
- im Gebiet geborene oder ausgeschlüpfte und dort aufgezogene lebende Tiere,
- Erzeugnisse von dort gehaltenen lebenden Tieren.

---

[59] Die im grenzüberschreitenden Warenverkehr bedeutendste Maßnahme einseitiger Präferenzgewährung der EU erfolgt im Rahmen des Schemas Allgemeiner Zollpräferenzen (APS), welches ab 1. Januar 2014 grundlegend neu geregelt wurde, vgl. hierzu Landwehr 2014, S. 123–127. und S. 191–195.

[60] Vgl. z. B. Art. 4 Abs. 2 Buchst. e – k des Protokolls Nr. 4 zum EWR-Abkommen.

Aus der Aufzählung wird ersichtlich, dass unter die erste Alternative im Wesentlichen Erzeugnisse des primären Sektors (Land- und Forstwirtschaft, Fischerei und Bergbau) fallen. Diese Erzeugnisse nennt man auch Urprodukte. Die Feststellung der Ursprungseigenschaft solcher Erzeugnisse ist daher eher unproblematisch.

Weitaus komplexer gestaltet sich in der Praxis die Ermittlung des Präferenzursprungs nach der zweiten Alternative für Waren, die nicht vollständig im Gebiet der Vertragspartei gewonnen oder hergestellt wurden, sondern dort aus Vormaterialien, die ihren Ursprung nicht in diesem Gebiet haben, hergestellt wurden (ausreichend be- oder verarbeitete Waren). Als in ausreichendem Maße be- oder verarbeitet gelten nach den Präferenzabkommen Waren, die die Bedingungen der Liste im Anhang zum jeweiligen Präferenzabkommen erfüllen (Ursprungsliste).

Die Ursprungsliste sieht für jede Ware eine oder mehrere zu erfüllende Voraussetzungen vor. Sind diese Voraussetzungen bei der Herstellung der Ware erfüllt, so liegt die Präferenzursprungseigenschaft der Ware vor. Der Auszug in Abb. 2.3 aus der Ursprungsliste zum Protokoll Nr. 4 des EWR-Abkommens verdeutlicht den Aufbau.

Die Listenbedingungen beziehen sich immer auf die Voraussetzungen, die im Hinblick auf die bei der Herstellung der Ware verwendeten Vormaterialien zu erfüllen sind. Als Vormaterial gelten alle Zutaten, Rohstoffe, Komponenten oder Teile etc., die beim Herstellen der Ware verwendet werden. Die meisten Listenbedingungen basieren dabei entweder auf einem Wertkriterium oder dem Kriterium des tariflichen Positionswechsels. Manche Listenbedingungen kombinieren auch Wertkriterium und Positionswechsel, d. h. es sind beide Kriterien kumulativ zu erfüllen, damit die Ware den Präferenzursprung erlangt.

Unter einem Wertkriterium ist eine Ursprungsregel zu verstehen, bei der die Ursprungseigenschaft der zu beurteilenden Ware vom Wert der verwendeten Vormaterialien, die keinen Ursprung haben, abhängt. Eine solche Ursprungsregel schreibt beispielsweise vor, dass der Wert der verwendeten Vormaterialien 40 % des Ab-Werk-Preises der hergestellten Ware nicht überschreiten darf, damit die Ursprungseigenschaft gegeben ist. Unter dem Kriterium des Positionswechsels versteht man eine Ursprungsregel, nach der die verwendeten Vormaterialien ohne Ursprungseigenschaft sämtlich in eine andere Position des Zolltarifs eingereiht werden als das hergestellte Erzeugnis. Während durch das Wertkriterium sichergestellt wird, dass eine den Wert der Vormaterialien in der Regel wertmäßig überwiegende Be- oder Verarbeitung im Gebiet der Vertragspartei erfolgt, wird durch das Kriterium des Positionswechsels sichergestellt, dass die Be- oder Verarbeitung nicht nur geringfügig ist. Beide Regeln zielen darauf ab, dass mit der Be- oder Verarbeitung eine bedeutende neue Herstellungsstufe erreicht wird.

Beispiel

Das Schweizer Unternehmen Renox stellt in der Schweiz exklusive CD-Spieler her. Die Geräte sind nach der Position 8525 zuzuordnen und werden zu einem Ab-Werk-Preis von umgerechnet 10.000 EUR nach Deutschland verkauft. Zur Herstellung verwendet das Unternehmen amerikanische und japanische Bauteile im Wert von umge-

31.10.2013 DE Amtsblatt der Europäischen Union 309

KN-Code	Warenbezeichnung	Vertragsmäßiger Zollsatz (%)	Besondere Maßeinheit
1	2	3	4
	– andere:		
4202 91	– – mit Außenseite aus Leder oder rekonstituiertem Leder:		
4202 91 10	– – – Reisetaschen, Toilettentaschen (Necessaires), Rucksäcke und Taschen für Sportartikel	3	—
4202 91 80	– – – andere	3	—
4202 92	– – mit Außenseite aus Kunststofffolien oder Spinnstoffen:		
	– – – aus Kunststofffolien:		
4202 92 11	– – – – Reisetaschen, Toilettentaschen (Necessaires), Rucksäcke und Taschen für Sportartikel	9,7	—
4202 92 15	– – – – Behältnisse für Musikinstrumente	6,7	—
4202 92 19	– – – – andere	9,7	—
	– – – aus Spinnstoffen:		
4202 92 91	– – – – Reisetaschen, Toilettentaschen (Necessaires), Rucksäcke und Taschen für Sportartikel	2,7	—
4202 92 98	– – – – andere	2,7	—
4202 99 00	– – andere	3,7	—
4203	Kleidung und Bekleidungszubehör, aus Leder oder rekonstituiertem Leder:		
4203 10 00	– Kleidung	4	—
	– Fingerhandschuhe, Handschuhe ohne Fingerspitzen und Fausthandschuhe:		
4203 21 00	– – Spezialsporthandschuhe	9	pa
4203 29	– – andere:		
4203 29 10	– – – Schutzhandschuhe für alle Berufe	9	pa
4203 29 90	– – – andere	7	pa
4203 30 00	– Gürtel, Koppel und Schulterriemen	5	—
4203 40 00	– anderes Bekleidungszubehör	5	—
[4204]			
4205 00	Andere Waren aus Leder oder rekonstituiertem Leder:		
	– zu technischen Zwecken:		
4205 00 11	– – Treibriemen und Förderbänder	2	—
4205 00 19	– – andere	3	—
4205 00 90	– andere	2,5	—
4206 00 00	Waren aus Därmen, Goldschlägerhäutchen, Blasen oder Sehnen	1,7	—

Abb. 2.3 Amtsblatt der Europäischen Gemeinschaft, Abs. 35–36

rechnet rund 1900 EUR. Daneben kommen Bauteile mit schweizerischem Ursprung im Wert von umgerechnet 2100 EUR hinzu.

Die Ursprunglistenbedingung lautet:

- Herstellen, bei dem
  - der Wert aller verwendeten Vormaterialien 40 % des Ab-Werk-Preises der Ware nicht übersteigt und
  - der Wert der Vormaterialien ohne Ursprungseigenschaft den Wert der verwendeten Vormaterialien mit Ursprungseigenschaft nicht übersteigt.

oder

- Herstellen, bei dem
  - der Wert aller verwendeten Vormaterialien 25 % des Ab-Werk-Preises der hergestellten Ware nicht überschreitet.

Zur Klärung der Frage, ob es sich um eine Ware mit Schweizer Präferenzursprung handelt, für deren Einfuhr in die EU ein Präferenzzollsatz zur Anwendung kommen kann, ist zu untersuchen, ob die Listenbedingungen erfüllt sind:

1. Anstrich: Der Wert aller verwendeten Vormaterialien beträgt 4000 EUR (japanische und amerikanische Vormaterialien im Wert von 1900 EUR zuzüglich schweizer Materialien im Wert von 2100 EUR = 4000 EUR). Damit übersteigt der Wert nicht 40 % des Ab-Werk-Preises (4000 EUR von 10.000 EUR).
2. Anstrich: Der Wert der Vormaterialien ohne Ursprungseigenschaft (amerikanische und japanische Komponenten im Wert von 1900 EUR) übersteigt nicht den Wert der Vormaterialien mit Ursprung (Schweizer Komponenten im Wert von 2100 EUR).

Die Ursprungslistenbedingung ist erfüllt. Die Ware hat somit Schweizer Präferenzursprung und kann präferenzbegünstigt nach Deutschland (in das Zollgebiet der Gemeinschaft) eingeführt werden. Die alternative Regelung, die ein 25 %-Wertkriterium vorsieht, braucht nicht geprüft zu werden.

Bei der Ermittlung, ob eine Ware den präferenziellen Ursprung erlangt hat, sind zusätzlich zahlreiche weitere Regelungen zu berücksichtigen (Territorialitätsprinzip, Minimalbehandlungen, Kumulierung, No-draw-back-Rule, etc.). Da sich die Ermittlung des Präferenzursprungs einer Ware deshalb mitunter als komplex darstellen kann, sieht das Zollrecht die Möglichkeit einer so genannten verbindlichen Ursprungsauskunft vor, Art. 12 ZK i. V. m. Art. 5–14 ZK-DVO. Die verbindliche Ursprungsauskunft wird wie die verbindliche Zolltarifauskunft auf Antrag des Zollbeteiligten, der einen Präferenznachweis oder eine Lieferantenerklärung ausstellen möchte, von den Zollbehörden erteilt und legt den Ursprung der beschriebenen Ware für den Antragsteller verbindlich fest. Die Gültigkeit einer solchen verbindlichen Ursprungauskunft beträgt vom Datum der Erteilung an gerechnet drei Jahre und erstreckt sich auf das gesamte Gemeinschaftsgebiet. Die Erteilung einer verbindlichen Ursprungsauskunft für Präferenzursprungszwecke ist in Deutschland beim Hauptzollamt Hannover zu beantragen. Für die Antragstellung ist kein bestimmter Vordruck vorgeschrieben, die Zollverwaltung empfiehlt jedoch, das von ihr entwickelte Formular zu verwenden.[61]

2.1.3.4.2.3 Vorlage von Präferenznachweisen bei der Einfuhr

Sofern eine einfuhrabgabenbegünstigte Einfuhr aufgrund einer bestehenden Präferenzregelung beabsichtigt ist, müssen bei der Einfuhr die folgenden Anträge gestellt bzw. Nachweise erbracht werden:

---

[61] Vgl. Anhang 6.

- Antrag auf Anwendung einer Präferenzbehandlung in der Zollanmeldung, Art. 20 Abs. 4 ZK;
- Nachweis der Präferenzursprungseigenschaft (Präferenznachweis);
- Nachweis der Direktbeförderung (Direktbeförderungsnachweis).

Der Antrag auf Anwendung einer Präferenzbehandlung wird grundsätzlich durch die Angabe einer entsprechenden Codierung in der Zollanmeldung gestellt (vormals Feld 36 des Einheitspapiers, jetzt entsprechendes Feld bei der Bildschirmeingabe im elektronischen Abfertigungsverfahren ATLAS). Der Präferenzursprung der Ware ist gegenüber den Zollbehörden durch eine schriftliche Unterlage nachzuweisen, die den Präferenznachweis darstellt. Als Präferenznachweise kommen verschiedene Dokumente in Betracht.

Warenverkehrsbescheinigungen stellen einerseits die so genannten förmlichen Präferenznachweise dar. Sie werden auf amtlichen Vordrucken erstellt und müssen durch die für den Ausführer zuständige Zollstelle vor der Ausfuhr der Waren bestätigt werden. In der Praxis wird der Ausführer daher die entsprechende Warenverkehrsbescheinigung ausstellen und diese zusammen mit den übrigen Nachweisen über die Ursprungseigenschaft der Ware (Lieferantenerklärungen, Kalkulationsunterlagen, etc.) der Zollstelle zur Bestätigung vorlegen. Die Zollstelle prüft die Warenverkehrsbescheinigung und bestätigt die Prüfung durch einen entsprechenden Vermerk (Dienststempel und Unterschrift). Anschließend kann die von der Zollstelle abgestempelte Warenverkehrsbescheinigung bei der Einfuhrabfertigung im Empfangsland vorgelegt und die präferenzbegünstigte Einfuhr beantragt werden.

Den in der Praxis wichtigsten förmlichen Präferenznachweis stellt die Warenverkehrsbescheinigung EUR 1[62] dar. Mit der Warenverkehrsbescheinigung EUR 1 kann der Präferenzursprung einer Ware im Warenverkehr zwischen der Europäischen Union und allen Staaten, mit denen gegenseitige Präferenzabkommen abgeschlossen wurden, nachgewiesen werden.

Im Warenverkehr mit Staaten bzw. Staatengruppen, mit denen die EG einseitige Präferenzabkommen abgeschlossen hat, wird der Präferenzursprung einer Ware grundsätzlich durch eine Warenverkehrsbescheinigung Form A[63] nachgewiesen.

Im Warenverkehr mit der Türkei, besteht für die so genannten gewerblichen Waren ein Freihandelsabkommen. Nach diesem ist nicht der Ursprung der Ware sondern lediglich die Freiverkehreigenschaft für die Abgabenbegünstigung maßgebend. Die Freiverkehrseigenschaft ist grundsätzlich durch eine Warenverkehrsbescheinigung A.TR [64] nachzuweisen. Für besondere Waren (landwirtschaftliche Waren und EGKS-Waren) ist zur Abgabenbegünstigung der Präferenzursprung notwendig. Dieser wird durch eine Warenverkehrsbescheinigung EUR 1 nachgewiesen.

Neben den förmlichen Präferenznachweisen kann die Präferenzursprungseigenschaft einer Ware auch durch vereinfachte Präferenznachweise dokumentiert werden. Die in der

---

[62] Vgl. Anhang 7.

[63] Vgl. Anhang 8.

[64] Vgl. Anhang 9.

Praxis am meisten verbreitete Form stellt die so genannte Ursprungserklärung dar. Bei der Ursprungserklärung handelt es sich deshalb um eine Vereinfachung, da diese von jedem Ausführer ohne Beteiligung der Zollbehörden ausgestellt werden kann. Die Ursprungserklärung ist nach dem in den jeweiligen Abkommen vorgegebenen Wortlaut entweder auf einer Rechnung, einem Lieferschein oder einem anderen Handelsdokument abzugeben.[65] Die Ursprungserklärung muss sich eindeutig auf die entsprechenden Waren, für die sie gelten soll, beziehen und ist grundsätzlich vom Aussteller zu unterschreiben.

Wortlaut der Ursprungserklärung im Warenverkehr des EWR:[66]

Deutsche Fassung (DE):

- Der Ausführer (Ermächtigter Ausführer; Bewilligungs-Nr. ...) der Waren, auf die sich dieses Handelspapier bezieht, erklärt, dass diese Waren, soweit nicht anders angegeben, präferenzbegünstigte [Angabe des Länderkennzeichens] Ursprungswaren sind.
- Kumulierung angewandt mit [Name des Landes/der Länder]
- Keine Kumulierung angewandt.

Englische Fassung (GB):

- The exporter of the products covered by this document (customs authorization No. ...) declares that, except where otherwise clearly indicated, these products are of [Angabe des Länderkennzeichens] preferential origin.
- cumulation applied with [name of country/countries]
- no cumulation applied.

Schließlich ist der Nachweis der so genannten Direktbeförderung zu erbringen. Das Erfordernis der Direktbeförderung besagt, dass die Waren, für die eine Präferenzbehandlung beantragt wird, grundsätzlich nur innerhalb der jeweiligen Präferenzzone bzw. unmittelbar von einer zur anderen Vertragspartei des Präferenzabkommens befördert werden dürfen. Sofern die Waren unter zollamtlicher Überwachung verbleiben (z. B. in einem zollrechtlichen Versandverfahren), können sie jedoch auch über nicht zur Präferenzzone gehörende Länder befördert werden bzw. dort umgeladen oder zwischengelagert werden. Der Nachweis der Direktbeförderung ist im Grundsatz entweder durch ein durchgehendes Frachtpapier oder eine sonstige beweiskräftige Unterlage (z. B. zollrechtlicher Versandschein) zu erbringen.[67]

Bei der Abfertigung mittels ATLAS müssen Präferenznachweise und Direktbeförderungsnachweise der Abfertigungszollstelle nicht vorgelegt werden.[68]

[65] Vgl. z. B. Art. 15 Abs. 1 Buchst. c des Protokolls Nr. 4 zum EWR-Abkommen.

[66] Anhang IVa des Protokolls Nr. 4 zum EWR-Abkommen.

[67] Vgl. z. B. Art. 12 des Protokolls Nr. 4 zum EWR-Abkommen.

[68] Vgl. hierzu Abschn. 2.1.2.5.3.

2.1.3.4.3 Der nichtpräferenzielle Ursprung

2.1.3.4.3.1 Bedeutung

Der nichtpräferenzielle Ursprung ist von maßgeblicher Bedeutung im internationalen Handel. Er ist Grundlage für die Anwendung zahlreicher Maßnahmen, die sich auf den grenzüberschreitenden Warenverkehr mit Drittländern richten.

Der nichtpräferenzielle Ursprung spielt eine wichtige Rolle bei der zolltariflichen Behandlung von importierten Waren, d. h. bei der Anwendung des Zolltarifs der Europäischen Gemeinschaften. Viele der im Zolltarif der Europäischen Gemeinschaften vorgesehenen Maßnahmen knüpfen an den nichtpräferenziellen Ursprung an. So existieren beispielsweise mengenmäßig beschränkte Vorzugsbehandlungen (Zollkontingente oder Zollplafonds) oder so genannte Zollaussetzungen und Überwachungsmaßnahmen oder auch Antidumping- und Ausgleichszölle, die sich auf Waren mit einem bestimmten nichtpräferenziellen Ursprung beziehen. Der nichtpräferenzielle Ursprung findet Anwendung weiterhin für andere als zolltarifliche Maßnahmen, die durch besondere Gemeinschaftsvorschriften für den Warenverkehr festgelegt wurden. Umfasst hiervon sind viele verschiedene Bereiche des Gemeinschaftsrechts zum Warenverkehr, wie z. B. das Außenwirtschaftsrecht, das Marktordnungsrecht, die EG-Außenhandelsstatistik und auch die Regelungen zur Statistik des Warenverkehrs zwischen den Mitgliedstaaten (Intrastat). Bei dem in zollrechtlichen Einfuhr- und Ausfuhranmeldungen immer geforderten Ursprung handelt es sich stets um die Angabe des nichtpräferenziellen Ursprungs.

Für die Ausstellung von Ursprungszeugnissen ist der nichtpräferenzielle Ursprung maßgeblich. Die Ausstellung dieser Dokumente kann aus den unterschiedlichsten Gründen erforderlich sein. Zu nennen sind hier beispielsweise Erfordernisse, die sich aus den Zollvorschriften des Bestimmungslandes bei der Ausfuhr von Waren aus dem Zollgebiet der Gemeinschaft ergeben, oder aber auch zivilrechtliche Erfordernisse (z. B. bei vertraglicher Zusicherung eines bestimmten Warenursprungs). Bitte beachten Sie auch hier die Abgrenzung zum präferenziellen Ursprung. Der Begriff Ursprungszeugnisse umfasst nicht die Nachweise des präferenziellen Ursprungs, wie etwa Warenverkehrsbescheinigungen oder Ursprungserklärungen.

Der nichtpräferenzielle Ursprung findet seine rechtliche Grundlage in Art. 22 bis 26 ZK und in Art. 35 bis 65 ZK-DVO.

2.1.3.4.3.2 Die Ermittlung des nichtpräferenziellen Ursprungs

Den nichtpräferenziellen Ursprung eines Landes hat eine Ware dann, wenn sie in dem betreffenden Land entweder vollständig gewonnen oder hergestellt wurde, oder in dem betreffenden Land die letzte wesentliche Be- oder Verarbeitung stattgefunden hat.

Unproblematisch gestaltet sich die Ermittlung des nichtpräferenziellen Ursprungs einer Ware dann, wenn an ihrer Gewinnung oder Herstellung lediglich ein einziges Land beteiligt ist. Der Begriff „Gewinnung“ bezeichnet dabei die so genannte Urproduktion, d. h. Erlangung von Urprodukten natürlichen Ursprungs durch Bergbau, Ernte, Jagd, Fischerei oder Ähnliches (primärer Sektor). Solche Erzeugnisse besitzen zweifelsfrei den Ursprung des jeweiligen Landes, in dem sie gewonnen wurden. Der Begriff der Herstellung bezieht sich auf alle der Urproduktion folgenden Stufen und bedeutet somit jede Art der Be- oder Verarbeitung. Sofern also alle zur Herstellung eines Produktes verwendeten Vormaterialien ausschließlich aus einem Land stammen und sämtliche Be- oder Verarbeitungsvorgänge in demselben Land stattfinden, gilt das Erzeugnis ebenfalls als vollständig in dem betreffenden Land hergestellt und wird somit zur Ursprungsware dieses Landes.

Eine Ware, an deren Herstellung zwei oder mehr Länder beteiligt waren, ist Ursprungsware des Landes, in dem sie der letzten wesentlichen und wirtschaftlich gerechtfertigten Be- oder Verarbeitung unterzogen worden ist, die in einem dazu eingerichteten Unternehmen vorgenommen worden ist und zur Herstellung eines neuen Erzeugnisses geführt hat oder eine bedeutende Herstellungsstufe darstellt, Art. 24 ZK. Diese Regelung beruht auf der Überlegung, den Ursprungserwerb dem Land zuzuerkennen, in dem eine Be- oder Verarbeitung von solcher Bedeutung stattgefunden hat, dass das Erzeugnis der Volkswirtschaft dieses Landes zugerechnet werden kann (vgl. Prieß in Witte 2013, Art. 24, Rz. 3). Um zu beurteilen, wann dies der Fall ist, sind bei einer in mehreren Ländern stattfindenden Herstellung die auf die einzelnen Länder entfallenden Produktionsvorgänge zu würdigen. Dabei ist zu beachten, dass eine separate Betrachtung einzelner Verarbeitungsschritte rechtlich nicht zulässig ist. Es hat stets eine Gesamtbetrachtung aller in einem Land ausgeführten Arbeitsschritte zu erfolgen (vgl. Harings in: Rüsken 2008, Art. 24, Rz. 11).

Zur Bestimmung des nichtpräferenziellen Ursprungs einer Ware ist also der auf mehrere Länder verteilte Herstellungsprozess zu betrachten. Ausgehend vom Fertigerzeugnis sind hierbei zuerst die im letzten beteiligten Land vorgenommenen Herstellungsvorgänge zu würdigen. Dabei ist auf die folgenden Kriterien abzustellen:

- Ist die in dem betreffenden Land stattgefundene Be- oder Verarbeitung wesentlich?
- Hat die Be- oder Verarbeitung in einem dafür eingerichteten Unternehmen stattgefunden?
- War der jeweilige Be- oder Verarbeitungsvorgang wirtschaftlich gerechtfertigt?
- Hat der Be- oder Verarbeitungsvorgang zu einem neuen Erzeugnis geführt bzw. stellt er eine bedeutende Herstellungsstufe dar?

Die einzelnen Kriterien werden im Zollrecht nicht genauer definiert, sondern sind jeweils im Einzelfall zu bewerten. Es kann jedoch im Regelfall dann vom Vorliegen einer wesentlichen Be- oder Verarbeitung ausgegangen werden, wenn das Produkt nach dem Herstellungsvorgang besondere Eigenschaften besitzt und von einer spezifischen Beschaffenheit ist, die es vor diesem Produktionsschritt nicht besessen hat. Falls die oben aufgeführten Fragen für das letzte am Herstellungsvorgang des Erzeugnisses beteiligte Land bejaht werden, gilt die betreffende Ware als Ursprungserzeugnis des jeweiligen Landes. Sofern mindestens eines der Kriterien nicht erfüllt ist, ist bei der Ermittlung des nichtpräferenziellen Ursprungs auf das nächste (dann vorletzte) am Herstellungsprozess beteiligte Land abzustellen. Anhand der einzelnen Kriterien ist dann für dieses Land wiederum zu prüfen, ob die Ware Ursprungserzeugnis dieses Landes geworden ist.

Die Bestimmung des nichtpräferenziellen Ursprungs muss im Einzelfall anhand der jeweiligen Umstände erfolgen und gestaltet sich in vielen Fällen allein anhand der hier dargestellten „Generalklausel" als sehr schwierig. Deshalb existieren für zahlreiche Waren speziellere Regelungen, welche Vorrang vor der generellen Regelung des Art. 24 ZK haben. Daneben hat die Europäische Kommission für alle Waren so genannte „Interpretationsrichtlinien" verfasst. Es handelt sich hierbei um Listenregeln, welche den Standpunkt der Europäischen Union in den weltweiten Harmonisierungsbestrebungen zur Ermittlung des nichtpräferenziellen Ursprungs wiedergeben. Ein Teil dieser Listenregelungen wurde bereits in geltendes europäisches Recht umgesetzt und ist somit rechtlich bindend. Alle anderen in den Interpretationsrichtlinien enthaltenen Listenregeln sind rechtlich nicht verbindlich, sollten jedoch – insbesondere in Zweifelsfällen – bei der Ermittlung des nichtpräferenziellen Ursprungs unterstützend herangezogen werden.

Eine Darstellung der Listenregeln findet sich auf den Internetseiten der Europäischen Union:
http://ec.europa.eu/taxation_customs/customs/customs_duties/rules_origin/non-preferential/article_1622_de.htm

Auch für den nichtpräferenziellen Ursprung können verbindliche Ursprungsauskünfte ausgestellt werden. Verbindliche Ursprungsauskünfte zum nichtpräferenziellen Ursprung werden in Deutschland durch das Hauptzollamt Hannover sowie die Industrie- und Handelskammern ausgestellt.

2.1.3.4.3.3 Vorlage von nichtpräferenziellen Ursprungsnachweisen bei der Einfuhr

Bei der Wareneinfuhr ist in der abzugebenden Zollanmeldung auch der nichtpräferenzielle Ursprung der importierten Ware anzugeben. Auf Verlangen der Zollstelle muss die Richtigkeit des angegebenen Ursprungs durch geeignete Dokumente (Rechnungen, Beförderungsdokumente, Schriftwechsel etc.) nachgewiesen werden.

Aufgrund verschiedener zollrechtlicher oder sonstiger Regelungen des Unionsrechts kann zudem die Vorlage eines formellen Ursprungsnachweises gefordert werden. Das Erfordernis eines solchen Ursprungsnachweises ergibt sich aus der im Elektronischen Zolltarif verankerten Einfuhrliste. Bei den geforderten Ursprungsnachweisen kann es sich entweder um ein Ursprungszeugnis[69] oder um eine Ursprungserklärung handeln. Beide Dokumente werden dazu verwendet, den Ursprung einer bestimmten Ware in einem bestimmten Land zu bescheinigen.

Bei den Ursprungszeugnissen handelt es sich um öffentliche Urkunden. Jedes Land hat bestimmte zur Ausstellung von Ursprungszeugnissen ermächtigte und mit hoheitlichen Befugnissen ausgestattete Stellen/Behörden benannt. Hierbei handelt es sich regelmäßig um staatliche Stellen, die im internationalen Handel mitwirken (z. B. Chamber of Commerce). Die durch die einzelnen Länder zur Ausstellung von Ursprungszeugnissen

[69] Vgl. Anhang 10.

bestimmten Stellen werden durch das Bundesministerium für Wirtschaft und Technologie in einem Runderlass bekannt gegeben.[70]

Im Ursprungszeugnis muss die Ware nach Art, Menge und, sofern erforderlich, weiteren Merkmalen ausreichend beschrieben sein. Anhand dieser Angaben muss die Nämlichkeit der Ware zweifelsfrei festgestellt werden können, d. h. aus den Angaben muss der Bezug zwischen dem betreffenden Dokument und der jeweiligen Ware eindeutig hervorgehen. Das Zeugnis muss zudem eindeutig den Ursprung der Ware in einem bestimmten Land bescheinigen. Hinsichtlich der Form der Ursprungszeugnisse existieren keine internationalen Vereinbarungen. Maßgebend ist deshalb der Inhalt des Dokuments, d. h. es muss von der dazu bestimmten Stelle ausgestellt sein und alle erforderlichen Angaben enthalten. Ursprungszeugnisse sind bei der Einfuhrabfertigung stets im Original vorzulegen. Ordnungsgemäß ausgestellte Präferenznachweise (Warenverkehrsbescheinigungen EUR. 1, Ursprungserklärungen, Ursprungszeugnisse Form A etc.) können auch als Nachweise des nichtpräferenziellen Ursprungs akzeptiert werden und somit anstelle eines Ursprungszeugnisses vorgelegt werden.

In einigen Fällen ist bei der Einfuhr von Waren kein formell durch die ermächtigten Stellen des Ausfuhrstaates ausgestelltes Ursprungszeugnis notwendig, sondern es wird lediglich die Vorlage einer nichtpräferenziellen Ursprungserklärung gefordert. Hierbei handelt es sich um eine Erklärung des Exporteurs bzw. des Lieferanten, die auf der Handelsrechnung oder einem anderen geschäftlichen Beleg angebracht werden kann. In dieser Erklärung hat der Aussteller zu bestätigen, dass die betreffende Ware in dem jeweils anzugebenden Land ihren Ursprung im Sinne der in der Europäischen Union geltenden Regelungen hat.

Eine Bestätigung der Ursprungserklärung durch offizielle Stellen des Ausfuhrlandes ist nicht erforderlich. Es handelt sich somit um eine abgeschwächte Form des Ursprungsnachweises.

► **NEUREGELUNGEN DURCH DEN UZK (VORAUSSICHTLICH AB MAI 2016)** Im Rahmen der Ermittlung des nicht-präferenziellen Ursprungs schreibt der ZK in Art. 25 gegenwärtig explizit vor, dass eine Be- oder Verarbeitung, die lediglich die Umgehung von Bestimmungen bezweckt, keinesfalls ursprungsverleihend sein kann. Zwar ist diese Norm im UZK nicht mehr enthalten, gleichwohl lassen sich nicht-präferenzrechtliche Umgehungsvorgänge über die objektive Beurteilung der letzten wesentlichen und wirtschaftlich gerechtfertigten Be- oder Verarbeitung in gleicher Weise feststellen, sodass die Verordnungsgeber Art. 25 ZK zu Recht als entbehrlich betrachtet haben.

[70] Diese Erlasse sind im Bundesanzeiger veröffentlicht und u. a. in den Dienstvorschriften der Bundesfinanzverwaltung Fachteil Außenwirtschaftsrecht unter der Kennung VSF A 0717 zu finden.

2.1.4 Entrichtung der Einfuhrabgaben

2.1.4.1 Standardverfahren (ohne Zahlungserleichterung)

Nachdem der gesetzlich geschuldete Betrag an Einfuhrabgaben durch die Zollbehörde ermittelt, buchmäßig erfasst und dem Abgabenschuldner im Regelfall mittels Abgabenbescheid[71] mitgeteilt wurde[72], muss dieser entrichtet werden. Eine Überlassung der importierten Waren an den Zollanmelder ist grundsätzlich erst nach Entrichtung der Abgaben möglich, es sei denn, dass für den zu entrichtenden Betrag eine Sicherheit geleistet wurde, Art. 74 ZK. Bei der Abgabenentrichtung ist zwischen der Entrichtung im Standardverfahren und der Nutzung von Zahlungsvereinfachungen zu unterscheiden.

Sofern dem Abgabenschuldner keine Zahlungsvereinfachung eingeräumt worden ist, hat die Zahlung innerhalb einer von der betroffenen Zollstelle festgesetzten Frist zu erfolgen. Diese Frist darf zehn Tage ab dem Datum der Mitteilung des Abgabenbetrags nicht übersteigen. Die Frist wird im Abgabenbescheid angegeben. Bei Einfuhren durch Privatpersonen ist der Abgabenbetrag regelmäßig sofort zu entrichten.[73] Lediglich in Fällen, in denen die Festsetzung einer Abgabenschuld nachträglich erfolgt, z. B. aufgrund von Feststellungen während einer Zollprüfung, kann die Zollbehörde eine Zahlungsfristverlängerung über die genannten zehn Tage hinaus gewähren. Hierdurch soll dem Abgabenschuldner die Möglichkeit gegeben werden, alle zur Entrichtung des Abgabenbetrags erforderlichen Maßnahmen zu treffen. Diese spezielle Regelung beruht auf der Überlegung, dass im Fall einer „normalen" Abfertigung zum freien Verkehr der Abgabenschuldner die Erhebung der Abgaben erwartet und diese grundsätzlich auch der Höhe nach bereits kennen sollte, wohingegen eine nachträgliche Abgabenerhebung für den Zollbeteiligten regelmäßig nicht vorhersehbar ist. Eine Zahlung der Abgaben vor Fristablauf ist in jedem Fall möglich. Eine nicht rechtzeitige Entrichtung kann neben der Entstehung von Säumniszuschlägen auch Maßnahmen der Zwangsvollstreckung zur Folge haben. Die rechtlichen Rahmenbedingungen hierzu regelt das nationale Recht des jeweiligen Mitgliedsstaates.[74]

Die Zahlung des Abgabenbetrags kann in bar oder jedem anderen nach den nationalen Vorschriften zulässigen Zahlungsmittel geleistet werden. Dies umfasst die Zahlung mittels Scheck, per Überweisung oder im Lastschriftverfahren, § 224 AO. Sofern die rechtlichen Voraussetzungen vorliegen, ist auch eine Entrichtung der Abgaben mittels Aufrechnung mit gegebenenfalls bestehenden Erstattungsansprüchen möglich, § 226 AO.

---

[71] Lediglich bei der Inanspruchnahme von vereinfachtem Anmeldeverfahren oder Anschreibeverfahren mit Selbstberechnung der Abgaben bedarf es keiner gesonderten Mitteilung des geschuldeten Betrags an den Abgabenschuldner.

[72] Die Einzelheiten der Formalitäten zur Erfassung und Mitteilung des Abgabenbetrags können Art. 217 bis 221 ZK sowie den nationalen Regelungen der Abgabenordnung entnommen werden.

[73] Vgl. Vorschriftensammlung der Bundesfinanzverwaltung VSF Z 0912 Abs. 23.

[74] Vgl. in Deutschland §§ 240 und 249 ff. AO.

▶ **NEUREGELUNGEN DURCH DEN UZK (VORAUSSICHTLICH AB MAI 2016)** Die sog. buchmäßige Erfassung hat nach dem UZK innerhalb von 14 Tagen zu erfolgen, der Abgabenschuldner ist innerhalb dieser Frist über die Erfassung und den entsprechenden Betrag zu unterrichten,[75]

2.1.4.2 Zahlungsaufschub

Auf Antrag können die Zollbehörden Zahlungsaufschub gewähren, Art. 224 ff. ZK. Rechtlich sind drei Arten des Zahlungsaufschubs vorgesehen:

- Zahlungsaufschub für einen einzelnen Abgabenbetrag,
- laufender Zahlungsaufschub für innerhalb eines Zeitraums von maximal 31 Tagen entstandene und jeweils separat festgesetzte (buchmäßig erfasste) Abgabenbeträge,
- laufender Zahlungsaufschub für innerhalb eines Zeitraums von maximal 31 Tagen entstandene Abgaben, die in diesem Zeitraum gemeinsam als Gesamtbetrag festgesetzt (buchmäßig erfasst) werden.

Von praktischer Bedeutung sind insbesondere die beiden letztgenannten Varianten des laufenden Zahlungsaufschubs. Beide Varianten unterscheiden sich lediglich darin, dass die erstgenannte Variante Abfertigungen im Normalverfahren bzw. im Verfahren mit unvollständiger Zollanmeldung und die zweite Variante Abfertigungen im vereinfachten Anmeldeverfahren (VAV) bzw. im Anschreibeverfahren (ASV) erfasst. Der Unterschied liegt also darin, dass in Variante zwei die Abgaben innerhalb des abgedeckten Zeitraums jeweils separat erfasst und festgesetzt werden, wohingegen bei den vereinfachten Verfahren in Variante drei eine einmalige Festsetzung für die innerhalb des betreffenden Zeitraums entstandenen Abgaben erfolgt. Gleich ist beiden Varianten, dass die Zahlung erst zu einem späteren Zeitpunkt erfolgen muss, wobei alle Einfuhren eines festgelegten Zeitraums zusammengefasst werden. In der Praxis wird regelmäßig der Kalendermonat als maßgebender Zeitraum festgelegt. Die Zahlung der Abgaben hat dann bis zum 16. Tag des Folgemonats zu erfolgen.

Für die Inanspruchnahme des Zahlungsaufschubs ist stets ein vorheriger Antrag erforderlich. Bei dem laufenden Zahlungsaufschub im Zusammenhang mit dem vereinfachten Anmeldeverfahren bzw. dem Anschreibeverfahren erfolgt die Beantragung regelmäßig mit der Beantragung des Verfahrens. Der laufende Zahlungsaufschub für das Normalverfahren ist separat mit Vordruck 0580[76] bei dem jeweils für den Sitz des Antragsstellers zuständigen Hauptzollamt zu beantragen. Unter bestimmten Voraussetzungen kann auch einem nicht in der Europäischen Union ansässigen Antragsteller der Zahlungsaufschub bewilligt werden. Der Antrag ist dann bei dem Hauptzollamt zu stellen, in dessen Bereich die betreffenden Waren vorrangig abgefertigt werden. Der laufende Zahlungsaufschub kann für eigene, aber auch für fremde Abgabenschulden beantragt werden. Letztgenannte

[75] Art. 102 UZK.

[76] Vgl. Anhang 11.

Variante ist besonders für Dienstleister, wie Spediteure oder Zollagenten, interessant, da diese oftmals Abfertigungen im Namen ihrer Auftraggeber vornehmen. Obwohl die Auftraggeber dadurch zum Zollanmelder und mithin auch zum Zollschuldner werden, kann die Zahlung dennoch über einen dem Spediteur bewilligten Zahlungsaufschub erfolgen. Bei der Beantragung eines Zahlungsaufschubs für fremde Abgabenschulden ist zusätzlich zum Antrag durch den Antragsteller eine Erklärung zur Verpflichtung der Entrichtung der Abgaben abzugeben.

Durch den Antragsteller ist stets eine Sicherheit in Höhe der aufgeschobenen Einfuhrabgaben zu leisten. Dabei werden die innerhalb eines Zeitraums von 1,5 Monaten anfallenden Einfuhrabgaben zu Grunde gelegt. Die Überwachung, ob die geleistete Sicherheit ausreicht, die jeweils aufgeschobenen Abgabenbeträge abzudecken, obliegt dem Abgabenschuldner. Die Sicherheit wird im Regelfall mittels einer Bankbürgschaft erbracht. Lediglich für aufgeschobene Einfuhrumsatzsteuer, die in voller Höhe als Vorsteuer abziehbar ist, braucht keine Sicherheitsleistung erbracht werden.

Beispiel

Unternehmen A importiert regelmäßig Waren aus Drittländern und nutzt zur Entrichtung der Einfuhrabgaben ein Aufschubkonto. Alle Abgaben für innerhalb eines Monats importierte Waren sind stets erst am 16. Tag des Folgemonats zu entrichten.

2.2 Einfuhrumsatzsteuer

2.2.1 Entstehung und allgemeine Grundsätze

Nach § 1 Abs. 1 Nr. 4 UStG unterliegt die Einfuhr von Gegenständen im Inland oder in den österreichischen Gebieten Jungholz und Mittelberg der Umsatzsteuer (Einfuhrumsatzsteuer). Durch die Belastung von eingeführten Gegenständen mit Einfuhrumsatzsteuer soll eine Anhebung der zunächst von Umsatzsteuer entlasteten Gegenstände auf das inländische Besteuerungsniveau erreicht werden. Eingeführte und inländische Waren unterliegen damit den gleichen Wettbewerbsbedingungen.

Anders als die Umsatzsteuer bei Ausführung von entgeltlichen Leistungen ist die Einfuhrumsatzsteuer eine Verbrauchsteuer i. S. d. AO, § 21 Abs. 1 UStG, die von den Zollbehörden zusammen mit den übrigen Zollabgaben erhoben und verwaltet wird, § 12 Abs. 2 FVG. Entsprechend gelten für die Einfuhrumsatzsteuer – mit wenigen Ausnahmen – die Vorschriften für die Zölle sinngemäß, § 21 Abs. 2 UStG. Besondere Vorschriften im UStG finden sich ausschließlich zu den Steuerbefreiungen bei der Einfuhr (§ 5 UStG), der Bemessungsgrundlage (§ 11 UStG), den Steuersätzen (§ 12 UStG), dem Abzug der Einfuhrumsatzsteuer als Vorsteuer (§ 15 UStG) und den Aufzeichnungspflichten (§ 22 UStG).

Der Tatbestand der Einfuhr i. S. v. § 1 Abs. 1 Nr. 4 UStG in seiner seit dem 01.01.2004 geltenden Fassung wird erst mit dem Verbringen der Gegenstände in das Inland und regelmäßig der Überführung derselben in den zoll- und steuerrechtlich freien Verkehr der

EG verwirklicht. Damit wird die Steuerbarkeit der Einfuhr nicht mehr allein durch den tatsächlichen Vorgang der Warenbewegung vom Drittland in das Inland begründet. Einfuhrumsatzsteuer wird auch dann nicht ausgelöst, wenn die Waren zwar körperlich vom Drittland in das Inland gelangen, sich aber hier in einem Zollverfahren nach Art. 4 Nr. 16 b – h ZK (so genannte Nichterhebungsverfahren) befinden.

Im Gegensatz zu steuerbaren Leistungen nach § 1 Abs. 1 Nr. 1 UStG knüpft der Tatbestand der Einfuhr weder daran an, dass es sich um eine Leistung (gegen Entgelt) handelt, noch dass sie durch einen Unternehmer bewirkt wird. Der Warenbewegung braucht demnach keine Lieferung zugrunde liegen, sondern sie kann auch zur eigenen Verfügung erfolgen. Dasselbe gilt für Gegenstände, die durch eine Privatperson aus dem Drittland in das Inland verbracht oder versendet werden. Unbeachtlich ist auch, ob der Gegenstand tatsächlich im Drittland hergestellt worden ist. Eine Einfuhr liegt auch dann vor, wenn eine im Inland erzeugte Ware zunächst in das Drittlandsgebiet verbracht und von dort im Anschluss wieder in das Inland zurückgebracht und in den freien Verkehr der EU überführt wird.

Der Einfuhrumsatzsteuer unterliegt die Einfuhr von Gegenständen im Inland. Der Begriff „Gegenstände" ist weitreichender als der im Zollrecht verwendete Begriff der „Waren" und umfasst – wie auch in anderen Vorschriften des UStG – nicht nur körperliche Gegenstände, sondern auch solche Wirtschaftsgüter, die im Wirtschaftsverkehr wie Sachen umgesetzt werden (z. B. Wasser, Gas, elektrischer Strom, Dampf, Wärme). Keine Gegenstände der Einfuhr sind nach der Rechtsprechung des EuGH solche, für die ein absolutes Einfuhr- und Vertriebsverbot in der Union besteht (z. B. Betäubungsmittel, Falschgeld).[77]

Die Einfuhrumsatzsteuer entsteht in sinngemäßer Anwendung der Zollvorschriften im Zeitpunkt der Entstehung der Zollschuld,[78] d. h. grundsätzlich mit der Überführung der Waren in den freien Verkehr der EU, Art. 201 Abs. 1 a ZK. Sie entsteht unabhängig davon, ob bei der Überführung in den freien Verkehr Zölle zu erheben sind oder nicht. Auch Waren, die tariflich oder außertariflich (z. B. aufgrund einer Präferenz) zollfrei sind, unterliegen der Einfuhrumsatzsteuer. In diesen Fällen wird durch die Zollstelle nur ein Steuerbescheid über die Einfuhrumsatzsteuer erteilt.

Tatbestand des § 1 Abs. 1 Nr. 4 UStG

- Gegenstände i. S. d. UStG einschließlich Wirtschaftsgüter, die im Wirtschaftsverkehr wie Waren umgesetzt werden
- Verbringen der Gegenstände aus dem Drittland in das Inland
- Überführung der Gegenstände in den zoll- und steuerrechtlich freien Verkehr der EG

Werden zollpflichtige Waren aus dem Drittland in der EU eingeführt, unterliegen sie einem EU-einheitlichen Zollsatz unabhängig davon, in welchem der 28 EU-Mitgliedstaaten die Ware in den freien Verkehr der EU überführt wird. Anders verhält es sich mit der

---

[77] EuGH v. 05.07.1988, C 289/86, UR 1989, 309.

[78] Vgl. Abschn. 1.7.

Einfuhrumsatzsteuer, die als nationale Abgabe in Anlehnung an die nationalen Umsatzsteuervorschriften erhoben wird. Bei einer Einfuhr in Deutschland unterliegt diese somit entweder dem Regelsteuersatz in Höhe von 19 % (seit dem 01.01.2007) oder dem ermäßigten Steuersatz in Höhe von 7 %, soweit es sich um in der Anlage 2 zu § 12 Abs. 2 Nr. 1 und 2 UStG aufgeführte Gegenstände handelt.

Innerhalb von drei Jahren nach dem Entstehen der Zollschuld können Einfuhrabgaben nacherhoben und erstattet werden, Art. 221 Abs. 3 ZK. Nach Ablauf dieser Frist ist eine Nacherhebung nur noch in den Fällen einer Steuerhinterziehung möglich, Art. 221 Abs. 4 i. V. m. § 169 Abs. 2 Satz 2 AO. Dies gilt in sinngemäßer Anwendung der Zollvorschriften auch für die Einfuhrumsatzsteuer. Die nationalen Festsetzungsfristen der AO sind damit – obwohl es sich um eine nationale Abgabe handelt – weitestgehend ausgehebelt.

▶ **Hinweis** In den Fällen, in denen der Einführer zum vollen Vorsteuerabzug berechtigt ist, wird auf die Erstattung und Nacherhebung von Einfuhrumsatzsteuer grundsätzlich verzichtet.[79] Dies gilt u. E. auch uneingeschränkt nach Änderung des § 15 Abs. 1 Nr. 2 UStG, wonach nur die „entstandene" Einfuhrumsatzsteuer als Vorsteuer abziehbar ist (vgl. § 2 B. III.).

Beispiel

Die M GmbH kauft eine Palette DVD Player von einem japanischen Zulieferer. Der Rechnungspreis frei Grenze beträgt 1.000.000 Japanische Yen (ca. 6100 EUR). Die M GmbH beauftragt den Spediteur S mit der Überführung der Waren in den freien Verkehr. S meldet den Zollwert als Vertreter der M GmbH mit 1.000.000 EUR an. Entsprechend der Anmeldung werden Einfuhrabgaben mit 139.000 EUR Zoll (13,9 % von 1.000.000 EUR) und 216.410 EUR Einfuhrumsatzsteuer (19 % von 1.139.000 EUR) festgesetzt und erhoben. Die M GmbH beantragt daraufhin die Erstattung der zuviel erhobenen Abgaben. Erstattet werden lediglich die zu viel entrichteten Zölle in Höhe von 138.152,10 EUR (139.000 EUR./. 847,90 EUR) aber nicht die zu viel entrichtete Einfuhrumsatzsteuer in Höhe von 215.089,90 EUR (216.410 EUR./. 1320,10 EUR). Die M GmbH kann die zuviel entrichtete Einfuhrumsatzsteuer jedoch in voller Höhe als Vorsteuer abziehen.

2.2.2 Bemessungsgrundlage

2.2.2.1 Ermittlung der Bemessungsgrundlage

Der Umsatz bei der Einfuhr bemisst sich nach dem Wert des eingeführten Gegenstandes unter Anwendung der Vorschriften über den Zollwert, § 11 Abs. 1 UStG.

[79] Vorschriftensammlung der Bundesfinanzverwaltung VSF Z 8220 Abs. 1; § 14 EUStBV.

Ist der Einführer zum vollen Vorsteuerabzug berechtigt, wirkt sich eine falsch angemeldete Bemessungsgrundlage steuerlich nicht aus, weil der erhobene Steuerbetrag nach Maßgabe des § 15 Abs. 1 Nr. 2 UStG als Vorsteuer abziehbar ist, und zwar unabhängig davon, ob diese zutreffend festgesetzt wurde. Zwar ist nach der neuen Fassung des § 15 Abs. 1 Nr. 2 UStG nunmehr die „entstandene" Einfuhrumsatzsteuer abziehbar, dies gilt u. E. jedoch gleichermaßen für die fehlerhaft zu hoch erhobene Einfuhrumsatzsteuer unter Berufung auf Art. 168 Buchst. e) MwStSystRL. Entsprechend großzügig kann die Zollverwaltung bei der Ermittlung der zutreffenden Bemessungsgrundlage verfahren und wird insbesondere in den Fällen der Einfuhr von Waren, die nur der Einfuhrumsatzsteuer (und nicht Zöllen) unterliegen, die Angaben des Anmelders zur Einfuhrumsatzsteuer, i. d. R. der durch Rechnung belegte Rechnungspreis, ohne Prüfung und Nachweis der Richtigkeit anerkennen, soweit diese nicht offensichtlich unzutreffend sind.[80]

Fehlt es jedoch an der Berechtigung zum vollen Vorsteuerabzug und fehlt es daher an einem umsatzsteuerlichen Ausgleich, ist die Bemessungsgrundlage zur Erhebung der Einfuhrumsatzsteuer genau anzumelden und zu ermitteln.

2.2.2.2 Zollwert, Veredelungswert

Bei der Ermittlung der Bemessungsgrundlage wird vom Zollwert (§ 11 Abs. 1 UStG) oder in den Fällen der Lohnveredelung vom Veredelungswert (§ 11 Abs. 2 UStG) ausgegangen. Dies gilt unabhängig davon, ob die eingeführten Gegenstände tariflich oder präferenziell zollfrei sind, einem Wertzoll (z. B: 3,5 %) oder einem spezifischen Zoll (z. B. EUR 2,10 pro Stück) unterliegen.[81]

2.2.2.3 Hinzurechnung von Kosten

Zur Bestimmung der Bemessungsgrundlage der Einfuhrumsatzsteuer sind dem Zoll- bzw. Veredelungswert folgende Beträge hinzuzurechnen, sofern sie nicht bereits im Zoll- bzw. Veredelungswert enthalten sind, § 11 Abs. 3 UStG:

- im Ausland geschuldete Einfuhrabgaben, Steuern und sonstige Abgaben, § 11 Abs. 3 Nr. 1 UStG
  Diese Hinzurechnungsvorschrift dürfte ohne nennenswerte praktische Bedeutung sein, da die Waren im Exportland in der Regel nicht besteuert werden. Sollte eine solche Besteuerung vorgenommen werden – z. B. bei der Umsatzbesteuerung einer Veredelung oder Lieferung von Waren im Ausland – dürften die Abgaben bereits Teil des Transaktionswertes und damit des Zollwertes sein, da der Verkäufer sie in seinen Preis einkalkuliert.

[80] Vorschriftensammlung der Bundesfinanzverwaltung VSF Z 8204 Abs. 5.

[81] Zur Berechnung des Zollwertes wird vollumfänglich auf die Ausführungen unter Abschn. 2.1.3.2 dieses Buches verwiesen. Zur Berechnung des Veredelungswertes wird vollumfänglich auf die Ausführungen unter Kap. 5 dieses Buches verwiesen.

- auf den eingeführten Gegenstand entfallende Einfuhrabgaben und Verbrauchsteuern (außer der Einfuhrumsatzsteuer), § 11 Abs. 3 Nr. 2 UStG
  Einfuhrabgaben, die im Zeitpunkt des Entstehens der Einfuhrumsatzsteuer auf die Waren entfallen, sind in aller Regel solche, die mit der Einfuhrumsatzsteuer zu erheben sind. Dazu gehören alle auf die eingeführten Waren entfallenden Zollbeträge, einschließlich Antidumping- und Ausgleichszölle, Teilbetrags-, Zusatz- und Angleichungszölle und Agrarzölle sowie alle Verbrauchsteuern wie Energiesteuer, Stromsteuer, Tabaksteuer, Branntweinsteuer, Biersteuer, Schaumweinsteuer, Kaffeesteuer außer der Einfuhrumsatzsteuer, soweit diese unbedingt entstanden sind. Zur Bemessungsgrundlage gehört auch die gezahlte oder zu zahlende Steuerzeichenschuld, wenn Tabakwaren oder Zigarettenhüllen mit Steuerzeichen eingeführt werden. Entsteht eine Zollschuld oder Verbrauchsteuer erst *nach* Entstehung der Einfuhrumsatzsteuer bzw. wird eine Verbrauchsteuer erst dann unbedingt, so sind diese Abgaben nach Maßgabe des § 21 Abs. 4 UStG in die Bemessungsgrundlage der Einfuhrumsatzsteuer einzubeziehen. Dies ist z. B. der Fall, wenn Waren einfuhrumsatzsteuerrechtlich in den freien Verkehr, aber zollrechtlich in ein Nichterhebungsverfahren bzw. in eine tariflich zollbegünstigte Verwendung überführt werden und dann bei Zuwiderhandlungen nachträglich eine Zollschuld entsteht. Auch eine Verbrauchsteuer kann dadurch unbedingt werden, dass über die verbrauchsteuerpflichtige Ware nachträglich bestimmungswidrig verfügt wurde. Auf eine Hinzurechnung dieser „nachträglichen" Abgaben wird verzichtet, wenn der Zoll- oder Verbrauchsteuerschuldner hinsichtlich der eingeführten Waren zum vollen Vorsteuerabzug berechtigt ist.
- die Kosten für die Vermittlung und Beförderung sowie sonstige Kosten bis zum ersten Bestimmungsort im Gemeinschaftsgebiet, § 11 Abs. 3 Nr. 3 UStG
  Grenzüberschreitende Beförderungen und sonstige Leistungen, die sich auf Gegenstände der Einfuhr in das Gebiet der Europäischen Union beziehen, sind von der Umsatzsteuer befreit, § 4 Nr. 3 Buchst. a), Buchst. bb) UStG. Die Einbeziehung der Kosten für die Vermittlung der Lieferung, die Beförderung der Waren und sonstige Kosten in die Bemessungsgrundlage für die Einfuhrumsatzsteuer soll die umsatzsteuerliche Belastung eingeführter Waren an die Steuerbelastung von Inlandswaren wieder angleichen. Kosten für die Beförderung der Waren nach § 11 Abs. 3 Nr. 3 UStG sind alle Kosten, die für die grenzüberschreitende Warenbewegung vom Absendeort bis zum ersten Bestimmungsort im Unionsgebiet aufgewendet werden.[82] Dazu zählen insbesondere Frachtkosten, Lade- und Umladekosten, Lagerkosten während der Beförderung, Kosten für die Besorgung einer Beförderung (SpediteurProvision) sowie die Kosten der hiermit verbundenen Nebenleistungen, z. B. Transportversicherungen, Miete für Transportmittel und -behälter, Verzollungskosten. Die Kosten für derartige Nebenleistungen sind jedoch nur dann Beförderungskosten i. S. v. § 11 Abs. 3 Nr. 3 UStG, wenn sie von dem Unternehmer ausgeführt werden, der auch die Beförderung oder deren

[82] Die Kosten sind nur insoweit hinzuzurechnen als sie nicht bereits im Zollwert enthalten sind. Zur Aufteilung der Beförderungskosten im Luftfrachtverkehr vgl. Anhang 25 ZK-DVO.

Besorgung erbringt. Werden diese Nebenleistungen, z. B. Zollabfertigungen durch einen Zolldeklaranten, von einem anderen Unternehmer als dem, der die Beförderung oder dessen Besorgung erbringt, ausgeführt, aber legt der Anmelder nicht dar, dass es sich um selbständige Nebenleistungen handelt, werden sie dennoch als Bestandteil der Beförderungsleistungen angesehen und die Kosten dafür in die Bemessungsrundlage der Einfuhrumsatzsteuer einbezogen.[83]

▶ **Hinweis** Der Begriff der Beförderungskosten i. S. v § 11 Abs. 3 Nr. 3 UStG ist umfassender als der Begriff der Beförderungskosten i. S. d. Zollwertes. So sind z. B. die Kosten der Beförderung der Waren durch das Gebiet eines anderen EU Mitgliedstaates nicht in den Zollwert einzubeziehen und ggf. bei Ermittlung desselben vom Rechnungspreis abzuziehen. Bei Ermittlung der Bemessungsgrundlage der Einfuhrumsatzsteuer sind sie dem Zollwert nach § 11 Abs. 3 Nr. 3 UStG wieder hinzuzurechnen.

Führt der Empfänger der Waren die Beförderung selbst aus, so werden bei der Ermittlung des Hinzurechnungswertes die Kosten angesetzt, die üblicherweise bei der Einschaltung eines anderen Beförderers entstanden wären. Dies gilt jedoch nicht für Einfuhren im Reiseverkehr, wo von einer Ermittlung der fiktiven Kosten abgesehen wird.[84] Andere Kosten, als die für die Vermittlung und Beförderung sind z. B. Kosten für die Lagerung eingeführter Waren, für handelsübliche Nebenleistungen, die bei der Güterbeförderung vorkommen (z. B. Wiegen, Messen, Entnahme von Proben), für die Besorgung dieser sonstigen Leistungen oder für die Vermittlungsleistungen, die nicht unter die Steuerbefreiung des § 4 Nr. 5 UStG fallen.

Der erste Bestimmungsort in der Union ist der Ort, an dem die grenzüberschreitende Beförderung oder Beförderung im internationalen Eisenbahnfrachtverkehr endet. Dieser Ort ergibt sich im Regelfall aus dem vorgeschriebenen Frachtpapier (Frachtbrief, Ladeschein, Konnossement). Bei der Spedition zu festen Preisen, bei der der Spediteur sich mit dem Auftraggeber über einen festen Übernahmesatz einigt und die Beförderung durch mehrere Frachtführer vornehmen lässt, erhalten die jeweiligen Frachtführer lediglich Frachtbriefe über ihren Beförderungsabschnitt. Der endgültige Bestimmungsort lässt sich in diesem Fall nicht aus dem Frachtbrief entnehmen. Erster Bestimmungsort im Gemeinschaftsgebiet i. S. d. § 11 Abs. 3 Nr. 3 UStG ist hier der endgültige Bestimmungsort.

Beispiel

Die Spedition S wird vom Auftraggeber A mit der Beförderung der Waren von Zürich nach Hamburg beauftragt. Auf der Beförderungsstrecke von Zürich nach Hamburg

[83] Vorschriftensammlung der Bundesfinanzverwaltung VSF Z 8204 Abs. 10.

[84] Vorschriftensammlung der Bundesfinanzverwaltung VSF Z 8204 Abs. 11.

wird je ein Frachtführer für die Strecke Zürich – München und München – Hamburg eingesetzt. Erster Bestimmungsort im Unionsgebiet ist Hamburg.

Gleiches gilt beim Sammelladungsverkehr, bei dem Güter mehrerer Auftraggeber befördert werden. Hier hat der Spediteur durch Speditionsauftrag den ersten Bestimmungsort einer jeden Gütersendung nachzuweisen.

Wird der endgültige Bestimmungsort im Laufe einer Beförderung durch nachträgliche Verfügung geändert, so ist der geänderte Bestimmungsort nur dann erster Bestimmungsort im Unionsgebiet, wenn die Änderung bereits im Drittland im Frachtbrief vermerkt wird. Anderenfalls gilt derjenige Ort als erster Bestimmungsort im Unionsgebiet, an dem die Änderung im Frachtbrief vermerkt wurde.

Beispiel

Der Auftraggeber A lässt Ware im internationalen Eisenbahnfrachtverkehr von Bern nach Rostock transportieren. Während der Beförderung verfügt er, dass die Waren nach Hamburg transportiert werden sollen.

Alternative 1: Die Änderung des Bestimmungsortes im Frachtbrief erfolgt in Rostock. Rostock bleibt erster Bestimmungsort im Unionsgebiet. Die Weiterbeförderung nach Hamburg ist nicht nach § 4 Nr. 3a, bb UStG steuerfrei.

Alternative 2: Die Änderung des Bestimmungsortes im Frachtbrief erfolgt am Zwischenbahnhof München. München ist erster Bestimmungsort im Unionsgebiet. Die Beförderung von München nach Hamburg ist nicht nach § 4 Nr. 3 Buchst. a, Buchst. bb UStG steuerfrei.

Alternative 3: Die Änderung des Bestimmungsortes im Frachtbrief erfolgt am Zwischenbahnhof in Zürich. Hamburg ist erster Bestimmungsort im Unionsgebiet. Die Beförderung von der deutschen Grenze bis Hamburg ist nach § 4 Nr. 3 Buchst. a, Buchst. bb UStG steuerfrei.

Die Zollbehörde bescheinigt auf Antrag die Einbeziehung von Kosten in die Bemessungsgrundlage der Einfuhrumsatzsteuer, vgl. § 20 Abs. 2 UStDV. Die Bescheinigung wird im Zollbeleg oder auf gesondertem Beleg nach vorgeschriebenem Muster erteilt. Der Nachweis darüber, dass die Kosten in die Bemessungsgrundlage für die Einfuhrumsatzsteuer eingeflossen sind, ist Voraussetzung für die Inanspruchnahme der Steuerbefreiungen nach § 4 Nr. 3a, bb UStG.

- die unter Punkt 3 genannten Kosten bis zu einem weiteren Bestimmungsort im Unionsgebiet, wenn dieser im Zeitpunkt des Entstehens der Einfuhrumsatzsteuer bereits feststeht, § 11 Abs. 3 Nr. 4 UStG.
  Eine Einbeziehung der Vermittlungs-, Beförderungs- und sonstigen Kosten ist nur dann vorzunehmen, wenn der weitere Bestimmungsort im Unionsgebiet im Zeitpunkt der Entstehung der Einfuhrumsatzsteuer, d. h. zum Zeitpunkt der Abgabe der Zollanmel-

dung zur Überführung der Waren in den freien Verkehr, feststeht. Dies betrifft vor allem auch die Beförderung der Waren in einen anderen EU-Mitgliedsstaat als den der Einfuhr.

2.2.2.4 Preisermäßigungen und Vergütungen

Zur Bemessungsgrundlage für die Einfuhrumsatzsteuer gehören nicht Preisermäßigungen und Vergütungen, die sich auf die eingeführten Gegenstände beziehen und die im Zeitpunkt des Entstehens der Einfuhrumsatzsteuer feststehen § 11 Abs. 4 UStG.

Diese Vorschrift betrifft Preisermäßigungen und Vergütungen jeder Art, z. B. Skonti, Rabatte, Gutschriften. Sie hat jedoch lediglich geringe praktische Bedeutung. Sowohl bei der Ermittlung des Veredelungswertes (§ 11 Abs. 2 UStG) als auch bei Ermittlung des Zollwertes auf Basis des Transaktionswertes sind Preisermäßigungen und Vergütungen herauszurechnen. Eine Anwendung des § 11 Abs. 4 UStG kommt daher allenfalls für die Fälle in Betracht, in denen der Zollwert nach einer anderen Bewertungsmethode ermittelt wird und dabei eine für die eingeführten Waren gewährte Preisermäßigung und Vergütung nicht berücksichtigt wurde.

2.2.2.5 Umrechnung fremder Währung

Für die Umrechnung von Werten in fremder Währung gelten die entsprechenden Vorschriften zur Ermittlung des Zollwertes Art. 35 ZK und Art. 168–172 ZK DVO. Für die Einfuhrumsatzsteuer gelten nicht die durch das BMF veröffentlichten monatlichen Durchschnittskurse nach § 16 Abs. 6 UStG, § 16 Abs. 7 UStG.

2.2.2.6 Vereinbarungen mit den Zollbehörden

In einzelnen Fällen können zwischen den Zollbehörden und den Anmeldern Vereinbarungen getroffen werden, die die Zollbehandlung vereinfachen, Art. 19 ZK i. V. m. Art. 156a ZK-DVO.[85] Vereinbarungen nach Art. 19 ZK können auch über die Bemessungsgrundlage für die Einfuhrumsatzsteuer getroffen werden, wenn dadurch die einfuhrumsatzsteuerrechtliche Abfertigung vereinfacht wird. Solche vereinfachenden Vereinbarungen kommen in Betracht bei der Ermittlung des Zoll- oder Veredelungswertes, bei der Umrechnung fremder Währungen oder den Hinzurechnungen nach § 11 Abs. 3 Nr. 3 und 4 UStG (insbesondere bei den Beförderungskosten zum ersten Bestimmungsort in der Union).

Eine solche Vereinbarung kommt auch in Betracht, wenn die Waren nicht für das Unternehmen eines zum vollen Vorsteuerabzug Berechtigten eingeführt wurden, jedoch nur, wenn dadurch die Höhe der Einfuhrabgaben nicht wesentlich geändert und der Wettbewerb nicht wesentlich beeinträchtigt wird. In der Praxis werden in diesen Fällen daher selten Vereinbarungen über die Bemessungsgrundlage getroffen.

Vereinbarungen über die Bemessungsgrundlage der Einfuhr sind grundsätzlich mit den Zollbehörden zu treffen.

---

[85] Vgl. Ausführungen unter Abschn. 2.1.3.2.3.

Folgende Vereinbarungen zur Vereinfachung der einfuhrumsatzsteuerrechtlichen Abfertigung sind denkbar:

Beispiel

Die Kosten für die Beförderung bzw. Vermittlung der Lieferung werden pauschaliert, z. B. durch Festlegung einer Mengen- oder Werteinheit (EUR 1,50/t; EUR 1,25/100 St.) oder durch Festlegung eines prozentualen Zuschlags (0,7 % auf den Zollwert).

Beispiel

Die Einfuhrumsatzsteuer wird unter Berücksichtigung sämtlicher Hinzurechnungsbeträge nach § 11 Abs. 3 UStG durch einen Pauschalsatz ermittelt:

Zollwert	EUR 22.000,00
Zoll (Zollsatz 4,5 %)	EUR 990,00
Tabaksteuer	EUR 2500,00
Beförderungskosten	
Zum ersten Bestimmungsort	EUR 2500,00
	EUR 27.990,00
Einfuhrumsatzsteuer (19 %)	EUR 5318,10

Die Zollbehörden können mit dem Anmelder vereinbaren, die Einfuhrumsatzsteuer mit einem pauschalen Faktor von 24,173 % auf den Zollwert zu berechnen.

Der vollständige oder teilweise Verzicht auf eine Einbeziehung von Kosten nach § 11 Abs. 3 UStG in die Bemessungsgrundlage der Einfuhrumsatzsteuer ist nicht zulässig.

2.2.2.7 Beispiel zur Berechnung der Bemessungsgrundlage für die Einfuhrumsatzsteuer

Beispiel

Die M GmbH importiert 1000 kg löslichen Kaffee aus Costa Rica. Der Rechnungspreis beträgt EUR 10.000 abzüglich 2 % Mengenrabatt. Die M GmbH beauftragt den Spediteur S mit dem Transport der Waren von Limon nach Düsseldorf. Dafür zahlt die M GmbH ein Entgelt von EUR 1200. S beauftragt den Frachtführer F1 mit der Beförderung von Limon zum Hafen Hamburg und entrichtet dafür EUR 800 sowie den Frachtführer F2 mit der Beförderung von Hamburg nach Düsseldorf und entrichtet dafür EUR 200. Von der SpediteurProvision in Höhe von EUR 200 entfallen EUR 150 auf die Besorgung der Beförderung bis nach Hamburg sowie EUR 50 für die Besorgung der Beförderung von Hamburg nach Düsseldorf. Die M GmbH zahlt an den Handelsvertreter H EUR 100 für die Vermittlung der Lieferung. Der Zollsatz für löslichen Kaffee beträgt 11,5 %. Die Bemessungsgrundlage für die Einfuhrumsatzsteuer bestimmt sich wie folgt:

Zollwert § 11 Abs. 1 UStG:

Transaktionswert = Rechnungspreis	EUR 10.000
./. Mengenrabatt	EUR 200
+ Hinzurechnungen nach Art. 32 Abs. 1 e, i ZK	
Beförderungskosten bis zur Grenze	EUR 800
SpediteurProvision bis zur Grenze	*EUR 150*
= Zollwert	EUR 10.750

+ Hinzurechnungen nach § 11 Abs. 3

Nr. 2 Zoll	EUR 1236,25
Nr. 2: Kaffeesteuer (4,78 EUR/kg)	EUR 4780
Nr. 3: Beförderungskosten bis zum ersten Bestimmungsort	
In der Gemeinschaft soweit noch nicht im Zollwert enthalten	EUR 200
Einschl. SpediteurProvision	EUR 50
Nr. 4: Vermittlungskosten	*EUR 100*
= Bemessungsgrundlage der Einfuhrumsatzsteuer	**EUR 17.116,25**

2.2.3 Abzug der Einfuhrumsatzsteuer als Vorsteuer

2.2.3.1 Voraussetzungen

2.2.3.1.1 Allgemeines

Um den Unternehmer wie bei Inlandslieferungen von der Belastung seiner Vorbezüge mit Umsatzsteuer zu entlasten, bestimmt § 15 Abs. 1 Satz 1 Nr. 2 UStG, dass der Unternehmer die entstandene Einfuhrumsatzsteuer für Gegenstände, die für sein Unternehmen nach § 1 Abs. 1 Nr. 4 UStG eingeführt worden sind, als Vorsteuer abziehen kann. Nach der bis zum 29.06.2013 gültigen Fassung des § 15 Abs. 1 Satz 1 Nr. 2 UStG war der Vorsteuerabzug von der vorherigen Entrichtung der Einfuhrumsatzsteuer abhängig („entrichtete Einfuhrumsatzsteuer"). Der EuGH hat jedoch in der Rechtssache „Véléclair"[86] entschieden, dass das Recht auf Abzug der Mehrwertsteuer nicht von deren tatsächlicher Vereinnahmung durch die Finanzverwaltung abhängt. Den Mitgliedstaaten ist es damit nicht erlaubt, das Recht auf Vorsteuerabzug der Einfuhrumsatzsteuer von deren tatsächlicher Zahlung abhängig zu machen, wenn der Schuldner der Einfuhrumsatzsteuer auch der zum Abzug Berechtigte ist. Der EuGH stützt sich dabei auf den Wortlaut des Art. 168 Buchst. e)

[86] EuGH v. 29.03.2012, C-414/10.

MwStSystRL, wonach die Mehrwertsteuer als Vorsteuer in Abzug gebracht werden kann, die für die Einfuhr von Gegenständen entweder geschuldet wird oder entrichtet worden ist.

Die Vorschriften des § 15 Abs. 1 Satz 1 Nr. 1 UStG und des § 15 Abs. 1 Satz 1 Nr. 2 UStG schließen sich gegenseitig aus.[87] Der Unternehmer kann somit grundsätzlich im Zusammenhang mit dem Bezug eines Gegenstandes nicht zugleich die durch den Lieferer gesondert in Rechnung gestellte Umsatzsteuer (Nr. 1) und die Einfuhrumsatzsteuer (Nr. 2) als Vorsteuer abziehen. Eine derartige der Einfuhr vorangehende Lieferung ist entweder nicht steuerbar, weil der Ort der Lieferung nach § 3 Abs. 6 Satz 1 UStG im Ausland liegt, oder aber nach § 4 Nr. 4b UStG steuerfrei. Eine trotzdem in Rechnung gestellte Umsatzsteuer wäre mithin nicht gesetzlich geschuldet und damit nicht als Vorsteuer nach § 15 Abs. 1 Satz 1 Nr. 1 UStG abziehbar. Etwas anderes kann gelten, wenn der Lieferer die Voraussetzungen der Steuerbefreiung nach § 4 Nr. 4b UStG nicht nachweisen kann und die vorangehende Lieferung daher der Umsatzsteuer unterliegt. In diesem Fall kann der Unternehmer sowohl die in Rechnung gestellte Umsatzsteuer als auch die Einfuhrumsatzsteuer als Vorsteuer abziehen.[88]

Beispiel

Die M GmbH lagert unverzollte Waren auf einem Zolllager in Hannover. M verkauft diese ebenfalls unverzollt an den Kunden K. K überführt die Waren in den freien Verkehr. Die Lieferung ist gemäß § 3 Abs. 7 Satz 1 UStG in Deutschland steuerbar (wo sich der Gegenstand zum Zeitpunkt der Verschaffung der Verfügungsmacht befindet) und unter den Voraussetzungen des § 4 Nr. 4b UStG grundsätzlich steuerfrei (da sie einer Einfuhr vorangeht). Da M nicht weiß, ob und wann K die Waren in den freien Verkehr überführen wird, berechnet er diese Lieferung unter gesondertem Ausweis von 19 % Umsatzsteuer. K kann sowohl die Umsatzsteuer aus der Rechnung des M (§ 15 Abs. 1 Satz 1 Nr. 1 UStG) als auch die Einfuhrumsatzsteuer (§ 15 Abs. 1 Satz 1 Nr. 2 UStG) als Vorsteuer abziehen.

Der Gegenstand muss vom Unternehmer im Rahmen seines Unternehmens eingeführt worden sein. Dieses Tatbestandsmerkmal veranlasst zur Prüfung der Fragen,

- ob der Gegenstand in das Unternehmen überführt wurde (sachliche Abzugsberechtigung) sowie
- für wessen Unternehmen der Gegenstand eingeführt wurde (personelle Abzugsberechtigung).

2.2.3.1.2 Sachliche Abzugsberechtigung

Der Gegenstand ist grundsätzlich in das Unternehmen eines Unternehmers überführt, wenn dieser es im Rahmen seiner unternehmerischen Tätigkeit zur Ausführung von Umsätzen

[87] Abschn. 15.8. Abs. 10 S. 1 UStAE.

[88] Abschn. 15.8. Abs. 10 S. 3 UStAE.

verwendet.[89] Es gelten insoweit dieselben Kriterien wie für den Abzug der durch andere Unternehmer in Rechnung gestellten Umsatzsteuer nach § 15 Abs. 1 Satz 1 Nr. 1 UStG.

Der Gegenstand muss in das Inland überführt werden und dort zur Ausführung von Umsätzen verwendet werden.[90] Besonderheiten sind daher zu beachten, wenn der Gegenstand in den Gebieten des § 1 Abs. 3 UStG verbleibt oder von dort wieder in das Ausland gelangt. Die deutsche Finanzverwaltung verlangt für diese Fälle ausdrücklich, dass der eingeführte Gegenstand zur Ausführung der in § 1 Abs. 3 UStG bezeichneten Umsätze eingesetzt wird.[91] Dies betrifft insbesondere die Lieferung von Waren, die bereits (an einer vorgeschobenen Zollstelle) zum einfuhrumsatzsteuerrechtlich freien Verkehr abgefertigt wurden, sowie von Waren in einem bewilligten Freihafen-Veredelungsverkehr oder einer zugelassenen Freihafenlagerung. Sind diese Voraussetzungen nicht erfüllt, z. B.

- beim Bezug von Waren zum unternehmerischen Gebrauch oder Verbrauch im Freihafen oder
- beim Verbringen von einfuhrumsatzsteuerrechtlich abgefertigten Waren in das übrige Ausland,

kommt als Entlastungsmaßnahme nur ein Erlass oder eine Erstattung der Einfuhrumsatzsteuer durch die zuständige Zollstelle in Betracht.[92]

2.2.3.1.3 Personelle Abzugsberechtigung – Verfügungsmacht

Nach Auffassung der deutschen Rechtsprechung und Finanzverwaltung ist der Gegenstand nur dann „für das Unternehmen" eines Unternehmers eingeführt, wenn der Unternehmer die Verfügungsmacht über den Gegenstand zum Zeitpunkt der Überführung in den freien Verkehr innehat.[93] Damit kommt es nicht darauf an, wer Schuldner der entrichteten Einfuhrumsatzsteuer war bzw. wer diese entrichtet hat, Abschn. 15.8. Abs. 4 Satz 3 UStAE. Auch die Frage, wer den eingeführten Gegenstand tatsächlich über die Grenze gebracht bzw. bei den Zollbehörden gestellt hat, ist unerheblich.

Ob diese Auslegung des § 15 Abs. 1 S. 1 Nr. 2 UStG durch die (bisherige) BFH-Rechtsprechung und deutsche Finanzverwaltung den unionsrechtlichen Vorgaben des Art. 168 Buchst. e) MwStSystRL entspricht, wird derzeit kontrovers diskutiert. Dies betrifft insbesondere die Frage nach dem Abzug der Einfuhrumsatzsteuer als Vorsteuer in den Fällen irregulärer Einfuhren, in denen aufgrund formaler Fehler in der Abwicklung zollrechtlicher Nichterhebungsverfahren die Einfuhrumsatzsteuer (auch) in der Person eines Dienstleisters entsteht. Das FG Hamburg hatte zu entscheiden, ob die Verletzung formaler Pflichten

[89] Abschn. 15.8. Abs. 4 UStAE.

[90] BFH v. 24.04.1980, VR 52/73, BStBl II 1980, 615; BFH v. 12.09.1991, VR 118/87, BStBl II 1991, 937; BFH v. 16.03.1993, VR 65/89, BStBl II 1993, 473.

[91] Abschn. 15.9. Abs. 1 UStAE; a. A. Studie in: Rau und Dürrwächter 2014, § 15, Rz. 535.

[92] Abschn. 15.9. Abs. 6 USAE; Birkenfeld 2014,§ 174, Rz. 156.

[93] BFH v. 24.04.1980, BStBl II 1980, S. 615; Abschn. 15.8. Abs. 4 UStAE.

aus einem Zolllagerverfahren, die zur Entstehung der Einfuhrumsatzsteuerschuld in der Person des Zolllagerinhabers geführt hat, diesen zum Abzug der Einfuhrumsatzsteuer in eigener Person berechtigen würde.[94] Das FG Hamburg entschied, dass dem Dienstleister (Zolllagerinhaber) der Vorsteuerabzug der gegen ihn festgesetzten unregelmäßigen Einfuhrumsatzsteuer zusteht. Eine eigentümerähnliche Verfügungsmacht über den eingeführten Gegenstand sei dafür nicht erforderlich. Dies ergebe sich weder aus dem Wortlaut der entsprechenden unionsrechtlichen und nationalen Vorschriften noch aus der Systematik des Zoll- und Umsatzsteuerrechts (Harksen und Pichler 2014, S. 26 ff.). Der BFH hat das Urteil des FG Hamburg zwar im Revisionsverfahren aufgehoben.[95] Dabei beschäftigte sich der BFH jedoch lediglich mit der Frage des Zeitpunktes, in dem die Einfuhrumsatzsteuer als Vorsteuer abziehbar ist. Auf die Rechtsfrage, ob auch ein Lagerhalter zum Vorsteuerabzug berechtigt ist, musste der BFH mangels Entscheidungserheblichkeit nicht eingehen. Auf eine dänische Vorlagefrage hin, wird sich jedoch der EuGH zeitnah mit der Frage beschäftigen müssen, ob ein Mitgliedstaat einem Steuerpflichtigen den Vorsteuerabzug verweigern darf, wenn die Einfuhrumsatzsteuer von einem Beförderer erhoben wird, der weder Eigentümer noch Einführer der Waren ist.[96]

Auch das FG Köln hatte sich mit der Frage der Verfügungsmacht als Voraussetzung für den Vorsteuerabzug der Einfuhrumsatzsteuer auseinanderzusetzen.[97] Dabei hatte es zu entscheiden, ob im Fall der Einfuhr eines Gegenstandes im Rahmen eines Verkaufskommissionsgeschäftes, der Kommittent oder der Kommissionär zum Abzug der Einfuhrumsatzsteuer berechtigt ist. Das FG Köln spricht dem Kommissionär die Vorsteuerabzugsberechtigung zu, mit dem Hinweis, dass eine Unterscheidung vorzunehmen sei, hinsichtlich derjenigen Verfügungsmacht, die der Kommissionär erlangt haben muss, damit von einer Lieferung des Kommittenten an ihn ausgegangen werden kann, und derjenigen Verfügungsmacht, die ein Unternehmer bei Einfuhr erlangt haben muss, um zum Vorsteuerabzug berechtigt zu sein. Gegen das Urteil wurde Revision eingelegt (Az: VR 6/11)

Nach Auffassung der Finanzverwaltung ist der Begriff der Verfügungsmacht im Sinne von § 3 Abs. 1 UStG zu verstehen und beinhaltet damit das Innehaben von wirtschaftlicher Substanz, Wert und Ertrag eines Gegenstandes. Einige Sonderfälle sind nachfolgend dargestellt:

- Frachtführer, Spediteure, Agenten o. ä. Personen, die die Einfuhrumsatzsteuer für Rechnung ihres Auftraggebers im eigenen Namen, d. h. als Schuldner, entrichtet haben, haben keine Verfügungsmacht über die Waren und sind nach Auffassung der Finanzverwaltung nicht zum Vorsteuerabzug berechtigt. Dies gilt auch, wenn sie die Waren auf Anweisung ihres Auftraggebers lagern und auch, wenn sie die Einfuhrumsatzsteuer

[94] FG Hamburg v. 19.12.2012, 5K 302/09; UStB 2013, 168.

[95] BFH v. 13.02.2014, VR 8/13, DStRE 2014, 810.

[96] EuGH Rs. C-187/14.

[97] FG Köln v. 17.01.2011, 9K 308/10.

nicht von ihrem Auftraggeber erstattet erhalten. Diese Konstellation wird immer in den Fällen auftreten, in denen ein nicht in der EU ansässiger Unternehmer Gegenstände einführt. Ein nicht in der EU ansässiger Unternehmer kann nicht als Zollanmelder auftreten (Art. 64 Abs. 2b ZK) und muss sich eines Vertreters bzw. Beauftragten bedienen, der damit Schuldner der Einfuhrumsatzsteuer wird. Ob diese Auffassung haltbar ist, wurde oben bereits diskutiert. Die Entscheidung des EuGH bleibt abzuwarten.

Beispiel

Die JP Ltd. aus Japan möchte Waren auf ein Warenlager in Düsseldorf verbringen. Die JP Ltd. kann als nicht in der EU ansässiger Unternehmer nicht als Zollanmelder auftreten. Sie beauftragt daher die deutsche Tochtergesellschaft D GmbH als Zollanmelder aufzutreten. Die D GmbH beauftragt den Spediteur S mit der Zollabwicklung. S überführt die Waren im Namen und für Rechnung der D GmbH in den freien Verkehr. Weder S noch die D GmbH, sondern die JP Ltd. hatte zum Zeitpunkt der Abfertigung der Waren zum freien Verkehr Verfügungsmacht. Die JP Ltd. ist daher zum Abzug der Einfuhrumsatzsteuer als Vorsteuer berechtigt.

- Mieter, Entleiher o. ä. Personen, denen ein Gegenstand lediglich aufgrund eines Miet- oder ähnlichen Rechtsverhältnisses zur Nutzung überlassen wurde, haben keine Verfügungsmacht über den Gegenstand. Die Verfügungsberechtigung liegt hier weiterhin beim Vermieter, Verleiher usw. (anders beim Mietkauf, bei dem die Verfügungsmacht bereits mit Besitzverschaffung übergeht).
- Inländische Unternehmer, denen ein Gegenstand von einem ausländischen Unternehmer zur Nutzung überlassen wird, ohne ihm Verfügungsmacht an dem Gegenstand zu verschaffen, sind nicht zum Vorsteuerabzug berechtigt. Eine Vereinfachung sieht die Finanzverwaltung für die Überlassung von Gegenständen durch einen ausländischen Unternehmer an einen inländischen Unternehmer zur Ausführung einer Werkleistung (Lohnveredelung) bzw. bei Beistellung zu einer Werklieferung vor, wenn dieser Gegenstand im Anschluss an die Werkleistung oder Werklieferung in das Drittlandsgebiet zurückgelangt bzw. durch den ausländischen Auftraggeber im Inland weitergeliefert wird. Hier soll der inländische Unternehmer zum Abzug der Einfuhrumsatzsteuer berechtigt sein.[98]
- Die Verfügungsmacht und damit die Berechtigung zum Vorsteuerabzug geht über, wenn der Lieferer das Eigentum bei rollender Ware durch (Einigung und) Abtretung des Herausgabeanspruches gegen den Frachtführer überträgt.

---

[98] Abschn. 15.8. Abs. 8 UStAE; vgl. Abschn. 6.1.3.1.

Beispiel

Der Großhändler G aus Norwegen versendet durch den Frachtführer F eine Ladung Fisch zum Großmarkt nach Hamburg. Während die Ware nach Deutschland befördert wird, findet er einen Abnehmer, den Fischhändler H aus Rostock. H beauftragt den Spediteur S, die Ware in Hamburg von F zu übernehmen, zum freien Verkehr abzufertigen und nach Rostock zu transportieren. G hat H seinen Herausgabeanspruch gegenüber F abgetreten und damit Eigentum und Verfügungsmacht übertragen. H hatte zum Zeitpunkt der Abfertigung der Waren zum freien Verkehr die Verfügungsmacht und ist zum Abzug der Einfuhrumsatzsteuer als Vorsteuer berechtigt.

- Die Verfügungsmacht und damit die Berechtigung zum Vorsteuerabzug geht über, wenn der Lieferer das Eigentum durch (Einigung und) Übergabe eines so genannten Traditionspapieres (Ladeschein, Konnossement, Orderlagerschein) überträgt.

Beispiel

Großhändler G aus Costa Rica lässt eine Ladung Ananas in dem Zolllager des L einlagern. L hat dem G darüber einen Lagerschein ausgestellt. G veräußert die Waren unter Übergabe des Lagerscheins an den Händler H1. H1 lässt die Ware durch den Spediteur S abholen, zum freien Verkehr abfertigen und weiter an den Händler H2 liefern. H1 hatte zum Zeitpunkt der Abfertigung der Waren zum freien Verkehr die Verfügungsmacht und ist zum Abzug der Einfuhrumsatzsteuer als Vorsteuer berechtigt.

- Wird ein Gegenstand im Rahmen einer beabsichtigten Lieferung im Inland eingeführt, von dem vorgesehenen Abnehmer jedoch nicht angenommen (Annahmeverweigerung), so muss hinsichtlich der Verfügungsmacht unterschieden werden, zu welchem Zeitpunkt die Annahmeverweigerung ausgeübt wurde. Nimmt der vorgesehene Abnehmer den Gegenstand von vornherein nicht an (z. B. wegen verspäteter Lieferung, fehlenden Lieferauftrages oder offensichtlicher Mängel), ist eine Lieferung nicht zustande gekommen. Die Verfügungsmacht wurde nicht auf den vorgesehenen Abnehmer übertragen. Dies gilt unabhängig davon, ob die Waren im Auftrag des Absenders oder des vorgesehenen Abnehmers zum freien Verkehr abgefertigt wurden. In beiden Fällen ist mangels Lieferung die Verfügungsmacht beim Absender verblieben, der allein die Berechtigung zum Vorsteuerabzug innehat. Wird die Annahme der Lieferung erst später verweigert (z. B. bei nachträglich festgestellten Mängeln), hat zunächst eine Lieferung stattgefunden, die nunmehr wieder rückgängig gemacht wird. Ungeachtet der Rückgängigmachung ist die Verfügungsmacht zunächst übertragen worden. Sind die Waren im Auftrag des vorgesehenen Abnehmers zum freien Verkehr abgefertigt worden, hatte dieser Verfügungsmacht zum Zeitpunkt der Abfertigung (§ 3 Abs. 6 UStG) und damit die Berechtigung zum Vorsteuerabzug. Ist der vorgesehene Abnehmer nicht zum vollen Vorsteuerabzug berechtigt und wird die Ware nach Annahmeverweigerung an einen neuen Abnehmer veräußert, lässt es die Finanzverwaltung zu, dass der Vorsteuerabzug vom Absender vorgenommen wird, um ungewollte Umsatzsteuerbelastungen zu vermeiden.[99]

- Reihengeschäfte[100]
- § 3 Abs. 8 UStG[101]
- Bedeutung von Lieferbedingungen[102]

2.2.3.1.4 Entstehung der Einfuhrumsatzsteuer, Zeitpunkt des Vorsteuerabzugs und Nachweis

Nach der ab dem 30. Juni 2013 gültigen Fassung des § 15 Abs. 1 S. 1 Nr. 2 UStG ist der Vorsteuerabzug der Einfuhrumsatzsteuer nicht mehr von ihrer tatsächlichen Entrichtung abhängig, sondern bedarf lediglich noch ihrer Entstehung.

Der Zeitpunkt der Entstehung der Einfuhrumsatzsteuer ist grundsätzlich an die Entstehung der Einfuhrabgaben gekoppelt (Art. 70, Art. 71 Abs. 1 MwStSystRL). Dies ist in der Regel der Zeitpunkt der Überführung der Ware in den zollrechtlich freien Verkehr (Art. 82, Art. 89 ZK). Einfuhrumsatzsteuer kann aber auch entstehen, wenn Waren vorschriftswidrig in das Zollgebiet der Gemeinschaft verbracht werden (Art. 202 ZK) oder der zollamtlichen Überwachung entzogen werden (Art. 203 ZK).

Nach § 16 Abs. 2 S. 1 UStG sind von „der nach Absatz 1 berechneten Steuer die in den Besteuerungszeitraum fallenden, nach § 15 abziehbaren Vorsteuerbeträge abzusetzen." Danach hat der Unternehmer die Einfuhrumsatzsteuer als Vorsteuer in dem Besteuerungszeitraum abzuziehen, in dem sie entstanden ist. Er kann sie nicht in einem späteren Besteuerungszeitraum geltend machen.[103] Die bisher in der Praxis so wichtige Vorschrift des § 16 Abs. 2 S. 4 UStG wurde mit entsprechender Änderung des § 15 Abs. 1 S. 1 Nr. 2 UStG gestrichen. Danach war die Einfuhrumsatzsteuer bereits in dem Voranmeldungszeitraum als Vorsteuer abziehbar, in dem sie entstanden ist, wenn die Einfuhrumsatzsteuer unter Zahlungsaufschub auf ein Aufschubkonto entrichtet wurde. Dieser Vorverlegung des Vorsteuerabzugs bedarf es nun nicht mehr.

► **Hinweis** In der Praxis ist es nicht selten üblich, Einfuhrumsatzsteuer als Vorsteuern im laufenden Besteuerungszeitraum geltend zu machen, auch wenn die Voraussetzungen für den Abzug schon länger vorlagen. Dies betrifft insbesondere die Fälle, in denen die Einfuhrumsatzsteuer von einem Dritten verauslagt wird (z. B. einem Spediteur) und erst spät weiterbelastet wird. Dies stellt für den Unternehmer ein hohes Risiko dar. Sollte ein Betriebsprüfer den Vorsteuerabzug später versagen, ist eine berichtigte Anmeldung in einem anderen Besteuerungszeitraum davon abhängig, ob die entsprechende Steuerfestsetzung noch änderbar ist.

---

[99] Abschn. 15.8. Abs. 8 UStAE 2008.

[100] Vgl. Abschn. 2.2.3.2, Abschn. 10.3.

[101] vgl. Abschn. 2.2.3.2.

[102] vgl. Abschn. 2.2.3.3.

[103] BFH v. 13.02.2014, VR 8/13, DStRE 2014, 810.

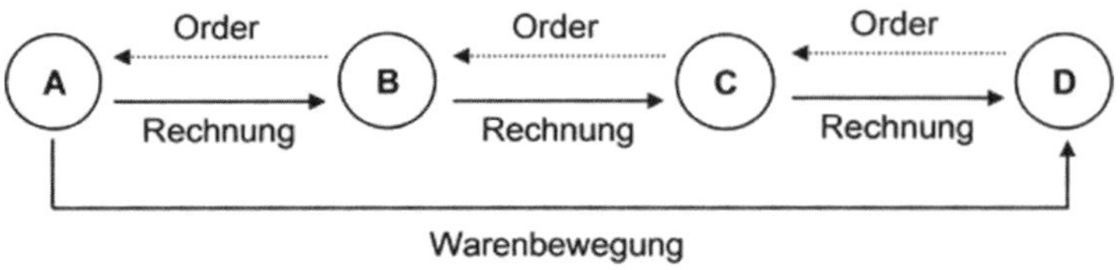

Abb. 2.4 Beschriftung fehlt

Der Unternehmer muss die Voraussetzungen für den Abzug der Einfuhrumsatzsteuer als Vorsteuer nachweisen. Dazu dient ein zollamtlicher Beleg (z. B. Einfuhrabgabenbescheid) oder ein vom Zollamt bescheinigter Ersatzbeleg. Bei Einfuhren, die über das IT-Verfahren ATLAS abgewickelt werden, bestehen keine Bedenken, den Nachweis elektronisch oder durch einen Ausdruck des elektronisch übermittelten Bescheids über die Einfuhrabgaben zu führen.[104] Enthält der Bescheid fehlerhafte Angaben z. B. zum Zollanmelder oder Empfänger und wird kein geänderter Steuerbescheid oder Ersatzbeleg durch das Hauptzollamt mehr ausgestellt, kommt ein Vorsteuerabzug aus Billigkeitsgründen in Betracht.[105]

2.2.3.2 Vorsteuerabzug bei Reihengeschäften und in Fällen des § 3 Abs. 8 UStG

Schließen mehrere Unternehmer über denselben Gegenstand Umsatzgeschäfte ab und gelangt dieser Gegenstand bei der Beförderung oder Versendung unmittelbar vom ersten Unternehmer an den letzten Abnehmer, liegt ein so genanntes Reihengeschäft vor (Abb. 2.4).[106]

Zu welchem Zeitpunkt die Verfügungsmacht an einen Unternehmer innerhalb der Lieferkette übergeht, bestimmt sich grundsätzlich nach den Vorschriften des § 3 Abs. 6 Satz 1 und 5, Abs. 7 Satz 2 sowie Abs. 8 UStG.[107] Aus Vereinfachungsgründen bestimmt die Finanzverwaltung, dass zum Abzug der Einfuhrumsatzsteuer derjenige Lieferer in der Kette berechtigt, der die Einfuhrumsatzsteuer entrichtet hat.[108]

Beispiel

CH aus der Schweiz bestellt MP3-Player beim Händler DE1 in Hamburg. DE1 kauft die MP3-Player beim Großhändler JP aus Japan. CH verkauft die Waren an einen

[104] Abschn. 15.11. Abs. 1 Nr. 2 UStAE.

[105] Abschn. 15.11 Abs. 7 UStAE; OFD Karlsruhe v. 12.12.2013 – S. 7300a Karte 1, MwStR 2014, 106 f.

[106] Zur umsatzsteuerlichen Behandlung von Reihengeschäften, insbesondere zur Bestimmung zum Ort der Steuerbarkeit vgl. Abschn. 10.

[107] a. A. Stadie in: Rau und Dürrwächter 2014, Rz. 513, 514 zu § 15 UStG, der die Transportgefahr als alleiniges Kriterium für das Innehaben der Verfügungsmacht ansieht.

[108] Abschn. 15.8. Abs. 6 Satz 3 UStAE.

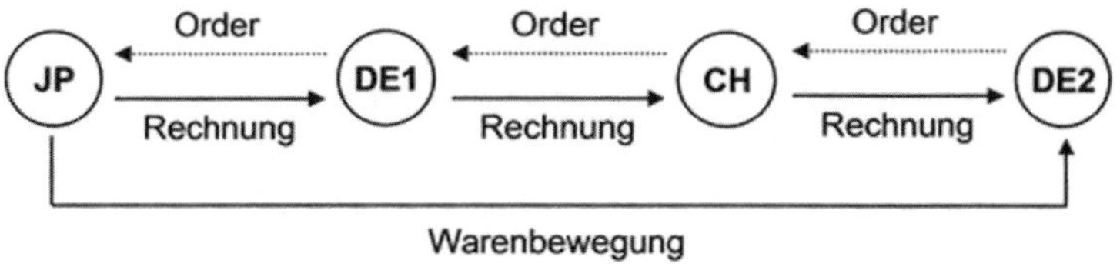

Abb. 2.5 Beschriftung fehlt

Kunden DE2 in Düsseldorf. Die Waren werden direkt von Tokio nach Düsseldorf geliefert (siehe Abb. 2.5).

1. Alternative:

JP übernimmt die Versendung der Waren. DE1 überführt sie in den freien Verkehr. Die Versendung der Waren ist der Lieferung zwischen JP und DE1 zuzuordnen (bewegte Lieferung). Diese Lieferung ist gemäß § 3 Abs. 6 Satz 1 UStG in Japan steuerbar. Die Verfügungsmacht wird DE1 in Japan übertragen. Für alle nachfolgenden Lieferungen wird die Verfügungsmacht gemäß § 3 Abs. 7 Satz 2 Nr. 2 UStG in Deutschland übertragen. Diese Lieferungen sind in Deutschland steuerbar und steuerpflichtig. Die Einfuhrumsatzsteuer kann von der DE1 als Vorsteuer abgezogen werden, § 15 Abs. 1 Satz 2 Nr. 2 UStG.

2. Alternative:

JP übernimmt die Versendung der Waren. DE2 überführt sie in den freien Verkehr. Die Versendung der Waren ist der Lieferung zwischen JP und DE1 zuzuordnen (bewegte Lieferung). Diese Lieferung ist gemäß § 3 Abs. 6 Satz 1 UStG in Japan steuerbar. Die Verfügungsmacht wird DE1 in Japan übertragen. Für alle nachfolgenden Lieferungen wird die Verfügungsmacht gemäß § 3 Abs. 7 Satz 2 Nr. 2 UStG in Deutschland übertragen. Diese lieferungen sind in Deutschland steuerbar. Beide Lieferungen DE1 an CH sowie CH an DE2 sind unter den Voraussetzungen des § 4 Nr. 4b UStG steuerfrei, da sie einer Einfuhr vorausgehen. Die Einfuhrumsatzsteuer kann von DE2 als Vorsteuer abgezogen werden, § 15 Abs. 1 Satz 2 Nr. 2 UStG.[109]

3. Alternative:

DE2 übernimmt die Versendung der Waren sowie deren Überführung in den freien Verkehr.

Die Versendung der Waren ist der Lieferung zwischen CH und DE2 zuzuordnen (bewegte Lieferung). Diese Lieferung ist gemäß § 3 Abs. 6 Satz 1 UStG in Japan steuerbar. Die Verfügungsmacht wird DE2 in Japan übertragen. Für alle vorangehenden Lieferungen wird die Verfügungsmacht gemäß § 3 Abs. 7 Satz 2 Nr. 1 UStG ebenfalls in Japan übertragen. Diese Lieferungen sind nicht in Deutschland steuerbar. Die Einfuhrumsatzsteuer kann von DE2 als Vorsteuer abgezogen werden, § 15 Abs. 1 Satz 2 Nr. 2 UStG.

[109] Vgl. zur Problematik des Vorsteuerabzuges für den Fall, dass DE2 die Ware erst nach Einfuhrabfertigung übergeben wird Thoma und Kirchhainer UStB 2009, S. 132–136.

4. Alternative:

DE2 übernimmt die Versendung der Waren nach Deutschland. DE1 überführt sie in den freien Verkehr.

Die Versendung der Waren ist der Lieferung zwischen CH und DE2 zuzuordnen (bewegte Lieferung). Diese Lieferung gilt somit grundsätzlich gemäß § 3 Abs. 6 Satz 1 UStG als in Japan ausgeführt. Die dieser Lieferung vorangehenden Lieferungen gelten gemäß § 3 Abs. 7 Satz 2 Nr. 2 UStG ebenfalls als in Japan ausgeführt (siehe 3. Alternative). Allerdings gilt gemäß § 3 Abs. 8 UStG der Ort der Lieferung als in Deutschland gelegen, wenn ein Gegenstand bei der Versendung vom Drittland nach Deutschland verbracht wird und der Lieferer oder ein Beauftragter des Lieferers Schuldner der Einfuhrumsatzsteuer ist. In dieser Alternative wird der Liefergegenstand von Japan nach Deutschland gebracht und ein (vorangehender) Lieferer, DE1, ist Schuldner der Einfuhrumsatzsteuer. Die Lieferungen von DE1 an CH sowie von CH an DE2 gelten mithin als in Deutschland ausgeführt. Diese Lieferungen sind in Deutschland steuerbar und steuerpflichtig. In den Fällen des § 3 Abs. 8 UStG ist davon auszugehen, dass dem Abnehmer der Lieferung, CH, die Verfügungsmacht erst im Inland verschafft wird. Dementsprechend ist der Lieferer, DE1 zum Abzug der Einfuhrumsatzsteuer berechtigt, Abschn. 199 Abs. 6 Satz 1 und 2 UStR 2008.

Die Anwendung des § 3 Abs. 8 UStG beschränkt sich nicht nur auf Fälle des Reihengeschäftes. Auch in einer Lieferbeziehung zwischen zwei Unternehmern gilt die Lieferung als in Deutschland ausgeführt, wenn bei der Versendung der Liefergegenstand aus dem Drittlandsgebiet in das Inland gelangt und der Lieferer oder sein Beauftragter Schuldner der Einfuhrumsatzsteuer wird. In den Fällen des § 3 Abs. 8 UStG – d. h. wird der Gegenstand von dem Lieferer oder seinem Beauftragten in den freien Verkehr überführt – ist davon auszugehen, dass dem Abnehmer die Verfügungsmacht an dem Gegenstand erst im Inland verschafft wird. Dementsprechend ist in diesen Fällen der Lieferer zum Abzug der Einfuhrumsatzsteuer berechtigt, Abschn. 15.8. Abs. 6 Satz 1 und 2 UStAE.

Beispiel

JP aus Japan liefert Waren an den Kunden DE in Deutschland. JP ist als nicht in der EU ansässiger Unternehmer nicht berechtigt Zollanmeldungen abzugeben und beauftragt damit die Spedition S. S überführt die Waren im eigenen Namen und für Rechnung des JP (indirekte Stellvertretung) in den freien Verkehr und wird damit Schuldner der Einfuhrumsatzsteuer. Die Lieferung von JP an DE gilt gemäß § 3 Abs. 8 UStG als in Deutschland ausgeführt, da sowohl S als Beauftragter von JP als auch JP Schuldner der Einfuhrumsatzsteuer sind, Art. 201 Abs. 3 ZK. Die Lieferung ist in Deutschland steuerbar und steuerpflichtig. Die Verfügungsmacht wird DE erst in Deutschland verschafft. JP ist zum Zeitpunkt der Einfuhr verfügungsberechtigt und kann die Einfuhrumsatzsteuer als Vorsteuer abziehen.

2.2.3.3 Die Bedeutung von Lieferbedingungen

Die Berechtigung zum Abzug der Einfuhrumsatzsteuer als Vorsteuer knüpft an die Verfügungsmacht über den Liefergegenstand zum Zeitpunkt der Abfertigung zum freien Verkehr an. Das UStG enthält keine ausdrückliche Bestimmung über den Zeitpunkt einer Lieferung und damit den Zeitpunkt des Übergangs der Verfügungsmacht. Nach herrschender Auffassung lässt sich aus den Ortsbestimmungen zur Lieferung jedoch auch der Lieferzeitpunkt ableiten (vgl. Forgach in Reiß et al. 2014, § 15, Rz. 307; Birkenfeld 2014, § 61, Rz. 856; a. A. Stadie in: Rau und Dürrwächter 2014, § 15, Rz. 511, der auf den Übergang der Transportgefahr abstellt). Die Bestimmungen zum Lieferort unterstellen das Vorliegen einer Lieferung und regeln damit das „Wann", „Wo" und „Ob" der Lieferung. Wo und damit auch zu welchem Zeitpunkt die Verfügungsmacht von dem Lieferer auf den Erwerber übergeht, ergibt sich daher aus der Fiktion des § 3 Abs. 6, Abs. 7 und Abs. 8 UStG.

Der durch Lieferkonditionen vereinbarte zivilrechtliche Lieferort als Ort für den Übergang der Gefahr und Kosten ist daher nicht notwendigerweise identisch mit dem umsatzsteuerlich zu bestimmenden Ort der Lieferung als Ort der Verschaffung der Verfügungsmacht (vgl. Schröder 2000, S. 283). Inwieweit die Beteiligten eines Liefergeschäftes trotzdem durch die Vereinbarung von bestimmten Lieferbedingungen den Ort des Übergangs der Verfügungsmacht beeinflussen können, ergibt sich aus dem Regelungsinhalt und den Voraussetzungen des § 3 Abs. 6, Abs. 7 und Abs. 8 UStG. So kann der Ort einer Lieferung – und damit auch der Zeitpunkt der Verschaffung der Verfügungsmacht – in das Inland verschoben werden, wenn der Lieferer oder sein Beauftragter Schuldner der Einfuhrumsatzsteuer ist (§ 3 Abs. 8 UStG). Wer den Liefergegenstand zur Überführung in den freien Verkehr anmeldet und damit Schuldner der Einfuhrumsatzsteuer wird, kann im Vorfeld durch Vereinbarung von bestimmten Lieferbedingungen („DDP" bzw. „DDU") beeinflusst werden. Ebenfalls individuell vereinbar ist die Frage, wer den Transport des Gegenstandes zum Bestimmungsort übernimmt bzw. in Auftrag gibt, was im Falle eines Reihengeschäftes wiederum Einfluss hat auf die Einordnung einer Lieferung als ruhende bzw. Versendungslieferung (§ 3 Abs. 7 bzw. Abs. 6 UStG). In beiden Alternativen sind der Ort der Lieferung und damit der Ort der Verschaffung der Verfügungsmacht ein anderer.

▶ **Hinweis** Zu beachten ist jedoch in diesem Zusammenhang, dass über Lieferklauseln für Verkaufsverträge keine Frachtverträge geschlossen werden. Die Klausel gibt lediglich Auskunft darüber, ob der Rechnungspreis bereits Fracht, Versicherung usw. enthält. Bei der umsatzsteuerlichen Beurteilung eines Reihengeschäftes, und da insbesondere bei der Einordnung einer Lieferung als ruhende Lieferung bzw. bewegte Lieferung, kommt es jedoch maßgeblich auf die Auftragserteilung an den Frachtführer an und erst in zweiter Linie auf die Übernahme der entsprechenden Frachtkosten, Abschn. 3.14. Abs. 7 UStAE. Gleiches gilt für die Frage, wer Schuldner der Einfuhrumsatzsteuer wird. Dies richtet sich nach § 21 Abs. 2 UStG i. V. m. Art. 201 ZK Abs. 3 und nicht danach, wer nach den vereinbarten Lieferkonditionen wirtschaftlich mit den Einfuhrabgaben belastet ist.

Beispiel

DE aus Bremen bestellt Elektrogeräte bei JP aus Tokio, Japan. Gemäß den vereinbarten Lieferkonditionen trägt JP die Kosten des Transports bis Bremen und die Einfuhrabgaben („DDP Bremen"). Darüber hinaus vereinbaren beide, dass DE die Anmeldung der Geräte zur Überführung in den freien Verkehr in Bremen übernimmt, da JP als nicht im Gemeinschaftsgebiet ansässiger Unternehmer nicht als Zollanmelder auftreten darf.

Die Lieferung von JP an DE ist eine bewegte Lieferung und gilt als in Tokio ausgeführt, wo die Geräte an den beauftragten Spediteur S übergeben wurden (§ 3 Abs. 6 Satz 1 und 4 UStG). Die Verfügungsmacht ist zu diesem Zeitpunkt auf DE übergegangen. DE ist zum Abzug der bei Einfuhr in Deutschland entrichteten Einfuhrumsatzsteuer berechtigt. Unseres Erachtens kommt es in dieser Konstellation nicht zur Verlagerung des Lieferortes in das Inland gemäß § 3 Abs. 8 UStG, da nicht JP als Lieferer, sondern DE als Abnehmer der Lieferung Schuldner der Einfuhrumsatzsteuer ist, § 21 Abs. 2 UStG i. V. m. Art. 201 ZK. Unabhängig von den Lieferklauseln und der Frage, wer wirtschaftlich mit den Einfuhrabgaben belastet ist, ist allein maßgeblich, wer nach den zollrechtlichen Vorschriften Schuldner der Einfuhrumsatzsteuer ist, Abschn. 31 Abs. 1 UStR. Lieferklauseln regeln lediglich zivilrechtliche Verpflichtungen und sind für die Frage der Einfuhrumsatzsteuerschuld ohne Bedeutung (vgl. auch Birkenfeld 2014, § 65, Rz. 46). Dafür, dass DE lediglich als Beauftragter des JP zum Schuldner der Einfuhrumsatzsteuer wird, liegen keine Anhaltspunkte vor. Von einer Zollanmeldung im Auftrag des Lieferers kann wohl nur dann ausgegangen werden, wenn der Abnehmer als indirekter Vertreter in eigenem Namen und für Rechnung des Lieferers die Zollanmeldung abgibt. Ein solches Vertretungsverhältnis und die entsprechende Vertretungsvollmacht müssten bei Abgabe der Zollanmeldung zweifelsfrei erklärt und auf Verlangen nachgewiesen werden. Nur in diesem Fall wird der Lieferer neben dem Anmelder zum Schuldner der Einfuhrabgaben, Art. 201 Abs. 3 ZK. Solange DE jedoch bei Abgabe der Zollanmeldung kein Vertretungsverhältnis erklärt und die Anmeldung in eigenem Namen und für eigene Rechnung vornimmt, schuldet DE die Einfuhrabgaben als Abnehmer der Lieferung mit der Folge, dass die Lieferung zum Zeitpunkt der Übergabe der Gegenstände an den Spediteur in Tokio als ausgeführt gilt, § 3 Abs. 6 Satz 1 UStG. DE hat zum Zeitpunkt der Einfuhr Verfügungsmacht und ist vorsteuerabzugsberechtigt.

2.2.4 Weiterbelastung von Einfuhrumsatzsteuer

Unternehmer, die Gegenstände für ihr Unternehmen in Deutschland einführen, werden häufig die entsprechende Einfuhrabwicklung nicht selbst vornehmen, sondern damit einen Dienstleister, z. B. Spediteur o.ä. beauftragen. Unternehmer, die nicht in der EU ansässig sind und deshalb nicht als Zollanmelder auftreten dürfen, beauftragen in vielen Fällen auch eine inländische Tochtergesellschaft oder ein anderweitig verbundenes Unternehmen mit der Abwicklung der Einfuhr.

Die beauftragten Unternehmen entrichten die bei Abfertigung der Waren zum freien Verkehr entstandene Einfuhrumsatzsteuer an die Zollbehörden, sind aber selbst nicht zum Abzug der Einfuhrumsatzsteuer als Vorsteuer berechtigt.[110] Zur Frage, wie die entrichtete Einfuhrumsatzsteuer an denjenigen weiterbelastet werden kann, der seinerseits zum Abzug der Einfuhrumsatzsteuer berechtigt ist, ist zunächst zwischen folgenden Sachverhaltsgestaltungen zu unterscheiden:[111]

- Der Beauftragte tritt in fremdem Namen und für fremde Rechnung auf (direkte Stellvertretung).
  Bei der so genannten direkten Stellvertretung meldet der Beauftragte die Waren im fremden Namen und für fremde Rechnung zur Einfuhr an. Zollanmelder wird der Vertretene, der auch Schuldner der Einfuhrabgaben wird, Art. 201 ZK. Diese häufigste Form der Vertretung wird immer dann anzutreffen sein, wenn der Spediteur in Vertretung eines in der EU ansässigen Unternehmers auftritt. Dies kann sowohl der Einführer selbst als auch die inländische Tochtergesellschaft eines nicht EU-ansässigen Einführers sein.
  Ist derjenige, der die Einfuhrumsatzsteuer entrichtet, nicht selbst Schuldner der Einfuhrumsatzsteuer, so stellt diese für ihn nur einen durchlaufenden Posten dar. Der Beauftragte verauslagt die durch seinen Auftraggeber geschuldete Einfuhrumsatzsteuer an die Zollbehörden. Die Weiterbelastung eines durchlaufenden Postens ist kein umsatzsteuerbarer Vorgang. Ihr liegt kein Leistungsaustausch zugrunde. Die Weiterbelastung erfolgt damit ohne gesonderten Ausweis von USt. Dies gilt nur für die Weiterbelastung der verauslagten Einfuhrumsatzsteuer, nicht für die Abrechnung der Verzollungsgebühren oder Transportkosten.

Beispiel

Die M GmbH mit Sitz in Deutschland kauft Waren von der Japanischen JP Ltd. Die vereinbarte Lieferkondition lautet DDU. Die M GmbH beauftragt die Spedition S mit der Einfuhrverzollung. S meldet die Waren im Namen und für Rechnung der M GmbH zur Einfuhr an. Die M GmbH ist Zollanmelder und wird Schuldner der Einfuhrabgaben, Art. 201 ZK. Abs. 3 S entrichtet die fällige Einfuhrumsatzsteuer an das HZA Hamburg. S berechnet die verauslagte Einfuhrumsatzsteuer an die M GmbH weiter und weist dabei keine USt gesondert aus.

- Der Beauftragte tritt in eigenem Namen und für Rechnung seines Auftraggebers auf (indirekte Stellvertretung).
  Bei der so genannten indirekten Stellvertretung meldet der Beauftragte die Waren im eigenen Namen und für Rechnung des Vertretenen zur Einfuhr an. Der Beauftragte

[110] Vgl. Abschn. 2.2.3.1.2.

[111] Vgl. ausführlich zu dieser Thematik Thoma und Henschel UStB 2007, S. 322.

wird damit auch selbst Zollanmelder und damit auch Schuldner der Einfuhrabgaben, Art. 201 ZK. Diese Form der Vertretung wird immer dann anzutreffen sein, wenn der Spediteur in Vertretung eines nicht in der EU ansässigen Unternehmers auftritt, welcher selbst nicht als Zollanmelder auftreten darf.
Ist derjenige, der die Einfuhrumsatzsteuer entrichtet, auch selbst Schuldner der Einfuhrumsatzsteuer, zahlt er den Betrag aus eigener Verpflichtung heraus. Die Zahlung stellt keinen durchlaufenden Posten mehr dar. Dies gilt unabhängig davon, dass der Beauftragte die Einfuhrumsatzsteuer an seinen Auftraggeber weiterbelasten kann. Die Einordnung einer Zahlung als durchlaufender Posten erfolgt nicht aufgrund wirtschaftlicher Betrachtungsweisen, sondern allein aufgrund der Tatsache, ob zwischen dem Zahlenden und dem Zahlungsempfänger eine unmittelbare Rechtsbeziehung besteht.[112] Belastet der Beauftragte die aus eigener Verpflichtung entrichtete Einfuhrumsatzsteuer weiter, ist dieses Entgelt für eine Leistung des Beauftragten an den Auftraggeber und damit Entgelt für einen umsatzsteuerbaren Leistungsaustausch.[113] Die Leistung des Beauftragten besteht in der Abwicklung der Einfuhrverzollung für den Auftraggeber. An welchem Ort diese Leistung als erbracht gilt, hängt davon ab, welcher Natur die erbrachte Leistung ist und ob sie unter eine der Sondervorschriften des § 3a UStG subsumiert werden kann. Das BMF hat mit Schreiben vom 23.04.1997[114]klargestellt, dass die Leistungen eines Fiskalvertreters i. S. d. §§ 22a ff. UStG denen eines Rechtsanwalts, Steuerberaters oder Steuerbevollmächtigten ähnlich sind. Die Leistungen des Zolldeklaraten gelten als dort ausgeführt, wo sein Auftraggeber sein Unternehmen betreibt, § 3a Abs. 2 UStG. In der Regel wird es sich bei dem Auftraggeber eines in indirekter Stellvertretung auftretenden Zolldeklaranten um einen nicht EU-ansässigen Unternehmer handeln. Die Leistung des Zolldeklaranten wäre mithin nicht in Deutschland steuerbar und ohne Ausweis von Umsatzsteuer abzurechnen. Die Leistung des Zolldeklaranten unterliegt der deutschen Umsatzsteuer, wenn sein Auftraggeber in Deutschland sein Unternehmen betreibt.

2.3 Einfuhr über andere EU-Mitgliedstaaten

2.3.1 Wirtschaftliche Überlegungen

Beabsichtigt ein Importeur, Waren aus dem Drittland in die EU einzuführen, steht es ihm frei, in welchem EU-Mitgliedstaat er die Überführung in den freien Verkehr vornimmt. Für einen Unternehmer mag es verschiedene Gründe geben, die die Überführung von aus

[112] BFH v. 24.02.1966, V 135/63, BStBl III 1966, 263; BFH v. 02.03.1967, V 54/64, BStBl III 1967, 377.

[113] Vgl. OFD Frankfurt a. M. v. 30.08.1990; S-7200 A-1/84-St IV 21.

[114] BMF v. 23.04.1997, S 7117 f – 19 – V C4, BStBl I 1990, S. 141.

Drittstaaten eingeführten Gegenständen über andere EU-Mitgliedstaaten durchaus sinnvoll machen.

Solche Gründe können z. B. logistischer Natur sein. So ist es aus logistischer Sicht ggf. auch für ein deutsches Unternehmen sinnvoll, die Waren über den Hafen Rotterdam einzuführen anstatt über Hamburg. Auch Kostengesichtspunkte mögen für die Wahl eines anderen Einfuhrortes mit entscheidend sein. Liegen die Kosten für die Zollabfertigung (z. B. Gebühren des Spediteurs) in einem anderen EU-Mitgliedstaat erheblich unter den Kosten in Deutschland, könnte sich die Einfuhr über einen anderen EU-Mitgliedstaat lohnen.

Sehr häufig werden in anderen EU-Mitgliedstaaten auch Zentrallager unterhalten, aus denen heraus dann die Kunden in der EU beliefert werden. Unterhält ein deutsches Unternehmen solch ein Zentrallager z. B. in Belgien, wird es dort ohnehin umsatzsteuerlich erfasst sein, so dass es sinnvoll ist, die Waren in Belgien in den freien Verkehr zu überführen.

2.3.2 Zollrechtliche Überlegungen

Die Mitgliedstaaten der EU bilden eine Zollunion. Somit gelten bei der Einfuhr von Waren aus Drittländern die gleichen Zollsätze, unabhängig davon, in welchem der 27 Mitgliedstaaten der Gegenstand eingeführt wird. Ist der Gegenstand einmal in den zollrechtlich freien Verkehr der EU überführt worden und wird er im Anschluss dann von einem Mitgliedstaat in einen anderen geliefert, unterliegt er weder weiteren Einfuhrabgaben noch einer zollamtlichen Überwachung. Die grundlegenden Zollvorschriften sind zudem EU-Verordnungen und damit unmittelbar geltendes Recht in jedem einzelnen EU-Mitgliedstaat.

Zollrechtliche Gründe dürften für die Wahl des Einfuhrlandes daher nicht entscheidend sein.[115]

2.3.3 Umsatzsteuerliche Überlegungen

Neben logistischen und sprachlichen Gründen sind aber insbesondere umsatzsteuerliche Konsequenzen für die Wahl des Einfuhrlandes entscheidungserheblich.

Beispiel

A hat Kunden in allen 28 EU-Mitgliedstaaten. Diesen Kunden liefert A zuvor aus Drittstaaten eingeführte Gegenstände. Werden die Waren in Deutschland in den freien Verkehr überführt und anschließend innergemeinschaftlich geliefert, ergeben sich für A in

[115] Da die zoll- und insbesondere zolltarifrechtlichen Regelungen in der Praxis in den Mitgliedstaaten durchaus unterschiedlich ausgelegt werden, kann die Wahl des Einfuhrmitgliedstaates von Bedeutung sein.

den anderen 27 EU-Mitgliedstaaten keine umsatzsteuerlichen Konsequenzen. An der Zollbelastung würde sich nichts ändern, wenn A dazu überginge, die Waren erst in dem jeweiligen Bestimmungsland in den freien Verkehr zu überführen. Allerdings hätte A sich dann in sämtlichen EU-Mitgliedstaaten umsatzsteuerlich erfassen zu lassen (analog zu § 3 Abs. 8 UStG).

▶ **Hinweis** Die Einfuhr über einen anderen EU-Mitgliedstaat führt zu keiner Änderung der Zollbelastung. Jedoch hat sich der Importeur in dem Einfuhrmitgliedstaat umsatzsteuerlich erfassen zu lassen. Dies folgt zwingend aus Art. 32 UAbs. 2. MwStSystRL, vgl. § 3 Abs. 8 UStG.

Es kann aber auch umsatzsteuerliche Gründe geben, aus denen eine Einfuhr über einen anderen EU-Mitgliedstaat vorteilhaft ist. Die folgenden zwei Beispiele sollen dies verdeutlichen:

Beispiel

Ein Großkunde von A, G, sucht nach Möglichkeiten zur Verbesserung der Liquidität. G tritt an A mit der Bitte heran, zu überprüfen, ob bestimmte Produkte umsatzsteuerfrei (z. B. im Rahmen einer innergemeinschaftlichen Lieferung) geliefert werden können, um so seinen Vorsteuerüberhang zu reduzieren. Bislang hat A die an G gelieferten Gegenstände in Deutschland in den freien Verkehr überführt und anschließend unter Ausweis von deutscher Umsatzsteuer geliefert.

Um dem Anliegen des G entgegen zu kommen, könnten die Waren zukünftig in einem anderen EU-Mitgliedstaat der EU in den freien Verkehr überführt werden und dann aus diesem Mitgliedstaat an G geliefert werden. Aus den bislang steuerpflichtigen Lieferungen würden steuerfreie innergemeinschaftliche Lieferungen. Die Liquiditätslage des Kunden kann dadurch verbessert werden, da die Versteuerung des innergemeinschaftlichen Erwerbs (bei zum vollen Vorsteuerabzug berechtigten Unternehmen) finanzierungsneutral ist.

Beispiel

JP mit Sitz in Japan beliefert einen Kunden in Deutschland mit Waren. Die Waren werden in indirekter Stellvertretung durch den Spediteur S in Deutschland in den freien Verkehr überführt. JP hat sich aus diesem Grund in Deutschland umsatzsteuerlich erfassen zu lassen. JP kann die Waren aber auch in einem anderen EU-Mitgliedstaat in den freien Verkehr überführen und dann im Rahmen einer innergemeinschaftlichen Lieferung aus diesem Mitgliedstaat an den deutschen Kunden liefern. Dies macht immer dann Sinn, wenn JP z. B. in den Niederlanden bereits umsatzsteuerlich erfasst ist (z. B. über einen Fiskalvertreter). Diese bereits vorhandene umsatzsteuerliche Registrierung kann auch zur Abwicklung anderer Transaktionen genutzt werden.

- Exkurs: Einfuhr über die Niederlande
  Aus unterschiedlichsten Gründen werden Einfuhren von Waren aus Drittländern sehr häufig in den Niederlanden abgewickelt. Dies liegt zum einen daran, dass die Niederlande ein bedeutendes Bestimmungsland in Rahmen von Seetransporten sind. Zum anderen bieten die Niederlande auch umsatzsteuerlich interessante Gestaltungsmöglichkeiten. Hierauf soll im Folgenden kurz eingegangen werden.
  Wie Deutschland haben auch die Niederlande die Regelung des Art. 143 Buchst. d MwStSystRL (vgl. § 5 Abs. 1 Nr. 3 UStG) in nationales Recht umgesetzt. In der Folge können Waren, die in den Niederlanden in den freien Verkehr überführt werden und im Anschluss an die Einfuhr innergemeinschaftlich geliefert werden, einfuhrumsatzsteuerfrei eingeführt werden. Zur Anwendung dieser Regelung bedarf es in den Niederlanden einer Bewilligung durch die zuständigen Finanzbehörden.[116]
  Darüber hinaus bietet das niederländische Umsatzsteuerrecht in Art. 23 des niederländischen Umsatzsteuergesetzes eine weitere interessante Möglichkeit für Importeure. Unter dem so genannten „postponed accounting system“ hat ein in den Niederlanden ansässiger Unternehmer mit einer entsprechenden Bewilligung die Einfuhrumsatzsteuer nicht in der Zollanmeldung zu erklären, sondern in den (in der Regel monatlich zu erstellenden) Umsatzsteuererklärungen. Sind die Unternehmer zum vollen Vorsteuerabzug berechtigt, können sie diese Einfuhrumsatzsteuer in der gleichen Erklärung als Vorsteuer abziehen, so dass die Einfuhrumsatzsteuer nicht finanziert werden muss.
  Auch Unternehmen, die nicht in den Niederlanden ansässig sind, und sogar drittländische Unternehmen können in den Genuss dieser Regelung kommen. Dazu müssen sie einen in den Niederlanden ansässigen und zur Durchführung des Verfahrens berechtigten Fiskalvertreter bestellen.
  Diese Regelung ist nicht beschränkt auf solche Einfuhren, an die sich eine innergemeinschaftliche Lieferung anschließt. Sie kann auch genutzt werden, wenn im Anschluss an die Einfuhr an einen niederländischen Kunden geliefert wird.

2.4 Einfuhrabgabenbefreiungen/-vergünstigungen

2.4.1 Einführung

Wie oben ausführlich dargestellt, ist für importierte Waren, die endgültig und tatsächlich in den Wirtschaftskreislauf der Europäischen Union eingehen sollen, die Überführung in den zollrechtlich freien Verkehr das zutreffende Zollverfahren[117] Diese Überführung in den zollrechtlich freien Verkehr beinhaltet neben der Anwendung eventueller handelspolitischer Maßnahmen auch die Erhebung der Einfuhrabgaben wie etwa Zoll und Einfuhr-

[116] Aufgrund hoher formaler Anforderungen kommt dieser Regelung in den Niederlanden keine große praktische Bedeutung bei.

[117] Vgl. Abschn. 2.1.

umsatzsteuer. Im Regelfall wird es also bei der Abfertigung von eingeführten Waren zum freien Verkehr zur Erhebung der Einfuhrabgaben kommen.

Es gibt jedoch zahlreiche Fälle, in denen es aufgrund von Einfuhrabgabenbefreiungen nicht zur Entstehung von Abgaben kommt. Diese Abgabenbefreiungen können sich auf sämtliche Einfuhrabgaben oder auch nur auf einzelne Abgaben beziehen. Die verschiedenen Arten der Abgabenbefreiungen finden ihre Rechtsgrundlage in unterschiedlichen Gesetzen und Verordnungen.

Die Anwendung der Abgabenbefreiungen ist grundsätzlich von einer ordnungsgemäßen Überführung der Waren in den zollrechtlich freien Verkehr abhängig.[118] Sie kommen sowohl bei unmittelbarer Überführung in den freien Verkehr als auch im Anschluss an andere zollrechtliche Bestimmungen zur Anwendung.

Beispiel

Rückwaren werden in das Zollgebiet der Gemeinschaft verbracht. Die Abgabenfreiheit kann bei direkter Abfertigung zum freien Verkehr angewandt werden. Sie gilt jedoch auch dann, wenn die Rückware zuerst beispielsweise in einem Zolllager gelagert oder einem externen gemeinschaftlichen Versandverfahren T1 befördert und erst anschließend in den freien Verkehr überführt wird.

Seit der Einführung bzw. Anpassung von Art. 212a ZK besteht darüber hinaus die Möglichkeit, Einfuhrabgabenbefreiungen und – ermäßigungen auch dann anzuwenden, wenn es aufgrund von Unregelmäßigkeiten zur Zollschuldentstehung gekommen ist.[119] Sofern

- die Voraussetzungen der Abgabenbefreiung vorliegen,
- die Einfuhrzollschuld aufgrund einer Unregelmäßigkeit nach Art. 202 bis 205 entstanden ist und
- diese Abgabenentstehung nicht auf ein betrügerisches oder offensichtlich fahrlässiges Handeln des Beteiligten zurückzuführen ist,

kommt die Abgabenbefreiung trotz Unregelmäßigkeit zur Anwendung. Die Pflicht zum Nachweis der obigen Voraussetzungen obliegt dem Zollbeteiligten.

Beispiel

Ein in Deutschland ansässiges Unternehmen erhält aufgrund von Qualitätsmängeln Waren von einem drittländischen Kunden zurückgesandt. Da die Überführung in den zollrechtlichen freien Verkehr unter Anwendung der Abgabenfreiheit für Rückwaren

[118] Vgl. Abschn. 2.1.2.

[119] Ausführungen zur Zollschuldentstehung im Fall von Unregelmäßigkeiten finden sich in Abschn. 1.7.3 bis 1.7.6.

erst bei der für den Ausführer zuständigen Binnenzollstelle erfolgen soll, werden die Waren an der Grenze in ein Versandverfahren 1 überführt. Aufgrund nicht ordnungsgemäßer Beendung des Versandverfahrens kommt es zur Zollschuldentstehung nach Art. 203 ZK (Entziehen aus der zollamtlichen Überwachung). Sofern die Zollschuldentstehung nicht auf ein betrügerisches oder offensichtlich fahrlässiges Handeln des Beteiligten zurückzuführen ist, darf trotz Unregelmäßigkeit die Abgabenfreiheit für Rückwaren in Anspruch genommen werden.

Die folgende Aufstellung der Abgabenbefreiungen orientiert sich aus systematischen Gründen an den jeweils maßgebenden Rechtsgrundlagen.[120]

2.4.2 Einfuhrabgabenbefreiungen nach dem Zolltarif

Der praktisch häufigste Fall, in dem es nicht zur Entstehung bei Einfuhrabgabenschuld kommt, ist die tarifliche Zollfreiheit, d. h. die Anwendung des Zollsatzes „frei". Aufgrund des weltweiten Abbaus der Einfuhrzölle existiert für viele Warengruppen (z. B. Computer, Arzneimittel) bereits eine solche tarifliche Zollfreiheit. Die Anwendung dieser tariflichen Zollfreiheit erfolgt automatisch bei Anmeldung der Ware zum freien Verkehr. Es sind keine weiteren Voraussetzungen zu erfüllen.

Neben Waren mit einem generellen Regelzollsatz „frei" sieht der Zolltarif für einige Waren zusätzlich zum Regelzollsatz einen weiteren reduzierten Zollsatz oder sogar den Zollsatz „frei" vor. Während es bei einer Verzollung zum Regelzollsatz irrelevant ist, zu welchem Zweck die importierten Waren nach der Überlassung zum freien Verkehr verwendet werden, knüpft der reduzierte Zollsatz an einen bestimmten Verwendungszweck der Ware, Art. 82 ZK.

Beispiel

Bestimmte Folien aus Polyethylenterephthalat der Zolltarif-Unterposition 3919 9031 unterliegen bei der Einfuhr aus dem Drittland einem Regelzollsatz von 6,5 %. Sofern diese Folien jedoch zur Herstellung von optischen Filtern unter zollamtlicher Überwachung verwendet werden, kommt der Zollsatz „frei" zur Anwendung. So genannte

„Frühkartoffeln" (vom 1. Juli bis 31. Dezember) der Zolltarifnummer 0701 9090 10 0 unterliegen bei der Einfuhr aus dem Drittland einem Regelzollsatz von 11,5 %. Sofern diese Kartoffeln jedoch zur Herstellung von Stärke unter zollamtlicher Überwachung verwendet werden, unterfallen sie der Zolltarifnummer 0701 9010 00 0 und es kommt der Zollsatz „frei" zur Anwendung.

[120] Zur besseren praktischen Handhabung findet sich unter Abschn. 2.4.9 zusätzlich eine tabellarische Gesamtdarstellung der möglichen Einfuhrabgabenfreiheiten.

Die Inanspruchnahme des ermäßigten Zollsatzes ist davon abhängig, dass die Waren in den zollrechtlich freien Verkehr zur besonderen Verwendung überführt werden. Hierzu ist eine vorherige Bewilligung des zuständigen Hauptzollamtes erforderlich. Diese wird dem Wirtschaftsbeteiligten auf Antrag erteilt. Zu verwenden ist hierfür der Vordruck 0212[121]. Die Ware bleibt solange unter zollamtlicher Überwachung, bis sie dem begünstigten Zweck zugeführt wurde.

Beide Möglichkeiten der tariflichen Abgabenfreiheit beziehen sich ausschließlich auf den Zoll. Eine eventuelle Einfuhrumsatzsteuerfreiheit kann parallel anwendbar sein, ist jedoch separat zu prüfen.[122]

2.4.3 Einfuhrabgabenbefreiungen nach der Zollbefreiungsverordnung

Die Zollbefreiungsverordnung[123] (ZollbefrVO) umfasst eine Vielzahl verschiedener Befreiungstatbestände von den Einfuhr- und Ausfuhrabgaben. In Ermangelung von Ausfuhrabgaben sind derzeit lediglich die Einfuhrabgabenbefreiungen von praktischer Relevanz.

Die Befreiungstatbestände können in zwei Gruppen unterteilt werden. Dies sind einerseits die Tatbestände, bei denen die Befreiung davon abhängig ist, dass die Waren einem bestimmten Zweck zugeführt werden. Diese Gruppe umfasst die folgenden Befreiungstatbestände:

- Übersiedlungsgut gemäß Art. 3 bis 11 ZollbefrVO
- Heiratsgut gemäß Art. 12 bis 16 ZollbefrVO
- Investitionsgüter und andere Ausrüstungsgegenstände anlässlich einer Betriebsverlegung gemäß Art. 28 bis 34 ZollbefrVO
- Gegenstände erzieherischen, wissenschaftlichen oder kulturellen Charakters; wissenschaftliche Instrumente und Apparate gemäß Art. 42 bis 52 ZollbefrVO
- Instrumente und Apparate zur medizinischen Forschung, Diagnose und Behandlung gemäß Art. 57 und 58 ZollbefrVO
- für Organisationen der Wohlfahrtspflege bestimmte Waren; Waren für Blinde und andere behinderte Personen gemäß Art. 61 bis 80 ZollbefrVO
- zu Prüfungs-, Analyse- und Versuchszwecken eingeführte Waren gemäß Art. 95 bis 101 ZollbefrVO
- Treib- und Schmierstoffe in Straßenkraftfahrzeugen und Spezialcontainern gemäß Art. 107 bis 111 ZollbefrVO

[121] Vgl. Anhang 13.

[122] Die Zollermäßigungen aufgrund präferenzieller Abkommen sind unter Abschn. 2.1.3.4.2 dargestellt.

[123] Verordnung (EG) Nr. 1186/2009 des Rates vom 16. November 2009 über das gemeinschaftliche System der Zollbefreiungen (kodifizierte Fassung), ABl. EG 2009 Nr. L 324, S. 23.

Bei diesen Sachverhalten ist eine Überführung in den zollrechtlich freien Verkehr zu besonderen Zwecken gemäß Art. 82 ZK erforderlich. Dies hat zur Folge, dass die Waren bis zur Zweckerreichung unter zollamtlicher Überwachung bleiben.

Beispiel

Eine japanische Privatperson verlegt ihren ständigen Wohnsitz von Tokio nach Düsseldorf. Das abgabenfrei importierte Umzugsgut darf innerhalb eines Zeitraums von zwölf Monaten ohne vorherige Unterrichtung der zuständigen Zollstelle weder verliehen, verpfändet, vermietet, veräußert noch überlassen werden. Sofern es vor Ablauf der Zwölf-Monats-Frist zu Verleih, Verpfändung, Vermietung, Veräußerung oder Überlassung kommt, werden die Einfuhrabgaben nachträglich festgesetzt.

Die zweite Gruppe der Befreiungstatbestände umfasst Sachverhalte, bei denen die Abgabenfreiheit unabhängig vom tatsächlichen Verwendungszweck der Waren gewährt wird. Folglich unterliegen diese Waren nach ihrer Abfertigung zum zollrechtlich freien Verkehr keiner weiteren zollamtlichen Überwachung. Diese Gruppe beinhaltet die folgenden Befreiungstatbestände:

- Erbschaftsgut gemäß Art. 17 bis 20 ZollbefrVO
- Ausstattung, Ausbildungsmaterial und Haushaltsgegenstände von Schülern und Studenten gemäß Art. 21 und 22 ZollbefrVO
- Sendungen mit geringem Wert gemäß Art. 23[124] und 24 ZollbefrVO
- Sendungen von Privatpersonen an Privatpersonen gemäß Art. 25 bis 27 ZollbefrVO
- von Landwirten der Gemeinschaft auf Grundstücken in einem Drittland erwirtschaftete Erzeugnisse gemäß Art. 35 bis 38 ZollbefrVO
- Saatgut, Düngemittel und andere Erzeugnisse zur Boden- oder Pflanzenbehandlung, die von Landwirten aus Drittländern zur Verwendung in grenznahen Betrieben eingeführt werden gemäß Art. 39 und 40 ZollbefrVO
- Waren im persönlichen Gepäck von Reisenden gemäß Art. 41 ZollbefrVO
- Tiere für Laborzwecke und biologische und chemische Stoffe für Forschungszwecke gemäß Art. 53 ZollbefrVO
- Therapeutische Stoffe menschlichen Ursprungs sowie Reagenzien zur Bestimmung der Blut- und Gewebegruppen gemäß Art. 54 bis 56 ZollbefrVO
- Vergleichssubstanzen für die Arzneimittelkontrolle gemäß Art. 59 ZollbefrVO
- Pharmazeutische Erzeugnisse zur Verwendung bei internationalen Sportveranstaltungen gemäß Art. 60 ZollbefrVO
- Auszeichnungen und Ehrengaben gemäß Art. 81 ZollbefrVO

[124] Die Wertgrenze für Sendungen mit geringem Wert wurde zum 01.12.2008 von 22 € auf 150 € erhöht, VO (EG) Nr. 247/2008, ABl. EG Nr. L 85/1. Diese Regelung gilt ausschließlich für Zölle. Eine entsprechende Angleichung der EUSt-Vorschriften existiert nicht; VSF N 42 2008, 214 Die Wertgrenze beträgt hier weiterhin 22 €.

- Geschenke im Rahmen zwischenstaatlicher Beziehungen gemäß Art. 82 bis 84 ZollbefrVO
- zum persönlichen Gebrauch von Staatsoberhäuptern bestimmte Waren gemäß Art. 85 ZollbefrVO
- zur Absatzförderung eingeführte Waren gemäß Art. 86 bis 94 ZollbefrVO
- Sendungen an die für Urheberrechtsschutz oder gewerblichen Rechtschutz zuständigen Stellen gemäß Art. 102 ZollbefrVO
- Webematerial für den Fremdenverkehr gemäß Art. 103 ZollbefrVO
- verschiedene Dokumente und Gegenstände gemäß Art. 104 ZollbefrVO
- Verpackungsmittel zum Verstauen und Schutz von Waren während ihrer Beförderung gemäß Art. 105 ZollbefrVO
- Streu und Futter für Tiere während ihrer Beförderung gemäß Art. 106 ZollbefrVO
- Waren zum Bau, zur Unterhaltung oder Ausschmückung von Gedenkstätten oder Friedhöfen für Kriegsopfer gemäß Art. 112 ZollbefrVO
- Särge, Urnen und Gegenstände zur Grabausschmückung gemäß Art. 113 ZollbefrVO

Die Voraussetzungen für die Anwendung der Tatbestände ergeben sich aus der betreffenden Rechtsgrundlage. Diese sind stets im Einzelfall zu prüfen und gegenüber der Zollbehörde nachzuweisen. Ebenso sind in den angegebenen Rechtsgrundlagen die Einzelheiten des Verfahrens bzw. der Beantragung der jeweiligen Abgabenfreiheit geregelt.

Die Abgabenfreiheit erstreckt sich in allen Fällen auf den Zoll. Sie gilt über § 1 Abs. 1 EUStBV jedoch weitestgehend auch für die Einfuhrumsatzsteuer.[125]

2.4.4 Einfuhrabgabenbefreiungen nach dem Zollkodex

Auch der Zollkodex enthält neben dem Verweis auf die Zollbefreiungsverordnung eigene materiellrechtliche Regelungen zu Abgabenfreiheiten. Dies sind die Zollfreiheit für Rückwaren nach den Art. 185 bis 187 ZK und die Zollbefreiung für Erzeugnisse der Seefischerei und andere Meereserzeugnisse gemäß Art. 188 ZK.

2.4.4.1 Erzeugnisse der Seefischerei

Diese Regelung dient der Förderung der Seefischerei und befreit all jene Erzeugnisse der Seefischerei sowie andere Meereserzeugnisse vom Zoll, die im Küstengebiet eines Drittlandes von in der Europäischen Union registrierten oder hier im Schifffahrtsregister eingetragenen und unter der Flagge eines Mitgliedsstaates fahrenden Schiffen gefangen wurden. Die Abgabenfreiheit erstreckt sich auch auf Waren, die auf europäischen Fabrikschiffen aus den genannten Erzeugnissen hergestellt wurden.[126]

---

[125] Einzelheiten können der Gesamtdarstellung unter Abschn. 2.4.9 entnommen werden.

[126] Im Hinblick auf die für diese Fälle geltende Befreiung von der Einfuhrumsatzsteuer gemäß § 13 EUStBV siehe Abschn. 2.4.7.

2.4.4.2 Rückwaren

Während die obige Regelung lediglich für den betreffenden Industriezweig der Seefischerei von Bedeutung ist, hat die zweite Abgabenfreiheit des Zollkodex eine weit reichende Bedeutung für zahlreiche Unternehmen. Bei der Abgabenbefreiung für Rückwaren handelt es sich um eine der bekanntesten und am häufigsten angewandten Abgabenbefreiungen. Aufgrund ihrer ursprünglichen Zugehörigkeit zum Wirtschaftskreislauf der Europäischen Gemeinschaft kommt die Zollfreiheit für Waren zur Anwendung, die

- als Gemeinschaftswaren aus dem Zollgebiet der Gemeinschaft ausgeführt,
- innerhalb eines Zeitraums von drei Jahren in unverändertem Zustand wieder in das Zollgebiet verbracht und
- zur Überführung in den freien Verkehr angemeldet werden.

Die Abgabenfreiheit gilt unabhängig davon, ob die Wiedereinfuhr bei der Ausfuhr bereits beabsichtigt war (z. B. bei der vorübergehenden Ausfuhr von Beförderungsmitteln) oder ob die Waren unvorhergesehen wiedereingeführt werden (z. B. Rücksendung wegen verweigerter Annahme beim drittländischen Kunden). Größte praktische Herausforderung ist regelmäßig der Nachweis der Nämlichkeit, d. h. der Identität der angemeldeten mit den ursprünglich ausgeführten Waren. Dieser Nachweis kann mit den folgenden Dokumenten erbracht werden:

- Auskunftsblatt INF 3[127],
- in der Europäischen Union ausgestelltes CARNET ATA,
- Durchschrift der Ausfuhranmeldung,
- sonstige Unterlagen (Ausfuhrrechnungen. Lieferdokumente, etc. anhand derer die Identität der Waren zweifelsfrei nachweisbar ist).

Die Inanspruchnahme der Abgabenbefreiung für Rückwaren ist ausgeschlossen für Waren,

- die sich vor ihrer Ausfuhr abgabenbegünstigt im freien Verkehr zur besonderen Verwendung befanden; es sei denn, sie werden wieder dem begünstigten Zweck zugeführt,
- die im Rahmen einer passiven Veredelung ausgeführt wurden; es sei denn, sie befinden sich noch im selben Zustand wie bei der Ausfuhr,
- für die bei Ausfuhr Zölle erstattet wurden oder für die bei der Ausfuhr marktordnungsrechtliche Vergünstigungen gewährt wurden.

Die Abgabenbefreiung gilt unter bestimmten zusätzlichen Voraussetzungen gemäß § 1 Abs. 2a) i. V. m. § 12 EUStBV auch für die Einfuhrumsatzsteuer.[128]

---

[127] Förmlicher Nämlichkeitsnachweis(Vordruck 0329), der ausgestellt wird, wenn bereits bei der Ausfuhr feststeht, dass die Ware wieder eingeführt werden soll.

[128] Vgl. Abschn. 2.4.7.

2.4.5 Einfuhrabgabenbefreiungen nach der Zollverordnung

Weitere Zollbefreiungen ergeben sich aus den nationalen Vorschriften der Zollverordnung (ZollV).[129] Diese umfassen

- Mund- und Schiffsvorrat gemäß § 14 ZollV
- Speisewagenvorräte gemäß § 15 ZollV
- Bordvorräte für Luftfahrzeuge gemäß § 16 ZollV
- Diplomaten- und Konsulargut gemäß § 17 ZollV
- Waren zur Ausstattung drittländischer Dienststellen gemäß § 18 ZollV
- Betriebsstoffe für Schienenfahrzeuge gemäß § 19 ZollV
- Betriebsstoffe für Schiffe gemäß § 20 ZollV
- Betriebsstoffe für Luftfahrzeuge gemäß § 21 ZollV

Die Einfuhrabgabenfreiheit wird durch die Überführung der Waren in den freien Verkehr zur besonderen Verwendung gewährt. Die Waren bleiben deshalb bis zu ihrer Zuführung zum begünstigten Zweck unter zollamtlicher Überwachung.

Die Befreiung gilt analog für die Einfuhrumsatzsteuer, § 1 Abs. 3 EUStBV.

2.4.6 Einfuhrabgabenbefreiungen nach dem Umsatzsteuergesetz

Die wesentlichen Einfuhrumsatzsteuerbefreiungen enthält § 5 UStG. Die Regelung des § 5 UStG folgt dem Gedanken des § 21 Abs. 2 UStG, wonach für die Einfuhrumsatzsteuer die Vorschriften für Zölle sinngemäß gelten. Die von den Zollbehörden verwaltete Einfuhrumsatzsteuer soll im Interesse einer einfachen und zweckmäßigen Erhebung möglichst die gleiche technische Erledigung finden wie die Zölle.

Von diesem Gedanken ausgehend enthält § 5 Abs. 2 UStG eine Ermächtigung an das BMF, zur Erleichterung des Warenverkehrs über die Grenze und zur Vereinfachung der Verwaltung Steuerfreiheit oder Steuerermäßigung durch sinngemäße Anwendung von gemeinschaftsrechtlichen und nationalen Zollvorschriften anzuordnen.

Ganz anderer Art ist die Regelung des § 5 Abs. 1 UStG. Hierbei handelt es sich um die Anwendung ausgewählter Befreiungsvorschriften der §§ 4 und 8 UStG. Ziel dieser Vorschrift ist es, die Wettbewerbsgleichheit von inländischen Lieferungen und eingeführten Gegenständen sicherzustellen.[130] Dazu gehören die folgenden Einfuhrumsatzsteuerbefreiungen:

- Einfuhr der in § 4 Nr. 8 e, Nr. 17 a sowie § 8 Abs. 1 Nr. 1, 2 und 3 UStG bezeichneten Gegenstände, § 5 Abs. 1 Nr. 1 UStG)

[129] Zollverordnung vom 23.12.1993 (BGBl. I S. 2449).

[130] Vgl. zum Zweck des § 5 UStG Weymüller in: Sölch/ Ringleb/ Mößlang 2014, § 5, Rz. 4.

Unter diese Befreiungsvorschrift fallen insbesondere die Einfuhr von Wertpapieren, von menschlichen Organen und Blut sowie von bestimmten Wasserfahrzeugen und Gegenständen zu deren Ausrüstung nach Maßgabe des § 8 Abs. 1 Nr. 1, 2 und 3 UStG.

- Einfuhr der in § 4 Nr. 4 und Nr. 8 b und i sowie in § 8 Abs. 2 Nr. 1, 2 und 3 bezeichneten Gegenstände unter den in diesen Vorschriften bezeichneten Voraussetzungen, § 5 Abs. 1 Nr. 2 UStG

Unter diese Befreiungsvorschrift fällt z. B. die Einfuhr von Gold, das an Zentralbanken geliefert wird, die Einfuhr von gesetzlichen Zahlungsmitteln, von im Inland gültigen amtlichen Wertzeichen, aber auch die Einfuhr von bestimmten Luftfahrzeugen und Gegenständen zu deren Ausrüstung nach Maßgabe des § 8 Abs. 2 Nr. 1, 2 und 3 UStG.

- Einfuhr von Gegenständen, die von einem Schuldner der Einfuhrumsatzsteuer im Anschluss an die Einfuhr unmittelbar zur Ausführung von innergemeinschaftlichen Lieferungen verwendet werden, § 5 Abs. 1 Nr. 3 UStG

Hierbei handelt es sich um eine in der Praxis äußerst relevante Vorschrift. Kann der Schuldner der Einfuhrumsatzsteuer nachweisen, dass die Voraussetzungen des § 6a Abs. 1 bis 3 UStG vorliegen, ist die Einfuhr von der Umsatzsteuer befreit.

Im Anschluss an die Einfuhr bedeutet, dass die Waren eingeführt, also in den freien Verkehr überführt werden müssen. Die Waren müssen nach der Einfuhr unmittelbar zur Ausführung einer innergemeinschaftlichen Lieferung verwendet werden. Der Begriff der Unmittelbarkeit wird in diesem Zusammenhang kontrovers diskutiert. Ein Zwischenhandel ist jedenfalls ausgeschlossen. Dies folgt schon daraus, dass der Schuldner der Einfuhrumsatzsteuer auch die innergemeinschaftliche Lieferung bewirken muss (Personenidentität). Darüber hinaus ist der Gegenstand auch in der Beschaffenheit, in der er sich zum Zeitpunkt der Einfuhr befindet, zu liefern. Eine Be- oder Verarbeitung ist ausgeschlossen (vgl. Weymüller in Sölch/ Ringleb/ Mößlang 2014, § 5 UStG, Rz. 21). Eine zeitliche Komponente sollte hierbei nicht im Vordergrund stehen. Zeitliche Verzögerungen durch Umladungen, kurze Zwischenlagerungen, Wechsel der Spedition oder dergleichen sollten unschädlich sein (vgl. Weymüller in Sölch/ Ringleb/ Mößlang 2014, § 5 UStG, Rz. 21; a. A. Müller-Eiselt in Reiß et al. 2014, § 5 UStG, Rz. 185).

Der Schuldner der Einfuhrumsatzsteuer muss die Steuerbefreiung in der Zollanmeldung beantragen (Verfahrenscode 4200 im Feld 37 des Einheitspapiers[131]).

Mit Richtlinie vom 25.06.2009 hat der Rat der EU die Mitgliedstaaten aufgefordert, die Steuerbefreiung für die Einfuhr von Gegenständen, die im Anschluss zur Ausführung einer innergemeinschaftlichen Lieferung verwendet werden, nur unter bestimmten Voraussetzungen zu gewähren.[132] Mit dem JStG 2010 wurde § 5 Abs. 1 Nr. 3 UStG daher mit Wirkung vom 01.01.2011 um die Buchst. a) – c) ergänzt. Danach ist die Einfuhr nur noch dann steuerfrei, wenn der Unternehmer eine ihm oder einem Fiskalvertreter erteilte gültige Umsatzsteuer-Identifikationsnummer des Einfuhrlandes, eine seinem Abnehmer erteilte Umsatzsteuer-Identifikationsnummer eines anderen EU-Mitglied-

[131] Vgl. Anhang 1.

[132] Art. 143. Abs. 2 Richtlinie 2006/112/EG.

staates bzw. eine ihm erteilte Umsatzsteuer-Identifikationsnummer des Bestimmungslandes sowie einen Nachweis über die Bestimmung des Gegenstandes zur Versendung in einen anderen EU-Mitgliedstaat vorlegen kann.

- Einfuhr der in Anlage 1 zum UStG genannten Gegenstände, die zur Ausführung einer steuerfreien Lieferung nach § 4 Nr. 4a Satz 1 Buchst. a Satz 1 UStG bzw. zu einer Auslagerung im Sinne des § 4 Nr. 4a Satz 1 Buchst. a Satz 2 verwendet werden, § 5 Abs. 1 Nr. 4 und 5 UStG
  Umsätze im Zusammenhang mit der Einlagerung in ein Umsatzsteuerlager (§ 5 Abs. 1 Nr. 4 UStG) und mit der Auslagerung (§ 5 Abs. 1 Nr. 5 UStG) aus einem solchen Lager sind unter bestimmten Voraussetzungen von der Einfuhrumsatzsteuer befreit. Es handelt sich bei § 5 Abs. 1 Nr. 4 UStG um Fälle, in denen die Einfuhr zeitlich vor der Aufnahme in das Umsatzsteuerlager erfolgt. Der Schuldner der Einfuhrumsatzsteuer hat die Aufnahme in das Lager nachzuweisen. § 5 Abs. 1 Nr. 5 UStG regelt die Fälle, in denen die Einfuhr nach der Auslagerung aus einem Umsatzsteuerlager erfolgt und für die der Auslagerung vorangehende Umsatz durch nachträglichen Wegfall der Steuerbefreiung nach § 4 Nr. 4a Satz 1 Buchst. a Satz 2 UStG steuerpflichtig wird. Zur Vermeidung einer Doppelbesteuerung wird die Einfuhr steuerfrei gestellt. Auch hier sind die Voraussetzungen durch den Schuldner der Einfuhrumsatzsteuer nachzuweisen.
- Einfuhr von Erdgas über das Erdgasnetz und von Elektrizität, § 5 Abs. 1 Nr. 6 UStG
  Seit dem 01.01.2005 ist außerdem die Einfuhr von Erdgas über das Erdgasnetz und von Elektrizität einfuhrumsatzsteuerfrei. Hintergrund dieser Regelung ist, dass ebenfalls zum 01.01.2005 die Bestimmungen zum Ort der Lieferung von Gas oder Elektrizität geändert wurden, § 3g UStG. Danach gilt als Ort der Lieferung entweder der Ort, von dem aus der Abnehmer sein Unternehmen betreibt, oder der Ort der Nutzung bzw. des Verbrauchs. Ausländischen Energiehändlern ist damit der Markteintritt erleichtert worden. Diese Erleichterung wurde flankiert durch die Befreiung von der Einfuhrumsatzsteuer bei der Einfuhr von Gas oder Elektrizität.

2.4.7 Einfuhrabgabenbefreiungen nach der Einfuhrumsatzsteuer-Befreiungsverordnung (EUStBV)

2.4.7.1 Vorbemerkungen

Durch § 5 Abs. 2 und 3 UStG wird das Bundesministerium der Finanzen ermächtigt, Steuerbefreiungen und Steuerermäßigungen (Abs. 2) bzw. die Erstattungen oder den Erlass (Abs. 3) von der Einfuhrumsatzsteuer anzuordnen. Von dieser Ermächtigung hat das Bundesministerium der Finanzen durch den Erlass folgender Rechtsverordnungen Gebrauch gemacht:

- die Einfuhrumsatzsteuer-Befreiungsverordnung (EUStBV)[133],

[133] Einfuhrumsatzsteuerbefreiungsverordnung 1993 (EUStBV 1993) vom 11.08.1992 (BGBl. I S. 1526).

- die Verordnung über die Eingangsabgabenfreiheit von Waren im persönlichen Reisegepäck (Einreise-Freimengen-Verordnung – EF-VO),
- die Verordnung über die Eingangsabgabenfreiheit von Waren in Kleinsendungen nichtkommerzieller Art (Kleinsendungs-Einfuhrfreimengen-Verordnung – KF-VO)

Ziel dieser Verordnungen ist es insbesondere, die für die Zollerhebung geltenden Befreiungen auf die Einfuhrumsatzsteuer zu erweitern. Die Befreiungen gelten darüber hinaus jedoch auch dann, wenn die eingeführten Waren keinem Zoll unterliegen, z. B. wenn die Ware dem Zollsatz „frei" unterliegt oder aufgrund von Präferenzabkommen zollfrei eingeführt werden kann.

2.4.7.2 Steuerbefreiung durch sinngemäße Anwendung der ZollbefreiungsVO

Von der Einfuhrumsatzsteuer befreit ist nach § 1 Abs. 1 EUStBV – unter Berücksichtigung der Einschränkungen der §§ 2 bis 10 EUStBV – die Einfuhr von Gegenständen,

- die nach den Kapiteln I und III der ZollbefreiungsVO[134] zollfrei eingeführt werden können; ausgenommen die Art. 20 bis 24, 29 bis 31, 45 bis 49, 52 bis 59b, 63a und 63b der ZollbefrVO.[135]
- Für folgende bereits dargestellte Befreiungstatbestände ist die Einfuhrumsatzsteuerbefreiung nur unter bestimmten Einschränkungen bzw. Ergänzungen zu gewähren (§§ 2 bis 10 EUStBV):
  - Investitionsgüter und andere Ausrüstungsgegenstände nach Art. 32 bis 38 ZollbefreiungsVO (§ 2 EUStBV) soweit der Unternehmer in seinem Recht zum Vorsteuerabzug eingeschränkt ist
  - Landwirtschaftliche Erzeugnisse nach Art. 39 bis 42 ZollbefrVO (§ 3 EUStBV) für reinrassige Pferde
  - Gegenstände erzieherischen, wissenschaftlichen oder kulturellen Charakters nach Art. 50 und 51 ZollbefrVO, § 4 EUStBV
  - Tiere für Laborzwecke nach Art. 60 ZollbefrVO, § 5 EUStBV
  - Gegenstände für Organisationen der Wohlfahrtspflege nach Art. 65, 70 bis 78 ZollbefrVO, § 6 EUStBV
  - Werbedrucke nach Art. 92 b ZollbefrVO, § 7 EUStBV
  - Werbemittel für den Fremdenverkehr nach Art. 108 a, b ZollbefrVO, § 8 EUStBV
  - Amtliche Veröffentlichungen und Wahlmaterialien, § 9 EUStBV
  - Behältnisse und Verpackungen nach Art. 110 ZollbefrVO, § 10 EUStBV

[134] Achtung: Die derzeit gültige EUStBV verweist noch auf die bereits aufgehobene Zollbefreiungsverordnung (EWG) Nr. 918/83 des Rates vom 28. März 1983 über das gemeinschaftliche System der Zollbefreiungen (ABl. EG Nr. L 105 S. 1, Nr. L 274 S. 40, 1984 Nr. L 308 S. 64, 1985 Nr. L 256 S. 47, 1986 Nr. L 271 S. 31), zuletzt geändert durch die Verordnung (EG) Nr. 274/2008 vom 17. März 2008 (ABl. EU Nr. L 85 S. 1).

[135] In diesem Zusammenhang wird auf die Ausführungen unter Abschn. 2.4.3 verwiesen.

2.4.7.3 Steuerbefreiung bei vorübergehender Einfuhr von Gegenständen

Nach § 5 Abs. 2 Nr. 5 UStG kann das Bundesministerium der Finanzen durch Rechtsverordnung Steuerfreiheit anordnen für Gegenstände, die nur vorübergehend eingeführt und danach unter zollamtlicher Überwachung wieder ausgeführt werden. Das Bundesministerium der Finanzen hat davon in § 1 Abs. 2 Nr. 1 EUStBV Gebrauch gemacht. Die Vorschrift steht unter dem Vorbehalt des § 11 EUStBV.

Einfuhrumsatzsteuerfrei ist nach § 1 Abs. 2 Nr. 1 EUStBV

- die vorübergehende Einfuhr von Gegenständen die nach Art. 137 bis 144 ZK frei von Abgaben nach Art. 4 Nr. 10 ZK eingeführt werden können.
  Einfuhrumsatzsteuerfrei ist nach § 1 Abs. 2 Nr. 2 EUStBV
- die vorübergehende Einfuhr von Gegenständen, wenn diese gelegentlich und ohne gewerbliche Absicht eingeführt werden, sofern der Verwender hinsichtlich dieser Gegenstände nicht oder nicht in vollem Umfang nach § 15 Abs. 1 Nr. 2 UStG zum Vorsteuerabzug berechtigt ist.
  Die Verwendungsfrist darf nicht länger als 6 Monate betragen (§ 11 EUStBV). Bei nur teilweiser Befreiung von Einfuhrabgaben nach Art. 4 Nr. 10 ZK ist die Einfuhrumsatzsteuerbefreiung gemäß § 1 Abs. 2 letzter Halbsatz EUStBV ausgeschlossen.

2.4.7.4 Steuerfreiheit für Rückwaren

§ 5 Abs. 2 Nr. 3 UStG ermächtigt das Bundesministerium der Finanzen, eine Steuerbefreiung für Gegenstände anzuordnen, die nur vorübergehend ausgeführt worden waren, ohne ihre Zugehörigkeit oder enge Beziehung zur inländischen Wirtschaft verloren zu haben. Dementsprechend ordnct § 1 Abs. 2a EUStBV an, dass

- die Einfuhr von Waren, die nach Art. 185 bis 187 ZK als Rückwaren frei von Einfuhrabgaben i. S. v. Art. 4 Nr. 10 ZK eingeführt werden können, einfuhrumsatzsteuerfrei ist.[136]

Die Regelung gilt vorbehaltlich der Einschränkungen des § 12 EUStBV. Danach ist die Einfuhrumsatzsteuerfreiheit von Rückwaren ausgeschlossen, wenn der eingeführte Gegenstand vor der Einfuhr geliefert worden ist oder im Rahmen einer steuerfreien Lieferung ausgeführt worden ist oder im Rahmen des § 4a UStG von der Umsatzsteuer entlastet worden ist. Eine vorherige Ausfuhrlieferung ist unschädlich, wenn der Lieferer selbst den Gegenstand zurückerhält und er diesbezüglich zum vollen Vorsteuerabzug berechtigt ist.

2.4.7.5 Steuerfreiheit in sinngemäßer Anwendung einer außertariflichen Zollfreiheit

Das Bundesministerium der Finanzen hat in den §§ 12 bis 22 Zollverordnung für eine Reihe von Sachverhalten eine außertarifliche Zollfreiheit angeordnet.[137] Über § 1 Abs. 3 EUStBV ist die Einfuhr dieser Gegenstände auch von der Einfuhrumsatzsteuer befreit.

[136] Vgl. Abschn. 2.4.4.

[137] Vgl. Abschn. 2.4.5.

2.4.7.6 Weitere Steuerbefreiungen

Nach den §§ 12a sowie 12b EUStBV ist die Einfuhr von Gegenständen einfuhrumsatzsteuerfrei, die sich in einem bewilligten Freihafen-Veredelungsverkehr bzw. einer zugelassenen Freihafenlagerung befinden.[138]

Weiterhin von der Einfuhrumsatzsteuer befreit sind die Fänge deutscher Fischer nach § 13 EUStBV.[139]

2.4.7.7 Erstattung oder Erlass

§ 14 EUStBV räumt die Möglichkeit ein, Einfuhrumsatzsteuer in sinngemäßer Anwendung der Art. 235 bis 242 ZK zu erlassen bzw. zu erstatten. Diese Regelung hat rein deklaratorische Bedeutung, da sich die Anwendung der Zollvorschriften für die Einfuhrumsatzsteuer bereits aus § 21 Abs. 2 UStG ergibt.

Bei diesen Vorschriften handelt es sich nicht um echte Befreiungsvorschriften, da ein Steueranspruch zunächst entsteht. Eine Anwendung ist nur dann sinnvoll, wenn der Unternehmer nicht zum vollen Vorsteuerabzug berechtigt ist, da anderenfalls eine Erstattung bzw. ein Erlass zu keiner Begünstigung führen würde. Eine entsprechende Einschränkung findet sich in § 14 Abs. 2 EUStBV.

Für Gegenstände, die nur der Einfuhrumsatzsteuer unterliegen, wird die Steuer nicht festgesetzt, wenn sie weniger als 10 € beträgt, § 15 EUStBV.

2.4.8 Einfuhrabgabenbefreiungen nach sonstigen Vorschriften

Weitere Abgabenbefreiungen für Sendungen von Privatpersonen an Privatpersonen ergeben sich aus der nationalen Kleinsendungs-Einfuhrfreimengen-Verordnung (KF-VO). [140] Diese ist hinsichtlich der Zölle und der Einfuhrumsatzsteuer jedoch durch die inhaltlich gleiche Regelung in Art. 29 bis 31 ZollBefrVO gegebenenfalls i.V.m. § 1 Abs. 1 EUStBV überlagert und greift somit nur hinsichtlich der hier nicht behandelten Verbrauchsteuern. Daneben beinhaltet die Einreise-Freimengen-Verordnung (EF-VO)[141] Abgabenfreiheiten für Waren im persönlichen Gepäck von Reisenden. Auch diese Regelung ist hinsichtlich des Zolls und der Einfuhrumsatzsteuer durch Art. 45 bis 49 gegebenenfalls i. V. m. § 1 Abs. 1 EUStBV überlagert und gilt lediglich für die nationalen Verbrauchsteuern.

Weitere nicht bereits durch die obigen Vorschriften abgedeckte Abgabenfreiheiten resultieren aus dem NATO-Truppenstatut und dem Truppenzollgesetz sowie den weiteren dazu ergangenen nationalen Vorschriften. Hierin wird die Einfuhrabgabenfreiheit für

[138] Nähere Ausführungen dazu finden sich unter Kap. 9 „Lieferungen in Freihäfen".

[139] Vgl. ähnliche Regelung zur Zollfreiheit gem. Art. 188 ZK in § 2 D. IV.

[140] Verordnung über die Einfuhrabgabenfreiheit von Waren in Sendungen von Privatpersonen an Privatpersonen vom 11.01.1979 (BGBl. I S. 73).

[141] Verordnung über die Einfuhrabgabenfreiheit für Waren im persönlichen Gepäck von Reisenden vom 03.12.1974 (BGBl. I S. 3377).

Waren, die für ausländische Streitkräfte bestimmt sind, geregelt. Die Einfuhrabgabenfreiheit erstreckt sich auf den Zoll und die Einfuhrumsatzsteuer.

Eine Zollfreiheit für bestimmte Waffen und militärische Ausrüstungsgegenstände ergibt sich aus der Verordnung (EG) Nr. 150/2003 des Rates vom 21.01.2003.[142]

Aufgrund internationaler Abkommen sind weitere Einfuhrumsatzsteuerbefreiungen vorgesehen (z. B. für Einfuhren der Vereinten Nationen (UN), der Organisation für Astronomische Forschung der südlichen Hemisphäre (ESO). Eine Liste der anerkannten Organisationen findet sich in der Dienstvorschrift der Zollverwaltung (Tab. 2.1).[143]

2.4.9 Systematische Übersicht über Einfuhrabgabenbefreiungen

[142] Veröffentlicht im ABl. (EG) 2003 Nr. 225.

[143] Vorschriftensammlung der Bundesfinanzverwaltung VSF Z 8266.

Tab. 2.1 Systematische Übersicht über Einfuhrabgabenbefreiungen

Befreiungstatbestand	Rechtsgrundlagen	Zollbefreiung	Einfuhrumsatz-steuerbefreiung
Drittlandszollsatz „frei"	Zolltarif	X	
Spezieller Zollsatz zur besonderen Verwendung	Zolltarif	X	
Übersiedlungsgut	Art. 3–11 ZollBefrVO	X	X
Heiratsgut	Art. 12–16 ZollBefrVO	X	X
Erbschaftsgut	Art. 17–20 ZollBefrVO	X	X
Schul- und Studiumsmaterial	Art. 21, 22 ZollBefrVO	X	X
Sendungen mit geringem Wert	Art. 23, 24 ZollBefrVO	X	X
Sendungen von Privatpersonen an Privatpersonen	Art. 25–27 ZollBefrVO/KF-VO	X	
Investitionsgüter/Ausstattung für Betriebsverlegung	Art. 28–34 ZollbefrVO bzw. Art. 32–38 ZollBefrVO (a. F.)/§ 2 EUStBV	X	X[a]
Landwirtschaftliche Erzeugnisse	Art. 35–38 ZollbefrVO bzw. Art. 39–42 ZollBefrVO (a. F.)/§ 3 EUStBV	X	X[a]
Erzeugnisse zur Boden- und Pflanzenbehandlung	Art. 39 und 40 ZollbefrVO	X	X
Reisemitbringsel	Art. 41 ZollbefrVO bzw. Art. 45–49 ZollBefrVO(a. F.)/ EF-VO	X	
Pädagogische, wissenschaftliche, kulturelle Güter	Art. 42–52 ZollbefrVO bzw. Art. 50–59b ZollBe-frVO(a. F.)/§ 4 EUStBV	X	X[a]
Tiere und chem./biolog. Stoffe zu Laborzwecken	Art. 53 ZollbefrVO bzw. Art. 60 ZollBefrVO (a. F.)/§ 5 EUStBV	X	X[a]
Therapeutische Stoffe und Reagenzien	Art. 54–56 ZollbefrVO	X	X
medizinische Instrumente und Apparate	Art. 57 und 58 ZollbefrVO	X	
Vergleichsubstanzen zur Arzneimittelkontrolle	Art. 59 ZollbefrVO	X	X
Pharmazeutische Erzeugnisse für Sportveranstaltungen	Art. 60 ZollbefrVO	X	X

Tab. 2.1 (fortsetzung)

Befreiungstatbestand	Rechtsgrundlagen	Zollbefreiung	Einfuhrumsatzsteuerbefreiung
Waren der Wohlfahrtspflege, Waren für Behinderte	Art. 61–80 ZollbefrVO bzw. Art. 65–85 ZollBefrVO(a. F.)/§ 6 EUStBV	X	X[a]
Auszeichnungen und Ehrengaben	Art. 81 ZollbefrVO	X	X
Zwischenstaatliche Geschenke	Art. 82–84 ZollbefrVO	X	X
Waren von Staatsoberhäuptern	Art. 85 ZollbefrVO	X	X
Waren zur Absatzförderung	Art. 86–94 ZollbefrVO bzw. Art. 91–99 ZollbefrVO (a. F.)/§ 7 EUStBV	X	X[a]
Waren zu Prüfungs-, Analyse-, Versuchszwecken	Art. 95–101 ZollbefrVO	X	X
Waren für die Stellen des gewerbl. Rechtsschutzes	Art. 102 ZollbefrVO	X	X
Werbematerial für den Fremdenverkehr	Art. 103 ZollbefrVO bzw. Art. 108 ZollBefrVO(a. F.)/§ 8 EUStBV	X	X[a]
Verschiedene Dokumente und Gegenstände	Art. 104 ZollbefrVO bzw. Art. 109 ZollgefrVO (a. F.)/§ 9 EUStBV	X	X[a]
Verpackungsmaterial zur Beförderung von Waren	Art. 105 ZollbefrVO bzw. Art. 110 ZollBbefrVO(a. F.)/§ 10 EUStBV	X	X[a]
Tierstreu und -futter bei Beförderung	Art. 106 ZollbefrVO	X	X
Treib- und Schmierstoffe in Kraftfahrzeugen und Containern	Art. 107–111 ZollbefrVO	X	X
Waren für Kriegsopfer-Gedenkstätten	Art. 112 ZollbefrVO	X	X
Särge, Urnen, Grabschmuck	Art. 113 ZollbefrVO	X	X
Vorübergehende Einfuhr	Art. 137–144 ZK//§ 11 EUStBV	X	X[a]
Rückwaren	Art. 185–187 ZK/§ 12 EUStBV	X	X[a]
Erzeugnisse der Seefischerei/Meereserzeugnisse	Art. 188 ZK/§ 13 EUStBV	X	X[a]
Mund- und Schiffsvorrat	§ 14 ZollV	X	X
Speisewagenvorräte	§ 15 ZollV	X	X

Tab. 2.1 (fortsetzung)

Befreiungstatbestand	Rechtsgrundlagen	Zollbefreiung	Einfuhrumsatz-steuerbefreiung
Bordvorräte für Luftfahrzeuge	§ 16 ZollV	X	X
Diplomaten- und Konsulargut	§ 17 ZollV	X	X
Ausstattung drittländischer Dienststellen	§ 18 ZollV	X	X
Betriebsstoffe für Schienenfahrzeuge	§ 19 ZollV	X	X
Betriebsstoffe für Schiffe	§ 20 ZollV	X	X
Betriebsstoffe für Luftfahrzeuge	§ 21 ZollV	X	X
Freihafenlagerung	§ 12a EUStBV		X
Freihafen-Veredelung	§ 12b EUStBV		X
Fänge deutscher Fischer	§ 13 EUStBV		X
Umsatzsteuerfreie Gegenstände	§ 5 Abs. 1 Nr. 1 und 2 UStG		X
Innergemeinschaftliche Lieferungen	§ 5 Abs. 1 Nr. 3 UStG		X
Umsatzsteuerlager	§ 5 Abs. 1 Nr. 4 und 5 UStG		X
Erdgas, Elektrizität	§ 5 Abs. 1 Nr. 6		X
Waren für ausländische Streitkräfte	NATO-Truppenstatut/Truppenzollgesetz	X	X
Waffen und Militärausrüstung	VO (EG) 150/2003	X	X
Waren für bestimmte internationale Organisationen	diverse Abkommen		X

[a] Die Befreiung von der Einfuhrumsatzsteuer ist auf bestimmte Waren beschränkt bzw. von zusätzlichen Voraussetzungen abhängig

2.5 Fallstudie

2.5.1 Die Ausgangssituation

Im Rahmen der Finanzplanung für den Monat Juni 08 ermittelt der Controller C des Papiermaschinenhändlers A GmbH einen voraussichtlichen Vorsteuerüberschuss von ca. EUR 5 Mio. Aufgrund von Erfahrungswerten weiß C, dass mit einer Auszahlung des Guthabens nicht vor Mitte September 08 zu rechnen ist. Er rechnet mit Finanzierungskosten von ca. EUR 75.000 (EUR 5 Mio. × 6 % × 3/12 Monate). Der Vorsteuerüberschuss resultiert insbesondere aus folgenden Sachverhalten:

- Die A GmbH wird Anfang Juni 08 zehn Papiermaschinen aus Japan einführen. Die Bemessungsgrundlage für die Einfuhrumsatzsteuer (§ 11 UStG) beläuft sich auf insgesamt EUR 20 Mio. Fünf der Maschinen werden an deutsche Kunden geliefert, fünf Maschinen an Abnehmer in Ungarn und Polen. Die von C in den Planungen berücksichtigte Einfuhrumsatzsteuer beträgt EUR 3,8 Mio. Die Einfuhrumsatzsteuer ist innerhalb von sieben Tagen nach der Einfuhr an den mit der Zollabfertigung betrauten Spediteur S zu entrichten.
- Die A GmbH hatte im März 08 mehrere Maschinen an den Schweizer Kunden CH verkauft. Da CH in Zahlungsschwierigkeiten geriet, wird das Geschäft nunmehr rückabgewickelt. Die Maschinen werden durch die A GmbH Anfang Juni 08 aus der Schweiz nach Deutschland eingeführt. Die hierfür zu entrichtende Einfuhrumsatzsteuer wird von C auf ca. EUR 1,2 Mio. kalkuliert.

2.5.2 Gestaltung durch …

2.5.2.1 … optimierte Nutzung von Zahlungsaufschub

Der Spediteur S kann beim Hauptzollamt ein Aufschubkonto beantragen im Rahmen dessen ihm ein Zahlungsaufschub für die Entrichtung der Einfuhrabgaben eines Monats bis zum 16. des Folgemonats gewährt wird, Art. 224 ZK. Die für den Monat Juni 08 entstandene Einfuhrumsatzsteuer wäre dann erst zum 16.07.08 zu entrichten. Nach Vereinbarung mit S könnte auch die A GmbH die Einfuhrumsatzsteuer entsprechend zeitlich verzögert an S entrichten.

Gemäß § 15 Abs. 1 S. 1 Nr. 2 UStG n. F. kann die A GmbH die an S entrichtete Einfuhrumsatzsteuer jedoch bereits in der Umsatzsteuer-Voranmeldung für Juni 08, im Monat ihrer Entstehung, berücksichtigen, und zwar auch dann, wenn die A GmbH die Einfuhrumsatzsteuer erst im Juli 08 an S gezahlt haben sollte.

▶ **Hinweis** Für einen optimalen Finanzierungsvorteil könnte die A GmbH auch ein eigenes Aufschubkonto beim Hauptzollamt beantragen und S anweisen, die Einfuhrabgaben über dieses Konto anzumelden. S würde in diesem Fall nicht mehr als Zahlungsmittler fungieren, sondern die Einfuhrabgaben würden direkt am 16. des Folgemonats vom Konto der A GmbH eingezogen bzw. überwiesen werden.

Der Zahlungsaufschub bietet eine wichtige Möglichkeit zur Verminderung einer bestehenden Finanzierungslücke, die aus der Zahlung der Einfuhrumsatzsteuer an die Zollbehörden zum einen und dem Rückfluss dieser entrichteten Einfuhrumsatzsteuer als Vorsteuer zum anderen entsteht.

- Die Nutzung eines Zahlungsaufschubs bedeutet für die A GmbH, dass zwar der Vorsteuerüberschuss des Monats Juni 08 zunächst unverändert bleibt, allerdings die Zahlung der Einfuhrumsatzsteuer auf den 16.07.08 hinausgezögert werden kann. Die Liquiditätskosten lassen sich dadurch auf EUR 50.000 (5 Mio. × 6 % × 2/12 Monate) um ca. 1/3 senken.

2.5.2.2 … weitgehende Nutzung von Einfuhrumsatzsteuer-Befreiungen

Die Nutzung von Einfuhrumsatzsteuer-Befreiungen lässt eine Finanzierungslücke erst gar nicht entstehen und ist somit ein wichtiges Instrument der Finanzierungsplanung.

2.5.2.2.1 Innergemeinschaftliche Lieferungen

Gemäß § 5 Abs. 1 Nr. 3 UStG können Gegenstände, die vom Schuldner der Einfuhrumsatzsteuer im Anschluss unmittelbar zur Ausführung von steuerfreien innergemeinschaftlichen Lieferungen (§ 6a UStG) verwendet werden, steuerfrei eingeführt werden. Auch wenn die A GmbH die Waren über einen Vertreter S einführen lässt, wird sie zum Schuldner der Einfuhrumsatzsteuer.

Da die A GmbH fünf der Maschinen unmittelbar nach der Einfuhr an Abnehmer in Polen und Ungarn liefert, können diese Maschinen einfuhrumsatzsteuerfrei eingeführt werden, soweit die A GmbH in der Lage ist, die Voraussetzungen des § 5 Abs. 1 Nr. 3 UStG nachzuweisen. Dazu muss sie vorlegen:

- eine der A-GmbH in Deutschland erteilte gültige Umsatzsteuer-Identifikationsnummer,
- eine den Abnehmern in Polen und Ungarn erteilte gültige Umsatzsteuer-Identifikationsnummer und
- Unterlagen, aus denen sich die geplante Versendung nach Polen bzw. Ungarn ergibt.
- Durch die Nutzung der Einfuhrumsatzsteuerbefreiung gem. § 5 Abs. 1 Nr. 3 UStG für die aus Japan importierten und anschließend nach Ungarn und Polen gelieferten Maschinen lässt sich Einfuhrumsatzsteuer in Höhe von EUR 1,9 Mio. vermeiden. Der Vorsteuerüberschuss sinkt auf EUR 3,1 Mio. Bei zusätzlicher Nutzung des laufenden Zahlungsaufschubs reduzieren sich die Liquiditätskosten auf EUR 31.000 (3,1 Mio. × 6 % × 2/12 Monate).

2.5.2.2.2 Rückwaren

Die Einfuhr von Gegenständen, die nach den Art. 185 bis 187 ZK als Rückwaren frei von Einfuhrabgaben i. S. d. Art. 4 Nr. 10 ZK eingeführt werden können, ist vorbehaltlich der Einschränkungen des § 12 EUStBV einfuhrumsatzsteuerfrei, § 1 Abs. 2a EUStBV.

Die A GmbH kann die Einfuhrumsatzsteuerbefreiung für Rückwaren für die aus der Schweiz von CH zurück gelieferte Maschine in Anspruch nehmen. Ein Ausschlussgrund nach § 12 EUStBV greift nicht. Zwar wurde beim Verkauf der Waren an CH eine steuerfreie Ausfuhrlieferung bewirkt, allerdings erhält die A GmbH als diejenige, die diese Ausfuhrlieferung bewirkt hat, die Maschine zurück.

- Durch die Nutzung der Einfuhrumsatzsteuerbefreiung für Rückwaren aus der Schweiz ließe sich für die A GmbH weitere Einfuhrumsatzsteuer in Höhe von EUR 1,2 Mio. vermeiden. Der Vorsteuerüberschuss sinkt auf EUR 1,9 Mio. Bei zusätzlicher Nutzung des laufenden Zahlungsaufschubs und der Einfuhrumsatzsteuerbefreiung für die nach Ungarn und Polen gelieferten Maschinen reduzieren sich die Liquiditätskosten auf EUR 19.000 (1,9 Mio. × 6 % × 2/12 Monate).

2.5.2.3 … Einfuhr über andere EU-Mitgliedstaaten

Waren, die in einem EU-Mitgliedstaat in den freien Verkehr überführt werden und im Anschluss an die Einfuhr innergemeinschaftlich geliefert werden, können einfuhrumsatzsteuerfrei eingeführt werden, Art. 143 Buchst. d MwSt-SystRL; § 5 Abs. 1 Nr. 3 UStG analog. Allerdings bedeutet dies für den Einführer, dass er sich im Einfuhrstaat für Zwecke der Umsatzsteuer registrieren lassen muss.

Sollte die A GmbH bereits umsatzsteuerlich in einem anderen Mitgliedstaat registriert sein, ist zu überlegen, die Maschinen in diesem Mitgliedstaat in den freien Verkehr zu überführen, um die Liquiditätskosten auf null zu reduzieren. Sollte die A GmbH über einen Fiskalvertreter in den Niederlanden registriert sein, könnte sie dafür auch das „postponed accounting system“ in Anspruch nehmen und damit eine Vorfinanzierung der Einfuhrumsatzsteuer vermeiden.

- Durch die Einfuhr über einen anderen EU-Mitgliedstaat ließen sich die Finanzierungskosten der A GmbH auf null reduzieren. Allerdings sind hier Kosten für eine umsatzsteuerliche Registrierung, Erklärungstätigkeiten, ggf. Nutzung eines Fiskalvertreters etc. zu berücksichtigen.

Literatur

Birkenfeld, Wolfram, Hrsg. 2014. *Das große Umsatzsteuer-Handbuch.* Koln: Verlag Dr. Otto Schmidt KG. (ISBN:9783504240073).

Buerstedde, Wolfgang, und Boris Gelse. 2003. Überraschungen – Anmerkungen zum BFH-Urteil vom 18.12.2001 zur zolltariflichen Einreihung von Überraschungseier-Figuren und der Besprechung von Rudolf Hülsmeier in Zeitschrift für Zölle und Verbrauchsteuern 2002 Nr. 10. *Zeitschrift für Zölle und Verbrauchsteuern* 298–305.

Harksen, Nathalie, und Pichler, Peter. 2014. Der Vorsteuerabzug der Einfuhrumsatzsteuer durch Logistiker und Zolldienstleister. *Der Umsatzsteuerberater* 26–32.

Hülsmeier, Rudolf. 2002. Erkenntnisprobleme bei der zolltariflichen Einreihung einer Ware – zugleich eine Anmerkung zum Urteil des Bundesfinanzhofs vom 18.12.2001. *Zeitschrift für Zölle und Verbrauchsteuern* 326–336.

Landwehr, Michael. 2014. Neuregelung des Schemas allgemeiner Zollpräferenzen ab 2014 Teil I und Teil II. *Außenwirtschaftliche Praxis* 123–127, 191–195.

Möller, Thomas. 2004. *Verrechnungspreis und Zollwert, EFA-Schriftreihe*. Bd. 19. Freiburg: Mendel Verlag GmbH & Co. KG, Witten.

Möller, Thomas. 2014. Verrechnungspreis und Zollwert – Weiter ein Dilemma? *Zeitschrift für Zölle und Verbrauchsteuern* 147–152.

Rau, Günter, und Erich Dürrwächter. 2014. *Kommentar zum Umsatzsteuergesetz*. 158. Aufl. Köln: Verlag Dr. Otto Schmidt KG. (ISBN:9783504240615).

Reiß, Wolfram, Jörg Kraeusel, Michael Langer, und Christoph Wäger, Hrsg. 2014. *Kommentar zum Umsatzsteuergesetz. Grundwerk mit 113. Ergänzungslieferung*. 1. Aufl. Bonn: Stollfuß Medien GmbH & Co.KG. (ISBN:9783082547007).

Rüsken, Reinhart, Hrsg. 2008. *Zollrecht, Recht des grenzüberschreitenden Warenverkehrs, Kommentar*. 3. Aufl. Berlin: Stollfuß Medien GmbH & Co.KG. (ISBN:9783081738000).

Schröder, Susanne. 2000. Bedeutung der Incoterms 2000 im Zollrecht und Umsatzsteuerrecht. *Umsatzsteuer- und Verkehrsteuer-Recht* 283–293.

Sölch Otto, Karl Ringleb, und Gerhard Mößlang, Hrsg. 2014. *Umsatzsteuergesetz, Kommentar*. 72. Aufl. München: Verlag C.H. Beck. (oHG). (ISBN:9783406452093).

Thoma, Alexander, und Lars Henschel. 2007. Umsatzsteuer auf Einfuhrumsatzsteuer? – Umsatzsteuerliche Behandlung der Weiterbelastung von Einfuhrabgaben. *Der Umsatz-Steuerberater* 322–325.

Thoma, Alexander, und Ellen Kirchhainer. 2009. Der Abzug von Einfuhrumsatzsteuer unter Beachtung von Lieferstrukturen. *Der Umsatz-Steuerberater* 132–136.

Tomuscheit, Michael, und Sebastien Fritzinger. 2013. Werbung und Zollwert. *AW-Prax* 210–214.

Vonderbank, Stefan. 2005. Steuern für Lizenzgebühren – Zollwertrechtliche Beurteilung von Steuern für an einen drittländischen Lizenzgeber gezahlte Lizenzen. *Außenwirtschaftliche Praxis* 107–110.

Vonderbank, Stefan, und Dana Grawunder. 2005. Zollwertrechtliche Beurteilung von Lizenzgebühren – Systematischer Überblick zu den Lizenzgebühren bei der Zollwertermittlung von eingeführten Waren Teil I und Teil II. *Außenwirtschaftliche Praxis* 303–308.

Witte, Peter, Hrsg. 2013. *Zollkodex, Kommentar*. 6. Aufl. München: Verlag C.H. Beck. oHG. (ISBN:9783406644597).

Witte, Peter. 2013. Der Unionszollkodex. *AW Prax* 373–379.

Ausfuhr von Waren in das Drittland

3

3.1 Das zollrechtliche Ausfuhrverfahren

3.1.1 Anwendungsbereich

Im Unterschied zur umsatzsteuerlichen Betrachtungsweise knüpft das Zollrecht nicht an eine Lieferung i. S. d. § 3 Abs. 1 UStG an. Entscheidend für die Anwendung der zollrechtlichen Regelungen zum Ausfuhrverfahren ist allein die physische Warenbewegung aus dem Drittlandsgebiet. Von Belang sind demnach beispielsweise auch rechtsgeschäftslose Verbringungen von Waren ins Drittland.

3.1.2 Ausführer und Anmelder – Die Beteiligten im Ausfuhrverfahren

Auch bei der Ausfuhr ist aus zollrechtlicher Sicht zwischen verschiedenen Personen zu differenzieren. Beteiligte am Ausfuhrverfahren sind der Ausführer sowie der Anmelder und gegebenenfalls dessen Vertreter. Die Unterscheidung zwischen Anmelder und Ausführer ist für die Zuordnung der verschiedenen Verpflichtungen und die Bestimmung der zuständigen Zollstellen notwendig.

Der Ausführer bestimmt sich stets aus den Gegebenheiten des zu Grunde liegenden Ausfuhrrechtsgeschäfts. So ist Ausführer grundsätzlich die Person, „für deren Rechnung die Ausfuhranmeldung abgegeben wird und die zum Zeitpunkt der Annahme dieser Anmeldung Eigentümer der Waren ist oder eine ähnliche Verfügungsberechtigung besitzt", Art. 788 Abs. ZK-DVO. Spediteure, Frachtführer oder andere Dienstleister, welche im Rahmen einer Ausfuhr tätig werden, verfügen weder über Eigentum noch eine ähnliche Verfügungsbefugnis und kommen deshalb nicht als Ausführer in Betracht.

A. Thoma et al., *Zoll und Umsatzsteuer,* DOI 10.1007/978-3-658-00165-0_3

Beispiel

Ein deutscher Hersteller schließt einen Vertrag mit einem amerikanischen Unternehmen über die Lieferung von Werkzeugmaschinen. Die Lieferung erfolgt mit der Lieferbedingung CIF New York (Incoterms 2010; vgl. Anhang 5).

Der deutsche Lieferant ist aufgrund der Lieferbedingung im Zeitpunkt der Annahme der Zollanmeldung noch Eigentümer der Ware und wird somit zum zollrechtlichen Ausführer.

Sofern eine nicht in der Gemeinschaft ansässige Person im Zeitpunkt der Annahme der Ausfuhranmeldung Eigentümer der Waren oder ähnlich Verfügungsberechtigter ist und demnach grundsätzlich als Ausführer anzusehen wäre, wird der gemeinschaftsansässige Vertragspartner zum Ausführer. Diese Regelung dient u. a. dazu, eine nachträgliche Prüfbarkeit der Ausfuhrvorgänge im Zollgebiet sicherzustellen. Voraussetzung ist jedoch, dass die beabsichtigte Ausfuhr für den gemeinschaftsansässigen Verkäufer der Ware im Zeitpunkt des Verkaufs der betreffenden Ware bereits erkennbar ist. Von dieser Regelung ausgenommen sind deshalb so genannte „übliche Ladenverkäufe", bei denen drittländische (Privat)Kunden Waren erwerben und im Regelfall für den Verkäufer nicht erkannt werden kann, dass der Abnehmer die anschließende Ausfuhr der Ware beabsichtigt[1].

Beispiel

Ein deutscher Hersteller schließt einen Vertrag mit einem amerikanischen Unternehmen über die Lieferung von Werkzeugmaschinen. Die Lieferung erfolgt mit der Lieferbedingung EXW (Incoterms 2010; vgl. Anhang 5).

Aufgrund der Lieferbedingung ist der amerikanische Kunde im Zeitpunkt der Annahme der Zollanmeldung bereits Eigentümer der Ware. Dennoch wird der deutsche Lieferant als gemeinschaftsansässiger Vertragspartner des Ausfuhrrechtsgeschäfts zollrechtlicher Ausführer.

Beispiel

Ein japanischer Tourist kauft auf seiner Europa-Rundreise im Ladengeschäft eines deutschen Uhrenhändlers eine Kuckucksuhr.

Da die Ausfuhrabsicht für den deutschen Uhrenhändler nicht eindeutig erkennbar ist bzw. die spätere Ausfuhr für den Kauf ohne Bedeutung ist, liegt kein Ausfuhrrechtsgeschäft vor. Der Uhrenhändler wird nicht zum Ausführer. Ausführer ist stattdessen der japanische Tourist.

Auch in den Fällen, in denen beide Beteiligte des Ausfuhrrechtsgeschäfts im Drittland ansässig sind, gilt eine nicht in der Gemeinschaft ansässige Person als Ausführer. Abzustellen ist hierbei wieder darauf, welcher der beteiligten Personen im Zeitpunkt der

[1] Vgl. Vorschriftensammlung der Bundesfinanzverwaltung VSF A 0610-2 Abs. 1a.

Annahme der Ausfuhranmeldung das Eigentum oder eine ähnliche Verfügungsmacht an der Ware hat. In der Praxis tendiert zumindest die deutsche Zollverwaltung bei derartigen Konstellationen gelegentlich dazu, eventuell beteiligte gemeinschaftsansässige Personen (Vorlieferanten, Dienstleister, etc.) als Ausführer anzusehen. Diese Auffassung ist rechtlich zweifelhaft.

Beispiel

Ein deutscher Lagerhalter betreibt ein Warenlager nahe der Grenze zur Schweiz. In diesem Lager werden Waren eingelagert, die sich im Eigentum eines Schweizer Händlers befinden. Der Schweizer Händler verkauft die Waren an einen Kunden in Japan. Die Lieferung erfolgt direkt vom deutschen Lager nach Japan mit der Lieferbedingung CIF Tokio (Incoterms 2010; vgl. Anhang 5).

Das Ausfuhrrechtsgeschäft wurde zwischen dem Schweizer und dem Japaner geschlossen. Es existiert kein gemeinschaftsansässiger Beteiligter des Rechtsgeschäfts. Ausführer ist der Schweizer Händler, da dieser im Zeitpunkt der Annahme der Ausfuhranmeldung Eigentümer der Ware ist.

Zu beachten ist in einem solchen Fall, dass der drittländische Ausführer regelmäßig nicht Anmelder sein darf, da von diesem grundsätzlich die Ansässigkeit in der Europäischen Gemeinschaft gefordert wird, vgl. Art. 64 ZK. Die Abwicklung kann jedoch durch einen ansässigen Anmelder, welcher dann als indirekter Stellvertreter auftritt, erfolgen.

Schwieriger gestaltet sich in der Praxis regelmäßig die Bestimmung des Ausführers bei grenzüberschreitenden Reihengeschäften. Hierbei ist im ersten Schritt das Ausfuhrrechtsgeschäft und im zweiten Schritt der Ausführer, welcher nur ein Beteiligter dieses Ausfuhrrechtsgeschäfts sein kann, zu bestimmen.[2]

Hinsichtlich der Definition des Anmelders und der Möglichkeiten der zollrechtlichen Vertretung finden Sie detaillierte Informationen unter § 1 E. Die dortigen Ausführungen gelten analog für den Anmelder und seinen Vertreter im Ausfuhrverfahren. Zu berücksichtigen ist jedoch, dass sich aus einer Ausfuhranmeldung Verpflichtungen für den Ausführer ergeben. Sofern also Anmelder und Ausführer auseinander fallen, ist die Ausfuhranmeldung immer zumindest für Rechnung des Ausführers abzugeben.

Beispiel

Das deutsche Unternehmen A stellt Waren im Rahmen der Lohnveredelung her. Die Waren befinden sich im Eigentum des verbundenen französischen Unternehmens B. Dieses verkauft die Waren an einen Kunden in Weißrussland und wird somit zum Ausführer. Da die Lieferung der Waren direkt vom Betrieb des deutschen Unternehmens nach Weißrussland erfolgt, kümmert sich das deutsche Unternehmen um die Erstellung

[2] Weitere Informationen hierzu finden Sie unter Abschn. 10.2.1.

der Ausfuhranmeldung und handelt als Anmelder in eigenem Namen. Das französische Unternehmen ist zollrechtlicher Ausführer. Die Ausfuhranmeldung wird im Namen des deutschen Unternehmens und für Rechnung des französischen Unternehmens abgegeben. Im Einheitspapier ist in Feld 2 („Versender/Ausführer“) das französische Unternehmen und in Feld 14 („Anmelder/Vertreter“) das deutsche Unternehmen einzutragen. Es handelt sich um einen Fall der indirekten Stellvertretung.

Die Angabe des französischen Unternehmens als Ausführer ist zwingend. Als Anmelder muss jedoch nicht unbedingt die deutsche Gesellschaft, sondern können gegebenenfalls auch der französische Ausführer selbst oder dritte Personen[3] agieren. Auch die Einschaltung eines zusätzlichen zollrechtlichen Vertreters des Anmelders, z. B. eines Logistikdienstleisters, ist denkbar.

3.1.3 Die Abwicklung

3.1.3.1 Das zweistufige Normalverfahren

3.1.3.1.1 Erste Stufe: Ausfuhrzollstelle

Die Ausfuhranmeldung ist zuerst bei der Ausfuhrzollstelle abzugeben, Art. 161 Abs. 5 ZK. Es handelt sich hierbei regelmäßig um eine Binnenzollstelle, deren örtliche Zuständigkeit sich danach bestimmt, an welchem Ort der Ausführer ansässig ist. Abgestellt wird hierbei auf den Wohn- oder Firmensitz des Ausführers. Alternativ kann die örtliche Zuständigkeit der Ausfuhrzollstelle auch danach bestimmt werden, an welchem Ort die zur Ausfuhr bestimmten Waren verpackt oder verladen werden. Dies ist regelmäßig der Ort, an dem die Beförderung ins Drittland beginnt.

Es handelt sich bei beiden Orten um gleichberechtigte Alternativen. Der Ausführer hat somit also ein Wahlrecht. Da im Normalverfahren im Regelfall mit der Abgabe der Ausfuhranmeldung auch eine Gestellung, d. h. physische Vorführung, der Ware bei der Ausfuhrzollstelle verbunden ist, wird dieses Wahlrecht in der Praxis durch den logistischen Aufwand eingeschränkt. Regelmäßig wird durch den Ausführer wohl von den beiden möglichen Zollstellen diejenige gewählt, in deren Bezirk sich die Waren befinden. Außerdem dürften in zahlreichen Fällen beide Zollstellen wohl identisch sein. Falls die Ausfuhrlieferung durch einen Subunternehmer erfolgt, kann auch das für diesen zuständige Zollamt zur Ausfuhrzollstelle werden, Art. 789 ZK-DVO.

Von der obigen grundsätzlichen Zuständigkeitsregelung sind Ausnahmen vorgesehen. In begründeten Ausnahmefällen darf die Ausfuhranmeldung auch bei jeder anderen Zollstelle in der Europäischen Union abgegeben werden. Ein solcher Ausnahmefall liegt beispielsweise vor, wenn sich während eines Transportes innerhalb der Europäischen Union kurzfristig und unvorhergesehen die Notwendigkeit der Ausfuhr ergibt. Diese Ausnahmemöglichkeit soll jedoch auf wenige begründete Sonderfälle beschränkt bleiben. Wann

[3] Die betreffende Person muss in der Europäischen Gemeinschaft ansässig, zur Gestellung (Vorführung) der zur Ausfuhr bestimmten Waren bei der Zollstelle und zur Vorlage aller für das Ausfuhrverfahren erforderlichen Unterlagen in der Lage sein (vgl. Art. 64 ZK).

solche begründeten Fälle vorliegen und wann nicht, wurde zwischen den einzelnen Mitgliedstaaten der Europäischen Union abgestimmt und in einer Liste veröffentlicht.[4] Die Zollstellen sind angehalten, bei einer Anwendung der Regelung eine intensivere Prüfung möglicher Verbote und Beschränkungen vorzunehmen.

Die Ware ist grundsätzlich auf dem Amtsplatz der Ausfuhrzollstelle zu gestellen, d. h. körperlich vorzuführen. Es besteht jedoch die Möglichkeit der Gestellung außerhalb des Amtsplatzes. Dies bietet sich insbesondere dann an, wenn es sich um Waren handelt, die aufwendig verpackt oder verladen werden, und bei denen eine Beschau durch die Zollstelle nach dem Verpacken oder Verladen erheblichen zusätzlichen administrativen Aufwand verursachen würde. Zur Inanspruchnahme dieser Möglichkeit ist ein entsprechender Antrag bei der Ausfuhrzollstelle vor Beginn des Verladens abzugeben.

Gegebenenfalls nehmen dann Zollbeamte am Verpacken bzw. Verladen der Ware teil. Eine solche Abfertigung außerhalb des Amtsplatzes ist kostenpflichtig.

Bei der Ausfuhrzollstelle erfolgt die Überführung der Ware ins Ausfuhrverfahren. Die Ausfuhrzollstelle prüft hierzu die Vollständigkeit und, soweit möglich, die Richtigkeit der in der Ausfuhranmeldung enthaltenen Angaben sowie die Ausfuhrfähigkeit der Ware. Im Rahmen der Prüfung der Ausfuhrfähigkeit wird untersucht, ob Verbote oder Beschränkungen der Ausfuhr entgegenstehen. Eventuelle Ausfuhrgenehmigungen oder -lizenzen sind deshalb der Ausfuhrzollstelle vorzulegen. Die Ausfuhrzollstelle hat die Möglichkeit, zur Vornahme der Prüfung weitere Unterlagen, Bestätigungen und Informationen zu verlangen. Schwerpunkt dieser Prüfung ist oftmals die Richtigkeit der angegebenen zolltarifliche Einreihung der Ware. Zu diesem Zweck ist die Ausfuhrzollstelle berechtigt, Muster zu entnehmen und Proben zu ziehen.

► **Hinweis** Sofern die Ausfuhrzollstelle bei der Prüfung der Angaben in der Ausfuhranmeldung Erkenntnisse erlangt, die für andere Behörden, wie beispielsweise die Finanzämter, für die Durchführung des Verwaltungsverfahrens in Steuersachen erforderlich sind, darf sie diese Informationen weitergeben. Eine solche Offenbarung kommt insbesondere dann in Betracht, wenn Anhaltspunkte auf einen unterfakturierten in Rechnung gestellten Gesamtbetrag vorliegen.[5]

Falls die zur Ausfuhr abgefertigten Waren das Zollgebiet der Europäischen Gemeinschaft entgegen der ursprünglichen Absicht nicht verlassen, so sind Ausführer und Anmelder verpflichtet, die Ausfuhrzollstelle unverzüglich zu informieren. Diese Verpflichtung wird in der Praxis häufig übersehen. Sie stellt jedoch eine Ordnungswidrigkeit dar und kann mit einem Bußgeld von bis zu 5000 EUR geahndet werden.[6]

---

[4] Vgl. Anhang 30.

[5] Vgl. Vorschriftensammlung der Bundesfinanzverwaltung VSF A 0610-2 Abs. 11 sowie AO-DV Zoll in VSF S 0300 Nr. 4.2 zu § 30 AO.

[6] Vgl. § 30 Abs. 7 Nr. 30 ZollV i. V. m. § 382 Abs. 3 AO.

3.1.3.1.2 Zweite Stufe: Ausgangszollstelle

Ausgangszollstelle ist grundsätzlich die Grenzzollstelle zu einem Drittland, bei der die Waren das Zollgebiet der Europäischen Gemeinschaft verlassen. Ebenfalls als Grenz- und somit als Ausgangszollstellen gelten auch die Zollstellen an Flug- und Seehäfen sowie bestimmte Zollstellen im Bahn- und Postverkehr, sofern die Waren dort dem Beförderer zum Transport ins Drittland übergeben werden.

Die Aufgabe der Ausgangszollstelle besteht darin, zu überprüfen, ob die Ausfuhrsendung bei der Ausfuhrzollstelle ordnungsgemäß abgefertigt wurde. Sie prüft also, ob das Ausfuhrverfahren ordnungsgemäß bei der Ausfuhrzollstelle eröffnet wurde. Zusätzlich prüft sie, ob die bei ihr gestellten Waren mit den in der Ausfuhranmeldung beschriebenen Waren identisch sind. Sofern sie Abweichungen, wie etwa Mehr- oder Mindermengen bzw. Beschaffenheitsabweichungen, feststellt, darf die Ware nicht ausgeführt werden. Sofern sie die ordnungsgemäße Behandlung der Waren bei der Ausfuhrzollstelle und die Identität der Waren feststellt, gibt sie die Waren zur tatsächlichen Ausfuhr frei.

Sonderregelungen gelten für die Ausfuhr in einem Versandverfahren (gemeinschaftliches oder gemeinsames Versandverfahren, Carnet ATA, Carnet TIR). Hier werden gewisse Aufgaben der Ausgangszollstelle durch die Abgangszollstelle im Versandverfahren übernommen.

3.1.3.1.3 Elektronische Ausfuhrabwicklung mittels ATLAS

In Deutschland können Ausfuhranmeldungen seit dem 1. Juli 2009 nur noch elektronisch abgegeben werden. Ausnahmen bestehen lediglich bei Systemausfällen. Nur dann wird auf das unten dargestellte Verfahren mit schriftlicher Ausfuhranmeldung zurückgegriffen.

Grundsätzlich stehen für dic Ausfuhrabwicklung mittels ATLAS drei verschiedene Varianten zur Auswahl:

3.1.3.1.3.1 Internet-Zollanmeldung

Für die Anwendung der Internetzollanmeldung wird vom Anmelder bzw. seinem Vertreter lediglich ein Internet-Zugang benötigt. Über das Internet werden die Daten der Ausfuhranmeldung verschlüsselt an die Zollverwaltung übersandt. Anschließend wird die Ausfuhranmeldung ausgedruckt, unterschrieben und der Ausfuhrzollstelle vorgelegt. Diese bearbeitet die per Internet übersandte Anmeldung in ATLAS und erstellt das Ausfuhrbegleitdokument (ABD)[7], welches die Ware physisch bis zur Ausgangszollstelle begleitet. Es handelt sich somit bei der Internet-Zollanmeldung um keine echte elektronische Abwicklung. Die Nutzung der Internet-Zollanmeldung ist nur im Normalverfahren, d. h. ohne Nutzung eventueller Vereinfachungen, möglich.

3.1.3.1.3.2 Internet-Zollanmeldung Plus (IAA-Plus)

Seit Einführung von ATLAS Ausfuhr Release 2.0 besteht zusätzlich die Möglichkeit, die Internet-Zollanmeldung um eine elektronische Signatur zu erweitern. Die Vorlage einer

[7] Muster eines Ausfuhrbegleitdokuments vgl. Anhang 18.

unterschriebenen Papierversion der im Internet erstellten Anmeldung ist dann nicht mehr erforderlich. Mittels der um die elektronische Signatur erweiterten Internet-Zollanmeldung können auch vereinfachte Verfahren abgewickelt werden.

Details zur Internetausfuhranmeldung finden Sie auf den Internetseiten der deutschen Zollverwaltung:

https://www.ausfuhrplus.internetzollanmeldung.de/iaap/logon.do?requestedURL=%2Fcontent.do

3.1.3.1.3.3 Teilnehmereingabe

Die Teilnehmereingabe stellt ein weitgehend elektronisch abgewickeltes Verfahren dar. Sie basiert auf einem Nachrichtenaustausch im EDIFACT-Format mittels Datenfernübertragungsprotokoll X.400 oder FTAM. Zur Teilnahme an diesem Verfahren sind die folgenden grundsätzlichen technischen Voraussetzungen erforderlich:

- zertifizierte Teilnehmersoftware inklusive Software zur Kommunikation mit ATLAS, welche Daten im EDIFACT Format versenden und empfangen kann,
- EORI-Nummer (Economic Operators Registration and Identification Number, seit 1. Juli 2009 Voraussetzung für die Zollabwicklung in der Europäischen Union,
- Beteiligten-Identifikationsnummer (BIN).

Eine Aufstellung aller Anbieter von zertifizierter Software findet sich auf den Internet-Seiten der deutschen Zollverwaltung:

http://www.zoll.de/DE/Fachthemen/Zoelle/ATLAS/Voraussetzungen-Teilnahme/Softwareanbieter/AES-22/tabelle_ng_ausfuhr_aes_22.html?nn=210052&view=render%5BStandard%5D

EORI-Nummer und Beteiligten-Identifikationsnummer werden durch das Informations- und Wissensmanagement Zoll (IWM Zoll) in Dresden erteilt.

Bei der Abwicklung mittels Teilnehmereingabe werden die Ausfuhranmeldungen vom Anmelder oder seinem Vertreter (Teilnehmer) vollständig elektronisch erfasst. Die Software kommuniziert mit ATLAS und übersendet die Ausfuhranmeldung an die zuständige Zollstelle. Nach der Bearbeitung der elektronisch übersandten Ausfuhranmeldung wird das Ergebnis bzw. die Entscheidung der Zollstelle ebenfalls auf elektronischem Weg an den Anmelder übersandt. Diese Nachricht enthält zudem das Ausfuhrbegleitdokument als pdf-Datei mit der individualisierten Movement Reference Number (MRN). Das Ausfuhrbegleitdokument begleitet die Ware zur Ausgangszollstelle. Dort erfolgt anhand der MRN die Zuordnung zum Ausfuhrvorgang. Die Ausgangszollstelle unterrichtet die Ausfuhrzollstelle elektronisch über den tatsächlichen Ausgang der Waren aus dem Zollgebiet. Die Ausfuhrzollstelle wiederum bestätigt dem Anmelder die Ausfuhr der Waren ebenfalls elektronisch per Ausgangsvermerk.

Auch bei elektronischer Ausfuhrabwicklung mittels Teilnehmereingabe ist die Inanspruchnahme von Vereinfachungen möglich (siehe Abb. 3.1).

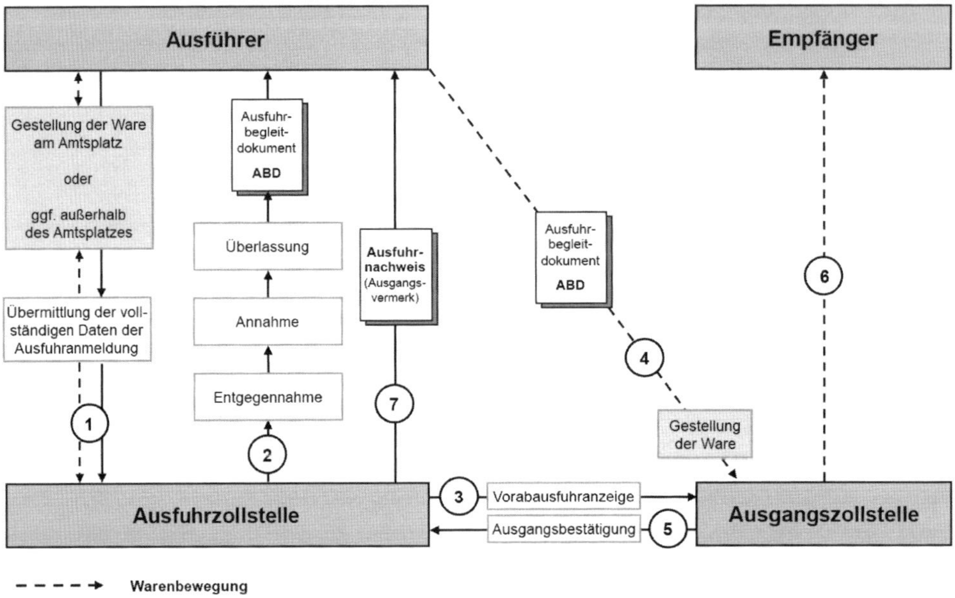

Abb. 3.1 Ausfuhrverfahren mittels ATLAS (Normalverfahren)

3.1.3.1.4 Schriftliche Ausfuhranmeldung

Nur noch in Ausnahmefällen (z. B. bei Systemausfällen) kommt die Abgabe der Ausfuhranmeldung auf dem Einheitspapier[8] zur Anwendung. Verwendet werden hierbei die Exemplare Nr. 1, 2 und 3. Exemplar Nr. 1 ist für das Ausfuhrland bestimmt und dient in Deutschland der zollamtlichen Erfassung sensibler Waren. Exemplar Nr. 2 ist für statistische Zwecke vorgesehen. Das Exemplar Nr. 3 ist für den Anmelder bzw. Ausführer bestimmt.

Die Annahme der Ausfuhranmeldung und die Überlassung der Ware zur Ausfuhr, d. h. das positive Ergebnis der Prüfung der Ausfuhrfähigkeit der Ware im Rahmen der ersten Stufe des Ausfuhrverfahrens, wird durch die Ausfuhrzollstelle durch Anbringen des Dienststempelabdrucks in Feld A der Exemplare Nr. 1 bis 3 des Einheitspapier dokumentiert. Lediglich das Exemplar Nr. 3 wird dem Anmelder bzw. Ausführer zurückgegeben und begleitet die Ware zur Ausgangszollstelle.

Die Ausgangszollstelle (Stufe 2) bestätigt die Ausfuhr durch Anbringen des Dienststempelabdrucks auf der Rückseite des Exemplars Nr. 3 des Einheitspapiers. Eine Rückgabe des bestätigten Exemplars Nr. 3 an den Anmelder bzw. Ausführer erfolgt nur dann, wenn dies durch den Vermerk „RET-EXP" in Feld 44 beantragt wurde (Abb. 3.2).

[8] Vgl. Anhang 1.

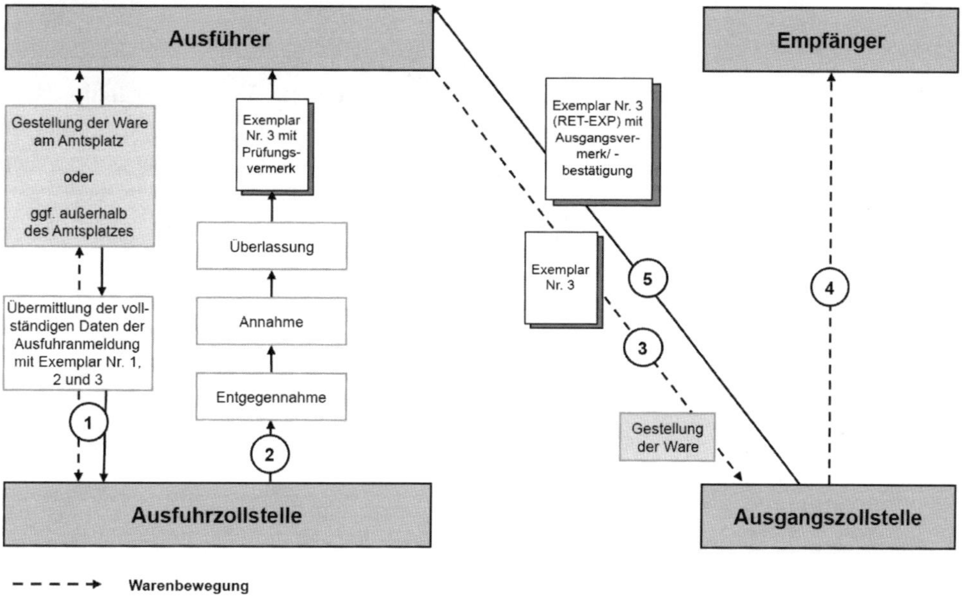

Abb. 3.2 Ausfuhrverfahren mittels Einheitspapier (Normalverfahren)

3.1.3.2 Vereinfachte Verfahren/Befreiungen

3.1.3.2.1 Kleinsendungen

Sofern hinsichtlich der Ausfuhr einer Ware keine Verbote oder Beschränkungen bestehen und der Wert je Sendung und Anmelder 3000 EUR nicht übersteigt, findet die Zweistufigkeit des Ausfuhrverfahrens keine Anwendung, Art. 794 ZK-DVO. Solche Ausfuhrsendungen können durch den Anmelder direkt bei der Ausgangszollstelle, d. h. bei der Grenzzollstelle, vorgeführt und angemeldet werden. Die Vorführung beim Binnenzollamt als Ausfuhrzollstelle entfällt.

3.1.3.2.2 Unvollständige Ausfuhranmeldung

Das Verfahren der unvollständigen Ausfuhranmeldung bietet die Möglichkeit, Waren zur Ausfuhr anzumelden, obwohl noch nicht alle erforderlichen Unterlagen oder Informationen vorliegen, Art. 280 ZK-DVO. Jedoch müssen gewisse Mindestangaben in der elektronisch abzugebenden Ausfuhranmeldung enthalten sein. Ebenso sind grundsätzlich zwingend geforderte Unterlagen, wie etwa außenwirtschaftsrechtliche Ausfuhrgenehmigungen, bereits zusammen mit der unvollständigen Ausfuhranmeldung vorzulegen. Auch hiervon sind in begründeten Fällen jedoch Ausnahmen möglich.[9] Das Verfahren kann mittels Teilnehmereingabe in ATLAS oder per Internetausfuhranmeldung Plus (IAA-Plus) abgewickelt werden.

[9] Vgl. Art. 280 Abs. 4 i. V. m. Art. 255 Abs. 2 ZK-DVO.

Die Vereinfachung beinhaltet keine Befreiung von der Zweistufigkeit des Ausfuhrverfahrens, d. h. die betreffende Ausfuhrsendung ist zuerst bei der zuständigen Ausfuhrzollstelle und danach bei der Ausgangszollstelle vorzuführen. Die unvollständige Ausfuhranmeldung ist durch den Ausführer innerhalb eines durch die Zollstelle festgesetzten Zeitraums zu ergänzen oder durch eine vollständige Ausfuhranmeldung zu ersetzen. Auch diese ergänzende bzw. vollständige Ausfuhranmeldung ist elektronisch abzugeben.

Das Verfahren der unvollständigen Ausfuhranmeldung wird in der Praxis insbesondere dann angewandt, wenn Subunternehmer in den Ausfuhrvorgang involviert sind. Oftmals sollen diese zur Wahrung der Geschäftsgeheimnisse des Ausführers nicht alle zur Ausfuhr notwendigen Informationen kennen.

Beispiel

Das deutsche Handelsunternehmen A schließt einen Vertrag mit einem norwegischen Kunden B über die Lieferung von Verpackungsmaschinen. Unternehmen A fertigt die Maschinen jedoch nicht selbst, sondern kauft diese beim deutschen Maschinenhersteller C. Die Lieferung der Maschinen nach Norwegen erfolgt aus logistischen Gründen direkt vom Betrieb des Herstellers C aus. Dieser übernimmt auch die Ausfuhrabfertigung im Namen und für Rechnung des Ausführers A.

Da dem Hersteller C gewisse für die Ausfuhranmeldung notwendige Informationen, wie etwa der Verkaufspreis von A an B, nicht bekannt sind, gibt er bei der Ausfuhrzollstelle eine unvollständige Ausfuhranmeldung ab. Innerhalb von 30 Tagen reicht A eine ergänzende Ausfuhranmeldung mit allen erforderlichen Informationen nach.

Das Verfahren der unvollständigen Ausfuhranmeldung ist aus rechtlicher Sicht auch anwendbar, wenn Subunternehmer und Ausführer nicht im selben Mitgliedsstaat ansässig sind und es entsprechende Vereinbarungen zwischen den Mitgliedstaaten gibt, Art. 281 ZK-DVO. Solche Vereinbarungen zwischen den Mitgliedstaaten fehlen jedoch bisher (vgl. Witte und Wolffgang 2012, S. 286, Rz. 1155).

Für die Anwendung der unvollständigen Ausfuhranmeldung ist keine vorherige Bewilligung notwendig.

3.1.3.2.3 Vereinfachtes Anmeldeverfahren

Das vereinfachte Anmeldeverfahren gemäß Art. 282 ZK-DVO basiert auf der regelmäßigen Abgabe unvollständiger elektronischer Ausfuhranmeldungen. Das Verfahren kann mittels Teilnehmereingabe in ATLAS oder per Internetausfuhranmeldung Plus (IAA-Plus) abgewickelt werden.

Die ergänzende Ausfuhranmeldung, d. h. das Nachreichen der fehlenden Unterlagen und Informationen, erfolgt nicht je unvollständiger Ausfuhranmeldung, sondern zusammengefasst im Regelfall auf monatlicher Basis ebenfalls mittels elektronischer Anmeldung. Als Abgabefrist wird hierbei stets der dritte Tag des Folgemonats festgesetzt. Bereits vor der Einführung von ATLAS bestand die Möglichkeit, diese ergänzende Anmeldung in elektronischer Form, d. h. durch maschinell lesbaren Datenträger oder mittels Datenfernübertragung, abzugeben.

Für die Nutzung dieser Vereinfachung ist eine vorherige Bewilligung erforderlich. Diese wird auf Antrag durch die für den Ort der Hauptbuchhaltung zuständige Zollstelle erteilt.

3.1.3.2.4 Anschreibeverfahren/Zugelassener Ausführer

Beim Anschreibeverfahren gemäß Art. 283 ff. ZK-DVO handelt es sich um die in Deutschland am meisten verbreitete Form der Vereinfachung bei der Erstellung von Ausfuhranmeldungen. Nahezu jedes Unternehmen, welches nicht nur gelegentlich Waren exportiert, besitzt eine solche Bewilligung als Zugelassener Ausführer. Insbesondere in den südlichen Mitgliedstaaten der Europäischen Gemeinschaft ist diese Vereinfachung dagegen, wie auch die meisten anderen zollrechtlichen Vereinfachungsmöglichkeiten, weitgehend unbekannt.

Im Rahmen des Anschreibeverfahrens ist es möglich, die zur Ausfuhr bestimmten Waren in den Geschäftsräumen oder auf dem Betriebsgelände des Ausführers oder Anmelders in das Ausfuhrverfahren zu überführen. Die Anmeldung zum Ausfuhrverfahren erfolgt ebenfalls durch elektronische Nachricht an die Ausfuhrzollstelle, jedoch ohne Verpflichtung zur Gestellung der betreffenden Ware bei der Ausfuhrzollstelle. Diese Besonderheit des Anschreibeverfahrens stellt insoweit auch den wichtigsten Vorteil dieser Vereinfachung dar. Sie schafft Unabhängigkeit von den Öffnungszeiten der Zollstellen und reduziert den administrativen Aufwand. Regelmäßig wird die Ware automatisch und direkt, d. h. ohne längere Wartezeiten, zur Ausfuhr überlassen. Im Rahmen dieser Vereinfachung übernimmt der Ausführer somit Prüfungstätigkeiten der Ausfuhrzollstelle. Die Inanspruchnahme erfordert deshalb eine noch höhere Aufmerksamkeit und Sorgfalt bei der Abwicklung von Ausfuhrvorgängen.

Das Verfahren kann mittels Teilnehmereingabe in ATLAS oder per Internetausfuhranmeldung Plus (IAA-Plus) abgewickelt werden.

Die Nutzung des Anschreibeverfahrens ist von einer vorherigen Bewilligung der Zollbehörde abhängig. Diese wird auf Antrag durch das Hauptzollamt erteilt, in dessen Bezirk der Antragsteller seine Hauptbuchhaltung führt. Für den Antrag ist der Vordruck 0850IT zu verwenden.[10]

Die Erteilung der Bewilligung ist nicht von einer Mindestanzahl von Ausfuhrvorgängen abhängig. Eine Erteilung soll jedoch nur dann erfolgen, wenn eine regelmäßige Inanspruchnahme der Bewilligung gegeben ist. Die Bewilligung als Zugelassener Ausführer wird ausschließlich für Waren erteilt, deren Ausfuhr genehmigungs- und lizenzfrei zulässig ist.

Antragsberechtigt ist der Ausführer.[11] Jedoch kann bei direkter oder indirekter Vertretung dem Vertreter ein Anschreibeverfahren bewilligt werden. Grundsätzlich wird vom Vertreter als Voraussetzung für die Erteilung eines Anschreibeverfahrens der direkte Zu-

[10] Vgl. Anhang 16.

[11] Zur Unterscheidung der im Ausfuhrverfahren beteiligten Personen siehe Abschn. 3.1.2.

griff auf die Finanzbuchhaltung des Ausführers gefordert. Hintergrund dieser Forderung ist die Möglichkeit der Prüfung des Ausfuhrvorgangs durch die Zollbehörde. Ein solcher Zugriff wird jedoch nur dann gegeben sein, wenn es sich bei Ausführer und Anmelder um verbundene Unternehmen handelt. Sofern ein Zugriff auf die Finanzbuchhaltung des Ausführers für den Anmelder nicht möglich ist, muss sich dieser verpflichten, sämtliche Unterlagen zur Prüfung des Ausfuhrvorganges vorrätig zu halten. Zudem muss zwischen den Aufzeichnungen des Anmelders und der Buchführung des Ausführers eine direkte Referenzierung geschaffen werden. Durch den Ausführer muss vor der Bewilligungserteilung eine entsprechende Zustimmungserklärung[12] mit Prüfvermerk der für ihn zuständigen Zollstelle abgegeben werden. Es empfiehlt sich, die Einzelheiten eines Antrags auf Erteilung der Vereinfachung als Zugelassener Ausführer für einen direkten oder indirekten Vertreter im Vorfeld mit dem für die Erteilung der Bewilligung zuständigem Hauptzollamt abzustimmen.[13]

Beispiel

Ein italienischer Hersteller von Bekleidung unterhält ein Warenlager in Deutschland. Dieses wird durch einen nicht verbundenen Spediteur betrieben. Die Waren aus diesem Lager werden auch an drittländische Kunden versandt. Die Exportabwicklung übernimmt der Spediteur. Ausführer ist das italienische Unternehmen. Als Anmelder und indirekter Vertreter tritt der Spediteur auf. Der Spediteur kann sich als indirekter Vertreter und Anmelder das Anschreibeverfahren bewilligen lassen.

Die ergänzenden Ausfuhranmeldungen sind durch den Bewilligungsinhaber elektronisch abzugeben. Bereits vor Einführung von ATLAS Ausfuhr bestand die Möglichkeit, die ergänzende Anmeldung in elektronischer Form, d. h. durch maschinell lesbaren Datenträger oder mittels Datenfernübertragung, abzugeben.

Das oben beschriebene Verfahren der unvollständigen Zollanmeldung[14] kann mit dem Anschreibeverfahren verknüpft werden und ist somit auch für Subunternehmer anwendbar.

3.1.3.2.5 Vertrauenswürdiger Ausführer

Dieses einstufige Ausfuhrverfahren gemäß § 17 AWV ist gleichzeitig mit verpflichtender Inanspruchnahme von ATLAS Ausfuhr zum 01.07.2009 in Kraft getreten und hat das bisherige Vorausanmeldeverfahren mit Ausfuhrkontrollmeldung (AKM) ersetzt. Es handelt sich ebenfalls um eine nationale Vereinfachung, die folglich nur dann zur Anwendung

[12] Vgl. Anhang 17.

[13] Weitere Informationen zur Bewilligung des Verfahrens für indirekte Vertreter finden sich in der internen Dienstvorschrift der Zollverwaltung, Vorschriftensammlung der Bundesfinanzverwaltung VSF A 0612 – 3 Abs. 3.

[14] Vgl. Abschn. 3.1.3.2.2.

kommt, wenn sich die Ausgangszollstelle in Deutschland befindet. Sie ist deshalb auf Ausfuhren über die deutsche Grenze zur Schweiz bzw. die deutschen See- und Flughäfen beschränkt.

In diesem Verfahren teilt, wie im früheren Vorausanmeldeverfahren, der Ausführer der Zollbehörde bei vorheriger Bewilligungsbeantragung mit, welche Waren er über welche Ausgangszollstellen exportieren möchte. Die eigentliche Ausfuhranmeldung wird dann elektronisch lediglich bei der Ausgangszollstelle abgegeben. Eine Gestellung ist nur bei der Ausgangszollstelle, nicht aber bei der Ausfuhrzollstelle erforderlich.

Diese Vereinfachung kann lediglich dem Ausführer, nicht aber einem Vertreter bewilligt werden. Sie kann ebenfalls nur über Teilnehmereingabe abgewickelt werden. Bei Nutzung der Internetausfuhranmeldung bzw. der Internetausfuhranmeldung Plus ist die Inanspruchnahme dieser Vereinfachung nicht möglich.

3.1.3.2.6 Befreiungen

Neben den obigen Vereinfachungen bei der Abgabe der Ausfuhranmeldung, sieht das Zollrecht verschiedene Fälle vor, in denen auf die Abgabe einer schriftlichen Zollanmeldung gänzlich verzichtet wird. Dieser Verzicht auf die Abgabe einer schriftlichen Zollanmeldung beinhaltet zudem den Entfall der Pflicht zur Vorführung der Ware bei der Ausfuhrzollstelle. Die Waren dürfen stattdessen direkt bei der Ausgangszollstelle zur Ausfuhr angemeldet werden. Sie stellen somit Befreiungen vom zweistufigen Ausfuhrverfahren dar. Von praktischer Relevanz sind insbesondere die folgenden Befreiungen:

3.1.3.2.6.1 Mündliche Ausfuhranmeldungen

Für die Ausfuhr von Waren, deren Wert 1000 EUR nicht übersteigt, darf die Ausfuhranmeldung mündlich abgegeben werden, Art. 226 b ZK-DVO. In der Praxis geschieht dies regelmäßig durch Vorlage der Warenrechnung bei der Ausgangszollstelle. Diese Befreiung ist grundsätzlich zwar nur dann anwendbar, wenn die betreffende Warensendung nicht Bestandteil einer regelmäßigen Serie gleichartiger Sendungen ist und die Waren nicht von einem unabhängigen Beförderer als Teil eines größeren kommerziellen Beförderungsvorgangs befördert werden. Die Zollbehörden unterstellen jedoch regelmäßig das Vorliegen dieser weiteren Voraussetzungen, sofern der Warenwert der Sendung 1000 EUR nicht übersteigt.[15]

Die Ausfuhr von Waren zu nichtkommerziellen Zwecken, die an Privatpersonen gesandt werden, darf ebenfalls mündlich angemeldet werden, Art. 226 a ZK-DVO. Diese Befreiung gilt ungeachtet des Wertes der Ausfuhrsendung. In der Praxis erfolgt in diesen Fällen die „mündliche" Anmeldung zur Ausfuhr regelmäßig durch Vorlage von Beförderungsdokumenten o. ä. durch den Transporteur bei der Grenzzollstelle.

Ebenfalls ungeachtet des Wertes dürfen Waren zu nichtkommerziellen Zwecken im persönlichen Gepäck von Reisenden mündlich zur Ausfuhr angemeldet werden. Von dieser Vorschrift wird in der Praxis jedoch kein Gebrauch gemacht, da für diese Waren re-

[15] Vgl. Vorschriftensammlung der Bundesfinanzverwaltung VSF A 0601 Abs. 7.

gelmäßig zusätzlich die Möglichkeit der konkludenten Anmeldung besteht (siehe unten). Dies gilt ebenfalls für im Zollgebiet der Europäischen Gemeinschaft zugelassene Beförderungsmittel, die später wiedereingeführt werden sollen.

3.1.3.2.6.2 Konkludente Ausfuhranmeldungen

Waren zu nichtkommerziellen Zwecken, die sich im persönlichen Gepäck von Reisenden befinden und die zudem keinen Ausfuhrabgaben[16] unterliegen, dürfen ebenso wie Beförderungsmittel, welche im Zollgebiet der Europäischen Gemeinschaft zugelassen sind und später wiedereingeführt werden sollen, konkludent zur Ausfuhr angemeldet werden. Die Abgabe der Ausfuhr erfolgt hierbei durch das einfache Überschreiten der Grenze des Zollgebiets[17], mit welchem der Anmelder eine Willensäußerung, nämlich die Anmeldung der Ware zur Ausfuhr, zum Ausdruck bringt. In der täglichen Praxis dürfte diese Art der Abgabe einer rechtlich wirksamen Ausfuhranmeldung den wenigsten Anmeldern bzw. Ausführern bewusst sein.

Beispiel

Eine Familie aus Ratingen reist mit dem Auto zum Urlaub in die Schweiz. Durch einfaches Passieren der Grenzzollstelle Weil am Rhein Autobahn werden sowohl das Fahrzeug als auch das persönliche Reisegepäck der Familie zur Ausfuhr angemeldet.

3.1.3.2.6.3 Befreiung für Postsendungen

Postalische Sendungen gelten mit der Übernahme durch die Deutsche Post AG als zur Ausfuhr angemeldet, Art. 237 ZK-DVO. Dies gilt jedoch nicht, wenn bei Postsendungen zu kommerziellen Zwecken der Wert einer Sendung 1000 EUR übersteigt oder die Sendung Teil einer regelmäßigen Serie gleichartiger Sendungen ist. In den letztgenannten Fällen sind elektronische Ausfuhranmeldungen abzugeben.

3.1.3.3 Relevante Unterlagen bei der Warenausfuhr

3.1.3.3.1 Rechnung

Das Zollrecht sieht vor, dass der Ausfuhranmeldung „alle für die zutreffende Erhebung der Ausfuhrabgaben sowie für die Anwendung der Ausfuhrbestimmungen auf die betreffende Ware notwendigen Unterlagen beizufügen" sind, Art. 221 ZK-DVO. Die Vorlage der Warenrechnung wird nicht explizit gefordert. Derzeit werden keine Ausfuhrabgaben erhoben. Somit besteht zumindest aus zollwertrechtlicher Sicht keine Notwendigkeit zur Vorlage der Rechnung. Dennoch ist der Wert der Ausfuhrsendung maßgebend für die Anwendung eventueller Vereinfachungen und Befreiungen.[18] Zudem enthält die Rechnung zahlreiche

[16] Derzeit ist die Erhebung von Ausfuhrabgaben im europäischen Zollrecht zwar geregelt, jedoch nicht vorgesehen.

[17] Vgl. Art. 233 Buchst. b) i. V. m. Art. 231 ZK-DVO.

[18] Vgl. Abschn. 3.1.3.2.1 und 3.1.3.2.6.

Informationen zur Überprüfung der Richtigkeit der in der Ausfuhranmeldung gemachten Angaben (Käufer, Verkäufer, Empfänger, Identität der Ware, etc.). Ungeachtet dessen ist eine grundsätzliche Vorlage der Rechnung bei der Warenausfuhr u. E. nicht zwingend vorgeschrieben.

Durch die Zollbehörde kann jedoch die Vorlage weiterer Unterlagen gefordert werden, Art. 68 Buchstabe a Satz 2 ZK. Da zu den regelmäßigen Tätigkeiten der Ausfuhrzollstelle bei der Prüfung der Zulässigkeit der Ausfuhr auch der Abgleich der Angaben aus der Ausfuhranmeldung mit den Rechnungsinformationen gehört, wird fast immer auch die Vorlage der Rechnung gefordert. Aus praktischen Gründen sollte diese deshalb der Ausfuhranmeldung grundsätzlich beigefügt werden.

Unter Umständen liegt der Ausfuhr kein Ausfuhrrechtsgeschäft zu Grunde. Dies kann beispielsweise der Fall sein, wenn

- eine Ware durch den Eigentümer ohne Eigentumsübergang von einem Lager innerhalb in ein Lager außerhalb der Europäischen Gemeinschaft verbracht wird,
- Rohmaterialien oder Halbfertigerzeugnisse einem drittländischen Lohnveredeler kostenlos beigestellt werden,
- es sich um eine Erprobungsware, Garantie-, Muster- oder ähnliche Sendung handelt.

In diesen Fällen empfiehlt es sich, den Wert der Ausfuhrware in einem Ersatzdokument, z. B. einer Proforma-Rechnung, anzugeben. Ein solches wird im Regelfall übrigens auch für die Einfuhr im Bestimmungsland benötigt werden und sollte somit ohnehin bereits vorliegen.

► **Hinweis** Im Fall einer grenzüberschreitenden Warenlieferung ohne Gegenleistung, sollte auf dem entsprechenden Dokument deutlich gemacht werden, dass es sich nicht um eine tatsächliche Rechnung handelt. Dies kann durch Aufdrucke wie „Proforma-Rechnung", „No Commercial Invoice", „Wert nur für Zollzwecke", etc. geschehen.

3.1.3.3.2 Präferenzielle Ursprungsnachweise

Warenverkehrsbescheinigungen stellen die so genannten förmlichen Präferenznachweise dar. Sie werden auf amtlichen Vordrucken erstellt und müssen durch die für den Ausführer zuständige Zollstelle vor der Ausfuhr der Waren bestätigt werden. In der Praxis wird der Ausführer die entsprechende Warenverkehrsbescheinigung ausstellen und diese zusammen mit den übrigen Nachweisen über die Ursprungseigenschaft der Ware (Lieferantenerklärungen, Kalkulationsunterlagen, etc.) der Zollstelle zur Bestätigung vorlegen. Die Zollstelle prüft die Warenverkehrsbescheinigung und bestätigt die Prüfung durch einen entsprechenden Vermerk (Dienststempel). Anschließend kann die von der Zollstelle abgestempelte Warenverkehrsbescheinigung bei der Einfuhrabfertigung im Empfangsland vorgelegt und die präferenzbegünstigte Einfuhr beantragt werden.

Den in der Praxis wichtigsten förmlichen Präferenznachweis stellt die Warenverkehrsbescheinigung EUR. 1[19] dar. Mit der Warenverkehrsbescheinigung EUR. 1 kann der Präferenzursprung einer Ware im Warenverkehr zwischen der EU und allen Staaten, mit denen die EU gegenseitige Präferenzabkommen abgeschlossen hat, nachgewiesen werden. Eine weitere Form des förmlichen Präferenznachweises stellt die Warenverkehrsbescheinigung EUR-MED[20] dar. Diese Art der Warenverkehrsbescheinigung kann ausgestellt werden, um die Einbeziehung von Vormaterialien bzw. Verarbeitungsschritten der Länder des Europa-Mittelmeer-Abkommens zu dokumentieren (PAN-EURO-MED-Kumulierung). Im Warenverkehr mit Staaten bzw. Staatengruppen, mit denen die EU einseitige Präferenzabkommen abgeschlossen hat (ASEAN-Gruppe, CACM-Länder, Andengruppe sowie SPG-Länder, etc., vgl. Abschn. 1.2) wird der Präferenzursprung einer Ware grundsätzlich durch eine Warenverkehrsbescheinigung Form A[21] nachgewiesen. Im Warenverkehr mit der Türkei, in dem für die so genannten gewerblichen Waren zwischen der EG und der Türkei ein Freihandelsabkommen besteht, ist die Freiverkehrseigenschaft der Ware grundsätzlich durch eine Warenverkehrsbescheinigung A.TR[22] nachzuweisen. Für landwirtschaftliche Waren und EGKS-Waren muss der Präferenzursprung im Warenverkehr mit der Türkei durch eine Warenverkehrsbescheinigung EUR. 1 nachgewiesen werden.

Neben den förmlichen Präferenznachweisen kann die Präferenzursprungseigenschaft einer Ware auch durch vereinfachte Präferenznachweise dokumentiert werden. Die in der Praxis am meisten verbreitete Form stellt die so genannte Ursprungserklärung dar. Bei der Ursprungserklärung handelt es sich deshalb um eine Vereinfachung, da diese von jedem Ausführer ohne Beteiligung der Zollbehörden ausgestellt werden kann. Die Ursprungserklärung ist nach dem in den jeweiligen Abkommen vorgegebenen Wortlaut entweder auf einer Rechnung, einem Lieferschein oder einem anderen Handelsdokument abzugeben, z. B. Art. 15 Abs. 1 Buchst. c des Protokolls Nr. 4 zum EWR-Abkommen. Die Ursprungserklärung muss sich eindeutig auf die entsprechenden Waren, für die sie gelten soll, beziehen und muss grundsätzlich vom Aussteller unterschrieben werden.

Wortlaut der Ursprungserklärung im Warenverkehr des EWR (Anhang IVa des Protokolls Nr. 4 zum EWR-Abkommen)

Deutsche Fassung (DE):

- Der Ausführer (Ermächtigter Ausführer; Bewilligungs-Nr ....) der Waren, auf die sich dieses Handelspapier bezieht, erklärt, dass diese Waren, soweit nicht anders angegeben, präferenzbegünstigte [Angabe des Länderkennzeichens] Ursprungswaren sind.
- Kumulierung angewandt mit [Name des Landes/der Länder]

[19] Vgl. Anhang 7.

[20] Vgl. Anhang 19.

[21] Vgl. Anhang 8.

[22] Vgl. Anhang 9.

- Keine Kumulierung angewandt.

Englische Fassung (GB):

- The exporter of the products covered by this document (customs authorization No. …) declares that, except where otherwise clearly indicated, these products are of [Angabe des Länderkennzeichens] preferential origin.
- cumulation applied with [name of country/countries]
- no cumulation applied.

Sofern es sich bei den auszuführenden Waren um präferenzbegünstigte Ursprungswaren handelt, kann die Ursprungserklärung bis zu einem Sendungswert von regelmäßig 6000 EUR von jedem Ausführer abgegeben werden.[23]

Bei der Inanspruchnahme dieser Vereinfachung, d. h. bei der Ausstellung von Ursprungserklärungen auf der Rechnung, sind folgende Punkte zu beachten:

- Es ist sicherzustellen, dass die Erklärung nur Waren umfasst, die tatsächlich Ursprungswaren im Sinne des betreffenden Präferenzabkommens sind.[24]
- Sofern die betreffende Rechnung auch Waren ohne präferenziellen Ursprung oder Waren mit unterschiedlichen präferenziellen Ursprüngen beinhaltet, sind diese deutlich und unmissverständlich zu kennzeichnen. Hierzu kann beispielsweise der Wortlaut der jeweiligen Rechnungsposition einen entsprechenden Vermerk enthalten.
- Die Erklärung kann neben der Rechnung auch auf einem anderen Handelsdokument (z. B. Lieferschein) abgegeben werden, sofern dieses die Ware ausreichend bezeichnet oder eindeutig auf die dazugehörende Rechnung verweist. Erklärungen auf gesonderten Vordrucken sind dahingegen nicht zulässig; es sei denn, sie stellen einen offensichtlichen Teil der Rechnung dar (etwa durch eindeutige Seitennummerierung, z. B. „Seite 3 von 4 der Rechnung Nr. XXX").
- Erklärungen auf Kopien von Rechnungen sind zulässig, sofern sie handschriftlich unterzeichnet werden.
- Es ist stets der verbindlich vorgeschriebene Wortlaut der Erklärung zu verwenden.
- Die Erklärung ist grundsätzlich handschriftlich zu unterzeichnen.[25] Zusätzlich ist der Name des Unterzeichners in Druckbuchstaben anzugeben.

---

[23] Die tatsächliche Wertgrenze richtet sich nach den Regelungen des betreffenden Präferenzabkommens zwischen der Europäischen Gemeinschaft und dem Bestimmungsland und sollte im Einzelfall geprüft werden.

[24] Zur Ermittlung des präferenziellen Ursprungs vgl. unter Abschn. 21.3.4.2.

[25] Die Ausnahme von der Pflicht zur handschriftlichen Unterschrift einer Ursprungserklärung kann lediglich im Rahmen einer Bewilligung als Ermächtigter Ausführer beantragt und zugelassen werden. Gerade bei regelmäßiger Ausstellung zahlreicher Exportrechnungen mit Ursprungserklärungen ist diese weitere Vereinfachung empfehlenswert.

- Das vereinfachte Anbringen der Erklärung auf der Rechnung mittels aufzuklebenden Etiketts ist nur zulässig, wenn zweifelsfrei feststeht, dass dieses durch den Aussteller der Rechnung angebracht wurde (z. B. durch Abstempeln mit Firmenstempel oder handschriftliche Unterschrift) über Rechnung und Aufkleber.

Sollen Ursprungserklärungen für Sendungen mit einem Warenwert von mehr als 6000 EUR abgegeben werden, so kann der Ausführer den Status eines so genannten ermächtigten Ausführers beantragen, z. B. Art. 22 des Protokolls Nr. 4 zum EWR-Abkommen. Der Status des ermächtigten Ausführers erlaubt es je nach Antrag und Zulassung,

- Ursprungserklärungen auf der Rechnung oder einem anderen Handelsdokument unabhängig vom Wert der Sendung und ohne Unterzeichnung auszustellen;
- im Voraus von der Zollstelle ausgestellte (Blanko-)Warenverkehrsbescheinigungen EUR. 1 bzw. EUR-MED und A.TR zu verwenden.

Der Antrag ist schriftlich bei dem für den Ausführer örtlich zuständigen Hauptzollamt zu stellen. Bei der Beantragung des Status des ermächtigten Ausführers muss der Antragsteller nachweisen, dass die ordnungsgemäße Nutzung der Vereinfachung durch seine innerbetriebliche Organisation sichergestellt ist. Die Gewährung des Status eines ermächtigten Ausführers ist in Deutschland deshalb u. a. von der Vorlage einer so genannten Arbeits- und Organisationsanweisung abhängig. In dieser müssen das im Unternehmen angewendete Verfahren zur Ermittlung des Präferenzursprungs sowie die innerbetriebliche Organisation, insbesondere die Verantwortlichkeiten und Kontrollmechanismen, verbindlich festgelegt bzw. dokumentiert werden. Ausführer, die den Status eines ermächtigten Ausführers zur vereinfachten Ausstellung von Präferenznachweisen haben, werden regelmäßig von den Zollbehörden geprüft.

Die Vereinfachung des ermächtigten Ausführers ist in der Praxis insbesondere dann von Vorteil, wenn sie mit der Vereinfachung des so genannten zugelassenen Ausführers[26] kombiniert wird. Die Vereinfachung des zugelassenen Ausführers, die separat zu beantragen ist, erlaubt es dem Unternehmen, Ausfuhranmeldungen selbst auszustellen und die Waren ohne die sonst erforderliche Vorabfertigung bei der zuständigen Ausfuhrzollstelle auszuführen. Sind die Waren präferenzberechtigt, kann ein Unternehmen, das über beide Vereinfachungen verfügt, gleichzeitig Präferenznachweise (Ursprungserklärungen) ohne Beteiligung der Zollstelle ausstellen. Die Ausfuhrabfertigung kann bei der Kombination beider Vereinfachungen somit unabhängig von den Öffnungszeiten der Zollstelle und ohne zusätzlichen administrativen Aufwand für die Wegstrecken zur Zollstelle durchgeführt werden.

[26] Vgl. Abschn. 3.1.3.2.4.

Kopien ausgestellter Präferenznachweise sowie die Unterlagen zur Dokumentation der Präferenzursprungseigenschaft sind durch den Aussteller nach den Regelungen in den Präferenzabkommen grundsätzlich drei Jahre lang aufzubewahren.[27] Gegebenenfalls können sich aufgrund anderer steuerlicher Vorschriften längere Aufbewahrungsfristen ergeben. So sind beispielsweise Kopien ausgestellter Handelsrechnungen, auf denen sich Ursprungserklärungen befinden, zehn Jahre zu archivieren, § 14 b Abs. 1 UStG, § 147 AO.

3.1.3.3.3 Nichtpräferenzielle Ursprungsnachweise

Oftmals ist auch bei der Ausfuhr von Waren die Ausstellung eines Ursprungsnachweises erforderlich. Diese Notwendigkeit ergibt sich im Regelfall aus den (Einfuhr-) Bestimmungen des Landes, in welches die Waren exportiert werden sollen. Informationen zu den Einfuhr- und Dokumentenanforderungen anderer Staaten können Sie den durch die Handelskammer Hamburg veröffentlichten „KuM Konsulats- und Mustervorschriften" oder der „Market Access Database" der Europäischen Gemeinschaft entnehmen. Näheres finden Sie auf der Internetseite der Handelskammer Hamburg

http://www.hk24.de/

oder der Europäischen Gemeinschaft

http://madb.europa.eu/mkaccdb2/indexPubli.htm

In der überwiegenden Anzahl der Fälle wird es sich bei dem geforderten Ursprungsnachweis um ein Ursprungszeugnis handeln.

Die Zuständigkeit für die Ausstellung von Ursprungszeugnissen obliegt in Deutschland den berufsständischen Organisationen. Dies sind in erster Linie die Industrie- und Handelskammern (IHKen), daneben aber auch Handwerks- und Landwirtschaftskammern. Grundsätzlich sind zwar auch die Zollstellen zur Ausstellung von Ursprungszeugnissen befugt. Diese stellen entsprechende Zeugnisse jedoch nur in Ausnahmefällen aus.

Die Ausstellung eines Ursprungszeugnisses erfolgt nur auf Antrag gegen Erhebung einer Bearbeitungsgebühr. Hierzu ist der in der Europäischen Union gültige Vordruck zu verwenden, welcher aus dem eigentlichen Ursprungszeugnis und einem zweiten Antragsexemplar besteht. Im Zeitpunkt der Beantragung muss die betreffende Ware bereits versandbereit sein.

Die meisten Industrie- und Handelskammern bieten seit Anfang des Jahres 2005 auch die Ausstellung von so genannten elektronischen Ursprungszeugnissen an. In diesem Verfahren können Unternehmen Ursprungszeugnisse elektronisch bei der IHK beantragen und diese nach Genehmigung entweder bei der IHK ausstellen und sich zuschicken lassen oder im Unternehmen auf vorab bezogenen Formularen ausdrucken. Dadurch können die Antrag stellenden Unternehmen Wegstrecken und Korrespondenz einsparen. Um dieses Verfahren nutzen zu können, muss sich das Unternehmen von der IHK hinsichtlich der Ursprungsdokumentation prüfen lassen und einen Ursprungsbeauftragten benennen. Danach erfolgt die Freischaltung zur Teilnahme am elektronischen Beantragungsverfahren. Für die Teilnahme an diesem Verfahren müssen ferner technische Voraussetzungen erfüllt

[27] Vgl. z. B. Art. 28 Abs. 1 des Protokolls Nr. 4 zum EWR-Abkommen.

werden. Der Ursprungsbeauftragte benötigt die entsprechende Ausstattung zur Abgabe einer elektronischen Signatur, die dieselbe Wirkung wie eine handschriftliche Unterschrift hat. Daneben ist spezielle Software erforderlich. Weitere Informationen zum elektronischen Ursprungszeugnis sind im Internet erhältlich unter

http://signatur.ihk.de

Im Ursprungszeugnis wird grundsätzlich der Ursprung „Europäische Gemeinschaft" bescheinigt. In zahlreichen Drittländern wird diese Ursprungsangabe allerdings nicht akzeptiert. Aus diesem Grund ist es praktisch notwendig und rechtlich zulässig, auch den jeweiligen Mitgliedstaat anzugeben, in dem die Ware ihren Ursprung hat. Die Angabe eines einzelnen Mitgliedstaates im Ursprungszeugnis scheidet allerdings aus, wenn erst die in mehreren Mitgliedstaaten ausgeführten Be- oder Verarbeitungsvorgänge zusammen dazu führen, dass der Ursprung „Europäische Gemeinschaft" erlangt wird.

Sofern gegeben, kann durch die ausstellenden Stellen in der Europäischen Union auch der Ursprung eines Drittlandes bestätigt werden. Es handelt sich dann um so genannte Transit-Ursprungszeugnisse.

In Ausnahmefällen werden durch die IHKen auch Handelsrechnungen mit Ursprungsangaben bescheinigt. Dies ist jedoch regelmäßig nur dann der Fall, wenn eine solche Bescheinigung nach den Bestimmungen des Ziellandes vorgeschrieben ist oder wenn der Antragsteller die Notwendigkeit anderweitig nachweist. Inhalt und Form der zu bescheinigenden Rechnung richten sich in diesen Fällen nach den Bestimmungen des Ziellandes.

3.1.3.3.4 Ausfuhrgenehmigungen/Ausfuhrlizenzen

Unter Umständen können hinsichtlich einer Warenausfuhr außenwirtschaftsrechtliche/exportkontrollrechtliche Beschränkungen existieren. Diese Beschränkungen finden ihre Rechtsgrundlagen im nationalen wie auch im europäischen Recht. Grundlage für die europäischen Vorschriften sind die Regelungen des AEUV.[28] zur gemeinsamen Handelspolitik. Umfassende europäische Grundlage für das Exportkontrollrecht ist die so genannte Dual-Use-VO[29]. Hinzu kommen die zahlreichen ebenfalls direkt in den einzelnen Mitgliedstaaten geltenden europäischen Embargo-Verordnungen. Hierzu zählen auch die so genannten europäischen Anti-Terror-Listen[30]. Die wichtigsten nationalen Regelungen finden sich im Außenwirtschaftsgesetz und der dazu ergangenen Außenwirtschaftsverordnung mit der Ausfuhrliste.

---

[28] Vertrag über die Arbeitsweise der Europäischen Union vom 26. Oktober 2012 (ABl. C 326, S. 47–390).

[29] Verordnung (EG) Nr. 428/2009 des Rates vom 5. Mai 2009 über eine Gemeinschaftsregelung für die Kontrolle der Ausfuhr, der Verbringung, der Vermittlung und der Durchfuhr von Gütern mit doppeltem Verwendungszweck, ABl. (EG) 2009, L 134 S. 1.

[30] Verordnung (EG) Nr. 881/2002 des Rates vom 27.05.2002 über die Anwendung bestimmter spezifischer restriktiver Maßnahmen gegen bestimmte Personen und Organisationen, die mit Osama bin Laden, dem Al-Qaida-Netzwerk und den Taliban in Verbindung stehen (…), ABl. (EG) Nr. L 139 S. 9; und Verordnung (EG) Nr. 2580/2001 der Kommission vom 27.12.2001 über spezifische, gegen bestimmte Personen und Organisationen gerichtete restriktive Maßnahmen zur Bekämpfung des Terrorismus, ABl. (EG) Nr. L 344 S. 70.

▶ **Hinweis** Die Regelungen des Außenwirtschafts- und Exportkontrollrechts gehen weit über den hier beschriebenen Anwendungsbereich hinaus. Der aus Ausfuhr, Verbringen und zumindest teilweise Technologietransfer bestehende Warenverkehr stellt zwar den häufigsten Fall des Außenwirtschaftsverkehrs dar. Daneben befassen sich die außenwirtschaftlichen Regelungen jedoch auch mit den sonstigen Bereichen des Außenwirtschaftsverkehrs, wie etwa Daten- und Softwareübermittlung, technische Unterstützung, Handels- und Vermittlungsgeschäfte, Kapital- und Zahlungsverkehr, etc.

Die Maßnahmen zur Durchsetzung der Exportkontrolle und der Terrorismusbekämpfung bestehen in Verboten, Genehmigungsvorbehalten oder in der Anordnung von Melde-, Handlungs- oder Duldungspflichten. Alle diese Maßnahmen existieren auch für bestimmte Bereiche der Ausfuhr von Waren.

Eine Ausfuhr kann verschiedenen außenwirtschaftsrechtlichen Beschränkungen unterliegen. An erster Stelle zu nennen sind Embargomaßnahmen. Hierbei handelt es sich um verschiedenartige länder- oder personenbezogene Beschränkungen. Länderembargos können als Teil- oder Totalembargos bestehen. Während Teilembargos nur bestimmte wirtschaftliche Beziehungen (Waffenlieferungen, Unterstützung im militärischen Bereich, etc.) zu einem bestimmten Land umfassen, verbieten Totalembargos im Regelfall jegliche wirtschaftliche Beziehungen zu dem betroffenen Land. Die o. g. Anti-Terror-Listen stellen personenbezogene Embargomaßnahmen dar. Diese beinhalten Finanzsanktionen, d. h. Einfrieren von Geldern und wirtschaftlichen Ressourcen, Verbot der Zurverfügungstellung jeglicher wirtschaftlicher Ressourcen, etc. und umfassen somit auch die Belieferung mit jeglicher Art von Waren.

Daneben können sich außenwirtschaftsrechtliche Beschränkungen auch aus der Art der gelieferten Waren ergeben. Die europäischen und nationalen Rechtsgrundlagen enthalten Aufstellungen mit explizit genannten Waren (so genannten Listengütern), die wegen ihrer Zusammensetzung oder Konstruktion militärische Bedeutung haben. Es handelt sich hierbei um Güter mit doppeltem Verwendungszweck i. S. d. Definition des Art. 2 Buchst. a der Dual-Use-VO, also um Waren, Datenverarbeitungsprogramme und Technologie mit militärischer und ziviler Verwendungsmöglichkeit. Des Weiteren existieren Listen für Waffen, Munition und Rüstungsmaterial[31] sowie Folterinstrumente[32]. Auf Antrag[33] prüft das BAFA eine mögliche Listung und erteilte eine so genannte Auskunft zur Güterliste (AzG). Diese enthält die Bestätigung des BAFA, ob eine bestimmte Ware oder Technologie zum Auskunftszeitpunkt gelistet ist.

[31] Vgl. § 8 AWV i. V. m. Abschnitt A der Ausfuhrliste.

[32] Vgl. § 8 AWV i. V. m. Abschnitt B der Ausfuhrliste.

[33] Vgl. Anhang 20.

▶ **Hinweis** Die Auskunft zur Güterliste bezieht sich stets nur auf eine mögliche Listung der Ware oder Technologie. Sie bezieht sich nicht auf ein konkretes Ausfuhr- oder Verbringungsgeschäft, sodass auch bei Vorliegen einer Auskunft zur Güterliste andere, nicht listenbezogene Ausfuhrbeschränkungen bestehen können.

Auch für nicht gelistete Güter können außenwirtschaftsrechtliche Beschränkungen bestehen. Diese knüpfen zumeist an den Verwendungszweck und das Bestimmungsland.[34] Hierbei handelt es sich jedoch um Instrumente der konstitutiven Unterrichtung. Danach entsteht eine Genehmigungspflicht nur dann, wenn die zuständige Behörde den Ausführer davon unterrichtet, dass das für die Ausfuhr vorgesehene Gut ganz oder teilweise zu einer sensiblen Verwendung bestimmt ist oder sein kann. Umgekehrt hat der Ausführer seinerseits die zuständige Behörde zu unterrichten, wenn er Kenntnis davon hat, dass das für die Ausfuhr vorgesehene Gut für eine sensible Verwendung bestimmt ist.

Eine konkrete Prüfung eventuell bestehender Ausfuhrbeschränkungen muss zwingend im jeweiligen Einzelfall erfolgen. Weitere Informationen hierzu finden sich u. a. auf den Internetseiten des BAFA:

http://www.ausfuhrkontrolle.info/ausfuhrkontrolle/de/

Die Prüfung des Bestehens eventueller Beschränkungen ist Aufgabe des Ausführers.[35] Sofern entsprechende Beschränkungen in Form von Genehmigungsvorbehalten bestehen, hat der Ausführer bei der zuständigen Behörde die Erteilung einer Ausfuhrgenehmigung zu beantragen.

Der Normalfall der Genehmigung ist die Einzelgenehmigung eines einzelnen Außenwirtschaftsgeschäfts. Es existieren auch hier Verfahrenserleichterungen. Dies sind die Höchstbetragsgenehmigung und die Sammelausfuhrgenehmigung. Ausfuhrgenehmigungen sind zwingend auf dem in der Europäischen Union einheitlichen Vordruck AG[36] zu beantragen. Die Zuständigkeit für entsprechende Anträge liegt in Deutschland beim BAFA. Ausfuhrgenehmigungen sind im Rahmen der Abwicklung via ATLAS-Ausfuhr grundsätzlich elektronisch anzumelden. Sofern erforderlich, z. B. bei der Ausfuhr von Teilmengen, kann auch die Abschreibung elektronisch erfolgen. Weitere Informationen können Sie dem „Merkblatt des Bundesministeriums der Finanzen zu den Genehmigungscodierungen und zur elektronischen Anmeldung und Online-Abschreibung genehmigungspflichtiger Ausfuhren im IT-Verfahren ATLAS-Ausfuhr" entnehmen:

http://www.zoll.de/DE/Fachthemen/Zoelle/ATLAS/ATLAS-Publikationen/Merkblaetter/merkblaetter_node.html

Neben den Einzelgenehmigungen gibt es die so genannten Allgemeinen Genehmigungen. Diese haben die Wirkung, dass für die Ausfuhr bestimmter genehmigungspflichtiger

[34] Vgl. z. B. 4 § 9 AWV hinsichtlich der Ausfuhr von Gütern zu kerntechnischen Zwecken in bestimmte Länder.

[35] Zur Definition des Ausführerbegriffs im Außenwirtschaftsrecht vgl. § 2 Abs. 2 AWG.

[36] Vgl. Anhang 21.

Waren und Technologien unter bestimmten Bedingungen, etwa für bestimmte Empfängerländer, keine individuellen Einzelgenehmigungen beantragt werden müssen. Kann das BAFA für eine konkrete Ausfuhr trotz bzw. entgegen eines Antrags auf Erteilung einer Ausfuhrgenehmigung keine Genehmigungspflicht feststellen, so erteilt es dem Antragsteller einen so genannten Nullbescheid.

Durch die Ausfuhrzollstelle wird grundsätzlich für jeden Ausfuhrvorgang geprüft, ob hinsichtlich der beabsichtigten Ausfuhr eventuelle Beschränkungen bestehen. Sofern Unklarheiten oder Zweifel bestehen, kann sie vom Anmelder weitere Informationen fordern. Hierbei kann es sich um Informationen zu Beschaffenheit, Verwendungszweck, Empfänger und Bestimmungsland handeln. Sofern sich hieraus keine Klärung der Zweifel hinsichtlich einer möglichen Ausfuhrbeschränkung ergeben, kann die Zollstelle auf der Vorlage einer entsprechenden Bescheinigung der zuständigen Behörde, d. h. des BAFA, bestehen. Bei dieser Bescheinigung kann es sich, wie oben aufgezeigt, um eine Ausfuhrgenehmigung, einen Nullbescheid oder, sofern sich die Zweifel auf eine mögliche Listung der Ware beziehen, um eine Auskunft zur Güterliste handeln.

Beispiel

Ein deutscher Werkzeugmaschinenhersteller meldet Werkzeugmaschinen zur Ausfuhr an. Da die Liste zur Dual-Use-VO auch Werkzeugmaschinen mit bestimmten technischen Spezifikationen enthält, fordert die Ausfuhrzollstelle technische Unterlagen an. Als auch nach Prüfung dieser Unterlagen nicht klar ist, ob die angemeldeten Werkzeugmaschinen von der Liste erfasst und somit ausfuhrgenehmigungspflichtig sind, verweigert die Ausfuhrzollstelle vorerst die Überlassung der Maschinen zur Ausfuhr und verlangt vom Ausführer die Einholung einer Auskunft zur Güterliste beim BAFA

Für landwirtschaftliche Erzeugnisse und Produkte daraus kann nach den Vorschriften des europäischen Marktordnungsrechts bei der Ausfuhr die Notwendigkeit einer Ausfuhrlizenz bestehen. Auch eine solche wäre bei der Ausfuhrzollstelle vorzulegen.

3.2 Die umsatzsteuerliche Ausfuhrlieferung

3.2.1 Regelungsinhalt und Voraussetzungen

3.2.1.1 Allgemeines

Als Ausfuhrlieferung bezeichnet man eine Lieferung von Gegenständen in das Drittlandsgebiet. Sie ist unter den Voraussetzungen des § 6 UStG i. V. m. § 4 Nr. 1a UStG steuerfrei.

Die Ausfuhrlieferung umfasst nur noch Warenlieferungen in das Drittlandsgebiet. Warenlieferungen in andere Mitgliedstaaten der EU werden vom Befreiungstatbestand der innergemeinschaftlichen Lieferung erfasst (§ 4 Nr. 1b i. V. m § 6a UStG). Beiden Steuerbefreiungen liegt das so genannte Bestimmungslandprinzip zugrunde, wonach sich

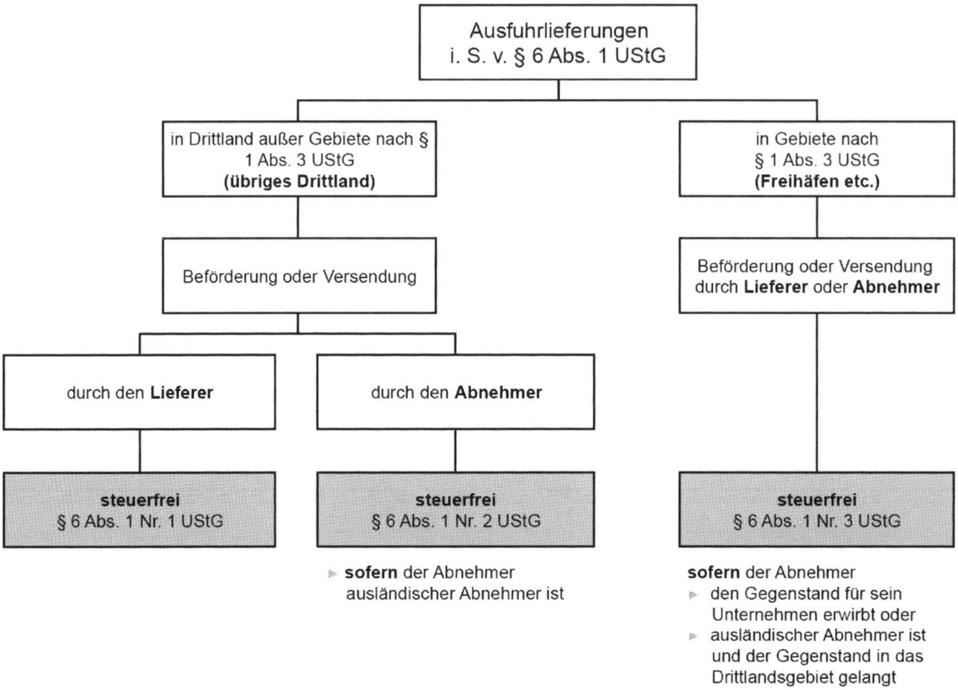

Abb. 3.3 Ausfuhrlieferung nach UStG

die Steuerbelastung nach den Vorschriften des Bestimmungslandes richtet und auch das Umsatzsteueraufkommen dem Staat der Bestimmung des Gegenstandes gebührt, in dem dieser auch verbraucht wird (siehe auch Abb. 3.3).

§ 6 UStG enthält drei selbstständige, nebeneinander stehende Ausfuhrtatbestände:

- Nach § 6 Abs. 1 Satz 1 Nr. 1 UStG liegt eine Ausfuhrlieferung vor, wenn bei einer Lieferung der liefernde Unternehmer den Gegenstand in das Drittlandsgebiet, ausgenommen die Gebiete nach § 1 Abs. 3 UStG befördert oder versendet hat.[37]
- Nach § 6 Abs. 1 Satz 1 Nr. 2 UStG liegt eine Ausfuhrlieferung vor, wenn bei einer Lieferung der Abnehmer den Gegenstand in das Drittlandsgebiet, ausgenommen die Gebiete nach § 1 Abs. 3 UStG befördert oder versendet hat und er ein ausländischer Abnehmer ist.[38]
- Nach § 6 Abs. 1 Satz 1 Nr. 3 UStG liegt eine Ausfuhrlieferung vor, wenn bei einer Lieferung der liefernde Unternehmer oder der Abnehmer den Gegenstand in die in § 1 Abs. 3 UStG bezeichneten Gebiete befördert oder versendet hat und der Abnehmer entweder a) ein Unternehmer ist, der den Gegenstand für sein Unternehmen erworben hat

[37] Vgl. Abschn. 3.2.1.3.

[38] Vgl. Abschn. 3.2.1.4.

oder b) ein ausländischer Abnehmer aber kein Unternehmer ist und der Gegenstand in das übrige Drittlandsgebiet gelangt.[39]

In allen drei Ausfuhrtatbeständen kann der Gegenstand der Lieferung vor der Ausfuhr be- oder verarbeitet worden sein (§ 6 Abs. 1 Satz 2 UStG).[40] Besonderheiten ergeben sich bei der Ausfuhr von Gegenständen, die zur Ausrüstung oder Versorgung eines Beförderungsmittels bestimmt sind (§ 6 Abs. 3 UStG)[41] sowie bei Ausfuhren im Reiseverkehr (§ 6 Abs. 3a UStG).[42]

3.2.1.2 Gemeinsame Voraussetzungen

Allen drei Ausfuhrtatbeständen ist gemein, dass der Gegenstand einer Lieferung in das Drittlandsgebiet bzw. die in § 1 Abs. 3 UStG bezeichneten Gebiete befördert oder versendet wird.

3.2.1.2.1 Gegenstand einer Lieferung

Der Gegenstand muss im Rahmen einer Lieferung in das Drittlandsgebiet bzw. die in § 1 Abs. 3 UStG bezeichneten Gebiete befördert oder versendet worden sein. Der Begriff Lieferung meint die Verschaffung von Verfügungsmacht nach § 3 Abs. 1 UStG.

Damit ist auch klargestellt, dass es eine „fiktive Ausfuhrlieferung" ohne Übergang der Verfügungsmacht – ähnlich dem innergemeinschaftlichen Verbringen nach § 3 Abs. 1a UStG für das Verbringen innerhalb der EU Mitgliedstaaten – nicht gibt. Ein Verbringen von Waren in das Drittlandsgebiet zur eigenen Verwendung des Unternehmers ist nicht steuerbar.

Nur wenn eine Lieferung im umsatzsteuerlichen Sinne ausgeführt wird, kann unter den Voraussetzungen des § 6 UStG eine Ausfuhrlieferung vorliegen. Eine sonstige Leistung (§ 3 Abs. 9 UStG) kann nicht Gegenstand einer Ausfuhrlieferung sein.[43]

Bei folgenden Leistungen handelt es sich beispielsweise um sonstige Leistungen, die nicht Gegenstand einer Ausfuhrlieferung sein können:

- Überlassung von Konstruktionszeichnungen und Plänen für Bauvorhaben,
- Überlassung individualisierter Software,
- Überlassung von Fotografien und Lichtbildern zu Werbezwecken und Veröffentlichung,
- Überlassung von Leasinggegenständen, wenn in Anlehnung an die ertragsteuerlichen Vorgaben diese weiterhin dem Leasinggeber wirtschaftlich zuzurechnen sind

[39] Vgl. Abschn. 3.2.1.5.

[40] Vgl. Abschn. 3.2.1.6.

[41] Vgl. Abschn. 3.2.1.7.

[42] Vgl. Abschn. 3.2.1.8.

[43] Hinsichtlich der Regelung zur Lohnveredelung an Gegenständen der Ausfuhr, s. § 7 UStG, vgl. Abschn. 6.1.3.3.

Die Lieferung muss weiterhin von einem Unternehmer erbracht worden sein, da Lieferungen von Nichtunternehmern nicht steuerbar, d. h. keine Lieferungen i. S. v. § 3 Abs. 1 UStG sind.

Beispiel

Die Privatperson P verkauft einen gebrauchten Pkw an einen Käufer K in Russland. Mangels Lieferung handelt es sich nicht um eine Ausfuhrlieferung nach § 6 UStG. Der Verkauf ist nicht steuerbar.

Bei **Annahmeverweigerung**, d. h. nimmt der Abnehmer der Ware diese z. B. wegen offensichtlicher Mängel oder Falschlieferung nicht an, liegt keine Lieferung vor.[44] Für den „liefernden" Unternehmer handelt es sich um ein nicht steuerbares Verbringen von Waren zur eigenen Verwendung. Weist der Abnehmer die Ware erst später zurück, nachdem er sie bereits angenommen hatte, wurde die Lieferung zunächst bewirkt und wird unter bestimmten Voraussetzungen wieder rückgängig gemacht.

3.2.1.2.2 gegen Entgelt

Die Steuerbefreiung der §§ 4 Nr. 1a, 6 UStG gilt nicht für unentgeltliche Wertabgaben i. S. v. § 3 Abs. 1b UStG, § 6 Abs. 5 UStG.

In der Folge unterliegt die Entnahme eines Unternehmensgegenstandes für private Zwecke, die unentgeltliche Zuwendung eines Unternehmensgegenstandes an das Personal sowie sonstige unentgeltliche Zuwendungen i. S. d. § 3 Abs. 1b UStG der Umsatzsteuer, auch wenn die Gegenstände dabei in das Drittlandsgebiet gelangen.

Beispiel

Die M GmbH möchte einen neuen Industrieofen erwerben. Der alte Industrieofen soll abgebaut und ohne Entgelt an ein verbundenes Unternehmen in Brasilien zur weiteren unternehmerischen Verwendung abgegeben werden. Die M GmbH beauftragt einen Spediteur, den Ofen nach Sao Paolo zu verschiffen.

Die unentgeltliche Zuwendung des Industrieofens an das verbundene Unternehmen der M GmbH ist eine unentgeltliche Wertabgabe nach § 3 Abs. 1b Nr. 3 UStG und als solche einer Lieferung gegen Entgelt gleichgestellt. Für diese steuerbare Lieferung findet die Steuerbefreiung der §§ 4 Nr. 1a, 6 UStG keine Anwendung, § 6 Abs. 5 UStG. Die M GmbH muss Umsatzsteuer auf den fiktiven Einkaufspreis für den Industrieofen (Wiederbeschaffungswert) zahlen, § 10 Abs. 4 Nr. 1 UStG. Diese Umsatzsteuer ist mangels Rechnung für den Empfänger nicht als Vorsteuer abziehbar.[45]

[44] Vgl. Abschn. 15.8. Abs. 11 UStAE.

[45] Vgl. Abschn. 3.2. Abs. 2 UStAE

Diese Steuerbelastung kann durch Vereinbarung eines (nicht nur symbolischen) Entgelts vermieden werden.

Alternative

Die M GmbH verkauft den Industrieofen an das verbundene Unternehmen zu einem Preis, der erheblich unter dem fiktiven Einkaufspreis liegt.

Die M GmbH führt eine steuerbare Lieferung gegen Entgelt aus. Solange nicht nur ein symbolischer Preis vereinbart wurde, ist auch bei einem Verkauf unter dem Einkaufspreis von Entgeltlichkeit auszugehen.[46] Für diesen entgeltlichen steuerbaren Umsatz kann die Steuerbefreiung der §§ 4 Nr. 1a, 6 UStG in Anspruch genommen werden. Für steuerfreie Umsätze kommt die Mindestbemessungsgrundlage nach § 10 Abs. 5 UStG nicht zur Anwendung.[47]

3.2.1.2.3 im Inland

Der Ort der Lieferung muss im Inland belegen sein. Eine Lieferung, die als im Ausland erbracht gilt, unterliegt nicht der deutschen Umsatzbesteuerung. Der Ort der Lieferung bestimmt sich nach den Vorschriften der §§ 3 Abs. 6 und Abs. 7 UStG. Danach gilt eine Lieferung, bei der der Liefergegenstand befördert oder versendet wird, immer als dort ausgeführt, wo die Versendung bzw. Beförderung des Gegenstandes beginnt, § 3 Abs. 6 Satz 1 UStG.

Beginnt die Versendung bzw. Beförderung des Gegenstandes in Deutschland, unterliegt die Lieferung der deutschen Umsatzbesteuerung und kann unter den Voraussetzungen des § 6 UStG steuerfrei sein. Beginnt die Versendung bzw. Beförderung jedoch im Drittlandsgebiet, gilt die Lieferung als dort ausgeführt und unterliegt der dortigen Umsatzbesteuerung. Die Frage nach dem Beginn einer Versendung bzw. Beförderung stellt sich insbesondere in den Fällen der gebrochenen oder gemischten Versendungs- und/oder Beförderungslieferung oder bei Lieferungen aus einem Warenlager. Einige Sonderfälle sollen im Folgenden kurz dargestellt werden:

- Die Versendung bzw. Beförderung einer Ware beginnt im Drittlandsgebiet, wenn ein Unternehmer von einem im Drittland befindlichen Warenlager aus liefert bzw. die Waren zunächst zur eigenen Verwendung in das Drittlandsgebiet verbringt und erst im Anschluss an einen Abnehmer liefert.

[46] Vgl. EuGH v. 20.01.2005, C 412/03 – Hotel Scandic Gasabäck, DStRE 2005, 409.

[47] Vgl. Rat der EU v. 14.03.2005, ABl EU Nr. L 78/2005, 48; FG Bdb v. 29.09.2005, 1 K 1584/03, EFG 2006, 379.

Beispiel

Die M GmbH unterhält Geschäftsbeziehungen zu mehreren Kunden in Norwegen. Um diese effizienter beliefern zu können, lagert die M GmbH Waren auf Vorrat beim norwegischen Lagerhalter L in Oslo ein. Die M GmbH versendet im März eine Ladung Elektroartikel auf das Lager des L. Als im April der Kunde K aus Oslo mehrere Elektroartikel bei der M GmbH bestellt, weist diese L an, die entsprechenden Waren aus dem Lager zu entnehmen und an K zu versenden. Die Lieferung der M GmbH an K ist keine Ausfuhrlieferung nach § 6 UStG. Die Lieferung gilt als in Norwegen ausgeführt, wo die Versendung der Waren beginnt (§ 3 Abs. 6 Satz 1 UStG) und unterliegt der norwegischen Besteuerung. Die vorangehende Versendung der Waren auf das Lager hat nicht im Rahmen einer Lieferung stattgefunden, da die Verfügungsmacht bei der M GmbH verblieben ist. Sie ist nicht steuerbar.

- Eine **unterbrochene Versendung** liegt vor, wenn der Unternehmer mehrere selbstständige Beauftragte mit der Versendung des Gegenstandes für jeweils einen Teil des Transportes eingeschaltet hat und der erste Beauftragte die Waren an den zweiten Beauftragten übergibt. Hat der Unternehmer bei der Übergabe des Gegenstandes an den ersten Beauftragten bereits alles Erforderliche getan, um den Gegenstand an den bereits feststehenden Abnehmer gelangen zu lassen, wird die Versendungslieferung bei Übergabe an den ersten Beauftragten bewirkt. Gelangt er dabei in das Drittlandsgebiet oder in die in § 1 Abs. 3 UStG bezeichneten Gebiete, liegt eine Ausfuhrlieferung vor.[48]
- Bei einer so genannten **gemischten Beförderungs- und Versendungslieferung** wird der Liefergegenstand zunächst mit eigenen Transportmitteln befördert und danach durch einen Beauftragten an den Bestimmungsort versendet. Solange der Abnehmer zu Beginn des Eigentransportes feststeht und der anschließende Versendungsvorgang mit Beginn der Beförderung bereits organisiert ist, wird die Lieferung bereits mit Beginn des Eigentransportes ausgeführt. Gelangt der Gegenstand dabei in das Drittlandsgebiet oder in die in § 1 Abs. 3 UStG bezeichneten Gebiete, liegt eine Ausfuhrlieferung vor.[49]
- Wird der Beauftragte während der Versendung angewiesen, an einen anderen als den vorgesehenen Abnehmer zu versenden (**Umkartierung**), kommt es für die Bestimmung des Beginns der Versendung und damit des Lieferortes nicht mehr auf die Übergabe des Gegenstandes an den Beauftragten an, sondern auf den Belegenheitsort zum Zeitpunkt der Umkartierung. Befindet sich der Liefergegenstand zum Zeitpunkt der Umkartierung bereits außerhalb Deutschlands, ist die Lieferung an den neuen Abnehmer nicht mehr in Deutschland steuerbar, da der Ort der Lieferung nicht im Inland liegt.

[48] Abschn. 3.12. Abs. 3 Satz 3 und 4 UStAE.

[49] Zur unmittelbaren Versendung des Gegenstandes in das Drittlandsgebiet bzw. in die in § 1 Abs. 3 UStG bezeichneten Gebiete siehe unter Abschn. 3.2.1.2.5.

3.2.1.2.4 Versenden oder Befördern

Wird ein Gegenstand nicht befördert oder versendet, so handelt es sich um eine so genannte ruhende Lieferung. Eine solche Lieferung gilt als dort ausgeführt, wo der Gegenstand sich zum Zeitpunkt der Verschaffung der Verfügungsmacht befindet, § 3 Abs. 7 Satz 1 UStG (z. B. bei Übertragung durch Übergabe eines Traditionspapieres, Abtretung eines Herausgabeanspruches oder Werklieferungen im Zusammenhang mit einem Grundstück). Derartige Lieferungen können nicht Gegenstand einer Ausfuhrlieferung sein, die zwingend die Versendung bzw. Beförderung eines Gegenstandes voraussetzt.

Beispiel

Die M GmbH errichtet eine Industrieofenanlage auf dem Betriebsgelände eines Kunden K in der Schweiz. Die Anlage ist fest mit dem Boden verbunden. Die M GmbH kauft Teile dieser Anlage auch in Deutschland und lässt sie auf das Betriebsgelände des K in die Schweiz versenden. Der Ort dieser Werklieferung liegt in der Schweiz, wo sich der Liefergegenstand (Industrieofenanlage) zum Zeitpunkt der Verschaffung der Verfügungsmacht (Abnahme des fertigen Werkes) befindet (§ 3 Abs. 7 Satz 1 UStG) und ist nicht in Deutschland steuerbar. Die Versendung der Teile in die Schweiz stellt keine Ausfuhrlieferung i. S. d. § 6 UStG dar, da sie nicht im Rahmen einer Lieferung erfolgt.

Beispiel

Die M GmbH lagert Waren beim Lagerhalter L in Hannover. Einen Teil dieser Waren verkauft die M GmbH an den Schweizer Käufer K. K beauftragt mehrere Wochen später den Spediteur S, die Waren abzuholen und in die Schweiz zu transportieren. Das Eigentum und auch die Verfügungsmacht an den Waren wird K durch (Einigung und) Übergabe des Lagerscheins übertragen, und zwar schon vor Beginn der Versendung. Die Lieferung ist damit als ruhende Lieferung nach § 3 Abs. 7 Satz 1 UStG in Deutschland steuerbar, wo sich die Waren zum Zeitpunkt der Übergabe befinden. Die Lieferung der M GmbH an K ist keine Ausfuhrlieferung nach § 6 UStG.[50]

Hinsichtlich der besonderen Bestimmungen zu den Reihengeschäften verweisen wir auf unsere Ausführungen in Kap. 10 dieses Buches.

3.2.1.2.5 Unmittelbare Versendung oder Beförderung in das Drittlandsgebiet

Der Liefergegenstand muss in das Drittlandsgebiet bzw. die in § 1 Abs. 3 UStG bezeichneten Gebiete versendet bzw. befördert werden. Befördern ist jede Fortbewegung eines Gegenstandes, § 3 Abs. 6 Satz 2 UStG. Der Begriff der Beförderung umfasst die Fortbewegung eines Gegenstandes durch den liefernden Unternehmer oder Abnehmer selbst, seinen unselbstständigen Erfüllungsgehilfen oder durch eigene Kraft des Liefergegenstandes

[50] BFH v. 31.07.1975, V R 52/74, BStBl II 1976, 80; a. A. Lippross 2005, Rz. 3.2.1.1.

(z. B. bei Kraftfahrzeugen), d. h. ohne Inanspruchnahme eines Spediteurs, Frachtführers etc.[51] Eine Versendung liegt vor, wenn die Beförderung durch einen selbständigen Dritten ausgeführt oder besorgt wird (z. B. Frachtführer, Spediteur).

Die Feststellung, ob ein Gegenstand im Rahmen einer Lieferung unmittelbar in das Drittlandsgebiet oder in die in § 1 Abs. 3 UStG genannten Gebiete gelangt, wirft viele Fragen auf:

- Erfolgt die Beförderung oder Versendung zu einem Teil durch den liefernden Unternehmer und zu einem Teil durch den Abnehmer (gebrochene Beförderung oder Versendung), ist fraglich, ob eine einheitliche Versendungs-/Beförderungslieferung vorliegt. Das FG Münster hat dazu entschieden, dass ein so genannter Abholfall einer Ausfuhrlieferung auch dann vorliegt, wenn der ausländische Abnehmer einer Lieferung den Liefergegenstand zunächst vom liefernden Unternehmer an seine inländische Tochtergesellschaft befördern lässt, wo der Gegenstand einem Probebetrieb unterzogen wird, und ihn von dort durch einen Spediteur an seinen Kunden im Drittlandsgebiet versenden lässt.[52] Der Sachverhalt wäre danach nicht anders zu behandeln, als die Fälle, in denen der Abnehmer die Waren direkt beim Lieferer abholt und z. B. auf ein Zwischenlager verbringt.

Beispiel

Die M GmbH verkauft Waren an den japanischen Kunden K. Beide einigen sich darauf, dass M die Waren zunächst auf das Sammellager des K in München versendet. Dort werden die Waren umverpackt und nach 3 Tagen durch den von K beauftragten Spediteur S nach Japan versendet. Die Lieferung des M an K ist unseres Erachtens eine Ausfuhrlieferung, da die Waren im Rahmen der Lieferung M GmbH an K in das Drittlandsgebiet versendet werden.[53]

- Die Finanzverwaltung hat sich zu dieser Thematik bisher nicht geäußert. Allerdings lässt sie zu, dass Lieferungen, bei denen der Lieferer die Beförderung des Gegenstandes zu den Verschiffungshäfen Rotterdam und Antwerpen übernimmt und der Abnehmer den Gegenstand von Rotterdam bzw. Antwerpen in das Drittlandsgebiet versenden lässt, als Ausfuhrlieferungen behandelt werden, solange der Lieferer die Waren in Deutschland

[51] Abschn. 3.2. Abs. 2 UStR 2008.

[52] FG Münster v. 21.03.2000, 15 K 1421/97 U, EFG 2000, 708.

[53] Vgl. Tehler in Rau und Dürrwächter 2014, § 6, Rz. 197; Wäger in Birkenfeld 2005, § 105, Rz. 22 die bei einer gebrochenen Versendung/Beförderung einen Fall des § 6 Abs. 1 Nr. 1 UStG nur dann annehmen, wenn der Gegenstand zum Zeitpunkt der Ausfuhr durch den Lieferer versendet oder befördert wurde.

zur Ausfuhr anmeldet (so genannte FOB Rotterdam/Antwerpen Lieferungen).[54] Es ist unsicher, inwieweit dieser Grundsatz auch auf andere FOB Lieferungen zu typischen Hafenstädten anderer Mitgliedstaaten angewendet werden kann (vgl. Thoma und Gelse 2004, S. 385 ff.).

- Grundsätzlich sieht § 6 UStG keine Ausfuhrfristen für das Gelangen in das Drittlandsgebiet bzw. die in § 1 Abs. 3 UStG bezeichneten Gebiete vor. Eine Ausfuhr ist demnach auch dann noch gegeben, wenn der Abnehmer die Waren abholt und vor der Versendung in das Drittland im Inland zwischenlagert (vgl. Wäger in Birkenfeld 2005, § 105 Rz. 41). Angesichts der Tatsache, dass der Liefergegenstand im Rahmen einer Versendungs- bzw. Beförderungslieferung in das Drittlandsgebiet gelangen soll, sollte hier zumindest ein zeitlicher Zusammenhang zwischen der Übernahme des Gegenstandes – und damit der Verschaffung der Verfügungsmacht – und dem anschließenden Gelangen des Gegenstandes in das Drittlandsgebiet erkennbar sein.

Beispiel

Die M GmbH verkauft Waren an den Käufer K aus China. K holt die Waren mit eigenem Transportmittel bei der M GmbH ab und bringt sie auf ein Zwischenlager nach Berlin. Dort werden sie wenige Tage gelagert und umverpackt und im Anschluss nach China versendet. Die Lieferung der M GmbH an K ist eine Ausfuhrlieferung nach § 6 UStG (Abholfall).

3.2.1.2.6 Ausfuhr in das Drittlandsgebiet oder Gebiete nach § 1 Abs. 3 UStG

Der Gegenstand muss bei der Lieferung in das Drittlandsgebiet bzw. die in § 1 Abs. 3 UStG bezeichneten Gebiete gelangen. D. h. der Gegenstand muss zunächst einmal körperlich in diese Gebiete verbracht werden.

Ein dauerhaftes Verbleiben in diesen Gebieten ist nicht erforderlich.

Jedoch liegt ein Gelangen i. S. d. § 6 UStG nicht vor, wenn der Liefergegenstand das Drittlandsgebiet oder Gebiet nach § 1 Abs. 3 UStG nur berührt und dabei letztlich in das übrige Gemeinschaftsgebiet verbracht wird wie bei einer Durchfuhr über Drittlandsgebiet in ein anderes EU-Mitgliedsland.

Eine Ausfuhr liegt auch dann nicht vor, wenn der Gegenstand während des Transports vor dem Gelangen in das Drittland bzw. in die Gebiete nach § 1 Abs. 3 UStG untergeht bzw. verloren geht. Geht der Gegenstand im Drittlandsgebiet bzw. den Gebieten nach § 1 Abs. 3 UStG unter oder verloren, liegt eine Ausfuhr nur dann vor, wenn dem Abnehmer bereits Verfügungsmacht verschafft wurde, d. h. wenn nach den vereinbarten Lieferkonditionen nicht der liefernde Unternehmer, sondern der Abnehmer die Gefahr des Untergangs während des Transportes trägt.

[54] FinMin Nordrhein-Westfalen v. 29.12.1997, S 7131 – 26 – V C 4.

Das Drittlandsgebiet bestimmt sich nach der Legaldefinition des § 1 Abs. 2a Satz 3 UStG, wonach Drittlandsgebiet das Gebiet ist, das nicht Gemeinschaftsgebiet ist. Danach gelten im Ausschlussprinzip folgende Gebiete als Drittlandsgebiet:

- Hoheitsgebiete aller Drittstaaten (Staaten außerhalb der EG)
- Internationale Gewässer
- Vom Gemeinschaftsgebiet ausgenommene Hoheitsgebiete anderer EU-Mitgliedstaaten: Andorra, Aland Inseln (Finnland), niederländische überseeische Länder (Niederländische Antillen und Aruba), Berg Athos (Griechenland), britische überseeische Länder und Gebiete, Campione d'Italia (Italien), Ceuta (Spanien), Färöer (Dänemark), französische überseeische Departements – DOM – (Guadeloupe, Guyana, Martinique, Réunion), französische überseeische Gebiete – TOM, Gibraltar (Großbritannien und Nordirland), Grönland (Dänemark), Kanalinseln Jersey und Guernsey (Großbritannien und Nordirland), Kanarische Inseln (Spanien), Livigno (Italien), Luganer See (Italien), Melilla (Spanien), San Marino, Vatikan
- Vom Inlandsgebiet ausgenommene Hoheitsgebiete der Bundesrepublik Deutschland: Büsingen, Insel Helgoland, Freihäfen, Gewässer und Watten zwischen der Hoheitsgrenze und der Strandlinie, deutsche Schiffe und deutsche Flugzeuge in Gebieten, die zu keinem Zollgebiet gehören

Die Gebiete nach § 1 Abs. 3 UStG i. S. d. § 6 UStG sind:

- Die Freihäfen in Bremerhaven und Cuxhaven
- Die Gewässer und Watten zwischen der Hoheitsgrenze und der jeweiligen Strandlinie

3.2.1.3 Ausfuhrlieferung nach § 6 Abs. 1 Satz 1 Nr. 1 UStG – Befördern oder Versenden durch den liefernden Unternehmer

Eine Ausfuhrlieferung nach § 6 Abs. 1 Nr. 1 UStG liegt vor, wenn der (liefernde) Unternehmer den Gegenstand der Lieferung in das Drittlandsgebiet, ausgenommen die Gebiete nach § 1 Abs. 3 UStG, befördert oder versenden lässt.

- Die Vorschrift setzt also zunächst voraus, dass die liefernde Person ein Unternehmer i. S. d. § 2 UStG ist.

Es ist unbeachtlich, wo dieser Unternehmer ansässig ist. D. h. auch ein in einem anderen EU Mitgliedsstaat oder Drittland ansässiger Unternehmer kann eine in Deutschland steuerbare und steuerfreie Ausfuhrlieferung bewirken. Der Unternehmenszweck ist unbeachtlich, d. h. es muss sich um kein spezifisches Exportunternehmen handeln.

Beispiel

Der Dachdeckermeister D aus Düsseldorf verkauft eine automatische Drehleiter an einen Dachdecker in Zürich. Die Drehleiter wird von D nach Zürich gebracht und dort an den Abnehmer übergeben. Es handelt sich um eine steuerbare und steuerfreie Ausfuhrlieferung nach § 6 UStG.

Land- und Forstwirte, die der Durchschnittsbesteuerung nach § 24 UStG unterliegen, sind von der Steuerbefreiung der §§ 4 Nr. 1a, 6 UStG ausgenommen. Für Kleinunternehmer findet die Steuerbefreiung der §§ 4 Nr. 1a, 6 UStG Anwendung, d. h. sie müssen nach allgemeiner Auffassung auch die Nachweispflichten des § 6 Abs. 4 UStG erfüllen (vgl. Reiß in Reiß et al. 2014, § 19, Rz. 25; Tehler in Rau und Dürrwächter 2014, § 6, Rz 83).

Die Ausfuhrlieferung muss im Rahmen des Unternehmens bewirkt werden.

Es ist daher stets zu prüfen, ob die zu beurteilende Lieferung im unternehmerischen Bereich ausgeführt wurde oder ob sie in die nichtunternehmerische Sphäre fällt. Die Veräußerung von Gegenständen außerhalb des Unternehmensvermögens erfolgt nicht im Rahmen des Unternehmens und ist nicht steuerbar.

Beispiel

Der Schrotthändler M aus München verkauft ein wertvolles Gemälde aus der Erbschaft seines Vaters an einen Abnehmer in der Schweiz. Das Gemälde wird vereinbarungsgemäß von München nach Bern verbracht und dort an den Abnehmer übergeben. Der Gegenstand wurde zwar von M in das Drittland befördert. Das Gemälde gehörte jedoch nicht zum Unternehmensvermögen des M und wurde daher nicht im Rahmen seines Unternehmens geliefert. Der Verkauf des Gemäldes ist nicht steuerbar.

Wird ein zunächst dem Unternehmensvermögen zugeordneter Gegenstand vor der Veräußerung entnommen, so erfolgt die nachfolgende Lieferung nicht im Rahmen des Unternehmens und ist nicht steuerbar. Dies kann immer dann von Vorteil sein, wenn der Gegenstand nicht zum Vorsteuerabzug berechtigt hat und die Entnahme aus dem Unternehmensvermögen daher nicht der Umsatzsteuer unterliegt. Beachte: Bei einem engen zeitlichen Zusammenhang zwischen Entnahme und Veräußerung des Gegenstandes ist nach Auffassung der Finanzverwaltung von einem Gestaltungsmissbrauch nach § 42 AO auszugehen.[55]

Für eine Ausfuhrlieferung nach § 6 Abs. 1 Nr. 1 UStG ist unbeachtlich, ob es sich bei dem Abnehmer um einen ausländischen oder inländischen Abnehmer handelt. Es handelt sich also auch dann um eine Ausfuhrlieferung, wenn der Abnehmer seinen Sitz oder Wohnort im Inland hat, solange der Gegenstand der Lieferung dabei in das Drittlandsgebiet versendet oder befördert wird.

3.2.1.4 Ausfuhrlieferung nach § 6 Abs. 1 Satz 1 Nr. 2 UStG – Befördern oder Versenden durch den Abnehmer

§ 6 Abs. 1 Nr. 2 UStG behandelt die so genannten Abholfälle, in denen der Abnehmer den Gegenstand der Lieferung in das Drittlandsgebiet befördert bzw. versenden lässt.

[55] Vgl. OFD Frankfurt a. M. Vfg. v. 05.04.2005 – S 7100 A – 198 – St I 1.10, UR 2005, 511.

Im Gegensatz zu § 6 Abs. 1 Nr. 1 UStG hängt die Steuerbefreiung in diesen Fällen zusätzlich davon ab, dass der Abnehmer ein ausländischer Abnehmer ist. [Hingegen kann der Abholbeauftragte des Abnehmers auch ein inländischer Beauftragter sein.]

Abnehmer i. S. d. § 6 Abs. 1 Nr. 2 UStG ist derjenige, mit dem der Unternehmer das Umsatzgeschäft abgeschlossen hat, also demgegenüber er vertraglich zur Lieferung verpflichtet ist. Dieser ist nicht zwingend identisch mit dem späteren Empfänger der Waren.

Beispiel

Die M GmbH verkauft Autozubehörteile an den Kunden A in Deutschland, der sie weiter an B in Russland veräußert. B lässt die Waren von einem Beauftragten bei der M GmbH abholen und verbringt sie nach Russland, wo er sie in seinem Unternehmen verwendet. Zu bewerten ist die Lieferung der M GmbH an A. Die M GmbH hat den Liefergegenstand nicht selbst in das Drittland befördert/versendet (§ 6 Abs. 1 Nr. 1 UStG). Auch wurde dieser nicht durch einen ausländischen Abnehmer in das Drittland verbracht (§ 6 Abs. 1 Nr. 2 UStG). Zwar wurden die Waren durch den ausländischen Empfänger B abgeholt. Aus Sicht der M GmbH handelt es sich bei B jedoch nicht um einen Abnehmer, da er kein Umsatzgeschäft mit ihm abgeschlossen hat. Abnehmer der M GmbH ist der Kunde A. Die M GmbH hat keine Ausfuhrlieferung nach § 6 UStG bewirkt.

Unter welchen Voraussetzungen ein ausländischer Abnehmer i. S. d. § 6 Abs. 1 Nr. 2 UStG vorliegt, ergibt sich aus § 6 Abs. 2 UStG.

Danach ist ein ausländischer Abnehmer solcher, der

- seinen Wohnort oder Sitz im Ausland, ausgenommen die in § 1 Abs. 3 UStG bezeichneten Gebiete, hat oder
- eine Zweigniederlassung eines im Inland oder den in § 1 Abs. 3 UStG bezeichneten Gebiete ansässigen Unternehmers ist, die ihren Sitz im Ausland, ausgenommen in den Gebieten nach § 1 Abs. 3 UStG, hat und die das Umsatzgeschäft im eigenen Namen abgeschlossen hat.

Eine Zweigniederlassung im Inland oder in den Gebieten nach § 1 Abs. 3 UStG ist kein ausländischer Abnehmer.

Zum Ausland gehören nach der Definition des § 1 Abs. 2 Satz 2 UStG alle Gebiete, die nicht Inland sind und damit die Hoheitsgebiete aller Drittstaaten, die vom Inland der übrigen EU Mitgliedstaaten ausgenommenen Gebiete[56], die vom Inland ausgenommenen Gebiete der Bundesrepublik Deutschland (§ 1 Abs. 2 Satz 1 UStG), das übrige Gemeinschaftsgebiet (§ 1 Abs. 2a UStG) sowie die internationalen Gewässer. Ausgenommen davon sind für die Definition des ausländischen Abnehmers ausdrücklich die Gebiete nach § 1 Abs. 3 UStG.

[56] Vgl. Abschn. 3.2.1.2.6.

Der Begriff des Wohnorts deckt sich nicht mit den in den §§ 8 und 9 AO definierten Begriffen „Wohnsitz“ und „gewöhnlicher Aufenthalt“. Vielmehr kann eine natürliche Person nur einen Wohnort begründen und zwar an dem Ort, an dem sie für längere Zeit eine Wohnung genommen hat und der nach objektiven Gesichtspunkten ihren örtlichen Lebensmittelpunkt darstellt. Wo sich der Sitz juristischer Personen, Personengesellschaften und sonstiger Vermögensmassen befindet, bestimmt sich nach der Definition des § 11 AO, d. h. in der Regel durch Gesetz, Gesellschaftsvertrag, Satzung oder Stiftungsgeschäft.

Der Begriff der Zweigniederlassung richtet sich nach allgemeiner Auffassung nach den § 12 Satz 2 Nr. 2 AO sowie §§ 13 ff. HGB, die die Anmeldung und Eintragung der Zweigniederlassung im Handelsregister regelt. Im Sinne einer richtlinienkonformen umsatzsteuerlichen Auslegung nach den Grundsätzen des EuGH zur festen Niederlassung, sollte eine Zweigniederlassung wohl auch dann vorliegen, wenn sie nicht nach § 12 Satz 1 Nr. 2 AO i. V. m. §§ 13 ff. HGB im Handelsregister eingetragen ist.[57]

Beispiel

Die M AG mit Sitz in Zürich unterhält eine Zweigniederlassung Z in Hamburg. Diese Zweigniederlassung bestellt im eigenen Namen eine Maschine beim Unternehmer U in Hamburg. Z befördert die Maschine nach Zürich, wo sie in der Hauptniederlassung unternehmerisch genutzt wird. U hat keine Ausfuhrlieferung nach § 6 Abs. 1 Nr. 2 UStG bewirkt, da es sich bei seinem Abnehmer, der Zweigniederlassung Z nicht um einen ausländischen Abnehmer handelt.

Auch die im Ausland ansässige Zweigniederlassung einer Organgesellschaft ist ausländischer Abnehmer i. S. v. § 6 Abs. 1 Nr. 2 UStG:

Beispiel

Der in Düsseldorf ansässige Organträger O hat eine in Berlin ansässige Tochtergesellschaft T, mit der er sich in einer umsatzsteuerlichen Organschaft befindet. O unterhält eine Zweigniederlassung Z1 in Russland. T verfügt über eine Zweigniederlassung Z2 in China. Sowohl Z1 als auch Z2 bestellen Waren im eigenen Namen bei O. Z1 bestellt zusätzlich Waren bei dem in Hamburg ansässigen Unternehmer U. Z1 und Z2 lassen ihre Waren von einem Spediteur bei O bzw. U abholen und nach Russland bzw. China versenden.

Die Lieferung des O an seine Zweigniederlassung Z1 in Russland ist eine nicht steuerbare Innenleistung, da Z1– auch grenzüberschreitend – zum Unternehmen des O gehört.

Die Lieferung des O an die ausländische Zweigniederlassung Z2 seiner Organgesellschaft T stellt eine Ausfuhrlieferung nach § 6 Abs. 1 Nr. 2 UStG dar. Die Wirkungen der umsatzsteuerlichen Organschaft sind auf das Inland begrenzt, so dass die ausländi-

[57] Vgl. Tehler in Rau und Dürrwächter 2014, § 6, Rz. 314; FG München v. 28.06.2006 – 3 K 4109/04, UStB 2007, 6.

sche Zweigniederlassung des T zwar dem Unternehmen des T aber nicht dem Organkreis, und damit nicht dem Unternehmen des O, angehört. Bei Z2 handelt es sich um einen ausländischen Abnehmer i. S. v. § 6 Abs. 2 UStG.

Mit der Lieferung an Z1 bewirkt U eine Ausfuhrlieferung nach § 6 Abs. 1 Nr. 2 UStG. Zwar ist Z1 Teil des Unternehmens des im Inland ansässigen O. Da Z1 die Waren im eigenen Namen bestellt hat, ist Z1 Abnehmer des U, und damit ein ausländischer Abnehmer i. S. v. § 6 Abs. 2 UStG.

3.2.1.5 Ausfuhrlieferung nach § 6 Abs. 1 Satz 1 Nr. 3 UStG – Befördern oder Versenden in Freizonen

Kraft nationaler umsatzsteuerlicher Regelungen gehören die

- Freizonen des Kontrolltyps I nach § 1 Abs. 1 Satz 1 des Zollverwaltungsgesetzes (Freihäfen – Bremerhaven, Cuxhaven,) sowie
- die Gewässer und Watten zwischen der Hoheitsgrenze und der jeweiligen Strandlinie

zum Drittlandsgebiet (§ 1 Abs. 2 Satz 1 UStG) und sind damit vom territorialen Anwendungsbereich der USt ausgeschlossen. Lediglich für den Letztverbrauch vorgesehene Umsätze sind abweichend von der Zugehörigkeit dieser Gebiete zum Drittland trotzdem steuerbar, § 1 Abs. 3 UStG. Damit soll ein unversteuerter Letztverbrauch in diesen Gebieten verhindert werden.[58]

Aus dem gleichen Grund gilt die Steuerbefreiung für Lieferungen in die Gebiete des § 1 Abs. 3 UStG – obwohl sie zum Drittlandsgebiet gehören – nur unter Einschränkungen, § 6 Abs. 1 Nr. 3 a und b UStG. Eine steuerfreie Ausfuhrlieferung liegt danach vor, wenn der Unternehmer oder der Abnehmer den Liefergegenstand in die Gebiete nach § 1 Abs. 3 UStG befördert oder versendet hat und der Abnehmer

- ein Unternehmer ist, der den Gegenstand für sein Unternehmen erworben hat, § 6 Abs. 1 Nr. 3 Buchst. a UStG oder
- ein ausländischer Abnehmer, aber kein Unternehmer ist und der Gegenstand in das übrige Drittlandsgebiet gelangt, § 6 Abs. 1 Nr. 3 Buchst. b UStG.

Durch das Jahressteuergesetz 2009 wurde eine weitere Einschränkung des Anwendungsbereichs des § 6 Abs. 1 Nr. 3 Buchst. a UStG eingeführt. Eine Lieferung an einen Unternehmer für sein Unternehmen ist steuerpflichtig, wenn der Unternehmer den empfangenen Gegenstand ausschließlich oder teilweise zur Ausführung von Umsätzen verwendet, die nach § 4 Nr. 8 bis 28 UStG steuerfrei sind. Diese Regelung entspricht der Vorschrift des § 1 Abs. 3 Nr. 1 Buchst. b UStG und setzt damit eine Lieferung aus dem Inland in den Freihafen einer Lieferung im Freihafen gleich.

---

[58] Vgl. Kap. 9 „Lieferungen in Freihäfen“.

Im Gegensatz zu den vorangegangenen Grundfällen der Ausfuhrlieferung kommt es hier nicht darauf an, wer den Gegenstand befördert oder versendet hat. Dies kann entweder durch den (liefernden) Unternehmer oder den Abnehmer geschehen.

Ist der Abnehmer ein Unternehmer und hat er den Gegenstand für sein Unternehmen erworben, kommt es nicht darauf an, ob sich der Sitz dieses Unternehmens im Inland oder Ausland befindet. Der Liefergegenstand muss in vollem Umfang seinem Unternehmensvermögen zugeführt worden sein. Diese Tatfrage ist unter Berücksichtigung aller Umstände des Sachverhalts zu beurteilen, insbesondere nach der Art der erworbenen Gegenstände und dem Tätigkeitsbereich des Unternehmens. Nach Auffassung der Finanzverwaltung ist bei der Lieferung eines einheitlichen Gegenstandes im Allgemeinen davon auszugehen, dass der Abnehmer diesen für Zwecke seines Unternehmens erworben hat, wenn der unternehmerische Verwendungszweck überwiegt.[59]

Für juristische Personen des öffentlichen Rechts ist bei der Ausfuhrlieferung in die Gebiete des § 1 Abs. 3 UStG die gesetzliche Vermutung des § 1 Abs. 3 Satz 2 UStG zu beachten:

Beispiel

Die M GmbH liefert Büromöbel an die Wasserschutzpolizei im Freihafen Hamburg. Für Lieferungen an juristische Personen des öffentlichen Rechts in die in § 1 Abs. 3 UStG bezeichneten Gebiete enthält § 1 Abs. 3 Satz 2 UStG die Vermutung, dass diese für den hoheitlichen und nicht für den unternehmerischen Bereich bezogen werden. Die Wasserschutzpolizei bezieht diese Lieferungen mithin nicht als Unternehmer. Es liegt keine Ausfuhrlieferung nach § 6 Abs. 1 Nr. 3 UStG vor.

Ist der Abnehmer kein Unternehmer, liegt nur dann eine Ausfuhrlieferung nach § 6 Abs. 1 Nr. 3 UStG vor, wenn der Abnehmer ein ausländischer Abnehmer i. S. v. § 6 Abs. 2 UStG ist und der Liefergegenstand in das übrige Drittlandsgebiet gelangt.

Zum Begriff des ausländischen Abnehmers gelten die Ausführungen unter § 3 B. I. 4. entsprechend. Zu beachten ist, dass im Freihafen ansässige Abnehmer keine ausländischen Abnehmer i. S. v. § 6 Abs. 2 UStG sind.

Ist der Abnehmer kein Unternehmer, darf der Ausfuhrgegenstand nur vorübergehend in dem Gebiet nach § 1 Abs. 3 UStG verbleiben und muss danach in das Drittlandsgebiet gelangen. Hauptanwendungsfall dieser Regelung ist die Lieferung von Gegenständen an ausländische Abnehmer in den Freihafen, wo diese z. B. umgeladen, verpackt oder in sonstiger Weise bearbeitet werden. Eine Frist, innerhalb derer die Gegenstände das Gebiet nach § 1 Abs. 3 UStG verlassen und in das Drittlandsgebiet gelangen müssen, sieht das

[59] Abschn. 6.1. Abs. 3 UStAE.

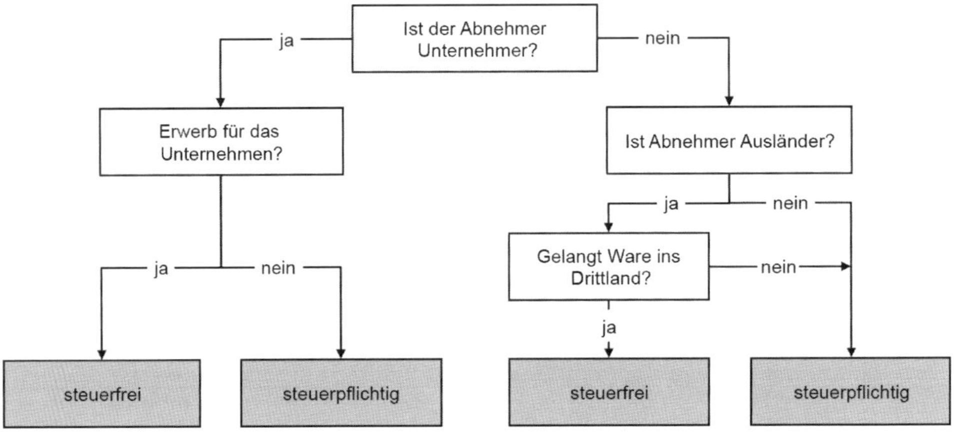

Abb. 3.4 Ausfuhrlieferung in Freihäfen

Gesetz nicht vor.[60] Es sollte wohl aber zumindest ein unmittelbarer Zusammenhang zwischen der Lieferung und dem Gelangen in das übrige Drittlandsgebiet bestehen (Abb. 3.4).

3.2.1.6 Be- und Verarbeitung des Gegenstandes vor der Ausfuhr

Gemäß § 6 Abs. 1 Satz 2 UStG kann der Gegenstand der Lieferung durch einen Beauftragten vor der Ausfuhr bearbeitet oder verarbeitet worden sein. Die Steuerbefreiung wird damit auch dann gewährt, wenn der Liefergegenstand zum Zeitpunkt der Ausfuhr eine andere Beschaffenheit als bei der Lieferung aufweist.

Gegenstand der Ausfuhrlieferung bleibt der Gegenstand vor seiner Be- oder Verarbeitung. Der Unternehmer hat jedoch besondere Nachweise hinsichtlich der Be- oder Verarbeitung zu führen.[61]

Die Be- und Verarbeitung eines Gegenstandes ist ein weit gefasster Begriff. Darunter fallen Tätigkeiten wie

- das Verpacken und Etikettieren von Gegenständen,
- das Zusammenbauen von Gegenständen,
- das Zuschneiden, Bedrucken oder Verarbeiten von Stoffen,
- die Oberflächenbehandlung von Gegenständen (z. B. Lackieren, Verchromen),
- das Reinigen von Containern

Beauftragter der Be- oder Verarbeitung kann nur ein Beauftragter des Abnehmers sein. Erteilt der liefernde Unternehmer den Auftrag zur Be- oder Verarbeitung, so ist Gegenstand der Lieferung der be- oder verarbeitete Gegenstand in seiner neuen Beschaffenheit.[62] Der

[60] Eine Frist für die Ausfuhr sieht das Gesetz lediglich für die Ausfuhr von Gegenständen im persönlichen Reisegepäck vor (siehe Abschn. 3.2.1.8.).

[61] Vgl. Abschn. 3.2.3.5.

[62] Vgl. Abschn. 3.2. Abs. 4 UStAE, Abschn. 6.1. Abs. 5 UStAE.

mit der Be- oder Verarbeitung Beauftragte muss ein selbstständiger Dritter sein. Dabei kann es sich auch um den liefernden Unternehmer selbst handeln unter der Voraussetzung, dass die Lieferung des Gegenstandes und seine Be- oder Verarbeitung getrennt zu beurteilende Leistungen des Unternehmers sind. Der Beauftragte kann im Inland oder Ausland ansässig sein. Ebenso kann die Be- oder Verarbeitung sowohl im Inland als auch im übrigen Gemeinschaftsgebiet erfolgen.[63] Die Be- oder Verarbeitung kann sowohl in einer Werkleistung als auch in einer Werklieferung bestehen.

Tätigt der vom Abnehmer Beauftragte eine Werkleistung an dem Ausfuhrgegenstand, so bewirkt der liefernde Unternehmer (unter den Voraussetzungen des § 6 Abs. 1 UStG) eine steuerfreie Ausfuhrlieferung an dem unbearbeiteten Gegenstand und der Beauftragte eine Lohnveredelung an Gegenständen der Ausfuhr, die unter den Voraussetzungen des § 7 UStG steuerfrei ist.

Ob der Beauftragte eine in Deutschland steuerbare und unter den Voraussetzungen des § 7 UStG steuerfreie Lohnveredelung durchführt ist ab dem 01.01.2010 nach den Regelungen des so genannten Mehrwertsteuer-Pakets zu prüfen. Mit dem Jahressteuergesetz 2009 hat Deutschland die Vorgaben der EG-Richtlinie 2008/8 umgesetzt und neue Vorschriften zum Ort der sonstigen Leistung eingeführt. Danach ist eine Leistung, die in Arbeiten an beweglichen körperlichen Gegenständen besteht, an dem Ort steuerbar, von dem aus der Empfänger sein Unternehmen betreibt (§ 3a Abs. 2 UStG)

Beispiel

Die M GmbH in Hamburg beliefert den Kunden J in Japan mit feinen Seidenstoffen. J lässt die Stoffe vor der Ausfuhr durch die Schneiderei S zu Kleidern verarbeiten. Nach Verarbeitung der Stoffe lässt J die Kleider bei S abholen und nach Japan versenden. M tätigt unter den Voraussetzungen des § 6 Abs. 1 Nr. 2 UStG eine Ausfuhrlieferung an den unbearbeiteten Stoffen.

Die Lohnveredelungsleistung des S gilt als in Japan, dem Ort, von dem aus J sein Unternehmen betreibt, erbracht, § 3a Abs. 2 UStG. Sie ist nicht in Deutschland steuerbar.

Alternative

Nicht J sondern die M GmbH beauftragt S mit der Fertigung der Kleider. M bewirkt unter den Voraussetzungen des § 6 Abs. 1 Nr. 2 UStG eine Ausfuhrlieferung an den fertigen Kleidern.

Die Lohnveredelungsleistung des S gilt weiterhin als in Deutschland, dem Ort, von dem aus M GmbH sein Unternehmen betreibt, erbracht, § 3a Abs. 2 UStG. S tätigt eine steuerbare und steuerpflichtige Werkleistung.

[63] Vgl. Abschn. 6.1. Abs. 5 UStAE.

Besteht dagegen die Be- oder Verarbeitung in einer Werklieferung, bewirkt unter den Voraussetzungen des § 6 Abs. 1 UStG sowohl der liefernde Unternehmer eine steuerfreie Ausfuhrlieferung an dem unbearbeiteten Gegenstand als auch der Beauftragte eine steuerfreie Ausfuhrlieferung an dem bearbeiteten Gegenstand.

Beispiel

Der in der Schweiz ansässige Abnehmer S bestellt bei dem in Köln ansässigen Maschinenhersteller M GmbH eine Maschine ohne Motor. Nach Fertigstellung der Maschine lässt S die Maschine bei der M GmbH abholen und zur E GmbH nach Hannover bringen, die dort im Auftrag des S einen Elektromotor herstellen und einbauen soll. Nach Einbau des Motors lässt S die fertige Maschine mit Motor in die Schweiz verbringen.

Die M GmbH tätigt eine steuerfreie Ausfuhrlieferung nach § 6 Abs. 1 Nr. 2 UStG i. V. m. § 6 Abs. 1 Satz 2 UStG mit Lieferung der Maschine ohne Motor an S. Die Herstellung und der Einbau des Elektromotors durch die E GmbH stellt eine Werklieferung dar. Mit der Lieferung des Elektromotors bewirkt die E GmbH eine steuerfreie Ausfuhrlieferung nach § 6 Abs. 1 Nr. 2 UStG.

Die Be- oder Verarbeitung kann auch in einem anderen EU Mitgliedsstaat ausgeführt werden. Hierbei ist aber zu berücksichtigen, dass viele EU-Mitgliedstaaten diese Regelung nicht kennen und deshalb eine Be- oder Verarbeitung des Liefergegenstandes zu weiteren umsatzsteuerlichen Pflichten für den Abnehmer in diesem EU-Mitgliedstaat führt.

3.2.1.7 Gegenstände zur Ausrüstung und Versorgung von Beförderungsmitteln

Werden Gegenstände zur Ausrüstung und Versorgung von Beförderungsmitteln geliefert, ist in den Fällen des § 6 Abs. 1 Nr. 2 und 3 UStG, also wenn

- der Abnehmer den Gegenstand befördert oder versendet (Abholfälle) oder
- der Unternehmer den Gegenstand in die Gebiete nach § 1 Abs. 3 UStG befördert oder versendet,

eine Ausfuhrlieferung nur unter einschränkenden Voraussetzungen anzunehmen, § 6 Abs. 3 UStG. Eine steuerfreie Ausfuhrlieferung liegt unter diesen Umständen nur dann vor, wenn

- der Abnehmer ein ausländischer Unternehmer ist, § 6 Abs. 3 Nr. 1 UStG und
- das Beförderungsmittel den Zwecken des Unternehmens des Abnehmers dient, § 6 Abs. 3 Nr. 2 UStG.

Nach allgemeiner Auffassung orientiert sich der Begriff des „ausländischen Unternehmers" i. S. v. § 6 Abs. 3 UStG an dem des „ausländischen Abnehmers" i. S. v. § 6 Abs. 2 UStG. Dies führt zu nicht ganz zweifelsfreien Ergebnissen. Der Abnehmer ist nach den

Voraussetzungen des § 6 Abs. 2 UStG dann ein ausländischer Unternehmer, wenn er seinen Sitz, Wohnort oder seine Zweigniederlassung im Ausland, ausgenommen die Gebiete nach § 1 Abs. 3 UStG, hat. Danach ist ein Unternehmer, der seinen Sitz in einem Freihafen hat, kein ausländischer Unternehmer i. S. v. § 6 Abs. 3 UStG, mit der Folge, dass die Lieferung von z. B. Schmierstoffen zur Versorgung seines unternehmerischen Wagenparks von der Steuerbefreiung ausgeschlossen ist, obwohl die Voraussetzungen des § 6 Abs. 1 Nr. 3 UStG vorliegen. Eine derartige Einschränkung findet keine Grundlage im Gemeinschaftsrecht (vgl. Wäger in Birkenfeld 2005, § 106 Rz. 44; Tehler in Rau und Dürrwächter 2014, § 6, Rz. 452).

Weiterhin muss das Beförderungsmittel, für welches der Gegenstand der Ausrüstung bzw. Versorgung erworben wurde, den Zwecken des Unternehmens des Abnehmers dienen. Anders als unter den Voraussetzungen des § 6 Abs. 1 Nr. 3 Buchst. a UStG muss der Gegenstand nicht „für das Unternehmen erworben" werden, d. h. dem Unternehmensvermögen zugeführt werden, sondern muss lediglich den unternehmerischen Zwecken dienen, nach Art des Beförderungsmittels und Tätigkeitsbereich des Unternehmens. Weder der Gesetzgeber noch die Finanzverwaltung äußern sich zum Umfang der unternehmerischen Nutzung, so dass wohl nach dem Wortlaut des § 6 Abs. 3 Nr. 2 UStG davon auszugehen ist, dass auch eine nur teilweise unternehmerische Nutzung (neben einer nichtunternehmerischen Nutzung) ausreichend ist (vgl. Langer in Reiß et al. 2014, § 6, Rz. 69; Wäger in Birkenfeld 2005, § 106, Rz. 43, Tehler in Rau und Dürrwächter 2014, § 6, Rz. 463; Schwarz et al. 2014, § 6, Rz. 107).

Beförderungsmittel sind Gegenstände, deren Hauptzweck auf die Beförderung von Personen und Gütern zu Lande, zu Wasser oder in der Luft gerichtet ist und die sich tatsächlich fortbewegen, z. B.

- Pkw
- Lkw
- Auflieger
- Fahrzeuganhänger
- Wohnmobile und Wohnwagen
- Segel- und Motorboote
- Sport- und Segelflugzeuge

Gegenstände zur Ausrüstung eines Beförderungsmittels sind

- Ausrüstungsgegenstände, die mitgeführt werden (z. B. Verbandskästen, Warndreieck, Abschleppseil, Ersatzreifen etc.),
- Ausrüstungsgegenstände, die nicht fest eingebaut werden (z. B. abnehmbare Außenspiegel, Dachgepäckträger, Fahrradträger, etc.) und
- Ausrüstungsgegenstände, die fest eingebaut werden (z. B. Stoßdämpfer, Autoradio, Lautsprecher, Zusatzscheinwerfer, Federn, etc.).

Nicht fahrbereite Fahrzeuge, z. B. Restfahrzeuge, denen Fahrzeugteile entnommen wurden, sind regelmäßig keine Ausrüstungsgegenstände für Beförderungsmittel.[64]

Gegenstände zur Versorgung eines Beförderungsmittels sind solche, die zum Verbrauch am Beförderungsmittel bestimmt sind, wie z. B.

- Treibstoffe, Schmierstoffe, Autopflegemittel, Bremsflüssigkeiten, Farben und Lacke.

Nicht zu den Lieferungen i. S. v. § 6 Abs. 3 UStG gehören die Lieferungen von Zubehörteilen und Ersatzteilen im Rahmen einer Werklieferung, z. B. bei der Reparatur oder weiteren Ausstattung von Beförderungsmitteln (z. B. Lieferung eines montierten Autoreifens, eines eingebauten Autoradios, eines eingebauten Ersatzmotors, etc.). Für solche Werklieferungen gilt die Steuerbefreiung für Ausfuhrlieferungen nach § 6 Abs. 1 Nr. 1–3 UStG uneingeschränkt.[65]

Beispiel

Der ausländische Unternehmer A lässt bei dem in Düsseldorf ansässigen Kfz-Meister K neue Reifen auf seinen privaten Pkw montieren und das Ersatzrad erneuern. A holt den Pkw nach Fertigstellung ab und verbringt ihn in das Drittland. Die neuen Reifen sind Gegenstände, die der Ausrüstung von Beförderungsmitteln dienen. K erbringt mit der Lieferung und Montage der neuen Reifen jedoch eine Werklieferung. Unter den Voraussetzungen des § 6 Abs. 1 Nr. 2 UStG ist diese Werklieferung als Ausfuhrlieferung steuerfrei. Bei der Lieferung des Ersatzrades hingegen handelt es sich um die Lieferung cincs Ausrüstungsgegenstandes i. S. v. § 6 Abs. 3 UStG. Der Abnehmer A ist zwar ein ausländischer Unternehmer, er verwendet den Pkw jedoch ausschließlich für private Zwecke. Die Lieferung des Ersatzrades ist steuerpflichtig.

Nach Auffassung der Finanzverwaltung finden die einschränkenden Regelungen des § 6 Abs. 3 UStG nach ihrem Sinn und Zweck nur dann Anwendung, wenn die Gegenstände zur Ausrüstung und Versorgung des eigenen Beförderungsmittels des Abnehmers oder des von ihm mitgeführten fremden Beförderungsmittels bestimmt sind.[66] Damit gilt die Regelung nicht für die Lieferung von Ausrüstungs- und Versorgungsgegenständen, die ein Unternehmer zur Weiterlieferung oder zur Verwendung in seinem Unternehmen erworben hat.

Beispiel

Der russische Automobilzulieferer R bestellt Stoßstangen bei einem Zulieferer H in Hamburg. R lässt die Stoßstangen bei H abholen und nach Russland versenden, um sie

[64] Vgl. FG Sachsen v. 17.11.2005, 3 K 2908/03, EFG 2006, 530, rkr.

[65] Vgl. Abschn. 6.4. Abs. 1 Satz 3, 4 UStAE.

[66] Vgl. Abschn. 6.4. Abs. 4 UStAE.

dort an seinen Kunden K zu veräußern. Es liegt eine Ausfuhrlieferung nach § 6 Abs. 1 Nr. 2 UStG vor. Die Einschränkungen des § 6 Abs. 3 UStG gelten nicht.

Gleiches gilt, wenn R eine Kfz-Werkstatt betreibt und die Stoßstangen nicht weiterverkauft, aber zur Reparatur der Fahrzeuge seiner Kunden verwendet.

3.2.1.8 Ausfuhr im persönlichen Reisegepäck

In den Fällen des § 6 Abs. 1 Nr. 1 und 2 UStG spricht man von einer Ausfuhr im nichtkommerziellen Reiseverkehr, wenn

- der Liefergegenstand für private Zwecke bestimmt ist und
- der Abnehmer den Liefergegenstand im persönlichen Handgepäck ausführt.

Unter diesen Umständen kann eine steuerfreie Ausfuhrlieferung nach § 6 Abs. 3a UStG nur dann vorliegen, wenn

- der Abnehmer seinen Wohnort oder Sitz im Drittlandsgebiet, ausgenommen der Gebiete nach § 1 Abs. 3 UStG hat und
- der Gegenstand der Lieferung vor Ablauf des dritten Kalendermonats, der auf den Monat der Lieferung folgt, ausgeführt wird.

Diese Einschränkungen gelten nicht, wenn der Unternehmer den Gegenstand in das Drittlandsgebiet oder die Gebiete nach § 1 Abs. 3 UStG versendet oder befördert.

Beim nichtkommerziellen Reiseverkehr handelt es sich typischerweise um Fälle, in denen der Abnehmer Waren für private Zwecke im Einzelhandel erwirbt und im persönlichen Reisegepäck in das Drittlandsgebiet verbringt.[67] Zum persönlichen Reisegepäck zählen nur diejenigen Gegenstände, die der Abnehmer beim Grenzübertritt mit sich führt, wie Gegenstände, die vom Reisenden im Handgepäck befördert werden, sich im Fahrzeug des Reisenden befinden oder anlässlich einer Reise als Handgepäck aufgegeben werden.

Nichtkommerzieller Reiseverkehr liegt danach nicht vor, wenn der Abnehmer die Waren durch einen Spediteur, durch die Post oder Bahn versendet. Gleiches gilt, wenn er die Ware nicht im „üblichen Reisegepäck“, sondern in einem eigenen oder gemieteten Lkw in das Drittland versendet (z. B. Möbel oder größere Haushaltsgeräte).[68]

Die gelieferten Waren müssen vor Ablauf des dritten Kalendermonats, welcher auf die Lieferung folgt, ausgeführt werden.

[67] Vgl. BMF v. 15.05.1997, IV C 4 – S. 7133 – 14/97, BStBl I 1997, 614; Abschn. 6.11. Abs. 1 UStAE.

[68] Vgl. Merkblatt zur Umsatzsteuerbefreiung für Ausfuhrlieferungen im nichtkommerziellen Reiseverkehr – Stand: Mai 2004, BFM v. 28.05.2004, IV D 1 – S 7133 – 22/04, BStBl I 2004, 535.

Beispiel

Der Rentner R aus Australien besucht seine Familie in München. Direkt nach seiner Anreise am 23.06. erwirbt er eine Digitalkamera in einem Kaufhaus in München. Im Anschluss an seinen Besuch in München macht er eine mehrwöchige Europarundreise und fliegt dann am 02.10. wieder zurück nach Australien. Die Digitalkamera führt R im Reisegepäck mit. Von der Grenzzollstelle am Flughafen lässt R sich die Ausfuhr auf einem amtlichen Vordruck bestätigen.

Die Lieferung des Kaufhauses ist nicht steuerfrei nach § 6 Abs. 3a UStG, da der Gegenstand nicht innerhalb von drei Monaten nach Lieferung ausgeführt wurde.

Die Voraussetzungen einer steuerfreien Ausfuhr im nichtkommerziellen Reiseverkehr können nur unter Mitwirkung des Abnehmers im Anschluss an die Lieferung nachgewiesen werden. Gerade bei Verkauf über den Ladentisch wird der Unternehmer die Ware daher zunächst zum Bruttopreis verkaufen. Erst bei Übersendung der entsprechenden Ausfuhrnachweise wird der Lieferer die Umsatzsteuer an den Abnehmer erstatten. Zur Vereinfachung kann der Abnehmer die Umsatzsteuer auch von so genannten Tax-Refund Stellen am Flughafen oder anderen Grenzstellen (unter Abzug einer Provision) erstattet erhalten, die diese dann von dem Lieferer ausgezahlt bekommen. Eine unmittelbare Erstattung von Umsatzsteuer durch die Finanzämter ist nicht möglich. Mit dem Erhalt des Ausfuhrnachweises[69] kann der Unternehmer den betreffenden Umsatz anschließend vom Erlöskonto „steuerpflichtige Erlöse“ auf das Erlöskonto „steuerfreie Umsätze Drittland“ umbuchen.

► **Hinweis** Der Unternehmer sollte auf seinem Kassenbon bzw. seiner Rechnung den Bruttopreis ohne gesonderten Ausweis der darin enthaltenen Umsatzsteuer ausgeben. Stellt der Unternehmer, insbesondere im Einzelhandel, eine Rechnung mit Ausweis von Umsatzsteuer aus (z. B. Ausweis des Steuerbetrages auf einem Kassenbon), so schuldet er die Steuer nach § 14c Abs. 1 UStG, auch wenn die Voraussetzungen des § 6 Abs. 3a UStG vorliegen. Gleiches gilt, wenn Kleinbetragsrechnungen (unter EUR 150) unter Angabe des Steuersatzes ausgestellt werden, da dies bereits zum Abzug der Vorsteuer berechtigt.

Erstellt der Unternehmer eine Rechnung mit Ausweis von Umsatzsteuer, erlischt die Steuerschuld in diesen Fällen grundsätzlich erst mit wirksamer Rechnungsberichtigung. Aus Vereinfachungsgründen ist eine solche Rechnungsberichtigung entbehrlich, wenn der Abnehmer die ursprüngliche Rechnung an den Unternehmer zurückgibt und dieser sie aufbewahrt.[70]

[69] Vgl. Abschn. 3.2.2.4 sowie Abschn. 3.2.3.6.

[70] Vgl. Merkblatt zur Umsatzsteuerbefreiung für Ausfuhrlieferungen im nichtkommerziellen Reiseverkehr – Stand: Mai 2004, BMF v. 28.05.2004, IV D 1 – S 7133 – 22/04, BStBl I 2004, 535.

Die Ausfuhr von Gegenständen zur Ausrüstung und Versorgung von Beförderungsmitteln ist in § 6 Abs. 3 UStG abschließend geregelt. Sollten solche Gegenstände im nichtkommerziellen Reiseverkehr ausgeführt werden, ist die Lieferung auch dann von der Steuerbefreiung ausgeschlossen, wenn die Voraussetzungen des § 6 Abs. 3a UStG erfüllt sind. § 6 Abs. 3 UStG ist insoweit lex specialis.

3.2.2 Buchmäßiger Nachweis bei Ausfuhrlieferungen

3.2.2.1 Allgemeine Anforderungen an den Buchnachweis

Die Voraussetzungen des § 6 Abs. 1 Satz 1, Abs. 3, Abs. 3a UStG sowie eine vorherige Be- oder Verarbeitung durch Beauftragte sind vom Unternehmer nachzuweisen. Der Nachweis muss als Doppelnachweis geführt werden und beinhaltet einen Belegnachweis (§ 8 Abs. 1 UStDV) sowie einen Buchnachweis (§ 13 Abs. 1 UStDV). Die Nachweispflicht des Unternehmers ist nur dann erfüllt, wenn sowohl Belegnachweis als auch Buchnachweis geführt sind. Beide Nachweispflichten sind daher gesondert zu betrachten.

Der BFH hat seine Rechtsprechung dahingehend geändert, dass die Erfüllung der Nachweispflichten keine materiell-rechtliche Voraussetzung der Steuerbefreiung mehr ist. Trotz Nichterfüllung der Nachweispflichten kann ausnahmsweise die Steuerbefreiung gewährt werden, wenn aufgrund der objektiven Beweislage feststeht, dass die Waren das Inland verlassen haben und die Voraussetzungen des § 6 UStG vorliegen.[71]

Die Voraussetzungen an den Buchnachweis stellt § 13 UStDV i. V. m. § 6 Abs. 4 UStG auf. Danach muss der Unternehmer die Voraussetzungen der Steuerbefreiung, d. h. den Tatbestand des § 6 UStG, im Geltungsbereich der UStDV eindeutig und leicht nachprüfbar nachweisen.

Der Buchnachweis ist ein Nachweis durch Aufzeichnungen und Bücher in Verbindung mit Belegen. Der Buchnachweis braucht nicht Bestandteil der Buchführung sein, sondern kann auch durch besondere Aufzeichnungen geführt werden.

Die entsprechenden Aufzeichnungen müssen im Inland geführt werden. Steuerlich zuverlässigen Unternehmern kann durch Bewilligungsbescheid gestattet werden, die Aufzeichnungen im Ausland vorzunehmen, solange die Unterlagen der deutschen Finanzverwaltung jederzeit vorgelegt werden können.[72]

Aus dem Grundsatz, dass die buchmäßig nachzuweisenden Voraussetzungen der Steuerbefreiung eindeutig und leicht nachprüfbar zu ersehen sein müssen (§ 13 Abs. 1 Satz 2 UStDV) folgert die Finanzverwaltung, dass die erforderlichen Aufzeichnungen laufend und unmittelbar nach Ausführung des jeweiligen Umsatzes vorgenommen werden müssen. Der buchmäßige Nachweis darf lediglich um den ggf. später eingegangenen Aus-

[71] Vgl. BFH v. 28.05.2009, VR 23/08, BStBl II 2010, 517; BFH v. 06.12.2007, V R 59/03, DStR 2008, 297; EuGH vom 27.09.2007, C 146/05, DStRE 2007, 1417; BFH v. 08.11.2007, V R 71/05, DStR 2008, 718; BFH v. 08.11.2007, V R 72/05, DStR 2008, 716.

[72] Vgl. Abschn. 6.10. Abs. 2 UStAE.

fuhrnachweis ergänzt werden.[73] Der BFH hat in jüngster Rechtssprechung klargestellt, dass der Buchnachweis grundsätzlich bis zur Abgabe der Umsatzsteuer-Voranmeldung zu führen ist. Er kann jedoch bis zum Schluss der letzten mündlichen Verhandlung vor dem FG ergänzt werden. Wird der Buchnachweis nicht oder nicht rechtzeitig geführt, so kann die Lieferung gleichwohl steuerfrei sein, wenn aufgrund der objektiven Beweislage feststeht, dass die Voraussetzungen des § 6 UStG erfüllt sind.[74]

Nach § 13 Abs. 2 UStDV hat der Unternehmer die folgenden Angaben aufzeichnen:

- die handelsübliche Bezeichnung und die Menge des Gegenstandes der Lieferung

Bei der Aufzeichnung der handelsüblichen Bezeichnung und Menge sind Sammelbezeichnungen, wie z. B. Textilien, Lebensmittel, nicht zulässig.[75] Der Unternehmer kann jedoch Hinweise auf Belege, wie z. B. Handelsrechnungen, Versendungsbelege, Lieferscheine, Ausfuhrbelege, etc., verwenden, wenn diese nach kaufmännischen Grundsätzen abgelegt wurden. Die erforderlichen Angaben können auch durch Schlüsselzahlen oder Symbole ausgedrückt werden, wenn sichergestellt ist, dass sich aus der Buchführungssystematik eine eindeutige Bezeichnung dieser Symbole und Schlüsselzahlen ergibt.

- den Namen und die Anschrift des Abnehmers

Auch hier genügt ein Hinweis auf entsprechende Belege, wie z. B. Rechnungsdoppel oder Lieferschein, wenn diese nach kaufmännischen Grundsätzen abgelegt wurden.

- Tag der Lieferung
- das vereinbarte Entgelt oder bei Besteuerung nach vereinnahmten Entgelten das vereinnahmte Entgelt und den Tag der Vereinnahmung
- die Art und den Umfang der Bearbeitung oder Verarbeitung vor der Ausfuhr

Wird der Gegenstand vor der Ausfuhr be- oder verarbeitet, soll der Unternehmer auch den Namen und die Anschrift des mit der Be- oder Verarbeitung Beauftragten, die Bezeichnung des betreffenden Auftrags sowie die Menge und handelsübliche Bezeichnung des ausgeführten Gegenstandes aufzeichnen.[76] Als Grundlage dieser Aufzeichnungen können Belege dienen, die der Unternehmer über die Be- oder Verarbeitung von seinem Abnehmer erhalten hat.[77]

[73] Vgl. Abschn. 6.10. Abs. 3 UStAE; BFH v. 28.02.1980, V R 118/76, BStBl II 1980, 415; Langer in Reiß et al. 2014, § 6, Rz. 127; Weymüller in Sölch und Mößlang 2014, § 6, Rz. 116.

[74] BFH v. 28.05.2009, VR 23/08.

[75] Vgl. Abschn. 6.10. Abs. 5 UStAE.

[76] Vgl. Abschn. 6.10. Abs. 5 Satz 2 und 3 UStAE.

[77] Vgl. Abschn. 3.2.3.

- die Ausfuhr

Bei der Regelung des § 13 Abs. 2 UStDV handelt es sich um eine so genannte Soll-Vorschrift. Der Unternehmer kann den Nachweis also grundsätzlich auch anders führen. Er muss aber in jedem Fall Sorge tragen, dass seine Aufzeichnungen die Voraussetzungen für das Vorliegen einer Ausfuhrlieferung bzw. Steuerbefreiung eindeutig und leicht nachweisen.

Die Bücher und Aufzeichnungen sind nach § 147 Abs. 3 Satz 1 AO für die Dauer von zehn Jahren aufzubewahren. Die Aufbewahrungsfrist läuft jedoch nicht ab, solange die Unterlagen für solche Steuern von Bedeutung sind, für die die Festsetzungsfrist noch nicht abgelaufen ist, § 147 Abs. 3 Satz 3 AO.

Gegen die Vernichtung von Originalunterlagen, die nach § 147 Abs. 2 AO auf Bild- oder Datenträgern aufbewahrt werden, bestehen seitens der Finanzverwaltung keine Bedenken, wenn sichergestellt ist, dass die Wiedergabe der Daten mit dem Original bildlich und inhaltlich übereinstimmt und während der Dauer der Aufbewahrungsfrist jederzeit verfügbar ist, unverzüglich lesbar und maschinell ausgewertet werden kann. Wie sich jedoch herausgestellt hat, kann bei digitalisierten Ausfuhrbelegen mit Zollstempeln nicht hinreichend sicher festgestellt werden, ob der Stempelaufdruck durch einen Originalstempel angebracht, aufgedruckt oder aufkopiert wurde. Alle Ausfuhrbelege, die mit Dienststempeln versehen sind, sollten daher stets im Original aufbewahrt werden.[78]

- Die Movement Reference Number – MRN – in Fällen der elektronischen Ausfuhranmeldung über ATLAS.

3.2.2.2 Beförderung und Versendung durch den Unternehmer

Befördert oder versendet der Unternehmer selbst oder durch einen Erfüllungsgehilfen den Gegenstand in das Drittland (§ 6 Abs. 1 Nr. 1 UStG) und ist der Abnehmer kein ausländischer Abnehmer, hat der Unternehmer zusätzlich zu den oben bereits genannten Angaben noch folgendes aufzuzeichnen, § 13 Abs. 3 UStDV:

- die Beförderung oder Versendung durch ihn selbst
- den Bestimmungsort

Ist der Abnehmer im Ausland ansässig, sind keine zusätzlichen Aufzeichnungen zu führen.

3.2.2.3 Beförderung und Versendung in die Gebiete nach § 1 Abs. 3 UStG

Befördert oder versendet der Unternehmer oder der Abnehmer den Liefergegenstand in die in § 1 Abs. 3 UStG bezeichneten Gebiete (§ 6 Abs. 1 Nr. 3 UStG), hat der Unternehmer zusätzlich folgende Angaben aufzuzeichnen, § 13 Abs. 4 UStDV:

[78] Vgl. OFD Koblenz, Vfg. v. 07.05.2007, S 7134 A – St 442, UR 2007, 708.

- die Beförderung oder Versendung,
- den Bestimmungsort,
- in den Fällen, in denen der Abnehmer ein Unternehmer ist, § 6 Abs. 1 Nr. 3 Buchst. a UStG, auch den Gewerbezweig oder Beruf des Abnehmers und den Erwerbszweck.

Aus der Angabe des Berufs oder Gewerbezweigs soll sich die Unternehmereigenschaft des Abnehmers und aus der Angabe des Erwerbszwecks dessen Absicht, den Gegenstand für sein Unternehmen zu verwenden, ergeben.

Bei Lieferungen, deren Gegenstände nach Art und/oder Menge nur zur Verwendung im Unternehmen des Abnehmers bestimmt sein können, genügt neben der Aufzeichnung des Berufs oder Gewerbezweigs die Angabe der Art und Menge des Liefergegenstandes. Im Zweifelsfall kann der Erwerbszweck durch eine Bestätigung des Abnehmers nachgewiesen werden.[79]

Bei Lieferungen an juristische Personen des öffentlichen Rechts ist davon auszugehen, dass die Lieferungen für deren hoheitlichen und nicht für deren unternehmerischen Bereich ausgeführt worden sind, sofern nicht der Unternehmer das Gegenteil nachweist, § 1 Abs. 3 Satz 2 UStG.[80]

3.2.2.4 Ausfuhr im Reisegepäck

Grundlage des buchmäßigen Nachweises bei Ausfuhren im nichtkommerziellen Reiseverkehr ist grundsätzlich der Beleg mit der Ausfuhr- und Abnehmerbestätigung der Ausgangszollstelle. Hat die Ausgangszollstelle die Ausfuhr der Gegenstände sowie die Angaben zum Abnehmer in dem vorgelegten Beleg bestätigt, sind die in dem Beleg enthaltenen Angaben insoweit auch als ausreichender Buchnachweis anzuerkennen.[81]

Ist der Abnehmer einer Ausfuhr im Reisegepäck ein Unternehmer und führt er den Liefergegenstand in seinem persönlichen Reisegepäck aus, dann hat der liefernde Unternehmer zusätzlich folgende Angaben aufzuzeichnen, § 13 Abs. 5 UStDV:

- Gewerbezweig oder Beruf des Abnehmers und Erwerbszweck

Durch Aufzeichnung des Gewerbezweigs und des Erwerbszwecks kann der liefernde Unternehmer nachweisen, dass es sich um eine Ausfuhr im kommerziellen Reiseverkehr handelt und die Einschränkungen des § 6 Abs. 3a UStG keine Anwendung finden.

3.2.2.5 Ausfuhr von Gegenständen zur Ausrüstung und Versorgung eines Beförderungsmittels

Handelt es sich um eine Ausfuhrlieferung i. S. v. § 6 Abs. 3 UStG (Ausfuhr von Gegenständen zur Ausrüstung und Versorgung von Beförderungsmitteln), soll der Unternehmer zusätzlich folgende Angaben aufzeichnen, § 13 Abs. 6 UStDV:

[79] Vgl. Abschn. 6.10. Abs. 6 Satz 2 und 3 UStAE.

[80] Vgl. Abschn. 6.10. Abs. 6 Satz 4 UStAE.

[81] Vgl. Abschn. 6.11. Abs. 11 Satz 3 UStAE.

- den Gewerbezweig oder Beruf des Abnehmers,
- den Verwendungszweck des Beförderungsmittels.

Die Angabe des Berufs oder Gewerbezweigs dient dem Nachweis der Unternehmereigenschaft des Abnehmers. Anhand des Verwendungszwecks wird die unternehmerische Verwendung des Beförderungsmittels nachgewiesen.

Wenn das Beförderungsmittel seiner Art nach nur unternehmerischen Zwecken dienen kann, genügt die Angabe des Beförderungsmittels (z. B. Frachtschiff, Reisebus, etc.). Bei anderen Beförderungsmitteln geht die Finanzverwaltung zunächst davon aus, dass sie nichtunternehmerischen Zwecken dienen, es sei denn, dass anderes nachgewiesen werden kann (z. B. Pkw, Krafträder, Sportflugzeuge, Sportboote). Eine Bescheinigung des Abnehmers über den Verwendungszweck des Beförderungsmittels wird mangels Nachprüfbarkeit von der Finanzverwaltung nicht anerkannt.[82]

3.2.3 Ausfuhrnachweis

3.2.3.1 Allgemeines

Die Voraussetzungen des § 6 Abs. 1 Satz 1, Abs. 3, 3a UStG sowie eine vorherige Be- oder Verarbeitung durch Beauftragte sind vom Unternehmer nachzuweisen. Der Nachweis muss als Doppelnachweis geführt werden und beinhaltet einen Belegnachweis (§ 8 Abs. 1 UStDV) sowie einen Buchnachweis (§ 13 Abs. 1 UStDV). Die Nachweispflicht des Unternehmers ist nur dann erfüllt, wenn sowohl Belegnachweis als auch Buchnachweis geführt sind. Beide Nachweispflichten sind daher gesondert zu betrachten.

Der BFH hat seine Rechtsprechung dahingehend geändert, dass die Erfüllung der Nachweispflichten keine materiell-rechtliche Voraussetzung der Steuerbefreiung mehr ist. Trotz Nichterfüllung der Nachweispflichten kann ausnahmsweise die Steuerbefreiung gewährt werden, wenn aufgrund der objektiven Beweislage feststeht, dass die Waren das Inland verlassen haben und die Voraussetzungen des § 6 UStG vorliegen.[83] Eine Anpassung der Umsatzsteuer-Richtlinien an die neue Rechtsprechung des BFH ist noch nicht erfolgt.[84] Der BFH stellt jedoch auch klar, dass zum Nachweis der Ausfuhr der Waren

[82] Vgl. Abschn. 6.11. Abs. 7 UStAE; anders beim Buchnachweis nach § 13 Abs. 4 UStDV für die Lieferung in Freihäfen, wo der Erwerbszweck durch eine Bestätigung des Abnehmers nachgewiesen werden kann.

[83] Vgl. BFH v. 06.12.2007, V R 59/03, DStR 2008, 297; EuGH vom 27.09.2007, C 146/05, DStRE 2007, 1417; BFH v. 08.11.2007, V R 71/05, DStR 2008, 718; BFH v. 08.11.2007, V R 72/05, DStR 2008, 716.

[84] Vgl. Abschn. 6.10. Abs. 1 UStAE.

grundsätzlich die Vorschriften der UStDV zu beachten sind. Es ist daher dringend zu empfehlen, die Nachweise entsprechend der §§ 8 – 11, 17 UStDV vorzuhalten.[85]

Gemäß § 8 Abs. 1 UStDV i. V. m. § 6 Abs. 4 UStG muss der Unternehmer im Geltungsbereich der UStDV durch Belege nachweisen, dass er oder der Abnehmer den Gegenstand der Lieferung in das Drittlandsgebiet befördert oder versendet haben (Ausfuhrnachweis). Die Voraussetzungen müssen sich aus den Belegen eindeutig und leicht nachprüfbar ergeben.

Form und Inhalt dieses Nachweises bestimmen die Muss-Vorschriften der §§ 8 – 11, 17 UStDV i. V. m. § 6 Abs. 4 UStG. Der Unternehmer kann den Ausfuhrnachweis nur in besonders begründeten Einzelfällen auch abweichend von diesen Vorschriften führen, wenn sich aus der Gesamtheit der Belege die Ausfuhr eindeutig ergibt und der Buchnachweis einwandfrei geführt ist.[86] Die Angaben in den Belegen müssen im Geltungsbereich der UStDV nachprüfbar sein. Eine abweichende Regelung gibt es für den Aussteller von Versendungsbelegen, der seine Geschäftsunterlagen im Gemeinschaftsgebiet vorhalten muss, § 10 Abs. 1 Nr. 2 f. UStDV.

Der Ausfuhrnachweis sollte noch bis zur letzten mündlichen Verhandlung vor dem Finanzgericht über die Steuerfestsetzung geführt werden.[87] Dies gilt nicht, wenn das Finanzgericht für die Vorlage des Ausfuhrnachweises eine Ausschlussfrist gesetzt hat.[88] Solange der Unternehmer noch nicht im Besitz der Ausfuhrnachweise ist, darf er von einer Versteuerung der Ausfuhrlieferung nur absehen, wenn er das Finanzamt auf die fehlenden Belege hinweist. So soll sichergestellt werden, dass die Vervollständigung der Ausfuhrnachweise überwacht und die entsprechende Veranlagung offen gehalten wird. Die Inanspruchnahme der Steuerbefreiung ohne Offenlegung soll bei Vorliegen der subjektiven Voraussetzungen eine Steuerhinterziehung bzw. leichtfertige Steuerverkürzung begründen.[89]

Der Unternehmer hat die Ausfuhrnachweise für eine Dauer von zehn Jahren aufzubewahren, wobei die Aufbewahrungsfrist nicht abläuft, soweit und solange die Festsetzungsfrist noch nicht abgelaufen ist, § 147 Abs. 3 Satz 1 und 3 AO. Ausfuhrbelege müssen nicht in Papierform aufbewahrt werden, sondern können entsprechend § 147 Abs. 2 AO auch auf solchen Datenträgern aufbewahrt werden, bei denen das Verfahren den Grundsätzen ordnungsgemäßer Buchführung entspricht und sichergestellt ist, dass bei der Lesbarmachung die Wiedergabe mit den empfangenen Ausfuhrbelegen bildlich übereinstimmt. Eine Vernichtung von Originalbelegen mit Dienststempelabdrucken kommt nicht in Betracht,

---

[85] Vgl. BFH v. 06.12.2007, V R 59/03, DStR 2008, 297; BFH v. 08.11.2007, V R 71/05, DStR 2008, 718; BFH v. 08.11.2007, V R 72/05, DStR 2008, 716.

[86] Abschn. 6.5. Abs. 1 UStAE.

[87] Vgl. Abschn. 6.5. Abs. 3 UStAE; BFH v. 28.02.1980, V R 118/76, BStBl II 1980, 415; BFH v. 14.12.1994, XI R 70/93, BStBl II 1995, 515.

[88] Vgl. Abschn. 6.5. Abs. 3 Satz 2 UStAE.

[89] Vgl. BFH v. 28.02.1980, V R 118/76, BStBl II 1980, 415; Schwarz, Widmann, Radeisen 2014, § 6, Rz. 144.

da die Farbpigmentierungen der Stempelfarben bei einer digitalen Speicherung nicht dargestellt werden können.[90]

3.2.3.2 Ausfuhrnachweis unter „ATLAS-Ausfuhr"

Seit dem 1. Juli 2009 besteht die Pflicht zur Teilnahme am elektronischen Ausfuhrverfahren (Art. 787 ZK-DVO), wofür in Deutschland das IT-System ATLAS-Ausfuhr zur Verfügung steht.[91] Die Ausfuhrzollstelle überführt die elektronisch angemeldeten Waren in das Ausfuhrverfahren und übermittelt der angegebenen Ausgangszollstelle vorab die Angaben zum Ausfuhrvorgang. Die Ausgangszollstelle überwacht den körperlichen Ausgang der Waren aus dem Zollgebiet der Gemeinschaft und übersendet der Ausfuhrzollstelle die Nachricht „Ausgangsbestätigung/Kontrollergebnis". Die Ausfuhrzollstelle erledigt den Ausfuhrvorgang auf Basis der Ausgangsbestätigung dadurch, dass sie dem Ausführer/Anmelder elektronisch den „Ausgangsvermerk"[92] als pdf-Dokument übermittelt. Der Nachrichtenaustausch zwischen den Teilnehmern und den Zolldienststellen erfolgt per EDIFACT-Nachricht (EDIFACT = Electronic Data Interchange For Administration, Commerce and Transport – Branchenübergreifender internationaler Standard für das Format elektronischer Daten im Geschäftsverkehr).

Geht die „Ausgangsbestätigung/Kontrollergebnis" nicht ein, kann der Ausfuhrvorgang nicht abgeschlossen werden und wird überprüft. Bestätigen die Recherchen den Ausgang der Ware, erstellt die Ausfuhrzollstelle den „Ausgangsvermerk". Legt der Ausführer/Anmelder einen Alternativnachweis, z. B. Frachtbrief, Einfuhrverzollungsbelege vor, erstellt die Ausfuhrzollstelle einen „Alternativ-Ausgangsvermerk".

Das durch die Ausfuhrzollstelle an den Anmelder/Ausführer per EDIFACT-Nachricht übermittelte pdf-Dokument „Ausgangsvermerk" gilt als Beleg i. S. v. § 9 Abs. 1 UStDV oder des § 10 Abs. 1 UStDV.[93] Entsprechendes gilt für den „Alternativ-Ausgangsvermerk".

Kann der Unternehmer in Versendungsfällen den Belegnachweis nicht entsprechend der oben dargestellten Grundsätze führen, weil er nicht selbst Anmelder der Ausfuhr war und ihm kein „Ausgangsvermerk" zugestellt wurde, kann er den Belegnachweis auch durch andere Belege führen. Dazu zählen neben amtlichen Bescheinigungen auch Belege über Einfuhrverzollung im Drittland.[94]

Der Unternehmer hat alle mit der Zollverwaltung ausgetauschten EDIFACT-Nachrichten und das Logbuch zum Nachweis des Nachrichtenaustauschs zu archivieren, § 147 Abs. 1 Nr. 4 i. V. m. Abs. 3 AO.[95]

---

[90] Vgl. BMF v. 18.03.1998, IV C 4 – S 7134 – 10/98, Sicherungskonzept für deutsche EG-Dienststempel.

[91] Hinsichtlich der Funktionsweise des Verfahrens und der zollrechtlichen Implikationen verweisen wir auf unsere Ausführungen unter Punkt Abschn. 3.1.3.1.3.

[92] Vgl. Anhang 27.

[93] Vgl. Abschn. 6.6. Abs. 1 Nr. 1a) UStAE und Abschn. 6.7. Abs. 1 UStAE.

[94] Abschn. 6.6. Abs. 1 Nr. 1a), Abs. 6 UStAE.

[95] Vgl. Abschn. 6.6. Abs. 1 Nr. 1a) UStAE und Abschn. 6.7. Abs. 1 UStAE.

3.2.3.3 Ausfuhrnachweis in Beförderungsfällen (ohne ATLAS)

In den Fällen, in denen der Unternehmer oder der Abnehmer den Gegenstand der Lieferung in das Drittlandsgebiet befördert hat (Beförderungsfälle) und die Ausfuhranmeldung nicht im elektronischen Ausfuhrverfahren angemeldet wurde, hat der Unternehmer den Ausfuhrnachweis regelmäßig durch einen Beleg zu führen, der folgendes enthält, § 9 Abs. 1 Nr. 2 UStDV:

- den Namen und die Anschrift des Unternehmers,
- die handelsübliche Bezeichnung und die Menge des ausgeführten Gegenstandes,
- den Ort und den Tag der Ausfuhr,
- eine Ausfuhrbestätigung der den Ausgang des Gegenstandes aus dem Gemeinschaftsgebiet überwachenden Grenzzollstelle eines Mitgliedstaates.

Ein Beförderungsfall liegt vor, wenn der Unternehmer oder der Abnehmer oder ein von ihnen beauftragter unselbstständiger Erfüllungsgehilfe (z. B. Arbeitnehmer) den Gegenstand der Lieferung selbst, z. B. mit einem eigenen Kraftfahrzeug, in das Drittlandsgebiet verbringt.

Die Ausfuhr aus dem Gemeinschaftsgebiet überwacht und bestätigt die Ausgangszollstelle (Grenzzollstelle). Diese bescheinigt nach Prüfung der Angaben in der Ausfuhranmeldung und der Waren die Ausfuhr

- entweder bei einem Ausfall des IT-Systems „ATLAS-Ausfuhr“ oder bei mündlicher oder konkludenter Ausfuhranmeldung mit dem Dienststempel auf dem Exemplar Nr. 3 des Einheitspapiers[96] oder einem anderen Dokument (z. B. Frachtbrief, Rechnung, Lieferschein).[97]

3.2.3.4 Ausfuhrnachweis im gemeinsamen oder gemeinschaftlichen Versandverfahren oder bei einer Ausfuhr mit Carnet TIR

Das gemeinschaftliche Versandverfahren dient der Erleichterung des innergemeinschaftlichen Warenverkehrs, während das gemeinsame Versandverfahren den Warenverkehr zwischen den EU-Mitgliedstaaten und den EFTA-Ländern (Island, Norwegen, Schweiz und Liechtenstein) erleichtert. Das TIR-Verfahren (Transports Internationaux Routiers) hat einen weiteren geografischen Geltungsbereich als das gemeinschaftliche Versandverfahren und dient der Beförderung von Waren unter zollamtlicher Überwachung durch verschiedene Zollgebiete.[98]

Erfolgt die Ausfuhr im gemeinschaftlichen oder gemeinsamen Versandverfahren (gVV) oder im Verfahren mit Carnet TIR werden die Grenzzollstellen i. d. R. nicht eingeschaltet. Daher tritt an die Stelle der Ausfuhrbestätigung der Grenzzollstelle (§ 9 Abs. 1 Nr. 2 d UStDV) folgender Nachweis, § 9 Abs. 3 UStDV:

[96] Vgl. Anhang 1.

[97] Abschn. 6.6. Abs. 1 Nr. 1b), c) UStAE.

[98] Für weitere Ausführungen verweisen wir auf Kap. 7 „Das Versandverfahren“.

- bei einer Ausfuhr im EDV-gestützten Ausfuhrverfahren (ATLAS-Ausfuhr) durch das von der Ausfuhrzollstelle erstellte Dokument „Ausgangsvermerk“ oder
- durch eine Ausfuhrbestätigung der Abgangsstelle, die nach Eingang der Kontrollergebnisnachricht bzw. nach Eingang des Rückscheins erteilt wird, sofern sich daraus die Ausfuhr ergibt[99]

3.2.3.5 Ausfuhrnachweis in Versendungsfällen – ohne ATLAS-Ausfuhr

Ist die Ausfuhr im IT-System „ATLAS-Ausfuhr“ elektronisch angemeldet worden, ist der Nachweis zwingend über den per EDIFACT-Nachricht übermittelten „Ausgangsvermerk“ zu führen.[100] Bei allen anderen Ausfuhranmeldungen hat der Unternehmer den Ausfuhrnachweis durch folgende Belege zu führen, § 10 Abs. 1 Nr. 2 UStDV:

- durch einen Versendungsbeleg, insbesondere durch Frachtbrief, der vom Auftraggeber des Frachtführer unterzeichnet ist, durch Konnossement, Posteinlieferungsschein oder deren Doppelstücke oder
- durch einen sonstigen handelsüblichen Beleg, insbesondere durch eine Bescheinigung des beauftragten Spediteurs. Der sonstige Beleg soll enthalten:
  - den Namen und die Anschrift des Ausstellers sowie den Tag der Ausstellung,
  - den Namen und die Anschrift des liefernden Unternehmers sowie des Auftraggebers,
  - die handelsübliche Bezeichnung und die Menge des ausgeführten Gegenstandes,
  - den Ort und den Tag der Ausfuhr oder den Ort und den Tag der Versendung in das Drittlandsgebiet,
  - den Empfänger und den Bestimmungsort im Drittlandsgebiet,
  - eine Versicherung des Ausstellers, dass die Angaben in dem Beleg aufgrund von Geschäftsunterlagen gemacht wurden, die im Gemeinschaftsgebiet nachprüfbar sind,
  - die Unterschrift des Ausstellers des Belegs.

Ein Versendungsfall liegt vor, wenn der liefernde Unternehmer oder der Abnehmer die Beförderung durch einen selbstständigen Beauftragten ausführen oder besorgen lässt (z. B. Frachtführer, Spediteur).

► **Hinweis** Der CMR Frachtbrief[101] ist zunächst einmal nicht dazu bestimmt, den Nachweis der Ausführung des Transportes an den Abnehmer zu erbringen. Seine Funktion besteht vielmehr im Nachweis des Beförderungsvertrages und der Übernahme des Gutes durch den Frachtführer zur Durchsetzung eventueller zivilrechtlicher Regressansprüche. Lange Zeit war daher strittig, ob ein CMR-Frachtbrief ein gültiger Versendungsbeleg i. S. d. § 10 Abs. 1 Nr. 2 UStDV ist. Der BFH hat nunmehr klargestellt, dass ein CMR-Frachtbrief ein Versendungsbeleg

[99] Abschn. 6.6. Abs. 1 Nr. 2 UStAE.

[100] Vgl. Abschn. 3.2.3.2.

[101] Vgl. Anhang 23.

i. S. V. § 10 Abs. 1 UStDV ist und zwar auch dann, wenn er keine Bestätigung über den Warenempfang am Bestimmungsort enthält.[102] Das BMF verlangt in diesen Fällen, dass der Frachtbrief vom Absender als Auftraggeber des Frachtführers, also dem Versender des Liefergegenstandes, unterzeichnet ist (CMR, Feld 22).[103]

Sonstige handelsübliche Belege sind alle Belege, die von den Beauftragten für Zwecke des Ausfuhrnachweises ausgestellt werden (z. B. Ausfuhrbescheinigungen der Spediteure, Versandbestätigungen der Lieferer) oder die bei der Abwicklung eines Ausfuhrgeschäfts anfallenden Geschäftspapiere (z. B. Rechnungen, Auftragsschreiben, Lieferscheine, Kopien von Versendungsbelegen, Spediteur-Übernahmebestätigungen, Frachtabrechnungen und sonstiger Schriftwechsel).

Die bei der Abwicklung eines Ausfuhrgeschäfts anfallenden Geschäftspapiere können nur in Verbindung mit anderen Belegen als Ausfuhrnachweis dienen, wenn sich aus der Gesamtheit der Belege alle Angaben des § 10 Abs. 1 UStDV eindeutig ergeben.

Beauftragt der Unternehmer oder der Abnehmer einen Spediteur, Frachtführer oder Verfrachter mit der Beförderung oder Versendung des Gegenstandes, kann der Unternehmer die Ausfuhr durch eine Ausfuhrbescheinigung nach einem von der Finanzverwaltung vorgeschriebenem Muster[104] nachweisen (so genannte „Weiße Spediteurbescheinigung"). Das Muster-Formular enthält alle nach § 10 Abs. 1 Nr. 2 b gg) UStDV vorgeschriebenen Angaben. Die Bescheinigung muss vom Spediteur eigenhändig unterschrieben werden (§ 10 Abs. 1 Nr. 2 g UStDV). Auf eine eigenhändige Unterschrift kann verzichtet werden, wenn die für den Spediteur zuständige Landesfinanzbehörde die Verwendung des Unterschriftenstempels (Faksimile) oder einen maschinellen Unterschriftenausdruck genehmigt hat und auf der Bescheinigung die Genehmigungsverfügung der Landesfinanzbehörde unter Angabe von Datum und Aktenzeichen hingewiesen wird.

Eine von einem Spediteur ausgestellte Ausfuhrbescheinigung soll nur dann als gültiger Ausfuhrnachweis herangezogen werden können, wenn der mit der Versendung beauftragte Spediteur über ordnungsgemäße Geschäftsunterlagen verfügt, aus denen sich die Richtigkeit der von ihm erteilten Ausfuhrbestätigung ergibt.[105] Aus diesem Grund werden die Betriebsprüfer und USt-Sonderprüfer immer häufiger angehalten, die Geschäftsunterlagen der Aussteller von Ausfuhrbescheinigungen zu überprüfen.[106]

Anstelle der Spediteurbescheinigung lässt es die Finanzverwaltung zu, dass der Unternehmer die Ausfuhr im Ausfall- und Sicherheitskonzept (siehe Abschn. 6.2. Abs. 4 Nr. 1 UStAE) mit dem bestätigten Exemplar Nr. 3 des Einheitspapiers[107] oder dem Ausfuhrbe-

---

[102] Vgl. BFH v. 12.05.2009, VR 65/06, entgegen BMF v. 06.01.2009 IV B 9 – S 7141/08/10001.

[103] Abschn. 6.7. Abs. 1 a UStAE.

[104] Vgl. Anhang 24.

[105] Vgl. FG Düsseldorf v. 26.02.1991, 8 K 7/87 U, EFG 1991, 504.

[106] Vgl. BFM Schreiben an die Verbände v. 30.01.2008, IV A 6 – S 7131/07/0001.

[107] Vgl. Anhang 1.

gleitdokument (ABD)[108] nachweist, wenn dieses Exemplar auf der Rückseite mit einem Ausfuhrvermerk der Ausgangszollstelle versehen ist.[109]

Ist die Ausfuhr elektronisch angemeldet worden und ist es dem Unternehmer nicht möglich oder zumutbar, den Nachweis mit dem „Ausgangsvermerk“ oder „Alternativ-Ausgangsvermerk“ zu führen, kann er die Ausfuhr mit den in § 10 Abs. 1 Nr. 2 UStDV genannten Belegen nachweisen.[110] In diesen Fällen muss der Beleg zusätzlich die Versendungsbezugsnummer der Ausfuhranmeldung (Movement Reference Number – MRN) enthalten. Dies betrifft insbesondere die Fälle, in denen ein anderer als der liefernde Unternehmer die Ausfuhr anmeldet.

Unternehmer, denen Versendungsbelege, Spediteurbescheinigungen oder andere handelsübliche Belege ausgestellt worden sind, obwohl sie diese für Zwecke des Ausfuhrnachweises nicht benötigen, können die Belege mit einem Übertragungsvermerk versehen und an den Unternehmer, der die Lieferung bewirkt hat, zur Führung des Ausfuhrnachweises weiterleiten.[111] Dies wird typischerweise dann der Fall sein, wenn die Versendung von dem Abnehmer veranlasst wird.

Beispiel

Der Unternehmer U liefert Stoffe an seinen Abnehmer A in der Schweiz. Die vereinbarte Lieferbedingung ist EXW. A beauftragt den Frachtführer F mit der Abholung der Waren bei U und erhält von F das Doppel des Frachtbriefes. U bewirkt eine Ausfuhrlieferung und hat die Ausfuhr der Waren in die Schweiz nachzuweisen (Ausfuhrnachweis). A kann zu diesem Zweck das Doppelstück des Frachtbriefs mit einem Übertragungsvermerk versehen und an U übergeben.

In Ausnahmefällen kann der Unternehmer den Ausfuhrnachweis über eine Versendungslieferung wie bei einer Beförderungslieferung führen (§ 10 Abs. 4 UStDV). Dabei handelt es sich nach Auffassung der Finanzverwaltung hauptsächlich um diejenigen Fälle, in denen der selbstständige Beauftragte die in § 10 Abs. 1 Nr. 2 b ff. UStDV vorgesehene Versicherung über die Nachprüfbarkeit der Angaben im Gemeinschaftsgebiet nicht abgeben kann (z. B. bei einem Beauftragten mit Sitz im Drittland). An den Nachweis des Unternehmers, dass ein Ausnahmefall i. S. d. § 10 Abs. 4 UStDV vorliegt, sind keine erhöhten Anforderungen zu stellen.

3.2.3.6 Ausfuhrnachweis in Bearbeitungs- und Verarbeitungsfällen

In den Fällen, in denen der Gegenstand der Lieferung durch einen Beauftragten vor der Ausfuhr bearbeitet oder verarbeitet worden ist (Bearbeitungs- und Verarbeitungsfälle),

[108] Vgl. Anhang 18.

[109] Vgl. Abschn. 6.7. Abs. 2 Satz 3 UStAE.

[110] § 10 Abs. 3 UStDV; Abschn. 6.7. Abs. 2 a UStAE.

[111] Vgl. Abschn. 6.7. Abs. 1 Satz 5 UStAE.

soll der Unternehmer den Ausfuhrnachweis regelmäßig durch einen Beleg nach § 9 oder § 10 UStDV führen, der zusätzlich folgende Angaben enthält, § 11 UStDV:

- den Namen und die Anschrift des Beauftragten,
- die handelsübliche Bezeichnung und die Menge des an den Beauftragten übergebenen oder versendeten Gegenstands,
- den Ort und den Tag der Entgegennahme des Gegenstands durch den Beauftragten,
- die Bezeichnung des Auftrags und der vom Beauftragten vorgenommenen Bearbeitung oder Verarbeitung.

Ist der Gegenstand der Lieferung durch mehrere Beauftragte bearbeitet oder verarbeitet worden, so haben sich diese Angaben auf die Bearbeitung oder Verarbeitung eines jeden Beauftragten zu erstrecken (§ 11 Abs. 2 UStDV).

Diese zusätzlichen Angaben auf dem Beleg tragen dem Umstand Rechnung, dass der Liefergegenstand in Bearbeitungs- oder Verarbeitungsfällen nicht mehr mit dem Gegenstand übereinstimmt, der tatsächlich ausgeführt wird und dessen Ausfuhr bestätigt wird.

Der Beauftragte kann zu diesem Zweck folgende Belege ausstellen:

- Der Beauftragte versieht den Beleg über den Ausfuhrnachweis mit einem die zusätzlichen Angaben enthaltenen Übertragungsvermerk.
- Der Beauftragte macht die zusätzlichen Angaben auf einem gesonderten Beleg.[112]
- Der Beauftragte stellt eine kombinierte Ausfuhr- und Bearbeitungsbescheinigung[113] nach vorgeschriebenem Muster aus, wenn er im Besitz der entsprechenden Ausfuhrbelege ist (Versendungsbeleg, Spediteurbescheinigung, Ausfuhrbestätigung der Grenzzollstelle, etc.).[114]

Ist der Gegenstand der Lieferung nacheinander durch mehrere Beauftragte bearbeitet oder verarbeitet worden, so sind für jeden Beauftragten die erforderlichen Angaben zu machen. Dies kann entweder durch gesonderte Bescheinigungen jedes einzelnen Beauftragten erfolgen oder aber durch eine Bescheinigung des Beauftragten, dem der Unternehmer den Liefergegenstand übergeben hat, wenn dieser nicht nur die von ihm selbst vorgenommene Bearbeitung, sondern auch die Bearbeitung nachfolgender Beauftragter bescheinigt.[115]

3.2.3.7 Ausfuhrnachweis im nichtkommerziellen Reiseverkehr

In den Fällen, in denen der Abnehmer den Liefergegenstand in seinem persönlichen Reisegepäck in das Drittland verbringt, hat der Unternehmer alle Voraussetzungen des § 6 Abs. 3a UStG nachzuweisen, §§ 9, 17 UStDV:

[112] Vgl. Abschn. 6.8. Abs. 1 Satz 2 UStAE.

[113] Vgl. Anhang 25.

[114] Vgl. Abschn. 6.8. Abs. 1 Satz 3 UStAE.

[115] Vgl. Abschn. 6.8. Abs. 2 UStAE.

- Die Verbringung des Liefergegenstandes in das Drittlandsgebiet soll grundsätzlich gemäß § 9 UStDV durch eine Ausfuhrbestätigung der den Ausgang des Gegenstandes aus dem Gemeinschaftsgebiet überwachenden Grenzzollstelle nachgewiesen werden.

Die Ausfuhrbestätigung erfolgt entweder durch Dienststempel auf der vorgelegten Rechnung oder dem vorgelegten Ausfuhrbeleg. Dies gilt aus Vereinfachungsgründen auch dann, wenn außer dem Stempelabdruck keine weiteren Angaben, z. B. Datum und Unterschrift, gemacht sind oder wenn vordruckmäßig vorgesehene Ankreuzungen auf dem Ausfuhrbeleg fehlen. Entscheidend ist, dass sich aus dem Beleg die Abfertigung des Liefergegenstandes zur Ausfuhr erkennen lässt.[116]

- Der Unternehmer hat die Einhaltung der Ausfuhrfrist von 3 Monaten (§ 6 Abs. 3a Nr. 2 UStG) nachzuweisen.

Die Einhaltung der Ausfuhrfrist kann der Unternehmer durch Angabe des Tags der Ausfuhr im Ausfuhrbeleg nachweisen. Fehlt es an der Angabe des Tags der Ausfuhr (z. B. weil die Ausfuhrbestätigung keine Datumsangabe enthält), muss der Tag der Ausfuhr durch andere Unterlagen nachgewiesen werden.

- Der Unternehmer muss nachweisen, dass der Abnehmer zum Zeitpunkt der Lieferung seinen Wohnort im Drittlandsgebiet hatte (Abnehmernachweis).
- Der Abnehmernachweis wird nach § 17 UStDV durch folgende Angaben erbracht:
  - den Namen und die Anschrift des Abnehmers,
  - eine Bestätigung der den Ausgang des Gegenstands der Lieferung aus dem Gemeinschaftsgebiet überwachenden Grenzzollstelle eines Mitgliedstaates, dass Name und Anschrift mit den Eintragungen in dem vorgelegten Pass oder sonstigen Grenzübertrittspapier desjenigen übereinstimmen, der den Gegenstand in das Drittlandsgebiet verbringt.

Für den Abnehmernachweis nach § 17 UStDV soll ein Vordruck nach von der Finanzverwaltung vorgeschriebenem Muster[117] verwendet werden.[118]

Aus dem Ausfuhrbeleg (Rechnung oder entsprechender Beleg) müssen sich Name und die Anschrift des Abnehmers ergeben (Land, Wohnort, Straße und Hausnummer). Hiervon kann sich der Unternehmer durch Einsichtnahme in das vom Abnehmer vorgelegte Grenzübertrittspapier (Pass oder Personalausweis) überzeugen. Sollte aufgrund von Sprachproblemen die Angabe der vollständigen Anschrift nicht möglich sein, genügt neben dem Na-

[116] Vgl. Abschn. 6.11. Abs. 3 Satz 3 UStAE.

[117] Vgl. Anhang 26.

[118] Vgl. Abschn. 6.11. Abs. 10 UStAE.

men die Angabe des Landes sowie die Angabe der Nummer des Reisepasses oder anderen Grenzübertrittspapiers.[119]

Die Ausgangszollstelle bestätigt neben der Ausfuhr auch, dass die Angaben zum Namen und Anschrift (bzw. Land) des Abnehmers mit den Eintragungen im vorgelegten Grenzübertrittspapier desjenigen übereinstimmen, der den Gegenstand in seinem Reisegepäck in das Drittland verbringt. Erteilt die Ausgangszollstelle nicht die Abnehmerbestätigung (z. B. weil die Angaben nicht übereinstimmen; weil der Personalausweis eines Landes vorgelegt wurde, dessen Staatsangehörige nur unter Vorlage eines Reisepasses einreisen dürfen; weil der Pass einen drei Monate übersteigenden Aufenthaltstitel für die BRD enthält, etc.), bestehen keine Bedenken, eine entsprechende Bestätigung einer amtlichen Stelle der Bundesrepublik Deutschland im Wohnsitzstaate des Abnehmers vorzulegen.[120]

3.2.3.8 Besonderheiten

3.2.3.8.1 Warenlieferungen unter EUR 1000

Unter gewissen Voraussetzungen kann die Ausfuhranmeldung mündlich abgegeben werden, wenn z. B. Waren zu kommerziellen Zwecken ausgeführt werden, die je Sendung und Anmelder eine bestimmte Wertschwelle nicht überschreiten. Die Wertschwelle richtet sich nach den gemeinschaftsrechtlichen Statistikvorschriften und beträgt derzeit EUR 1000.[121]

Als Ausfuhrbeleg i. S. v. § 9 Abs. 1 UStDV dient in diesen Fällen

- die Ausfuhrbestätigung der Ausgangszollstelle (Dienststempelabdruck und Datum auf einem die Ware begleitenden Dokument (z. B. Rechnung, Lieferschein) oder
- die Quittung der Ausgangszollstelle über die Entrichtung der geschuldeten Abgaben, wenn solche bei der Ausfuhr erhoben wurden[122]

3.2.3.8.2 Lieferungen im Freihafen

Die Lieferung von Gegenständen im Freihafen, die sich zum Zeitpunkt der Lieferung einfuhrumsatzsteuerlich im freien Verkehr befinden, gelten als im Inland ausgeführt (§ 1 Abs. 3 Nr. 4 b UStG) und sind wie Ausfuhrlieferungen zu behandeln, wenn der Gegenstand bei der Lieferung in das übrige Drittlandsgebiet gelangt.[123]

Der Finanzverwaltung genügt es in diesen Fällen, dass der Unternehmer die vorbezeichneten Voraussetzungen glaubhaft macht. Das Fehlen des buchmäßigen Nachweises ist ebenfalls nicht zu beanstanden.[124]

[119] Vgl. Abschn. 6.11. Abs. 6 Satz 6 UStAE.

[120] Vgl. Abschn. 6.11. Abs. 9 UStAE.

[121] Art. 225 Buchst. b ZK-DVO.

[122] Art. 228 ZK-DVO.

[123] Abschn. 6.9. Abs. 1 UStAE.

[124] Abschn. 6.9. Abs. 1 UStAE.

3.2.3.8.3 Lieferungen in den Freihafen

Befördert der Unternehmer den Gegenstand der Lieferung in eine Freizone des Kontrolltyps I (Freihäfen Bremerhaven und Cuxhaven), ist die Beschaffung der Bestätigung der den Ausgang aus dem Zollgebiet überwachenden Zollämter an der Freihafengrenze wegen der großen Anzahl der Beförderungsfälle nicht zumutbar.[125] Als Ausfuhrnachweis kann deshalb ein Beleg anerkannt werden, der neben den in § 9 Abs. 1 S. 1 Nr. 2 a bis c bezeichneten Angaben folgendes enthält:

- einen Hinweis darauf, dass der Unternehmer den Gegenstand in eine Freizone des Kontrolltyps I befördert hat,
- eine Empfangsbestätigung des Abnehmers oder seines Beauftragten mit Datum, Unterschrift, Firmenstempel und Bezeichnung des Empfangsorts.

Als Belege kommen insbesondere Lieferscheine, Kaiempfangsscheine oder Rechnungsdurchschriften in Betracht.

3.2.3.8.4 Versendungen nach Grenzbahnhöfen oder Güterabfertigungsstellen

Werden Liefergegenstände von einem Ort im Inland nach einem Grenzbahnhof oder einer Güterabfertigungsstelle eines deutschen Eisenbahnunternehmens im Drittlandsgebiet versendet, kann der Ausfuhrnachweis mithilfe

- des Frachtbriefes, des Frachtbriefdoppels oder mit der vom Eisenbahnunternehmen ausgestellten Bescheinigung zu Umsatzsteuerzwecken[126]

geführt werden. Gleiches gilt, wenn sich der Grenzbahnhof oder die Güterabfertigungsstelle zwar im Inland befindet, dort aber direkte Anschlüsse in Freihäfen vorliegen und diese Anschlüsse in den Versendungsbelegen benannt sind.

Folgende Grenzbahnhöfe oder Güterabfertigungsstellen befinden sich im Drittlandsgebiet:

- Basel Bad Bf
- Basel Bad Gbf
- Bremerhaven Nordhafen (ohne Carl-Schulz-Gelände)
- Schaffhausen
- Bremerhaven Kaiserhaven (soweit ein Bestimmungsort im Drittland beliefert wird)

Folgende Grenzbahnhöfe oder Güterabfertigungsstellen befinden sich im Inland mit der Möglichkeit, Freihäfen direkt zu beliefern:

[125] Abschn. 6.6. Abs. 7 UStAE.

[126] Abschn. 6.9. Abs. 2 S.1 UStAE.

- Cuxhaven, Anschluss Amerika-Bahnhof Gleise 1 und 2
- Cuxhaven, Anschluss Amerika-Bahnhof Lentzkai Gleise 9 und 10

Auf folgenden Grenzbahnhöfen im Inland bestehen auch Güterabfertigungsstellen der Schweizer Bundesbahn (SBB). Hier kann der Ausfuhrnachweis auch mittels Frachtbrief oder Frachtbriefdoppel der SBB geführt werden.

- Konstanz, SBB
- Singen (Hohentwiel), SBB
- Waldshut (soweit die Güterabfertigung durch die Eisenbahnen des Bundes für die SBB übernommen wird)

3.2.3.8.5 Postsendungen

Bei Postsendungen kommen als Ausfuhrnachweise Versendungsbelege und andere Belege in Betracht:

Versendungsbelege bei Postsendungen sind

- der Einlieferungsbeleg für eingeschriebene Briefsendungen einschließlich eingeschriebener Päckchen, für Briefe mit Wertangabe und für gewöhnliche Briefe mit Nachnahme sowie der Einlieferungsschein für Filialkunden bzw. die Einlieferungsliste (Auftrag zur Beförderung Ausland) für Vertragskunden für Postpakete (Wertpakete und gewöhnliche Postpakete). Die Bescheinigung wird erteilt auf den Einlieferungsbelegen bzw. –scheinen, im Einlieferungsbuch, auf Belegen des Absenders, die im Aufdruck mit dem Einlieferungsbeleg bzw. –schein, der Einlieferungsliste oder dem Einlieferungsbuch im Wesentlichen übereinstimmen, und – bei gewöhnlichen Postpaketen – auch auf vom Absender vorbereiteten Bescheinigungen.
- die Versandbestätigung für gewöhnliche Päckchen auf vom Absender vorbereiteten Bescheinigungen.

Andere Belege bei Postsendungen sind

- die von der Ausfuhrzollstelle und der Postdienststelle mit Stempelabdruck versehene Ausfuhranmeldung (Exemplar Nr. 3 des Einheitspapiers bzw. der erteilte „Ausgangsvermerk") oder die Ausfuhrkontrollmeldung mit Stempelabdruck der Postdienststelle. Ist der Anmelder nach Art. 237 und 238 ZK-DVO von der Vorlage einer schriftlichen Ausfuhranmeldung befreit (kommerzielle Postsendungen bis zu einem Wert von EUR 1000, nichtausfuhrabgabenpflichtige Postsendungen, Drucksachen), kann der Nachweis nicht durch die Ausfuhranmeldung oder die Ausfuhrkontrollmeldung geführt werden.
- leicht nachprüfbare innerbetriebliche Versendungsunterlagen in Verbindung mit den Aufzeichnungen in der Finanzbuchhaltung. Dieser Nachweis kommt bei der Ausfuhr von Gegenständen in gewöhnlichen Briefen, für die eine Ausfuhranmeldung oder eine

Ausfuhrkontrollmeldung nicht erforderlich ist, in Betracht. Diese Regelung trägt dem Umstand Rechnung, dass bei diesen Ausfuhrsendungen der Ausfuhrnachweis weder durch einen Postversendungsbeleg noch durch eine Ausfuhranmeldung, -kontrollmeldung geführt werden kann.

3.2.3.8.6 Kurierdienste

Mit BMF-Schreiben vom 25.06.2001 hat die Finanzverwaltung Vereinfachungen für den Ausfuhrnachweis bei der Versendung von Gegenständen durch einen Kurierdienst geschaffen.[127] Diese wurden zwischenzeitlich in Abschn. 6.9. Abs. 6 UStAE in den Umsatzsteueranwendungserlass übernommen.

Eine Kurierdienstleistung wird erbracht, wenn adressierte Sendungen in einer Weise befördert werden, dass entweder einzelne nachgewiesene Sendungen im Interesse einer schnellen und zuverlässigen Beförderung auf dem Weg vom Absender zum Empfänger ständig begleitet werden und die Begleitperson die Möglichkeit hat, jederzeit auf die einzelne Sendung zuzugreifen und die erforderlichen Dispositionen zu treffen, oder eine Kontrolle des Sendungsverlaufs durch den Einsatz elektronischer Kontroll- und Steuerungssysteme jederzeit möglich ist (sog. tracking and tracing).

Der Nachweis der Ausfuhr kann durch die schriftliche Auftragserteilung an den Kurierdienstleister geführt werden. An diesen sind die gleichen Anforderungen zu stellen, wie an einen Posteinlieferungsschein. Im Einzelnen sollen folgende Angaben vorhanden sein:

- Name und Anschrift des Ausstellers des Belegs,
- Name und Anschrift des Absenders,
- Name und Anschrift des Empfängers,
- handelsübliche Bezeichnung und Menge der beförderten Gegenstände,
- Tag der Einlieferung der beförderten Gegenstände beim Kurierdienstleister

Aus Vereinfachungsgründen kann bzgl. der Angaben zur handelsüblichen Bezeichnung, Menge und Wert der beförderten Gegenstände auf die Rechnung des Auftraggebers durch Angabe der Rechnungsnummer verwiesen werden, wenn auf dieser die Nummer des Versendungsbelegs angegeben ist.[128] Überwacht ein Transportunternehmen den Sendungsverlauf elektronisch, wird für Zwecke des Ausfuhrnachweises nicht zwischen den Leistungen von Kurierdiensten und anderen Transportunternehmen (Spediteure, Frachtführer) unterschieden.

3.2.3.8.7 Druckerzeugnisse

Bücher, Zeitungen, Zeitschriften und sonstige Druckerzeugnisse werden vielfach als Sendungen zu ermäßigtem Entgelt oder als Sendungen zu ermäßigtem Entgelt in besonderem

[127] Vgl. BFM v. 25.06.2001, IV D 1 – S – 7134 – 30/01.

[128] Vgl. Abschn. 6.9. Abs. 6 Satz 4 UStAE.

Beutel („M-Beutel“) in das Drittlandsgebiet versandt. In diesen Fällen kann der Ausfuhrnachweis nicht durch Versendungsbelege geführt werden.[129]

Die Ausfuhr kann dann durch leicht nachprüfbare innerbetriebliche Versendungsunterlagen i. V. m. den Aufzeichnungen in der Finanzbuchhaltung nachgewiesen werden. Innerbetriebliche Versendungsbelege bei Lieferungen von Büchern können sein:

- Auslieferungslisten oder Auslieferungskarteien mit Versanddaten, nach Nummern oder alphabetisch geordnet,
- Durchschriften von Rechnungen oder Lieferscheinen, nach Nummern oder alphabetisch geordnet,
- Postausgangsbücher oder Portobücher

Innerbetriebliche Versendungsbelege bei Lieferungen von Zeitschriften, Zeitungen oder sonstigen periodisch erscheinenden Druckschriften in das Drittlandsgebiet können sein:

- Fortsetzungskarteien oder Fortsetzungslisten mit Versanddaten – in der Regel nur bei geringer Anzahl von Einzellieferungen –,
- Fortsetzungskarteien oder Fortsetzungslisten ohne Versanddaten – bei Massenversand häufig erscheinender Zeitschriften – und zwar entweder in Verbindung mit Strichvermerken auf den Karteikarten oder in Verbindung mit maschinell erstellten Aufklebeadressen,
- Durchschriften von Rechnungen, nach Nummern oder alphabetisch geordnet,
- Postausgangsbücher oder Portobücher – nicht bei Massenversand.

Der Zusammenhang zwischen den Lieferungen und den dazu gehörigen Entgelten soll durch Verweisungen zwischen den Versendungsunterlagen und der Finanzbuchhaltung leicht nachprüfbar nachgewiesen werden. Dazu dienen in der Regel die Nummern oder die Daten der Rechnungen oder der Lieferscheine, die auf den Debitorenkonten und auf den Auslieferungslisten, Auslieferungskarteien oder sonstigen Versendungsunterlagen zu vermerken sind.

Werden Druckerzeugnisse von einem Vertreter des Unternehmers, z. B. von einem sog. Auslieferer, gelagert und auf Weisung des Unternehmers in das Drittland versendet, kann der Unternehmer die Ausfuhr auch durch eine Ausfuhrbestätigung seines Lieferers oder des Vertreters, die auf innerbetrieblichen Versendungsunterlagen beruhen kann, nachweisen.

3.2.3.8.8 Kraftfahrzeuge mit eigener Antriebskraft

Gelangt ein Kraftfahrzeug mit eigener Antriebskraft in das Drittlandsgebiet, kann oft nur schwer festgestellt werden, ob tatsächlich eine Ausfuhr vorliegt oder ob das Fahrzeug nur vorübergehend im Drittlandsgebiet verbleibt. Deshalb hatte die Finanzverwaltung

[129] Vgl. Abschn. 6.9. Abs. 7 Satz 2 UStAE.

für diese Fälle Einschränkungen beim Nachweis der Ausfuhr getroffen.[130] Der BFH hat jedoch ausdrücklich bestätigt, dass die durch die Finanzverwaltung geforderten zusätzlich zu erbringenden Nachweise keine Voraussetzung zur Gewährung der Steuerfreiheit sind, soweit der Steuerpflichtige die nach §§ 9, 10 UStDV geforderten Nachweise vorlegen kann und keine Anhaltspunkte für eine Unrichtigkeit dieser Nachweise bestehen. Die Steuerfreiheit ist damit grundsätzlich z. B. auch ohne Vorliegen eines internationalen Zulassungsscheins und eines Ausfuhrkennzeichens zu gewähren.[131]

Werden die Kraftfahrzeuge mittels „ATLAS-Ausfuhr" elektronisch zur Ausfuhr angemeldet ist anhand der Codierung 9DEG erkennbar, dass ein Internationaler Zulassungsschein und Ausfuhrkennzeichen vorliegen. Der per EDIFACT-Nachricht übermittelte „Ausgangsvermerk" ist entsprechend als Ausfuhrnachweis anzuerkennen.[132]

3.2.3.8.9 Werklieferung an einem beweglichen Gegenstand

Bei einer Werklieferung an einem beweglichen Gegenstand, z. B. beim Einbau eines Motors in ein Kraftfahrzeug, kann der Ausfuhrnachweis als erbracht angesehen werden, wenn die Grenzzollstelle oder die Abgangsstelle die Ausfuhr des tatsächlich in das Drittlandsgebiet gelangten Gegenstandes, z. B. des Kraftfahrzeugs, bestätigt, und sich aus der Gesamtheit der vorliegenden Unterlagen kein ernstlicher Zweifel ergibt, dass die verwendeten Stoffe mit dem ausgeführten Gegenstand in das Drittlandsgebiet gelangt sind.[133]Auch hier gelten die Regelungen zur Nachweisführung unter „ATLAS-Ausfuhr" entsprechend.[134]

3.2.3.8.10 Beförderung durch Transportmittel der Bundeswehr, Stationierungstruppen oder Poststellen des Auswärtigen Amts

Ist der Nachweis durch Belege mit einer Bestätigung der Grenzzollstelle oder der Abgangszollstelle nicht möglich, z. B. bei der Ausfuhr von Gegenständen durch die Kurier- und Poststelle des Auswärtigen Amts oder durch Transportmittel der Bundeswehr oder der Stationierungstruppen, kann der Unternehmer den Ausfuhrnachweis auch durch andere Belege führen.[135]

Als Ersatzbelege können insbesondere Bescheinigungen amtlicher Stellen der Bundesrepublik Deutschland anerkannt werden, z. B.:

- Bescheinigungen des Auswärtigen Amts einschließlich der diplomatischen oder konsularischen Vertretungen des Bundesrepublik Deutschland im Bestimmungsland,
- Bescheinigungen der Bundeswehr einschließlich ihrer im Drittland stationierten Truppeneinheiten,

[130] Vgl. Abschn. 135 Abs. 10 UStR 2008 a. F. (gestrichen).

[131] Vgl. BFH v. 31.07.2008, V R 21/06.

[132] Vgl. Abschn. 3.2.3.2.

[133] Abschn. 6.6. Abs. 5 UStAE.

[134] Vgl. Abschn. 3.2.3.2.

[135] Abschn. 6.6. Abs. 6 UStAE.

- Belege über die Verzollung oder Einfuhrbesteuerung durch außergemeinschaftliche Zollstellen oder beglaubigte Abschriften davon,
- Transportbelege der Stationierungstruppen, z. B. Militärfrachtbriefe,
- Abwicklungsscheine.

Literatur

Birkenfeld, W., Hrsg. 2005. *Das große Umsatzsteuer-Handbuch*. Köln: Verlag Dr. Otto Schmidt KG (ISBN: 9783504240073, Stand: Mai 2014).

Rau, Günter, und Erich Dürrwächter. 2014. *Kommentar zum Umsatzsteuergesetz*. 158. Aufl. Köln: Verlag Dr. Otto Schmidt KG (ISBN: 9783504240615, Stand: April).

Reiß, Wolfram, Jörg Kraeusel, Michael Langer, und Christoph Wäger, Hrsg. 2014. *Kommentar zum Umsatzsteuergesetz. Grundwerk mit 113. Ergänzungslieferung*. 1. Aufl. Bonn: Stollfuß Medien GmbH & Co. KG (ISBN: 9783082547007, Stand: Mai).

Schwarz, Bernhard, Werner Widmann, und Rolf-Rüdiger Radeisen, Hrsg. 2014. *Kommentar zum Umsatzsteuergesetz*. Köln: Haufe-Lexware (ISBN: 9783448011838).

Sölch, Ringleb, und Gerhard Mößlang, Hrsg. 2014. *Umsatzsteuergesetz, Kommentar*. 72. Aufl. München: Verlag C.H. Beck oHG (ISBN: 9783406452093, Stand: April).

Thoma, Alexander, und Boris Gelse. 2004. Die Umsatzsteuerbefreiung für Ausfuhrlieferungen, Umsatzsteuerliche und zollrechtliche Aspekte von Ausfuhrlieferungen. *Der Umsatz-Steuerberater,* 385–389.

Witte, Peter, und Hans-Michael Wolffgang, Hrsg. 2012. *Lehrbuch des Europäischen Zollrechts*. 7. Aufl. Herne: NWB Verlag GmbH & Co. KG (ISBN: 9783482435478).

Die Lagerung von Drittlandswaren

4

4.1 Lagerung im Rahmen der Verwahrung

4.1.1 Zollrechtliche Grundlagen

Werden Waren in das Zollgebiet der Gemeinschaft verbracht, sind diese unverzüglich zu der von den Zollbehörden bezeichneten Zollstelle (Eingangszollstelle in die EU) zu befördern und dort zu gestellen, Art. 38, 40 ZK. Des Weiteren ist regelmäßig eine summarische Anmeldung abzugeben, Art. 36a ZK.[1] Nach Abgabe der summarischen Anmeldung verbleiben dem Verbringer 20 Tage (bei auf dem Seewege beförderten Waren 45 Tage) bis zur Erfüllung der Förmlichkeiten, damit die Waren einer zollrechtlichen Bestimmung zugeführt werden können, Art. 49 ZK. Zollrechtliche Bestimmung kann z. B. die Überführung in den freien Verkehr sein. Bis zum Erhalt einer zollrechtlichen Bestimmung befinden sich die Waren in der vorübergehenden Verwahrung, Art. 50–53 ZK. Innerhalb dieser Verwahrung dürfen an der Ware, mit Ausnahme gewisser zur Erhaltung der Waren erforderlicher Behandlungen, keine Veränderungen vorgenommen werden. Auch dürfen sie nicht vom Ort der Verwahrung (in der Regel beim Empfänger der Ware oder bei einem Spediteur) entfernt werden. Die vorübergehende Verwahrung steht einem Verkauf der Ware aber nicht entgegen.

Finden während der Verwahrung Pflichtverletzungen statt oder wird die Verwahrung ohne Zustimmung der Zollverwaltung tatsächlich beendet, entsteht eine Zollschuld gemäß Art. 204 ZK (im Falle einer Pflichtverletzung) bzw. Art. 203 ZK (im Falle der Beendigung ohne Zustimmung der Zollbehörde) aufgrund der Entziehung einfuhrabgabenpflichtiger Waren aus der zollamtlichen Überwachung). Art. 203 Abs. 1 ZK hat dabei Vorrang vor der

[1] Das Recht der (früheren) summarischen Anmeldung (obsolet: Art. 43–45 ZK) jetzt: summarische Anmeldung zur vorübergehenden Verwahrung (VVSumA) – ist nicht mehr Gegenstand des ZK; es wird jetzt in Art. 186 DVO geregelt; vgl. Kampf in Witte und Wolffgang 2012, S. 77.

A. Thoma et al., *Zoll und Umsatzsteuer,* DOI 10.1007/978-3-658-00165-0_4

Zollschuldentstehung wegen sonstiger Pflichtverletzungen gem. Art. 204 ZK (vgl. Kampf in Witte und Wolffgang 2012, S. 313).

Pflichtverletzungen können z. B. in einer nicht zugelassenen Behandlung (z. B. Verarbeitungen der Ware) der überlassenen Waren oder einem nicht zugelassenen Ab- und Umladen bestehen.[2]

Zollschuldner ist bei einer Zollschuldentstehung nach Art. 203 ZK ggf. die Person, welche die Verpflichtungen einzuhalten hatte, die sich aus der vorübergehenden Verwahrung einer einfuhrabgabenpflichtigen Ware ergeben, Art. 203 Abs. 3–4 ZK. Bei einer Zollschuldentstehung gem. Art. 204 ZK ist Zollschuldner die Person, welche ihre Pflichten zu erfüllen hat, die sich bei einer einfuhrabgabenpflichtigen Ware aus deren vorübergehenden Verwahrung ergibt, Art. 204 Abs. 3 ZK.

4.1.2 Umsatzsteuerliche Konsequenzen

4.1.2.1 bei „normaler" Beendigung der Verwahrung

Geht man davon aus, dass es innerhalb der Verwahrung nicht zu einer Zollschuldentstehung durch Zuwiderhandlungen (z. B. Entfernen vom Ort der Verwahrung) kommt, löst die Verwahrung keine abgabenrechtlichen Konsequenzen aus. Das heißt, es entsteht auch keine Einfuhrumsatzsteuer. Die Verwahrung wird aber regelmäßig im Inland stattfinden. Werden die Waren während der Verwahrung in einem in Deutschland befindlichen Ort verkauft, so handelt es sich um eine steuerbare Lieferung. Der Leistungsort bestimmt sich nach § 3 Abs. 7 Satz 1 UStG, d. h., die Lieferung wird dort ausgeführt, wo sich die Ware zum Zeitpunkt der Verschaffung der Verfügungsmacht befindet (ruhende Lieferung). Die Lieferung ist steuerbefreit, wenn der Abnehmer (oder sein Beauftragter) die Waren einführt, § 4 Nr. 4b UStG. Das heißt, der Abnehmer muss die Gegenstände in den freien Verkehr überführen. Die Überführung in ein Nichterhebungsverfahren reicht nicht aus.

Beispiel

Die Iron Ltd., USA lässt 40 Tonnen Eisenerz von Südafrika nach Deutschland verbringen. Die Waren werden durch den Spediteur ordnungsgemäß gestellt und (da die zollrechtliche Bestimmung noch nicht klar ist) in ein Verwahrungslager verbracht. Die Iron Ltd. verkauft während der Lagerung 20 Tonnen Erz an die Schmidt GmbH, in deren Namen die 20 Tonnen Erz in den freien Verkehr überführt werden. Die übrigen 20 Tonnen werden an die norwegische Knäcke ASA verkauft, die die Waren – ohne sie in den freien Verkehr zu überführen – wieder ausführt. Die Lieferungen der Iron Ltd. sind in Deutschland steuerbar, da sie durch einen Unternehmer gegen Entgelt im Inland ausgeführt wurden. Der Umsatz an die Schmidt GmbH ist gemäß § 4 Nr. 4b UStG

[2] Vgl. zu den Pflichten im Rahmen der vorübergehenden Verwahrung z. B. Kampf in Witte und Wolffgang 2012, S. 77 ff.

steuerbefreit.[3] Der Umsatz gegenüber der Knäcke ASA ist steuerpflichtig. Da hier die Steuerbefreiung nach § 4 Nr. 4b UStG – mangels Überführung in den zollrechtlich freien Verkehr – nicht anwendbar ist, muss sich die Iron Ltd. in Deutschland für Umsatzsteuerzwecke erfassen lassen.

Gestaltung

Beabsichtigt die Knäcke ASA die Waren in ein Drittland zu verbringen, so sollte die Ware nicht während der Verwahrung verkauft werden. Der Verkauf sollte dann vielmehr mit dem Versand der Waren in das Drittland erfolgen. Umsatzsteuerlich läge dann eine bewegte Lieferung gemäß § 3 Abs. 6 Satz 1 UStG vor. Diese Lieferung ist für die Iron Ltd. unter den Voraussetzungen des § 6 UStG als Ausfuhrlieferung steuerfrei. In der Rechnung an die Knäcke ASA hat die Iron Ltd. in diesem Fall dann keine Umsatzsteuer auszuweisen. Es ist jedoch zu beachten, dass die Registrierungspflicht der Iron Ltd. auch durch diese Gestaltung nicht umgangen werden kann. In diesem Fall hat die Iron Ltd. in den deutschen Umsatzsteuererklärungen die steuerfreien Ausfuhrlieferungen zu deklarieren. Im vorliegenden Fall könnte sich die Iron Ltd. jedoch durch einen Fiskalvertreter (§ 22a ff. UStG) in Deutschland vertreten lassen.

► **Hinweis** Das BMF scheint davon auszugehen, dass die Steuerbefreiung des § 4 Nr. 4b UStG nur für Lieferungen von Nichtgemeinschaftswaren gilt, die sich in einem zollrechtlichen Nichterhebungsverfahren befinden.[4] Da die Verwahrung kein Nichterhebungsverfahren[5] darstellt, würde die Steuerbefreiung nicht greifen. Diese Auslegung von § 4 Nr. 4b UStG ist aber zu eng und entspricht auch nicht dem Wortlaut dieser Vorschrift (vgl. Weymüller in Sölch und Ringleb 2014, § 4 Nr. 4a und 4b Rz. 59).

4.1.2.2 bei Pflichtverletzung innerhalb der Verwahrung

Wie oben ausgeführt, entsteht bei einer Pflichtverletzung im Rahmen der vorübergehenden Verwahrung eine Zollschuld, Art. 203 oder 204 ZK. Gem. § 21 Abs. 2 UStG i. V. m. Art. 203 oder 204 ZK entsteht zeitgleich auch eine Einfuhrumsatzsteuerschuld. Schuldner der Einfuhrumsatzsteuer ist der Zollschuldner.

[3] Die Voraussetzungen der Steuerbefreiung gem. § 4 Nr. 4 b UStG sind nachzuweisen. Im vorliegenden Fall kann der Nachweis durch eine schriftliche Bestätigung der Schmidt GmbH an die Iron Ltd. erfolgen, aus der hervorgeht, dass die Schmidt GmbH diese Waren in den zollrechtlich freien Verkehr überführt hat, vgl. Rz. 75 des BMF-Schreiben vom 28.1.2004 – IV D 1 – S 7157, BStBl. 2004 I S. 242.

[4] Vgl. Rz. 56 des BMF-Schreiben vom 28.1.2004-IV D 1 – S 7157, BStBl. 2004 I S. 242.

[5] Nichterhebungsverfahren sind das Versandverfahren, das Zolllagerverfahren, die aktive Veredlung nach dem Nichterhebungsverfahren, das Umwandlungsverfahren und die vorübergehende Verwendung, vgl. Art. 84 Abs. 1 a) ZK.

Beispiel

Die Iron Ltd. lässt 10 t Eisenerz von Südafrika nach Deutschland verbringen. Die Waren werden durch den Spediteur Klau GmbH ordnungsgemäß gestellt und (da die zollrechtliche Bestimmung noch nicht klar war) in ein Verwahrungslager der Klau GmbH verbracht. 9 t dieses Eisenerzes werden an die Schmitt GmbH verkauft und von dieser in den freien Verkehr überführt. 1 t Eisenerz ist jedoch verschwunden. Ein Dieb kann nicht ermittelt werden.

Der Klau GmbH sind die Waren zur Verwahrung in ihrem Lager überlassen worden. Sie ist gem. Art. 203 Abs. 3–4 ZK Zollschuldnerin und gem. § 21 Abs. 2 UStG i. V. m. Art. 203 Abs. 3–4 ZK auch Schuldnerin der Einfuhrumsatzsteuer. Zum Abzug der Einfuhrumsatzsteuer als Vorsteuer gem. § 15 Abs. 1 Nr. 2 UStG ist sie jedoch nicht berechtigt, da die Einfuhr nicht für ihr Unternehmen erfolgt. Eine Einfuhr für „sein Unternehmen" liegt bei dem Unternehmer vor, der im Zeitpunkt der Überführung in den freien Verkehr (hier: Zeitpunkt der Entstehung der Zollschuld) die Verfügungsmacht über den Gegenstand besitzt.[6] Nicht entscheidend ist, wer Schuldner der Einfuhrumsatzsteuer war bzw. wer diese entrichtet hat.

Gestaltungs-Überlegung

Im vorliegenden Fall ist die Iron Ltd. als zivilrechtlicher Eigentümer Inhaberin der Verfügungsmacht über die Waren. Sie ist zum Abzug der Einfuhrumsatzsteuer als Vorsteuer gem. § 15 Abs. 1 Nr. 2 UStG berechtigt. Es ist weder entscheidend, dass sie nicht Schuldnerin der Einfuhrumsatzsteuer ist, noch dass sie die Einfuhrumsatzsteuer nicht entrichtet hat. Soweit die Iron Ltd. die Verfügungsberechtigung anhand geeigneter Unterlagen nachweisen kann, darf sie den Vorsteuerabzug geltend machen.[7] Den Vorsteueranspruch kann die Iron Ltd. an die Klau GmbH abtreten.

Bitte beachten Sie, dass dieser Gestaltungsüberlegung insbesondere bei ungeklärtem Verbleib der Waren durchaus entgegen gehalten werden kann, dass die Einfuhr nicht für das Unternehmen der Iron Ltd. vorgenommen wurde, wie es § 15 Abs. 1 Nr. 2 UStG verlangt. Dann käme ein Abzug der Einfuhrumsatzsteuer bei der Iron Ltd. nicht in Betracht. Es wird somit den Umständen des Einzelfalls (z. B. Klärung des Verbleibs der Waren) eine sehr große Bedeutung zuzumessen sein.

▶ **Hinweis:** Im Rahmen der Auslegung der Vorsteuerabzugsberechtigung hinsichtlich entstandener Einfuhrumsatzsteuer gem. § 15 Abs. 1 Satz 1 Nr. 2 UStG greift die Finanzverwaltung auf ältere Rechtsprechung des BFH zurück.[8] Demnach ist zum Abzug der Einfuhrumsatzsteuer als Vorsteuer derjenige berechtigt, der im Zeitpunkt der Überführung in den freien Verkehr Verfügungsmacht an

[6] BFH-Urteil vom 24.4.1980, V R 52/73, BStBl. II S. 615.

[7] Den Vorsteuerabzug wird die Iron Ltd. im vorliegenden Fall im Rahmen des Vorsteuervergütungsverfahrens gem. § 18 Abs. 9 UStG i.V.m. §§ 59–62 UStDV geltend machen.

[8] Vgl. Abschn. 15.8. Abs. 4 Satz 2 UStAE mit Verweis auf Urteil BFH vom 24.4.1980, V R 52/73, BStBl. II S. 615.

den Gegenständen hat. Es ist strittig, ob dies im Einklang mit der MwStSystRL ist. Gem. Art. 168 e) MwStSystRL ist der Steuerpflichtige zum Abzug der geschuldeten oder entrichteten Einfuhrmehrwertsteuer berechtigt, der die Gegenstände für Zwecke seiner besteuerten Umsätze verwendet. Das FG Hamburg[9] hat im Rahmen einer richtlinienkonformen Auslegung des § 15 Abs. 1 Satz 1 Nr. 2 UStG deshalb entschieden, dass auch ein als Lagerhalter fungierender Spediteur zum Abzug der Einfuhrumsatzsteuer als Vorsteuer berechtigt sein kann.[10]

4.2 Lagerung in einem Zolllager

4.2.1 Zollrechtliche Grundlagen

4.2.1.1 Zolllager als Zollverfahren

Zolllagerverfahren zählen zu den Zollverfahren mit wirtschaftlicher Bedeutung. Die Rechtsgrundlagen ergeben sich aus Art. 98 bis 113 ZK sowie Art. 524 bis 535 ZK-DVO. Im Zolllagerverfahren können Nichtgemeinschaftswaren („unverzollte Waren“, d. h. Waren, die nicht in den freien Verkehr überführt wurden) gelagert werden, ohne dass diese Waren Einfuhrabgaben oder handelspolitischen Maßnahmen unterliegen, Art. 98 Abs. 1 Buchst. a ZK. Das Zolllagerverfahren bedarf einer Bewilligung, die von den Zollbehörden auf Antrag erteilt wird, Art. 100 ZK (vgl. Preßler-Höft 1991, S. 223).

Zolllager sind abzugrenzen von den so genannten Freizonen und Freilagern. Die Bestimmung zu den Freizonen und den Freilagern finden Sie in den Art. 166 ff. ZK. Gem. Art. 167 Abs. 1 ZK können die Mitgliedstaaten bestimmte Teile des Zollgebietes der Gemeinschaft zu Freizonen erklären oder die Einrichtung von Freilagern bewilligen. Deutschland hat von dieser Ermächtigung z. B. in Bezug auf verschiedene Freihäfen Gebrauch gemacht. Im Folgenden sollen die Freizonen und Freilager vorerst jedoch ausgeblendet werden.[11] Die Ausführungen in Abb. 4.1 beziehen sich ausschließlich auf das Zolllagerverfahren.

4.2.1.2 Welche Funktion hat ein Zolllager?

4.2.1.2.1 Einführung

Zolllagerverfahren können unterschiedliche Funktionen erfüllen (vgl. hierzu im Detail Henke in Witte 2013, Vorbemerkungen zu Art. 98 bis 113, Rz. 2). Insbesondere sind das die Transitfunktion, die Kreditfunktion und die Steuerung handelspolitischer Maßnahmen. Auf diese Funktionen soll nachfolgend kurz eingegangen werden.

[9] Vgl. FG Hamburg vom 19.12.2012, 5 K 302/09.

[10] Das Urteil ist zwar durch das BFH-Urteil vom 13.2.2014, V R 8/13 aufgehoben; allerdings musste der BFH, aufgrund der Tatsache, dass die Einfuhrumsatzsteuer in einer falschen Periode geltend gemacht wurde, nicht auf die Frage der Verfügungsmacht eingehen.

[11] Vgl. zu den Freihäfen Kap. 9.

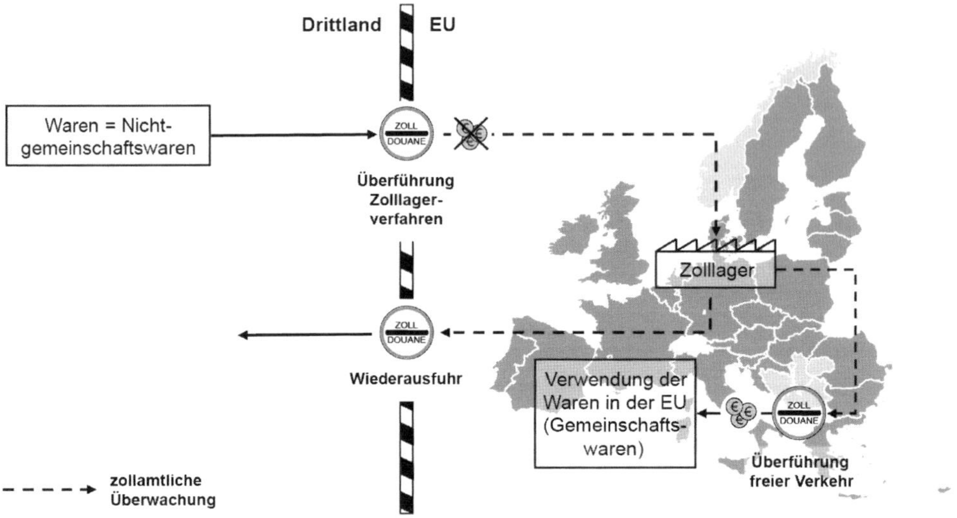

Abb. 4.1 Schaubild Zolllager

4.2.1.2.2 Die Transitfunktion

Zolllager können eine *Transitfunktion* wahrnehmen. Im Rahmen dieser Funktion werden die in das Zolllagerverfahren überführten Waren im Anschluss an die Lagerung nicht in den freien Verkehr überführt, sondern wieder ausgeführt. Da eine Überführung in den freien Verkehr nicht vorgenommen wird, fallen keine Einfuhrabgaben (Zölle, Einfuhrumsatzsteuer oder ggf. besondere Verbrauchsteuern) an. Da Zölle und ggf. anfallende besondere Verbrauchsteuern Kosten darstellen, bewirkt die Transitfunktion eine echte Kostenreduzierung.

Beispiel

Im Zuge seiner Suche nach Einsparpotenzialen stellt der Geschäftsführer der G & N GmbH fest, dass die G & N GmbH Textilien aus Hongkong in die EU importiert und diese zu einem nicht unerheblichen Teil dann an Großhändler in der Schweiz verkauft. Bisher wurden die Textilien in der EU unter Entrichtung der Einfuhrabgaben (Zölle und Einfuhrumsatzsteuer) zum freien Verkehr überführt. Durch die Nutzung eines Zolllagerverfahrens kann die Zahlung von Zöllen für die in die Schweiz ausgeführten Textilien vermieden werden. Hierbei ist auch zu berücksichtigen, dass in der Schweiz unabhängig davon, ob sich die Waren zuvor im freien Verkehr der EU oder in einem Zolllagerverfahren befunden haben, die gleichen Einfuhrabgaben anfallen.

4.2.1.2.3 Die Kreditfunktion

Zolllager können weiterhin *Kreditfunktion* haben. Da die Einfuhrabgaben (auch die Einfuhrumsatzsteuer) grundsätzlich mit der Überführung in den freien Verkehr entstehen, kann durch das Zolllagerverfahren der Zeitpunkt der Entstehung und der Entrichtung der Einfuhrabgaben hinausgezögert werden. Hierbei müssen Sie beachten, dass ein wirtschaftliches Bedürfnis für ein Zolllagerverfahren aufgrund der Kreditfunktion von der Zollverwaltung nur dann anerkannt wird, wenn die durchschnittliche Lagerdauer mehr als 30 Tage beträgt.[12] Bei einer Lagerdauer von 30 Tagen oder weniger kann die Inanspruchnahme eines laufenden Zahlungsaufschubs gemäß Art. 226 Buchstabe b), 227 ZK[13] der Kreditfunktion in gleicher Weise gerecht werden.

Beispiel

Im Rahmen einer cash-flow-Analyse stellt die Chefcontrollerin Eichhorn fest, dass die I&O Textil GmbH die aus Hongkong importierten Damenblusen aus Baumwolle (Warennummer 6206 3000 900, Zollsatz 12 %) durchschnittlich erst 25 Tage nach der Überführung in den freien Verkehr an die Kunden (Boutiquen) in der EU weiterveräußert. Ein wirtschaftliches Bedürfnis zur Errichtung eines Zolllagers ergibt sich hieraus nicht. Durch einen laufenden Zahlungsaufschub können die in einem Monat entstandenen Einfuhrabgaben bis zum 16. des Folgemonats entrichtet werden, d. h. der durchschnittliche Zahlungszeitraum von 30 Tagen ist höher als die durchschnittliche Lagerdauer von 25 Tagen. Die aufgeschobene (d. h. bis zum 16. des Folgemonats an die Zollbehörde zu entrichtende) Einfuhrumsatzsteuer kann im Übrigen bereits im Monat der Entstehung als Vorsteuer abgezogen werden, § 15 Abs. 1 Nr. 2 UStG. Somit ergeben sich keine negativen cash-flow-Effekte durch eine spätere Geltendmachung der Einfuhrumsatzsteuer als Vorsteuer.

4.2.1.2.4 Steuerung handelspolitischer Maßnahmen

Durch ein Zolllager können außerdem wirtschaftspolitische Schutzmaßnahmen überbrückt werden *(Steuerung handelspolitischer Maßnahmen)*. Dies ist z. B. dann der Fall, wenn Waren einer Einfuhrgenehmigungspflicht unterliegen und eine solche im Zeitpunkt der physischen Einfuhr in die EU noch nicht vorliegt. Die Waren können dann ohne Einfuhrgenehmigung in ein Zolllagerverfahren überführt werden. Einer Einfuhrgenehmigung bedarf es erst bei der Überführung der Waren in den freien Verkehr[14], d. h. erst bei der Entnahme aus dem Zolllager.

4.2.1.3 Welche Typen von Zolllager gibt es?

4.2.1.3.1 Öffentliche Zolllager

Zolllager lassen sich unterteilen in öffentliche Zolllager und private Zolllager. *Öffentliche Zolllager* sind Lager der Typen A, B und F, Art. 525 Abs. 1 ZK-DVO. Die öffentlichen Zolllager sind in der Praxis selten anzutreffen. Sie bieten sich jedoch immer dann an,

[12] Vgl. Vorschriftensammlung der Bundesfinanzverwaltung Z 1301 Abs. 27.

[13] Für Einfuhrabgaben (Zölle, Einfuhrumsatzsteuer und ggf. anfallende besondere Verbrauchsteuern), die in einem Monat entstehen, erfolgt die Zahlung bei bewilligtem laufendem Zahlungsaufschub erst bis zum 16. des Folgemonats.

[14] § 31 Außenwirtschaftsverordnung (AWV).

wenn Waren für verschiedene Einlagerer aus logistischen Gründen an identischen Stellen gelagert werden sollen, wie z. B. im Fall von Kühlhäusern (vgl. Henke in: Witte, Art. 99 Rz. 8 f.)(vgl. Henke in Witte 2013, Art. 99 Rz. 8 f.). Auf die öffentlichen Zolllager soll im Folgenden nicht weiter eingegangen werden.

4.2.1.3.2 Private Zolllager

Private Zolllager sind solche der Typen C, D und E, Art. 525 Abs. 2 ZK-DVO. Die Lagerung der Waren hat durch den Lagerhalter zu erfolgen. Der Lagerhalter ist die zum Betrieb eines Zolllagers befugte Person und damit der Bewilligungsinhaber, Art. 99 und Art. 4 Nr. 22 ZK. Der Lagerhalter muss bei privaten Zolllagern mit dem Einlagerer identisch sein. Der Lagerhalter bzw. Einlagerer muss aber *nicht* Eigentümer der Ware sein. Somit kann auch ein Spediteur Waren für fremde Rechnung in seinem (privaten) Zolllager lagern.

Werden Waren, die in *einem Zolllager des Typs C* gelagert werden, später in den freien Verkehr überführt, bemisst sich die Zollschuld nach den Bemessungsgrundlagen (Menge, Zollwert, Beschaffenheit), die im Auslagerungszeitpunkt gelten. Dadurch entfällt insbesondere die Anmeldung eines Zollwertes bei Einlagerung der Waren. In einem *Zolllager des Typs D* sind die Bemessungsgrundlagen (Menge, Zollwert, Beschaffenheit) im Zeitpunkt der Überführung in das Zolllagerverfahren festzustellen. Ein Zolllager des Typs E stellt eine Modifikation des Zolllagers Typ C dar. Im *Zolllager Typ E* dürfen die Waren nicht nur an genau bestimmten und abgrenzbaren Orten gelagert werden, sondern können an vielen Stellen (z. B. auch in Transportmitteln) bereitgehalten werden. Der Lagerungsort muss aber jederzeit aus den Bestandsaufzeichnungen ermittelbar sein.

4.2.1.4 Wie wird ein Zolllager beantragt?

Die Bewilligung eines Zolllagerverfahrens bedarf eines Antrags gemäß Art. 100 Abs. 2 ZK. Der Antrag ist schriftlich zu stellen. Die Zollbehörden halten entsprechende Antragsformulare bereit.[15] Die im Antragsformular verlangten Angaben sind durch den Antragsteller vollständig zu machen und ggf. durch schriftliche Unterlagen zu dokumentieren.

Der Antrag ist bei der zuständigen Zollstelle einzureichen. Dies ist gem. Art. 498 Buchst. a) ZK DVO bzw. § 24 Abs. 4 ZollV das Hauptzollamt, in dessen Bezirk die Buchführung des Antragstellers (Lagerhalters) überwiegend erfolgt.

Voraussetzungen für die Bewilligung sind:

4.2.1.4.1 Persönliche Voraussetzungen

Der Antragsteller muss in der Gemeinschaft ansässig sein, Art. 100 Abs. 3 ZK. Außerdem muss er die erforderliche Gewähr für die ordnungsgemäße Abwicklung des Zolllagerverfahrens bieten. Entscheidend hierfür dürft e die persönliche Zuverlässigkeit und Vertrauenswürdigkeit des Antragsstellers sein. Zu der erforderlichen Gewähr gehören aber auch organisatorische Maßnahmen, wie z. B. die Führung entsprechender Aufzeichnungen sowie das Vorhandensein erforderlicher interner Kontrollsysteme.

[15] Vgl. das Muster eines Antrages und einer Bewilligung unter Abschn. 4.2.1.9.2.

4.2.1.4.2 Wirtschaftliche Voraussetzungen

Unter die wirtschaftlichen Voraussetzungen fällt, dass die Waren zur Lagerung bestimmt sind, d. h. in einem Zolllagerverfahren sind übliche Behandlungen, die dem Erhalt der Waren dienen, erlaubt, nicht jedoch Veredelungs- oder andere Umwandlungsvorgänge. In solchen Fällen wäre der Antragsteller durch die Zollbehörde auf das Zollverfahren der aktiven Veredelung zu verweisen. Daneben hat der Antragsteller das wirtschaftliche Bedürfnis für ein Zolllager nachzuweisen, d. h. er muss darlegen, dass das Zolllager aufgrund einer Transit- oder Kreditfunktion erforderlich ist, bzw. der Steuerung handelspolitischer Maßnahmen dient.

4.2.1.4.3 Zolltechnische Durchführbarkeit

Die mit dem Zolllager verbundenen Überwachungs- und Kontrollmaßnahmen müssen durchgeführt werden können.

4.2.1.4.4 Verhältnismäßigkeit des Verwaltungsaufwands

Die Durchführung der erforderlichen Überwachungs- und Kontrollsysteme darf für die Zollbehörde nicht zu einem unverhältnismäßig (im Vergleich zum Vorteil des Antragstellers) hohen Verwaltungsaufwand führen.

Die Bewilligung wird am Tag der Erteilung wirksam. Eine rückwirkende Bewilligung (wie sie im Fall anderer Zollverfahren mit wirtschaftlicher Bedeutung möglich ist) ist nach Art. 508 Abs. 1 S. 1 ZK-DVO ausgeschlossen. Zu beachten ist außerdem, dass die Bewilligung eines Zolllagerverfahrens ggf. von einer Sicherheitsleistung abhängig gemacht wird.

4.2.1.5 Wie werden Waren in ein Zolllagerverfahren überführt?

Die Waren werden entweder unmittelbar nach dem Verbringen in das Zollgebiet der Gemeinschaft oder im Anschluss an eine Verwahrung bzw. ein Versandverfahren in ein Zolllager überführt. Die Überführung erfolgt durch Gestellung bei der zuständigen Überwachungszollstelle sowie Vorlage der entsprechenden Dokumente. Die Anmeldung erfolgt in aller Regel elektronisch.

Im Lager des Typs C (sowie des Typs E) wird in Bezug auf die Bemessungsgrundlagen (Menge, Zollwert, Beschaffenheit, Zollsatz) auf den Auslagerungszeitpunkt abgestellt. Somit bedarf es keiner Feststellung der Bemessungsgrundlagen bei der Überführung in das Zolllagerverfahren. Die Überführung in das Zolllager des Typs D erfordert im Gegensatz hierzu bereits bei Einlagerung die Angabe der Menge, der Warennummer und eine exakte Zollwertanmeldung.[16]

In der Regel sind die Zolllagerverfahren mit einem vereinfachten Verfahren verknüpft, d. h. die Überführung von Waren in ein Zolllagerverfahren kann durch eine unvollständige Zollanmeldung, das vereinfachte Anmeldeverfahren oder das Anschreibeverfahren erfolgen.

---

[16] Lager des Typs E stellen zwar grundsätzlich eine Modifikation des Lagertyps C dar. Allerdings kann die Bewilligung eines Lagers des Typs E vorsehen, dass die für das Lager des Typs D geltenden Vorschriften anzuwenden sind, Art. 525 Abs. 3 ZK-DVO.

4.2.1.6 Was ist während der Lagerung zu beachten?

Während des Zolllagerverfahrens hat der Lagerinhaber auf folgendes zu achten:

- Der Lagerhalter hat entsprechende Bestandsaufzeichnungen zu führen. Die betriebliche Buchhaltung des Lagerhalters kann als Bestandsaufzeichnung anerkannt werden, wenn diese Aufzeichnungen alle für das zugelassene Zolllagerverfahren benötigte Angaben enthält. Dies ergibt sich aus Art. 515 ZK-DVO.
- Bei entsprechender Bewilligung können die sich im Zolllagerverfahren befindlichen Nichtgemeinschaftswaren gemeinsam mit Gemeinschaftswaren gelagert werden.
- Gem. Art. 109 ZK können die Einfuhrwaren im Zolllagerverfahren wie folgt behandelt werden:[17]
  - Erhaltung: Vorgänge, die sicherstellen, dass die Qualität der Einfuhrwaren erhalten bleibt (z. B. Trocknen).
  - Verbesserung der Aufmachung oder Handelsgüter: Vorgänge, die die Absatzmöglichkeit oder die Qualität der eingelagerten Waren verbessern oder erhöhen (z. B. Rostschutzbehandlung).
  - Vorbereitung des Vertriebs oder Weiterverkaufs: Vorgänge, die zuvor die Merkmale der Ware verändern, ohne aber deren Qualität selbst zu verändern (z. B. Verpacken, Umfüllen).
- Außerdem können Waren bei Vorliegen einer vorherigen Bewilligung auch aus dem Zolllager vorübergehend entfernt werden. Die Waren können auch in ein anderes Zolllager desselben oder eines anderen Lagerhalters verbracht werden.

4.2.1.7 Wie werden Waren aus dem Lager entnommen?

Das Zolllagerverfahren kann durch

- Überführung in den zollrechtlich freien Verkehr,
- Überführung in ein anderes Zollverfahren (z. B. Versandverfahren, aktive Veredelung oder Umwandlungsverfahren) oder
- jede sonstige zollrechtliche Bestimmung (z. B. die Bestimmung zur Wiederausfuhr) beendet werden.

Bei Beendigung des Zolllagerverfahrens durch Überführung in den freien Verkehr kommen regelmäßig die vereinfachten Verfahren (z. B. Anschreibeverfahren) zur Anwendung. Beim Zolllager des Typs D ist das Anschreibeverfahren für die Überführung in den zollrechtlich freien Verkehr bereits mit der Bewilligung des Zolllagerverfahrens verbunden, Art. 278 Abs. 3 Buchst. c) UA 1 ZK-DVO.

[17] Vgl. die Liste der üblichen Behandlungen gem. dem Anhang 72 zur ZK-DVO; abgedruckt unter Anhang 28.

4.2.1.8 Grenzüberschreitende Bewilligung

Eine Bewilligung, die verschiedene Zollverwaltungen (in verschiedenen EU-Mitgliedstaaten) berührt, wird als so genannte „einzige Bewilligung" definiert, Art. 500 ff. ZK-DVO. Eine solche einzige Bewilligung ist auch für ein Zolllagerverfahren möglich.

Beispiel 1

Die belgische Gesellschaft Fremont SA unterhält Lagerstätten in Belgien und Deutschland. Diese Lagerstätten sollen im Rahmen einer (in Belgien zu beantragenden) einzigen Bewilligung Teil eines Zolllagers werden.

Beispiel 2

Die deutsche Gesellschaft Fritz GmbH will Waren an der polnischen Außengrenze in ihr in Deutschland bewilligtes Zolllagerverfahren überführen. Sie benötigt hierzu eine einzige Bewilligung.

4.2.1.9 Wann lohnt sich ein Zolllager?

4.2.1.9.1 Kosten und Nutzen des Zolllagers

Benötigt ein Unternehmer das Zolllager zur Sicherung handelspolitischer Maßnahmen, so wird er ein solches zwingend in Anspruch nehmen müssen, soweit er nicht gänzlich auf die Einfuhr der entsprechenden Waren verzichten will.

Beispiel

Die BID GmbH importiert einfuhrgenehmigungspflichtige Waren aus China. Die zur Beantragung der Einfuhrgenehmigung erforderlichen Ursprungszeugnisse und Exportlizenzen gehen regelmäßig verspätet (nach der physischen Einfuhr der Waren in die EU) ein. Die BID GmbH hat zu entscheiden, die Einfuhr der Waren einzustellen oder die Zeit bis zur Erteilung der Einfuhrgenehmigung durch Lagerung der Waren in einem Zolllagerverfahren (ggf. auch in einem Verwahrlager bzw. einer Freizone) zu überbrücken.

Ansonsten können Kosten und Nutzen wie in Tab. 4.1 dargestellt gegenübergestellt werden.

Soweit die Kosteneinsparungen die Kosten übersteigen, lohnt sich die Beantragung eines Zolllagerverfahrens. Dabei ist selbstverständlich ein entsprechender Planungshorizont festzulegen (Tab. 4.2).

Tab. 4.1 Kosten und Nutzen eines Zolllagers

Kosteneinsparungen (Nutzen des Zolllagers)	Kosten des Zolllagers
Vermeidung doppelter Einfuhrzölle (Transitfunktion des Zolllagers) Cash flow Vorteile durch Kreditfunktion (Lagerdauer >30 Tage) Einsparung von Kosten für nach Einführung des Zolllagers nicht mehr benötigte Dienstleister	Kosten für Beantragung/Implementierung des Zolllagers Kosten für die erforderliche EDV (Anschaffung, Wartung, Update einer entsprechenden EDV-Software) Kosten der zusätzlich erforderlichen Lagerkapazität Zusätzliche Kosten aufgrund der Abwicklung des Zolllagerverfahrens (insbesondere Personalkosten in Bezug auf Abrechnungs- und Überwachungsmaßnahmen)

Tab. 4.2 Fallbeispiel

Jahr	1	2	3	4	5
Kosten – Ertrag +/in EUR					
Ertrag Reexport[a]	+60.000	+66.000	+72.600	+79.860	+87.846
Ertrag Finanzierungsvorteil[b]	+1.584	+1.742	+1.916	+2.108	+2.319
Ertrag Wegfall Fremdspediteure	+30.000	+30.000	+30.000	+30.000	+30.000
Beratungskosten	−40.000	−5.000	−5.000	−5.000	−5.000
Kosten EDV	−160.000	−10.000	−10.000	−10.000	−10.000
Personalkosten	−30.000	−30.000	−30.000	−30.000	−30.000
Kosten Lager	−5.000	−5.000	−5.000	−5.000	−5.000
	−143.416	*+47.742*	*+54.516*	*+61.968*	*+70.165*

[a] Gesamtimportvolumen × Reexportanteil Schweiz in % × Zollsatz EU in %
10.000.000 EUR × 5 % × 12 % für Jahr 01 = 60.000 EUR
11.000.000 EUR × 5 % × 12 % für Jahr 02 = 66.000 EUR
12.100.000 EUR × 5 % × 12 % für Jahr 03 = 72.600 EUR
13.310.000 EUR × 5 % × 12 % für Jahr 04 = 79.860 EUR
14.641.000 EUR x 5 % × 12 % für Jahr 05 = 87.846 EUR

[b] Gesamtimportvolumen × Anteil EU × Zollsatz EU in % × Kalkulationszinssatz in % × Tage Finanzierungsvorteil (Der Finanzierungsvorteil in Tagen bemisst sich als Differenz der durchschnittlichen Lagerdauer (40 Tage) abzüglich des durch Zahlungsaufschub zu erreichenden Finanzierungsvorteils von 30 Tagen, vgl. die obigen Ausführungen unter Abschn. 4.2.1.2.3.)
10.000.000 EURx95 % × 12 % × 5 % × 10/360 Tg = 1584 EUR
11.000.000 EURx95 % × 12 % × 5 % × 10/360 Tg. = 1742 EUR
12.100.000 EURx95 % × 12 % × 5 % × 10/360 Tg. = 1916 EUR
13.310.000 EURx95 % × 12 % × 5 % × 10/360 Tg. = 2108 EUR
14.641.000 EURx95 % × 12 % × 5 % × 10/360 Tg. = 2319 EUR

4.2.1.9.2 Ein Fallbeispiel

Die I&O Textil GmbH vertreibt aus Hongkong importierte Damenblusen aus Baumwolle (Warennummer 6206 3000 900, Zollsatz 12 %) in Deutschland, Österreich und der Schweiz. Die Chefcontrollerin Eichhorn hat folgende Informationen vorliegen:

- Gesamtimportvolumen: 10 Mio. EUR/jährlich
- Geplante Steigerungen für die nächsten 4 Wirtschaftsjahre 10 %
- Reexportanteil Schweiz 5 %
- Durchschnittliche Lagerdauer der in der EU vertriebenen Waren: 40 Tage
- Kosten für bisher genutzte Fremdspediteure: 30.000 EUR
- Beratungskosten bei Implementierung Zolllager 40.000 EUR, anschließend jährlich 5.000 EUR
- EDV-Kosten einmalig: 150.000 EUR
- EDV-Kosten jährlich: 10.000 EUR
- Laufende zusätzliche Personalkosten: 30.000 EUR jährlich
- Kosten für zusätzliche Lagerkapazität: 5000 EUR jährlich
- Kalkulationszinsfuß: 5 %

Der Barwert der Investition „Zolllager" bei einem Planungshorizont von 5 Jahren und einem

Kalkulationszinsfuß von 5 % beträgt somit:

$-143.416 + 47.742 \times 105 - 1 + 54.516 \times 105 - 2 + 61.968$
$\times 105 - 3 + 70.165 \times 105 - 4 = 62.755$ EUR

Folgende Aussagen können getroffen werden:

- Unter den getroffenen Annahmen lohnt sich ein Zolllager.
- Die Amortisation des Zolllagers tritt aber erst im Jahr 4 ein.
- In der Regel (abgeleitet aus dem Beispielsfall) wird sich ein Zolllager nicht alleine aus der Finanzierungsfunktion heraus lohnen. Entscheidend sind in aller Regel die Transitfunktion und die damit verbundene Kostenersparnis.
- Senkung von Zollsätzen, Minderung des Reexportanteils (z. B. durch Erweiterung der EU) und Verringerung der durchschnittlichen Lagerdauer führen ceteris paribus zu einer Verringerung des Barwertes der Investition.

Die Muster eines Antrages zum Zolllagerverfahren sind für den Beispielfall auf den nächsten Seiten abgebildet (Abb. 4.2–4.5).

Zutreffendes ist anzukreuzen [X] oder auszufüllen

Original

Europäische Gemeinschaft

Hinweis
Berücksichtigen Sie bitte beim Ausfüllen dieses Vordrucks das zugehörige Merkblatt (Vordruck 0210).

Antrag
auf Bewilligung eines Zollverfahrens mit wirtschaftlicher Bedeutung/ einer Überführung in den zollrechtlich freien Verkehr zur besonderen Verwendung

1. Antragsteller

I&O Textil GmbH
Hambüchenstraße 1
45655 Recklinghausen

Raum für zollamtliche Vermerke

1A. EORI-Nummer
DE9876543

1B. Rechtsform des Antragstellers; Art der gewerblichen Tätigkeit
GmbH; Import & Export sowie Großhandel von Textilien

1C. Steuerlicher Beauftragter (Name, Anschrift)
Herr Stefan Reh

1D. Zuständiges Finanzamt, Steuernummer
Finanzamt Recklinghausen, 133/8150/8159

1E. Auskünfte über mein Unternehmen können erteilen (Bezeichnung der Einrichtung - z. B. Industrie- und Handelskammer oder Geldinstitut -, Anschrift)

Verband der Nordwestdeutschen Textil- und Bekleidungsindustrie e.V.

1F. Bereits erteilte Bewilligungen oder Zulassungen (Art, Zollstelle, Datum, Bewilligungs-/Zulassungsnummer/Geschäftszeichen)

1G. Vorsteuerabzug

[X] Ich bin hinsichtlich der zu lagernden / in den zollrechtlich freien Verkehr zu überführenden Waren zum vollen Vorsteuerabzug berechtigt.

[ ] Die Waren werden ausschließlich für Unternehmen zum Vorsteuerabzug Berechtigter eingeführt.

2. Zollverfahren	3. Art des Antrags	4. Zusatzblätter
Zolllagerverfahren	1	1

5. Ort und Art der Buchhaltung/Aufzeichnungen

Hambüchenstraße 1
45655 Recklinghausen

5A.

[X] Es werden regelmäßig Abschlüsse gemacht.

Geschäftsjahr; Zeitpunkt der Inventur: 31.03., 31.12.

letzte Außenprüfung (Zoll)

6. Geltungsdauer der Bewilligung
a 01.01.2014 | b

7. Waren, die in das Zollverfahren übergeführt werden sollen

KN-Code	Warenbezeichnung	Menge	Wert
verschiedene	Bekleidung für Damen aus Gewirken und Gestricken		

[ ] siehe Anlage

8. Veredelungserzeugnisse oder Umwandlungserzeugnisse

KN-Code	Warenbezeichnung	Ausbeutesatz

[ ] siehe Anlage

0212 Antrag auf Bewilligung eines Zollverfahrens mit wirtschaftlicher Bedeutung/einer besonderen Verwendung **(2013)**

Abb. 4.2 Antrag auf Bewilligung eines Zollverfahrens (Teil I)

9. Einzelheiten der geplanten Vorgänge

Lagerung und Vornahme üblicher Behandlungen zur Aufmachung für den Großhandelsverkauf

☐ siehe Anlage

10. Wirtschaftliche Voraussetzungen

s.u. Einfuhr zum ungewissen Verkauf bzw. Re-Export

☐ siehe Anlage

10A. Wirtschaftliche Voraussetzungen bei Zolllagern

Die Waren sollen

☒ zum ungewissen Verkauf eingeführt werden. ☒ wiederausgeführt werden.

nach Lagerung im Zolllager übergeführt werden

☒ in den zollrechtlich freien Verkehr.

in folgendes Verfahren

ext. gemeinschaftl. Versandverfahren

Sonstige Gründe für die Lagerung

☐ siehe Anlage

Durchschnittliche Lagerdauer (bei Überführung der Waren in den zollrechtlich freien Verkehr)

40 Tage

11. Zollstellen

a **Zollstellen für die Überführung in das Verfahren**

ZA Gelsenkirchen
Uferstraße 1, 45881 Gelsenkirchen

☐ siehe Anlage

b

ZA Gelsenkirchen
Uferstraße 1, 45881 Gelsenkirchen

☐ siehe Anlage

c **Überwachungszollstelle**

HZA Dortmund, Kronenburgallee 7, 44139 Dortmund

☐ siehe Anlage

12. Nämlichkeitsmittel	**13. Frist für die Beendigung (in Monaten)**
Chargennummern	
14. Vereinfachte Verfahren	**15. Beförderung**
a b	

15A.

☐ Ich beabsichtige, Waren des Anhangs 44c Zollkodex-Durchführungsverordnung zu befördern.

16. Zusätzliche Angaben

☐ siehe Anlage

16A. Ich versichere, dass ich die Angaben nach bestem Wissen und Gewissen richtig und vollständig gemacht habe. Ich bin damit einverstanden, dass Auskünfte bei den im Feld 1E angegebenen Einrichtungen eingeholt werden; ggf. entstehende Kosten werde ich übernehmen.

17. Datum, Name, Unterschrift

01.10.2014 Lemon Becks

Anlagen

2 Mehrstücke des Antrags

1 Betriebserklärungen

1 Zeichnungen und Beschreibungen der Betriebsanlagen

☒ Registerauszug ☒ Bestellung eines steuerlichen Beauftragten

Sonstige

Abb. 4.3 Antrag auf Bewilligung eines Zollverfahrens (Teil II)

Zutreffendes ist anzukreuzen [X] oder auszufüllen

Original

Europäische Gemeinschaft

Antrag
auf Bewilligung eines Zolllagers oder des Zolllagerverfahrens bei einem Zolllager des Typs E

18. Typ des Zolllagers
D

19. Zolllager oder Lagereinrichtungen (Typ E)
Hambüchenstraße 1, 45655 Recklinghausen

☐ siehe Anlage

19A. Art der Lagerung
Die in das Zolllager übergeführten Waren sollen

☐ getrennt nach Zugängen gelagert werden (postenweise)

wie folgt gelagert werden (artikelweise) ☐ siehe Anlage

20. Frist/Datum für die Vorlage des Verzeichnisses der Lagerbestände
jeweils 31.03.

21. Satz für Verluste
keine ☐ siehe Anlage

22. Lagerung der nicht in das Zolllagerverfahren übergeführten Waren

KN-Code	Warenbezeichnung	Warengruppe/Zollverfahren
4821 1090	Etiketten aus Papier	kein Zollverfahren
4819 2000	Faltschachteln	kein Zollverfahren

☐ siehe Anlage

22A. Folgende der im Feld 22 bezeichneten Waren sollen gemäß Artikel 534 Absatz 2 Zollkodex-Durchführungsverordnung gemeinsam gelagert werden

Die Etiketten und Faltschachteln dienen der Aufmachung der eingelagerten Textilerzeugnisse im Rahmen der beantragten üblichen Behandlung.

☐ siehe Anlage

23. Übliche Behandlungen

Aus- und Umpacken, Behandlung gegen Elektrostatik, Glätten und Bügeln, Anbringen von Etiketten, Verpacken

☐ siehe Anlage

24. Vorübergehendes Entfernen (Zweck/Zeitraum)

Vorübergehendes Entfernen von Einzelexemplaren zur Kundenpräsentation, Dauer der Entnahme: max. 24h

0417-E- Zusatzblatt Zolllagerverfahren - Antrag - **(2013)**

Abb. 4.4 Antrag auf Bewilligung eines Zollverfahrens (Teil III)

24A. Ich beantrage Zahlungsaufschub für die Einfuhrabgaben.
[X]

24B. Betrag der durchschnittlich in einem Monat zu entrichtenden Einfuhrabgaben (ohne Einfuhrumsatzsteuer)
100.000

25. Zusätzliche Angaben

26. Datum, Name, Unterschrift

Anlagen

2 Mehrstücke des Antrags
1 Betriebserklärungen
1 Zeichnungen und Beschreibungen der Betriebsanlagen
[X] Registerauszug [X] Bestellung eines steuerlichen Beauftragten
Sonstige

Abb. 4.5 Antrag auf Bewilligung eines Zollverfahrens (Teil IV)

4.2.2 Umsatzsteuerliche Konsequenzen

4.2.2.1 Umsatzsteuerliche Grundlagen

Aus umsatzsteuerlicher Sicht ist das Zolllager durch Folgendes gekennzeichnet:[18]

- Zolllager gehören im Gegensatz zu den Freihäfen, die gemäß § 1 Abs. 2 Satz 1 UStG nicht zum (umsatzsteuerlichen) Inland zählen, *zum Inland*. Lieferungen während eines Zolllagerverfahrens sind somit *steuerbar*.
- Lieferungen während eines Zolllagerverfahrens *können nach § 4 Nr. 4b UStG steuerfrei* sein.
- Werden Waren aus dem Zolllagerverfahren in den freien Verkehr überführt, fällt neben Zöllen auch Einfuhrumsatzsteuer an (§ 21 Abs. 2 UStG). Die Einfuhrumsatzsteuer ist durch den Unternehmer abziehbar, der im Zeitpunkt der Überführung in den freien Verkehr die *Verfügungsmacht* an den Gegenständen hat.

4.2.2.2 Verkauf von Nichtgemeinschaftswaren aus dem Zolllagerverfahren

4.2.2.2.1 Allgemeines

Werden Waren – ohne zuvor in den freien Verkehr überführt worden zu sein – aus dem Zolllagerverfahren heraus verkauft (geliefert), so werden die Waren in der Regel vom Zolllagerverfahren in ein externes gemeinschaftliches Versandverfahren (so genanntes T1-Verfahren) überführt.[19] Umsatzsteuerlich handelt es sich um eine Lieferung, die gemäß § 3 Abs. 6 Satz 1 UStG dort als ausgeführt gilt, wo die Beförderung bzw. Versendung beginnt, also am Ort des Zolllagers. Die Lieferung ist somit steuerbar. Es sind die folgenden Fälle zu unterscheiden:

4.2.2.2.2 Lieferung an einen deutschen Abnehmer

Werden die Waren (Nichtgemeinschaftswaren) an einen deutschen Abnehmer verkauft, der sie im Anschluss an die Lieferung in den freien Verkehr überführt (d. h. die Einfuhrumsatzsteuer entsteht), so ist die Lieferung gemäß § 4 Nr. 4b UStG steuerbefreit. Insoweit kann auf die oben dargestellten Voraussetzungen verwiesen werden. Nimmt der Abnehmer dagegen eine Überführung in den freien Verkehr nicht vor, sondern überführt die Waren in ein anderes Zollverfahren (z. B. in sein Zolllagerverfahren, einen aktiven Veredelungsverkehr, etc.), ist die Lieferung nach dem Gesetzeswortlaut nicht steuerbefreit. Allerdings reicht es der Finanzverwaltung als Nachweis für die Anwendung der Steuerbefreiung nach § 4 Nr. 4b UStG aus, wenn der Lieferer nachweist, dass sich die Ware zum Zeitpunkt der Lieferung in einem Nichterhebungsverfahren (z. B. Zolllagerverfahren oder externen gemeinschaftlichen Versandverfahren) befunden hat.[20]

---

[18] Zu den umsatzsteuerlichen Gestaltungsmöglichkeiten vgl. Thoma UStB 2003, S. 144–148

[19] Vgl. Art. 91 ff. Zollkodex und die Ausführungen unter Kap. 7.

[20] Vgl. Tz. 74 des BMF-Schreibens vom 28.1.2004 – IV D 1 – S 7157–1/04/IV D 1 – S 7157a – 1/04, BStBl. 2004 I S. 242.

Beispiel

Der Automobilzulieferer Zängle GmbH liefert Kfz-Teile an das deutsche Werk eines Automobilherstellers. Die Zängle GmbH überführt die Waren von ihrem Zolllager des Typs D in das gemeinschaftliche externe Versandverfahren (T1-Verfahren) und liefert die Teile als Nichtgemeinschaftswaren an den Automobilhersteller. Der Hersteller überführt die Waren in seinen aktiven Veredelungsverkehr in Form eines Nichterhebungsverfahrens. Einfuhrumsatzsteuer ist nicht zu entrichten, § 21 Abs. 2 UStG i. V. m. Art. 114 Abs. 1 ZK. Die Lieferung der Zängle GmbH ist steuerbar. Die Steuerbefreiung gemäß § 4 Nr. 4b UStG kommt nach dem Wortlaut der Regelung nicht zur Anwendung, da der Kunde die Waren nicht in den freien Verkehr überführt. Die Lieferung ist mithin umsatzsteuerpflichtig. Allerdings reicht der Finanzverwaltung nach dem o. a. BMF-Schreiben als Nachweis zur Anwendung der Steuerbefreiung, dass sich die Waren bei der Lieferung in einem Nichterhebungsverfahren (Versandverfahren) befanden.

► **Praktikerhinweis** Eine Steuerbefreiung sollte nur in den vom Gesetzeswortlaut umfassten Fällen der Überführung in den freien Verkehr durch den Abnehmer angewendet werden. Als Nachweis sollte eine Bestätigung des Abnehmers über die tatsächliche Überführung der Gegenstände in den freien Verkehr dienen. Will man die Steuerbefreiung nach § 4 Nr. 4b UStG auch in Fällen anwenden, in denen keine Überführung in den freien Verkehr (sondern nur die Überführung in ein weiteres Nichterhebungsverfahren) nachgewiesen werden kann, ist dringend zu empfehlen, sich dies im Einzelfall durch das örtlich zuständige Finanzamt in Form einer verbindlichen Auskunft bestätigen zu lassen.

Mithin kommt es zu dem Ergebnis, dass die Lieferung von Gegenständen, die sich in einem zollrechtlichen Nichterhebungsverfahren (hier: Zolllagerverfahren) befinden, umsatzsteuerpflichtig sein kann. Hier stellt sich die Frage, ob dies mit der MwStSystRL und damit mit dem europäischen Mehrwertsteuerrecht vereinbar sein kann. Diese Rechtsfrage hat der EUGH in der Rechtssache „Profitube“ entschieden und explizit erklärt, dass eine Vereinbarkeit mit EU-Recht gegeben ist, soweit der einzelne Mitgliedstaat nicht von der Möglichkeit Gebrauch gemacht hat, solche Umsätze von der Mehrwertsteuer zu befreien.[21]

4.2.2.2.3 Lieferung an einen Abnehmer in einem anderen EU-Mitgliedstaat

Die Lieferung der Nichtgemeinschaftswaren aus einem Zolllagerverfahren an einen Abnehmer in einem anderen EU-Mitgliedstaat ist eine in Deutschland steuerbare Lieferung. Im Bestimmungsmitgliedstaat folgt die Überführung in den freien Verkehr oder die Abfertigung zu einem anderen Zollverfahren. Die in Deutschland steuerbare Lieferung ist nur unter den Voraussetzungen der §§ 4 Nr. 1b), 6a UStG als innergemeinschaftliche Lieferung steuerfrei. Dieses Ergebnis verblüfft und ist m. E. nicht systemgerecht. Überführt der

[21] Vgl. EUGH vom 08.11.2012 – C – 165/11.

Abnehmer im anderen Mitgliedstaat die Waren in den freien Verkehr, wird die Einfuhr der Waren erst in diesem Mitgliedstaat verwirklicht, Art. 61 MwStSystRL. Die Einfuhr wird in diesem Mitgliedstaat zur Erhebung der dortigen Einfuhrumsatzsteuer führen, nicht aber zu einem mit der innergemeinschaftlichen Lieferung korrespondierenden innergemeinschaftlichen Erwerb i. S. d. MwStSystRL. Es kann zu Abweichungen beim Länderabgleich der Mitgliedstaaten kommen.[22]

Es kommt des Weiteren in diesen Fällen zu Abweichungen gegenüber der Intrahandelsstatistik (INTRASTAT). Gemäß Art. 7 Abs. 2 VO (EWG) Nr. 3330/91 wird das INTRASTAT-System nur auf Waren des freien Verkehrs angewandt. Somit sind die Lieferungen von Nichtgemeinschaftswaren aus dem Zolllager umsatzsteuerlich in der Voranmeldung, der Jahreserklärung und der zusammenfassenden Meldung als innergemeinschaftliche Lieferung zu erklären, in den INTRASTAT- Erklärungen aber nicht zu erfassen. In der Praxis kommt es regelmäßig zu Nachfragen des Statistischen Bundesamtes, worauf die Abweichungen zurückzuführen sind.

4.2.2.2.4 Lieferung an einen Abnehmer in einem Drittland

Die Lieferung der Nichtgemeinschaftswaren aus einem deutschen Zolllager an Abnehmer in Drittländern stellt ebenfalls eine steuerbare Lieferung dar. Diese ist unter den Voraussetzungen der §§ 4 Nr. 1 a), 6 UStG als Ausfuhrlieferung steuerfrei.

4.2.2.2.5 Lieferung während der Lagerung im Zolllager

Umsatzsteuerlich liegt eine Lieferung vor, wenn die Verfügungsmacht an einem Gegenstand verschafft wird. Dies ist in der Regel beim Verkauf einer Ware der Fall. Somit kann auch eine sich in einem Zolllager befindliche Ware umsatzsteuerlich geliefert werden. Auch die zollrechtlichen Vorschriften sehen keine Einschränkung hinsichtlich eines möglichen Verkaufs der Ware vor. Bei einer solchen Lieferung handelt es sich um eine ruhende Lieferung, die gem. § 3 Abs. 7 Satz 1 UStG dort ausgeführt ist, wo sich der Gegenstand zurzeit der Verschaffung der Verfügungsmacht befindet. Zolllager gehören – soweit sie sich in Deutschland befinden – zum Inland. Damit sind Verkäufe (Lieferungen) innerhalb des Zolllagers in Deutschland steuerbar. Sie können nach § 4 Nr. 4b) UStG steuerbefreit sein, wenn der Abnehmer den Gegenstand der Lieferung einführt.

Beispiel

Die Iron Ltd., USA lässt 40 t Nickel in Rohform von Südafrika nach Deutschland verbringen. Die Waren werden in das Zolllager des Typs C des Lagerhalters und Spediteur Eichhorn GmbH überführt. Während der Lagerung verkauft die Iron Ltd. die 40 t Nickel an die spanische Ibero SAS. Diese verkauft den Nickel ihrerseits an die indische Gundi Ltd. Die Gundi Ltd. verkauft 10 t des Nickels an die Schmitt GmbH, die die

[22] Die Auffassung der deutschen Finanzverwaltung könnte durch das oben zitierte Urteil des EUGH in der Rechtssache „Profitube" EU-rechtlich gedeckt sein. Dies ändert m. E. allerdings nichts an der „Systemwidrigkeit" dieser Vorgehensweise.

Waren in den freien Verkehr der EU überführt. 30 t des Nickels werden durch die Gundi Ltd. an die chinesische Ling Ltd. verkauft und durch die Gundi Ltd. von Deutschland nach China versendet. Die Steuerbefreiung des § 4 Nr. 4b UStG greift in diesem Fall nur in Bezug auf die 10 t Nickel, die durch die Schmitt GmbH in den freien Verkehr der EU überführt werden. Für diese 10 t greift die Steuerbefreiung aber in der gesamten Lieferkette, d. h. die Lieferungen der Iron Ltd. an die Ibero SAS sowie der Ibero SAS an die Gundi Ltd. sowie von der Gundi Ltd. an die Schmitt GmbH sind gem. § 4 Nr. 4b UStG umsatzsteuerfrei. In Bezug auf die 30 t Nickel, die durch die Gundi Ltd. nach China exportiert werden, sind die vorangegangenen Lieferungen der Iron Ltd. an die Ibero SAS sowie der Ibero SAS an die Gundi Ltd. in Deutschland steuerbar und steuerpflichtig. Die Lieferung der Gundi Ltd. an die Ling Ltd. ist unter den Voraussetzungen des § 6 UStG als Ausfuhrlieferung steuerfrei. Sämtliche Unternehmen haben sich in Deutschland für Zwecke der Umsatzsteuer registrieren zu lassen. Eine mögliche Gestaltung bietet im vorliegenden Fall die Umsatzsteuerlagerregelung mit einer entsprechenden Befreiung gem. § 4 Nr. 4a UStG.[23]

4.2.2.3 Verkauf von Gemeinschaftswaren aus dem Zolllagerverfahren

Werden die Waren aus dem Zolllagerverfahren in den freien Verkehr überführt (und damit zu Gemeinschaftswaren), so kommt es grundsätzlich zur Erhebung der Einfuhrabgaben (einschl. Einfuhrumsatzsteuer). Für die sich anschließenden Lieferungen gelten die „normalen" umsatzsteuerlichen Regelungen.

Beispiel

Der Automobilzulieferer Zängle GmbH liefert Teile an einen

a. deutschen Automobilhersteller und einen
b. französischen Automobilhersteller.

Die Zängle GmbH überführt die Waren von ihrem Zolllagerverfahren des Typs D durch das Anschreibeverfahren (vgl. Art. 278 Abs. 3 c) ZK-DVO) in den freien Verkehr. Sie entrichtet die fälligen Einfuhrabgaben (Zoll und Einfuhrumsatzsteuer). Die Lieferung an den deutschen Automobilhersteller stellt eine steuerbare und steuerpflichtige Lieferung dar. Die Lieferung an den französischen Automobilhersteller ist steuerbar und unter den Voraussetzungen des § 6a UStG als innergemeinschaftliche Lieferung steuerbefreit.

▶ **Hinweis** Die Zängle GmbH kann die entstandene Einfuhrumsatzsteuer gem. § 15 Abs. 1 Nr. 2 UStG als Vorsteuer abziehen. Soweit die Waren im Anschluss an die Überführung in den freien Verkehr innergemeinschaftlich nach Frankreich geliefert werden, können diese gemäß § 5 Abs. 1 Nr. 3 UStG einfuhrumsatzsteuerfrei eingeführt werden.[24]

[23] Vgl. Abschn. 4.4.

[24] Vgl. Abschn. 2.4.

4.2.2.4 Abzug der Einfuhrumsatzsteuer als Vorsteuer

4.2.2.4.1 Vorsteuerabzug

Gemäß § 15 Abs. 1 Nr. 2 UStG kann der Unternehmer die entstandene Einfuhrumsatzsteuer für Gegenstände, die für sein Unternehmen eingeführt worden sind, als Vorsteuer abziehen. Abzugsberechtigt hinsichtlich der bei Entnahme von Waren aus dem Zolllager und Überführung in den freien Verkehr entstehenden Einfuhrumsatzsteuer ist derjenige, der im Zeitpunkt der Einfuhr Verfügungsmacht an der Ware hat.[25]

Unproblematisch sind die Fälle zu beurteilen, in denen der Eigentümer der Ware auch die Person ist, der das Zolllager bewilligt ist und die die Ware bei Entnahme aus dem Zolllager in den freien Verkehr überführt.[26]

Kritisch sind aber die Fälle, in denen der Unternehmen, dem die Ware gehört, nicht im Besitz einer eigenen Zolllagerbewilligung ist, sondern sich eines Dienstleisters (z. B. Spediteur) mit einer solchen Bewilligung bedient. Überführt der Dienstleister die Waren über ein Anschreibeverfahren (beim Zolllager des Typs D verpflichtend) im eigenen Namen in den freien Verkehr, so wird er Schuldner des Zolls und der Einfuhrumsatzsteuer. Zum Abzug der Einfuhrumsatzsteuer als Vorsteuer bleibt aber nur derjenige berechtigt, der an der Ware verfügungsberechtigt ist.[27]

In diesem Fall benötigt der Dienstleister (Lagerinhaber) zu Zwecken der Nachprüfung durch die Zollbehörden das Original des Zollbeleges (vgl. Weimann 2002, S. 38). Da aber nur der Eigentümer der Waren als Verfügungsberechtigter zum Abzug der Einfuhrumsatzsteuer als Vorsteuer berechtigt ist, benötigt dieser ebenfalls einen Beleg über die Entrichtung der Einfuhrumsatzsteuer. Zu diesem Zweck kann sich der Spediteur von den Zollbehörden einen Ersatzbeleg für den Vorsteuerabzug ausstellen lassen, den er dem vorsteuerabzugsberechtigten Unternehmer auszuhändigen hat.

Nicht erforderlich ist die Anforderung von Ersatzbelegen aber bei der inzwischen üblichen Überführung der Waren in den zollrechtlich freien Verkehr mittels des „papierlosen" ATLAS-Abfertigungsverfahrens. Da bei der Abfertigung über ATLAS der Steuerbescheid IT-gestützt über Datenleitungen übermittelt wird, gibt es genau genommen kein physisches Original des Zollbeleges mehr, für das ein Ersatzbeleg ausgestellt werden könnte. Als Beleg für den Vorsteuerabzug lässt die Finanzverwaltung in diesen Fällen einen Ausdruck des elektronisch übermittelten Steuerbescheids zusammen mit einem Zahlungsnachweis entweder an die Zollbehörde oder einen Beauftragten (z. B. Spediteur) zu.[28]

---

[25] Vgl. Abschn. 15.8. Abs. 4 S. 2 und S. 3 UStAE.

[26] Vgl. das Beispiel unter Abschn. 4.2.2.3. Der Zängle GmbH ist ein Zolllager des Typs D bewilligt. Sie entnimmt die ihr gehörenden Waren und überführt diese über das Anschreibeverfahren in den freien Verkehr. An der Berechtigung zum Abzug der Einfuhrumsatzsteuer als Vorsteuer bestehen keine Zweifel.

[27] Bezüglich der Frage, ob das Kriterium der Verfügungsberechtigung zur Feststellung der Vorsteuerabzugsberechtigung EU-rechtskonform ist, soll an dieser Stelle auf den Hinweis unter Abschn. 4.1.2.2 verwiesen werden.

[28] Vgl. BMF-Schreiben IV B 7 – S 7302–3/01 vom 08.2.2001, UR 2001, S. 181.

Mit Urteil vom 01.02.1995[29] gelangte der BFH zu der Auffassung, dass der Unternehmer die Einfuhrumsatzsteuer nur dann als Vorsteuer geltend machen darf, wenn er im Besitz eines auf ihn lautenden Zollbelegs oder Ersatzbelegs ist. Dies ist in der oben beschriebenen Zolllagerkonstellation aber nicht der Fall (nicht möglich). Allerdings wendet die Finanzverwaltung dieses Urteil nicht an[30]. Somit kann der an der Ware verfügungsberechtigte Unternehmer die Einfuhrumsatzsteuer auf Grundlage des auf den Spediteur ausgestellten Zollbeleges als Vorsteuer abziehen. Wie oben ausgeführt muss er aber im Besitz des Zollbeleges bzw. Ersatzbeleges (oder Ausdruck ATLAS-Beleg) sein und die Entrichtung der Einfuhrumsatzsteuer nachweisen können.

4.2.2.4.2 Umsatzsteuer auf Einfuhrumsatzsteuer?

Schaltet ein Unternehmen für die Lagerung von Waren in einem Zolllager einen Dienstleister ein, so wird – wie oben ausgeführt – dieser regelmäßig zum Schuldner des Zolls und der Einfuhrumsatzsteuer. Er wird diese „Auslagen" an seinen Auftraggeber belasten. Fraglich ist nunmehr, ob die vom Bewilligungsinhaber entrichteten Zölle und Einfuhrumsatzsteuerbeträge Teil der umsatzsteuerlichen Bemessungsgrundlage der (Lager-) Leistung des Dienstleisters sind oder durchlaufende Posten i. S. v. § 10 Abs. 1 Satz 6 UStG darstellen. Entscheidend für die Annahme eines durchlaufenden Postens ist aber, ob der Steuerpflichtige (hier der Dienstleister = Lagerinhaber) eine eigene Schuld erfüllt oder eine Schuld seines Kunden bzw. Auftraggebers. Da der Dienstleister selbst Schuldner des Zolls und der Einfuhrumsatzsteuer wird, ist ein durchlaufender Posten zu verneinen. Vielmehr sind diese Beträge Teil der Bemessungsgrundlage der Leistung des Dienstleisters.[31] Somit gelangt man zu der etwas seltsam anmutenden Lösung (Steuerbarkeit im Inland sei vorausgesetzt), dass auf die Einfuhrumsatzsteuer Umsatzsteuer zu berechnen ist (vgl. ausführlich zu dem Thema Thoma und Henschel UStB 2007, S. 322 ff.).

Beispiel

Die deutsche Spedition Remmiw GmbH ist Inhaberin eines Zollagers des Typs C. Sie überführt die Waren bei Entnahme aus dem Zolllager mittels Anschreibeverfahren (im eigenen Namen) in den freien Verkehr. Die Remmiw GmbH wird tätig für die Gnal AG, für die sie aus Hongkong importierte Waren in ihr Zolllagerverfahren überführt und im Anschreibeverfahren monatlich auf Anweisung der Gnal AG in den freien Verkehr überführt.

Für den Monat Oktober 2014 hat die Remmiw GmbH 150.000 EUR Zölle und 850.000 EUR Einfuhrumsatzsteuer für aus dem Zolllager entnommene Waren der Gnal AG zu entrichten. Die Einfuhrabgaben werden im Rahmen des laufenden Zahlungsaufschubs am 16.11.2014 entrichtet. Die monatliche Dienstleistungsgebühr beläuft

[29] Vgl. BFH-Urteil vom 09.2.1995 – V R 57/93, HFR 1995, S. 593.

[30] Vgl. Erlass des Thüringer Finanzministeriums vom 22.11.1995, DATEV-Dokument Nr. 131200.

[31] Vgl. OFD Frankfurt vom 20.8.1990 – S 7200 A–1/84 – St IV 21.

sich auf 15.000 EUR netto. Die Remmiw GmbH wird Schuldnerin des Zolls und der Einfuhrumsatzsteuer. Sie wird der Gnal AG, die gemäß § 15 Abs. 1 Nr. 2 UStG zum Vorsteuerabzug berechtigt ist, einen Zollbeleg zur Verfügung stellen (in der Regel eine Kopie des ATLAS-Beleges). Die Gnal AG kann die Einfuhrumsatzsteuer als Verfügungsberechtigter als Vorsteuer geltend machen, auch wenn sie nicht Schuldnerin der Einfuhrumsatzsteuer ist. Gemäß § 15 Abs. 1 Nr. 2 UStG kann die Einfuhrumsatzsteuer bereits für den Monat Oktober 2014 abgezogen werden, selbst wenn sie erst im November 2014 entrichtet wurde. Als Nachweis der entstandenen Einfuhrumsatzsteuer reicht für die Gnal AG ein zollamtlicher Beleg (z. B. der Einfuhrabgabenbescheid) oder ein vom zuständigen Zollamt bescheinigter Ersatzbeleg (z. B. eine Abschrift der Zollquittung oder Ersatzbeleg für den Vorsteuerabzug nach amtlich vorgeschriebenem Muster), Abschn. 15.11. Abs. 1 Nr. 2 UStAE. Die Remmiw GmbH wird ihre Leistungen gegenüber der Gnal AG nach den §§ 14, 14a UStG in Verbindung mit §§ 31 bis 34 UStDV wie in Tab. 4.3 abrechnen:[32]

Die durch die Remmiw GmbH verauslagten Zölle und Einfuhrumsatzsteuer stellen keine durchlaufenden Posten dar, da die Remmiw GmbH selbst Schuldner der Einfuhrabgaben geworden ist.

4.2.2.5 Erbringung von Dienstleistungen im Zolllager

Wie oben beschrieben[33] können an den Waren im Zolllager bestimmte Maßnahmen durchgeführt werden, so genannte übliche Behandlungen.[34] Werden solche Behandlungen ausgeführt, stellt sich die Frage nach der umsatzsteuerlichen Beurteilung dieser Leistungen. Im Gegensatz zu bestimmten Leistungen im Zusammenhang mit Waren, die in einem Umsatzsteuerlager gelagert werden, existiert für Leistungen, die an den eingelagerten Nichtgemeinschaftswaren erbracht werden, keine explizite Steuerbefreiung.[35] Danach

Tab. 4.3 Fallbeispiel

	EUR
Dienstleistungsgebühr Oktober 2014	15.000
Gezahlte Zölle Oktober 2014	150.000
Gezahlte Einfuhrumsatzsteuer Oktober 2014	850.000
Gesamtbetrag Netto	1.015.000
zzgl. 19 % Umsatzsteuer	192.850
Gesamtbetrag Brutto	***1.207.850***

[32] Vgl. Abschn 15.11. Abs. 1 Nr. 1 UStAE.

[33] Vgl. Abschn. 4.2.1.5.

[34] Vgl. die Liste der üblichen Behandlungen gem. dem Anhang 72 zur ZK-DVO; abgedruckt unter Anhang 28.

[35] Zum Umsatzsteuerlager vgl. Abschn. 4.4.

sind Leistungen, die mit der Lagerung, der Erhaltung, der Verbesserung der Aufmachung und Handelsgüte oder der Vorbereitung des Vertriebs oder Weiterverkaufs der im Umsatzsteuerlager eingelagerten Gegenstände zusammenhängen, steuerbefreit.[36]

Mangels expliziter Steuerbefreiung ist auf die generellen umsatzsteuerlichen Regelungen zurückzugreifen. Danach könnte sich eine Steuerbefreiung für sonstige Leistungen an den im Zolllager gelagerten Nichtgemeinschaftswaren ergeben, aus:

- § 4 Nr. 3 a) aa) UStG, soweit sich die Leistungen unmittelbar auf Gegenstände der Ausfuhr
- beziehen oder
- § 4 Nr. 3 a) bb) UStG, soweit sich die Leistungen auf Gegenstände der Einfuhr in das Gebiet eines Mitgliedstaats der Europäischen Gemeinschaft beziehen und die Kosten für die Leistungen in der Bemessungsgrundlage für diese Einfuhr enthalten sind oder
- § 4 Nr. 1 a) i. V. m. § 7 UStG, soweit sich die Leistungen als Lohnveredelung (auch Werkleistungen nach § 3 Abs. 10 UStG) an Gegenständen der Ausfuhr verstehen.

Beispiel

Die Rostfrei GmbH führt im Zolllager des Typs D der Franz GmbH in Freiburg Rostschutzbehandlungen an den dort als Nichtgemeinschaftswaren gelagerten Maschinenteilen durch. Die Maschinenteile werden durch die Franz GmbH zum Teil in den freien Verkehr überführt, der andere Teil in die Schweiz exportiert. Hat die Rostfrei GmbH die Leistungen unter Ausweis von Umsatzsteuer zu fakturieren?

Bei der Rostschutzbehandlung handelt es sich um eine sonstige Leistung (§ 3 Abs. 9 UStG) in Form einer Werkleistung gem. § 3 Abs. 10 UStG. Die Leistung gilt an dem Ort als ausgeführt, von dem aus der Empfänger (die Franz GmbH) sein Unternehmen betreibt, also in Freiburg, § 3 a Abs. 2 Satz 1 UStG. Die Leistung ist in Deutschland steuerbar. Für die Leistungen an den Maschinenteilen, die nach Entnahme aus dem Zolllager in den freien Verkehr der EU überführt werden, könnte sich eine Steuerbefreiung aus § 4 Nr. 3 a) bb) UStG ergeben. Voraussetzung wäre aber, dass die Kosten für die Behandlung in der Einfuhrumsatzsteuer-Bemessungsgrundlage für die Einfuhr enthalten sind. Dies ist aber nicht der Fall. Abweichend von Art. 214 Abs. 1 ZK, wonach sich die Bemessungsgrundlagen (und damit auch der Zollwert) nach dem Zeitpunkt der Entstehung der Zollschuld bestimmt, gilt gemäß Art. 112 Abs. 3 ZK für den Zolllagertyp D, dass der Zollwert maßgeblich ist, der bei der Überführung in das Zolllagerverfahren festgestellt wurde. Die nachträglich anfallenden Kosten für die Rostschutzbehandlung ändern den Zollwert nicht. § 11 UStG sieht ebenfalls keine Hinzurechnung derartiger Kosten zum Einfuhrumsatzsteuerwert vor. Mangels Steuerbefreiung sind die Leistungen der Rostfrei GmbH in Bezug auf die später in den freien Verkehr überführten Maschinenteile steuerpflichtig. Die Rechnung ist unter Ausweis von Umsatzsteuer zu erstellen.

[36] Die Befreiung ergibt sich aus § 4 Nr. 4a Buchst. b) UStG.

Gilt dies aber auch für die Rostschutzbehandlungen an den Maschinenteilen, die nach Entnahme aus dem Zolllager in der Schweiz ausgeführt werden? Die Umsatzsteuerbefreiung gem. § 4 Nr. 3 a) aa) UStG ist m. E. nicht einschlägig, da diese Vorschrift nicht für Werkleistungen gilt.[37] Auch die Steuerbefreiung gem. § 7 UStG dürfte m. E. im vorliegenden Fall nicht anwendbar sein, da die Maschinenteile nicht zum Zweck der Durchführung der Werkleistung eingeführt werden. Somit sind die Leistungen der Rostfrei GmbH insgesamt steuerpflichtig und unter Ausweis von Umsatzsteuer zu fakturieren.

Das vorangegangene Beispiel zeigt, dass zur umsatzsteuerlichen Beurteilung solcher Leistungen nicht nur eine umsatzsteuerliche, sondern in der Regel auch eine zollwertrechtliche Prüfung vorzunehmen ist. Gerade bei einem Zolllager des Typs C, wo der Zollwert grundsätzlich bei der Entnahme festzustellen ist, kann es zu Konstellationen kommen, in denen sich die Behandlungen Zollwert erhöhend auswirken und damit auch in der Bemessungsgrundlage zur Einfuhrumsatzsteuer enthalten sind (vgl Witte in Witte 2013, Art. 112 Rz. 35 ff.).[38]

4.3 Lagerung in einem Konsignationslager

4.3.1 Allgemeines

Ein Konsignationslager ist dadurch gekennzeichnet, dass die sich im Lager befindliche Ware noch dem Lieferer (Konsignant) gehört. Erst bei Entnahme durch den Kunden (Konsignator) geht die Verfügungsmacht auf diesen über. Zu diesem Zeitpunkt ist auch erst die umsatzsteuerliche Lieferung ausgeführt. Das Verbringen auf das Lager selbst stellt umsatzsteuerlich (mangels Verschaffung von Verfügungsmacht) noch keine Lieferung dar.[39]

4.3.2 Konsignationslager als Zolllager

Ein Konsignationslager kann in Form eines Zolllagers geführt werden. In diesem Fall gelten die oben unter Punkt B beschriebenen umsatzsteuerlichen Konsequenzen. Überführt der Kunde die Waren unmittelbar nach der Entnahme aus dem Konsignationslager in den freien Verkehr, so ist die Lieferung des Konsignanten gemäß § 4 Nr. 4b UStG steuerbefreit.

---

[37] Vgl. § 4 Nr. 3 Satz 2 UStG.

[38] sowie Art. 112 ZK.

[39] Vgl. zur umsatzsteuerlichen Beurteilung eines Konsignationslagers Knauer und Robisch 2004, S. 285 ff.

Beispiel

Der amerikanische Konsignant Screw Ltd. verbringt Waren in das Konsignationslager des deutschen Automobilherstellers Schrott AG. Die Waren werden in das Zolllagerverfahren (Zolllager Typ D) der Schrott AG überführt. Bei der Entnahme der Waren geht das Eigentum (und damit die Verfügungsmacht) an den Waren auf die Schrott AG über. Es handelt sich um eine Lieferung i. S. v. § 3 Abs. 1 UStG, die in Deutschland steuerbar ist. Die Lieferung ist allerdings gem. § 4 Nr. 4b UStG steuerfrei, wenn die Schrott AG als Abnehmer die Waren in den freien Verkehr überführt. Die Schrott AG ist zum Abzug der Einfuhrumsatzsteuer als Vorsteuer berechtigt, § 15 Abs. 1 Nr. 2 UStG.

Abwandlung:

Die Schrott AG überführt die Ware aus dem Zolllagerverfahren in das Zollverfahren der aktiven Veredelung (Nichterhebungsverfahren).[40] Auch in dieser Abwandlung geht das Eigentum (und damit die Verfügungsmacht) an den Waren von der Screw Ltd. auf die Schrott AG über. Es handelt sich um eine in Deutschland steuerbare Lieferung. Fraglich ist, ob auch hier die Steuerbefreiung des § 4 Nr. 4b UStG angewendet werden kann. Gemäß dem Wortlaut des § 4 Nr. 4b UStG ist die der Einfuhr vorangehenden Lieferung steuerfrei. Die Überführung in ein Nichterhebungsverfahren stellt aber gerade keine Einfuhr (= Überführung in den freien Verkehr) dar. Somit ist die Lieferung der Screw Ltd. an die Schrott AG steuerpflichtig. Wie oben bereits ausgeführt,[41] reicht der Finanzverwaltung in diesen Fällen als Nachweis für die Anwendung der Steuerbefreiung nach § 4 Nr. 4b UStG aus, wenn der Lieferer dokumentiert, dass sich die Ware zum Zeitpunkt der Lieferung in einem Nichterhebungsverfahren (z. B. aktive Veredelung) befunden hat.[42] Die Anwendung der Steuerfreiheit in derartigen Fällen ist jedoch zwingend mit der Finanzverwaltung (in Form einer verbindlichen Auskunft) abzustimmen.

Gestaltung:

Als Gestaltung zur Vermeidung der steuerpflichtigen Lieferung der Screw Ltd. an die Schrott AG, bietet sich auch an, dass die Schrott AG die Waren in der aktiven Veredelung in Form des Verfahrens der Zollrückvergütung überführt.[43] In diesem Verfahren werden die Waren zuerst in den zollrechtlich freien Verkehr überführt und die Einfuhrabgaben entrichtet. Die Voraussetzung des § 4 Nr. 4b UStG wären somit erfüllt. An der Umsatzsteuerfreiheit der Lieferung der Gegenstände von der Screw Ltd. an die Schrott AG ergeben sich dann keine Zweifel.

[40] Vgl. zur aktiven Veredelung Abschn. 6.1.

[41] Vgl. Abschn. 4.2.2.2.2.

[42] Vgl. Tz. 74 des BMF-Schreibens vom 28.1.2004-IV D1-S7157–1/04/IV D1 –S 7157a — 1/04, BStBl 2004 I, S. 242.

[43] Vgl. Abschn. 6.1.2.2.1.

4.3.3 Konsignationslagerung nach Überführung in den freien Verkehr

Allerdings werden Konsignationslager sehr oft nicht in Form eines Zolllagers geführt. Dies hat zur Folge, dass sich ein ausländischer Konsignant, der Waren in ein inländisches Konsignationslager verbringt, umsatzsteuerlich in Deutschland registrieren lassen muss. Das folgende Beispiel soll dies verdeutlichen.

Beispiel

Der amerikanische Konsignant Screw Ltd. verbringt Waren in das Konsignationslager des deutschen Automobilherstellers Rost AG. Diese entnimmt die Waren, sobald diese für die Produktion benötigt werden. Die Überführung in den freien Verkehr findet unmittelbar nach dem physischen Verbringen der Waren nach Deutschland statt. Die umsatzsteuerliche Behandlung hängt davon ab, wer die Waren in den freien Verkehr überführt. Es ergeben sich zwei Varianten:

Die Ware wird von der Screw Ltd. (indirekt vertreten durch eine in der Gemeinschaft ansässige Person) in den freien Verkehr überführt. Die Lieferung der Screw Ltd. an die Rost AG gilt zu dem Zeitpunkt als ausgeführt, in dem die Rost AG die Waren entnimmt. Der Lieferort befindet sich in Deutschland. Die Lieferungen sind steuerbar und mangels Steuerbefreiung steuerpflichtig. Die Screw Ltd. hat zum Zeitpunkt der Einfuhr die Verfügungsmacht an den Waren und darf die Einfuhrumsatzsteuer als Vorsteuer abziehen, § 15 Abs. 1 Nr. 2 UStG. Sie hat sich in Deutschland umsatzsteuerlich registrieren zu lassen.

Fraglich ist dic umsatzsteuerliche Behandlung dann, wenn der inländische Konsignator (hier: die Rost AG) die Waren in den freien Verkehr überführt. Auch in diesem Fall gilt die Lieferung der Screw Ltd. an die Rost AG zu dem Zeitpunkt als ausgeführt, in dem die Rost AG die Waren aus dem Lager entnimmt. Der Leistungsort liegt in Deutschland. Die Lieferung ist steuerbar und steuerpflichtig. Die Steuerbefreiung nach § 4 Nr. 4b UStG greift nicht, da die Lieferung der Einfuhr nachgelagert ist. Die Verfügungsmacht im Zeitpunkt der Einfuhr (Überführung in den freien Verkehr) ist weiterhin der Screw Ltd. zuzurechnen. Nur die Screw Ltd. kann die Einfuhrumsatzsteuer als Vorsteuer abziehen. Die Rost AG wird die von ihr entrichtete Einfuhrumsatzsteuer an die Screw Ltd. weiterbelasten.[44] Die Screw Ltd. hat sich auch in diesem Fall für Umsatzsteuerzwecke in Deutschland registrieren zu lassen. Damit die Screw Ltd. im Besitz eines Beleges zum Abzug der Einfuhrumsatzsteuer als Vorsteuer ist, sollte ihr die Rost AG einen Ausdruck des ATLAS-Steuerbescheids oder einen vom zuständigen Zollamt bescheinigten Ersatzbeleg zur Verfügung stellen.[45]

[44] Vgl. Abschn. 15.11. Abs. 1 Nr. 1 UStAE.

[45] Vgl. Abschn. 15.11. Abs. 1 Nr. 2 UStAE.

Wie oben aufgeführt [46] kann man auf Basis von Art. 168 e) MwStSystRL durchaus zur Auffassung gelangen, dass die Rost AG zum Abzug der Einfuhrumsatzsteuer als Vorsteuer berechtigt ist, da die Richtlinie nur darauf abstellt, dass die Gegenstände für Zwecke seiner (Unternehmen der Rost AG) besteuerten Umsätze verwendet werden. Das Konsignationslager charakterisiert sich ja gerade dadurch, dass der Konsignator (hier: Rost AG) die Ware bei Bedarf entnimmt, verwendet und dieser Verwendungszweck ja bereits bei der Überführung der Waren in den freien Verkehr feststeht.[47]

► **Praxishinweis** Bei der Implementierung einer Konsignationslagerstruktur mit drittländischen Konsignanten empfiehlt es sich, aufgrund der nicht eindeutigen Rechtslage, der Auffassung der Finanzverwaltung zu folgen und sich als drittländischer Lieferant umsatzsteuerlich registrieren zu lassen. Eine „saubere" Implementierung sollte dazu führen, dass die Umsatzsteuer bzw. Einfuhrumsatzsteuer bei keinem der Beteiligten Kosten verursacht.

4.4 Lagerung in einem Umsatzsteuerlager

4.4.1 Das Umsatzsteuerlager

Das Umsatzsteuerlager ist eine in Deutschland noch recht junge Institution. Erst durch das Steueränderungsgesetz 2003 wurde es mit Wirkung zum 1.1.2004 ins Leben gerufen. Die Rechtsgrundlage stellt § 4 Nr. 4a UStG dar. Wesentlicher Inhalt der Umsatzsteuerlagerregelung ist eine Steuerbefreiung für Umsätze von Gegenständen, bei denen diese körperlich im Umsatzsteuerlager verbleiben oder in ein anderes Umsatzsteuerlager im Inland gelangen. Befreit ist auch ein vor der Einlagerung liegender innergemeinschaftlicher Erwerb oder eine Einfuhr. Folgende Punkte sind charakteristisch für ein Umsatzsteuerlager:[48]

- Ein Umsatzsteuerlager muss ein räumlich abgrenzbarer Ort im Inland sein.
- Lagerhalter kann jeder sein, der die Waren in seinem Betrieb lagern kann. Der Lagerhalter muss zuverlässig sein.
- Das Umsatzsteuerlager bedarf der Bewilligung des für den Lagerhalter zuständigen Finanzamtes.

[46] Vgl. Abschn. 4.1.2.2.

[47] Ebenfalls strittig ist die Frage, ob die Lieferung der Gegenstände im Rahmen eines Konsignationslagers tatsächlich erst bei der Entnahme der Gegenstände durch den Konsignator erfolgt oder nicht ggfs. schon bei der Einlagerung derselben, vgl. hierzu: FG Hessen vom 21.6.2011–1 V 2518/10, DStRE 2012, S. 891 und Hiller 2013, S. 572 ff. Folgt man dieser Auffassung, so könnte für die Lieferung der Gegenstände § 4 Nr. 4b UStG doch Anwendung finden und eine Registrierungspflicht eines drittländischen Konsignanten würde entfallen.

[48] Vgl. zu den Regelungen des Umsatzsteuerlagers insbesondere das ausführliche BMF-Schreiben vom 28.1.2004 – IV D 1 – S 7157–1/04/IV D 1 – S 7157a – 1/04, BStBl. 2004 I S. 242.

- Die Regelungen zum Umsatzsteuerlager gelten nur für bestimmte, in der Anlage 1 zu § 4 Nr. 4a UStG genannte Gegenstände, die außerdem nicht für Lieferungen auf der Einzelhandelsstufe aufgemacht sein dürfen. Der Warenkatalog umfasst insbesondere verschiedene Lebensmittel (z. B. Tee und Kaffee) und Rohstoffe (Mineralöle, Metalle in Rohform, etc.).

Steuerbefreit sind nicht nur die Lieferungen in oder an ein Umsatzsteuerlager, sondern auch die (sonstigen) Leistungen, die mit der Lagerung, der Erhaltung, der Verbesserung der Aufmachung und Handelsgüte oder der Vorbereitung des Vertriebs oder Weiterverkaufs der eingelagerten Gegenstände unmittelbar zusammenhängen, § 4 Nr. 4a b) UStG.

4.4.2 Regelungen bei der Lagerung von Nichtgemeinschaftswaren (Drittlandswaren)

Ein Umsatzsteuerlager kann auch in den Räumen zugelassen werden, die bereits als Zolllager zugelassen sind. Eine gemeinsame Lagerung von Gemeinschaftswaren und Nichtgemeinschaftswaren im Zolllager bedarf aber der Zustimmung des Hauptzollamtes, Art. 106 ZK. Sollen in einem Lager ausschließlich Nichtgemeinschaftswaren gehandelt werden, die im Anschluss an die Lieferungen in den freien Verkehr überführt werden, so bedarf es keines Umsatzsteuerlagers, da hier die Steuerbefreiung nach § 4 Nr. 4b UStG ausreicht (siehe obige Ausführungen zum Zolllager). Befinden sich die Nichtgemeinschaftswaren in einem Umsatzsteuerlager, das gleichzeitig ein Zolllager ist, und werden sie dort geliefert (verkauft), sind beide Steuerbefreiungen einschlägig (§ 4 Nr. 4a UStG für die Lieferung im Steuerlager und § 4 Nr. 4b UStG für die einer Einfuhr vorangehende Lieferung).

Werden Nichtgemeinschaftswaren, die sich in einem Nichterhebungsverfahren (z. B. Zolllager) befinden, im Zusammenhang mit einer Einfuhr (Überführung in den freien Verkehr) ausgelagert, ist die der Einfuhr vorangegangene Lieferung grundsätzlich steuerfrei. Die Einfuhr ist allerdings steuerpflichtig, d. h., sie unterliegt der Einfuhrumsatzsteuer. Ist aber der Auslagerer gleichzeitig der Lieferer, so ist die Einfuhr gemäß § 5 Abs. 1 Nr. 5 UStG einfuhrumsatzsteuerfrei.

Beispiel

Die Spedition Panne GmbH betreibt in Deutschland ein Zolllager und ein Umsatzsteuerlager. Die Screw Ltd. versendet Stahlprofile von den USA nach Deutschland an die Rost AG. Die Waren werden in das Zolllagerverfahren der Panne GmbH überführt und für Umsatzsteuerzwecke in das Umsatzsteuerlager eingelagert. Die Screw Ltd. verkauft die Stahlprofile während der Lagerung an die Rost AG und die Rost AG verkauft die Waren ihrerseits an die Stern AG. Die Waren werden durch die Panne GmbH für die Rost AG in den freien Verkehr der EU überführt und durch die Rost AG an die Stern AG versendet. Für die Lieferung der Screw Ltd. an die Rost AG greift die Steuerbefreiung nach § 4 Nr. 4b UStG. Die Lieferung der Waren von der Rost AG an die Stern AG ist als die der Auslagerung aus dem Umsatzsteuerlager vorangegangene Lieferung jedoch steuerpflichtig. Steuerschuldner ist die Rost AG als Auslagerer. Die Rost AG stellt der Stern AG eine Rechnung unter Ausweis von Umsatzsteuer aus. Die Einfuhr der Waren (Überführung in den freien Verkehr) durch die Rost AG ist gemäß § 5 Abs. 1 Nr. 5 UStG steuerbefreit.

Von der Einfuhrumsatzsteuer befreit ist außerdem die Einfuhr von Gegenständen, die in ein Umsatzsteuerlager eingelagert werden sollen, § 5 Abs. 1 Nr. 4 UStG. Für die Gewährung der Befreiung reicht sogar der Wille des Einführers aus, die Gegenstände in ein Umsatzsteuerlager einzulagern.

Beispiel

Die Screw Ltd. versendet Stahlprofile an die Rost AG in Deutschland. Die Rost AG beabsichtigt die Waren in das Umsatzsteuerlager der Panne GmbH einzulagern. Die Waren werden durch die Rost AG in den freien Verkehr überführt. Da die Waren in ein Umsatzsteuerlager gelangen sollen, ist die Einfuhr steuerbefreit, § 5 Abs. 1 Nr. 4 UStG. Nach der Überführung der Waren in den freien Verkehr bekommt die Rost AG einen eiligen Auftrag von der Stern AG und versendet die Waren ohne Einlagerung im Umsatzsteuerlager an die Stern AG. Die Steuerbefreiung bleibt erhalten, da die ursprüngliche Absicht zur Einlagerung in ein Umsatzsteuerlager ausreicht.

Literatur

Hiller, Matthias. 2013. Gibt es einheitliche Grundprinzipien der Besteuerung grenzüberschreitender Sachverhalte in Standard- wie in Sonderfällen? *MehrwertSteuerrecht*. 572–582 und 652–661.

Knauer, Thomas, und Martin Robisch. 2004. Konsignationslager drittländischer Unternehmen in Deutschland nach den Neuregelungen durch das Steueränderungsgesetz 2003. *Umsatzsteuer-Rundschau*. 285–288.

Preßler-Höft, Horst Peter. 1991. Das neue Zolllagerrecht der EG. *Zeitschrift für Zölle und Verbrauchsteuern*. 223.

Sölch, Ringleb, und Gerhard Mößlang, Hrsg. 2014. *Umsatzsteuergesetz, Kommentar. 72. Auflage. ISBN: 9783406452093 Stand: April*. München: Verlag C.H. Beck oHG.

Thoma, Alexander. 2003. Das Zolllagerverfahren, Risiken und Gestaltungsmöglichkeiten aus steuerlicher Sicht. *Der Umsatz-Steuerberater*. 144–148.

Thoma, Alexander, und Lars Henschel. 2007. Umsatzsteuer auf Einfuhrumsatzsteuer? – Umsatzsteuerliche Behandlung der Weiterbelastung von Einfuhrabgaben. *Der Umsatz-Steuerberater*. 322–325.

Weimann, Rüdiger. 2002. Besonderheiten des Abzugs der Einfuhrumsatzsteuer als Vorsteuer. *Umsatzsteuer- und Verkehrsteuer-Recht*. 38–39.

Witte, Peter, Hrsg. 2013. *Zollkodex, Kommentar*. 6. Aufl. München: Verlag C.H. Beck oHG. (ISBN: 9783406644597, Stand: April).

Witte, Peter, und Hans-Michael Wolffgang, Hrsg. 2012. *Lehrbuch des Europäischen Zollrechts*. 7. Aufl. Herne: NWB Verlag GmbH & Co.KG.(ISBN: 9783482435478, Stand: April)

Weiterführende Literatur

Monfort, Bertrand. 2008. MwSt-Paket: Die Änderungen ab 2010 im Überblick. *Deutsches Steuerrecht*. 1261–1265.

Thoma, Alexander. 2005. Die aktive Veredelung, Risiken und Gestaltungsmöglichkeiten aus steuerlicher Sicht. *Der Umsatz-Steuerberater*. 23–27.

Die Be- und Verarbeitung von Gemeinschaftswaren im Drittland

5

5.1 Zollrechtliche Grundlagen

5.1.1 Lohnt sich eine passive Veredelung?

Bereits David Ricardo (1772–1823) hat in seinem Theorem der komparativen Kosten-Vorteile (auch Ricardo-Theorem) die Vorteile (Wohlstandsgewinne) durch einen funktionierenden internationalen Handel und einer damit einhergehenden internationalen Spezialisierung beschrieben. Die weitere Liberalisierung des Handels sowie die immer besser und schneller werdenden Möglichkeiten des Warentransports haben die internationale Arbeitsteilung weiter verstärkt. Immer mehr in den Fokus gerückt ist dabei die Verlagerung der Produktion in so genannte Niedriglohnländer.

Ein zollrechtlich bewilligter passiver Veredelungsverkehr bietet dabei die Möglichkeit, die im Drittland be- oder verarbeiteten Gegenstände einfuhrabgabenbegünstigt in die EU einzuführen. Allerdings werden solche Be- und Verarbeitungen außerhalb der EU häufig auch ohne die Inanspruchnahme einer passiven Veredelung durchgeführt. Ursächlich hierfür sind insbesondere die folgenden zwei Gründe:

- Die im Drittland hergestellten Gegenstände unterliegen bei der Einfuhr in die EU keinem Zoll (tarifliche Zollfreiheit) oder einem geringen Zollsatz, so dass sich der bürokratische Aufwand einer passiven Veredelung nicht lohnt.
- Die im Drittland hergestellten Erzeugnisse können im Rahmen von Zollpräferenzabkommen zollfrei (präferenzielle Zollfreiheit) in die EU eingeführt werden.[1]

[1] Vgl. zur Einfuhr von Präferenzwaren Abschn. 2.1.3.4.

A. Thoma et al., *Zoll und Umsatzsteuer,* DOI 10.1007/978-3-658-00165-0_5

Beispiel

Die Plastik GmbH führt Granulat zur Verarbeitung zu Kunststoffteilen nach Mexiko aus. In Mexiko wird das Granulat durch die Poncho SA zu Kunststoffteilen verarbeitet und anschließend an die Plastik GmbH in die EU versendet. Die Bearbeitung des Granulats in Mexiko zu Kunststoffteilen ist eine ursprungsbegründende Verarbeitung, so dass es sich bei den hergestellten Kunststoffteilen um Ursprungserzeugnisse Mexikos handelt. Die Poncho SA kann für die Waren entsprechende Präferenznachweise ausstellen. Die Plastik GmbH führt die Kunststoffteile unter Inanspruchnahme der Zollpräferenz zollfrei in die EU ein. Ein passiver Veredelungsverkehr ist zur Inanspruchnahme einer Zollbegünstigung nicht erforderlich.

Im Folgenden soll zunächst auf die Be- und Verarbeitungen ohne passive Veredelung eingegangen werden. Anschließend werden die Begünstigungen und die formalen Anforderungen der passiven Veredelung dargestellt. Die umsatzsteuerlichen Konsequenzen der Be- und Verarbeitung im Drittland sind vollständig abgekoppelt von der zollrechtlichen Thematik, ob die Be- oder Verarbeitung im Rahmen eines passiven Veredelungsverkehrs stattfindet oder nicht. Dies ergibt sich aus § 21 Abs. 2 UStG. Danach gelten zwar für die Einfuhrumsatzsteuer die Vorschriften für Zölle sinngemäß, ausgenommen sind aber u. a. die Vorschriften über den passiven Veredelungsverkehr. Hier ist aber § 11 UStG zu beachten. Diese Vorschrift ist unabhängig von der Inanspruchnahme eines zollrechtlichen Veredelungsverkehrs anwendbar.[2]

5.1.2 Be- und Verarbeitungen ohne Inanspruchnahme einer passiven Veredelung

Die Be- und Verarbeitung von Waren in einem Drittland ohne Inanspruchnahme einer passiven Veredelung lassen sich zollrechtlich[3] in folgende drei Phasen einteilen.

- Phase 1: Die unveredelten Gegenstände (Gemeinschaftswaren) werden in das Ausfuhrverfahren überführt und aus der EU ausgeführt.[4]
- Phase 2: Die Be- und Verarbeitung der Waren im Drittland unterliegt keinen zollrechtlichen Beschränkungen.
- Phase 3: Die im Drittland hergestellten Erzeugnisse werden in die EU eingeführt und dort in den freien Verkehr überführt, d. h. aus den Nichtgemeinschaftswaren werden Gemeinschaftswaren. Bei der Überführung der Waren in den freien Verkehr entsteht eine Zollschuld, Art. 201 Abs. 1 Buchst. a) ZK.[5]

[2] Vgl. die nachstehenden Ausführungen unter Abschn. 5.2.2.1.

[3] Zur umsatzsteuerlichen Beurteilung vgl. Abschn. 5.2.

[4] Vgl. zum Ausfuhrverfahren Abschn. 3.1.

[5] Vgl. zur Einfuhr bzw. Überführung in den freien Verkehr Abschn. 2.1.2.

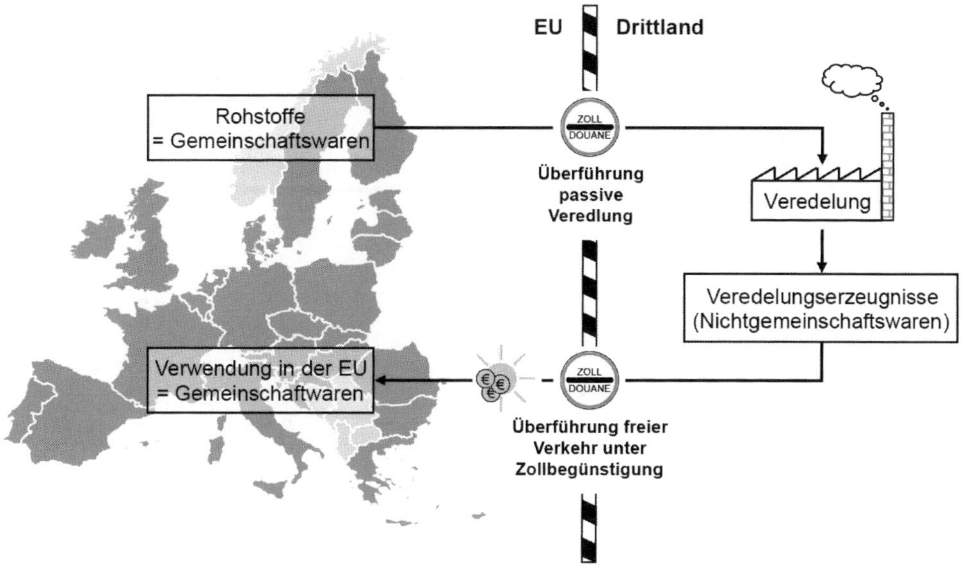

Abb. 5.1 Passive Veredelung

5.1.3 Die passive Veredelung

5.1.3.1 Die passive Veredelung als Zollverfahren

Die passive Veredelung zählt zu den Zollverfahren mit wirtschaftlicher Bedeutung. Die Rechtsgrundlagen ergeben sich aus Art. 145–160 ZK sowie Art. 585–592 ZK-DVO. Im Verfahren der passiven Veredelung können Gemeinschaftswaren zur Durchführung von Veredelungsvorgängen vorübergehend aus dem Zollgebiet der Gemeinschaft ausgeführt und die aus diesen Veredelungsvorgängen entstandenen Erzeugnisse (Veredelungserzeugnisse) unter vollständiger oder teilweiser Befreiung von den Einfuhrabgaben in den zollrechtlich freien Verkehr überführt werden, Art. 145 ZK (Abb. 5.1).

5.1.3.2 Wie wird eine passive Veredelung beantragt?

Das Zollverfahren der passiven Veredelung zählt zu den Zollverfahren mit wirtschaftlicher Bedeutung, Art. 84 Abs. 1 Buchst. b) 5. Anstrich ZK. Somit bedarf die Inanspruchnahme der passiven Veredelung, wie die aller Zollverfahren mit wirtschaftlicher Bedeutung, einer Bewilligung, Art. 85 ZK. Die Bewilligung wird von den Zollbehörden auf Antrag erteilt, Art. 147 ZK. Die Bewilligungsvoraussetzungen ergeben sich zum einen aus den allgemeinen Voraussetzungen für Zollverfahren mit wirtschaftlicher Bedeutung[6], sowie den speziellen Voraussetzungen für die passive Veredelung gem. Art. 148 ZK. Die Voraussetzungen können vereinfacht wie folgt dargestellt werden:

[6] Vgl. insbesondere hier Art. 86 ZK.

- Persönliche Voraussetzungen:
  Zu den persönlichen Bewilligungsvoraussetzungen seitens des Antragsstellers gehören die Ansässigkeit in der Gemeinschaft und die erforderliche Gewähr für den ordnungsgemäßen Ablauf der passiven Veredelung.
- Zolltechnische Durchführbarkeit:
  Grundsätzlich erfordert die passive Veredelung den Nämlichkeitsnachweis, Art. 148 Buchst. b) ZK, d. h. der Bewilligungsinhaber hat nachzuweisen, dass die Erzeugnisse aus den Waren der vorübergehenden Ausfuhr hergestellt worden sind. Die Nämlichkeit kann z. B. durch eine Beschreibung der besonderen Kennzeichen der ausgeführten Waren oder der Fertigungsnummern geführt werden. Auch das Anbringen von Plomben, Siegeln, Stempelabdrucken oder die Entnahme von Mustern und Proben, sowie die Vorlage von Abbildungen oder technischen Beschreibungen können als Nachweis der Nämlichkeit anerkannt werden (vgl. Witte in Witte 2013, Art. 148 Rz. 5). Eine Ausnahme vom Nämlichkeitsprinzip stellt Art. 148 Buchst. b) 2. UA ZK in Verbindung mit Art. 586 Abs. 2 ZK-DVO dar. Unter bestimmten Voraussetzungen bietet diese Vorschrift dem Bewilligungsinhaber die Möglichkeit, äquivalente Waren im Drittland zu be- oder zu verarbeiten.
- Wirtschaftliche Voraussetzungen:
  Bei den wirtschaftlichen Bewilligungsvoraussetzungen ist gem. Art. 148 Buchst. c) ZK zu prüfen, ob wesentliche Interessen der Verarbeiter im Zollgebiet der Gemeinschaft beeinträchtigt werden (vgl. Witte in Witte 2013, Art. 148 Rz. 9). Somit bedarf es bei der Bewilligungserteilung einer sorgfältigen Interessenabwägung. Allerdings bestimmt Art. 585 Abs. 1 ZK-DVO, dass die wesentlichen Interessen von Verarbeitern in der Gemeinschaft nicht als erheblich beeinträchtigt gelten, sofern keine gegenteiligen Hinweise vorliegen. Dies entspricht einer Fiktion des Vorliegens der wirtschaftlichen Voraussetzungen. Diese Fiktion führt zu einer erheblichen Arbeitserleichterung auf Ebene der die Bewilligung erteilenden Zollstellen sowie zur Rechtssicherheit seitens der Antragsteller.
- Verhältnismäßigkeit des Überwachungsaufwandes:
  Diese allgemeine Bewilligungsvoraussetzung gem. Art. 86 2. Anstrich ZK soll ein Missverhältnis von Verwaltungsaufwand und Unternehmensnutzen verhindern (vgl. hierzu im Einzelnen Witte in Witte 2013, Art. 148 Rz. 15).

Bei der Antragstellung einer passiven Veredelung ist auch Art. 146 ZK zu beachten. Die Möglichkeit der Inanspruchnahme einer passiven Veredelung wird hier für verschiedene Fälle eingeschränkt. Eine solche Einschränkung besteht insbesondere dann, wenn die Ausfuhr der Gemeinschaftswaren zur Erstattung oder zum Erlass von Einfuhrabgaben oder zu Ausfuhrerstattungen im Rahmen der gemeinsamen Agrarpolitik führen. Voraussetzung für die Inanspruchnahme einer passiven Veredelung ist grundsätzlich auch, dass es sich bei den Waren der vorübergehenden Ausfuhr (unveredelte Erzeugnisse) um Gemeinschaftswaren handelt.[7]

Beispiel

Die Plastik GmbH führt Granulat aus China ein und überführt diese Ware in das ihr bewilligte Zolllagerverfahren des Typs D. Die Verarbeitung des Granulats zu Kunststoffteilen soll bei einem Verarbeitungsbetrieb in Kanada vorgenommen werden. Die Kunststoffteile sollen anschließend wieder in die EU importiert werden.

Werden die Waren ohne Entrichtung der Einfuhrabgaben aus dem Zolllagerverfahren nach Kanada ausgeführt, so ist die Inanspruchnahme eines passiven Veredelungsverkehrs für die Plastik GmbH unzulässig. Ein passiver Veredelungsverkehr wäre allerdings dann zulässig, wenn die Plastik GmbH die Waren aus dem Zolllager in den freien Verkehr der EU überführt (unter Entrichtung der Einfuhrabgaben) und anschließend zur weiteren Verarbeitung im Rahmen des Ausfuhrverfahrens nach Kanada ausführt. Durch die Überführung in den freien Verkehr wird aus dem Granulat eine Gemeinschaftsware.

Liegen die Antragsvoraussetzungen vor, so hat die Zollbehörde innerhalb von 30 Tagen die Bewilligung zu erteilen. Es gibt auch die Möglichkeit einer rückwirkenden Bewilligungserteilung. Entsprechende Regelungen hierzu befinden sich in Art. 508 ZK-DVO, und zwar für alle Zollverfahren mit wirtschaftlicher Bedeutung mit Ausnahme des Zolllagerverfahrens.[8] Die zuständige Zollstelle für die Erteilung der Bewilligung ergibt sich in Deutschland aus § 24 Abs. 1 ZollV. Es ist das Hauptzollamt, in dessen Bezirk die Buchführung des Antragstellers überwiegend erfolgt (Hauptbuchhaltung). Werden aus verschiedenen Mitgliedstaaten Waren vorübergehend ausgeführt, so gelten die Regelungen der einzigen Bewilligung.[9]

Die Bewilligung des passiven Veredelungsverkehrs hat insbesondere folgende Punkte zu regeln:[10]

- Name und Anschrift des Bewilligungsinhabers,
- das bewilligte Verfahren (passive Veredelung),
- Ort und Art der Buchhaltung/Aufzeichnungen,
- Geltungsdauer der Bewilligung,

[7] Die Ausnahme hierzu ergibt sich aus Art. 123 ZK, wonach auch Nichtgemeinschaftswaren im Anschluss an eine aktive Veredelung in eine passive Veredelung überführt werden können.

[8] Hinsichtlich der einzelnen Voraussetzungen zur rückwirkenden Erteilung einer Bewilligung vgl. Henke in Witte 2013, Art. 85 Rz. 28 ff.

[9] Vgl. Art. 85 ZK, Art. 500 u. 501 ZK-DVO sowie die Kommentierung von Henke in Witte 2013, Art. 85 Rz. 21–25.

[10] Vgl. Anhang 67 zu ZK-DVO, abgedruckt unter Anhang 29.

- handelsübliche und/oder technische Bezeichnung der zur Veredelung bestimmten Waren (Waren der vorübergehenden Ausfuhr), sowie Angaben über die Einreihung dieser Waren in die kombinierte Nomenklatur,
- Veredelungserzeugnisse und Ausbeutesatz,
- Art der Veredelung (kurze Beschreibung der Veredelungsvorgänge),
- wirtschaftliche Voraussetzungen,
- zuständige Zollstellen:
  - Überwachungszollstelle zur Überwachung des Verfahrens,
  - eine oder mehrere Zollstellen für die Überführung in das Verfahren der passiven Veredelung (Ausfuhrzollstellen),
  - eine oder mehrere Zollstellen für die Beendigung des Verfahrens (Einfuhrzollstellen für die Annahme der Zollanmeldung zur Überführung in den zollrechtlich freien Verkehr),
- Bestimmung der Nämlichkeitsmittel (alternativ: Regelungen über die Verwendung von Ersatzwaren, soweit ein Äquivalenzverkehr möglich ist),
- Frist für die Beendigung des Verfahrens,
- ggf. bewilligte vereinfachte Verfahren zur Überführung der Waren in die passive Veredelung.

5.1.3.3 Wie wird das Verfahren durchgeführt?

5.1.3.3.1 Waren der vorübergehenden Ausfuhr

Die zur Veredelung bestimmten Waren werden Waren der vorübergehenden Ausfuhr genannt. Das Verfahren der passiven Veredelung beginnt mit dem Export dieser Waren. Die passive Veredelung ist grundsätzlich nur für Gemeinschaftswaren zulässig. Somit bedarf der Warentransport dieser Waren der vorübergehenden Ausfuhr keiner besonderen zollamtlichen Überwachung. In Bezug auf die Zollanmeldung zur Überführung der Waren der vorübergehenden Ausfuhr in das Verfahren der passiven Veredelung gelten gem. Art. 589 Abs. 1 ZK-DVO die Vorschriften zur Ausfuhr sinngemäß.[11] Somit ist auch im Rahmen der passiven Veredelung das „normale" zweistufige Ausfuhrverfahren vorgeschrieben. Die Waren der vorübergehenden Ausfuhr können auch im vereinfachten Verfahren nach Art. 76 ZK in die passive Veredelung überführt werden, Art. 277 ZK-DVO.

5.1.3.3.2 Veredelungsvorgänge

Die eigentliche wirtschaftliche Tätigkeit im Rahmen einer passiven Veredelung findet im Drittland und nicht im Zollgebiet der Gemeinschaft statt und unterliegt folglich keiner zollamtlichen Überwachung durch die Zollbehörden der EU.[12] Die Veredelungsvorgän-

[11] Vgl. hierzu die Ausführung unter Abschn. 3.1.

[12] Selbstverständlich kann in dem entsprechenden Drittland, soweit die dortigen Vorschriften dies vorsehen, eine Be- oder Verarbeitung im Rahmen eines aktiven Veredelungsverkehrs stattfinden. Dieser aktive Veredelungsverkehr unterläge dann der zollamtlichen Überwachung der dortigen Zollbehörden.

ge können in einer Be- oder Verarbeitung oder aber in einer Ausbesserung der Waren der vorübergehenden Ausfuhr bestehen. Eine Prüfung durch die Zollbehörden in der EU findet erst im Nachhinein, d. h. bei der Überführung der Veredelungserzeugnisse in den zollrechtlich freien Verkehr der EU statt. Dann wird der Ablauf des Verfahrens (z. B. Nämlichkeit der Waren) geprüft.

5.1.3.3.3 Wiedereinfuhrfrist und Ausbeute

Die Zollbehörden setzen die Frist fest, in welcher die Veredelungserzeugnisse in das Zollgebiet der Gemeinschaft wieder eingeführt werden müssen, Art. 149 Abs. 1 ZK. Diese Frist ist auf begründeten Antrag des Bewilligungsinhabers verlängerbar. Die Länge der Frist bestimmt sich grundsätzlich unter Berücksichtigung der Dauer des Transports und des Rücktransports sowie insbesondere der Dauer der im Drittland stattfindenden Veredelungsarbeit. Selbstverständlich gehören auch die entsprechenden Dispositions- und Vorbereitungszeiten des Veredlers im Drittland zu den Produktionszeiten. Die Wiedereinfuhrfrist ist stets individuell zu bestimmen, d. h. Globalisierungen, wie sie im Bereich der aktiven Veredelung üblich sind, kommen hier nicht in Betracht.[13] Die im Einzelnen zu bestimmende Wiedereinfuhrfrist kann in Tagen, Wochen, Monaten oder sogar in Jahren festgelegt werden.

Die Ausbeute ist in Art. 145 Abs. 3 Buchst. d) ZK definiert. Sie bestimmt sich als Menge oder Prozentsatz der bei der Veredelung einer bestimmten Menge von Waren der vorübergehenden Ausfuhr gewonnenen Veredelungserzeugnisse. Die Ausbeute ist auf Grundlage der tatsächlichen Verhältnisse unter Berücksichtigung der Produktions- und sonstigen technischen Gegebenheiten zu bestimmen, unter denen die Veredelung sich vollzieht, Art. 517 Abs. 1 Satz 2 ZK-DVO.

5.1.3.4 Wie wird das Verfahren beendet?

Nach dem Export der Waren der vorübergehenden Ausfuhr (Phase 1), den im Drittland durchgeführten Veredelungsarbeiten (Phase 2) kommt es mit dem Import der Veredelungserzeugnisse zur Beendigung des Verfahrens der passiven Veredelung. An das Verbringen der Veredelungserzeugnisse in das Zollgebiet der Gemeinschaft muss sich eine neue zollrechtliche Bestimmung anschließen. In der Regel wird dies die Überführung der Veredelungserzeugnisse in den freien Verkehr sein. Diese Überführung in den freien Verkehr ist ein eigenes Zolllverfahren und nicht mehr Bestandteil des passiven Veredelungsverkehrs (vgl. Witte in Witte 2013, Art. 145 Rz. 27).[14]

---

[13] Vgl. zu den Globalisierungsmöglichkeiten im Rahmen der aktiven Veredelung Abschn. 6.1.2.

[14] Allerdings sind selbstverständlich bei der Überführung der Veredelungserzeugnisse in den freien Verkehr die entsprechenden Einfuhrabgabenbegünstigungen nach der Differenz- oder Mehrwertmethode im Rahmen der passiven Veredelung anzuwenden.

5.1.3.5 Die Einfuhrabgabenbegünstigung

5.1.3.5.1 Allgemeines

Sinn und Zweck der passiven Veredelung und damit deren Herzstück ist das Erreichen einer Einfuhrabgabenbegünstigung. Gem. Art. 145 Abs. 1 ZK können die aus den Waren der vorübergehenden Ausfuhr hergestellten Veredelungserzeugnisse unter vollständiger oder teilweiser Befreiung von den Einfuhrabgaben in den zollrechtlich freien Verkehr überführt werden. Diese vollständige oder teilweise Befreiung von den Einfuhrabgaben kann auf zweierlei Arten berechnet werden:

- die Differenzmethode gem. Art. 151 ZK
- die Mehrwertmethode gem. Art. 153 UA 2 ZK

Die (unterschiedlichen) Wirkungen dieser Begünstigungen sollen nachfolgend erarbeitet werden:

5.1.3.5.2 Abgabenerhebung ohne passive Veredelung

Werden Waren ohne Inanspruchnahme einer passiven Veredelung ausgeführt und als Veredelungserzeugnisse wieder eingeführt, so sind diese Veredelungserzeugnisse unter Anwendung der „normalen" zollrechtlichen und zollwertrechtlichen Vorschriften in den freien Verkehr zu überführen.[15] Das folgende Beispiel soll dies illustrieren:

Beispiel

Der Maschinenhersteller Hainer KG aus Kirch in Deutschland hat seine Produktion teilweise in die Ukraine verlagert. Aus den von der Hainer KG beigestellten Teilen produziert die ukrainische Produktionsgesellschaft Shevo ZAT die fertigen Maschinen. Diese werden im Anschluss an die Produktion von der Ukraine nach Deutschland verbracht und dort in den freien Verkehr der EU überführt. Die zur Herstellung der Maschine erforderlichen Teile stellt die Hainer KG der Shevo ZAT unentgeltlich bei. Der Wert dieser Teile beträgt EUR 900.000. Die Beförderungskosten von der Ukraine bis zum Ort des Verbringens in der EU belaufen sich auf EUR 10.000. Zur Herstellung der Maschine berechnet die Shevo ZAT der Hainer KG einen Veredelungslohn in Höhe von EUR 90.000. Der Zollsatz für die Maschine soll 5 % betragen.[16]

Wie hoch ist die Zollbelastung, der die Maschine bei der Einfuhr in die EU unterliegt?[17]

Der Zollwert der Maschine bestimmt sich wie folgt:

[15] Vgl. zur Überführung in den freien Verkehr Abschn. 2.1.2.

[16] Mögliche Präferenzbegünstigungen sollen im Beispielfall ausgeblendet werden.

[17] Die Berechnung der Einfuhrumsatzsteuer soll an dieser Stelle nicht betrachtet werden, vgl. hierzu Abschn. 5.2.2.1.

Veredelungslohn[a]		EUR 90.000
Hinzurechnung nach Art. 32 ZK		
Beigestellte Teile[b]	EUR 900.000	
Beförderungskosten[c]	EUR 10.000	
Summe der Hinzurechnungen gem. Art. 32 ZK	EUR 910.000	EUR 910.000
Zollwert		EUR 1.000.000
Zollsatz 5 %		
= zu entrichtender Zoll		EUR 50.000

[a] Der Transaktionswert ist der für die Waren bei einem Verkauf zur Ausfuhr in das Zollgebiet der Gemeinschaft tatsächlich gezahlte oder zu zahlende Preis, Art. 29 Abs. 1 ZK. Der Verkaufsbegriff ist dabei extensiv auszulegen und umfasst nicht nur Kaufgeschäfte i. S. des deutschen Zivilrechts, sondern auch Werk- und Werklieferungsverträge. Somit stellt der Veredelungslohn in obigem Beispiel ebenfalls eine Transaktionswert i. S. des ZK dar

[b] Bei der Ermittlung des Zollwertes nach Art. 29 ZK sind dem für die eingeführten Waren tatsächlich gezahlten oder zu zahlenden Preis (Transaktionswert) die vom Käufer unentgeltlich zur Verfügung gestellten und in der eingeführten Ware enthaltenen Materialien, Bestandteile, Teile und dergleichen hinzuzurechnen, Art. 32 Abs. 1 Buchst. b) i) ZK

[c] Dem Transaktionswert sind auch Beförderungs- und Versicherungskosten für die eingeführten Waren bis zum Ort des Verbringens in das Zollgebiet der Gemeinschaft hinzuzurechnen, Art. 32 Abs. 1 Buchst. e) i) ZK

Ohne die Inanspruchnahme eines passiven Veredelungsverkehrs hat die Hainer KG für die Einfuhr der Maschine Zoll in Höhe von EUR 50.000 zu entrichten.

Im Ergebnis kann festgestellt werden, dass ohne die Inanspruchnahme eines passiven Veredelungsverkehrs der Wert der beigestellten Teile, Materialien oder dergleichen mit vom Zollwert erfasst ist und damit dem Zollsatz für das Fertigerzeugnis unterliegt. Wäre die Maschine im Beispielfall tariflich zollfrei oder hätte sie aufgrund einer Präferenzbegünstigung zollfrei eingeführt werden können, würde sich die Zollwerterhöhung nicht auswirken.[18]

5.1.3.5.3 Abgabenerhebung bei Inanspruchnahme einer passiven Veredelung

5.1.3.5.3.1 Der Grundsatz: Die Differenzmethode

Die Differenzmethode (Differenzverzollung) konnte man bis zum 30.06.2001 getrost als das Herzstück der passiven Veredelung bezeichnen (vgl. Witte in Witte 2013, Art. 151 Rz. 1). Bis zu diesem Zeitpunkt war sie die grundsätzlich einzige Grundlage zur Berechnung der Zollbegünstigung im Rahmen einer passiven Veredelung.[19] Die Differenzmethode ist

[18] Hinsichtlich der Vorschriften zur Bestimmung der Bemessungsgrundlage zur Einfuhrumsatzsteuer vgl. § 11 UStG und die nachfolgenden Ausführungen unter Abschn. 5.2.2.1.

[19] Ausnahmen bestanden bis zum 30.06.2001 nur für die Ausbesserung von Waren, für die schon damals die Mehrwertmethode Anwendung fand oder im rechnerischen Ergebnis bei gleichem Zollsatz

in Art. 151 ZK geregelt. Die Zollbegünstigung besteht bei der Differenzmethode darin, dass der Betrag der Einfuhrabgaben für die wieder eingeführten Veredelungserzeugnisse um den Betrag der Einfuhrabgaben, der für die ausgeführten Waren der vorübergehenden Ausfuhr bei deren fingierten gleichzeitigen Überführung in den zollrechtlich freien Verkehr zu erheben wäre, gemindert wird. Diese komplizierte Definition soll anhand des folgenden Beispiels dargestellt werden:

Beispiel

In Anlehnung an das obige Beispiel und unter Zugrundelegung der gleichen Werte lässt sich die Hainer KG einen passiven Veredelungsverkehr bewilligen. Der Zollsatz der Waren der vorübergehenden Ausfuhr, der im Zeitpunkt der Einfuhr der Maschinen (des Veredelungserzeugnisses) zur Anwendung kommen würde, soll 3 % betragen. Wie hoch ist der nunmehr zu zahlende Zoll bei Inanspruchnahme der Zollbegünstigung der passiven Veredelung?

Berechnung des Zolls für die eingeführten Veredelungserzeugnisse (Maschine)	
Vgl. hierzu die obige Berechnung	EUR 50.000
Berechnung des Minderungsbetrags im Rahmen der Differenzmethode nach Art. 151 ZK	
Wert der unentgeltlich beigestellten Teile	EUR 900.000
Zollsatz dieser Teile: 3 %[a]	
./. Minderungsbetrag	EUR 27.000
Zu erhebender Zoll	
(EUR 50.000./. EUR 27.000)	EUR 23.000

[a] Dieser Zollsatz würde dann zur Anwendung kommen, wenn diese Teile zu dem Zeitpunkt in den freien Verkehr überführt werden würden

Bei Inanspruchnahme einer passiven Veredelung unter Anwendung der Differenzmethode hätte die Hainer KG bei der Einfuhr der Maschine Zoll in Höhe von EUR 23.000 zu entrichten. D. h. der ohne Inanspruchnahme eines passiven Veredelungsverkehrs zu entrichtende Zoll hat sich um EUR 27.000 gemindert.

Sollte ausnahmsweise (atypische Tarifgestaltung) der Zollsatz der Waren der vorübergehenden Ausfuhr höher sein als der Zollsatz der Veredelungserzeugnisse, kann sich sogar ein höherer Abzugsbetrag bei den Waren der vorübergehenden Ausfuhr ergeben. Damit kommt es zu einer Einfuhrabgabenfreiheit, nicht jedoch zu einer Erstattung dieses fiktiven Überhangs (vgl. Witte in Witte 2013, Art. 151 Rz. 1 und Rz. 12).

für Waren der vorübergehenden Ausfuhr und Veredelungserzeugnisse.

Beispiel

In Fortführung des obigen Beispiels und unter Zugrundelegung der gleichen Werte soll der Zollsatz der unentgeltlich beigestellten Teile 6 % betragen. Der gemäß Art. 151 ZK zu berechnende Minderungsbetrag beläuft sich dann auf EUR 54.000 (EUR 900.000 × 6 %). Der Abzugsbetrag übersteigt somit den Zoll für die Einfuhrwaren. Es kommt im Ergebnis zu einer Einfuhrabgabenfreiheit. Eine Erstattung des übersteigenden Betrags in Höhe von EUR 4000 erfolgt nicht.

5.1.3.5.3.2 Die „übliche" Ausnahme: Die Mehrwertmethode

Bis zum 30.06.2001 gab es nur bei der Ausbesserung die Möglichkeit, das Veredelungsentgelt als Zollwert anzusetzen und somit nur den Mehrwert zu verzollen.[20] Diese Vorschrift findet sich in Art. 153 UA 1 ZK. Nunmehr ist seit dem 01.07.2001 gem. Art. 153 UA 2 ZK die Möglichkeit geschaffen worden, unter bestimmten Voraussetzungen bei sämtlichen Veredelungsvorgängen den Zollsatz des Veredelungserzeugnisses (der Einfuhrware) auf die Veredelungskosten anzuwenden. Diese Möglichkeit wird Mehrwertmethode (auch Mehrwertverzollung) genannt. Die nähere rechtliche Ausgestaltung der Mehrwertmethode ist in Art. 591 ZK-DVO zu finden. Danach ist die Mehrwertmethode auf Antrag zu gewähren.[21] Der Antrag ist jeweils mit der Zollanmeldung zur Überführung der Veredelungserzeugnisse in den freien Verkehr zu stellen.

Gemäß Art. 591 UA 3 ZK-DVO finden die Art. 29–35 ZK sinngemäß auf die Mehrwertmethode Anwendung, allerdings ohne Berücksichtigung der Waren der vorübergehenden Ausfuhr. Das bedeutet z. B., dass andere Hinzurechnungen als der Wert der unentgeltlich beigestellten Waren der vorübergehenden Ausfuhr vorgenommen werden müssen. Das nachfolgende Beispiel zeigt die Wirkungsweise der Mehrwertmethode:

Beispiel

In Fortsetzung des o. a. Beispiels unter Zugrundelegung der gleichen Werte beantragt die Hainer KG bei der Einfuhr der

Maschinen (Veredelungserzeugnisse) aus der Ukraine die Anwendung der Mehrwertmethode.

Wie hoch ist der zu entrichtende Zoll?

Veredelungslohn	EUR 90.000
Beförderungskosten zum Ort des Verbringens[a]	EUR 10.000
Zollwert	EUR 100.000

[20] Bei kostenloser Ausbesserung besteht unter bestimmten Voraussetzungen vollständige Einfuhrabgabenfreiheit, Art. 152 ZK.

[21] Es obliegt nicht der Zollstelle eine Vergleichsrechnung durchzuführen, ob sich die Mehrwertmethode als vorteilhaft gegenüber der Differenzmethode erweist, vgl. Witte in Witte 2013, Art. 153 Rz. 21.

Zollsatz 5 %	
Zoll	EUR 5000

[a] Die Hinzurechnung der Beförderungskosten erfolgt gem. Art. 591 UA. 3 ZK-DVO i. V. m. Art. 32 Abs. 1 Buchst. e) i) ZK

Bei Anwendung der Mehrwertmethode hat die Hainer KG EUR 5000 Zoll zu entrichten.

Eine Einschränkung der Anwendung der Mehrwertmethode ist Art. 591 UA 2 ZK-DVO zu entnehmen. Danach ist die Mehrwertmethode ausgeschlossen, wenn:

- die Waren der vorübergehenden Ausfuhr keine Ursprungserzeugnisse der Gemeinschaft sind und
- diese Waren zu einem Zollsatz von „Null" eingeführt wurden und
- zwischen der Einfuhr zum Zollsatz von „Null" und der Anwendung der Mehrwertmethode eine Kausalität besteht, d. h. die Waren der vorübergehenden Ausfuhr sind zu einem Zollsatz von „Null" eingeführt worden, um in den Genuss der Mehrwertmethode im Rahmen der passiven Veredelung zu kommen.

Beispiel

Die Hainer KG führt die Waren der vorübergehenden Ausfuhr (Maschinenteile) zuvor aus der Schweiz ein. Die Einfuhr aus der Schweiz erfolgt unter Anwendung des Präferenzzollsatzes von „Null". Unmittelbar nach der Einfuhr werden die aus der Schweiz eingeführten Maschinenteile in die passive Veredelung überführt.

Die Anwendung der Mehrwertmethode bei der Einfuhr der Maschine aus der Ukraine ist in diesem Fall nicht zulässig. Allerdings wäre die Anwendung der Differenzmethode möglich.[22]

Soweit keine Kausalität zwischen der Einfuhr zum Zollsatz „Null" und der Anwendung der Mehrwertmethode bei der späteren Einfuhr des Veredelungserzeugnisses besteht, spricht nichts gegen die Anwendung der Mehrwertmethode. Eine solche Kausalität könnte seitens der Zollverwaltung in obigem Beispiel wohl nicht unterstellt werden, wenn die Hainer KG die Waren der vorübergehenden Ausfuhr von einem anderen in der Gemeinschaft ansässigen Unternehmer gekauft hat, auch wenn dieses Unternehmen die Waren zuvor zu einem Zollsatz von „Null" aus einem Drittland eingeführt hat.

[22] Zu einer möglichen Kombination beider Methoden vgl. Witte in Witte 2013, Art. 153 Rz. 40–42 mit weiteren Literaturhinweisen.

5.1.3.5.3.3 Vorteilhaftigkeitsüberlegungen

Welche Methode ist nun in der Regel vorteilhafter?

Dies bedarf einer Berechnung im Einzelfall. Allerdings können folgende Aussagen hierbei hilfreich sein:

- Ist der Zollsatz für das Veredelungserzeugnis höher als der Zollsatz für die Waren der vorübergehenden Ausfuhr, ist die Mehrwertverzollung (Mehrwertmethode) vorteilhaft. Dies dürfte aufgrund des Produktionsprinzips des Zolltarifs (steigender Zollsatz mit zunehmender Verarbeitung) fast den Normalfall darstellen.
- Im umgekehrten, aber selteneren Fall, nämlich dass der Zollsatz für die Waren der vorübergehenden Ausfuhr höher ist als der Zollsatz für das Veredelungserzeugnis, ist die Differenzverzollung (Differenzmethode) günstiger.
- Sind die Zollsätze der Waren der vorübergehenden Ausfuhr und des Veredelungserzeugnisses gleich, so führen beide Berechnungen zum gleichen Ergebnis.

Häufig wird es in der Praxis aber Konstellationen geben, in denen einige Waren der vorübergehenden Ausfuhr einem höheren und andere einem niedrigeren Zollsatz als dem Zollsatz für das Veredelungserzeugnis unterliegen. In diesen Fällen ist eine generelle Aussage hinsichtlich der Vorteilhaftigkeit nicht möglich. Es bedarf einer konkreten Berechnung, welche Methode günstiger ist (vgl. Huchatz und Schulmeister in Witte und Wolffgang 2012, S. 339).

5.2 Umsatzsteuerliche Konsequenzen

5.2.1 Waren der vorübergehenden Ausfuhr

Werden die Waren der vorübergehenden Ausfuhr von einem inländischen Auftraggeber in das Drittland verbracht, um dort veredelt zu werden (klassischer Fall der Lohnveredelung), so handelt es sich zwar zollrechtlich um eine Ausfuhr, nicht aber umsatzsteuerlich. Es mangelt an der Entgeltlichkeit der Lieferung, so dass dieser Vorgang aus umsatzsteuerlicher Sicht nicht steuerbar ist.

Beispiel

Die Hemd AG lässt Oberhemden in der Ukraine fertigen. Alle zur Herstellung erforderlichen Hauptstoffe (insbesondere Gewebe) stellt sie dem ukrainischen Herstellungsbetrieb zur Verfügung. Diese Hauptstoffe werden aus Deutschland in die Ukraine ausgeführt. Zollrechtlich liegt eine Ausfuhr vor, umsatzsteuerlich lediglich ein nicht steuerbares rechtsgeschäftsloses Verbringen.

Werden die Waren der vorübergehenden Ausfuhr jedoch an einen drittländischen Hersteller verkauft, von dem anschließend die Fertigware erworben wird, so liegt eine Ausfuhrlieferung nach § 6 UStG vor.[23]

Beispiel

Die Hemd AG verkauft hochwertige Gewebe an einen taiwanesischen Hemdenhersteller. Dieser fertigt Oberhemden, die (teilweise) an die Hemd AG verkauf werden. Auch für diesen Sachverhalt kann sich die Hemd AG aus zollrechtlicher Sicht eine passive Veredelung bewilligen lassen. Bei der Ausfuhr der Textilien liegt umsatzsteuerlich eine Ausfuhrlieferung i. S. d. § 6 UStG vor. Die umsatzsteuerlichen Konsequenzen sind unabhängig davon, ob die Waren der vorübergehenden Ausfuhr zollrechtlich in einem passiven Veredelungsverkehr überführt werden oder nicht.

5.2.2 Einfuhr der Veredelungserzeugnisse

5.2.2.1 Der Einfuhrumsatzsteuerwert

Im Anschluss an die Veredelung werden die Veredelungserzeugnisse üblicherweise in die EU eingeführt und in den freien Verkehr überführt. Gemäß § 21 Abs. 2 UStG gelten die Vorschriften für Zölle bezüglich der Einfuhrumsatzsteuer sinngemäß. Allerdings gilt dies nicht für die Vorschriften zu dem passiven Veredelungsverkehr. Der Grund hierfür liegt in der Sonderregelung des § 11 Abs. 2 UStG. Danach wird bei der Veredelung in einem Drittland für Rechnung des Ausführers der Umsatz bei der Einfuhr der Veredelungserzeugnisse nur nach dem für die Veredelung zu zahlenden Entgelt bestimmt. Wird kein Entgelt bezahlt, so wird die Bemessungsgrundlage nach der eingetretenen Wertsteigerung bemessen.

Die Sonderregelung des § 11 Abs. 2 UStG greift unabhängig davon, ob der zu entrichtende Zoll bei der Einfuhr im Wege der Differenzverzollung nach Art. 590 ZK-DVO oder im Wege der Mehrwertverzollung nach Art. 591 ZK-DVO ermittelt wird. Bei der passiven Veredelung bedarf es daher grundsätzlich einer separaten Berechnung des Einfuhrumsatzsteuerwertes. Die Regelung des § 11 Abs. 2 UStG ist bei Vorliegen der Voraussetzungen auch unabhängig davon anzuwenden, ob ein zollrechtlich bewilligter passiver Veredelungsverkehr besteht oder nicht.

Beispiel

Die Hemd AG lässt Oberhemden in der Ukraine fertigen. Alle zur Herstellung erforderlichen Hauptstoffe (insbesondere Gewebe) im Wert von 100.000 EUR stellt sie dem ukrainischen Herstellungsbetrieb zur Verfügung. Das Veredelungsentgelt beträgt 20.000 EUR. Ein passiver Veredelungsverkehr ist der Hemd AG nicht bewilligt. Der

[23] Zu den Voraussetzungen der Steuerfreiheit einer Ausfuhrlieferung vgl. Abschn. 3.2.1.

Zollwert bestimmt sich auf Basis des Veredelungsentgelts zuzüglich der beigestellten Materialien. Er beträgt somit 120.000 EUR. Gemäß § 11 Abs. 2 UStG bestimmt sich der Einfuhrumsatzsteuerwert nach dem Veredelungsentgelt. Er beträgt somit lediglich 20.000 EUR zuzüglich etwaiger Hinzurechnungen nach § 11 Abs. 3 UStG.[24]

Das folgende Beispiel soll die Zusammenhänge zwischen den zollrechtlichen und einfuhrumsatzsteuerrechtlichen Bestimmungen noch einmal umfassend darstellen:

Beispiel

Der Maschinenhersteller Hainer KG aus Kirch in Deutschland hat seine Produktion teilweise in die Ukraine verlagert. Aus den von der Hainer KG beigestellten Teilen produziert die ukrainische Produktionsgesellschaft Sheva ZAT die fertigen Maschinen. Diese werden im Anschluss an die Produktion von der Ukraine nach Deutschland verbracht und dort in den freien Verkehr der EU überführt. Die zur Herstellung der Maschine erforderlichen Teile stellt die Hainer KG der Shevo ZAT unentgeltlich bei. Der Wert dieser Teile beträgt EUR 900.000. Die Beförderungskosten von der Ukraine bis zum Ort des Verbringens in der EU belaufen sich auf ca. EUR 10.000. Die nachlaufenden Beförderungskosten bis zum Bestimmungsort Kirch in Deutschland betragen EUR 5000. Zur Herstellung der Maschine berechnet die Shevo ZAT der Hainer KG einen Veredelungslohn in Höhe von EUR 90.000. Der Zollsatz für die Maschine soll 5 % betragen. Der Zollsatz der Waren der vorübergehenden Ausfuhr, der im Zeitpunkt der Einfuhr der Maschinen (Veredelungserzeugnis) zur Anwendung kommen würde, soll 3 % betragen.

Wie hoch ist die Zollbelastung, der die Maschine bei der Einfuhr in die EU unterliegt wenn der Hainer KG kein passiver Veredelungsverkehr bewilligt ist?[25]

Der Zollwert der Maschine bestimmt sich wie folgt:

Veredelungslohn		EUR 90.000
Hinzurechnung nach Art. 32 ZK		
Beigestellte Teile	EUR 900.000	
Beförderungskosten	EUR 10.000	
Summe der Hinzurechnungen gem. Art. 32 ZK	EUR 910.000	EUR 910.000
Zollwert		EUR 1.000.000
Zollsatz 5 % = zu entrichtender Zoll		EUR 50.000

[24] Hinzurechnungen nach § 11 Abs. 3 UStG sind insbesondere die entstandene Einfuhrabgaben (Zölle) sowie die Beförderungskosten bis zum ersten Bestimmungsort im Gemeinschaftsgebiet.

[25] Vgl. zu den einzelnen Rechtsgrundlagen der zollwertrechtlichen Berechnung Gliederungspunkt Abschn. 2.1.3.2.

Ohne die Inanspruchnahme eines passiven Veredelungsverkehrs hat die Hainer KG für die Einfuhr der Maschine Zoll in Höhe von EUR 50.000 zu entrichten.

Wie hoch ist die zu entrichtende Einfuhrumsatzsteuer?

Der Einfuhrumsatzsteuerwert der Maschine bestimmt sich wie folgt:

Veredelungslohn, § 11 Abs. 2 UStG:	EUR 90.000
Hinzurechnungen nach § 11 Abs. 3 UStG	
– die aufgrund der Einfuhr des Veredelungserzeugnisses entstandenen Zölle, § 11 Abs. 3 Nr. 2 UStG	EUR 50.000
– Beförderungskosten bis zum ersten Bestimmungsort im Gemeinschaftsgebiet (Kirch, Deutschland), § 11 Abs. 3 Nr. 3 UStG	EUR 15.000
Einfuhrumsatzsteuerwert	EUR 155.000
Steuersatz 19 %, § 12 Abs. 1 UStG	
Einfuhrumsatzsteuer	EUR 29.450

Wie ändern sich zu zahlender Zoll und Einfuhrumsatzsteuer, wenn die Hainer KG die Waren der vorübergehenden Ausfuhr in die passive Veredelung überführt und bei der Einfuhr der Maschinen die Mehrwertmethode anwendet?

Berechnung des zu entrichtenden Zoll:

Veredelungslohn, Art. 29 ZK	EUR 90.000
Beförderungskosten bis zum Ort des Verbringens	EUR 10.000
Zollwert	EUR 100.000
Zollsatz 5 %	
Zoll	EUR 5000

Berechnung der zu entrichtenden Einfuhrumsatzsteuer:

Veredelungslohn, § 11 Abs. 2 UStG	EUR 90.000
Hinzurechnungen nach § 11 Abs. 3 UStG	
– die aufgrund der Einfuhr des Veredelungserzeugnisses entstandenen Zölle	EUR 5000
– Beförderungskosten bis zum ersten Bestimmungsort im Gemeinschaftsgebiet (Kirch, Deutschland)	EUR 15.0000
Einfuhrumsatzsteuerwert	EUR 110.000
Steuersatz 19 %, Einfuhrumsatzsteuer	EUR 20.900

5.2.2.2 Abzug der Einfuhrumsatzsteuer als Vorsteuer

Der Unternehmer kann die entstandene Einfuhrumsatzsteuer für Gegenstände, die für sein Unternehmen eingeführt worden sind, als Vorsteuer abziehen, § 15 Abs. 1 Nr. 2 UStG. Eine Einfuhr für sein Unternehmen ist gegeben, wenn er zum Zeitpunkt der Überführung in den zollrechtlich freien Verkehr die Verfügungsmacht über den Gegenstand besitzt, Abschn. 15.8.Abs. 4 Satz 2 UStAE. Lässt ein in der Gemeinschaft ansässiger Unternehmer Waren in einem Drittland veredeln und führt die Veredelungserzeugnisse anschließend wieder in die EU ein, so wird er regelmäßig auch die Verfügungsmacht an diesen Gegenständen besitzen. Entweder hat er die Waren der vorübergehenden Ausfuhr unentgeltlich beigestellt, so dass weder diese, noch das daraus hergestellte Veredelungserzeugnis in die Verfügungsmacht des Lohnveredlers übergehen, oder er wird das Veredelungserzeugnis im Rahmen eines Kaufgeschäftes von dem drittländischen Herstellungsbetrieb erwerben. In beiden Fällen wird er die Verfügungsmacht über den Gegenstand im Zeitpunkt der Einfuhr haben.

Probleme im Bezug auf die Abziehbarkeit der Einfuhrumsatzsteuer als Vorsteuer können sich aber in der Konstellation einer Unterveredelung ergeben. Das folgende Beispiel verdeutlicht dies:

Beispiel

Der Verlag Mond AG aus Düsseldorf stellt dem Buchbinder Binder OHG Manuskripte zur Durchführung von Buchbindearbeiten zur Verfügung. Die Binder OHG lässt diese Buchbindearbeiten in der Ukraine durchführen. Zu diesem Zweck führt sie die Manuskripte (Waren der vorübergehenden Ausfuhr) in die Ukraine aus und die gebundenen Bücher nach Durchführung der Arbeiten wieder in die EU ein. Bei der Überführung der Bücher in den freien Verkehr fällt Einfuhrumsatzsteuer an. Diese berechnet sich auf den Veredelungslohn (§ 11 Abs. 2 UStG) zuzüglich ggf. hinzuzurechnender Kosten gem. § 11 Abs. 3 UStG. Kann die Binder OHG diese Einfuhrumsatzsteuer als Vorsteuer abziehen?

Die Binder OHG erhält keine Verfügungsmacht an den hergestellten Büchern. Die Verfügungsmacht verbleibt bei der Mond AG. Zum Abzug der Einfuhrumsatzsteuer als Vorsteuer gem. § 15 Abs. 1 Nr. 2 UStG wäre somit nur die Mond AG berechtigt. Diese weiß aber ggf. gar nichts von der Veredelung im Drittlandsgebiet und ist auch nicht in den Einfuhrvorgang involviert. Auch die Umsatzsteuerrichtlinien sehen für diesen Fall keine Vereinfachung vor. Abschn. 15.8. Abs. 8 UStAE betrifft lediglich den Fall einer aktiven Lohnveredelung.[26] Das Beispiel zeigt, dass das starre Festhalten an der Verfügungsmacht in Bezug auf die Berechtigung zum Abzug der Einfuhrumsatzsteuer als Vorsteuer nicht immer zu sinnvollen Ergebnissen führt. Meines Erachtens liegt eine Einfuhr für das Unternehmen der Binder OHG i. S. d. § 15 Abs. 1 Nr. 2 UStG vor. Ebenso ergibt sich die Berechtigung zum Abzug der Einfuhrumsatzsteuer als Vorsteuer

[26] Vgl. zu der Regelung des Abschn. 15.8. Abs. 8 UStAE, die Ausführungen unter Abschn. 6.2.3.

m. E. unmittelbar aus Art. 168 – e) MwStSystRL, wonach alleine darauf abzustellen ist, dass der Einführer (hier Binder OHG) die Gegenstände für Zwecke seiner besteuerten Umsätze (hier: Buchbindearbeiten) verwendet. Dies ist zweifelsfrei der Fall. Die Veredelungsarbeiten in der Ukraine werden auf Rechnung der Binder OHG (und nicht der Mond AG) durchgeführt. Die Einfuhr der hergestellten Waren steht im kausalen Zusammenhang zu dem Auftrag, den die Binder OHG der ukrainischen Buchbindegesellschaft erteilt. Da diese Auffassung aber nicht von dem UStAE gedeckt ist, ist der Binder OHG zu raten, vor Durchführung dieser Veredelung den Abzug der Einfuhrumsatzsteuer als Vorsteuer mit der Finanzverwaltung in Form einer verbindlichen Auskunft abzuklären.

5.2.2.3 Die Leistung des drittländischen Veredelungsbetriebs

Aus umsatzsteuerlicher Sicht wird der im Drittlandsgebiet ansässige Veredelungsbetrieb entweder eine Werkleistung oder eine Werklieferung durchführen.[27] Für die Leistungen des drittländischen Veredelungsbetriebs gegenüber dem im Inland (Deutschland) ansässigen Auftraggebers bedeutet dies:

- Handelt es sich bei der Leistung um eine Werklieferung (§ 3 Abs. 4 UStG), ist Ort der Lieferung im Drittland. Gemäß § 3 Abs. 6 UStG liegt der Ort der Werklieferung dort, wo die Lieferung beginnt
- Handelt es sich dagegen um eine Werkleistung § 3 Abs. 10 UStG (Arbeiten an beweglichen körperlichen Gegenständen), so befindet sich der Ort dieser Werkleistung am Ort, von dem aus der Leistungsempfänger (Auftraggeber) sein Unternehmen betreibt, d. h. in Deutschland, § 3a Abs. 2 UStG. Fraglich ist, ob diese Leistung dann gem. § 4 Nr. 3 Buchst. a) bb) UStG steuerfrei ist, da die Kosten für die Leistung in der Bemessungsgrundlage der Einfuhrumsatzsteuer enthalten sind. Nach Sinn und Zweck der Regelung müsste diese Steuerbefreiung greifen, um eine Doppelbesteuerung (EUSt und Umsatzsteuer) zu vermeiden. § 4 Nr. 3 S. 2 UStG schließt die Steuerbefreiung jedoch explizit für Werkleistungen i. S. des § 3 Abs. 10 UStG aus, so dass nach dem Wortlaut die Steuerbefreiung nicht einschlägig ist. Der inländische Auftraggeber schuldet mithin neben der EUSt auch die Umsatzsteuer, § 13b Abs. 2 Nr. 1 i. V. m. Abs. 5 Satz 1 UStG.[28]

[27] Die Abgrenzung Werklieferung zu Werkleistung gestaltet sich in der Praxis äußerst schwierig. Bei Reparaturleistungen erkennt die Finanzverwaltung an, dass man sich an dem Entgeltanteil des verwendeten Materials orientieren kann. Übersteigt dieses 50 %, ist von einer Werklieferung auszugehen, vgl. Abschn. 3.8. Abs. 6 UStAE.

[28] Es bleibt zu hoffen, dass der Gesetzgeber die Steuerbefreiung um diesen Fall erweitert bzw. die Finanzverwaltung im Rahmen entsprechender Verlautbarungen zumindest den „doppelten" Vorsteuerabzug zulässt.

> **Hinweis** Gemäß § 3a Abs. 8 UStG gilt eine Arbeit an beweglichen körperlichen Gegenständen (Werkleistung) abweichend von § 3a Abs. 2 UStG als im Drittlandsgebiet erbracht (und wäre damit im Inland nicht steuerbar), wenn diese Leistung im Drittlandsgebiet genutzt oder ausgewertet wird. Für den Fall der Werkleistung an Gegenständen, die eben gerade nicht im Drittlandsgebiet genutzt werden sollen, sondern zur weiteren Verwendung in die EU gelangen sollen, trifft die Definition m. E. nicht zu (vgl. Stadie in Rau und Dürrwächter 2014, § 3a Anm. 692 ff.).

Literatur

Rau, Günter, und Erich Dürrwächter. 2014. *Kommentar zum Umsatzsteuergesetz*. 158. Aufl. Köln: Verlag Dr. Otto Schmidt. KG. (ISBN: 9783504240615, Stand: April).

Witte, Peter, Hrsg. 2013. *Zollkodex, Kommentar*. 6. Aufl. München: Verlag C.H. Beck. oHG. (ISBN: 9783406644597).

Witte, Peter, und Hans-Michael Wolffgang, Hrsg. 2012. *Lehrbuch des Europäischen Zollrechts*. 7. Aufl. Herne: NWB Verlag GmbH & Co.KG. (ISBN: 9783482435478).

Weiterführende Literatur

Monfort, Bertrand. 2008. MwSt-Paket: Die Änderungen ab 2010 im Überblick. *Deutsches Steuerrecht,* 1261–1265.

Thoma, Alexander. 2005. Die aktive Veredelung, Risiken und Gestaltungsmöglichkeiten aus steuerlicher Sicht. *Der Umsatz-Steuerberater,* 23–27.

Die Be- und Verarbeitung von Nichtgemeinschaftswaren in der EU

6

6.1 Die aktive Veredelung

6.1.1 Vorbemerkungen

In einer Welt internationaler Arbeitsteilung verarbeiten eine Vielzahl von EU-Unternehmen Nichtgemeinschaftswaren in Form von Rohstoffen, Halbfertigprodukten oder Teilfertigfabrikate, um die daraus hergestellten Fertigwaren anschließend (teilweise) wieder zu exportieren. Hierbei sind zu unterscheiden:

- die Lohnveredelung
- die Eigenveredelung

Bei der Lohnveredelung werden die Veredelungsarbeiten für einen Auftraggeber durchgeführt, so dass sich das Rechtsgeschäft auf den Veredelungsvorgang bezieht. Zollrechtlich ergibt sich die Definition der Lohnveredelung aus Art. 536 Buchst. b) ZK-DVO. Danach ist eine Lohnveredelung wie folgt definiert:

6.1.1.1 Lohnveredelung

Jede nach den Anweisungen und für Rechnung des in einem Drittland ansässigen Auftraggebers durchgeführte Veredelung von Einfuhrwaren, die dem Inhaber mittelbar oder unmittelbar zur Verfügung gestellt werden, wobei im Allgemeinen nur das Veredelungsentgelt zu zahlen ist.

A. Thoma et al., *Zoll und Umsatzsteuer,* DOI 10.1007/978-3-658-00165-0_6

Beispiel

Die in Deutschland ansässige Näh GmbH näht aus ihr von der in der Schweiz ansässigen Mode AG zur Verfügung gestellten Stoffen und Garnen Herrenanzüge.

6.1.1.2 Eigenveredelung

Die Eigenveredelung ist das Gegenstück zur Lohnveredelung. Bei der Eigenveredelung werden die Arbeiten auf eigene Rechnung durchgeführt.

Beispiel

Der Autobauer Schrott AG kauft Motoren von einem taiwanesischen Lieferanten. Er verwendet diese Motoren zur Herstellung von Pkw. Diese in Deutschland hergestellten Pkw werden im Anschluss an die Herstellung nach USA exportiert.

Zollrechtlich ist die Unterscheidung zwischen Lohn- und Eigenveredelung in Bezug auf die Voraussetzungen zur Erteilung einer Bewilligung zu einem aktiven Veredelungsverkehr ggf. wichtig. Grundsätzlich ist eine aktive Veredelung aber unabhängig vom Rechtsgeschäft (Lohnveredelung oder Eigenveredelung) möglich. D. h. in den vorgenannten Beispielen könnten sich sowohl die Näh GmbH als auch die Schrott AG zollrechtlich aktive Veredelungsverkehre bewilligen lassen.

Umsatzsteuerlich stellt die Eigenveredelung die Lieferung von Gegenständen dar, d. h. es werden Gegenstände eingekauft (geliefert) und Gegenstände (Fertigwaren) an entsprechende Abnehmer verkauft (geliefert). Bei der Eigenveredelung kommen somit die „normalen" umsatzsteuerlichen Regelungen für Lieferungen zur Anwendung. Umsatzsteuerlich komplexer kann sich der Fall der Lohnveredelung darstellen. Die zoll- und umsatzsteuerrechtlichen Implikationen der Be- und Verarbeitung von Nichtgemeinschaftswaren in der EU sollen im Folgenden näher beleuchtet werden.

6.1.2 Zollrechtliche Grundlagen

6.1.2.1 Wirtschaftlicher Hintergrund

Im Rahmen der aktiven Veredelung werden Rohstoffe, Halbfertigprodukte oder Teilfertigfabrikate als Vorprodukte in die EU eingeführt, um diese dann nach entsprechender Be- bzw. Verarbeitung als Fertigprodukt zu exportieren. Um die Wirtschaftsbeteiligten, die diese Be- oder Verarbeitung in der EU vornehmen, mit drittländischen Unternehmen gleichzustellen, die die gleichen Endprodukte herstellen, muss die Möglichkeit geschaffen werden, die eingesetzten Veredelungserzeugnisse zu den gleichen Bedingungen zu erwerben wie das vergleichbare Drittlandsunternehmen. Die Grundidee der aktiven Veredelung ist dabei, auf die Belastung mit Einfuhrabgaben zu verzichten. Dieses ist vor dem Hintergrund des Wirtschaftszollgedanken gerechtfertigt, da die Einfuhrwaren nicht zum endgültigen Verbleib in der Gemeinschaft bestimmt sind, sondern als Veredelungserzeugnisse ausgeführt werden (vgl. Görtz in Witte und Wolffgang 2012, S. 259).

Allerdings darf vor diesem wirtschaftlichen Hintergrund, nämlich der Gleichstellung von EG-Unternehmen mit Unternehmen in Drittländern, nicht außer Acht gelassen werden, dass es auch innergemeinschaftliche Hersteller geben kann, die die gleichen Ausgangsprodukte (unveredelte Waren) herstellen. Diese Hersteller können dadurch beeinträchtigt sein, dass die für die Produktion benötigten Vorprodukte einfuhrabgabenfrei eingeführt werden können, obwohl die Waren auch in der Gemeinschaft erworben werden könnten. Deshalb ist eine Voraussetzung für die Erteilung für die Bewilligung zur aktiven Veredelung, dass dadurch wesentliche Interessen von Gemeinschaftsunternehmen nicht beeinträchtigt werden.

6.1.2.2 Das Verfahren

6.1.2.2.1 Nichterhebungsverfahren versus Zollrückvergütung

Das Zollverfahren der aktiven Veredelung zählt zu den Zollverfahren mit wirtschaftlicher Bedeutung, Art. 84 Abs. 1 b ZK.[1] Nichtgemeinschaftswaren werden in das Zollgebiet der Gemeinschaft eingeführt, um verarbeitet, bearbeitet oder ausgebessert und alsdann (wieder) ausgeführt zu werden. Um das Ziel der aktiven Veredelung, nämlich auf die Belastung der eingeführten Waren mit Einfuhrabgaben zu verzichten und damit die Produktion der EU zu fördern, zu erreichen, kennt der Zollkodex zwei Wege (vgl. Witte in Witte 2013, Art. 114 Rz. 5):

- Das Nichterhebungsverfahren, bei dem die Einfuhrwaren ohne Erhebung von Einfuhrabgaben eingeführt werden können, Art. 114 Abs. 2 Buchst. a) ZK sowie
- das Verfahren der Zollrückvergütung, bei dem die Waren erst in den zollrechtlich freien Verkehr überführt und die Einfuhrabgaben entrichtet werden, bei der Ausfuhr der Veredelungserzeugnisse dann aber eine Erstattung der Abgaben erfolgt, Art. 114 Abs. 2 Buchst b) ZK.

Der Wirtschaftsbeteiligte kann frei zwischen beiden Verfahren wählen. In den meisten EU-Staaten steht jedoch das Nichterhebungsverfahren aus historischen Gründen im Vordergrund.[2] Soweit im Verfahren der Nichterhebung für die Einfuhrwaren oder Veredelungserzeugnisse eine Zollschuld entsteht (z. B. durch die Überführung der unveredelten Erzeugnisse in den freien Verkehr), sind Ausgleichszinsen[3] zu zahlen. Damit soll der ungerechtfertigte Vorteil ausgeglichen werden, der durch den faktischen Aufschub der Zoll-

[1] Vgl. auch die ausführliche Darstellung der aktiven Veredelung mit weiteren Literaturhinweisen durch Witte in Witte 2013, vor Art. 114 bis 129.

[2] Im zukünftig modernisierten Zollkodex soll aus Gründen der Vereinfachung das Nichterhebungsverfahren auch das einzig mögliche Verfahren werden. Dies würde dann der Rechtslage in Deutschland vor Einführung des Zollkodex entsprechen. Das ursprüngliche Zollgesetz kannte auch nur das Verfahren der Nichterhebung im Rahmen der aktiven Veredelung.

[3] Vgl. Art. 214 Abs. 3 ZK i. V. m Art. 519 ZK-DVO.

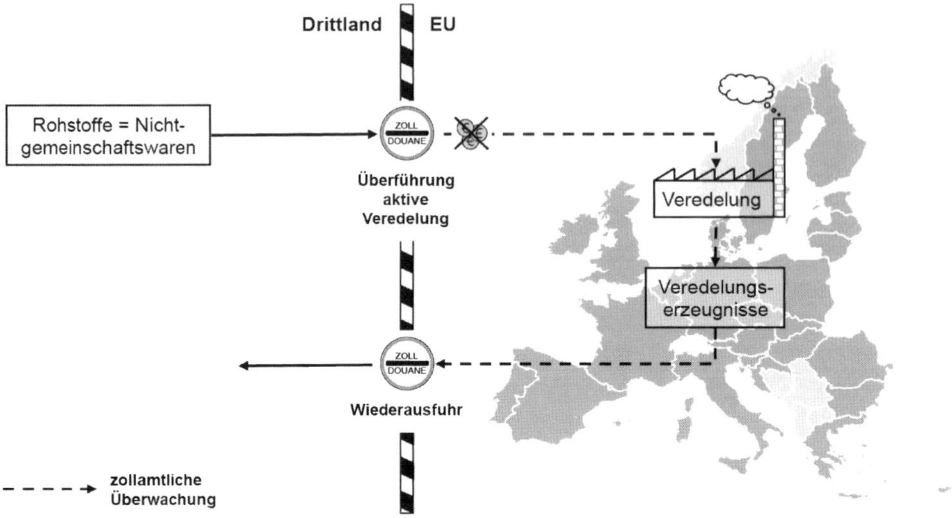

Abb. 6.1 Aktive Veredelung

schuld im Nichterhebungsverfahren gegenüber dem Verfahren der Zollrückvergütung entstanden ist (vgl. Witte in Witte 2013, vor Art. 121 Rz. 13). Damit ergibt sich eine weitestgehend betriebswirtschaftliche Neutralität der beiden Verfahren, zumindest in den Fällen, in denen die Waren in den freien Verkehr überführt werden.[4] (Abb. 6.1)

6.1.2.2.2 Wie wird eine aktive Veredelung beantragt?

Das Zollverfahren der aktiven Veredelung zählt zu den Zollverfahren mit wirtschaftlicher Bedeutung. Somit bedarf die Inanspruchnahme der aktiven Veredelung, wie die aller Zollverfahren, einer Bewilligung, Art. 85 ZK. Die Bewilligung wird von den Zollbehörden auf Antrag erteilt, Art. 116 ZK. Die Bewilligungsvoraussetzungen ergeben sich aus Art. 117 ZK und können vereinfacht wie folgt dargestellt werden:

- *Persönliche Voraussetzungen:* Zu den persönlichen Bewilligungsvoraussetzungen seitens des Antragstellers gehören die Ansässigkeit in der Gemeinschaft und die erforderliche Gewähr für den ordnungsgemäßen Ablauf der aktiven Veredelung.
- *Zolltechnische Durchführbarkeit:* Hierunter versteht Art. 117 Buchst. b) ZK, dass festgestellt werden kann, dass die Einfuhrwaren in den Veredelungserzeugnissen enthalten sind. Da grundsätzlich die Identität der Waren erforderlich ist, sind entsprechende

[4] Werden die Veredelungserzeugnisse dem Sinn und Zweck der aktiven Veredelung entsprechend ausgeführt, ist das Verfahren der Nichterhebung betriebswirtschaftlich vorteilhaft, da keinerlei Zahlung von Einfuhrabgaben erfolgt, d. h. auch keine „Zahlung auf Zeit", wie dies beim Verfahren der Zollrückvergütung der Fall ist.

Nämlichkeitsmittel erforderlich (z. B. Angabe oder Beschreibung der besonderen Kennzeichen oder der Fertignummern, Entnahme von Mustern oder Proben, usw.)[5]
- *Wirtschaftliche Voraussetzungen:* Im Rahmen dieser Bewilligungsvoraussetzungen gem. Art. 117 Buchst. c) ZK geht es um die Abwägung zwischen den Interessen der exportierenden Veredelungsunternehmer und dem Schutzinteresse der Hersteller der Vorprodukte in der Gemeinschaft (vgl. Witte in Witte 2013, Art. 117 Rz. 6). Um diese komplexe Abwägung, die die einzelnen Bewilligungszollstellen überfordern würde, zu vereinfachen und trotzdem eine einheitliche Rechtsanwendung in der EU zu gewährleisten, behilft man sich bei der Prüfung der wirtschaftlichen Voraussetzungen mit einer Fiktion. Danach gelten die wirtschaftlichen Voraussetzungen gemäß Art. 539 Abs. 1 ZK-DVO (bis auf wenige Ausnahmen im Bereich von landwirtschaftlichen Waren) als erfüllt.

Liegen die Antragsvoraussetzungen vor, so hat die Zollbehörde innerhalb von 30 Tagen die Bewilligung zu erteilen. Seit dem 01.07.2001 gibt es auch die Möglichkeit einer rückwirkenden Bewilligungserteilung. Die entsprechenden Regelungen hierzu befinden sich in Art. 508 Abs. 1 ZK-DVO und zwar für alle Zollverfahren mit wirtschaftlicher Bedeutung mit Ausnahme des Zolllagerverfahrens.[6]

Die zuständige Zollstelle für die Erteilung der Bewilligung ergibt sich aus § 24 Abs. 4 ZollV. Es ist das Hauptzollamt, in dessen Bezirk die Hauptbuchhaltung des Antragstellers geführt wird.

Der hohe Grad der Arbeitsteilung sowie die Komplexität der Produktionsprozesse werden häufig dazu führen, dass nacheinander mehrere Veredelungsvorgänge durchzuführen sind. Werden diese Veredelungsvorgänge in mehreren Mitgliedstaaten durchgeführt, oder liegen die Zollstellen für die Überführung und Beendigung des Verfahrens der aktiven Veredelung in verschiedenen Mitgliedstaaten, gelten die Regelungen der einzigen Bewilligung. Die Zuständigkeit für eine solche einzige Bewilligung liegt bei der Zollstelle, in dessen Bezirk der Antragsteller seine Hauptbuchhaltung unterhält, Art. 500 Abs. 2 ZK-DVO. Diese Zollstelle hat die Zustimmung der beteiligten Zollbehörden in den anderen EU-Mitgliedstaaten einzuholen, Art. 500 Abs. 1 ZK-DVO.

Beispiel

Der Automobilhersteller Schrott AG unterhält Betriebstätten in Frankreich und Deutschland. Die aktive Veredelung soll sich auf die Betriebstätten in beiden Mitgliedstaaten beziehen. Die Schrott AG führt ihre Hauptbuchhaltung in Deutschland. Die einzige Bewilligung wäre durch die deutsche Zollverwaltung in Abstimmung mit der französischen Zollverwaltung zu erteilen.

[5] Soweit der Einsatz von Ersatzwaren erlaubt ist, muss geprüft werden können, ob diese die Äquivalenz-Voraussetzungen erfüllen, vgl. Witte 2013, Art. 117 Rz. 5.

[6] Hinsichtlich der einzelnen Voraussetzungen zur rückwirkenden Erteilung einer Bewilligung vgl. Henke in Witte 2013, Art. 85 Rz. 28 ff.

Die Bewilligung des aktiven Veredelungsverkehrs hat insbesondere folgende Punkte zu regeln:[7]

- Name und Anschrift des Bewilligungsinhabers
- Handelt es sich um ein Nichterhebungs- oder Zollrückvergütungsverfahren?
- Ort und Art der Buchhaltung/Aufzeichnungen
- Geltungsdauer der Bewilligung
- Handelsübliche und/oder technische Bezeichnung der zur Veredelung bestimmten Waren sowie Angaben über die Einreihung in die Kombinierte Nomenklatur
- Veredelungserzeugnisse und Ausbeutesatz
- Art der Veredelung (kurze Beschreibung der Veredelungsvorgänge)
- Zuständige Zollstellen:
  - Überwachungszollstelle zur
  - Überwachung des Verfahrens
  - eine oder mehrere Zollstellen für die Überführung der Waren in das Verfahren der aktiven Veredelung
- Bestimmung der Nämlichkeitsmittel (alternativ: Regelungen über die Verwendung von Ersatzwaren)
- Frist für die Beendigung des Verfahrens
- Ggf. bewilligte vereinfachte Verfahren zur Überführung der Waren in die aktive Veredelung

6.1.2.2.3 Wie wird das Verfahren durchgeführt?

6.1.2.2.3.1 Einfuhrwaren

Einfuhrwaren sind die in das Verfahren der aktiven Veredelung überführten Waren, Art. 84 Abs. 2 ZK. Es handelt sich also um die Rohstoffe, Halbfertigprodukte oder Teilfertigfabrikate, die den Veredelungsvorgängen unterzogen werden sollen.

Bei einer bewilligten aktiven Veredelung in Form eines Nichterhebungsverfahrens sind die Einfuhrwaren in die aktive Veredelung zu überführen. Einfuhrabgaben entstehen bei der Überführung in die aktive Veredelung nicht. Diese Überführung kann auch im vereinfachten Verfahren gem. Art. 76 ZK erfolgen.

Ist eine aktive Veredelung in Form der Zollrückvergütung bewilligt, sind die Einfuhrwaren in den freien Verkehr zu überführen. In diesem Fall entstehen die entsprechenden Einfuhrabgaben (insbesondere Zoll und Einfuhrumsatzsteuer).

6.1.2.2.3.2 Veredelungsvorgänge

Drei klassische Arten von Veredelungsvorgängen, dargestellt in Abb. 6.2, sind zu unterscheiden.

[7] Vgl. Anhang 67 zur ZK-DVO, vgl. Anhang 29.

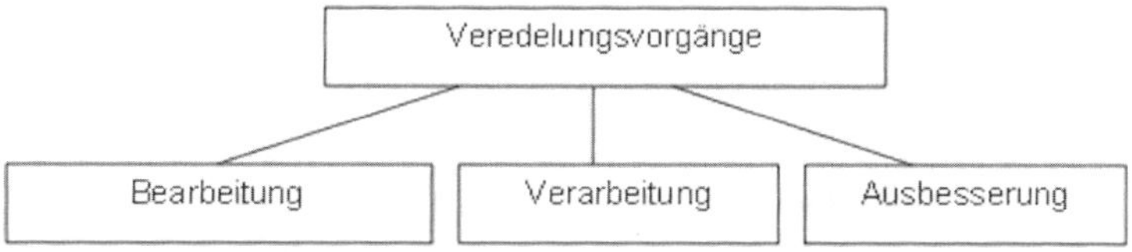

Abb. 6.2 Veredelungsvorgänge

Diese drei Arten von Veredelungsvorgängen decken sämtliche Warenveränderungen ab, die durch mechanische, chemische oder sonstige Einwirkungen bewirkt werden können (vgl. Witte 2013, Art. 114 Rz. 10).

Bei der Bearbeitung der Einfuhrwaren bleiben diese mit ihren wesentlichen Merkmalen erhalten. Nur einzelne Eigenschaften dieser Waren werden verändert. Als Beispiele hierfür können Schleif-, Mahl-, oder Färbarbeiten an den Einfuhrwaren genannt werden. Ein Unterfall der Bearbeitung stellt auch die Montage bzw. die Zusammensetzung von Waren, die in vielen Einzelteilen geliefert werden, dar. Als Beispiel könnte hier das Zusammenbauen einer in Einzelteilen gelieferten Maschine genannt werden.

Bei der Verarbeitung der Einfuhrwaren findet eine weitgehende Umgestaltung der Einfuhrwaren statt. Als Beispiel kann hier die Einfuhr von Kakaobohnen und Zucker zur Herstellung von Schokolade genannt werden.

Die dritte Art von Veredelungsvorgängen besteht aus der Ausbesserung der Einfuhrwaren. Hier geht es z. B. um die Beseitigung von Mängeln oder die Wiederherstellung schadhaft gewordener Waren. Als Beispiel kann die Reparatur eines defekten Kraftfahrzeuges genannt werden. Für die Abrechnung der aktiven Veredelung ist festzustellen, welche Menge von Einfuhrwaren für die Herstellung der Veredelungserzeugnisse erforderlich ist. Deshalb wird eine so genannte Ausbeute berechnet.[8] Die Ausbeute wird regelmäßig in der Bewilligung der aktiven Veredelung festgelegt und im Rahmen von nachträglichen Prüfungen durch die Zollbehörden ggf. angepasst. Die Ausbeute gibt an, welche Menge an Einfuhrwaren in den jeweiligen Veredelungserzeugnissen enthalten ist. Für verschiedene Veredelungsvorgänge können auch pauschale Ausbeutesätze angewendet werden.[9]

6.1.2.2.3.3 Verwendung von Produktionshilfsmitteln

Die Verwendung von Produktionshilfsmitteln ist im Rahmen der aktiven Veredelung erlaubt. Es handelt sich dabei um Waren, die zwar nicht mit ihrer Substanz jedoch mit ihrem wirtschaftlichen Wert in die Veredelungserzeugnisse eingehen. Als Beispiel hierzu können z. B. Gussformen genannt werden.[10]

---

[8] Vgl. Art. 119 ZK.

[9] Vgl. Art. 119 ZK, Art. 517 Abs. 3 ZK-DVO und Anhang 69 zur ZK-DVO. Von der Festsetzung pauschaler Ausbeutesätze wird aber nur bei verschiedenen Artikeln im Bereich von landwirtschaftlichen Erzeugnissen Gebrauch gemacht.

[10] Die Erteilung einer Bewilligung zur aktiven Veredelung auch für Produktionshilfsmittel ergibt sich aus Art. 538 ZK-DVO. Hierbei ist insbesondere die „Negativliste“ zu beachten, nach der einige

Beispiel

Die Plastik GmbH stellt spezielle Maschinenteile aus Kunststoff her. Die Herstellung erfolgt in ihrem Werk in Aachen. Sie bezieht zur Herstellung Kunststoffgranulat aus der EU, sowie spezielle Gussformen aus den USA. Die hergestellten Kunststoffteile werden in Drittländer exportiert.

Die Plastik GmbH kann für die eingeführten Gussformen einen aktiven Veredelungsverkehr beantragen. Dies ergibt sich aus Art. 538 ZK-DVO. Nach dieser Vorschrift kann eine Bewilligung zur aktiven Veredelung auch für Waren erteilt werden, die Produktionshilfsmittel sind, d. h. die nicht in die Veredelungserzeugnisse eingehen, sondern nur die Herstellung von Veredelungserzeugnissen ermöglichen oder erleichtern.[11]

6.1.2.2.3.4 Veredelungserzeugnisse

Veredelungserzeugnisse sind alle Erzeugnisse, die aus den Veredelungsvorgängen entstanden sind, Art. 114 Abs. 2 Buchst. d) ZK. Die Veredelungserzeugnisse sind in die Bewilligung zur aktiven Veredlung aufzunehmen.

6.1.2.2.3.5 Wiederausfuhrfrist

Gemäß Art. 118 Abs. 1 ZK setzt die Zollbehörde eine Wiederausfuhrfrist fest. Ziel der aktiven Veredelung ist der Export der Veredelungserzeugnisse. Somit bestimmt sich die Wiederausfuhrfrist nach dem Zeitraum, der benötigt wird, um die Veredelungsvorgänge (einschl. des Vertriebs der Waren) durchzuführen. Gemäß Art. 118 Abs. 2 Satz 2 ZK ist die Wiederausfuhrfrist auf Antrag des Bewilligungsinhabers verlängerbar. Dieser Antrag muss jedoch begründet werden. Mögliche Gründe könnten z. B. in einem Produktionsausfall (durch Maschinenausfall oder Streik) liegen. In der Praxis haben sich die so genannten globalen Wiederausfuhrfristen durchgesetzt.[12] Dies bedeutet, dass für Einfuhrwaren, die im Laufe des Globalisierungszeitraums (Kalendermonat oder Kalendervierteljahr) eingeführt werden, die Fristen am Ende dieses Globalisierungszeitraums beginnen und am letzten Tag eines darauf folgenden Zeitraums (Kalendermonat oder Kalendervierteljahr) enden. Regelfall ist hierbei die vierteljährliche Globalisierung. Dies bedeutet, dass alle Einfuhrwaren, die z. B. in den Monaten April bis Juni in die aktive Veredlung überführt worden sind, bei einer vierteljährlichen Globalisierung spätestens bis Ende September abgerechnet werden müssen (d. h. bis zu diesem Zeitpunkt müssen die Veredelungserzeugnisse ausgeführt worden sein). Globalisierungen können aber auch mit einer Länge von mehr als einem Quartal zugelassen werden.

Waren nicht als Produktionshilfsmittel anzusehen sind. Hierzu gehören insbesondere Werkzeuge, vgl. Art. 538 Buchst. c) ZK-DVO.

[11] Vgl. Art. 114 Abs. 2 Buchst. c) ZK.

[12] Vgl. Art. 118 Abs. 2 2.UA ZK.

6.1.2.2.4 Wie wird das Verfahren beendet?

6.1.2.2.4.1 durch die Wiederausfuhr

Die aktive Veredelung ist im Rahmen des Nichterhebungsverfahrens beendet, wenn die Waren eine neue zulässige zollrechtliche Bestimmung erhalten haben. Folgende Möglichkeiten bestehen:

- Die Veredelungserzeugnisse werden in den freien Verkehr überführt[13];
- die Veredelungserzeugnisse werden ausgeführt;
- die Veredelungserzeugnisse werden in ein externes gemeinschaftliches Versandverfahren überführt;
- die Veredelungserzeugnisse werden in ein Freilager oder in eine Freizone überführt;
- die Vernichtung und Zerstörung unter zollamtlicher Überwachung;
- die Veredelungserzeugnisse werden in ein anderes Zollverfahren mit wirtschaftlicher Bedeutung überführt, z. B. Zolllagerverfahren, vorübergehende Verwendung oder eine erneute aktive Veredelung.

Ziel der aktiven Veredelung ist die Wiederausfuhr der Veredelungserzeugnisse. Die Wiederausfuhr findet an der Ausgangszollstelle statt, d. h. an der Zollstelle, wo die Waren (Veredelungserzeugnisse) tatsächlich die EU verlassen (so genannter Realakt der Ausfuhr). Um die Veredelungserzeugnisse vom Betrieb des Unternehmers (Bewilligungsinhaber) zur Ausgangszollstelle zu befördern, gibt es zwei Möglichkeiten:

- Beförderung innerhalb des aktiven Veredelungsverkehrs gemäß Art. 512 Abs. 3 ZK-DVO (Ausnahmefall);
- Überführung der Veredelungserzeugnisse in ein externes gemeinschaftliches Versandverfahren bis zur Ausgangszollstelle (Regelfall). In diesem Fall ist die aktive Veredelung bereits durch die Überführung der Waren in das externe gemeinschaftliche Versandverfahren beendet.

Die Beendigung des Verfahrens der aktiven Veredelung in Form der Zollrückvergütung wird in Art. 128 ZK geregelt. Danach kann der Bewilligungsinhaber die Erstattung der Einfuhrabgaben beantragen, wenn er den Zollbehörden nachweist, dass die Veredelungserzeugnisse (oder die unveredelten Waren)

- ausgeführt worden sind oder
- im Hinblick auf ihre spätere Wiederausfuhr in das Versandverfahren, in das Zolllagerverfahren, in das Verfahren der vorübergehenden Verwendung oder in das Verfahren der aktiven Veredelung (Nichterhebungsverfahren) überführt oder in eine Freizone oder ein Freilager verbracht worden sind.

[13] Vgl. hierzu nachstehend unter Abschn. 6.1.2.2.4.2.

6.1.2.2.4.2 durch die Überführung in den freien Verkehr

Die aktive Veredelung kann jederzeit durch Überführung in den freien Verkehr beendet werden. Art. 89 ZK, Art. 120 ZK i. V. m. Art. 546 ZK-DVO sehen zusätzlich die Möglichkeit vor, das die Einfuhrwaren in Form der Veredelungserzeugnisse oder unverändert als in den freien Verkehr überführt gelten. Diese Regelung zur Überführung in den freien Verkehr gilt selbstverständlich nur für die aktive Veredelung in Form des Nichterhebungsverfahrens. Im Verfahren der Zollrückvergütung sind die Waren bereits Gemeinschaftswaren.[14]

Die erleichterte Überführung in den freien Verkehr gemäß Art. 120 ZK in Verbindung mit Art. 146 ZK-DVO bedarf der Bewilligung. Die Überführung geschieht dann formlos ohne Zollanmeldung. Dabei gelten die Waren im Zeitpunkt des Ablaufs der Wiederausfuhrfrist als in den freien Verkehr überführt.[15] Neben den Einfuhrabgaben entstehen auch Ausgleichszinsen.[16]

Im Rahmen der aktiven Veredelung kann es auch zu einer Zollschuldentstehung nach Art. 203 Abs. 1 ZK (Entziehen aus der zollamtlichen Überwachung) oder Art. 204 Abs. 1 Buchst. a) ZK (Pflichtverletzungen im Rahmen der aktiven Veredelung, soweit kein Entziehen vorliegt) kommen (vgl. Witte 2013, vor Art. 121, Rz. 7 ff.).

6.1.3 Umsatzsteuerliche Konsequenzen

6.1.3.1 Einfuhrumsatzsteuerliche Aspekte

6.1.3.1.1 Entstehung der Einfuhrumsatzsteuer

Im Nichterhebungsverfahren werden bei der Überführung der Einfuhrwaren in die aktive Veredelung keine Einfuhrabgaben erhoben.[17] Gemäß § 21 Abs. 2 UStG gilt dies auch für die Einfuhrumsatzsteuer. Werden die Waren aus der aktiven Veredelung in den freien Verkehr überführt, entsteht ebenfalls durch analoge Anwendung der zollrechtlichen Vorschriften die Einfuhrumsatzsteuer.[18]

▸ **Hinweis** Bei der Überführung der Veredelungserzeugnisse in den freien Verkehr entstehen Ausgleichszinsen, Art. 519 ZK-DVO. Da Ausgleichszinsen dem nationalen Steuerrecht fremd sind, werden diese auf die Einfuhrumsatzsteuer (sowie sonstige Verbrauchsteuern) konsequenterweise nicht erhoben (vgl. Henke und Huchatz 1996, S. 264).

[14] Vgl. Art. 126 ZK.

[15] Die Zollschuld entsteht bei vorschriftsmäßigen Handeln gem. Art. 201 Abs. 1 Buchst. a) ZK.

[16] Vgl. Art. 214 Abs. 3 ZK in Verbindung mit Art. 519 ZK-DVO.

[17] Vgl. Art. 114 Abs. 2 Buchst. a) ZK.

[18] Vgl. § 21 Abs. 2 UStG i. V. m. Art. 201 Abs. 1 Buchst. a) ZK.

Beim Verfahren der Zollrückvergütung entsteht die Einfuhrumsatzsteuer bei der Überführung der Einfuhrwaren in den freien Verkehr, d. h. in der Regel bei der Einfuhr der unveredelten Waren, § 21 Abs. 2 UStG i. V. m. Art. 201 Abs. 1 Buchst. a) ZK. Bei ordnungsgemäßer Erledigung des Verfahrens (in der Regel durch die Wiederausfuhr) werden die Einfuhrabgaben erlassen oder erstattet, Art. 127 ZK. Dies gilt aber nicht für die Einfuhrumsatzsteuer, da § 21 Abs. 2 2. HS UStG das Verfahren der Zollrückvergütung explizit aus dem analogen Anwendungsbereich der Zollvorschriften ausnimmt. Die Einfuhrumsatzsteuer wird somit nicht erlassen oder erstattet.

6.1.3.1.2 Abziehbarkeit der Einfuhrumsatzsteuer als Vorsteuer

Ein Unternehmer kann die entstandene Einfuhrumsatzsteuer für Gegenstände, die für sein Unternehmen eingeführt worden sind, als Vorsteuer abziehen, § 15 Abs. 1 Nr. 2 UStG. Dieses Tatbestandsmerkmal wird durch den BFH anhand des objektiven Kriteriums, wer zum Zeitpunkt der Einfuhr Verfügungsmacht hat, definiert (vgl. Oelmaier in Sölch und Ringleb 2014, § 15 Rz. 390).[19] Überlässt ein ausländischer Auftraggeber einem im Inland ansässigen Unternehmer Gegenstände zur Ausführung einer Werkleistung (z. B. Lohnveredelung), erlangt der im Inland ansässige Lohnveredler an den Gegenständen keine Verfügungsmacht. Somit wäre alleine der im Ausland ansässige Auftraggeber zum Abzug der Einfuhrumsatzsteuer als Vorsteuer berechtigt.

Der Grundsatz der Abzugsberechtigung durch den ausländischen Auftraggeber wird durch die Regelung in Abschn. 15.8. Abs. 8 UStAE zur Ausnahme. Danach kann der inländische Lohnveredeler die Einfuhrumsatzsteuer als Vorsteuer abziehen, wenn der Gegenstand (das hergestellte Veredelungserzeugnis) nach Ausführung der Arbeit wieder in das Drittlandsgebiet zurückgelangt. Entsprechend kann verfahren werden, wenn der ausländische Auftraggeber den Gegenstand nach Ausführung der Werkleistung im Inland weiterliefert und diese Lieferung nicht nach § 4 Nr. 8 bis 28 UStG steuerfrei ist. Nutzt bzw. verwendet der ausländische Auftraggeber den Gegenstand im Inland jedoch selbst, kann der inländische Lohnveredler den Vorsteuerabzug nicht vornehmen. Folgende drei Fallgruppen lassen sich somit unterscheiden:

6.1.3.1.2.1 Fallgruppe 1: Gegenstand gelangt zurück in das Drittlandsgebiet

Beispiel

Die in USA ansässige Screw Ltd. lässt von der deutschen Plastik GmbH Kunststoffteile fertigen. Die zur Fertigung erforderlichen Rohstoffe (Granulat) werden durch die Screw Ltd. beigestellt und durch die Plastik GmbH im Rahmen des ihr bewilligten Veredelungsverkehrs in Form des Zollrückvergütungsverfahrens nach Deutschland eingeführt. Die Plastik GmbH entrichtet die fälligen Zölle und die Einfuhrumsatzsteuer.

Sämtliche hergestellten Kunststoffteile werden in die USA an die Screw Ltd. geliefert. Bei der Ausfuhr der Kunststoffteile werden die bei der Einfuhr entrichteten Zölle

[19] BFH vom 24.04.1980 V R 52/73, UR 1980, S. 206.

der Plastik GmbH erstattet, Art. 128 ZK. Die Einfuhrumsatzsteuer kann durch die Plastik GmbH als Vorsteuer abgezogen werden, da die Gegenstände in das Drittlandsgebiet zurückgelangen, Abschn. 15.8. Abs. 8 UStAE.

Bei diesem Ergebnis bleibt es auch dann, wenn die hergestellten Kunststoffteile nicht in die USA, sondern in ein anderes Drittland gelangen. In Abschn. 15.8. Abs. 8 UStAE wird der Begriff des Drittlandsgebietes verwendet, § 1 Abs. 2a S. 3 UStG. Ebenso unerheblich ist, ob die Waren im Rahmen eines zollrechtlich bewilligten aktiven Veredelungsverkehrs eingeführt wurden. Demnach kann die Plastik GmbH, auch wenn ihr ein solcher Veredelungsverkehr – aus welchem Grund auch immer – nicht bewilligt wird, die Einfuhrumsatzsteuer als Vorsteuer abziehen. Wird der Plastik GmbH ein Veredelungsverkehr in Form des Nichterhebungsverfahrens bewilligt, fällt Einfuhrumsatzsteuer nicht an, sodass sich die Frage der Abziehbarkeit nicht stellt.

6.1.3.1.2.2 Fallgruppe 2: Weiterlieferung im Inland

Beispiel

Die in USA ansässige Screw Ltd. lässt von der deutschen Plastik GmbH Kunststoffteile fertigen. Die zur Fertigung erforderlichen Rohstoffe (Granulat) werden durch die Screw Ltd. beigestellt und durch die Plastik GmbH im Rahmen des ihr bewilligten Veredelungsverkehrs in Form des Zollrückvergütungsverfahrens nach Deutschland eingeführt. Die Plastik GmbH entrichtet die fälligen Zölle und die Einfuhrumsatzsteuer. Nur ein Teil der hergestellten Kunststoffteile wird in das Drittlandsgebiet ausgeführt. Den übrigen Teil der Kunststoffteile liefert die Screw Ltd. direkt vom Lager der Plastik GmbH an deutsche Abnehmer. Die Einfuhrumsatzsteuer kann auch in diesem Fall durch die Plastik GmbH als Vorsteuer abgezogen werden, Abschn. 15.8. Abs. 8 S. 2 UStAE. Die Screw Ltd. hat sich aber in Deutschland für Umsatzsteuerzwecke registrieren zu lassen, da sie durch den Verkauf der Teile an die deutschen Abnehmer steuerbare und steuerpflichtige Umsätze in Deutschland ausführt. Ist der Plastik GmbH ein aktiver Veredelungsverkehr in Form eines Nichterhebungsverfahrens bewilligt, werden die Einfuhrwaren (für die im Inland verbleibenden Veredelungserzeugnisse) unter Erhebung von Zöllen und Einfuhrumsatzsteuer in den freien Verkehr überführt. Die Einfuhrumsatzsteuer ist auch in diesem Fall durch die Plastik GmbH als Vorsteuer abziehbar.

Auch der Fall, in dem die Screw Ltd. die Kunststoffteile von der deutschen Produktionsstätte der Plastik GmbH an Abnehmer in anderen EU-Mitgliedstaaten liefert, ist durch Abschn. 15.8. Abs. 8 S. 2 UStAE abgedeckt. Der Begriff „Weiterlieferung im Inland" deutet auf die Steuerbarkeit hin. Diese ist hier durch die Ausführung innergemeinschaftlicher Lieferungen gegeben. Ein Grund, weshalb die Ausnahme nur in Deutschland steuerpflichtige Lieferungen umfassen soll, steuerfreie aber nicht, ist nicht ersichtlich. Dies ergibt sich auch aus dem Wortlaut des Abschn. 15.8. Abs. 8 S. 2 UStR, wonach die Lieferung des Auftraggebers nicht nach § 4 Nr. 8 bis 28 UStG steuerfrei sein darf. Im Umkehrschluss heißt dies, dass eine Steuerfreiheit nach § 4 Nr. 1 Buchst.

b) UStG für innergemeinschaftliche Lieferungen nicht schädlich ist. Vielmehr sind nur solche Lieferungen ausgeschlossen, für die nach § 15 Abs. 2 Nr. 1, Abs. 3 Nr. 1 Buchst. a UStG der Vorsteuerabzug ausgeschlossen ist.

6.1.3.1.2.3 Fallgruppe 3: Verwendung zu eigenen Zwecken

Beispiel

Die Screw Ltd. stellt dem in Deutschland ansässigen Maschinenbauer Mathi AG Maschinenteile zur Verfügung. Die Mathi AG führt diese Teile aus den USA unter Entrichtung von Einfuhrabgaben (Zoll und Einfuhrumsatzsteuer) nach Deutschland ein und fertigt im Auftrag der Screw Ltd. eine Maschine zur Herstellung von Kunststoffteilen. Die Screw Ltd. stellt diese Maschine der in Deutschland ansässigen Plastik GmbH unentgeltlich zur Herstellung der Kunststoffteile zur Verfügung. Die Mathi AG kann die Einfuhrumsatzsteuer nicht als Vorsteuer abziehen, da sie keine Verfügungsmacht an den eingeführten Teilen erhält und die fertige Maschine weder in das Drittlandsgebiet zurückgelangt, noch durch die Screw Ltd. im Inland geliefert wird. Ein durch die Mathi AG bereits vorgenommener Vorsteuerabzug ist rückgängig zu machen, Abschn. 15.8. Abs. 8 S. 5 UStR. Der Vorsteuerabzug ist durch die Screw Ltd. vorzunehmen, und zwar im Veranlagungsverfahren (soweit die Screw Ltd. in Deutschland steuerbare Lieferungen ausführt) oder im Vorsteuervergütungsverfahren § 18 Abs. 9 UStG i. V. m. §§ 59 ff. UStDV.

► **Hinweis** Wie bereits die obigen Ausführungen[20] zeigen, ist es fraglich, ob das Kriterium der Verfügungsmacht hinsichtlich der Beurteilung der Abziehbarkeit der Einfuhrumsatzsteuer als Vorsteuer dem Art. 168 – e) MwStSystRL entspricht. Für die hier gebildeten Fallgruppen heißt das m. E., dass sich der Veredelungsbetrieb beim Abzug der Einfuhrumsatzsteuer als Vorsteuer immer unmittelbar auf diese Vorschrift berufen kann, da er die eingeführten Gegenstände für Zwecke seiner besteuerten Umsätze (hier: Veredelungsarbeiten) verwendet. Dies gilt nicht nur für die ersten zwei Fallgruppen, für die ja auch die deutsche Finanzverwaltung eine Ausnahme zulässt, sondern auch für die dritte. Allerdings ist in diesem Fall (3. Fallgruppe) geboten, diesen Abzug dem Finanzamt offenzulegen, da man von der Auffassung der Finanzverwaltung abweicht.

6.1.3.2 Sonderfall: Produktionsmittel und Werkzeuge

Nicht selten sind die Fälle, in denen der ausländische Auftraggeber neben Waren, die direkten Eingang in die Produkte finden, auch Produktionsmittel und/oder Werkzeuge beistellt. Werden die Produktionsmittel und/oder Werkzeuge aus Drittländern eingeführt, sind grundsätzlich Einfuhrabgaben (Zölle und Einfuhrumsatzsteuer) fällig. Produktions-

[20] Vgl. z. B. Abschn. 4.1.2.2.

mittel, die nicht in die Veredelungserzeugnisse eingehen (mit Ausnahme von Treibstoff und Schmiermittel), können allerdings von der Bewilligung eines aktiven Veredelungsverkehrs umfasst sein, sodass Einfuhrabgaben nicht anfallen (im Fall der Bewilligung eines Nichterhebungsverfahrens auch keine Einfuhrumsatzsteuer), Art. 114 Abs. 2 Buchst. c) 4. Anstrich ZK i. V. m. Art. 538 ZK-DVO. Für Werkzeuge existiert diese Möglichkeit aber nicht, sodass es bei der Einfuhr von Werkzeugen immer zur Erhebung der Einfuhrumsatzsteuer kommen wird.

Beispiel

Der in USA ansässige Auftraggeber Screw Ltd. lässt von der deutschen Plastik GmbH Kunststoffteile fertigen. Die zur Fertigung erforderlichen Gussformen und Werkzeuge werden durch die Screw Ltd. beigestellt und durch die Plastik GmbH nach Deutschland eingeführt. Die Plastik GmbH entrichtet die fälligen Zölle und die Einfuhrumsatzsteuer. Sämtliche hergestellten Kunststoffteile werden in Drittlandsgebiete geliefert.

Die Gussformen können als Produktionshilfsmittel durch die Plastik GmbH auch in die aktive Veredelung überführt werden.[21] Handelt es sich um einen Veredelungsverkehr in Form des Nichterhebungsverfahrens, fällt keine Einfuhrumsatzsteuer an. Werden die Gussformen jedoch nicht im Rahmen eines zollrechtlich bewilligten aktiven Veredelungsverkehrs oder im Verfahren der Zollrückvergütung eingeführt, ist fraglich, ob die Plastik GmbH diese Einfuhrumsatzsteuer als Vorsteuer abziehen kann, d. h., ob die Regelung des Abschn. 15.8. Abs. 8 UStAE auch auf diesen Fall Anwendung findet.

Diese Frage stellt sich auch für die Werkzeuge, für die in jedem Fall Einfuhrumsatzsteuer anfällt. Dem Wortlaut der Regelung ist zu entnehmen, dass der Gegenstand der Einfuhr wieder in das Drittland zurückgelangen muss. Dies deutet darauf hin, dass die Einfuhrware auch physischen Eingang in das Veredelungserzeugnis gefunden haben muss. Allerdings scheint es m. E. geboten, die Regelung auf alle Fälle auszudehnen, die auch von den zollrechtlichen Vorschriften umfasst werden, und zwar unabhängig davon, ob der Lohnfertiger tatsächlich Gebrauch von einem zollrechtlich bewilligten aktiven Veredelungsverkehr macht. Somit wäre zumindest die Einfuhrumsatzsteuer für die Einfuhr der Gussformen durch die Plastik GmbH als Vorsteuer abziehbar. Für die Werkzeuge bliebe es aber bei dem unbefriedigenden Ergebnis, dass die Einfuhrumsatzsteuer nur durch die Screw Ltd. als Vorsteuer abziehbar ist.

Auch das BMF-Schreiben vom 27.11.1975 [22] bietet hierzu keine Lösung an, da es dort um Fälle geht, in denen der Lohnfertiger die Werkzeuge selbst beschafft. In diesem Fall kann die Leistung des Lohnfertigers hinsichtlich der Werkzeuge eine unselbstständige Leistung zu der steuerfreien Ausfuhrlieferung darstellen. Vor diesem Hintergrund sollten die Parteien erwägen, aus dem Drittland einzuführende Werkzeuge nicht mehr unentgeltlich beizustellen, sondern dem Lohnfertiger zu verkaufen. Alternativ bietet

[21] Vgl. Witte Art. 114 Rz. 15.

[22] Vgl. BMF-Schreiben vom 27.11.1975 – IVA 3-S7131–591/75, BStBl. 1975 I, S. 1126.

es sich für den Lohnfertiger auch für diesen Fall an, sich hinsichtlich der Abziehbarkeit unmittelbar auf die MwStSystRL zu berufen. Mangels eindeutiger Rechtsprechung wird dies aber mit hoher Wahrscheinlichkeit zu einer Rechtsstreitigkeit mit der Finanzverwaltung führen, die an die Ausführungen im UStAE gebunden ist.

6.1.3.3 Leistung des Lohnfertigers

Bei den Leistungen eines Lohnfertigers kann es sich um

- eine Werkleistung oder
- eine Werklieferung

handeln.[23] Die umsatzsteuerliche Unterscheidung ist an das Zivilrecht angelehnt und ergibt sich aus § 3 Abs. 4 UStG bzw. § 3 Abs. 10 UStG. Danach liegt eine Werklieferung vor, wenn der Unternehmer die Bearbeitung oder Verarbeitung eines Gegenstandes übernommen hat und hierbei Stoffe verwendet, die er selbst beschafft hat, wenn es sich bei diesen Stoffen nicht nur um Zutaten oder sonstige Nebensachen handelt. Beschafft der Unternehmer hingegen seine Stoffe selbst oder eben nur Zutaten oder sonstige Nebensachen, handelt es sich um eine Werkleistung.[24]

Die Unterscheidung zwischen einer Werkleistung (sonstige Leistung) und einer Werklieferung (Lieferung) ist umsatzsteuerlich wichtig, um den Leistungsort zu bestimmen.

Bei Werkleistungen ist weiterhin zu unterscheiden, ob diese an Grundstücken oder an beweglichen Sachen erbracht werden. Bei Werkleistungen an Grundstücken ergibt sich der Ort aus § 3a Abs. 3 Nr. 1 UStG, d. h. wo das Grundstück liegt. Bei Werkleistungen an beweglichen körperlichen Gegenständen ist weiter nach dem Status des Leistungsempfängers zu differenzieren: Sonstige Leistungen an Unternehmer bzw. an gleichgestellte juristische Personen gelten gemäß § 3a Abs. 2 UStG an dem Ort als ausgeführt, von dem aus der Empfänger sein Unternehmen betreibt. Die Leistungen an Nichtunternehmer gelten dort als ausgeführt, wo sie vom Unternehmer tatsächlich erbracht werden (sog. Tätigkeitsort), § 3a Abs. 3 Nr. 3 Buchst. c) UStG.

Handelt es sich dagegen um eine Werklieferung bestimmt sich der Ort dieser Lieferung nach § 3 Abs. 6 UStG oder nach § 3 Abs. 7 UStG. Bei einer Werklieferung in Form einer Beförderungs- oder Versendungslieferung gilt die Werklieferung dort als ausgeführt, wo die Beförderung oder Versendung beginnt, § 3 Abs. 6 Satz 1 UStG. Wird die Verfügungs-

---

[23] Die Abgrenzung zwischen Werkleistung und Werklieferung gestaltet sich in der Praxis äußerst schwierig. Bei Reparaturleistungen erkennt die Finanzverwaltung an, dass man sich am Entgeltanteil des verwendeten Materials orientieren kann. Übersteigt dieser 50 %, ist von einer Werklieferung auszugehen, vgl. Abschnitt 3.8. Abs. 6 UStAE.

[24] Der BFH hat sich im Zuge einer richtlinienkonformen Auslegung von § 3 Abs. 4 UStG gegen eine strikte Auslegung nach dem deutschen Zivilrecht entschieden. Vgl. BFH vom 09.06.2005 – VR 50/02 BStBl. 2006 II S. 98.

macht dagegen übertragen, ohne dass damit eine Beförderung oder Versendung zusammenhängt, wird die Lieferung (Werklieferung) dort ausgeführt, wo sich der Gegenstand zur Zeit der Verschaffung der Verfügungsmacht befindet, § 3 Abs. 7 UStG.

Die Leistung des Lohnfertigers in Form einer Werklieferung oder Werkleistung wird im „Normalfall" der Wiederausfuhr der Veredelungserzeugnisse – soweit Steuerbarkeit gegeben ist – steuerfrei sein. Die Steuerfreiheit wird sich entweder aus § 4 Nr. 1 Buchst. a) UStG i. V. m. § 6 UStG (bei Werklieferung) oder aus § 4 Nr. 1 Buchst. a) UStG i. V. m. § 7 UStG (bei Werkleistung) ergeben. Die §§ 6 und 7 UStG bilden eine Einheit und sollen zusammen dem Bestimmungslandprinzip des allgemeinen Zoll- und Handelsabkommens GATT im Rahmen der World Trade Organisation (WTO) gerecht werden (vgl. Jatzke in Sölch und Ringleb, § 7 Rz. 15). Nach diesem Prinzip sollen und dürfen die Gegenstände im Exportland, in dem sie nicht verbraucht werden, von der Steuer entlastet werden. Die Voraussetzungen für die Steuerbefreiungen nach § 6 UStG oder § 7 UStG sind jeweils buch- und belegmäßig nachzuweisen.[25] Im Fall der Erbringung einer Werkleistung an ein im Drittland ansässiges Unternehmen, wird sich die Frage der Steuerbefreiung aber gar nicht stellen, da diese Leistung gem. § 3a Abs. 2 UStG dort als ausgeführt gilt, wo der Leistungsempfänger sein Unternehmen betreibt, also im Drittland.

Beispiel

Die in USA ansässige Screw Ltd. lässt von der deutschen Plastik GmbH Kunststoffteile fertigen. Die zur Fertigung erforderlichen Rohstoffe (Granulat) werden durch die Screw Ltd. beigestellt und durch die Plastik GmbH im Rahmen des ihr bewilligten Veredelungsverkehrs in Form des Zollrückvergütungsverfahrens nach Deutschland eingeführt. Die Plastik GmbH entrichtet die fälligen Zölle und die Einfuhrumsatzsteuer. Die Screw Ltd. lässt den überwiegenden Teil der Kunststoffteile von Deutschland in ihr Werk in die USA verbringen. Einen kleineren Teil der Kunststoffteile verbringt sie auf ein Auslieferungslager in Deutschland und verkauft diese Teile ab diesem Lager an deutsche Abnehmer. Die Plastik GmbH rechnet ihren Werklohn gegenüber der Screw Ltd. ab. Fraglich ist die umsatzsteuerliche Behandlung dieses Werklohns.

Bei der Leistung des Lohnfertigers (Plastik GmbH) handelt es sich um eine sonstige Leistung (Werkleistung), da die Plastik GmbH keine Hauptstoffe beschafft, § 3 Abs. 10 UStG. Diese Leistung gilt an dem Ort ausgeführt, von dem aus der Empfänger (die Screw Ltd.) sein Unternehmen betreibt, also in USA, § 3a Abs. 2 UStG. Damit ist die Leistung im Inland nicht steuerbar. Es macht keinen Unterschied, ob die Ware zurück in das Drittland geht oder im Inland verkauft wird. Die Plastik GmbH muss der Screw Ltd. über ihre Lohnveredelung an beweglichen körperlichen Gegenständen eine Rechnung ohne Ausweis von Umsatzsteuer stellen. Die Plastik GmbH wird die Unter-

[25] Vgl. §§ 10 bis 13 UStDV.

nehmereigenschaft des drittländischen Auftraggebers jedoch gegenüber den Finanzbehörden dokumentieren müssen.[26]

6.1.3.4 Die Beistellung von Gemeinschaftswaren

Es ist durchaus nicht unüblich, dass der im Drittland ansässige Auftraggeber Rohstoffe, Halbfertigprodukte oder Teilfertigfabrikate (zum Teil) in der EU einkauft und dem Lohnfertiger beistellt. Fraglich ist die umsatzsteuerliche Behandlung der Lieferung des Rohstofflieferanten an den Auftraggeber der Lohnfertigung. Diese Lieferung kann gem. § 6 Abs. 1 Satz 2 UStG steuerfrei sein.[27] Danach liegt eine Ausfuhrlieferung auch dann vor, wenn der Gegenstand der Lieferung durch Beauftragte vor der Ausfuhr be- oder verarbeitet worden ist. Gegenstand der Ausfuhrlieferung ist dann die Ware vor ihrer Be- oder Verarbeitung. Dieses Ergebnis erscheint auf den ersten Blick seltsam, da doch dieser Gegenstand nie physisch ausgeführt wird. Das Ergebnis ist jedoch vor dem Hintergrund des oben aufgeführten Bestimmungslandprinzips systemgerecht.

Beispiel

Die in USA ansässige Screw Ltd. lässt von der deutschen Plastik GmbH Kunststoffteile fertigen. Die zur Fertigung erforderlichen Rohstoffe (Granulat) werden durch die Screw Ltd. beigestellt. Die Screw Ltd. kauft dieses Granulat bei der deutschen Billig GmbH. Die Billig GmbH versendet das Granulat von ihrer deutschen Produktionsstätte in Düren zu der Produktionsstätte der Plastik GmbH in Aachen. Aus diesem Granulat stellt die Plastik GmbH die Kunststoffteile her und versendet diese anschließend an die Screw Ltd. in die USA. Fraglich ist die umsatzsteuerliche Behandlung der Lieferung (des Verkaufs) des Rohstoffes (Granulat) durch die Billig GmbH an die Screw Ltd.

Diese Lieferung ist gem. § 6 Abs. 1 Satz 2 UStG steuerfrei. Das durch die Billig GmbH gelieferte Granulat wird durch die von der Screw Ltd. beauftragten Plastik GmbH zu Kunststoffteilen verarbeitet. Die Kunststoffteile werden anschließend physisch ausgeführt. Somit liegen die Voraussetzungen für die Steuerfreiheit vor. Allerdings hat die Billig GmbH diese Voraussetzungen buch- und belegmäßig nachzuweisen. Dieser Nachweis wird durch eine entsprechende Verarbeitungsbestätigung der Plastik GmbH geführt. Im vorliegenden Beispiel könnte die durch die Plastik GmbH zu erstellende und der Billig GmbH auszuhändigenden Verarbeitungserklärung etwa wie in und in dargestellt aussehen (Abb. 6.3 und 6.4).

[26] Vgl. Abschnitt 3a.2. Abs. 11 UStAE. Danach soll der Nachweis der Unternehmereigenschaft regelmäßig durch eine Bescheinigung einer Behörde des Sitzstaates erfolgen (Unternehmerbescheinigung).

[27] Vgl. zu der Steuerfreiheit gem. § 6 Abs. 1 S. 2 UStG auch Abschn. 3.2.1.6.

Anlage 3 zum BMF-Schreiben vom 17. Januar 2000
– IV D 2 – S 7134 – 02/00 –

Plastik GmbH
(Firma/Name)

Aachen, 08.10.2014
(Ort) (Datum)

Kunstoffstr. 22
(Straße)

0000 Aachen
(PLZ, Sitz/Wohnort)

Bescheinigung
für Umsatzsteuerzwecke in Bearbeitungs- und Verarbeitungsfällen
bei der Beförderung / Versendung in das Ausland nach der Bearbeitung oder Verarbeitung
durch einen Beauftragten des Abnehmers oder Auftraggebers
(§§ 11 und 17 b UStDV, Abschnitt 134 Abs. 1 UStR)

An
Firma / Herrn / Frau [1] Billing GmbH

Teure Str. 99
(Straße)

in 99999 Düren
(PLZ, Sitz/Wohnort)

Ich bestätige hiermit, dass mir am 31.09.2014

von der Firma Billing GmbH in Düren

die folgenden Gegenstände übergeben/übersandt [1] worden sind:

Packstücke			Menge und handelsübliche Bezeichnung der Gegenstände
Zahl	**Verpackungsart**	**Zeichen und Nummern**	
10	Karton	Nrn. 1-10	700 kg Kunststoffgranulat
			XPZ 9 Y 3

I. **Bearbeitungen oder Verarbeitungen vor der Beförderung / Versendung in das Ausland**
(einschließlich der Werkleistungen im Sinne des § 3 Abs. 10 UStG)

Ich habe die bezeichneten Gegenstände auf Grund des Auftrags der Firma Screw Ltd., Houston, USA
(Abnehmer oder Auftraggeber)

vom 01.08.2014

a) wie folgt bearbeitet oder verarbeitet:

Herstellung von Kunststoffteilen der Artikel-Nr. 999 A 7

Das Kunststoffgranulat wurde vollständig zur Herstellung

dieser Waren eingesetzt.

Abb. 6.3 Anlage 3 zum BMF-Schreiben vom 17. Januar 2000 – IV D 2, Teil I

b) mit den folgenden von mir selbst zu liefernden Gegenständen

Menge	Handelsübliche Bezeichnung

wie folgt bearbeitet oder verarbeitet: n/a

2)

II. Beförderung / Versendung in das Ausland

Nach der Bearbeitung oder Verarbeitung sind die folgenden Gegenstände am 08.10.2014
(Tag der Beförderung oder Versendung)

nach Houston, USA
(Ort im Ausland)

an Screw Ltd.
(Empfänger oder Verfügungsberechtigter)

befördert/versandt worden:

Packstücke			Menge und handelsübliche Bezeichnung der Gegenstände
Zahl	Verpackungsart	Zeichen und Nummern	
10	Karton	1-14	1100 kg Kunststoffteile
			Art. Nr. 999 A 7

Die Gegenstände sind auf folgende Weise in das Ausland gelangt: [1]

a) Ich habe die Gegenstände mit eigenem Fahrzeug in das Ausland befördert.

b) Ich habe die Gegenstände durch die Firma Klau GmbH
(z.B. Spediteur, Frachtführer)

in Böhmhausen, Deutschland in das Ausland versandt.
(Firmensitz)

c) Ich habe die Gegenstände am ./.

an die Firma
(Abnehmer oder Auftraggeber, Beauftragter des Abnehmers oder Auftraggebers)

zur Beförderung / Versendung übergeben/übersandt.

Ich versichere, dass ich die Angaben nach bestem Wissen und Gewissen auf Grund meiner Geschäftsunterlagen gemacht habe, die im Gemeinschaftsgebiet nachprüfbar sind.

XXXX
(Unterschrift)
(A. Richard Geschäftsführer)

1) Nichtzutreffendes bitte streichen.
2) Haben weitere Beauftragte die Gegenstände bearbeitet oder verarbeitet, sind die Angaben auf einem weiteren Blatt entsprechend zu ergänzen.

Abb. 6.4 Anlage 3 zum BMF-Schreiben vom 17. Januar 2000 – IV D 2, Teil II

6.1.3.5 Die Eigenveredelung

Die Begriffe der Lohnveredelung und der Eigenveredelung sind zollrechtlich geprägt. Die Definition der Lohnveredelung ergibt sich aus Art. 536 Buchst. b) ZK-DVO. Danach ist die Lohnveredelung eine nach den Anweisungen und für Rechnung eines im Drittland ansässigen Auftraggebers durchgeführte Veredelung für Einfuhrwaren, die dem Veredelungsbetrieb zur Verfügung gestellt werden und wobei im Allgemeinen nur ein Veredelungsentgelt zu zahlen ist. Für die Eigenveredelung gibt es keine explizite Definition. Sie ist das Gegenstück der Lohnveredelung, d. h. eine Eigenveredelung wird zollrechtlich immer dann vorliegen, wenn der Unternehmer Einfuhrwaren auf eigene Rechnung einkauft, be- oder verarbeitet und anschließend die Veredelungserzeugnisse ausführt.

Beispiel

Die Plastik GmbH kauft Rohware (Granulat) von einem chinesischen Lieferanten. Sie stellt aus diesem Granulat auf eigene Rechnung Kunststoffteile her, die sie anschließend an verschiedene Abnehmer in Drittländern verkauft und versenden lässt. Es handelt sich um eine Eigenveredelung.

Zollrechtlich hat diese Unterscheidung keine wesentliche Bedeutung. Lediglich bei der Prüfung der wirtschaftlichen Voraussetzungen gelten für verschiedene Arten von Einfuhrwaren bei einer Lohnveredelung wenig strengere Kriterien, Art. 539 Abs. 2 Buchst. a) ZK-DVO, d. h. zollrechtlich kann die Einfuhrabgabenbegünstigung der aktiven Veredelung grundsätzlich unabhängig davon in Anspruch genommen werden, ob es sich um eine Lohnveredelung oder eine Eigenveredelung handelt.

Umsatzsteuerlich spielt die Unterscheidung zwischen Lohnveredelung und Eigenveredelung keine Rolle. Die umsatzsteuerliche Definition der Lohnveredelung an Gegenständen der Ausfuhr gem. § 7 UStG ist m. E. enger auszulegen als der zollrechtliche Begriff der Lohnveredelung gem. Art. 536 Buchst. b) ZK-DVO. § 7 UStG umfasst nämlich nur entsprechende Werkleistungen (sonstige Leistungen). Die zollrechtliche Lohnveredelung kann jedoch in einer Werkleistung oder einer Werklieferung bestehen. Aus umsatzsteuerlicher Sicht eindeutig dürfte aber sein, dass es sich bei einer zollrechtlichen Eigenveredelung umsatzsteuerlich immer um Lieferungen (ggf. Werklieferungen) handelt. Somit wären die einer Veredelung zugrunde liegenden Rechtsgeschäfte aus umsatzsteuerlicher Sicht immer erst dahingehend zu überprüfen, ob eine Werkleistung oder eine Werklieferung vorliegt. Bei der Eigenveredelung wird der Verkauf der Veredelungserzeugnisse (auf eigene Rechnung) immer eine Lieferung bzw. Werklieferung darstellen, so dass sich die Steuerfreiheit dieser Leistung immer aus § 4 Nr. 1 Buchst. a) UStG i. V. m. § 6 UStG ergeben muss.[28] Werden die im Rahmen einer Eigenveredelung hergestellten Fertigerzeugnisse im Inland geliefert, handelt es sich um eine steuerbare und grundsätzlich

[28] Vgl. zu den Voraussetzungen der Steuerfreiheit von Ausfuhrlieferungen Abschn. 3.2.1.

auch steuerpflichtige Lieferung. Eine Steuerbefreiung könnte sich dann höchstens aus § 4 Nr. 4b UStG ergeben, wenn die Veredelungserzeugnisse erst im Anschluss an die Lieferung in den freien Verkehr überführt werden.

Beispiel

Die Plastik GmbH kauft Rohware (Granulat) von einem chinesischen Lieferanten und überführt dieses Granulat in den ihr bewilligten aktiven Veredelungsverkehr in Form des Nichterhebungsverfahrens. Die aus dem Granulat (auf eigene Rechnung) hergestellten Kunststoffteile verkauft die Plastik GmbH an die Stern AG und lässt sie an deren Produktionsstandort in München versenden. Die aktive Veredelung wird durch Überführung der Veredelungserzeugnisse in ein externes gemeinschaftliches Versandverfahren beendet. Die Stern AG übernimmt die Waren in ihrem Betrieb als Nichtgemeinschaftswaren und überführt diese in den freien Verkehr.

Die Lieferung (Verkauf) der Kunststoffteile durch die Plastik GmbH an die Stern AG ist in Deutschland steuerbar. Sie ist jedoch nach § 4 Nr. 4b UStG steuerbefreit, da die Lieferung der Einfuhr der Kunststoffteile vorangeht.

6.1.3.6 Die Herstellung von Produktionshilfsmitteln

Oftmals erteilt der Abnehmer der Veredelungserzeugnisse dem Veredelungsbetrieb zusätzlich den Auftrag über die Herstellung von Formen, Modellen oder Werkzeugen. Aus umsatzsteuerlicher Sicht stellt sich die Frage, wie diese Leistung des Veredelungsbetriebes umsatzsteuerlich zu beurteilen ist. Es sind zwei Lösungen denkbar:

- Die Leistung des Veredelungsbetriebes hinsichtlich der Formen, Modelle oder Werkzeuge stellt eine unselbstständige Nebenleistung zu den Lieferungen der Gegenstände dar.
- Die Leistung des Unternehmers hinsichtlich der Formen, Modelle oder Werkzeuge ist als eine selbstständige Lieferung zu sehen.

Die Frage, ob eine unselbstständige Nebenleistung oder aber eine selbstständige Lieferung vorliegt, ist anhand der von der Finanzverwaltung aufgestellten Kriterien zu treffen.[29] Danach liegt eine unselbstständige Nebenleistung nach der Auffassung der Finanzverwaltung vor, wenn die Verfügungsmacht über die hergestellten Formen, Modelle oder Werkzeuge nicht auf den Abnehmer übergeht, sondern bei dem Veredelungsbetrieb verbleibt oder die Verfügungsmacht übergeht, aber der Abnehmer (Auftraggeber) die Formen, Modelle oder Werkzeuge nicht für eigene wirtschaftliche Zwecke verwenden will.

[29] Vgl. BMF-Schreiben vom 27.11.1975 – IV A3-S 7131–59/75, BStBl. 1975 I S. 1126.

Beispiel

Die Plastik GmbH fertigt für die Screw Ltd. Kunststoffteile. Das hierzu erforderliche Granulat kauft sie selbst ein. Die Screw Ltd. erteilt der Plastik GmbH aber den Auftrag über die zur Herstellung der Kunststoffteile erforderlichen Formen. Die Plastik GmbH stellt diese Formen in ihrem Betrieb in Aachen selbst her. Die Formen verbleiben im Inland und werden ausschließlich zum Zweck der Herstellung der Kunststoffteile für die Screw Ltd. verwendet. Die hergestellten Kunststoffteile werden durch die Plastik GmbH an die Screw Ltd. in die USA geliefert. Die Plastik GmbH stellt der Screw Ltd. eine Rechnung über die Herstellung der Formen. Ist diese Rechnung unter Ausweis deutscher Umsatzsteuer zu erteilen?

Im vorliegenden Beispiel kann wohl davon ausgegangen werden, dass die Verfügungsmacht über die Formen an die Screw Ltd. übergegangen ist. Jedoch verwendet die Screw Ltd. diese Formen nicht für eigene wirtschaftliche Zwecke, sondern will sicherstellen, dass die Plastik GmbH diese Formen ausschließlich zur Herstellung der Kunststoffteile für die Screw Ltd. verwendet. Somit kann nach Auffassung der Finanzverwaltung[30] von einer unselbstständigen Nebenleistung zur Lieferung der Kunststoffteile ausgegangen werden. Die Herstellung (Lieferung) der Formen ist somit gem. § 6 UStG steuerfrei, da die Lieferung der Kunststoffteile nach dieser Vorschrift ebenfalls steuerfrei ist. Die Rechnung kann ohne Ausweis von Umsatzsteuer erstellt werden.

6.2 Be- und Verarbeitung außerhalb der aktiven Veredelung

6.2.1 Wirtschaftlicher Hintergrund

Immer häufiger kommt es vor, dass Lohnfertiger oder Eigenveredler Rohstoffe, Halbfertigprodukte oder Teilfertigfabrikate aus Drittländern einführen, ohne diese Waren in einen zollrechtlich bewilligten Veredelungsverkehr zu überführen. Die unveredelten Waren werden dann in den freien Verkehr überführt und als Gemeinschaftswaren be- oder verarbeitet und als Veredelungserzeugnisse ebenfalls als Gemeinschaftswaren wieder aus der EU ausgeführt. Wirtschaftliche Hintergründe für eine solche Vorgehensweise können sein:

- Für die Einfuhrwaren besteht eine tarifliche Zollfreiheit oder
- die Einfuhrwaren können aufgrund einer Präferenzbegünstigung zollfrei eingeführt werden oder
- die aus der Inanspruchnahme eines aktiven Veredelungsverkehrs resultierenden Zollvorteile übersteigen nicht die Kosten der Implementierung eines solchen Zollverfahrens (dies könnte z. B. immer dann der Fall sein, wenn nur ein geringer Teil der unveredelten Waren aus Drittländern kommt) oder

[30] Vgl. das o.a. BMF-Schreiben vom 27.11.1975.

- die hergestellten Waren (Veredelungserzeugnisse) sollen in Staaten exportiert werden, mit denen die EU Präferenzabkommen[31] abgeschlossen hat und die Inanspruchnahme dieser Präferenz vorteilhafter ist als die Zollbegünstigung im Rahmen der aktiven Veredelung.[32]

6.2.2 Zollrechtliche Grundlagen

Werden die Waren nicht in einen aktiven Veredelungsverkehr überführt, so passiert zollrechtlich das Folgende:

- Die Einfuhrwaren werden in den freien Verkehr überführt, d. h. aus den Nichtgemeinschaftswaren werden Gemeinschaftswaren. Bei der Überführung der Waren in den freien Verkehr entsteht eine Zollschuld, Art. 201 Abs. 1 Buchst. a) ZK sowie die Einfuhrumsatzsteuerschuld, § 21 Abs. 2 UStG i. V. m. Art. 201 Abs. 1 Buchst. a) ZK.[33]
- Die Be- bzw. Verarbeitung von Gemeinschaftswaren unterliegt keinen zollrechtlichen Beschränkungen.
- Bei der Ausfuhr der Veredelungserzeugnisse werden diese in das Ausfuhrverfahren über führt.[34]

6.2.3 Umsatzsteuerliche Implikation

Die umsatzsteuerlichen Regelungen sind grundsätzlich unabhängig davon, ob dem Veredelungs- betrieb ein aktiver Veredelungsverkehr bewilligt worden ist oder nicht. D. h. die oben getroffenen Feststellungen hinsichtlich der Umsatzsteuer gelten auch in diesem Fall entsprechend:

- Die entstandene Einfuhrumsatzsteuer ist für den Veredelungsbetrieb als Vorsteuer abziehbar, auch wenn er keine Verfügungsmacht über die Einfuhrwaren erhält, Abschn. 15.8. Abs. 8 UStAE.[35]
- Die Leistung des Veredelungsbetriebs (Lohnfertiger oder Eigenfertiger) bzw. die Lieferung der Veredelungserzeugnisse kann aufgrund der §§ 6 oder 7 UStG steuerfrei sein

[31] Vgl. zum Warenursprungs- und Präferenzrecht Abschn. 2.1.3.4.

[32] Wird für Waren, die im Rahmen einer aktiven Veredelung hergestellt worden sind, ein Präferenzpapier ausgefertigt, so entsteht für die zur Herstellung verwendeten Einfuhrwaren eine Zollschuld gem. Art. 216 Abs. 1 ZK (DrawbackVerbot); vgl. hierzu mit weiteren Literaturverweisen Witte in Witte 2013, Art. 216 Rz. 1 ff.

[33] Vgl. zur Überführung von Waren in den freien Verkehr ausführlich Abschn. 2.1.2.

[34] Vgl. zum Ausfuhrverfahren ausführlich Abschn. 3.1.

[35] Vgl. ausführlich Gliederungspunkt Abschn. 6.1.3.1.2 mit den dort genannten drei Fallgruppen.

bzw. ist im Fall der Werkleistung an einen drittländischen Auftraggeber nicht steuerbar, da der Ort der Werkleistung im Drittlandsgebiet liegt, § 3a Abs. 2 UStG.[36]

6.3 Das Umwandlungsverfahren

6.3.1 Funktionsweise und Rechtsgrundlagen

Das zollrechtliche Umwandlungsverfahren dient dazu, eingeführte Waren (Nichtgemeinschaftswaren) ohne Erhebung von Zöllen im Zollgebiet der Gemeinschaft zu anderen Waren zu verarbeiten und diese hergestellten Waren anschließend in den freien Verkehr zu überführen, Art. 130 ZK. Im Allgemeinen wird das Umwandlungsverfahren angewandt, um eine Zolleinsparung zu erreichen.

Beispiel

Keine Nutzung des Umwandlungsverfahrens:

Die Screw GmbH erwirbt rohes Silizium zum Preis von umgerechnet 1 Mio. EUR von ihrer amerikanischen Muttergesellschaft und überführt dieses in der EU in den freien Verkehr. Die Screw GmbH entrichtet Zoll in Höhe von 55.000 EUR (der tarifliche Zollsatz beträgt 5,5 %). Anschließend stellt die Screw GmbH aus dem Silizium Waver-Elemente zur Herstellung von Computer-Chips her (Zollsatz 0 %).

Zollbelastung: 55.000 EUR

Nutzung des Umwandlungsverfahrens:

Die Screw GmbH überführt das aus den USA bezogene Silizium im Wert von umgerechnet 1 Mio. EUR in das hier bewilligte Umwandlungsverfahren. Es sind zunächst keine Zölle zu entrichten. Nachdem die Screw GmbH aus dem Silizium Waver- Elemente zur Herstellung von Computer-Chips gefertigt hat, überführt sie die Waver in den freien Verkehr. Der Wert der hergestellten Waver beträgt 3. Mio. EUR. Da der tarifliche Zollsatz für Waver 0 % beträgt, zahlt die Screw GmbH keinen Zoll.

Zollbelastung: 0 EUR

Daneben kann das Erfordernis, eingeführte Waren an vorgeschriebene technische Normen anzupassen, ein Anwendungsfall des Umwandlungsverfahrens sein. Dies ist z. B. dann der Fall, wenn aus China eingeführte Elektrogeräte nicht den Sicherheitsstandards der EU (z. B. Schutzkontaktstecker) entsprechen und deswegen nicht in den freien Verkehr überführt werden dürfen.[37] Der Einführer kann sich in dem Fall ein Umwandlungsverfahren

[36] Vgl. hierzu Gliederungspunkt Abschn. 6.1.3.3.

[37] In diesem Fall könnte auch angedacht werden, die Behandlung der Waren in einem Zolllager vorzunehmen. Diese müsste dann allerdings eine übliche Lagerbehandlung i. S. v. Anh. 73 ZK-DVO (hier: ggf; Nr. 12 oder Auffangstatbestand der Nr. 19) darstellen.

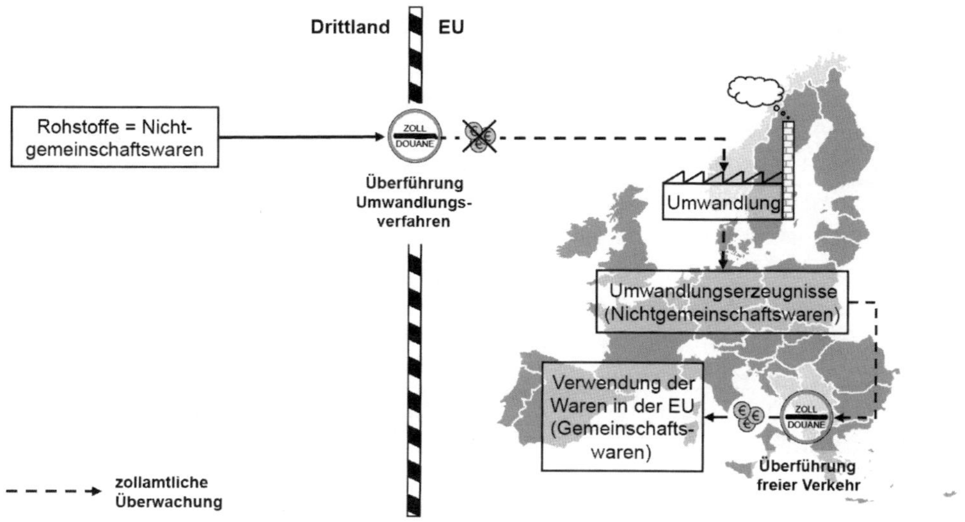

Abb. 6.5 Umwandlungsverfahren

bewilligen lassen, indem er die Elektrogeräte entsprechend nachrüstet und so die Einfuhrfähigkeit erreicht.

Das Umwandlungsverfahren unterscheidet sich vom Verfahren der aktiven Veredelung vor allem dadurch, dass beim Verfahren der aktiven Veredelung die Absicht gegeben sein muss, die Ware wieder aus der EG auszuführen. Wer das Umwandlungsverfahren nutzen will, muss grundsätzlich die Absicht haben, die umgewandelten Waren in den freien Verkehr zu überführen (Abb. 6.5).

6.3.2 Das Umwandlungsverfahren als Zollverfahren

Das Umwandlungsverfahren gehört zu den Nichterhebungsverfahren, Art. 84 Abs. 1 Buchst. a) ZK und ist ein Zollverfahren mit wirtschaftlicher Bedeutung im Sinne des Zollkodex. Als solches bedarf es einer vorherigen Bewilligung durch die Zollbehörden, Art. 84 Abs. 1 Buchst b) i. V. m. Art. 85 ZK.

Wie bei der aktiven Veredelung bedarf das Umwandlungsverfahren bestimmter Bewilligungsvoraussetzungen:

- persönliche Bewilligungsvoraussetzungen;
- zolltechnische Durchführbarkeit;
- wirtschaftliche Bewilligungsvoraussetzungen;
- Verhältnismäßigkeit;
- Umgehungsverbot.

Im Folgenden soll nur auf die wirtschaftlichen Bewilligungsvoraussetzungen eingegangen werden.[38]

Die wirtschaftlichen Bewilligungsvoraussetzungen ergeben sich aus Art. 133 Buchst. e) ZK. Diese Voraussetzungen sind erfüllt, wenn das Umwandlungsverfahren dazu beitragen kann, die Aufnahme oder Beibehaltung von Umwandlungstätigkeiten in der Gemeinschaft zu fördern, ohne dass wesentliche Interessen von Herstellern gleichartiger Waren in der Gemeinschaft beeinträchtigt werden. Ähnlich wie bei den wirtschaftlichen Bewilligungsvoraussetzungen der aktiven Veredelung werden auch hier für bestimmte Warenarten und Umwandlungsvorgänge die wirtschaftlichen Voraussetzungen fingiert.[39] Für andere Warenarten und Umwandlungsvorgänge sind die wirtschaftlichen Voraussetzungen zu prüfen. Für die Warenarten und Umwandlungsvorgänge, die in Anhang 76 Teil B ausgeführt sind, ist durch Vorlage an die EU-Kommission eine Klärung auf Gemeinschaftsebene herbeizuführen.[40]

6.3.3 Durchführung und Beendigung des Umwandlungsverfahrens

Die Durchführung des Umwandlungsverfahrens stellt sich mitunter als komplex dar. Die Waren, die umgewandelt werden sollen (so genannte Einfuhrwaren), sind nach Erteilung der Bewilligung mit einer Zollanmeldung zur Überführung in das Umwandlungsverfahren anzumelden. Während des Verfahrens befinden sie sich unter zollamtlicher Überwachung. Sobald die Einfuhrwaren in das Verfahren überführt wurden, sind sie nach den in der Bewilligung festgelegten Bedingungen (Umwandlungsfrist, zugelassene Umwandlungsvorgänge, Ausbeute) umzuwandeln. Die hergestellten Umwandlungserzeugnisse können dann fortlaufend in den freien Verkehr überführt werden. Nach Ablauf der Umwandlungsfrist ist eine Abrechnung zu erstellen, in der die verbrauchten Einfuhrwaren den hergestellten Umwandlungserzeugnissen gegenübergestellt werden. Sofern alle Einfuhrwaren innerhalb der Umwandlungsfrist zu Umwandlungserzeugnissen verarbeitet worden sind, kommt es zu keiner (zusätzlichen) Zollschuldentstehung für die Einfuhrwaren. Verschiedene Regelungen der aktiven Veredelung sind gem. Art. 134 ZK sinngemäß auf das Umwandlungsverfahren anzuwenden. Hierzu gehört z. B. auch die globalisierende Abrechnung.[41]

Das Umwandlungsverfahren ist gem. Art. 89 Abs. 1 ZK beendet, wenn die Umwandlungserzeugnisse oder die unveränderten Waren eine neue, zulässige zollrechtliche Bestimmung erhalten haben. Neben der beabsichtigen Überführung in den zollrechtlich

[38] Vgl. zu den einzelnen Bewilligungsvoraussetzungen im Detail Witte in Witte 2013, Art. 133 Rz. 1 ff.

[39] Vgl. Art. 552 Abs. 1 ZK-DVO und Anhang 76 Teil A.

[40] Bei den Warenarten und Umwandlungsvorgängen, die im Anhang 76 Teil B enthalten sind, handelt es sich insbesondere um Waren, die einer Agrarmaßnahme oder einem vorläufigen oder endgültigen Anti-Dumping Zoll unterliegen.

[41] Vgl. zur globalisierenden Abrechnung im Rahmen des aktiven Veredelungsverkehrs Abschn. 6.1.2.

freien Verkehr ist es somit auch möglich, das Umwandlungsverfahren durch die Wiederausfuhr, das Verbringen in eine Freizone oder ein Freilager, die Überführung in ein Zolllagerverfahren, die vorübergehende Verwendung, ein externes Versandverfahren oder eine aktive Veredlung zu beenden. Der Normalfall der Beendigung ist aber die Überführung der Umwandlungserzeugnisse in den freien Verkehr. Die Bestimmung des Zollwerts für die Umwandlungserzeugnisse ergibt sich aus Art. 551 Abs. 3 ZK-DVO.

Vereinfachend kann die Aussage getroffen werden, dass die Umwandlungserzeugnisse mit ihrem Wert (also nicht nur dem Wert der Einfuhrwaren) anzumelden sind. D. h. auch der durch die Be- oder Verarbeitung der Einfuhrwaren in der EU geschaffene Mehrwert unterliegt dann den Einfuhrabgaben. Ein Umwandlungsverfahren wird sich insbesondere dann lohnen, wenn der Zollsatz der Umwandlungserzeugnisse 0 % beträgt.[42]

6.3.4 Umsatzsteuerliche Implikationen

Im Bereich der Umsatzsteuer ergeben sich beim Umwandlungsverfahren im Wesentlichen keine Besonderheiten. Werden in das Zollgebiet der Gemeinschaft verbrachte Nichtgemeinschaftswaren in das Umwandlungsverfahren überführt, kommt es aufgrund des fehlenden Zollschuldentstehungstatbestandes zu keiner Einfuhrumsatzsteuerentstehung. Erst wenn die umgewandelten Waren im Anschluss an das Umwandlungsverfahren in den freien Verkehr überführt werden, kommt es analog zur Zollschuldentstehung zur Entstehung der Einfuhrumsatzsteuer (§ 21 Abs. 2 UStG i. V. m. Art. 201 Abs. 1 ZK).

Sofern es während des Umwandlungsverfahrens zu Unregelmäßigkeiten kommt, etwa wenn nicht alle Einfuhrwaren fristgerecht umgewandelt worden sind, entsteht die Zollschuld für die Einfuhrwaren.[43] Maßgebend sind die Bemessungsgrundlagen (Beschaffenheit, Menge, Wert), die für diese Waren im Zeitpunkt der Überführung in das Umwandlungsverfahren galten Art. 135 ZK. Analog dazu entsteht die Einfuhrumsatzsteuer für die Einfuhrwaren (§ 21 Abs. 2 UStG i. V. m. Art. 203 oder Art. 204 Abs. 1 Buchst. a) oder b) ZK.

Werden im Umwandlungsverfahren befindliche Waren geliefert, ist die Lieferung grundsätzlich steuerbar und steuerpflichtig. Sofern die identischen Waren (Einfuhrwaren oder Umwandlungserzeugnisse) durch den unmittelbaren oder einen späteren Abnehmer in Deutschland in den freien Verkehr überführt werden, kann die Lieferung als die einer Einfuhr vorangehende Lieferung unter den Voraussetzungen des § 4 Nr. 4b UStG steuerfrei sein.

---

[42] Vgl. hierzu das obige Beispiel unter Gliederungspunkt Abschn. 6.3.1.

[43] Typische Zollschuldentstehungstatbestände sind dann Art. 203 Abs. 1 ZK beim Entziehen aus der zollamtlichen Überwachung des Umwandlungsverfahrens, Art. 204 Abs. 1 Buchst. a) ZK bei sonstigen Pflichtverletzungen im Umwandlungsverfahren oder Art. 204 Abs. 1 Buchst. b) ZK bei Nichterfüllen von Bedingungen zum Beginn des Umwandlungsverfahrens; vgl. hierzu auch Witte in Witte 2013, Vor Art. 134 Rz. 13.

Beispiel

Die Screw GmbH erwirbt rohes Silizium zu einem Preis von umgerechnet 1 Mio. EUR von ihrer amerikanischen Muttergesellschaft und überführt dieses in das ihr bewilligtes Umwandlungsverfahren. Sie fertigt unter Verwendung dieses Silizium in ihrem Werk in Düsseldorf Waver-Elemente zur Herstellung von Computer-Chips. Die Waver-Elemente verkauft (liefert) die Screw GmbH an den deutschen Computerhersteller Soft GmbH. Die Screw GmbH versendet die Waren von Düsseldorf an das Werk der Soft GmbH in Stuttgart. Die Computerchips werden als Nichtgemeinschaftswaren im Rahmen eines externen Versandverfahrens von Düsseldorf nach Stuttgart befördert. Der Verkaufspreis der Computerchips beträgt 4 Mio. EUR. Die Soft GmbH überführt die Waver Elemente in den freien Verkehr (tariflicher Zollsatz 0 %). Die Lieferung der Waver-Elemente ist in Deutschland steuerbar, aber gem. § 4 Nr. 4b UStG steuerbefreit, da die Lieferung der Einfuhr (Überführung in den freien Verkehr) vorangeht. Die Soft GmbH überführt die Waren in den freien Verkehr. Die dabei entstehende Einfuhrumsatzsteuer kann sie gem. § 15 Abs. 1 Nr. 2 UStG als Vorsteuer abziehen.

Literatur

Henke, Reginhard, und Wolfgang Huchatz. 1996. Das neue Abgabenverwaltungsrecht für Ein- und Ausfuhrabgaben – Die Überlagerung der Abgabenordnung durch den Zollkodex. *Zeitschrift für Zölle und Verbrauchsteuern.* 226–233.

Sölch, Otto, und Kurt Ringleb. 2014. In *Umsatzsteuergesetz, Kommentar,* Hrsg. Gerhard Mößlang, 72. Aufl. München: C.H. Beck. (ISBN: 9783406452093 Stand: April).

Witte, Peter, Hrsg. 2013. *Zollkodex, Kommentar*. 6. Aufl. München: C.H. Beck. (ISBN: 9783406644597).

Witte, Peter, und Hans-Michael Wolffgang, Hrsg. 2012. *Lehrbuch des Europäischen Zollrechts.* 7. Aufl. Herne. NWB Verlag. (ISBN: 9783482435478).

Weiterführende Literatur

Monfort, Bertrand. 2008. MwSt-Paket: Die Änderungen ab 2010 im Überblick. Deutsches Steuerrecht. S. 1261–1265.

Thoma, Alexander. 2005. Die aktive Veredelung, Risiken und Gestaltungsmöglichkeiten aus steuerlicher Sicht. Der Umsatz-Steuerberater. S. 23–27.

Das Versandverfahren 7

7.1 Funktionsweise und Rechtsgrundlagen

Das zollrechtliche Versandverfahren erlaubt es, Waren ohne Erhebung von Zöllen im Zollgebiet der Gemeinschaft, in dieses hinein oder aus diesem heraus, zu befördern. Der wesentliche Vorteil des Versandverfahrens ist, dass die Zollformalitäten der endgültigen Abfertigung zum freien Verkehr räumlich verschoben werden können.

Beispiel

Die Screw GmbH erwirbt Waren von ihrer amerikanischen Muttergesellschaft. Die Waren werden per Schiff von USA nach Hamburg befördert. Dort werden die Waren nicht zum freien Verkehr, sondern zur Überführung in ein externes Versandverfahren abgefertigt. Im Versandverfahren werden die Waren nach Krefeld befördert. Bei der dortigen Zollstelle wird das Versandverfahren beendet. Die Waren werden zur Überführung in den freien Verkehr angemeldet.

Neben der Verlagerung der Abfertigung zum freien Verkehr von der Grenzzollstelle zur Binnenzollstelle dient das Versandverfahren auch dazu, Waren, die in andere Zollverfahren ohne Zollerhebung überführt werden sollen (z. B. in ein Zolllager), zu befördern.

Das Versandverfahren ist ein *Zollverfahren* (Art. 4 Nr. 16 Buchst. b) ZK), bei dem – wenn es ordnungsgemäß durchgeführt wird – keine Einfuhrabgaben anfallen (so genanntes Nichterhebungs- verfahren, Art. 84 Abs. 1 Buchst. a) ZK).

Systematisch ist zwischen dem so genannten internen und dem so genannten externen Versandverfahren zu unterscheiden.

Im *internen Versandverfahren* können *Gemeinschaftswaren* zwischen zwei im Zollgebiet der Gemeinschaft gelegenen Orten über Drittlandsgebiet befördert werden, gem.

A. Thoma et al., *Zoll und Umsatzsteuer,* DOI 10.1007/978-3-658-00165-0_7

Art. 163 Abs. 1 ZK. Als Anwendungsfall kommt hier z. B. eine Beförderung von Gemeinschaftswaren von Deutschland über die Schweiz nach Italien in Betracht. Um zu vermeiden, dass die Ware bei der Wiedereinfuhr nach Italien zu verzollen ist, wird ein internes Versandverfahren genutzt. Die üblichste Beförderungsart des internen Versandverfahrens ist die Beförderung unter Verwendung eines Versandscheins „T2".

Im *externen Versandverfahren* können nur *Nichtgemeinschaftswaren*, also unverzollte Waren, zwischen zwei in der Gemeinschaft gelegenen Orten befördert werden, ohne dass die Waren Zöllen unterliegen, Art. 93 ZK. Die üblichste Beförderungsart des externen Versandverfahrens ist die Beförderung unter Verwendung eines Versandscheins „T1" („T1-Verfahren"). Weitere wichtige Beförderungsarten des externen Versandverfahrens sind die Beförderung mit einem so genannten Carnet TIR und die Beförderung mit einem drittländischen Carnet ATA. Im Rahmen des TIR- Verfahrens, des ATA-Verfahrens und des so genannten *gemeinsamen Versandverfahrens* können Waren unter Zollaussetzung auch über das Gebiet der Gemeinschaft hinaus befördert werden. Anwendungsfall ist hier z. B. die Beförderung von Nichtgemeinschaftswaren von der Schweiz über Deutschland nach Norwegen. Um zu vermeiden, dass die schweizerischen Waren im Gemeinschaftsgebiet zu verzollen sind, wird ein externes gemeinsames Versandverfahren benutzt.

Während der Beförderung in einem Versandverfahren befinden sich die Waren unter *zollamtlicher Überwachung*. Aus diesem Grund sieht das Zollrecht diverse Sicherungsmechanismen vor. Dazu gehören zum Beispiel ein Raum- oder Packstückverschluss („Zollplombe") und die Stellung einer Sicherheit für ggf. entstehende Einfuhrabgaben durch den so genannten Hauptverpflichteten des Versandverfahrens.

Werden im Versandverfahren beförderte Nichtgemeinschaftswaren bei der Bestimmungsstelle nicht innerhalb der festgesetzten Frist wieder vorgeführt („wiedergestellt"), führt dies in der Regel zur *Entstehung der Einfuhrabgaben*. Auch andere *Verfahrensverstöße* können – neben bußgeld- und strafrechtlichen Folgen – zur Entstehung der Einfuhrabgaben führen.

Ebenso wie die Einfuhrabfertigung in Deutschland über das IT-Verfahren ATLAS automatisiert ist, werden Versandverfahren in der Gemeinschaft und darüber hinaus (im Rahmen des gemeinsamen Versandverfahrens) seit dem 01.07.2005 sämtlich über das IT-Verfahren *NCTS* (*New Computerized Transit System*) abgewickelt. Im Rahmen dieses Verfahrens erfolgt der Datenaustausch zwischen dem Ort, an dem das Versandverfahren beginnt (Abgangsstelle), und dem Ort, an dem das Versandverfahren endet (Bestimmungsstelle), elektronisch. In Deutschland ist das NCTS-Verfahren in das IT-Verfahren ATLAS integriert (Abb. 7.1).

7.2 Umsatzsteuerliche Implikationen

Nach den deutschen Umsatzsteuervorschriften sind Lieferungen von Waren in einem zollrechtlichen Versandverfahren, bei dem der Leistungsort in Deutschland liegt, grundsätzlich steuerbar und steuerpflichtig.

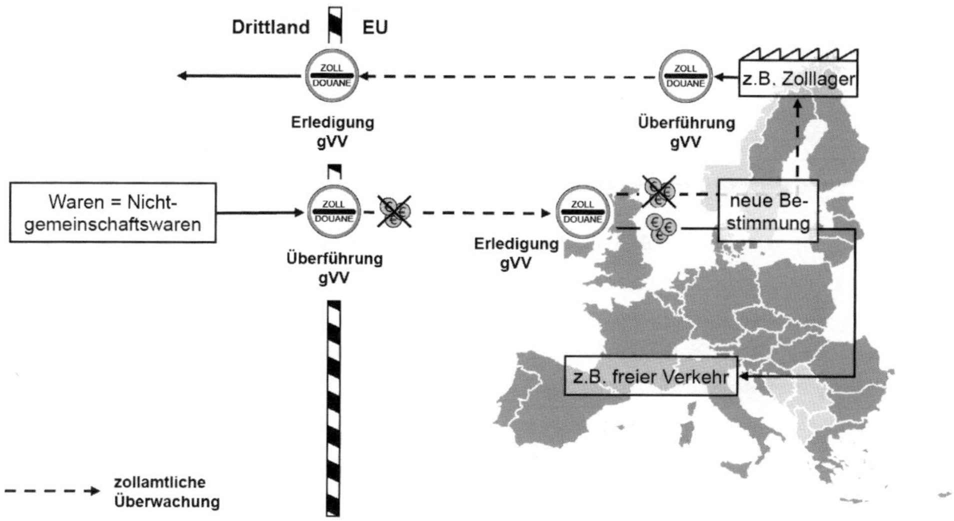

Abb. 7.1 Externes gemeinschaftliches Versandverfahren (gVV)

Diese Lieferungen können jedoch einer Umsatzsteuerbefreiung unterliegen. Folgende Steuerbefreiungen kommen in Betracht:

Steuerbefreiung für die einer Einfuhr vorangehende Lieferung, § 4 Nr. 4b UStG
Werden Nichtgemeinschaftswaren in einem Versandverfahren im deutschen Steuergebiet an einen Abnehmer geliefert und überführt dieser oder ein späterer Abnehmer die Waren in Deutschland in den freien Verkehr, ist die Lieferung nach § 4 Nr. 4b UStG steuerfrei. Die Steuerfreiheit ist durch den Lieferer nachzuweisen, z. B. durch eine Bestätigung des Abnehmers, dass er die Ware einführt, oder eine Kopie des Zollbelegs über die Abfertigung zum freien Verkehr.

Steuerbefreiung als Ausfuhrlieferung, § 4 Nr. 1 Buchst. a) i. V. m. 6 UStG
Werden Nichtgemeinschaftswaren aus Deutschland im Rahmen eines Versandverfahrens in das Drittlandsgebiet ausgeführt, ist diese Lieferung unter denselben Voraussetzungen, die für Gemeinschaftswaren gelten, als Ausfuhrlieferung steuerfrei.

Steuerbefreiung als innergemeinschaftliche Lieferung, §§ 4 Nr. 1 Buchst. b) i. V. m. § 6a UStG)
Werden Nichtgemeinschaftswaren in einem Versandverfahren vom deutschen Steuergebiet aus an einen Abnehmer in einem anderen Mitgliedstaat geliefert oder zur eigenen Verfügung des Lieferers in einen anderen Mitgliedstaat verbracht, ist diese Lieferung unter denselben Voraussetzungen, die für Gemeinschaftswaren gelten, als innergemeinschaftliche Lieferung steuerfrei. In diesem Zusammenhang ist zu beachten, dass die innergemeinschaftliche Lieferung von Waren im externen Versandverfahren zwar in der Umsatzsteuer Voranmeldung und der Zusammenfassenden Meldung zu erklären

ist, nicht jedoch in der Intrastat-Meldung, da der innergemeinschaftliche Verkehr mit Nichtgemeinschaftswaren grundsätzlich nicht meldepflichtig ist (Ausnahme: Nichtgemeinschaftswaren, die zur aktiven Veredelung oder zum Umwandlungsverfahren angemeldet worden sind).[1]

Steuerbefreiung für den einer Einfuhr vorangehenden innergemeinschaftlichen Erwerb, § 4b Nr. 2 UStG
Werden Nichtgemeinschaftswaren in einem Versandverfahren aus einem anderen Mitgliedstaat an einen deutschen Abnehmer geliefert oder durch den Unternehmer zur eigenen Verfügung verbracht und anschließend durch den Unternehmer, den unmittelbaren oder einen späteren Abnehmer in Deutschland in den freien Verkehr überführt, ist der innergemeinschaftliche Erwerb steuerfrei.

[1] Vgl. Art. 3 Abs. 2 VO [EG] Nr. 638/2004 – EG-Intra-Handelsstatistik-Verordnung. Die Bestätigung der Abgangsstelle im Rahmen einer Beförderung im gemeinschaftlichen Versendeverfahren wird als Belegnachweis einer innergemeinschaftlichen Lieferung anerkannt, § 17a Abs. 3 Nr. 3 UStDV.

Die vorübergehende Verwendung

8

8.1 Zollrechtliche Grundlagen

8.1.1 Wirtschaftliche Bedeutung

Das zollrechtliche Verfahren der so genannten vorübergehenden Verwendung dient dazu, eingeführte Waren (Nichtgemeinschaftswaren) unter vollständiger Befreiung von Einfuhrabgaben oder unter teilweiser Befreiung von Einfuhrabgaben im Zollgebiet der Gemeinschaft vorübergehend zu verwenden, Art. 137 ZK.

Das Gemeinschaftszollrecht ist geprägt vom Gedanken des Wirtschaftszolls, d. h. die Verzollung von Waren ist grundsätzlich nur geboten, wenn diese in den Wirtschaftskreislauf der Gemeinschaft eingehen. Werden Waren aber nach deren vorübergehendem Gebrauch im Zollgebiet der Gemeinschaft wieder ausgeführt, so rechtfertigt dies nicht die (vollständige) Erhebung eines Zolls (vgl. Hebenstreit in Witte und Wolffgang 2012, S. 295) (Abb. 8.1).

8.1.2 Vollständige Befreiung oder teilweise Befreiung?

Die beiden Verfahrensarten der vorübergehenden Verwendung unter vollständiger und unter teilweiser Befreiung von den Zöllen sind nicht frei wählbar, sondern kommen nur für die nach den Zollvorschriften vorgesehenen Fälle in Betracht. Ein häufiger Anwendungsfall der Inanspruchnahme der vorübergehenden Verwendung unter vollständiger Befreiung ist die vorübergehende Einfuhr von Waren für eine Ausstellung oder eine Messe. Daneben befinden sich aber auch drittländische Beförderungsmittel, z. B. in den USA zugelassene Verkehrsflugzeuge oder in der Schweiz zugelassene PKW, während ihrer Verwendung im Gemeinschaftsgebiet im Verfahren der vorübergehenden Verwendung

A. Thoma et al., *Zoll und Umsatzsteuer,* DOI 10.1007/978-3-658-00165-0_8

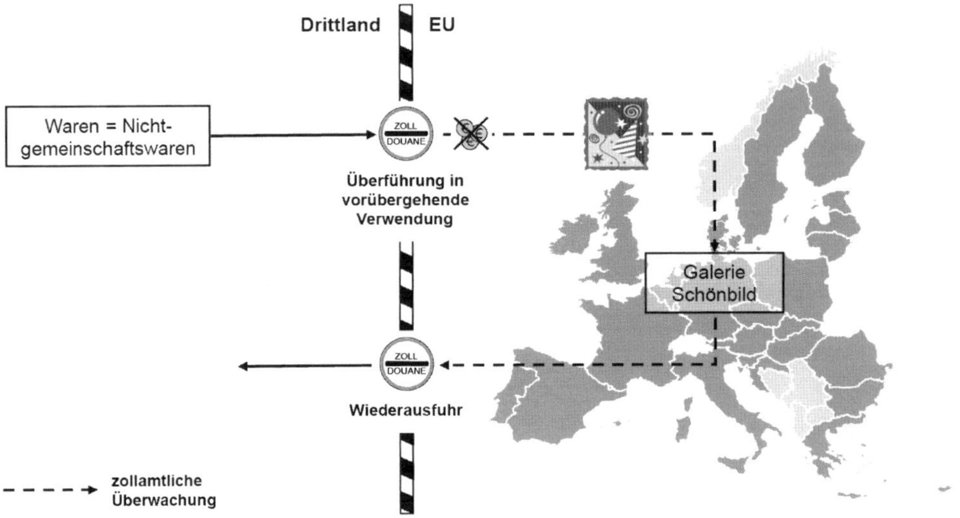

Abb. 8.1 Vorübergehende Verwendung

unter vollständiger Befreiung. Die Fälle, in denen die vorübergehende Verwendung unter vollständiger Befreiung in Anspruch genommen werden kann, werden in der Zollkodex-Durchführungsverordnung abschließend aufgezählt, Art. 141 ZK i. V. m. Art. 555 bis 578 ZK-DVO.

Beispiel

In Düsseldorf findet eine Messe statt, auf der neuere Entwicklungen der Unterhaltungselektronik vorgestellt werden. Die Screw Ltd. führt diverse Prototypen aus USA ein, die nach Abschluss der vierwöchigen Messe wieder nach USA ausgeführt werden sollen. Die Prototypen können unter vollständiger Befreiung der Einfuhrabgaben im Rahmen einer vorübergehenden Verwendung in die EU eingeführt werden, Art. 141 ZK i. V. m. Art. 576 ZK-DVO.

Für Nichtgemeinschaftswaren, die nicht unter vollständiger Befreiung von Zöllen in die vorüber gehende Verwendung überführt werden können, kommt die vorübergehende Verwendung unter teilweiser Befreiung von Zöllen in Betracht. In dieses Verfahren sind z. B. auch Baumaschinen zu überführen, die zur vorübergehenden Verwendung in das Zollgebiet der Gemeinschaft eingeführt werden.

Beispiel

Aufgrund eines Produktionsengpasses in ihrem Werk in Krefeld benötigt die Screw GmbH dringend eine Spezialmaschine zur Herstellung von Mikrochips. Die Maschine wird der Screw GmbH von ihrem amerikanischen Mutterunternehmen für einen

Zeitraum von sechs Monaten zur Verfügung gestellt. Anschließend wird die Maschine wieder in die USA ausgeführt. In diesem Fall kommt eine vollständige Befreiung von Einfuhrabgaben im Rahmen der vorübergehenden Verwendung nicht in Betracht. Allerdings kann die Screw GmbH die Spezialmaschine in eine vorübergehende Verwendung unter teilweiser Einfuhrabgabenbefreiung überführen.

8.1.3 Die vorübergehende Verwendung als Zollverfahren

Die vorübergehende Verwendung ist ein Zollverfahren im Sinne des Zollkodex, Art. 4 Nr. 16 Buchst. f ZK. In der Unterart der vorübergehenden Verwendung unter vollständiger Befreiung gilt die vorübergehende Verwendung auch als Nichterhebungsverfahren, Art. 84 Abs. 1 Buchst. a ZK. Das Verfahren der vorübergehenden Verwendung als solches ist zudem ein Zollverfahren mit wirtschaftlicher Bedeutung. Dies bedeutet, dass es einer vorherigen Bewilligung durch die Zollbehörden bedarf, Art. 84 Abs. 1 Buchst.b i. V. m. Art. 85 ZK.

Die Bewilligung wird auf Antrag der Person (Privatperson, Unternehmen etc.) erteilt, welche die Waren verwendet oder verwenden lässt. Im Gegensatz zu den anderen Zollverfahren mit wirtschaftlicher Bedeutung ist die Ansässigkeit des Antragstellers in der EU bei der vorübergehenden Verwendung nicht erforderlich. Je nach Fall differenziert die Zollkodex-Durchführungsverordnung zwischen den Formen des Bewilligungsantrags und der Erteilung der Bewilligung. Während z. B. ein drittländischer PKW formlos, d. h. durch einfaches Passieren der Grenze in die vorübergehende Verwendung überführt werden kann, erfordert die Inanspruchnahme des Verfahrens für Waren, die auf einer Messe ausgestellt werden sollen, einen förmlichen Antrag. Die vorübergehende Verwendung bei Messegut wird häufig mit einem Carnet-ATA-Dokument abgewickelt, das neben der Funktion als Versandschein[1] auch für bestimmte Fälle der vorübergehenden Verwendung benutzt werden kann, Art. 580 ZK-DVO.

8.1.4 Durchführung des Verfahrens

Zur Inanspruchnahme des Verfahrens der vorübergehenden Verwendung sind neben dem Erfordernis der Bewilligung weitere Voraussetzungen zu beachten. So müssen die Waren bei der Überführung in das Verfahren mit einer *Zollanmeldung* angemeldet werden. Auch hier sind je nach Fall wieder verschiedene Anmeldeformen vorgesehen. Die *Frist*, innerhalb derer die Nichtgemeinschaftswaren in der vorübergehenden Verwendung verbleiben können (Verwendungsfrist), beträgt grundsätzlich 24 Monate, Art. 140 Abs. 2 ZK. Für bestimmte Waren können allerdings auch kürzere Fristen vorgesehen sein. Die Frist wird Tag genau berechnet. Da die Waren während der Inanspruchnahme des Verfahrens der

[1] Vgl. Kap. 7.

zollamtlichen Überwachung unterliegen, muss es grundsätzlich möglich sein, die Nämlichkeit der Ware festzustellen, Art. 139 ZK. Demnach muss der Antragsteller individuelle Merkmale der Ware (z. B. Seriennummer) angeben, damit die Zollbehörden die ordnungsgemäße Abwicklung des Verfahrens überwachen können. Daneben können die Zollbehörden die Inanspruchnahme des Verfahrens von einer *Sicherheitsleistung* abhängig machen.

8.1.5 Beendigung des Verfahrens

Das Verfahren der vorübergehenden Verwendung endet, wenn die Waren eine *neue zollrechtliche Bestimmung* erhalten, Art. 89 Abs. 1 ZK. Der häufigste Fall ist die Wiederausfuhr der Ware. Es ist jedoch auch möglich, die Waren in andere Zollverfahren zur überführen, etwa die Ware in den *freien Verkehr* zu überführen. Die Überführung in andere Zollverfahren ist mit dem Erfordernis einer neuen *Zollanmeldung* und im Fall der Überführung in den freien Verkehr mit der Erhebung der Einfuhrabgaben verbunden.

8.2 Umsatzsteuerliche Implikationen

8.2.1 Vollständige Befreiung von Einfuhrabgaben

Bei der Inanspruchnahme der vorübergehenden Verwendung unter vollständiger Befreiung von Zöllen entsteht mangels Zollschuldentstehungstatbestand auch keine Einfuhrumsatzsteuer, §§ 21 Abs. 2, 5 Abs. 2 Nr. 5 UStG i. V. m. §§ 1 Abs. 2, 11 EUStBV. Erst wenn es während des Verfahrens aufgrund von Unregelmäßigkeiten oder nach Beendigung des Verfahrens aufgrund der Überführung der Waren in den freien Verkehr zu einer Zollschuldentstehung kommt, entsteht auch die Einfuhrumsatzsteuer, § 21 Abs. 2 UStG i. V. m. Art. 201 ff. ZK.

8.2.2 Teilweise Befreiung von Einfuhrabgaben

Wird hingegen die vorübergehende Verwendung in der Unterart der teilweisen Befreiung von den Zöllen in Anspruch genommen, entsteht die Einfuhrumsatzsteuer nach herrschender Auffassung mit der Entstehung des ersten Teils des Zollbetrags in voller Höhe (vgl. Witte in Witte 2013, Art. 143 Rz. 6). Die Einfuhrumsatzsteuer wird in diesem Fall jedoch erst nach Beendigung der vorübergehenden Verwendung angefordert.

Beispiel

Die Screw GmbH führt die Spezialmaschine, die ihr von der Muttergesellschaft Screw Ltd. zur Verfügung gestellt wurde, für eine Dauer von sechs Monaten in die EG ein. Die

Maschine wird in die vorübergehende Verwendung unter teilweiser Befreiung von den Einfuhrabgaben überführt. Der Zollwert einschließlich außerhalb der Gemeinschaft angefallener Beförderungskosten beträgt umgerechnet 1 Mio. EUR. Der Zollsatz beträgt 10 %.

Abgabenberechnung:
1.Zoll
Zollwert: 1.000.000 EUR
Zoll: 1.000.000 EUR × 10 % = 100.000 EUR
anteilig (3 % des Zolls je angefangener Monat, Art. 143 Abs. 1 ZK):
100.000 EUR × 3 % × 6 Monate = 18.000 EUR
Einfuhrumsatzsteuer
Einfuhrumsatzsteuer-Wert: 1.000.000 EUR + 18.000 EUR (Zoll) = 1.018.000 EUR
Einfuhrumsatzsteuer: 1.018.000 EUR × 19 % = 193.420 EUR

Im Fall der Vermietung, Verleihung oder des Leasings von eingeführten Gegenständen ist nicht der Mieter, Leasingnehmer oder Leihnehmer zum Abzug der Einfuhrumsatzsteuer berechtigt, sondern der Vermieter, Leasinggeber oder Leihgeber, Abschn. 15.8. Abs. 9 UStAE. Dementsprechend ist im Beispielsfall nicht die Screw GmbH, sondern die Screw Ltd. zum Abzug der Einfuhrumsatzsteuer als Vorsteuer berechtigt. Da die Screw Ltd. in Deutschland umsatzsteuerlich nicht registriert ist, muss sie ihren Vorsteueranspruch im Vorsteuer-Vergütungsverfahren gemäß § 18 Abs. 9 UStG geltend machen.[2]

8.2.3 Die Lieferung (Verkauf) im Rahmen der vorübergehenden Verwendung

Werden in der vorübergehenden Verwendung befindliche Waren geliefert (verkauft) – was in der Praxis eher unwahrscheinlich ist und zu einem Verfahrensverstoß führen würde – ist die Lieferung grundsätzlich steuerbar und steuerpflichtig. Sofern die Waren durch den unmittelbaren oder einen späteren Abnehmer in Deutschland in den freien Verkehr überführt werden, kann die Lieferung als die einer Einfuhr vorangehende Lieferung unter den Voraussetzungen des § 4 Nr. 4b UStG steuerfrei sein.

Beispiel

Die Screw GmbH führt die Spezialmaschine, die ihr von der Muttergesellschaft Screw Ltd. zur Verfügung gestellt wurde, für eine Dauer von sechs Monaten in die EG ein. Die Maschine wird in die vorübergehende Verwendung unter teilweiser Befreiung von den

[2] Auch hier stellt sich die Frage, ob die Screw GmbH als Mieter die Einfuhrumsatzsteuer nicht unter Berufung auf Art. 168 – e) MwStSystRL als Vorsteuer geltend machen kann. Schließlich verwendet sie den Gegenstand (die Maschine) für Zwecke ihrer besteuerten Umsätze. Ein solcher Vorsteuerabzug widerspricht der Auffassung der deutschen Finanzverwaltung in Abschn. 15.8. Abs. 9 UStAE. Wird er vorgenommen, so ist dies dem Finanzamt anzuzeigen.

Einfuhrabgaben überführt. Der Zollwert einschließlich außerhalb der Gemeinschaft angefallener Beförderungskosten beträgt umgerechnet 1 Mio. EUR. Der Zollsatz beträgt 10%.

Nach Ablauf der sechs Monate kauft die Screw GmbH die Maschine von der Screw Ltd. und überführt sie in den freien Verkehr.

Abgabenberechnung:

1.Zoll

Zollwert: 1.000.000 EUR

Zoll: 1.000.000 EUR × 10% = 100.000 EUR

anteilig (3% des Zolls je angefangener Monat, Art. 143 Abs. 1 ZK):

100.000 EUR × 3% × 6 Monate = 18.000 EUR

Bei Überführung in den freien Verkehr ist die Differenz zwischen 100.000 EUR (gesamter Zoll) und 18.000 EUR (bereits entrichteter Zoll), d. h. 82.000 EUR, zu zahlen.

Einfuhrumsatzsteuer

Einfuhrumsatzsteuer-Wert: 1.000.000 EUR + 18.000 EUR (Zoll) = 1.018.000 EUR

Einfuhrumsatzsteuer: 1.018.000 EUR × 19% = 193.420 EUR

Bei der Überführung in den freien Verkehr entsteht grundsätzlich eine weitere Einfuhrumsatzsteuerschuld analog zur Zollschuld. Da die Screw GmbH als Schuldner des Zolls hinsichtlich der erworbenen Maschine zum Abzug der Einfuhrumsatzsteuer berechtigt ist, kommt es jedoch zu keiner weiteren Einfuhrumsatzsteuerschuldentstehung, § 21 Abs. 4 S. 5 UStG.

Damit bleibt es bei der ursprünglich festgesetzten Einfuhrumsatzsteuer von 193.420 EUR, hinsichtlich derer allerdings die Screw Ltd. (und nicht die Screw GmbH) zum Vorsteuerabzug berechtigt ist.

8.2.4 Dienstleistungen an den Waren der vorübergehenden Verwendung

An den Waren, die in eine vorübergehende Verwendung überführt werden, können vielfache Dienstleistungen erbracht werden. Denkbar sind hier neben Transportleistungen auch Reinigungs- oder Wartungsleistungen. Soweit sich der Ort dieser Leistung im Inland befindet und es sich somit um eine steuerbare Leistung handelt, stellt sich die Frage nach einer einschlägigen Steuerbefreiung. Eine solche kann sich aus § 4 Nr. 3 Buchst. c) UStG ergeben. Nach dieser Vorschrift sind sonstige Leistungen, die sich unmittelbar auf eingeführte Gegenstände beziehen, für die zollamtlich eine vorübergehende Verwendung bewilligt worden ist, steuerfrei, wenn der Leistungsempfänger ein ausländischer Auftraggeber (§ 7 Abs. 2 UStG) ist.

Beispiel

Die Galerie Schönbild in Berlin veranstaltet eine Vernissage. Im Rahmen dieser Vernissage stellt sie Bilder aus. Unter den Bildern befinden sich auch 3 wertvolle Gemälde eines kanadischen Museums. Diese Bilder wurden durch das kanadische Museum in das Verfahren der vorübergehenden Verwendung überführt. Das kanadische Museum beauftragt die Firma Dreck GmbH aus Potsdam mit der Reinigung und Pflege der Gemälde während der Ausstellung. Hat die Dreck GmbH diese Leistung unter Ausweis deutscher Umsatzsteuer zu versteuern?

Ob die Pflege- und Reinigungsarbeiten in Deutschland steuerbar sind, hängt davon ab, ob das kanadische Museum als Unternehmer zu qualifizieren ist oder nicht. So sind zwei Unterfälle zu bilden:

a. das kanadische Museum ist Unternehmer i. S. d. UStG;[3]
b. das kanadische Museum ist nicht Unternehmer i. S. d. UStG

Im Fall a) sind die Leistungen der Dreck GmbH nicht steuerbar, da der Leistungsort gem. § 3a Abs. 2 UStG in Kanada liegt. Im Fall b) sind die Leistungen der Dreck GmbH gem. § 3a Abs. 3 Nr. 3 Buchst. c) UStG in Deutschland (am Tätigkeitsort) steuerbar. Sie sind allerdings gem. § 4 Nr. 3 Buchst. c) UStG steuerbefreit, da sie sich unmittelbar auf die sich in der vorübergehenden Verwendung befindlichen Gemälde beziehen und der Leistungsempfänger (kanadisches Museum) ein ausländischer Auftraggeber ist.[4] Somit hat die Dreck GmbH keine Umsatzsteuer in der Rechnung an das kanadische Museum auszuweisen. Würde die Dreck GmbH den Auftrag über die Pflege- und Reinigungsarbeiten von der Galerie Schönbild erhalten, so wäre die Steuerbefreiung nach § 4 Nr. 3 Buchst. c) UStG nicht anwendbar. In diesem Fall wäre der Leistungsempfänger kein ausländischer Auftraggeber. Die Leistung ist in Deutschland steuerbar und mangels Steuerbefreiung steuerpflichtig.

Literatur

Witte, Peter, Hrsg. 2013. *Zollkodex, Kommentar*. 6. Aufl. München: Verlag C.H. Beck oHG. (ISBN: 9783406644597).

Witte, Peter, und Wolffgang Hans-Michael, Hrsg. 2012. *Lehrbuch des Europäischen Zollrechts*. 7. Aufl. Herne. NWB Verlag GmbH & Co.KG. (ISBN: 9783482435478).

[3] Der Nachweis, dass der drittländische Auftraggeber (hier: Museum) Unternehmer ist, soll durch eine Unternehmerbescheinigung des Sitzstandes (hier: Kanada) geführt werden, vgl. Abschn. 3a.2. Abs. 11 UStAE.

[4] Die Voraussetzung der Steuerfreiheit sind buch- und belegmäßig nachzuweisen, §§ 20 und 21 UStDV.

Weiterführende Literatur

Monfort, Bertrand. 2008. MwSt-Paket: Die Änderungen ab 2010 im Überblick. Deutsches Steuerrecht. S. 1261–1265.

Thoma, Alexander. 2005. Die aktive Veredelung, Risiken und Gestaltungsmöglichkeiten aus steuerlicher Sicht. Der Umsatz-Steuerberater. S. 23–27.

9 Lieferungen in Freihäfen

9.1 Rechtlicher Status

Freihäfen sind durch Grenzzaun vom übrigen Hafengebiet abgezäunte Bereiche. Sie haben besondere Bedeutung für die Lagerwirtschaft, da man in ihnen aus dem Drittland stammende Waren zoll- und einfuhrumsatzsteuerfrei lagern kann.

Nach ihrem zollrechtlichen Status gehören die Freihäfen seit dem 01.01.1994 zum Zollgebiet der Gemeinschaft, welches vom übrigen Zollgebiet getrennt ist, Art. 166 ZK. Zollrechtlich ist der Freihafen also eine Freizone und kein Zollfreigebiet. Die Freihäfen in Bremerhaven und Cuxhaven gehören zur Freizone des Kontrolltyps I. Freizonen des Kontrolltyps I sind durch eine Einzäunung vom übrigen Teil des Zollgebiets der Gemeinschaft getrennt, Art. 167 Abs. 3 ZK. Freizonen des Kontrolltyps II sind nicht eingezäunt. Zu ihnen gehören die Freihäfen Duisburg und Deggendorf.

Nach ihrem umsatzsteuerlichen Status gehören die Freihäfen des Kontrolltyps I in Bremerhaven und Cuxhaven gemäß § 1 Abs. 2 Satz 1 UStG nicht zum Inland, sondern sind Ausland und gemäß § 1 Abs. 2a Satz 3 UStG Drittlandsgebiet. Gemeinschaftsrechtlich gehören die deutschen Freihäfen jedoch zum Hoheitsgebiet der Bundesrepublik Deutschland und sind somit Teil des Gemeinschaftsgebiets, Art. 5, 6 MwStSystRL. Die unterschiedliche Einordnung nach UStG und MwStSystRL kann mithin zu praktischen Schwierigkeiten führen, wenn an einem Umsatz mit Freihafenberührung ausländische Unternehmer beteiligt sind. Die Freihäfen des Kontrolltyps II Duisburg und Deggendorf gehören mit Änderung des § 1 Abs. 2 UStG zum 01.01.2004 zum umsatzsteuerlichen Inland. Auf Lieferungen in diesen Gebieten wird daher in diesem Kapitel nicht weiter eingegangen.

A. Thoma et al., *Zoll und Umsatzsteuer*, DOI 10.1007/978-3-658-00165-0_9

9.2 Lieferungen in den Freihafen

9.2.1 aus dem Inland

Werden Gemeinschaftswaren aus dem übrigen Zollgebiet der Gemeinschaft in eine Freizone verbracht, liegt zollrechtlich noch keine Ausfuhr vor.[1]

► **Hinweis** Waren, die sich in einer Freizone des Kontrolltyps I befinden, gelten jedoch grundsätzlich als Nichtgemeinschaftswaren, solange nichts anderes nachgewiesen ist, Art. 180 ZK. Bereits beim Verbringen der Waren in die Freizone ist daran zu denken, dass beim späteren Ausgang der Waren in das übrige Zollgebiet der zollrechtliche Status der jeweiligen Ware von prinzipieller Bedeutung ist, Art. 170 Abs. 4 ZK. Deshalb sollte bereits beim Verbringen in die Freizone eine Statusbescheinigung auf dem Vordruck 0430 beantragt werden.

Dem entgegen kann bei einer Lieferung von Waren in einen Freihafen bereits eine umsatzsteuerliche Ausfuhrlieferung vorliegen, § 6 Abs. 1 Nr. 3 UStG. Lieferungen, bei denen der Unternehmer bzw. der Abnehmer oder ein von diesen beauftragter Dritter die Waren befördert oder versendet, gelten grundsätzlich als dort ausgeführt, wo der Transport der Waren beginnt, § 3 Abs. 6 Satz 1 UStG. Befinden sich die Waren beim Beginn der Beförderung im Inland, d. h. ist der Lieferort im Inland belegen, sind die Lieferungen in den Freihafen entweder

- steuerfrei gemäß § 4 Nr. 1a UStG
  - als Ausfuhrlieferung nach § 6 Abs. 1 Satz 1 Nr. 3 Buchst. a UStG, wenn der Abnehmer ein Unternehmer ist, der den Gegenstand für sein Unternehmen erworben hat und dieser nicht ausschließlich oder nicht zum Teil für eine nach § 4 Nr. 8 bis 27 UStG steuerfreie Tätigkeit verwendet werden soll,[2]
  - als Ausfuhrlieferung nach § 6 Abs. 1 Satz 1 Nr. 3 Buchst. b UStG, wenn der Abnehmer ein ausländischer Abnehmer aber kein Unternehmer ist und der Gegenstand anschließend in das Drittlandsgebiet gelangt oder
- steuerpflichtig.

Beispiel

Unternehmer A mit Sitz in München liefert eine Bohrmaschine an die im Freihafen Bremerhaven gelegene B-Werft.

[1] Beim Verbringen von bestimmten Gemeinschaftswaren (Art. 4 Nr. 7 ZK) werden jedoch bereits Maßnahmen angewendet, die grundsätzlich an die Ausfuhr der Waren anknüpfen, z. B. Ausfuhrerstattung bei Marktordnungswaren.

[2] zu den Voraussetzungen des § 6 Abs. 1 Nr. 3 Buchst. a UStG vgl.Abschn. 3.2.1.5.

Ort dieser Lieferung ist gemäß § 3 Abs. 6 Satz 1 UStG München, wo der Transport der Maschine beginnt. Es liegt eine steuerfreie Ausfuhrlieferung gemäß § 6 Abs. 1 Nr. 3 Buchst. a UStG vor.

9.2.2 aus dem Gemeinschaftsgebiet

Werden Gemeinschaftswaren aus dem übrigen Zollgebiet der Gemeinschaft in eine Freizone verbracht, liegt zollrechtlich noch keine Ausfuhr vor, da die Freizone zum Zollgebiet der Gemeinschaft gehört.[3]

Die umsatzsteuerliche Behandlung einer solchen Lieferung richtet sich zunächst nach dem Recht des Abgangsstaates, in dem sich die Waren bei Beginn der Beförderung befinden. Befinden sich die Waren bei Beginn der Beförderung im übrigen Gemeinschaftsgebiet, erfolgt die Lieferung außerhalb der deutschen Umsatzsteuerbarkeit. Die Lieferung des Unternehmers ist umsatzsteuerlich genauso zu behandeln wie eine Lieferung, die nicht im Freihafen, sondern im Inland endet, weil nach dem Gemeinschaftsrecht die deutschen Freihäfen Teil des Gemeinschaftsgebiets sind.

Unter den Voraussetzungen der entsprechenden Regelungen des Abgangsstaates handelt es sich bei der Lieferung des Lieferers also um eine steuerfreie innergemeinschaftliche Lieferung.[4]

Der innergemeinschaftliche Erwerb der Waren im Freihafen unterliegt jedoch nur unter den Voraussetzungen des § 1 Abs. 3 Nr. 1 und 7 UStG der Umsatzbesteuerung. Steuerbar sind demnach der Erwerb von Gegenständen, die zum Verbrauch oder Gebrauch im Freihafen bestimmt sind bzw. zur Ausrüstung und Versorgung von Beförderungsmitteln dienen, durch einen Nichtunternehmer bzw. einen Unternehmer für seinen nichtunternehmerischen Bereich oder zur Verwendung für Tätigkeiten nach § 4 Nr. 8 bis 27 UStG.[5] Darüber hinaus unterliegt der Erwerb neuer Fahrzeuge der Besteuerung nach § 1 Abs. 3 Nr. 7 UStG.

Der innergemeinschaftliche Erwerb von Gegenständen in einer Freizone durch einen Unternehmer für sein Unternehmen ist damit nicht steuerbar, da er nicht im Inland erfolgt (vgl. Mößlang in Sölch und Ringleb 2014, § 1a, Rz 4; Tehler in Reiß et al. 2014, § 1a, Rz 67; Stadie in Rau und Dürrwächter 2014, § 1a, Rz 48).

► **Hinweis** In diesem Zusammenhang ist insbesondere zu prüfen, ob die Voraussetzungen der Steuerbefreiung für innergemeinschaftliche Lieferungen im Abgangsstaat erfüllt sind. Zwar enthält Art. 138 MwStSystRL keine entsprechende Einschränkung; dennoch kann – entsprechend zu § 6a Abs. 1 Nr. 3 UStG

[3] Hier ergeben sich keine Abweichungen zu einem Verbringen von Gemeinschaftswaren aus dem Inland.

[4] Dies gilt uneingeschränkt nur für die Lieferung von Gemeinschaftswaren. Die Lieferung von Nichtgemeinschaftswaren ist in den meisten EU-Mitgliedstaaten nicht steuerbar.

[5] Vgl. zu den besonderen Voraussetzungen die Ausführungen zur Lieferung in einem Freihafen, Abschn. 9.3.

– in einigen Mitgliedstaaten die Steuerbefreiung nur dann Anwendung finden, wenn der Erwerb des Liefergegenstandes beim Abnehmer den Vorschriften der Umsatzbesteuerung unterliegt. Diese Voraussetzung sollte als erfüllt gelten, wenn der Abnehmer eine ihm von einem anderen (also nicht dem Abgangsstaat) Mitgliedstaat erteilte USt-ID-Nr. verwendet.

9.2.3 aus dem übrigen Drittlandsgebiet

Das Verbringen von Waren in eine Freizone ist eine zollrechtliche Bestimmung gemäß Art. 4 Nr. 15 b ZK. Rechtsgrundlagen bilden die Art. 166–181 ZK, Art. 799–814 ZK-DVO, §§ 15 Abs. 4, 20–23 ZollVG sowie § 26 ZollV.

Nichtgemeinschaftswaren, die in eine Freizone verbracht werden, gelten grundsätzlich als nicht im Zollgebiet befindlich. Es werden keine Einfuhrabgaben erhoben und keine handelspolitischen Maßnahmen angewendet. Diese Fiktion findet keine Anwendung mehr, wenn die Nichtgemeinschaftswaren innerhalb der Freizone

- in ein Zollverfahren gemäß Art. 4 Nr. 16 ZK überführt werden oder
- entgegen der Regelungen des Art. 175 Abs. 1 ZK verbraucht oder verwendet werden.

Umsatzsteuerlich ist eine Lieferung von Gegenständen aus dem Drittland in einen Freihafen und damit in umsatzsteuerliches Ausland nicht zu beachten. Befinden sich die Waren beim Beginn der Beförderung im übrigen Drittlandsgebiet, erfolgt die Lieferung nicht steuerbar nach dem deutschen UStG. Für den Lieferer liegt regelmäßig eine Ausfuhrlieferung nach den umsatzsteuerlichen Regelungen des Abgangsstaates vor, die in den meisten Staaten steuerfrei erfolgt.

9.3 Lieferungen im Freihafen

9.3.1 Vorbemerkungen

Nichtgemeinschaftswaren dürfen in Freizonen nur unter denselben Voraussetzungen wie im übrigen Zollgebiet verwendet oder verbraucht werden, Art. 175 ZK. Das bedeutet, dass grundsätzlich

- ein Verbrauch von Nichtgemeinschaftswaren erst nach Überführung in den zollrechtlich freien Verkehr,
- eine Be- oder Verarbeitung von Nichtgemeinschaftswaren, die über die üblichen Behandlungen hinausgeht, erst nach Überführung in die aktive Veredelung bzw. das Umwandlungsverfahren oder
- eine Benutzung (Verwendung) von Nichtgemeinschaftswaren erst nach Überführung in die vorübergehende Verwendung

zulässig ist.

Für die umsatzsteuerliche Behandlung einer Lieferung im Freihafen gelten besondere Regelungen.

Die Freihäfen gehören gemäß § 1 Abs. 2 Satz 1 UStG nicht zum umsatzsteuerlichen Inland, so dass in diesen Gebieten ausgeführte Umsätze grundsätzlich nicht steuerbar sind. Zur Vermeidung eines unversteuerten Letztverbrauchs sind nach § 1 Abs. 3 UStG jedoch bestimmte in diesen Gebieten ausgeführte Umsätze wie Umsätze im Inland zu behandeln.

- die Lieferung, der innergemeinschaftliche Erwerb und sonstige Leistungen, die zum Gebrauch oder Verbrauch im Freihafen oder zur Versorgung oder Ausrüstung von Beförderungsmitteln bestimmt sind, die nicht für das Unternehmen des Leistungsempfängers ausgeführt werden oder vom Abnehmer zur Ausführung steuerfreier Tätigkeiten nach § 4 Nr. 8–27 UStG verwendet werden, § 1 Abs. 3 Nr. 1 und 2 UStG
- Lieferungen im Sinne des § 3 Abs. 1b UStG und sonstige Leistungen im Sinne des § 3 Abs. 9a UStG (unentgeltliche Wertabgaben), § 1 Abs. Abs. 3 Nr. 3 UStG
- Lieferungen und sonstige Leistungen im Rahmen eines Freihafen-Veredelungsverkehrs oder einer Freihafenregelung, § 1 Abs. 3 Nr. 4a und 5 UStG
- Lieferungen von Gegenständen im einfuhrumsatzsteuerrechtlich freien Verkehr, § 1 Abs. 3 Nr. 4b UStG
- Innergemeinschaftliche Erwerbe von neuen Fahrzeugen (§ 1a Abs. 3, § 1b Abs. 1 UStG), § 3 Abs. 3 Nr. 7 UStG

Die Bestimmungen des § 1 Abs. 3 UStG gelten nur für Umsätze, deren Leistungsort in den Freigebieten liegt. Der Leistungsort für Lieferungen bestimmt sich nach den allgemeinen Regelungen des § 3 Abs. 6 und 7 UStG.

9.3.2 Umsätze an Nichtunternehmer bzw. Unternehmer ohne Vorsteuerabzug

Bei Lieferungen oder sonstigen Leistungen mit Freihafenbezug ist zunächst zu prüfen, ob der Umsatz an einen Unternehmer für dessen Unternehmen erfolgt oder nicht. Für Leistungen an Nichtunternehmer bzw. an einen Unternehmer für seinen nichtunternehmerischen Bereich wird der Drittlandstatus des Freihafens aufgehoben und der Umsatz wird wie im Inland behandelt. Gleiches gilt durch die Anpassungen des Jahressteuergesetzes 2007 auch für Leistungen an Unternehmer, die die erworbenen Leistungen ausschließlich oder teilweise für steuerfreie Tätigkeiten nach § 4 Nr. 8 bis 27 UStG verwenden.

Für Lieferungen und Leistungen an juristische Personen des öffentlichen Rechts (JPdöR) gilt zunächst gemäß § 1 Abs. 3 Satz 2 UStG die gesetzliche Vermutung, dass die Leistungen nicht an einen Unternehmer erbracht werden, sondern an den hoheitlichen Bereich. Die JPdöR kann jedoch anhand von Aufzeichnungen und Belegen das Gegenteil glaubhaft machen.

▶ **Hinweis** Eine gesetzliche Vermutung spricht das Gesetz lediglich für Leistungen an juristische Personen des öffentlichen Rechts aus. Im Übrigen hat sich der Leistende über den unternehmerischen Status seines Leistungsempfängers zu vergewissern. Er trägt das Risiko einer Fehlbeurteilung. Der Unternehmer sollte zumindest in Zweifelsfällen einen Nachweis, z. B. durch Einholen einer Auskunft oder Bescheinigung, einfordern. Das generelle Ausstellen von Rechnungen mit Umsatzsteuer ist nicht zu empfehlen, da bei Leistungen an einen zum Vorsteuerabzug berechtigten Unternehmer diesem der Vorsteuerabzug versagt wird, wenn die in Rechnung gestellte Umsatzsteuer nicht gesetzlich geschuldet ist.

Der Tatbestand des § 1 Abs. 3 Nr. 1 UStG ist begrenzt auf die Lieferung von Gegenständen, die bestimmungsgemäß, d. h. ihrer Art und der Art der Lieferung nach, im Freihafen gebraucht oder verbraucht werden sollen, bzw. zur Ausrüstung oder Versorgung eines Beförderungsmittels dienen. Nach dem Gesetzeswortlaut greift § 1 Abs. 3 Nr. 1 UStG wohl auch ein, wenn der Gebrauch oder Verbrauch des Gegenstandes entgegen der Zweckbestimmung außerhalb der Freigebiete stattfindet (vgl. Schwarz in Schwarz, Widmann, Radeisen, 2014, § 1, Rz 11, Tehler in Reiß et al. 2014, § 1, Rz 559).

Die Bestimmung zur Lieferung von Gegenständen zur Ausrüstung oder Versorgung eines Beförderungsmittels im Freihafen deckt sich mit der Bestimmung zur Ausfuhrlieferung solcher Gegenstände.[6] Mit Einfügen dieser Regelung soll vermieden werden, dass der Ausschluss der Steuerbefreiung nach §§ 6, 4 Nr. 1a UStG für die Lieferung der vorbezeichneten Gegenstände an ausländische Abnehmer für nichtunternehmerische Zwecke durch eine Verlagerung des Lieferortes in den Freihafen umgangen wird.

9.3.3 Gegenstände im Freihafen-Veredelungsverkehr bzw. in der Freihafenlagerung

9.3.3.1 Vorbemerkungen

Waren, die sich in einer Freizone des Kontrolltyps I befinden, gelten zunächst als Nichtgemeinschaftswaren, solange nichts anderes nachgewiesen ist, Art. 180 Abs. 2 ZK. Damit eine Wiedereinfuhr von Gemeinschaftswaren keine Einfuhrumsatzsteuer auslöst, ist z. B. durch eine Statusbescheinigung nachzuweisen, dass es sich um solche handelt. Soll eine Vielzahl von Waren gelagert werden, bzw. sollen die Waren durch Be- und Verarbeitung ihre Nämlichkeit verlieren, kann eine solche Statusbescheinigung nur schwer beschafft werden. Daher wurde außerhalb des ZK eine Regelung gefunden, die Wiedereinfuhr von Gemeinschaftswaren unter bestimmten Voraussetzungen von der Einfuhrumsatzsteuer zu befreien. Die Regelungen des § 5 Abs. 2 UStG i. V. m. § 12a bzw. § 12b EUStBV befreien die Einfuhr von Gegenständen, die sich in einer Freihafenlagerung bzw. in einem Frei-

[6] Vgl. Abschn. 3.2.1.7.

hafen-Veredelungsverkehr befinden, von der Einfuhrumsatzsteuer.[7] Der Zwischenschein nach § 12a EUStBV im Fall der Freihafenlagerung bzw. der Veredelungsschein nach § 12b EUStBV im Fall der Freihafenveredelung gelten als Nachweis über den zollrechtlichen Status als Gemeinschaftsware.[8]

Sofern die Waren sich im Freihafen im Rahmen der Freihafenlagerung oder des Freihafen-Veredelungsverkehrs befinden, behalten sie einfuhrumsatzsteuerrechtlich ihren Gemeinschaftsstatus bei. Folgerichtig ist die Lieferung von Gegenständen, die sich im Zeitpunkt der Lieferung in einem zollamtlich bewilligten Freihafen-Veredelungsverkehr oder in einer zollamtlich besonders zugelassenen Freihafenlagerung befinden, wie ein Umsatz im Inland zu behandeln, § 1 Abs. 3 Nr. 4 a UStG.

9.3.3.2 Freihafen-Veredelungsverkehr

Der Freihafen-Veredelungsverkehr i. S. v. § 12b EUStBV dient der Veredelung von Gemeinschaftswaren, die in einem Freihafen bearbeitet oder verarbeitet und anschließend in das Inland wieder eingeführt werden.

Der Veredeler hat einen Antrag auf Bewilligung der Freihafen-Veredelung zu stellen. Die Zollstelle setzt eine Frist zur Wiedereinfuhr. Ist der Veredelungsverkehr zollamtlich bewilligt, so hat dies zur Folge, dass die Wiedereinfuhr der veredelten Waren einfuhrabgabenbefreit bleibt, § 5 Abs. 2 UStG i. V. m. § 12b EUStBV.

Die Lieferung der sich im Freihafen-Veredelungsverkehr befindlichen Waren ist wie ein Umsatz im Inland zu behandeln, § 1 Abs. 3 Nr. 4 Buchst. a UStG.

Beispiel

Der Unternehmer A aus Berlin beauftragt den Freihafen-Unternehmer B Zahnräder aus Rohlingen herzustellen. B fertigt die Zahnräder im Rahmen eines bewilligten Freihafen-Veredelungsverkehrs und versendet die fertigen Zahnräder auf Anweisung des A an den Abnehmer C in Hannover.

Für die Einfuhr wird gemäß § 5 Abs. 2 UStG i. V. m. § 12b EUStBV keine Einfuhrumsatzsteuer erhoben. Die nach § 3 Abs. 6 Satz 1 im Freihafen bewirkte Lieferung des A an C ist wie eine Lieferung im Inland zu behandeln. Sie ist steuerbar und steuerpflichtig.

9.3.3.3 Freihafenlagerung

In der Freihafenlagerung werden Gemeinschaftswaren vorübergehend im Freihafen gelagert. Die Freihafenlagerung setzt eine Zulassung durch die Zollbehörden voraus.

Zur Überführung in die Freihafenlagerung sind die Waren der in der Zulassungsverfügung genannten Zollstelle zu gestellen und mit Zwischenschein für die vorübergehende

[7] Vgl. zur umsatzsteuerlichen Beurteilung von Lieferungen und Leistungen mit Freihafenbezug Raudszus 2002, 384.

[8] Vgl. Vorschriftensammlung der Bundesfinanzverwaltung VSF Z 2302 Abschn. 29.

Ausfuhr von Waren (Vordruck 0324) anzumelden. Die Zollstelle legt in dem Zwischenschein die Frist für die Wiedereinfuhr fest.

Ist die Freihafenlagerung zollamtlich zugelassen, so hat dies zur Folge, dass die Wiedereinfuhr der gelagerten Waren einfuhrabgabenbefreit bleibt, § 5 Abs. 2 UStG i. V. m. § 12a EUStBV.

Die Lieferung der sich in der Freihafenlagerung befindlichen Waren ist wie ein Umsatz im Inland zu behandeln, § 1 Abs. 3 Nr. 4 Buchst. a UStG.

9.3.4 Gegenstände, die sich einfuhrumsatzsteuerrechtlich im freien Verkehr befinden

Nach § 1 Abs. 3 Nr. 4 Buchst. b UStG ist eine im Freihafen ausgeführte Lieferung von Gegenständen, die sich einfuhrumsatzsteuerrechtlich im freien Verkehr befinden, wie ein Umsatz im Inland zu behandeln.

Diese Regelung vermeidet Schwierigkeiten beim Abzug der Einfuhrumsatzsteuer als Vorsteuer in den Fällen, in denen ein Importeur die Drittlandswaren bereits bei einer vorgeschobenen Zollstelle im Freihafen in den freien Verkehr abfertigen lässt. Bei der Abfertigung zum freien Verkehr entsteht Einfuhrumsatzsteuer. Liefert der Importeur im Anschluss an Abnehmer, die die Waren im Freihafen abholen, so liegt der Ort dieser Lieferungen im Freihafen. Der Importeur würde selbst keine Lieferung im Inland ausführen und könnte in der Folge die Einfuhrumsatzsteuer nicht gemäß § 15 Abs. Abs. 1 Satz 1 Nr. 2 UStG als Vorsteuer abziehen.[9]

Durch die Fiktion des § 1 Abs. Abs. 3 Nr. 4 b UStG bewirkt der Importeur eine Inlandslieferung und ist unter den Voraussetzungen des § 15 Abs. 1 Nr. 2 UStG zum Vorsteuerabzug berechtigt.

9.4 Lieferungen aus dem Freihafen

Waren können beim Ausgang aus Freizonen gemäß Art. 177 ZK

- aus dem Zollgebiet der Gemeinschaft ausgeführt oder wiederausgeführt werden.
  Ausfuhrrechtlich nehmen die Freizonen gegenüber dem übrigen Zollgebiet keine Sonderstellung ein. Die für die Überwachung der Ausfuhr oder Wiederausfuhr geltenden Vorschriften finden auch hier Anwendung.
  Werden Nichtgemeinschaftswaren wiederausgeführt, ist der Zollbehörde eine Mitteilung zu machen, Art. 182 Abs. 3 ZK. Dies ist nicht notwendig, soweit Waren nur umgeladen oder gar nicht erst ausgeladen werden.

[9] Vgl. Abschn. 15.9. UStAE; vgl. Abschn. 2.2.3.1.2.

- in das übrige Zollgebiet der Gemeinschaft verbracht werden.
  Werden Waren aus der Freizone in das übrige Zollgebiet der Gemeinschaft verbracht, finden gemäß Art. 177 ZK die Bestimmungen der Art. 37 bis 57 ZK Anwendung, wenn Nichtgemeinschaftswaren auf dem Landweg in das übrige Zollgebiet gelangen. Gleiches gilt mit Ausnahme der Regelungen der Art. 48 bis 53 ZK auch beim Verbringen von Gemeinschaftswaren sowie beim Verbringen von Waren auf dem See- oder Luftweg.

Maßgeblich für die Anforderungen an die Zollförmlichkeiten ist der zollrechtliche Status der Waren. Der Nachweis darüber ist nach Art. 180 ZK zu erbringen.

▶ **Hinweis** Werden Gemeinschaftswaren wieder zurück in das übrige Zollgebiet der Gemeinschaft verbracht, ist ihr Status nach Art. 180 ZK nachzuweisen. Anderenfalls wird Einfuhrumsatzsteuer erhoben. Bereits beim Verbringen der Waren in die Freizone ist deshalb daran zu denken, eine Statusbescheinigung auf dem Vordruck 0430 zu beantragen.

Unabhängig davon, ob der Liefergegenstand in das übrige Drittland oder aber in das Inland befördert oder versendet wird, ist umsatzsteuerlicher Leistungsort grundsätzlich der Freihafen, wo die Versendung oder Beförderung beginnt, § 3 Abs. 6 Satz 1 UStG. Eine solche Lieferung ist nur unter den Voraussetzungen des § 1 Abs. 3 UStG steuerbar.[10]

Eine Ausnahme von diesem Grundsatz normiert § 3 Abs. 8 UStG. Gelangen die Waren bei der Beförderung oder Versendung aus dem Drittlandsgebiet in das Inland und ist der Lieferer Schuldner der Einfuhrumsatzsteuer, verlagert sich der Lieferort in das Inland, § 3 Abs. 8 UStG. Dies gilt auch, wenn die Einfuhr von der Einfuhrumsatzsteuer befreit ist, z. B. weil der Liefergegenstand im Anschluss an die Einfuhr unmittelbar zur Ausführung einer innergemeinschaftlichen Lieferung verwendet wird, § 5 Abs. 1 Nr. 3 UStG.[11]

Beispiel

Unternehmer A mit Sitz in Rostock liefert Waren an den Unternehmer B mit Sitz in Dresden. Die Waren befinden sich auf einem Lager des A im Freihafen Cuxhaven. A lässt die Waren durch den Spediteur S vom Freihafen Cuxhaven nach Dresden versenden. Beim Verlassen des Freihafens werden die Waren durch S im Namen des A in den freien Verkehr überführt.

A tritt als Zollanmelder auf und wird Schuldner der Einfuhrumsatzsteuer. Der Ort der Lieferung an B verlagert sich nach § 3 Abs. 8 UStG in das Inland. Die Lieferung ist steuerbar und steuerpflichtig.

[10] Vgl. Abschn. 9.3.

[11] Vgl. Abschn. 2.4.

Beispiel

Unternehmer F mit Sitz in Frankreich verkauft Waren an den Unternehmer PL mit Sitz in Polen. Die Waren befinden sich auf einem Lager des F im Freihafen Cuxhaven. F lässt die Waren durch den Spediteur S vom Freihafen Cuxhaven nach Polen versenden. Beim Verlassen des Freihafens werden die Waren durch S im Namen des F in den freien Verkehr überführt.

F tritt als Zollanmelder auf und wird grundsätzlich Schuldner der Einfuhrumsatzsteuer. Der Ort der Lieferung an PL verlagert sich nach § 3 Abs. 8 UStG in das Inland. Die Lieferung des F an PL ist eine steuerfreie innergemeinschaftliche Lieferung, die als solche in der Umsatzsteuererklärung sowie Zusammenfassenden Meldung des F in Deutschland anzumelden ist. F kann dafür unter den Voraussetzungen des § 22a UStG einen Fiskalvertreter bestellen. Unter den Voraussetzungen des § 5 Abs. 1 Nr. 3 UStG kann die Einfuhr umsatzsteuerfrei erfolgen.[12]

Literatur

Rau, Günter, und Erich Dürrwächter. 2014. *Kommentar zum Umsatzsteuergesetz*. 158. Aufl. Köln: Verlag Dr. Otto Schmidt KG. (ISBN: 9783504240615 Stand: April).

Raudszus, Holger. 2002. Lieferung und Leistung bei Freihafenbezug. *Der Umsatz-Steuerberater* 384–387.

Reiß, Wolfram, Jörg Kraeusel, Michael Langer, und Christoph Wäger, Hrsg. 2014. *Kommentar zum Umsatzsteuergesetz. Grundwerk mit 113. Ergänzungslieferung*. 1. Aufl. Bonn: Stollfuß. Medien GmbH & Co.KG. (ISBN: 9783082547007 Stand: Mai).

Schwarz, Bernhard, Werner Widmann, und Rolf-Rüdiger Radeisen, Hrsg. 2014. *Kommentar zum Umsatzsteuergesetz*. Köln: Haufe-Lexware.

Sölch, Otto und Ringleb, Karl, Hrsg. 2014. *Umsatzsteuergesetz, Kommentar*. 72. Aufl. C.H. Beck Verlag München. (ISBN: 9783406452093 Stand: April 2014)

[12] Vgl. Abschn. 2.4.6.

Reihengeschäfte mit dem Drittland

10

10.1 Umsatzsteuerliche Regelungen

10.1.1 Das Reihengeschäft

Schließen mehrere Unternehmer über denselben Gegenstand Umsatzgeschäfte ab und gelangt dieser Gegenstand bei der Beförderung oder Versendung unmittelbar vom ersten Unternehmer an den letzten Abnehmer, liegt ein Reihengeschäft vor, § 3 Abs. 6 Satz 5 UStG.

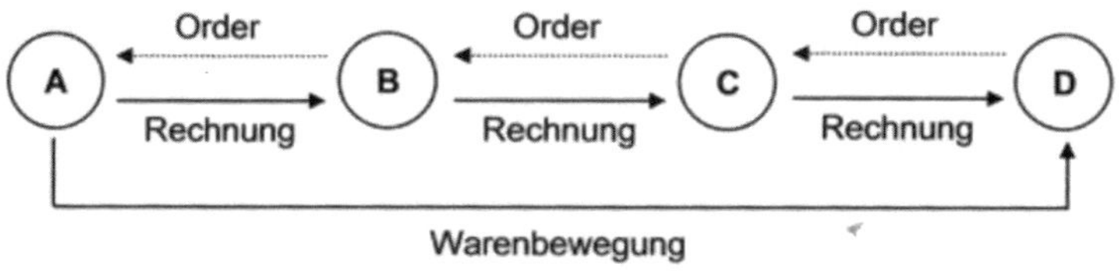

Diese Definition enthält keine Einschränkung in der Frage, welcher der beteiligten Unternehmer den Transport durchführt oder beauftragt hat.

Bei allen Umsatzgeschäften in der Reihe muss die so genannte Nämlichkeit des Liefergegenstandes beachtet werden, d. h. es muss derselbe Gegenstand Liefergegenstand aller Umsätze in der Reihe sein. Dies ergibt sich bereits aus der Definition des Reihengeschäfts, wobei Umsätze über „denselben Gegenstand" geschlossen werden.

A. Thoma et al., *Zoll und Umsatzsteuer*, DOI 10.1007/978-3-658-00165-0_10

Beispiel

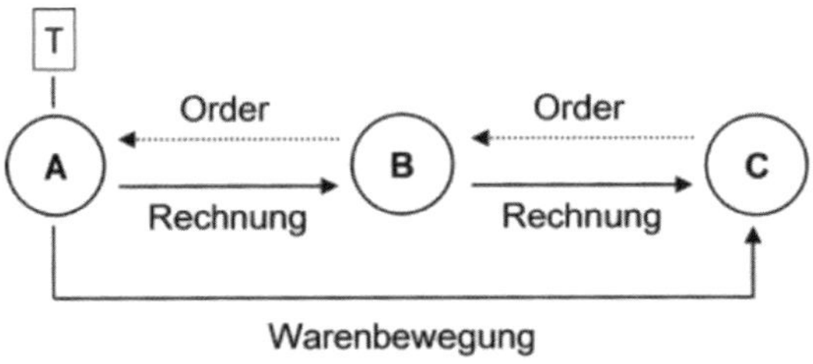

Der Badausstatter C bestellt Spiegelschränke bei B. B wiederum bestellt die Spiegelschränke beim Hersteller A und weist A an, die fertigen Spiegelschränke direkt an C zu versenden.

Bei diesem Geschäft werden nacheinander zwei Lieferungen (A an B und B an C) ausgeführt. Gegenstand beider Lieferungen sind die fertigen Spiegelschränke. Es handelt sich um ein Reihengeschäft.

Abwandlung

B verfügt selbst über die Schrankelemente und versendet diese an A mit dem Auftrag, die Spiegel einzubauen und die fertigen Spiegelschränke direkt an C zu versenden.

Bei diesem Geschäft werden nacheinander zwei Lieferungen (A an B und B an C) ausgeführt. Gegenstand der Lieferung B an C sind die fertigen Spiegelschränke. Gegenstand der Lieferung A an B sind die eingebauten Spiegel. Es liegt kein Reihengeschäft vor.

In einem Reihengeschäft muss der Liefergegenstand unmittelbar vom ersten Lieferer in der Reihe an den letzten Abnehmer gelangen. Dies setzt voraus, dass der Liefergegenstand von nur einem beteiligten Unternehmer befördert oder versendet wird. Wird der Gegenstand durch mehrere beteiligte Unternehmer versendet oder befördert (gebrochene Versendung oder Beförderung) liegt kein Reihengeschäft mehr vor.

Der Gegenstand gelangt auch dann unmittelbar an den letzten Abnehmer, wenn er an einen beauftragten Dritten versendet oder befördert wird.

Beispiel

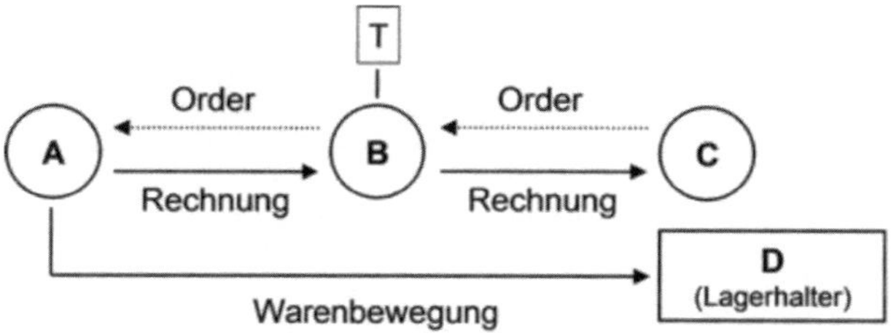

C weist B an, den Liefergegenstand zur Zwischenlagerung an einen von ihm bestimmten Lagerhalter D zu befördern.

Es liegt ein Reihengeschäft vor. Der Liefergegenstand gelangt unmittelbar von A an C.[1]

Bei einem Reihengeschäft werden im Rahmen einer Warenbewegung mehrere Lieferungen ausgeführt, die in Bezug auf den Lieferort und den Lieferzeitpunkt jeweils gesondert betrachtet werden müssen. Umsatzgeschäfte, bei denen keine Beförderung oder Versendung stattfindet, z. B. Grundstückslieferungen oder Lieferungen, bei denen die Verfügungsmacht durch Abtretung eines Herausgabeanspruchs oder Vereinbarung eines Besitzkonstituts verschafft wird, können nicht Gegenstand eines Reihengeschäfts sein.

Gemäß § 3 Abs. 6 Satz 5 2. HS UStG ist die Beförderung oder Versendung des Gegenstandes nur einer der Lieferungen zuzuordnen – so genannte bewegte Lieferung. Die Zuordnung der Beförderung oder Versendung zu einer der Lieferungen ist gerade in den Fällen von Bedeutung, in denen der Liefergegenstand in das Ausland befördert oder versendet wird. Denn nur eine Versendungs- oder Beförderungslieferung – also eine bewegte Lieferung – kann auch eine Ausfuhrlieferung oder innergemeinschaftliche Lieferung sein.

In der Konsequenz kann auch nur für eine der Lieferungen in einem Reihengeschäft die Steuerbefreiung für Ausfuhrlieferungen oder innergemeinschaftliche Lieferungen in Anspruch genommen werden.[2]

[1] Vgl. Abschn. 3.14. Abs. 4 Beispiel 2 UStAE.

[2] Vgl. EuGH v. 06.04.2006, C-245/04, EMAG Handel Eder OHG, EGHE 2006, 3247, vgl. Abschn. 3.14. Abs. II Sätze 2 und 3 UStAE.

10.1.2 Die bewegte Lieferung

10.1.2.1 Zuordnungskriterien

Die Zuordnung der Beförderung oder Versendung zu einer der Lieferungen des Reihengeschäfts ist davon abhängig, durch welchen Unternehmer in der Reihe der Gegenstand der Lieferung befördert oder versendet wird.[3]

Aus den vorhandenen Belegen muss sich eindeutig ergeben, wer die Beförderung durchgeführt hat oder die Versendung veranlasst hat. Im Fall der Versendung stellt die Finanzverwaltung allein auf die Auftragserteilung an den selbständigen Beauftragten, z. B. den Spediteur, ab. Nur wenn sich aus den Geschäftsunterlagen nichts anderes ergeben sollte, ist auf die Frachtzahlerkondition abzustellen.[4]

Die bewegte Lieferung gilt als dort ausgeführt, wo die Beförderung oder Versendung an den Abnehmer oder in dessen Auftrag an einen Dritten beginnt. Der Lieferort bestimmt sich nach § 3 Abs. 6 Satz 1 UStG.

10.1.2.2 Beförderung oder Versendung durch den ersten Unternehmer

Wird der Gegenstand der Lieferung durch den ersten Unternehmer in der Reihe befördert oder versendet, ist die Beförderung oder Versendung seiner Lieferung zuzuordnen.[5]

Beispiel

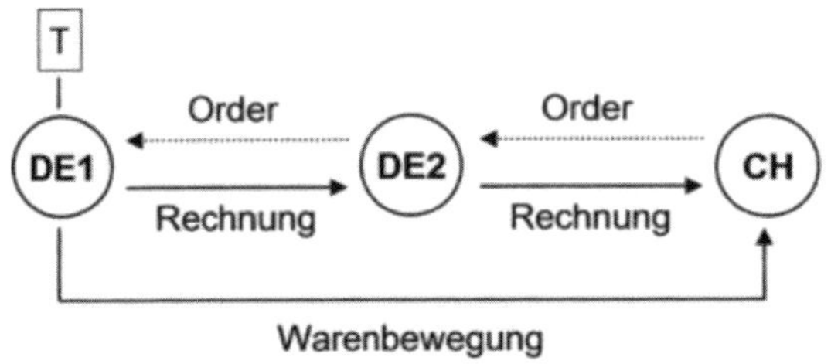

DE1 aus Deutschland beauftragt den Spediteur S, den Liefergegenstand zu CH in die Schweiz zu transportieren.

Bei diesem Reihengeschäft werden nacheinander zwei Lieferungen (DE1 an DE2 und DE2 an CH) ausgeführt. Die Versendung ist der ersten Lieferung DE1 an DE2 zuzuordnen, da DE1 als erster Unternehmer in der Reihe den Gegenstand versendet. Die Lieferung DE1 an DE2 ist damit die bewegte Lieferung, die in Deutschland – wo der Transport der Waren beginnt – steuerbar ist. Nur für diese Lieferung kann unter den Voraussetzungen des § 6 UStG die Steuerbefreiung für Ausfuhrlieferungen in Anspruch genommen werden.

[3] Vgl. Abschn. 3.14. Abs. 7 UStAE.

[4] Vgl. Abschn. 3.14. Abs. 7 Satz 4 und 5 UStAE.

[5] Vgl. Abschn. 3.14. Abs. 8 Satz 1 UStAE.

10.1.2.3 Beförderung oder Versendung durch einen mittleren Unternehmer

Ein mittlerer Unternehmer ist zugleich Abnehmer der Vorlieferung und Lieferer seiner eigenen Lieferung. Beauftragt ein mittlerer Unternehmer den Transport, stellt sich die Frage, ob die Versendung oder Beförderung der Lieferung an ihn oder seiner eigenen Lieferung zugeordnet wird.

Für diesen Fall enthält § 3 Abs. 6 Satz 6 UStG die gesetzliche Vermutung, dass die Versendung bzw. Beförderung der Lieferung des vorangehenden Unternehmers zuzuordnen ist. Diese Vermutung kann widerlegt werden.

Diese Regelung deckt sich mit der Ortsbestimmung des § 3 Abs. 6 Satz 1 UStG, wonach unabhängig davon, ob der Lieferer oder der Abnehmer den Liefergegenstand befördert oder versendet, die Warenbewegung immer dem Umsatz zwischen beiden zuzuordnen ist. In einer Lieferkette von mehreren Unternehmern kann diese Regelung jedoch zu ungewollten Ergebnissen führen und zwar dann, wenn der mittlere Unternehmer im Ausgangsland ansässig oder umsatzsteuerlich registriert ist.

Beispiel

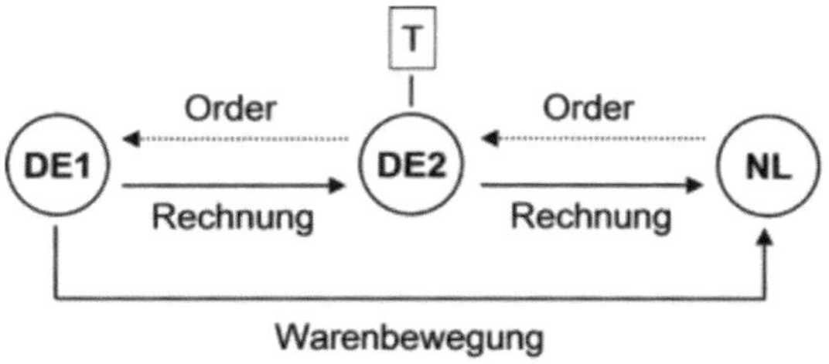

DE1 und DE2 sind in Deutschland ansässige Unternehmer. NL ist ein Unternehmer aus den Niederlanden. DE2 beauftragt den Spediteur S, den Liefergegenstand von DE1 in Hamburg zu NL in Rotterdam zu transportieren.

Nach der Grundregel und gesetzlichen Vermutung des § 3 Abs. 6 Satz 6 UStG wäre die Versendung des Liefergegenstandes der Lieferung von DE1 an DE2 zuzuordnen. Nur für diese Lieferung käme dann die Steuerbefreiung für innergemeinschaftliche Lieferungen (§ 6a UStG) in Betracht. DE2 hätte sich dann für Umsatzsteuerzwecke in den Niederlanden registrieren zu lassen.

Der Gesetzgeber hat für diese Fälle eine Verlagerung der Warenbewegung von der Lieferung an den transportierenden Unternehmer auf die Lieferung des transportierenden Unternehmers selbst zugelassen. In der Literatur wird hierbei vielfach von einem Wahlrecht gesprochen. Tatsächlich hat die Finanzverwaltung enge Voraussetzungen definiert[6], unter

[6] Vgl. Abschn. 3.14. Abs. 9, 10 UStAE.

denen eine Verlagerung vorgenommen werden kann, die vom Unternehmer nachzuweisen sind.

Weist der Unternehmer nach, dass er bei der Beförderung oder Versendung in seiner Eigenschaft als Lieferer aufgetreten ist, wäre diese entsprechend seiner eigenen Lieferung zuzuordnen. Hiervon kann regelmäßig ausgegangen werden, wenn der Unternehmer unter der Umsatzsteuer-Identifikationsnummer des Abgangsmitgliedsstaates auftritt und wenn er aufgrund der mit seinem Vorlieferanten und seinem Abnehmer vereinbarten Lieferkonditionen Gefahr und Kosten des Transports übernimmt. Diese Voraussetzungen kann der Unternehmer nachweisen durch

- Doppel der Rechnung oder
- Auftragsbestätigung.[7]

Aufgrund folgender Lieferkonditionen trägt der mittlere Unternehmer Kosten und/oder Gefahr des Warentransportes (Incoterms 2010):

- mit dem Vorlieferanten: EXW, FCA, FAS, FOB
- mit dem Abnehmer: DDP, CIP, CPT, DAP, DAT, CIF, CFR

Abwandlung

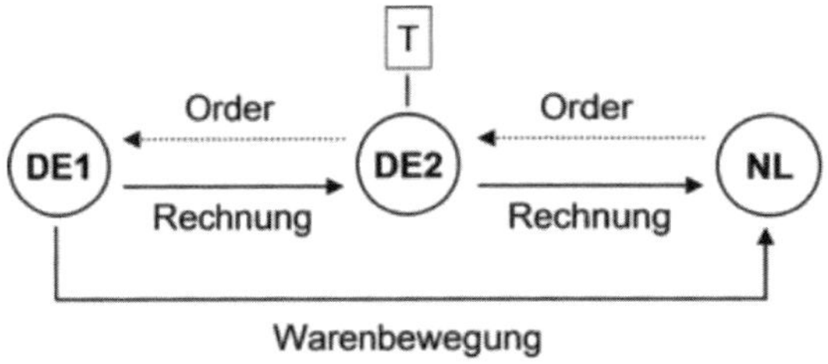

DE2 beauftragt den Spediteur S, den Liefergegenstand von Hamburg zu NL nach Rotterdam zu transportieren. Sowohl DE1 als auch DE2 treten unter der deutschen Umsatzsteuer-Identifikationsnummer auf. Es werden folgende Lieferklauseln vereinbart: DE2 vereinbart mit NL eine Lieferung „DDP Rotterdam" und mit DE1 eine Lieferung „EXW Hamburg". Beide Lieferbedingungen ergeben sich aus der Rechnung und der Buchhaltung des DE2.[8]

Bei diesem Reihengeschäft werden nacheinander zwei Lieferungen (DE1 an DE2 und DE2 an NL) ausgeführt. Die Versendung kann in diesem Fall der Lieferung DE2 an NL zugeordnet werden, da DE2 als mittlerer Unternehmer in der Reihe den Liefer-

[7] Vgl. Abschn. 3.14 Abs. 9, 10 UStAE.

[8] Vgl. zur Aufstellung der Incoterms Anhang 5.

gegenstand in seiner Eigenschaft als Lieferer versendet. Er tritt unter der deutschen Umsatzsteuer-Identifikationsnummer auf und trägt aufgrund der Lieferbedingung DDP mit seinem Abnehmer NL und EXW mit seinem Lieferanten DE1 Gefahr und Kosten des Transports. Dies kann er durch ein Doppel seiner Rechnung nachweisen. Die Lieferung DE2 an NL ist damit die bewegte Lieferung, die in Deutschland – wo der Transport der Waren beginnt – steuerbar und unter den Voraussetzungen des § 6a UStG steuerfrei ist. Eine Registrierungspflicht in den Niederlanden würde sich dann nicht ergeben.

Aufgrund jüngerer Rechtsprechung des EuGH und sich widersprechender Entscheidungen des BFH herrscht in der Praxis Verwirrung über die zutreffende Zuordnung der Warenbewegung bei Beförderung oder Versendung durch den mittleren Unternehmer. Der EuGH urteilte in der Rechtssache „Euro Tyre Holding“[9], dass insbesondere die Bestimmung des Zeitpunkts, zu dem die Verfügungsmacht dem Endempfänger übertragen wird, maßgebend sei. Sofern die Verfügungsmacht übertragen wurde, bevor die grenzüberschreitende Beförderung erfolgt ist, könnte die Warenbewegung nicht mehr der Lieferung vom ersten Lieferer an den Ersterwerber zugeordnet werden. Daraufhin urteilte der V. Senat des BFH, dass die Mitteilung über den Weiterverkauf der Waren maßgeblich sein soll.[10] Teilt der mittlere Unternehmer dem ersten Lieferer in der Kette mit, dass er die Ware an den Endabnehmer verkaufen wird, so soll die Warenbewegung der Lieferung von ihm an den Endabnehmer zugeordnet werden. Der XI. Senat des BFH widersprach dieser Auffassung in der Rechtssache „VStR“ und erklärte die gesetzliche Regelung des § 3 Abs. 6 S. 6 UStG weiterhin für anwendbar.[11] Auf die Mitteilung über den Weiterverkauf allein kann es nicht ankommen. In den Revisionsverfahren XI R12/14 und XI R 15/14 ist der BFH nunmehr erneut in der Verpflichtung, eine Entscheidung in dieser Rechtsfrage zu treffen. Bis dahin bleiben die Regelungen des § 3 Abs. 6 S. 6 UStG sowie des Abschn. 3.14 UStAE weiterhin anwendbar.

10.1.2.4 Beförderung oder Versendung durch den letzten Abnehmer

Wird der Liefergegenstand durch den letzten Abnehmer in der Reihe befördert oder versendet, ist die Beförderung oder Versendung der Lieferung des letzten Lieferers in der Reihe zuzuordnen.[12]

[9] EuGH v. 16.12.2010, C-430/09, DB 2011, S. 150.

[10] BFH v. 11.08.2011, VR 3/10, DB 2011, S. 2354.

[11] BFH v. 28.05.2013, XI R 11/09, DB 2013, S. 1883.

[12] Vgl. Abschn. 3.14 Abs. 8 UStAE.

Beispiel

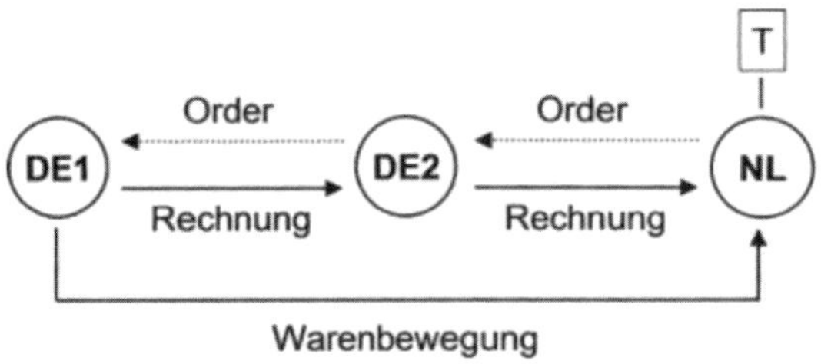

NL holt den Liefergegenstand mit eigenem Lkw bei DE1 in Hamburg ab und befördert ihn nach Rotterdam.

Bei diesem Reihengeschäft werden nacheinander zwei Lieferungen (DE1 an DE2 und DE2 an NL) ausgeführt. Die Beförderung ist der Lieferung DE2 an NL zuzuordnen, da NL als letzter Abnehmer in der Reihe den Liefergegenstand befördert. Die Lieferung DE2 an NL ist damit die bewegte Lieferung, die in Deutschland – wo der Transport der Waren beginnt – steuerbar und unter den Voraussetzungen des § 6a UStG steuerfrei ist.

10.1.3 Die ruhende Lieferung

Die Versendung oder Beförderung des Liefergegenstandes ist nur einer der Lieferungen in der Reihe zuzuordnen. Sie ist die Versendungs- oder Beförderungslieferung und nur bei ihr kommt die Steuerbefreiung für Ausfuhrlieferungen (§ 6 UStG) bzw. für innergemeinschaftliche Lieferungen (§ 6a UStG) in Betracht.[13] Bei allen anderen Lieferungen in der Reihe findet keine Versendung oder Beförderung statt. Es handelt sich um die so genannten ruhenden Lieferungen.

Sie werden zeitlich entweder vor oder nach der bewegten Lieferung ausgeführt.

Die ruhenden Lieferungen, die der bewegten Lieferung vorangehen, gelten an dem Ort als ausgeführt, an dem die Versendung oder Beförderung des Liefergegenstands beginnt. Der Lieferort bestimmt sich nach § 3 Abs. 7 Satz 2 Nr. 1 UStG.

[13] Vgl. Abschn. 3.14 Abs. 2 Satz 2 und 3 UStAE.

Beispiel

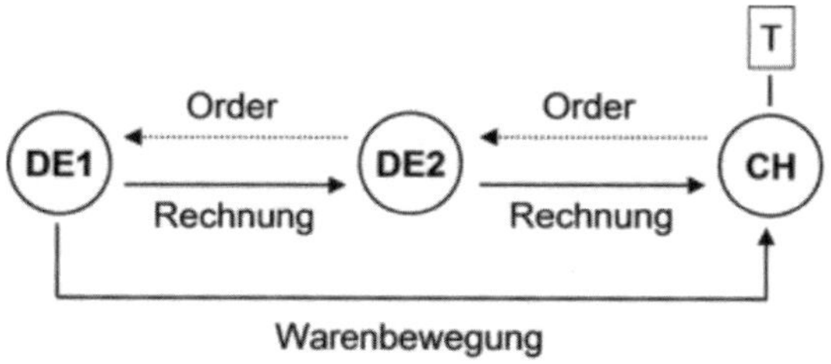

CH beauftragt den Spediteur, den Liefergegenstand von DE1 in Hamburg abzuholen und nach Zürich zu transportieren.

Bei diesem Reihengeschäft werden nacheinander zwei Lieferungen (DE1 an DE2 und DE2 an CH) ausgeführt. Die Beförderung ist der Lieferung DE2 an CH zuzuordnen, da CH als letzter Abnehmer in der Reihe den Liefergegenstand versendet. Die Lieferung DE2 an CH ist damit die bewegte Lieferung, die in Deutschland – wo der Transport der Waren beginnt – steuerbar ist. Die Lieferung DE1 an DE2 ist die ruhende Lieferung, die der bewegten Lieferung vorangeht. Die Lieferung DE1 an DE2 ist demnach ebenfalls in Deutschland – wo der Transport der Waren beginnt – steuerbar.

Die ruhenden Lieferungen, die der bewegten Lieferung nachfolgen, gelten an dem Ort als ausgeführt, an dem die Beförderung oder Versendung des Gegenstands endet. Der Lieferort bestimmt sich nach § 3 Abs. 7 Satz 2 Nr. 2 UStG.

Beispiel

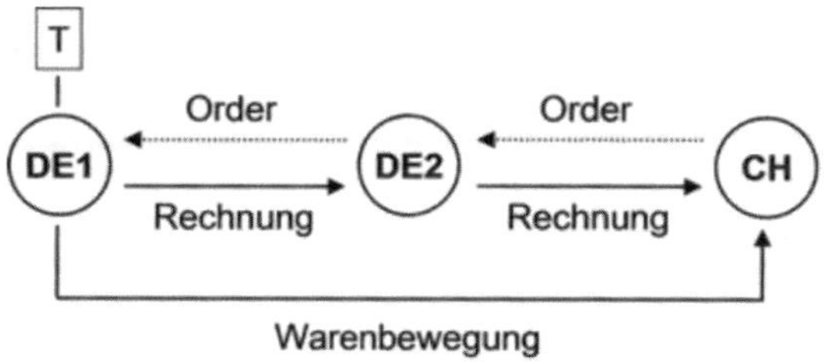

DE1 beauftragt den Spediteur, den Liefergegenstand von DE1 in Hamburg zu CH in Zürich zu befördern.

Bei diesem Reihengeschäft werden nacheinander zwei Lieferungen (DE1 an DE2 und DE2 an CH) ausgeführt. Die Versendung ist der ersten Lieferung DE1 an DE2 zuzuordnen, da DE1 als erster Unternehmer in der Reihe den Gegenstand versendet. Die Lieferung DE1 an DE2 ist damit die bewegte Lieferung, die in Deutschland – wo der Transport der Waren beginnt – steuerbar ist. Die Lieferung DE2 an CH ist die ruhende

Lieferung, die der bewegten Lieferung nachfolgt. Für die Lieferung DE2 an CH liegt der Lieferort in der Schweiz, wo die Beförderung endet. Die Lieferung ist nicht in Deutschland steuerbar.

10.1.4 Zusammenfassung: Grundregeln des Reihengeschäfts

- In einem Reihengeschäft werden nacheinander mehrere Lieferungen ausgeführt, die nach den allgemeinen Regelungen zur Bestimmung des Lieferortes gesondert zu würdigen sind.
- Es gibt nur eine körperliche Warenbewegung, die nur einem Umsatz zugeordnet werden kann (bewegte Lieferung).
- Die bewegte Lieferung gilt an dem Ort als erbracht, an dem die Warenbewegung beginnt.
- Alle anderen Lieferungen sind der bewegten Lieferung entweder vorgelagert oder folgen ihr nach (ruhende Lieferung).
- Die ruhenden Lieferungen gelten als dort ausgeführt, wo die Warenbewegung beginnt (vorangehende Lieferungen) bzw. endet (nachfolgende Lieferungen).
- Die Steuerbefreiung für Ausfuhrlieferungen (§ 6 UStG) kommt nur für die bewegte Lieferung in Betracht.
- Eine ruhende Lieferung kann steuerfrei sein, wenn sich die Liefergegenstände in einem noch nicht abgeschlossenen Zollverfahren befinden.[14]

10.2 Zollrechtliche Regelungen

10.2.1 Ausfuhr

Bei der Ausfuhr von Waren im Rahmen von Reihengeschäften treten im Gegensatz zu der Ausfuhr im Rahmen eines einzelnen Verkaufs regelmäßig zwei besondere Aspekte auf. Dies sind

- die Bestimmung des zollrechtlichen Ausführers und
- die Besonderheiten der Ausfuhrabwicklung durch einen Subunternehmer.[15]

Maßgebend ist hierbei, wer im Zeitpunkt der Annahme der Ausfuhranmeldung das Eigentum oder eine ähnliche Verfügungsmacht an der Ware besitzt. Sofern in einem Rechtsge-

[14] Vgl. mit einschränkenden Bemerkungen Abschn. 4.2.2.2.

[15] Die grundsätzlichen Regelungen zur Person des Ausführers sowie zu dessen Bestimmung wurden bereits in Abschn. 3.2.2 dargestellt.

schäft zwischen einer gebietsansässigen Person und einem Drittländer das Eigentum oder die ähnliche Verfügungsmacht bereits beim drittländischen Abnehmer liegt, gilt dennoch der im Zollgebiet ansässige Vertragspartner als Ausführer.

Bei aufeinander folgenden Verkäufen ist an erster Stelle zu ermitteln, welches der verschiedenen Rechtsgeschäfte als Ausfuhrrechtsgeschäft anzusehen ist. Im Regelfall wird dies das Geschäft zwischen einem gebietsansässigen Beteiligten und einem drittländischen Abnehmer sein.

Beispiel

Der in der Schweiz ansässige Unternehmer CH bestellt Elektroartikel bei dem in Deutschland ansässigen Unternehmer DE. CH verkauft die Waren weiter an seinen japanischen Kunden JP. Die Lieferung der Waren erfolgt direkt von DE an JP.

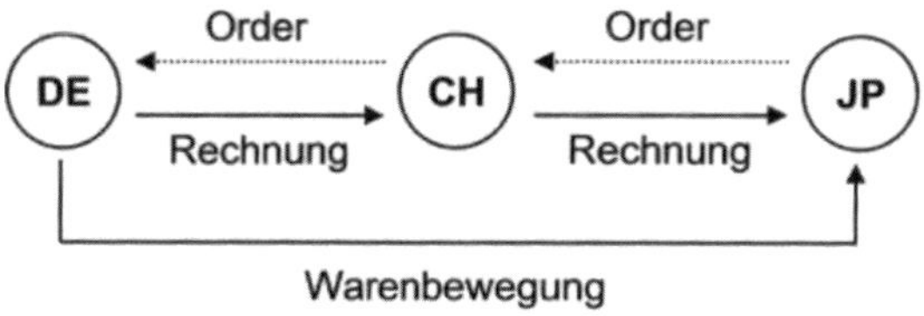

Als Ausfuhrrechtsgeschäft wird im vorliegenden Fall wohl das Rechtsgeschäft zwischen DE und CH zu bewerten sein. Unabhängig von dem Eigentum oder der ähnlichen Verfügungsmacht an der Ware kommt als Ausführer im vorliegenden Fall somit nur DE in Frage. Bitte beachten Sie, dass es hierfür im Gegensatz zur umsatzsteuerlichen Würdigung unbedeutend ist, wer den Transport der Ware veranlasst. Zollrechtlicher und umsatzsteuerlicher Ausführer können deshalb auseinander fallen.[16]

Abweichend wäre der oben geschilderte Fall u. E. nur dann zu beurteilen, wenn DE nicht über den endgültigen Bestimmungsort der Ware informiert ist bzw. keine Kenntnis darüber besitzt, dass die Ware überhaupt ausgeführt wird (z. B. bei einer Abholung der Ware durch CH oder JP). In diesem Fall stellt nicht das Rechtsgeschäft zwischen DE und CH sondern das Geschäft zwischen CH und JP das Ausfuhrrechtsgeschäft dar. Wer von beiden zollrechtlicher Ausführer ist, muss dann danach bestimmt werden, bei wem im Zeitpunkt der Annahme der Ausfuhranmeldung das Eigentum oder eine ähnliche Verfügungsberechtigung liegen. Hierfür wird auf die vereinbarte Lieferbedingung abzustellen sein.[17]

[16] Sofern JP oder (unter gewissen Bedingungen) CH den Transport veranlassen, wird CH zum umsatzsteuerlichen Ausführer. Zollrechtlicher Ausführer ist im vorliegenden Fall DE.

[17] Zur dann notwendigen indirekten Vertretung des Ausführers durch einen gemeinschaftsansässigen Anmelder siehe Abschn. 3.1.2.

Sofern die Ausfuhrabwicklung durch einen Subunternehmer erfolgt, kann die für diesen zuständige Zollstelle auch Ausfuhrzollstelle sein. Regelmäßig wird es sich dabei um die Zollstelle handeln, bei der auch die Verpackung oder Verladung der Waren zur Ausfuhr erfolgt und die auch deshalb bereits als Ausfuhrzollstelle in Betracht kommt.[18] Falls der Subunternehmer nicht alle zur Ausfuhr der Ware notwendigen Informationen kennt, kann zudem mit dem Instrument der unvollständigen Zollanmeldung gearbeitet werden.[19]

Beispiel

Der in der Schweiz ansässige Unternehmer CH bestellt Elektroartikel bei dem in Deutschland ansässigen Unternehmer DE1. Da dieser die Waren nicht vorrätig hat, gibt er den Auftrag weiter an den deutschen Subunternehmer DE2. CH möchte die Waren weiter an den in Japan ansässigen Unternehmer JP veräußern. Die Elektroartikel werden von DE2 direkt nach Japan geliefert. DE2 übernimmt als Subunternehmer die Ausfuhrabwicklung.

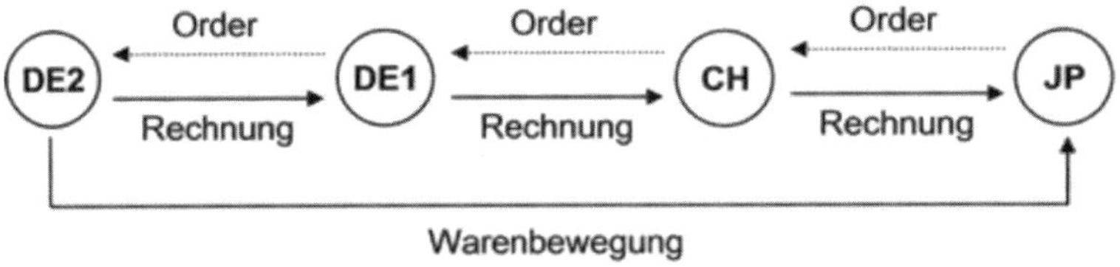

Das Geschäft zwischen DE1 und CH stellt den Ausfuhrvertrag dar. Ausführer ist DE1. Die Ausfuhranmeldung ist deshalb zumindest für Rechnung von DE1 abzugeben. Da DE2 die Ausfuhrdokumente im Rahmen der Ausfuhrabwicklung erstellt und die Waren bei DE2 zur Ausfuhr verpackt und verladen sowie direkt von seinem Grundstück nach Japan transportiert werden, kann das für ihn (DE2) zuständige Zollamt als Ausfuhrzollstelle agieren. Sofern DE2 nicht über alle zur Erstellung der Ausfuhrabwicklung notwendigen Informationen (z. B. Rechnungspreis DE1 an CH) verfügt, kann er eine unvollständige Zollanmeldung abgeben. Diese ist dann durch DE1 nach der Ausfuhr der Ware im Rahmen der vorgesehenen Frist zu vervollständigen.

10.2.2 Einfuhr

Hinsichtlich eines Reihengeschäfts bei der Wareneinfuhr aus einem Drittland sind im Gegensatz zur Einfuhr auf der Basis eines einzelnen Kaufgeschäfts kaum Besonderheiten zu berücksichtigen. Lediglich für die Zwecke der Zollwertermittlung im Rahmen der

[18] Vgl. Abschn. 3.1.3.1.2.

[19] Vgl. Abschn. 3.1.3.2.2.

Transaktionswertmethode[20] ist zu ermitteln, welcher Verkauf tatsächlich zur Ausfuhr in die Europäische Gemeinschaft geführt hat. Im Regelfall wird dies der erste Verkauf an einen Kunden in der Europäischen Gemeinschaft sein.

Unter Umständen, insbesondere wenn ausschließlich Konzerngesellschaften an den aufeinander folgenden Verkäufen beteiligt sind, bietet sich die Möglichkeit der Reduzierung der zu zahlenden Einfuhrabgaben durch die Anmeldung eines so genannten Vorerwerberpreises, d. h. eines Preises aus einem dem Verkauf zur Ausfuhr in die Europäische Gemeinschaft vorausgehenden Kaufgeschäft.[21]

10.3 Reihengeschäfte mit dem Drittland

10.3.1 Reihengeschäft in das Drittlandsgebiet

10.3.1.1 Ausgangsfall

Liegt das Ende einer Warenbewegung im Drittlandsgebiet, kommt es in besonderem Maße auf die Zuordnung der Warenbewegung zu einem bestimmten Umsatz an, da diese nach den oben dargestellten Grundsätzen maßgeblich ist für die Bestimmung des Lieferortes. Abweichend von den umsatzsteuerlichen Grundsätzen ist der zollrechtliche Ausführer in der Lieferkette zu bestimmen.

Den nachstehenden Ausführungen liegt folgender Ausgangsfall zugrunde:

Ausgangsfall

Der in der Schweiz ansässige Unternehmer CH bestellt bei dem in den Niederlanden ansässigen Großhändler NL Holzstühle. NL ordert die Stühle bei dem in Deutschland ansässigen Händler DE1. DE1 beauftragt den Möbelhersteller DE2 aus München mit der Herstellung und Lieferung der Holzstühle.

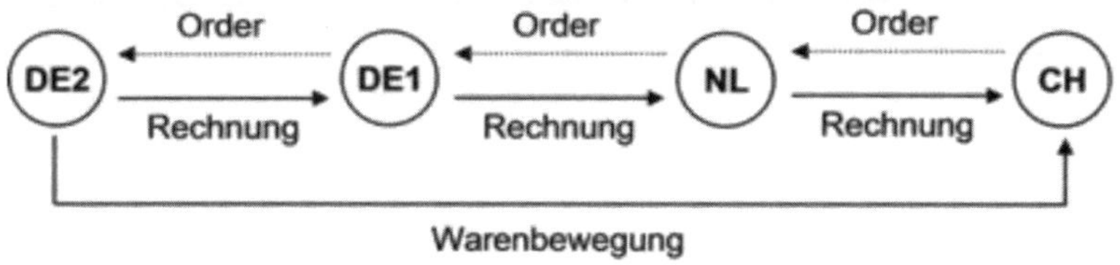

[20] Vgl. Abschn. 2.1.3.2.2.

[21] Eine ausführliche Darstellung der zollwertrechtlichen Besonderheiten zur Anmeldung von Vorerwerbergeschäften finden Sie unter Abschn. 2.1.3.2.5.

In diesem Reihengeschäft werden nacheinander drei Lieferungen DE2 an DE1, DE1 an NL und NL an CH sowie eine zollrechtliche Ausfuhr ausgeführt. Hinsichtlich der Bestimmung des umsatzsteuerlichen Lieferortes gilt es zu unterscheiden, welcher der Beteiligten die Holzstühle befördert oder versendet. Zur Bestimmung des zollrechtlichen Ausführers ist das Ausfuhrrechtsgeschäft zu bestimmen.

10.3.1.2 Beförderung oder Versendung durch den ersten Lieferer

Die Holzstühle werden durch DE2 direkt von München an CH in der Schweiz befördert.

10.3.1.2.1 Wer tätigt die umsatzsteuerliche Ausfuhrlieferung?

Die Warenbewegung von Deutschland in die Schweiz wird der Lieferung DE2 an DE1 zugeordnet. Ihr Lieferort liegt am Beginn der Beförderung in Deutschland. Die Lieferung erfüllt die Voraussetzungen des § 6 Abs. 1 Satz 1 Nr. 1 UStG. Sie ist als Ausfuhrlieferung steuerfrei. Auf die Ansässigkeit des DE1 kommt es nicht an, da der Liefergegenstand durch den Unternehmer und nicht den Abnehmer befördert wird.

Alle anderen Lieferungen DE1 an NL und NL an CH folgen der bewegten Lieferung nach. Sie gelten demnach grundsätzlich als in der Schweiz erbracht wo die Warenbewegung endet (§ 3 Abs. 7 Satz 2 Nr. 2 UStG) und sind somit nicht steuerbar.

Unabhängig von den Zuordnungskriterien nach dem deutschen Umsatzsteuerrecht sind die umsatzsteuerlichen Konsequenzen im Drittland (hier: Schweiz) zu prüfen. Im vorliegenden Beispiel ist entscheidend, wer die Holzstühle in der Schweiz zur Einfuhr abfertigt. Wird die Einfuhr durch (im Namen von) dem Schweizer Kunden CH vorgenommen, sind die Lieferungen von DE2 an DE1, DE1 an NL und NL an CH aus Schweizer Sicht umsatzsteuerlich nicht relevant, d. h. weder DE2 noch DE1 noch NL haben sich in der Schweiz für Umsatzsteuerzwecke erfassen zu lassen. DE2, DE1 und NL könnten sich aber auch freiwillig für Schweizer Umsatzsteuerzwecke durch Abgabe einer Unterstellungserklärung gegenüber der eidgenössischen Steuerverwaltung registrieren lassen und die Einfuhr der Gegenstände vornehmen. Die nachfolgenden Lieferungen würden dann der Schweizer Umsatzsteuer unterliegen.[22] Als Faustregel kann man festhalten, dass sich Registrierungspflichten im Drittland in der Regel immer nur im Rahmen von DDP-Lieferungen ergeben, wenn der Lieferer nach den Lieferbedingungen die Waren zur Einfuhr in diesem Land abfertigt.

10.3.1.2.2 Wer ist zollrechtlicher Ausführer?

Das Ausfuhrrechtsgeschäft findet zwischen NL und CH statt. Es ist das Rechtsgeschäft zwischen einem gebietsansässigen Beteiligten und dem drittländischen Abnehmer. NL ist zoll- und außenwirtschaftrechtlicher Ausführer. Dies gilt unabhängig von der Transportveranlassung in diesem Reihengeschäft.

[22] Zur Registrierungspflicht in der Schweiz vgl. das Merkblatt „Ort der Lieferung und Importeur bei Einfuhren" der Eidgenössischen Zollverwaltung, abrufbar unter www.ezv.admin.ch.

Im vorliegenden Fall können sich Schwierigkeiten bei der praktischen Abwicklung der Ausfuhranmeldung ergeben. Da DE2 und NL nicht im gleichen Mitgliedstaat ansässig sind und es zwischen den Niederlanden und Deutschland keine entsprechende Vereinbarung gibt, kann DE2 keine unvollständige Ausfuhranmeldung abgeben. [23] NL hat somit die Ausfuhranmeldung in Deutschland abzugeben. Er kann sich hierbei vertreten lassen.

10.3.1.3 Beförderung oder Versendung durch den mittleren Unternehmer

10.3.1.3.1 Alternative: Versendung durch DE1

DE1 beauftragt einen Spediteur, die Waren von München an CH in die Schweiz zu transportieren.

10.3.1.3.1.1 Wer tätigt die umsatzsteuerliche Ausfuhrlieferung?

Die Warenbewegung von Deutschland in die Schweiz würde anhand der gesetzlichen Vermutung des § 3 Abs. 6 Satz 6 UStG zunächst der Lieferung DE2 an DE1 zugeordnet werden. Diese Lieferung erfüllt jedoch nicht die Voraussetzungen des § 6 Abs. 1 Satz 1 Nr. 2 UStG, da DE1 als Abnehmer die Waren versendet und es sich bei DE1 nicht um einen ausländischen Abnehmer handelt. Die Lieferung DE2 an DE1 ist in Deutschland steuerbar und steuerpflichtig.

Abwandlung: DE1 vereinbart mit DE2 eine Lieferung ab Werk „EXW München" und mit NL eine Lieferung frei Haus „DDP Zürich".

DE1 ist in Deutschland ansässig und kann durch die vereinbarten Lieferkonditionen nachweisen, dass er Gefahr und Kosten des Warentransports übernommen hat. Die Warenbewegung wird seiner eigenen Lieferung DE1 an NL zugeordnet, § 3 Abs. 6 Satz 6 UStG. Ihr Lieferort liegt am Beginn der Beförderung in Deutschland. Die Lieferung erfüllt die Voraussetzungen des § 6 Abs. 1 Satz 1 Nr. 1 UStG. Sie ist als Ausfuhrlieferung steuerfrei.

Die Lieferung DE2 an DE1 ist der bewegten Lieferung vorgelagert und ist damit in Deutschland steuerbar und steuerpflichtig, wo die Warenbewegung beginnt, § 3 Abs. 7 Satz 2 Nr. 1 UStG.

Die Lieferung NL an CH folgt der bewegten Lieferung nach. Sie gilt demnach als in der Schweiz erbracht, wo die Warenbewegung endet, § 3 Abs. 7 Satz 2 Nr. 2 UStG.[24]

10.3.1.3.1.2 Wer ist zollrechtlicher Ausführer?

Das Ausfuhrrechtsgeschäft findet zwischen NL und CH statt. Es ist das Rechtsgeschäft zwischen einem gebietsansässigen Beteiligten und dem drittländischen Abnehmer. NL ist zoll- und außenwirtschaftrechtlicher Ausführer. Dies gilt unabhängig von der Transportveranlassung in diesem Reihengeschäft.

Im vorliegenden Fall können sich Schwierigkeiten bei der praktischen Abwicklung der Ausfuhranmeldung ergeben. Da DE2 und NL nicht im gleichen Mitgliedstaat ansässig

[23] Vgl. Abschn. 2.1.2.4.1.

[24] Umsatzsteuerliche Pflichten für NL in der Schweiz resultieren daraus nicht, soweit der Schweizer Abnehmer die Einfuhr tätigt.

sind und es zwischen den Niederlanden und Deutschland keine entsprechende Vereinbarung gibt, kann DE2 keine unvollständige Ausfuhranmeldung abgeben. NL hat somit die Ausfuhranmeldung in Deutschland abzugeben. Er kann sich hierbei vertreten lassen.

10.3.1.3.2 Alternative: Versendung durch NL

NL beauftragt einen Spediteur, die Waren von München an CH in die Schweiz zu transportieren.

10.3.1.3.2.1 Wer tätigt die umsatzsteuerliche Ausfuhrlieferung?

Die Warenbewegung von Deutschland in die Schweiz ist anhand der gesetzlichen Vermutung des § 3 Abs. 6 Satz 6 UStG der Lieferung DE1 an NL zuzuordnen. Eine Verlagerung der Warenbewegung auf die Lieferung NL an CH kommt nicht in Betracht, da NL nicht im Abgangsland Deutschland ansässig oder umsatzsteuerlich erfasst ist. Die Lieferung DE1 an NL ist in Deutschland steuerbar, wo die Warenbewegung beginnt. Die Lieferung erfüllt die Voraussetzungen des § 6 Abs. 1 Satz 1 Nr. 2 UStG. Sie ist als Ausfuhrlieferung steuerfrei.

Die Lieferung DE2 an DE1 ist der bewegten Lieferung vorgelagert und ist damit in Deutschland steuerbar und steuerpflichtig, wo die Warenbewegung beginnt, § 3 Abs. 7 Satz 2 Nr. 1 UStG.

Die Lieferung NL an CH folgt der bewegten Lieferung nach. Sie gilt demnach als in der Schweiz erbracht, wo die Warenbewegung endet, § 3 Abs. 7 Satz 2 Nr. 2 UStG.[25]

10.3.1.3.2.2 Wer ist zollrechtlicher Ausführer?

Das Ausfuhrrechtsgeschäft findet zwischen NL und CH statt. Es ist das Rechtsgeschäft zwischen einem gebietsansässigen Beteiligten und dem drittländischen Abnehmer. NL ist zoll- und außenwirtschaftrechtlicher Ausführer. Dies gilt unabhängig von der Transportveranlassung in diesem Reihengeschäft.

Im vorliegenden Fall können sich Schwierigkeiten bei der praktischen Abwicklung der Ausfuhranmeldung ergeben. Da DE2 und NL nicht im gleichen Mitgliedstaat ansässig sind und es zwischen den Niederlanden und Deutschland keine entsprechende Vereinbarung gibt, kann DE2 keine unvollständige Ausfuhranmeldung abgeben. NL hat somit die Ausfuhranmeldung in Deutschland abzugeben. Er kann sich hierbei vertreten lassen.

10.3.1.4 Beförderung oder Versendung durch den letzten Abnehmer

CH beauftragt einen Spediteur, die Waren von München abzuholen und an CH in der Schweiz zu transportieren.

[25] Umsatzsteuerliche Pflichten für NL in der Schweiz resultieren daraus nicht, soweit der Schweizer Abnehmer die Einfuhr tätigt.

10.3.1.4.1 Wer tätigt die umsatzsteuerliche Ausfuhrlieferung?

Die Warenbewegung wird der Lieferung NL an CH zugeordnet. Ihr Lieferort liegt am Beginn der Beförderung in Deutschland. NL ist damit verpflichtet, sich umsatzsteuerlich in Deutschland erfassen zu lassen. Die Lieferung erfüllt die Voraussetzungen des § 6 Abs. 1 Satz 1 Nr. 2 UStG. Sie ist als Ausfuhrlieferung steuerfrei.

Die dieser Lieferung vorgelagerten Umsätze DE2 an DE1 sowie DE1 an NL sind ebenfalls in Deutschland steuerbar, wo die Warenbewegung beginnt, § 3 Abs. 7 Satz 2 Nr. 1 UStG, und mangels Steuerbefreiung steuerpflichtig.

10.3.1.4.2 Wer ist zollrechtlicher Ausführer?

Das Ausfuhrrechtsgeschäft findet zwischen NL und CH statt. Es ist das Rechtsgeschäft zwischen einem gebietsansässigen Beteiligten und dem drittländischen Abnehmer. NL ist zoll- und außenwirtschaftrechtlicher Ausführer. Dies gilt unabhängig von der Transportveranlassung in diesem Reihengeschäft.

Im vorliegenden Fall können sich Schwierigkeiten bei der praktischen Abwicklung der Ausfuhranmeldung ergeben. Da DE2 und NL nicht im gleichen Mitgliedstaat ansässig sind und es zwischen den Niederlanden und Deutschland keine entsprechende Vereinbarung gibt, kann DE2 keine unvollständige Ausfuhranmeldung abgeben. NL hat somit die Ausfuhranmeldung in Deutschland abzugeben. Er kann sich hierbei vertreten lassen.

In diesem Beispiel sind zollrechtlicher und umsatzsteuerlicher Ausführer identisch.

► **Hinweis** Bei Drittlandsreihengeschäften mit dem Ende der Warenbewegung im Drittland und einem ausländischen Unternehmer in der Lieferkette führt die Transportbeauftragung durch den letzten Abnehmer immer zur Notwendigkeit der umsatzsteuerlichen Registrierung des ausländischen Vorlieferanten im Abgangsland. Diese offensichtliche Schwierigkeit in der praktischen Abwicklung kann durch eine entsprechende Gestaltung der Auftragserteilung für den Transport vermieden werden.

10.3.2 Reihengeschäfte aus dem Drittlandsgebiet

10.3.2.1 Ausgangsfall

Entscheidend für die umsatzsteuerliche Würdigung der Drittlandsreihengeschäfte, deren Warenbewegung im Inland endet, ist die Frage, auf welchen der Beteiligten die Liefergegenstände zum freien Verkehr in der Gemeinschaft abgefertigt werden (Einfuhr).

Den nachstehenden Ausführungen liegt folgender Ausgangsfall zugrunde:

Ausgangsfall

Der in der Schweiz ansässige Unternehmer CH bestellt Elektroartikel bei dem in Deutschland ansässigen Unternehmer DE1. Da dieser die Waren nicht vorrätig hat, gibt er den Auftrag weiter an die japanische Muttergesellschaft JP. CH möchte die Waren weiter an den in Deutschland ansässigen Unternehmer DE2 veräußern. Die Elektroartikel werden von Japan direkt an DE2 nach Deutschland geliefert

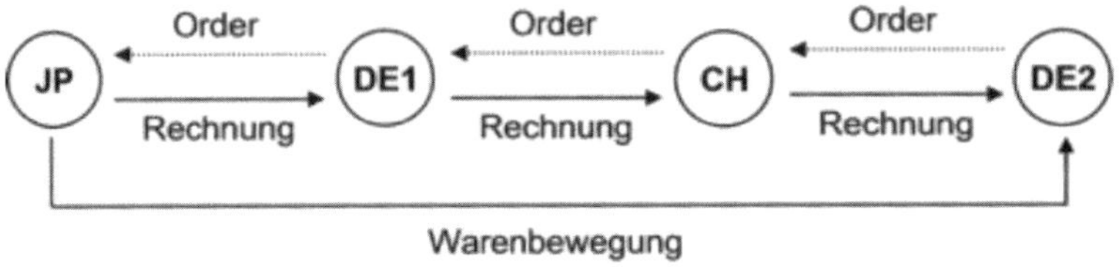

In diesem Reihengeschäft werden nacheinander drei Lieferungen JP an DE1, DE1 an CH und CH an DE2 ausgeführt. Hinsichtlich der Bestimmung des umsatzsteuerlichen Lieferortes gilt es zu unterscheiden, welcher der Beteiligten die Waren befördert oder versendet und auf wen diese zum freien Verkehr abgefertigt werden.

10.3.2.2 Beförderung oder Versendung durch den ersten Unternehmer

10.3.2.2.1 Einfuhr durch DE1

JP übernimmt die Versendung der Waren von Japan nach Deutschland zum Endkunden DE2.

Nach den Vorschriften zu den Reihengeschäften gilt die Lieferung zwischen JP und DE1 als so genannte bewegte Lieferung, § 3 Abs. 6 Satz 5 UStG. Diese Lieferung gilt als am Ort des Beginns der Versendung ausgeführt, mithin in Japan. Alle nachfolgenden Lieferungen, DE1 an CH sowie CH an DE2 gelten als dort ausgeführt, wo die Versendung endet, mithin in Deutschland, § 3 Abs. 7 Satz 2 Nr. 2 UStG. Sie sind somit in Deutschland steuerbar und mangels Steuerbefreiung auch steuerpflichtig. CH muss sich in Deutschland umsatzsteuerlich registrieren lassen.

DE1 übernimmt die Überführung der Waren in den freien Verkehr. Er kann sich bei der Einfuhranmeldung direkt oder indirekt vertreten lassen. DE1 ist zollrechtlicher Einführer und i. d. R. auch Zollwertanmelder. Er wird Schuldner des Zolls und der Einfuhrumsatzsteuer. Die Verzollung erfolgt auf der Basis des Preises aus dem Kaufgeschäft JP an DE1, Art. 147 Abs. 1 ZK-DVO.

DE1 kann die Einfuhrumsatzsteuer als Vorsteuer gemäß § 15 Abs. 1 Nr. 2 UStG abziehen. Bei Reihengeschäften ist davon auszugehen, dass derjenige Lieferer in der Reihe die Verfügungsmacht innehat, der die Einfuhrumsatzsteuer entrichtet.[26]

[26] Vgl. Abschn. 15.8 Abs. 6 Satz 3 UStAE.

10.3.2.2.2 Einfuhr durch DE2

JP übernimmt die Versendung der Waren von Japan nach Deutschland zum Endkunden DE2.

Nach den Vorschriften zu den Reihengeschäften gilt die Lieferung zwischen JP und DE1 als so genannte bewegte Lieferung, § 3 Abs. 6 Satz 5 UStG. Diese Lieferung gilt als am Ort des Beginns der Versendung ausgeführt, mithin in Japan. Alle nachfolgenden Lieferungen, DE1 an CH sowie CH an DE2 gelten als dort ausgeführt, wo die Versendung endet, mithin in Deutschland, § 3 Abs. 7 Satz 2 Nr. 2 UStG. Sie sind somit in Deutschland steuerbar.

Sie gehen jedoch einer Einfuhr (durch DE2) voran und sind daher gemäß § 4 Nr. 4b UStG steuerfrei. CH bewirkt zwar eine in Deutschland steuerbare und steuerfreie Lieferung, muss sich aber nach allgemeiner Verwaltungsauffassung nicht in Deutschland umsatzsteuerlich registrieren lassen.[27]

DE2 übernimmt die Überführung der Waren in den freien Verkehr. Er kann sich bei der Einfuhranmeldung direkt oder indirekt vertreten lassen. DE2 ist zollrechtlicher Einführer und i. d. R. auch Zollwertanmelder. Er wird Schuldner des Zolls und der Einfuhrumsatzsteuer. Die Verzollung erfolgt auf der Basis des Preises aus dem Kaufgeschäft CH an DE2, da es sich hierbei um den letzten Verkauf vor der Bewertung handelt, der zur Verbringung der Waren in das Zollgebiet der Gemeinschaft geführt hat, Art. 147 Abs. 1 ZK-DVO. Ggf. kommt auch die Anmeldung eines Preises aus einem der vorangegangenen Verkäufe in Betracht.[28]

DE2 kann die Einfuhrumsatzsteuer als Vorsteuer gemäß § 15 Abs. 1 Nr. 2 UStG abziehen.[29]

10.3.2.3 Versendung oder Beförderung durch den letzten Unternehmer

10.3.2.3.1 Einfuhr durch DE2

DE2 lässt die Waren bei JP in Japan abholen.

Nach den Regelungen zum Reihengeschäft ist die Lieferung zwischen CH und DE2 die so genannte bewegte Lieferung. Diese Lieferung gilt am Ort des Beginns der Versendung als ausgeführt, mithin in Japan, § 3 Abs. 6 Satz 1 UStG. Die dieser bewegten Lieferung vorangehenden Lieferungen (ruhende Lieferungen) JP an DE1 sowie DE1 an CH gelten ebenfalls als dort ausgeführt, wo die Versendung beginnt, mithin in Japan, § 3 Abs. 7 Satz 2 Nr. 1 UStG. Aus deutscher Sicht sind folglich sämtliche Lieferungen nicht steuerbar.

---

[27] Vgl. BMF vom 28.01.2004, IV D 1 – S 7157–1/04, IV D 1 – S 7157a – 1/04, BStBl. I 2004, 242; Langer in Reiß et al. 2014, § 4 Nr. 4 b, Rz. 3.

[28] Zur Möglichkeit der Anmeldung eines Preises aus einem so genannten Vorerwerbergeschäft vgl. Abschn. 2.1.3.2.5.

[29] Vgl. zur Frage des Übergangs der Verfügungsmacht auf den letzten Abnehmer in der Lieferkette nach § 3 Abs. 7 Satz 2 Nr. 2 UStG und der Berechtigung zum Vorsteuerabzug der Einfuhrumsatzsteuer bei Einfuhrabwicklung vor physischer Warenübergabe Thoma und Kirchhainer UStB 2009, S. 132.

DE2 übernimmt die Überführung der Waren in den freien Verkehr. Er kann sich bei der Einfuhranmeldung direkt oder indirekt vertreten lassen. DE2 ist zollrechtlicher Einführer und i. d. R. auch Zollwertanmelder. Er wird Schuldner des Zolls und der Einfuhrumsatzsteuer.

DE2 kann die Einfuhrumsatzsteuer als Vorsteuer gemäß § 15 Abs. 1 Nr. 2 UStG abziehen. Bei Reihengeschäften ist davon auszugehen, dass derjenige in der Reihe die Verfügungsmacht innehat, der die Einfuhrumsatzsteuer entrichtet.[30]

10.3.2.3.2 Einfuhr durch DE1

DE2 lässt die Waren bei JP in Japan abholen.

Nach den Regelungen zum Reihengeschäft ist die Lieferung zwischen CH und DE2 die so genannte bewegte Lieferung. Diese Lieferung gilt am Ort des Beginns der Versendung als ausgeführt, mithin in Japan, § 3 Abs. 6 Satz 1 UStG. Die dieser bewegten Lieferung vorangehenden Lieferungen (ruhende Lieferungen) JP an DE1 sowie DE1 an CH gelten grundsätzlich ebenfalls als dort ausgeführt, wo die Versendung beginnt, mithin in Japan (siehe Alternative 3). Abweichend davon bestimmt § 3 Abs. 8 UStG, dass der Ort einer Lieferung als im Inland belegen gilt, wenn der (ein) Lieferer oder ein von ihm beauftragter Schuldner der Einfuhrumsatzsteuer ist. Danach gelten gemäß § 3 Abs. 8 UStG die Lieferungen von DE1 an CH sowie CH an DE2 als im Inland, in Deutschland, ausgeführt. Diese Lieferungen sind in Deutschland steuerbar und mangels Steuerbefreiung auch steuerpflichtig. CH muss sich für Zweck der Umsatzsteuer in Deutschland registrieren lassen.

DE1 übernimmt die Überführung der Waren in den freien Verkehr. Er kann sich bei der Einfuhranmeldung direkt oder indirekt vertreten lassen. DE1 ist zollrechtlicher Einführer und i. d. R. auch Zollwertanmelder. Er wird Schuldner des Zolls und der Einfuhrumsatzsteuer.

DE1 kann die Einfuhrumsatzsteuer als Vorsteuer gemäß § 15 Abs. 1 Nr. 2 UStG abziehen. Bei Reihengeschäften ist davon auszugehen, dass derjenige Lieferer in der Reihe die Verfügungsmacht innehat, der die Einfuhrumsatzsteuer entrichtet.[31]

Literatur

Reiß, Wolfram, Jörg Kraeusel, Michael Langer, und Christoph Wäger, Hrsg. 2014. *Kommentar zum Umsatzsteuergesetz. Grundwerk mit 113. Ergänzungslieferung*. 1. Aufl. Bonn. Stand: Mai. Stollfuß Medien GmbH & Co.KG. (ISBN: 9783082547007).

Thoma, Alexander, und Ellen Kirchhainer. 2009. Der Abzug von Einfuhrumsatzsteuer unter Beachtung von Lieferstrukturen. *Der Umsatz-Steuerberater* 132–136.

[30] Vgl. Abschn. 15.8 Abs. 6 Satz 3 UStAE.

[31] Vgl. Abschn. 15.8 Abs. 6 Satz 3 UStAE.

Grenzüberschreitende Kommissionsgeschäfte 11

11.1 Umsatzsteuerliche Grundlagen der Ein- und Verkaufskommission

11.1.1 Einführung

Das handelsrechtliche Kommissionsgeschäft ist ein Sonderfall der mittelbaren Stellvertretung. Gemäß § 383 HGB ist Kommissionär derjenige, der es gewerbsmäßig übernimmt, Waren oder Wertpapiere für fremde Rechnung, aber im eigenen Namen zu kaufen oder zu verkaufen. Im Innenverhältnis schließen der Kommittent und der Kommissionär einen Kommissionsvertrag, der seiner Rechtsnatur nach einem Geschäftsbesorgungsvertrag entspricht, § 675 BGB (vgl. Storg 2005, S. 142; vgl. Eschenbach 2002, S. 429).

Mit dem Kommissionsvertrag verpflichtet sich der Kommissionär, unter Wahrung der Interessen des Kommittenten, ein übernommenes Geschäft auszuführen, und der Kommittent im Gegenzug eine Provision zu zahlen.

Im Gegensatz zum Agenturgeschäft tritt der Kommissionär im Außenverhältnis im eigenen Namen auf. Er wird Vertragspartner des Kunden. Der Kommittent tritt gegenüber dem Kunden nicht in Erscheinung. Im Innenverhältnis zum Kommittenten handelt der Kommissionär auf dessen Rechnung, d. h. die Folgen des von ihm abgeschlossenen Ausführungsgeschäfts sollen wirtschaftlich ausschließlich seinen Auftraggeber treffen.

Die zivilrechtliche Geschäftsbesorgung wird umsatzsteuerlich durch § 3 Abs. 3 UStG in eine Lieferung zwischen dem Kommittenten und dem Kommissionär umqualifiziert. Dies gilt sowohl in den Fällen der Einkaufskommission als auch der Verkaufskommission.

A. Thoma et al., *Zoll und Umsatzsteuer,* DOI 10.1007/978-3-658-00165-0_11

11.1.2 Einkaufskommission

Bei der Einkaufskommission besorgt der Kommissionär den Einkauf einer Ware. Er tritt dabei gegenüber dem Verkäufer im eigenen Namen als Käufer auf.

Zivilrechtlich erwirbt der Kommissionär vom Verkäufer zunächst das Eigentum an dem eingekauften Gegenstand. Er übereignet es seinem Auftraggeber nach den Grundsätzen der §§ 929 ff. BGB entweder in Form eines erlaubten Insichgeschäfts oder durch vorweggenommene Einigung und Vereinbarung eines Besitzmittlungsverhältnisses weiter.

Umsatzsteuerlich bewirkt der Dritte (Verkäufer) zunächst eine Lieferung an den Kommissionär nach den allgemeinen Grundsätzen des § 3 Abs. 1 UStG. Die Lieferung des Kommissionärs an den Kommittenten wird durch § 3 Abs. 3 UStG fingiert. Bemessungsgrundlage des Lieferumsatzes des Dritten an den Kommissionär ist der vom Kommissionär an den Dritten zu zahlende Kaufpreis abzüglich der darin enthaltenen Umsatzsteuer, § 10 Abs. 1 Satz 1und 2 UStG. Bemessungsgrundlage der Lieferung zwischen dem Kommissionär und dem Kommittenten ist dasjenige, was der Kommittent aufgrund des Kommissionsgeschäftes an den Kommissionär zu entrichten hat. Sie setzt sich damit zusammen aus dem an den Dritten zu zahlenden Kaufpreis zuzüglich der Provision des Kommissionärs (zuzüglich sonstiger beim Kommissionär entstandener Kosten) und abzüglich der darin enthaltenen Umsatzsteuer.

Sind alle beteiligten Unternehmen zum vollen Vorsteuerabzug berechtigt, führt die umsatzsteuerliche Umqualifizierung der Geschäftsbesorgung in eine Lieferung wirtschaftlich zu dem gleichen Ergebnis, als würde die Provision als alleiniges Entgelt der Geschäftsbesorgung versteuert werden.

Beispiel

Kommittent KT beauftragt Kommissionär KM Holzrohstoff im Wert von 11.900 € brutto im eigenen Namen und auf Rechnung des KT zu erwerben. Sie vereinbaren eine Provision in Höhe von 10%. KM kauft die Rohstoffe von dem Großhändler G zum Preis von 11.900 €.

G bewirkt eine Lieferung an KM bei einer Bemessungsgrundlage von 10.000 € zzgl. 1900 € Umsatzsteuer. KM bewirkt seinerseits eine Lieferung an KT gemäß § 3 Abs. 3 UStG. Die Bemessungsgrundlage errechnet sich auf Basis des an G gezahlten Kaufpreises in Höhe von 11.900 € zzgl. einer Provision in Höhe von 1190 € (10%)=13.090 € abzüglich der darin enthaltenen Umsatzsteuer 2090 €. Sie beträgt damit 11.000 €.

Belastungsrechnung des Kommissionärs:

Aufwendungen aus dem Kauf	./.	11.900
Vorsteuerabzug aus dem Kauf		1900
Einnahmen aus dem Kommissionsgeschäft		13.090
dafür abzuführende Umsatzsteuer	./.	2090
Erlös netto		1000

1000 € entsprechen der vereinbarten Provision von 10 % netto.

Belastungsrechnung des Kommittenten:

Aufwendungen aus dem Kommissionsgeschäft	./.	13.090
Vorsteuerabzug		2090
Belastung netto	./.	11.000

11.000 € Belastung entsprechen den Vorgaben aus dem Kommissionsgeschäft von 10.000 € für den Erwerb der Rohstoffe und 1000 € für die Provision an KM.

Nach herrschender Auffassung werden beide Lieferungen zeitgleich ausgeführt. D. h. zu dem Zeitpunkt, an dem nach den allgemeinen Grundsätzen des § 3 Abs. 1 UStG die Lieferung des Dritten an den Kommissionär bewirkt ist, gilt gleiches auch für die Lieferung des Kommissionärs an den Kommittenten (vgl. Nieskens in Rau und Dürrwächter 2014, § 3 Abs. 2423; vgl. aber Martin in Sölch und Ringleb 2014, § 3, Rz. 415). Dies gilt unabhängig davon, wann das zivilrechtliche Eigentum tatsächlich an den Kommittenten übertragen wird (vorgelagert durch ein antizipiertes Besitzkonstitut oder bei Übergabe nach § 929 Satz 1 BGB). Denn auch ohne Übergabe des erworbenen Kommissionsguts an den Kommittenten trägt dieser die Gefahr des zufälligen Untergangs.

Wird das Erwerbsgeschäft nicht ausgeführt, z. B. mangels geeigneter Kaufobjekte, liegen keinerlei Lieferbeziehungen weder zwischen dem Dritten und dem Kommissionär noch zwischen Kommissionär und Kommittent vor. Eine eventuelle dennoch gezahlte Provision für die Bemühungen stellt ein Leistungsentgelt für die insoweit erbrachte selbständige sonstige Leistung des Kommissionärs dar (vgl. Nieskens in Rau und Dürrwächter 2014, § 3 UStG, Rz. 2431).

Bei Untergang der Kommissionsware vor Übergabe an den Kommittenten kommt es entscheidend darauf an, ob man – wie oben dargestellt – eine Lieferung zwischen Kommissionär und Kommittent bereits bejaht, bevor die Ware tatsächlich an den Kommittenten übergeben wurde. Folgt man der herrschenden Auffassung und sieht eine Lieferung zwischen Kommissionär und Kommittent bereits zum Zeitpunkt der Lieferung zwischen dem Dritten und dem Kommittenten, so ist jeder vom Kommittenten geleistete Aufwendungsersatz – trotz Untergangs der Ware – Entgelt für die bereits bewirkte Lieferung (vgl. Nieskens in Rau und Dürrwächter 2014, § 3 UStG, Rz. 2441).

11.1.3 Verkaufskommission

Bei der Verkaufskommission besorgt der Kommissionär den Verkauf einer Ware. Er tritt dabei gegenüber dem Käufer im eigenen Namen als Verkäufer auf.

Zivilrechtlich erwirbt der Dritte (Käufer) unter den Voraussetzungen des § 185 BGB unmittelbar das Eigentum an dem veräußerten Gegenstand vom Kommittenten. Insoweit findet kein Durchgangserwerb in der Person des Kommissionärs statt.

Umsatzsteuerlich wird durch § 3 Abs. 3 UStG die handelsrechtliche Geschäftsbesorgung umqualifiziert in eine Lieferung des Kommittenten an den Kommissionär. Umsatzsteuerliches Entgelt für diese Lieferung ist alles, was der Kommissionär bei dem Ausführungsgeschäft – der Weiterlieferung an den Dritten – erlangt abzüglich seiner Provision (abzüglich sonstiger Kosten des Kommissionärs) und abzüglich der darin enthaltenen Umsatzsteuer. Dies gilt auch dann, wenn der Kommittent aufgrund der vereinbarten Zahlungsbedingungen zunächst den vollen Verkaufserlös vereinnahmt und die Provision erst bei einer späteren, periodisch vorzunehmenden Abrechnung zahlt.

► **Hinweis** Ersetzt der Kommittent dem Kommissionär Kosten für andere Leistungen, die nicht in unmittelbarem Zusammenhang mit dem Kommissionsgeschäft stehen (z. B. Leistungen im Zusammenhang mit der Wartung des gelieferten Gegenstands beim Kunden), so dürfte es sich hierbei regelmäßig um Entgelt für separate sonstige Leistungen des Kommissionärs gegenüber dem Kommittenten handeln.

Der Kommissionär bewirkt eine nach den allgemeinen Grundsätzen des § 3 Abs. 1 UStG zu beurteilende Lieferung an den Dritten. Umsatzsteuerliches Entgelt ist der vom Dritten erzielte Verkaufspreis abzüglich der darin enthaltenen Umsatzsteuer, § 10 Abs. 1 Satz 1 und 2 UStG.

Der von dem Dritten vereinnahmte Kaufpreis stellt auf Ebene des Kommissionärs damit keinen durchlaufenden Posten gemäß § 10 Abs. 1 Satz 5 UStG dar.

Nach nunmehr vorherrschender Meinung stellt allein die Übergabe des Kommissionsgutes an den Kommissionär noch keine Lieferung i.S.v. § 3 UStG dar. Eine Lieferung zwischen Kommittent und Kommissionär liegt erst zu dem Zeitpunkt vor, wenn der Kommissionär den Gegenstand an den Dritten veräußert hat, so genannter Doppelerwerb (Nieskens in Rau und Dürrwächter 2014, § 3, Rz. 2362; Thoma 2003, S. 350; a. A. Schön 1988, S. 1).[1] Bei der Übergabe des Kommissionsgutes an den Kommissionär überträgt der Kommittent i.d. R nur den Besitz an dem Gegenstand, verbunden mit der Ermächtigung, hierüber im eigenen Namen gemäß § 185 Abs. 1 BGB zu verfügen. Dies ist nicht gleichzusetzen mit der Übertragung der wirtschaftlichen Substanz des Gegenstandes, wie sie für die Annahme einer Lieferung gefordert ist.

Sind alle beteiligten Unternehmen zum vollen Vorsteuerabzug berechtigt, führt die umsatzsteuerliche Umqualifizierung der Geschäftsbesorgung in eine Lieferung wirtschaftlich zu dem gleichen Ergebnis, als würde die Provision als alleiniges Entgelt der Geschäftsbesorgung versteuert werden.

Beispiel

Kommissionär KM erhält vom Kommittenten KT Waren mit dem Auftrag, diese zu einem Preis von 10.000 € netto zu veräußern. Beide vereinbaren eine Provision für KM in Höhe von 10 %. KM verkauft die Waren für 11.900 € brutto an den Käufer K.

[1] Vgl. BFH v. 25.11.1986 – VR 102/78, UR 1987, 141.

KM bewirkt gemäß § 3 Abs. 1 UStG eine Lieferung an K. Die Bemessungsgrundlage beträgt 10.000 €, die Umsatzsteuer 1900 €. KT bewirkt gemäß § 3 Abs. 3 UStG eine Lieferung an KM. Die Bemessungsgrundlage dafür beträgt 11.900 € abzüglich der 10 %igen Provision von 1190 €, brutto damit 10.710 €, abzüglich der darin enthaltenen Umsatzsteuer von 1710 €. Das Nettoentgelt beträgt 9000 €.

Belastungsrechnung des Kommissionärs:

Erlös aus dem Verkauf an D		11.900
davon abzuführende Umsatzsteuer	./.	1900
Ausgabe an KT	./.	10.710
Vorsteuerabzug aus der Lieferung KT		1710
Erlös netto		1000

1000 € entsprechen der vereinbarten Provision von 10 % netto.

Belastungsrechnung des Kommittenten:

Erlös aus dem Kommissionsgeschäft		10.710
davon abzuführende Umsatzsteuer	./.	1710
Erlös netto		9000

9000 € Erlös entsprechen den Vorgaben aus dem Kommissionsgeschäft von 10.000 € für den Verkauf der Rohstoffe abzüglich 1000 € für die Provision an KM.

Ist die Kommissionsware unverkäuflich und wird das Kommissionsgeschäft nicht ausgeführt, ist weder die Hingabe noch die Rückgabe des Kommissionsgutes umsatzsteuerbar.[2] Eine dennoch gezahlte Provision ist Entgelt für die Bemühungen des Kommissionärs, also Entgelt für eine eigenständige sonstige Leistung des Kommissionärs.

Auch der Untergang der Kommissionsware beim Kommissionär vor Verkauf an einen Dritten führt nicht zu einer Lieferung zwischen Kommittent und Kommissionär.

11.2 Kommissionsgeschäfte über Drittlandsgrenzen

11.2.1 Zollwertrechtliche Implikationen

In den meisten Fällen wird der Zollwert anhand der Transaktionswertmethode ermittelt.[3] Ausgangspunkt der Zollwertermittlung ist dann der bei einem Verkauf zur Ausfuhr in das Zollgebiet der Gemeinschaft tatsächlich gezahlte oder zu zahlende Preis, Art. 29 Abs. 1 ZK. Der zollwertrechtliche Verkaufsbegriff ist bei Kommissionsgeschäften jedoch nicht

[2] Vgl. BFH v. 25.11.1986, V R 102/78, BStBl. II 1987, 278; Birkenfeld 2014, I, Rz. 793.

[3] Vgl. Abschn. 2.1.3.2.2.

erfüllt, da der Kommissionär kein eigenes mit der Transaktion verbundenes Risiko trägt (vgl. Reiche in Witte 2013, Art. 29; Thoma 2003, S. 351).[4] Eine dem Umsatzsteuerrecht vergleichbare Fiktion eines Kaufgeschäftes (Lieferung) gibt es zollrechtlich nicht. Bei der zollwertrechtlichen Beurteilung ist zwischen den Fällen der Verkaufs- und Einkaufskommission wie folgt zu unterscheiden.

11.2.1.1 Verkaufskommission

Für die zollwertrechtliche Behandlung von Einfuhren eines Verkaufskommissionärs ergeben sich die folgenden drei Varianten (vgl. hierzu ausführlich Müller-Eiselt 2014, Art. 29 ZK, Rz. 218 ff.).

- Der Kommissionär meldet den Preis an, den der Käufer der Ware (der Abnehmer des Kommissionärs) zu zahlen hat. In diesem Preis wird die Provision, die der Kommissionär vom Kommittenten erhält, regelmäßig enthalten sein. Ein Herausrechnen dieser Provision aus der Bemessungsgrundlage ist nicht möglich.
- Der Kommissionär meldet den Preis an, den der Kommittent für die Waren im Drittland zur Ausfuhr in die Gemeinschaft gezahlt hat (Vorerwerberpreis gemäß Art. 147 Abs. 1 Unterabs. 2 ZK-DVO). In diesem Fall müsste dieses Geschäft zwischen dem Kommittenten und seinem Lieferanten schon mit der Bestimmung zur Ausfuhr in die Gemeinschaft abgeschlossen worden sein und der Kommissionär (als in der Gemeinschaft ansässiger Zollwertanmelder) muss in der Lage sein, der Zollstelle alle „Tatsachen", d. h. Unterlagen über dieses Geschäft zur Verfügung zu stellen.

▶ **Hinweis** Liegen die Voraussetzungen zur Anwendung des Vorerwerbergeschäfts vor, so ist dies eine interessante Gestaltungsmöglichkeit zur Reduzierung von Einfuhrabgaben.[5]

- In den Fällen, in denen noch kein Kaufgeschäft vorliegt, z. B. weil bei der Einfuhr der Ware ein Endabnehmer noch nicht gefunden ist, ist der Zollwert nach einer anderen Methode zu ermitteln.[6] In der Praxis wird man in diesen Fällen häufig auf den zu erwartenden Kaufpreis, der z. B. anhand von Preislisten nachgewiesen werden kann, abstellen.[7]

11.2.1.2 Einkaufskommission

Für die zollwertrechtliche Behandlung von Einfuhren eines Einkaufskommissionärs ergeben sich die folgenden zwei Varianten (vgl. hierzu ausführlich Müller-Eiselt 2014, Art. 29 ZK, Rz. 218 ff.).

[4] Vgl. Rz. 25; EuGH v. 25.07.1991, C 299/90; Vorschriftensammlung der Bundesfinanzverwaltung VSF Z 5101 Abs. 3.

[5] Vgl. Abschn. 2.1.3.2.5.

[6] Vgl. dazu Abschn. 2.1.3.2.

[7] Vgl. Vorschriftensammlung der Bundesfinanzverwaltung, VSF Z 5101 Abs. 128.

- Rechnet der Kommissionär gegenüber dem Kommittenten über den Warenwert und seine Provision in einem Dokument ab, so kann die Provision vom Rechnungspreis abgezogen werden, Art. 33 Buchst. e ZK.
- Rechnet der Kommissionär gegenüber dem Kommittenten über den Warenwert und seine Provision in getrennten Dokumenten ab, so ist der Preis über die Ware als Zollwert zugrunde zu legen. Die Einkaufsprovision ist nicht hinzuzurechnen, Art. 32 Abs. 1 Buchst. a, i ZK.

11.2.2 Umsatzsteuerliche Implikationen

11.2.2.1 Vorbemerkungen

Besonderheiten bei der umsatzsteuerlichen Abwicklung können sich insbesondere bei der Verkaufskommission über Drittlandsgrenzen ergeben, da hier gerade in Fällen der Zwischenlagerung des Kommissionsgutes beim Kommissionär ein grenzüberschreitendes Verbringen vor Ausführung der umsatzsteuerlichen Lieferung stattfinden kann.

Bei der Einkaufskommission wird zeitgleich mit der Lieferung des Dritten (Verkäufer) an den Kommissionär auch eine Lieferung zwischen Kommissionär und seinem Auftraggeber angenommen (siehe oben), so dass hier die allgemeinen Regelungen zu den Reihengeschäften bzw. Lieferungen zwischen zwei Beteiligten Anwendung finden.[8] Ein von der Lieferung losgelöstes grenzüberschreitendes Verbringen wird bei der Einkaufskommission praktisch nicht vorkommen. Auf eine Darstellung der grenzüberschreitenden Einkaufskommission wird daher verzichtet.

11.2.2.2 Direktlieferungen

Bei einer Direktlieferung werden die Waren direkt vom Kommittenten an den Endabnehmer versendet oder befördert.

11.2.2.2.1 aus dem Drittland

Beispiel

Der amerikanische Kommittent KT verkauft Waren über den deutschen Kommissionär KM an deutsche Endabnehmer (Unternehmer). Die Waren werden durch KT aus den USA unmittelbar an die Endabnehmer versendet.

Die umsatzsteuerliche Behandlung eines solchen Kommissionsgeschäfts hängt im Wesentlichen von der Tatsache ab, von wem bzw. in wessen Namen die Waren in Deutschland zum zollrechtlich freien Verkehr angemeldet werden, d. h. wer als Zollanmelder auftritt. Hier ergeben sich drei Alternativen:

[8] Zu den Regelungen zum Reihengeschäft vgl. Kap. 10.

1. Alternative: Einfuhr durch KT
Die Ware wird vom drittländischen Kommittenten KT zum freien Verkehr abgefertigt. Dabei ist jedoch zu beachten, dass der Zollanmelder gemäß § 64 Abs. 2b ZK grundsätzlich in der EU ansässig sein muss. KT kann sich aber durch eine im eigenen Namen (aber für Rechnung des KT) handelnde in der Gemeinschaft ansässige Person vertreten lassen (indirekte Stellvertretung gem. Art. 5 Abs. 2 ZK).

KT bzw. ein Beauftragter des KT überführt die Waren in den freien Verkehr und wird damit Schuldner der Einfuhrabgaben. Der Lieferort der Lieferung KT an KM liegt dann gemäß § 3 Abs. 8 UStG in Deutschland. KT muss sich für Umsatzsteuerzwecke in Deutschland registrieren lassen und in der Rechnung an KM Umsatzsteuer ausweisen. Die Lieferung des KM an den deutschen Endabnehmer unterliegt ebenfalls der deutschen Umsatzsteuer. Die durch KT (bzw. dessen Vertreter) bei der Abfertigung zum freien Verkehr zu entrichtende Einfuhrumsatzsteuer kann durch KT gemäß § 15 Abs. 2 Nr. 1 UStG als Vorsteuer abgezogen werden, da bei Anwendung des § 3 Abs. 8 UStG davon ausgegangen wird, dass der Lieferer, KT, im Zeitpunkt der Einfuhr noch Verfügungsmacht am Einfuhrgegenstand hatte.[9]

2. Alternative: Einfuhr durch KM
Die Ware wird vom inländischen Kommissionär KM zum freien Verkehr angemeldet, d. h. KM tritt als Zollanmelder auf.

Hier sollten die Regelungen zum Reihengeschäft Anwendung finden, so dass sich die Transaktion in eine bewegte (Einfuhr-) Lieferung (KT an KM) und eine nachfolgende ruhende Lieferung (KM an den Endabnehmer) aufgliedern lässt. Der Leistungsort der bewegten Lieferung liegt in den USA am Ort des Beginns der Versendung (§ 3 Abs. 6 Satz 1 UStG). Für die ruhende Lieferung liegt der Leistungsort in Deutschland, wo die Versendung endet (§ 3 Abs. 7 Satz 2 Nr. 2 UStG), sie ist somit steuerbar und steuerpflichtig. Die Einfuhrumsatzsteuer kann von KM als Vorsteuer abgezogen werden, obwohl eine Lieferung an ihn nur gemäß § 3 Abs. 3 UStG fingiert wird. Dies ergibt sich in Anwendung von Abschn. 199 Abs. 6 Satz 3 UStR 2008, wonach in einem Reihengeschäft dem Lieferer, der die Einfuhrumsatzsteuer entrichtet, die Verfügungsmacht zugesprochen wird.

3. Alternative: Einfuhr durch den Endabnehmer
Die Ware wird vom deutschen Endabnehmer zum freien Verkehr angemeldet, d. h. der Endabnehmer tritt als Zollanmelder auf.

Unter Anwendung der Regelungen zum Reihengeschäft ist die Lieferung des KT an KM in den USA steuerbar, wo die Versendung der Ware beginnt. Die Lieferung des KM an den Endabnehmer ist als ruhende Lieferung, die der bewegten Lieferung nachfolgt in Deutschland steuerbar. Sie ist jedoch steuerfrei gemäß § 4 Nr. 4b UStG,

[9] Vgl. Abschn. 15.8 Abs. 6 Satz 1 UStAE.

da sie einer Einfuhr vorangeht. Die Einfuhrumsatzsteuer kann von dem Endabnehmer abgezogen werden, dem in der Reihe die Verfügungsmacht zugesprochen wird, soweit ihm die Ware vor Einfuhranmeldung übergeben wurde.[10]

Zollwertrechtlich ist in allen drei Fällen i.d. R der durch den deutschen Endabnehmer an KM zu zahlende Preis heranzuziehen. Dies wirkt sich auch auf die Bemessungsrundlage der Einfuhrumsatzsteuer aus, da sich diese gemäß § 11 Abs. 1 UStG nach der Höhe des Zollwertes bestimmt. Die Provision, die KM von KT erhält, reduziert weder den Zollwert noch die Bemessungsgrundlage für die Einfuhrumsatzsteuer. Eine Reduzierung des Zollwerts ließe sich höchstens durch die Anmeldung des Vorerwerberpreises (siehe oben) erreichen.

11.2.2.2.2 in das Drittland

Auch hier finden die Regelungen zum Reihengeschäft Anwendung, wobei die Transaktion in eine bewegte Versendungslieferung und eine ruhende Lieferung aufgegliedert wird. Nur der Versendungslieferung kann die Steuerbefreiung für Ausfuhrlieferungen nach § 6 UStG zugeordnet werden.[11]

Beispiel

Der inländische Kommittent KT verkauft Waren über den amerikanischen Kommissionär KM an Endabnehmer in den USA (Unternehmer). Die Waren werden durch KT aus Deutschland unmittelbar an die Endabnehmer versendet.

Die Warenbewegung ist der Lieferung KT an KM zuzuordnen. Diese Lieferung ist in Deutschland steuerbar und unter den Voraussetzungen des § 6 Abs. 1 Nr. 1 UStG steuerfrei. Die Lieferung KT an den Endkunden ist eine ruhende Lieferung, die der bewegten Lieferung nachfolgt. Leistungsort dieser Lieferung liegt in den USA. Die Lieferung KT an den Endabnehmer ist nicht in Deutschland steuerbar.

11.2.2.3 Lagerung beim Kommissionär

Vielfach wird das Kommissionsgut zunächst an den Kommissionär übergeben, der es bei sich lagert bis zum Verkauf an den Endabnehmer (Kommissionslager).

11.2.2.3.1 aus dem Drittland

Beispiel

Der amerikanische Kommittent KT verkauft Waren über den deutschen Kommissionär KM an deutsche Endabnehmer (Unternehmer). Die Waren werden durch KT aus den

[10] Vgl. Abschn. 3.14 Abs. 16 Buchst. a) UStAE.

[11] In diesem Zusammenhang wird auf die Ausführungen in Kap. 10 verwiesen.

USA an KM versendet und bei KM bis zum Verkauf an den Endabnehmer zwischengelagert. Die Abfertigung zum freien Verkehr findet unmittelbar nach dem physischen Verbringen der Waren nach Deutschland statt.

Auch hier hängt die umsatzsteuerliche Behandlung von der Tatsache ab, wer die Waren zum freien Verkehr abfertigt. In diesem Fall ergeben sich die folgenden zwei Varianten:

Fortsetzung Beispiel

1. Alternative: Einfuhr durch KT

Die Ware wird von KT zum freien Verkehr abgefertigt. Dabei ist jedoch zu beachten, dass der Zollanmelder gemäß § 64 Abs. 2b ZK grundsätzlich in der EU ansässig sein muss. KT kann sich aber durch eine im eigenen Namen (aber für Rechnung des KT) handelnde in der Gemeinschaft ansässige Person vertreten lassen (indirekte Stellvertretung gem. Art. 5 Abs. 2 ZK).

Die Lieferung des KT an KM gilt erst zu dem Zeitpunkt als ausgeführt, in dem KM die Waren an den Endabnehmer liefert. Zu diesem Zeitpunkt befinden sich die Waren bereits in Deutschland. Für beide Lieferungen, KT an KM sowie KM an den Endabnehmer, befindet sich der Leistungsort mithin in Deutschland. Die Lieferungen sind steuerbar und steuerpflichtig. KT hat zum Zeitpunkt der Einfuhr die Verfügungsmacht an den Waren und darf die Einfuhrumsatzsteuer als Vorsteuer abziehen, § 15 Abs. 1 Nr. 2 UStG. KT muss sich in Deutschland umsatzsteuerlich registrieren lassen.

2. Alternative: Einfuhr durch KM

Der inländische Kommissionär KM meldet die Waren zum freien Verkehr an, d. h. er tritt als Zollanmelder auf.

Auch in diesem Fall gilt die Lieferung des KT an KM erst zu dem Zeitpunkt als ausgeführt, in dem KM seinerseits die Waren an den Endabnehmer liefert. Der Leistungsort beider Lieferungen liegt in Deutschland. Auch die Verfügungsmacht im Zeitpunkt der Einfuhr ist weiterhin KT zuzurechnen. Eine Vereinfachung ähnlich der für innergemeinschaftliche Kommissionsgeschäfte nach Abschn. 1a.2. Abs. 7 UStAE, wonach die Lieferung zwischen Kommittent und Kommissionär bereits bei Übergabe des Kommissionsgutes an den Kommissionär als ausgeführt gilt, gibt es für das Kommissionsgeschäft über Drittlandsgrenzen nicht. Die Lösung entspricht somit der 1. Variante mit der Folge, dass sich KT auch in diesem Fall umsatzsteuerlich in Deutschland registrieren muss.

Ob diese Lösung auch zukünftig Bestand haben wird, obliegt der Entscheidung des BFH im anhängigen Revisionsverfahren VR 6/11. In der Vorinstanz hatte das FG Köln entschieden, dass im Fall der Einfuhr eines Gegenstandes im Rahmen eines Verkaufskommissionsgeschäftes der Kommissionär zum Abzug der Einfuhrumsatzsteuer als Vorsteuer berechtigt ist.[12] Das FG Köln spricht dem Kommissionär die Vorsteuer-

[12] FG Köln v. 17.01.2011, 9 K 308/10.

abzugsberechtigung zu mit dem Hinweis, dass eine Unterscheidung vorzunehmen sei hinsichtlich derjenigen Verfügungsmacht, die der Kommissionär erlangt haben muss, damit von einer Lieferung des Kommittenten an ihn ausgegangen werden kann, und derjenigen Verfügungsmacht, die ein Unternehmer bei Einfuhr erlangt haben muss, um zum Vorsteuerabzug berechtigt zu sein. Gegen das Urteil wurde Revision eingelegt (Az: VR 6/11).

► **Hinweis** Damit KT im Besitz eines auf ihn lautenden Belegs zum Abzug der Einfuhrumsatzsteuer als Vorsteuer ist, sollte bei der Abfertigung zum freien Verkehr durch KM die Ausstellung eines Ersatzbelegs beantragt werden.[13]

► **Hinweis** Eine umsatzsteuerliche Registrierung von KT in Deutschland kann vermieden werden, wenn die Waren nicht unmittelbar nach dem physischen Verbringen aus den USA zum freien Verkehr abgefertigt werden, sondern zunächst in ein Zolllager eingelagert werden und erst bei Lieferung an den Endkunden durch KM zum freien Verkehr angemeldet werden. In diesem Fall ist die Lieferung des KT an KM steuerfrei gemäß § 4 Nr. 4b UStG.[14]

Zollwertrechtlich ist zu bedenken, dass ein Transaktionswert mangels Vorliegen eines Kaufgeschäfts im Zeitpunkt der Einfuhr in diesen Konstellationen grundsätzlich nicht vorliegt. Allerdings wird man sich mit dem zu erwartenden Kaufpreis, der z. B. anhand von Preislisten nachgewiesen werden kann, behelfen können.[15] Eine Reduzierung des Zollwerts ließe sich auch in diesen Fällen höchstens durch die Anmeldung des Vorerwerberpreises (siehe oben) erreichen.

11.2.2.3.2 in das Drittland

Wird das Kommissionsgut zur Zwischenlagerung an den im Drittland ansässigen Kommissionär verbracht, liegt noch keine Lieferung im Inland nach § 3 Abs. 6 Satz 1 UStG vor, da die – anschließende – Übergabe an den Verkaufskommissionär keine Lieferung nach § 3 Abs. 1 UStG darstellt.[16]

Beispiel

Der inländische Kommittent KT verkauft Waren über den amerikanischen Kommissionär KM an Endabnehmer in den USA (Unternehmer). Die Waren werden durch KT

[13] Abschnitt 15.8 Abs. 7 Satz 3 UStAE; Vorschriftensammlung der Bundesfinanzverwaltung VSF Z 8234, Abs. 2.

[14] Vgl. BMF v. 28.01.2004, IV D 1 – S 7157–1/04, IV D 1 – S 7157a – 1/04.

[15] Vgl. Vorschriftensammlung der Bundesfinanzverwaltung VSF Z 5101 Absch. 128.

[16] vgl. Abschn. 3.12 Abs. 2 Satz 4 UStAE; BFH v. 25.11.1986, V R 102/78, BStBl II 1987, 278; anders für ein Verbringen in einen EU-Mitgliedstaat vgl. Abschnitt 1a.2 Abs. 7 UStAE.

aus Deutschland an KM versendet und bei KM bis zum Verkauf an den Endabnehmer zwischengelagert.

Das Verbringen des Kommissionsgutes von KT aus Deutschland in die USA zu KM ist kein steuerbarer Vorgang, weil ihm kein Leistungsaustausch zugrunde liegt. Beim Verkauf der Waren an den Endabnehmer befindet sich die Ware in den USA. Der Leistungsort der dabei bewirkten Lieferungen von KT an KM sowie KM an den Endabnehmer liegt damit in den USA. Beide Lieferungen sind nicht in Deutschland steuerbar.

Literatur

Birkenfeld, W., Hrsg. 2014. *Das große Umsatzsteuer-Handbuch.* Köln: Verlag Dr. Otto Schmidt KG (ISBN: 9783504240073, Stand: Mai).

Eschenbach, Jürgen. 2002. Die Behandlung des Kommissionsgeschäfts in § 3 Abs. 3 UStG - Tücken im Umgang mit einer gesetzlichen Fiktion Teil 1 und 2. *Deutsche Steuer-Zeitung* 429–436.

Müller-Eiselt, Klaus Peter. 2014. *EG-Zollrecht.* 89. Aufl. Hüthig Jehle Rehm: C.F. Müller Verlag. (ISBN: 9783811436664).

Preßler-Höft, Horst Peter. 1991. Das neue Zolllagerrecht der EG. *Zeitschrift für Zölle und Verbrauchsteuern* 223.

Rau, Günter, und Erich Dürrwächter. 2014. *Kommentar zum Umsatzsteuergesetz.* 158. Aufl. Köln: Verlag Dr. Otto Schmidt KG. (ISBN: 9783504240615, Stand: April.)

Schön, Wolfgang. 1988. Die Kommission im Umsatzsteuerrecht. *Umsatzsteuer-Rundschau* 1988, S. 1.

Sölch, Otto und Ringleb, Karl. Hrsg. 2014. *Umsatzsteuergesetz, Kommentar.* 72. Aufl. München: Verlag C.H. Beck oHG. (ISBN: 9783406452093 Stand: April 2014.).

Storg, Peter. 2005. Kommissionsgeschäfte im Umsatzsteuerrecht. *Umsatzsteuer-Rundschau* 142–154.

Thoma, Alexander. 2003. Grenzüberschreitende Verkaufskommission. Gestaltungsmöglichkeiten aus steuerlicher und zollrechtlicher Sicht. *Der Umsatz-Steuerberater* 349–352.

Witte, Peter, Hrsg. 2013. *Zollkodex, Kommentar.* 6. Aufl. München: C.H. Beck oHG. (ISBN: 9783406644597).

Weiterführende Literatur

Monfort, Bertrand. 2008. MwSt-Paket: Die Änderungen ab 2010 im Überblick. *Deutsches Steuerrecht.* S. 1261–1265.

Schwarz, B., Widmann, W., und Radeisen, R-R. 2014. *Kommentar zum Umsatzsteuergesetz* 175. Aufl. Köln. (ISBN: 9783448083248 Stand: Juli.)

Thoma, Alexander. 2005. Die aktive Veredelung, Risiken und Gestaltungsmöglichkeiten aus steuerlicher Sicht. *Der Umsatz-Steuerberater.* S. 23–27.

Anhang 12

A. Thoma et al., *Zoll und Umsatzsteuer,* DOI 10.1007/978-3-658-00165-0_12

12.1 Anhang 1

EUROPÄISCHE GEMEINSCHAFT Nr.

1 ANMELDUNG

A VERSENDUNGS-/AUSFUHRZOLLSTELLE

Exemplar für das Versendungs-/Ausfuhrland

1

2 Versender/Ausführer Nr.

XXXXX

3 Vordrucke

4 Ladelisten XXXXX

5 Positionen

6 Packst. insgesamt XXXXXXX

7 Bezugsnummer

8 Empfänger Nr.

9 Verantwortlicher für den Zahlungsverkehr Nr.

XXXXXXXXXXXXXXXXXXXXXXXXXXXXXXXX

10 Erstes Best. Land XXX

11 Handels-land XXX

13 G. L. P. XXXXX

14 Anmelder/Vertreter Nr.

15 Versendungs-/Ausfuhrland XXXXXXXXXXXXXXXXX

15 Vers./Ausf.L.Code a XXX b XX

17 Bestimm.L.Code a b XX

16 Ursprungsland XXXXXXXXXXXXXXXXX

17 Bestimmungsland XXXXXXXXXXXXXXXXX

18 Kennzeichen und Staatszugehörigkeit des Beförderungsmittels beim Abgang XXXXXXXXXXXXXXXXXXXXXXXXXX XXX

19 Ctr.

20 Lieferbedingung XX

21 Kennzeichen und Staatszugehörigkeit des grenzüberschreitenden aktiven Beförderungsmittels

22 Währung u. in Rechn. gestellter Gesamtbetr.

23 Umrechnungskurs XXXXXXXX

24 Art des Geschäfts

25 Verkehrszweig an der Grenze

26 Inländischer Verkehrszweig

27 Ladeort XXXXXXXXXXXX XXX

28 Finanz- und Bankangaben XXXXXXXXXXXXXXXXXXXXXXXXXXXXXXXX

1

29 Ausgangszollstelle

30 Warenort XXXXXXXXXXXXXXXX

XXXXXXXXXXXXXXXXXXXXXXXXXXXXXXXX

31 Packstücke und Warenbezeichnung

Zeichen und Nummern - Container Nr. - Anzahl und Art

32 Positions Nr.

33 Warennummer XXXX

34 Urspr.land Code a XXX b

35 Rohmasse (kg)

37 VERFAHREN

38 Eigenmasse (kg)

39 Kontingent XXXXX

40 Summarische Anmeldung/Vorpapier

41 Besondere Maßeinheit

44 Besondere Vermerke/ Vorgelegte Unterlagen/ Bescheinigungen u. Genehmigungen

Code B.V. XXX

46 Statistischer Wert

47 Abgabenberechnung

Art	Bemessungsgrundlage	Satz	Betrag	ZA
XXX	XXXXXXXXXX	XXXXXXXXX	XXXXXXXXX	X
		Summe:		

48 Zahlungsaufschub XXXXXXXXXXXXXXXXX

49 Bezeichnung des Lagers

B ANGABEN FÜR VERBUCHUNGSZWECKE

Ausfuhranmeldung

Zollstelle der ergänzenden Anmeldung

Bezeichnung:

Anschrift:

50 Hauptverpflichteter Nr.

Unterschrift:

C ABGANGSSTELLE

vertreten durch

Ort und Datum:

51 Vorgesehene Durchgangszollstellen (und Land)

XXXXXXXXXXX XXXXXXXXXXX XXXXXXXXXXX XXXXXXXXXXX XXXXXXXXXXX XXXXXXXXXXX

52 Sicherheit nicht gültig für XXXXXXXXXXXXXXXXXXXXXXXXXXXXXXXXXXXXXXXX

Code XX

53 Bestimmungsstelle (und Land) XXXXXXXXXXXXXXXXXXXXXXX

D PRÜFUNG DURCH DIE ABGANGSSTELLE

Stempel:

Ergebnis:

Angebrachte Verschlüsse: Anzahl:

Zeichen:

Frist (letzter Tag):

Unterschrift:

54 Ort und Datum:

Unterschrift und Name des Anmelders/Vertreters:

0733 Einheitspapier (Versendung/Ausfuhr) - III B 1 - **(2007)**

E PRÜFUNG DURCH DIE VERSENDUNGS-/AUSFUHRZOLLSTELLE

EUROPÄISCHE GEMEINSCHAFT Nr.

A VERSENDUNGS-/AUSFUHRZOLLSTELLE

2 Exemplar für die Statistik - Versendungs-/Ausfuhrland 2

2 Versender/*Ausführer* Nr.

1 ANMELDUNG XXXXX

3 Vordrucke | 4 Ladelisten XXXXX

5 Positionen | 6 Packst. insgesamt XXXXXXX | 7 Bezugsnummer

8 Empfänger Nr.

9 Verantwortlicher für den Zahlungsverkehr Nr.
XXXXXXXXXXXXXXXXXXXXXXXXXXXXXXXXX

10 *Erstes Best. Land* XXX | 11 *Handelsland* XXX | 13 *G. L. P.* XXXXX

14 Anmelder/Vertreter Nr.

15 Versendungs-/*Ausfuhrland* XXXXXXXXXXXXXXXX | 15 Vers./*Ausf.L.Code* a XXX b XX | 17 Bestimm.L.Code a b XX

16 Ursprungsland XXXXXXXXXXXXXXXX | 17 Bestimmungsland XXXXXXXXXXXXXXXX

18 Kennzeichen und Staatszugehörigkeit des Beförderungsmittels beim Abgang XXXXXXXXXXXXXXXXXXXXXXXXXX XXX | 19 Ctr. | 20 Lieferbedingung XX

21 Kennzeichen und Staatszugehörigkeit des grenzüberschreitenden aktiven Beförderungsmittels | 22 Währung u. in Rechn. gestellter Gesamtbetr. | 23 Umrechnungskurs XXXXXXXX | 24 Art des Geschäfts

25 Verkehrszweig an der Grenze | 26 Inländischer Verkehrszweig | 27 Ladeort XXXXXXXXXXXX XXX | 28 Finanz- und Bankangaben XXXXXXXXXXXXXXXXXXXXXXXXXXXXXXXXX

29 Ausgangszollstelle | 30 Warenort XXXXXXXXXXXXXXXX | XXXXXXXXXXXXXXXXXXXXXXXXXXXXXXXXX

31 Packstücke und Warenbezeichnung | Zeichen und Nummern - Container Nr. - Anzahl und Art | 32 Positions Nr. | 33 Warennummer XXXX

34 Urspr.land Code a XXX b | 35 Rohmasse (kg)

37 VERFAHREN | 38 Eigenmasse (kg) | 39 *Kontingent* XXXXX

40 Summarische Anmeldung/Vorpapier

41 Besondere Maßeinheit

44 Besondere Vermerke/ Vorgelegte Unterlagen/ Bescheinigungen u. Genehmigungen | Code B.V. XXX

46 Statistischer Wert

47 Abgabenberechnung | Art | Bemessungsgrundlage | Satz | Betrag | ZA
XXX XXXXXXXXXX XXXXXXXXXX XXXXXXXXXX X
Summe:

48 Zahlungsaufschub XXXXXXXXXXXXXXXX | 49 Bezeichnung des Lagers

B ANGABEN FÜR VERBUCHUNGSZWECKE

Ausfuhranmeldung

Zollstelle der ergänzenden Anmeldung
Bezeichnung:
Anschrift:

50 Hauptverpflichteter Nr. Unterschrift:

C ABGANGSSTELLE

vertreten durch
Ort und Datum:

51 Vorgesehene Durchgangszollstellen (und Land) | XXXXXXXXXX | XXXXXXXXXX | XXXXXXXXXX | XXXXXXXXXX | XXXXXXXXXX | XXXXXXXXXX

52 Sicherheit nicht gültig für XXXXXXXXXXXXXXXXXXXXXXXXXXXXXXXXXXXXXXXX | Code XX | 53 Bestimmungsstelle (und Land) XXXXXXXXXXXXXXXXXXXXX

D PRÜFUNG DURCH DIE ABGANGSSTELLE Stempel:
Ergebnis:
Angebrachte Verschlüsse: Anzahl:
Zeichen:
Frist (letzter Tag):
Unterschrift:

54 Ort und Datum:
Unterschrift und Name des Anmelders/Vertreters:

0733 Einheitspapier (Versendung/Ausfuhr) - III B 1 - **(2007)**

EUROPÄISCHE GEMEINSCHAFT Nr.

A VERSENDUNGS-/AUSFUHRZOLLSTELLE

1 ANMELDUNG XXXXX

3 Exemplar für den Versender/Ausführer 3

2 Versender/Ausführer Nr.

3 Vordrucke | 4 Ladelisten XXXXX

5 Positionen | 6 Packst. insgesamt XXXXXXX | 7 Bezugsnummer

8 Empfänger Nr.

9 Verantwortlicher für den Zahlungsverkehr Nr. XXXXXXXXXXXXXXXXXXXXXXXXXXXXXXXXXX

10 Erstes Best. Land XXX | 11 Handels-land XXX | 13 G. L. P. XXXXX

14 Anmelder/Vertreter Nr.

15 Versendungs-/Ausfuhrland XXXXXXXXXXXXXXXX | 15 Vers./Ausf.L.Code a XXX b XX | 17 Bestimm.L.Code a b XX

16 Ursprungsland XXXXXXXXXXXXXXXX | 17 Bestimmungsland XXXXXXXXXXXXXXXX

18 Kennzeichen und Staatszugehörigkeit des Beförderungsmittels beim Abgang XXXXXXXXXXXXXXXXXXXXXXXXXXX XXX | 19 Ctr. | 20 Lieferbedingung XX

21 Kennzeichen und Staatszugehörigkeit des grenzüberschreitenden aktiven Beförderungsmittels | 22 Währung u. in Rechn. gestellter Gesamtbetr. | 23 Umrechnungskurs XXXXXXXX | 24 Art des Geschäfts

25 Verkehrszweig an der Grenze | 26 Inländischer Verkehrszweig | 27 Ladeort XXXXXXXXXXXXX XXX | 28 Finanz- und Bankangaben XXXXXXXXXXXXXXXXXXXXXXXXXXXXXXXXXX

29 Ausgangszollstelle | 30 Warenort XXXXXXXXXXXXXXXX | XXXXXXXXXXXXXXXXXXXXXXXXXXXXXXXXXX

31 Packstücke und Warenbezeichnung | Zeichen und Nummern – Container Nr. – Anzahl und Art | 32 Position Nr. | 33 Warennummer XXXX

34 Urspr.land Code a XXX b | 35 Rohmasse (kg)

37 VERFAHREN | 38 Eigenmasse (kg) | 39 Kontingent XXXXX

40 Summarische Anmeldung/Vorpapier

41 Besondere Maßeinheit

44 Besondere Vermerke/Vorgelegte Unterlagen/Bescheinigungen u. Genehmigungen | Code B.V. XXX | 46 Statistischer Wert

47 Abgabenberechnung | Art | Bemessungsgrundlage | Satz | Betrag | ZA | XXX XXXXXXXXXX XXXXXXXXXX XXXXXXXXXX X | Summe:

48 Zahlungsaufschub XXXXXXXXXXXXXXXXX | 49 Bezeichnung des Lagers

B ANGABEN FÜR VERBUCHUNGSZWECKE

Durchschrift der Ausfuhranmeldung

Zollstelle der ergänzenden Anmeldung
Bezeichnung:
Anschrift:

50 Hauptverpflichteter Nr. | Unterschrift: | C ABGANGSSTELLE

vertreten durch
Ort und Datum:

51 Vorgesehene Durchgangszollstellen (und Land) | XXXXXXXXXXX | XXXXXXXXXXX | XXXXXXXXXXX | XXXXXXXXXXX | XXXXXXXXXXX | XXXXXXXXXXX

52 Sicherheit nicht gültig für XXXXXXXXXXXXXXXXXXXXXXXXXXXXXXXXXXXXXXXXXXXXXX | Code XX | 53 Bestimmungsstelle (und Land) XXXXXXXXXXXXXXXXXXXXX

D PRÜFUNG DURCH DIE ABGANGSSTELLE | Stempel: | 54 Ort und Datum:

Ergebnis:
Angebrachte Verschlüsse: Anzahl:
Zeichen:
Frist (letzter Tag):
Unterschrift:

Unterschrift und Name des Anmelders/Vertreters:

0733 Einheitspapier (Versendung/Ausfuhr) – III B 1 – (2007)

Anleitung zur Verwendung und zum Ausfüllen des Vordrucks „Ausfuhranmeldung"

I. Verwendung des Vordrucks

Das Exemplar 1 wird im Falle der Ausfuhr von den in § 13 Abs. 6 AWV nach dem Warenverzeichnis für die Außenhandelsstatistik bezeichneten Waren von den zuständigen Zolldienststellen erfasst und für Zwecke der Ausfuhrüberwachung ausgewertet. Das Exemplar 2 wird von der zuständigen Zollstelle dem Statistischen Bundesamt übersandt. Das Exemplar 3 ist der Ausgangszollstelle vorzulegen. Die Eintragungen in den einzelnen Exemplaren müssen übereinstimmen.

II. Ausfüllen des Vordrucks

Der Vordruck darf nur Waren umfassen, die von **einem** Ausführer/Anmelder nach **einem** Bestimmungsland gleichzeitig mit demselben Beförderungsmittel über dieselbe Ausgangszollstelle ausgehen.

Die einzelnen Bemerkungen zum Ausfüllen des Vordrucks sind in Titel II des Merkblatts zum Einheitspapier (Vordruck 0781, abgedruckt in der Vorschriftensammlung Bundesfinanzverwaltung – VSF Z 3455) enthalten. Die mit einer durchgehenden x-Linie gekennzeichneten Felder brauchen nicht ausgefüllt zu werden. Angaben in Feld B über die Zollstelle, bei der die ergänzende Anmeldung abgegeben wird, sind nur erforderlich, wenn der Vordruck als unvollständige oder vereinfachte Ausfuhranmeldung im Sinne der Artikel 280 bis 287 der VO (EWG) Nr. 2454/93 vom 02. 07. 1993 (ABl. EG Nr. L 253 S. 1) – ZollkodexDVO – verwendet wird und diese Zollstelle nicht die Ausfuhrzollstelle ist.

Wird der Vordruck als unvollständige oder vereinfachte Ausfuhranmeldung im Sinne der Artikel 280 bis 282 ZollkodexDVO verwendet, so sind mindestens die Felder Nr. 1 (erstes und zweites Unterfeld), 2, 8, 14, 17a, 29, 31, 33, 38, 44 und 54 auszufüllen. Die Angabe des Empfängers ist nicht verpflichtend, wenn ein Subunternehmer im Sinne des Artikels 789 ZollkodexDVO (oder ein von ihm beauftragter „direkter Vertreter" des Anmelders) die Ausfuhranmeldung abgibt. In Feld 44 ist der Vermerk „Vereinfachte Ausfuhr" anzubringen.

Eine unvollständige Anmeldung muss außerdem folgende weitere Angaben enthalten:

- bei Waren, für die Ausfuhrabgaben zu entrichten sind oder für die sonstige im Rahmen der Gemeinsamen Agrarpolitik vorgesehene Maßnahmen gelten, alle Angaben, die die Erhebung der Abgaben oder Durchführung der Maßnahmen ermöglichen;

- alle sonstigen Angaben, die für die Feststellung der Warennämlichkeit und die Anwendung der Vorschriften für die Ausfuhr sowie für die Festlegung der Sicherheit, von der die Ausfuhr der Waren abhängig gemacht werden kann, erforderlich sind.

Unter bestimmten Voraussetzungen kann die Zollstelle auf das Ausfüllen der Felder 17a und 33 einer schriftlichen unvollständigen Ausfuhranmeldung verzichten.

Eine unvollständige Ausfuhranmeldung ist innerhalb von 30 Tagen nach ihrer Annahme durch eine vollständige Ausfuhranmeldung zu ersetzen bzw. die fehlenden Angaben oder Unterlagen sind nachzureichen. Bei einer vereinfachten Anmeldung im Sinne von Artikel 287 ZollkodexDVO richtet sich die Frist für die Vorlage der ergänzenden Ausfuhranmeldung nach der jeweiligen Bewilligung.

Gehören zu einer Ausfuhranmeldung mehrere Warenpositionen, so sind Ergänzungsblätter (Vordruck 0734) zu verwenden. Diese sind im Vordruckkopf mit der Nummer der Ausfuhranmeldung zu versehen.

Die Hinweise nach § 4 Abs. 3 Bundesdatenschutzgesetz und nach dem Bundesstatistikgesetz sind dem Titel I Abschnitt D des Merkblatts zum Einheitspapier zu entnehmen.

12.2 Anhang 2

EUROPÄISCHE GEMEINSCHAFT

ANMELDUNG DER ANGABEN ÜBER DEN ZOLLWERT D. V. 1

1 Verkäufer (Name oder Firma, Anschrift)

FÜR AMTLICHE ZWECKE

2 (a) Käufer (Name oder Firma, Anschrift)

2 (b) Zollwertanmelder (Name oder Firma, Anschrift)

3 Lieferungsbedingung (z. B. FOB New York)

WICHTIGER HINWEIS
Mit Unterzeichnung und Vorlage dieser Anmeldung übernimmt der Zollwertanmelder die Verantwortung bezüglich der Richtigkeit und Vollständigkeit der auf diesem Vordruck und sämtlichen mit ihm zusammen vorgelegten Ergänzungsblättern gemachten Angaben und bezüglich der Echtheit aller als Nachweis vorgelegten Unterlagen. Der Zollwertanmelder verpflichtet sich auch zur Erteilung aller zusätzlichen Informationen und zur Vorlage aller weiteren Unterlagen, die für die Ermittlung des Zollwerts der Waren erforderlich sind.

4 Nummer und Datum der Rechnung

5 Nummer und Datum des Vertrags

6 Nummer und Datum der früheren Zollentscheidungen zu den Feldern 7 bis 9

Zutreffendes ankreuzen [X]

7 (a) Sind Käufer und Verkäufer VERBUNDEN im Sinne von Artikel 143 der Verordnung (EWG) Nr. 2454/93 ?*) - Falls NEIN, weiter zu Feld 8 — ☐ JA ☐ NEIN

(b) Hat die Verbundenheit den Preis der eingeführten Waren BEEINFLUSST? — ☐ JA ☐ NEIN

(c) (Antwort freigestellt) Kommt der Transaktionswert der eingeführten Waren einem der Werte in Artikel 29 Abs. 2b der Verordnung (EWG) 2913/92 SEHR NAHE? — ☐ JA ☐ NEIN
Falls JA, Einzelheiten angeben

8 (a) Bestehen EINSCHRÄNKUNGEN bezüglich der Verwendung und des Gebrauchs der Waren durch den Käufer, ausgenommen solche, die
- durch das Gesetz oder von den Behörden in der Gemeinschaft auferlegt oder gefordert werden,
- das Gebiet abgrenzen, innerhalb dessen die Waren weiterverkauft werden können,
- sich auf den Wert der Waren nicht wesentlich auswirken? — ☐ JA ☐ NEIN

(b) Liegen hinsichtlich des Kaufgeschäfts oder des Preises BEDINGUNGEN vor oder sind LEISTUNGEN zu erbringen, deren Wert im Hinblick auf die zu bewertenden Waren nicht bestimmt werden kann? — ☐ JA ☐ NEIN
Art der Einschränkungen, Bedingungen oder Leistungen angeben.
Falls der Wert im Hinblick auf die zu bewertenden Waren bestimmt werden kann, Betrag im Feld 11b angeben.

9 (a) Hat der Käufer unmittelbar oder mittelbar LIZENZGEBÜHREN für die eingeführten Waren nach den Bedingungen des Kaufgeschäfts zu zahlen? — ☐ JA ☐ NEIN

(b) Ist das Kaufgeschäft mit einer Vereinbarung verbunden, nach der ein Teil der Erlöse aus späteren WEITERVERKÄUFEN, sonstigen ÜBERLASSUNGEN oder VERWENDUNGEN unmittelbar oder mittelbar dem Verkäufer zugute kommt? — ☐ JA ☐ NEIN

Falls JA zu (a) oder auch (b): Die Umstände angeben und, wenn möglich, die Beträge in den Feldern 15 und 16 angeben.

*) PERSONEN GELTEN NUR DANN ALS VERBUNDEN, WENN
(a) sie der Leitung des Geschäftsbetriebs der jeweils anderen Person angehören;
(b) sie Teilhaber oder Gesellschafter von Personengesellschaften sind;
(c)sie sich in einem Arbeitgeber-/Arbeitnehmerverhältnis zueinander befinden;
(d) eine beliebige Person unmittelbar oder mittelbar 5 % oder mehr der im Umlauf befindlichen stimmberechtigten Anteile oder Aktien beider Personen besitzt oder kontrolliert;
(e) eine von ihnen unmittelbar oder mittelbar die andere kontrolliert;
(f) beide von ihnen unmittelbar oder mittelbar von einer dritten Person kontrolliert werden;
(g) sie zusammen unmittelbar oder mittelbar eine dritte Person kontrollieren oder
(h) sie Mitglieder derselben Familie sind.

Die Tatsache, dass ein Käufer und ein Verkäufer miteinander verbunden sind, schließt die Anwendung des Transaktionswerts nicht unbedingt aus (siehe Artikel 29 Abs. 2 der Verordnung (EWG) Nr. 2913/92 und Anhang 23 zu der VO (EWG) Nr. 2454/93).

Auf das Merkblatt "Zollwert" (Vordruck 0466) wird hingewiesen.

Hinweis nach § 4 Abs. 3 Bundesdatenschutzgesetz
Zu den Angaben in diesem Vordruck sind Sie nach Artikel 178 der Verordnung (EWG) Nr. 2454/93 und nach § 11 Abs. 1 Umsatzsteuergesetz verpflichtet.

10 (a) Anzahl der beigefügten Ergänzungsblätter D. V. 1 BIS

10 (b) Ort, Datum, Unterschrift

0464/1 Anmeldung der Angaben über den Zollwert + - III B 2 - (2005)

		Ware (Pos.)	Ware (Pos.)	Vermerke der Zollstelle
A. Grundlage der Berechnung	11 (a) Nettopreis in der RECHNUNGSWÄHRUNG (Tatsächlich gezahlter Preis oder Preis im maßgebenden Bewertungszeitpunkt)			
	Nettopreis in NATIONALER WÄHRUNG (Umrechnungskurs)			
	(b) Mittelbare Zahlungen (siehe Feld 8b) (Umrechnungskurs)			
	12 Summe A in NATIONALER WÄHRUNG	0,00	0,00	
B. HINZURECHNUNGEN: Kosten in NATIONALER WÄHRUNG, die NICHT in A enthalten sind *) Gegebenenfalls NACHSTEHEND frühere Zollentscheidungen hierzu angeben	13 Kosten, die für den Käufer entstanden sind (a) Provisionen (ausgenommen Einkaufsprovisionen)			
	(b) Maklerlöhne			
	(c) Umschließungen und Verpackungen			
	14 Gegenstände und Leistungen, die vom Käufer unentgeltlich oder zu ermäßigten Preisen für die Verwendung im Zusammenhang mit der Herstellung und dem Verkauf zur Ausfuhr der eingeführten Waren geliefert werden Die aufgeführten Werte sind ggf. entsprechend aufgeteilt (a) In den eingeführten Waren enthaltene Materialien, Bestandteile und dergleichen			
	(b) Bei der Herstellung der eingeführten Waren verwendete Werkzeuge, Gußformen und dergleichen			
	(c) Bei der Herstellung der eingeführten Waren verbrauchte Materialien			
	(d) Für die Herstellung der eingeführten Waren notwendige Techniken, Entwicklungen, Entwürfe, Pläne und Skizzen, die außerhalb der Gemeinschaft erarbeitet wurden			
	15 Lizenzgebühren (siehe Feld 9a)			
	16 Erlöse aus Weiterverkäufen, sonstigen Überlassungen oder Verwendungen, die dem Verkäufer zugute kommen (siehe Feld 9b)			
	17 Lieferungskosten bis (Ort des Verbringens)			
	(a) Beförderung			
	(b) Ladekosten und Behandlungskosten			
	(c) Versicherung			
	18 Summe B	0,00	0,00	
C. ABZÜGE: Kosten in NATIONALER WÄHRUNG, die in A ENTHALTEN sind *)	19 Beförderungskosten nach Ankunft am Ort des Verbringens			
	20 Zahlungen für den Bau, die Errichtung, Montage, Instandhaltung oder technische Unterstützung nach der Einfuhr			
	21 Andere Zahlungen (Art)			
	22 Zölle und Steuern, die in der Gemeinschaft wegen der Einfuhr oder des Verkaufs der Waren zu zahlen sind			
	23 Summe C	0,00	0,00	
24 ANGEMELDETER WERT (A + B - C)		0,00	0,00	

*) Wenn Beträge in AUSLÄNDISCHER WÄHRUNG zu zahlen sind, hier den Betrag in ausländischer Währung und den Umrechnungskurs unter Bezug auf jede Ware und Zeile angeben.

Bezug	Betrag	Umrechnungskurs

Zusätzliche Angaben

0464/2 Anmeldung der Angaben über den Zollwert + - III B 2 - **(2005)**

12.3 Anhang 3

EUROPÄISCHE GEMEINSCHAFT

ANTRAG AUF ERTEILUNG EINER VERBINDLICHEN ZOLLTARIFAUSKUNFT (vZTA)

1. Antragsteller (Name und Anschrift)

☐

Telefon-Nr.:
Fax-Nr.:
E-Mail-Adresse:
Zollnummer:

Für Eintragungen der Zollbehörden
Registriernummer:
Ort der Antragstellung:
Eingangsdatum: Jahr ☐☐☐☐ Monat ☐☐ Tag ☐☐
Sprache, in der der vZTA -Antrag gestellt wurde.
Als Bild erfassen: Ja ☐ Anzahl _____ Nein ☐
Datum der Erteilung: Jahr ☐☐☐☐ Monat ☐☐ Tag ☐☐
Zuständiger Beamter:
Warenmuster zurückgesandt: ☐

2. Berechtigter (Name und Anschrift) (vertraulich)

Telefon-Nr.:
Fax-Nr.:
E-Mail-Adresse:
Zollnummer:

Wichtiger Hinweis
Mit seiner Unterschrift übernimmt der Antragsteller die Haftung für die Richtigkeit und Vollständigkeit der Angaben auf diesem Vordruck und den ggf. beigefügten Zusatzblättern. Der Antragsteller erklärt sich damit einverstanden, dass diese Angaben und etwaige Fotos, Abbildungen, Broschüren usw. in einer Datenbank der Europäischen Kommission gespeichert werden und dass die Angaben, einschließlich etwaiger vom Antragsteller oder der Verwaltung beigefügter (oder beizufügender) Fotos, Abbildungen, Broschüren usw., die nicht in den Feldern 2 und 9 als vertraulich gekennzeichnet sind, der Öffentlichkeit über das Internet zugänglich gemacht werden können.

3. Zollagent (Empfänger) **oder Vertreter** (Name und Anschrift)

Telefon-Nr.:
Fax-Nr.:
E-Mail-Adresse:
Zollnummer:

4. Neuerteilung einer vZTA
Nur ausfüllen, wenn Sie die Neuerteilung einer vZTA beantragen.
vZTA-Nummer:
gültig seit: Jahr ☐☐☐☐ Monat ☐☐ Tag ☐☐
Nomenklatur-Code:

5. Zollnomenklatur
In welche Nomenklatur soll die Ware eingereiht werden?
☐ Harmonisiertes System (HS)
☐ Kombinierte Nomenklatur (KN)
☐ TARIC
☐ Ausfuhrerstattung
☐ Sonstige (Bitte angeben) ______________

6. Art des Handelsgeschäfts
Bezieht sich dieser Antrag auf eine tatsächlich geplante Einfuhr bzw. Ausfuhr? Ja ☐ Nein ☐

7. Einreihungsvorschlag
In welche Tarifposition sollte die Ware Ihrer Meinung nach eingereiht werden?
Nomenklatur-Code:

8. Warenbeschreibung
Erforderlichenfalls die genaue Zusammensetzung der Ware, die angewandten Untersuchungsmethoden, das Herstellungsverfahren, den Wert einschließlich der Bestandteile, den Verwendungszweck der Ware und die handelsübliche Bezeichnung sowie gegebenenfalls die Aufmachung für den Einzelverkauf bei Warenzusammenstellungen angeben *(Bitte ein gesondertes Blatt benutzen, falls dieses Feld nicht ausreicht).*

9. Handelsbezeichnung und zusätzliche Angaben * (vertraulich)

Bitte geben Sie an, welche der gemäß Feld 10 dieses Antrags von Ihnen beigefügten Unterlagen oder von diesen von der Verwaltung gefertigten Fotos vertraulich zu behandeln sind:

10. Warenmuster usw.

Welche Unterlagen haben Sie Ihrem Antrag beigefügt? (Zutreffendes bitte ankreuzen)

Warenbeschreibung ☐ Broschüren ☐ Fotos ☐ Warenmuster ☐ Sonstiges ☐

Sollen die Warenmuster zurückgesandt werden? Ja ☐ Nein ☐

Bestimmte den Zollbehörden entstehende Kosten für Analysen, Sachverständigengutachten für Warenmuster oder die Rücksendung dieser Muster können dem Antragsteller in Rechnung gestellt werden.

11. Andere bereits erhaltene oder beantragte * vZTA

Haben Sie bei einer Zollbehörde oder einem anderen Mitgliedstaat bereits eine vZTA für eine gleiche oder gleichartige Ware beantragt oder erhalten?

Ja ☐ Nein ☐ Falls ja, bitte machen Sie Angaben zu folgenden Punkten und fügen Sie eine Ablichtung der vZTA bei:

Land der Antragstellung:	Land der Antragstellung:
Ort der Antragstellung:	Ort der Antragstellung:
Datum der Antragstellung: Jahr ☐☐☐☐ Monat ☐☐ Tag ☐☐	Datum der Antragstellung: Jahr ☐☐☐☐ Monat ☐☐ Tag ☐☐
vZTA-Nummer:	vZTA-Nummer:
Beginn der Gültigkeitsdauer: Jahr ☐☐☐☐ Monat ☐☐ Tag ☐☐	Beginn der Gültigkeitsdauer: Jahr ☐☐☐☐ Monat ☐☐ Tag ☐☐
Nomenklatur-Code:	Nomenklatur-Code:

12. Anderen Berechtigten erteilte vZTA *

Ist Ihnen bekannt, ob anderen Berechtigten für eine gleiche oder gleichartige Ware bereits eine vZTA erteilt worden ist?

Ja ☐ Nein ☐ Falls ja, bitte machen Sie Angaben zu folgenden Punkten:

Land, in dem die vZTA erteilt wurde:	Land, in dem die vZTA erteilt wurde:
vZTA-Nummer:	vZTA-Nummer:
Beginn der Gültigkeitsdauer: Jahr ☐☐☐☐ Monat ☐☐ Tag ☐☐	Beginn der Gültigkeitsdauer: Jahr ☐☐☐☐ Monat ☐☐ Tag ☐☐
Nomenklatur-Code:	Nomenklatur-Code:

13. Datum und Unterschrift

Ihr Zeichen:

Datum: ☐ Jahr ☐☐☐☐ Monat ☐☐ Tag ☐☐

Unterschrift:

Für Eintragungen der Zollbehörden:

** Bitte ein gesondertes Blatt benutzen, falls dieses Feld nicht ausreicht.*

0307/2 Antrag auf Erteilung einer verbindlichen Zolltarifauskunft **(2/2009)**

12.4 Anhang 4

Antrag auf Erteilung einer unverbindlichen Zolltarifauskunft für Umsatzsteuerzwecke (uvZTA) Vordruck 0310

Antragsteller Name und Anschrift ________ ________ ________ Telefonnummer ________ Faxnummer ________ E-Mailadresse ________ Zollnummer (falls vorhanden) ________	Eingangsstempel, Eingangsbuchnummer, Raum für Vermerke der bearbeitenden Dienststelle der Zollverwaltung

Zuständiges Finanzamt/Steuernummer
(bitte vollständige Adresse angeben)

Zuständige Oberfinanzdirektion oder gleichgestellte Behörde bzw. oberste Landesfinanzbehörde
(bitte vollständige Adresse angeben)

Person, die die Auskunft verwenden will
(bitte vollständige Adresse angeben, falls abweichend vom Antragsteller)

Empfangsbevollmächtigter im Inland
(bitte vollständige Adresse angeben, falls abweichend vom Antragsteller)

0310/1 Antrag auf Erteilung einer unverbindlichen Zolltarifauskunft für Umsatzsteuerzwecke (uvZTA) **(1/2010)**

Warenbeschreibung

Handelsbezeichnung (sofern nicht vertraulich), Beschaffenheit, stoffliche Zusammensetzung (z. B. Fettgehalte, Zuckergehalte etc.), ggf. Wertanteile der einzelnen Bestandteile der Ware, Verwendungszweck der Ware
Hinweis: Für jede Ware, für die eine Auskunft beantragt wird, ist ein gesonderter Antrag zu stellen.

Beigefügte Unterlagen (Zutreffendes bitte ankreuzen)

- ☐ **Muster/Probe**
- ☐ **Foto**
- ☐ **Katalog**
- ☐ **Sonstiges**

Hinweis: Dem Antrag ist jeweils eine Probe beizufügen. Ist dies wegen der besonderen Beschaffenheit der Ware, wie Größe, Verderblichkeit, Wert oder dergleichen nicht angebracht, so sind Fotos, Katalogauszüge, Prospekte beizufügen.

Handelsbezeichnung und zusätzliche Angaben

Bitte geben Sie an, wie die Ware im Handel bezeichnet und welche Angaben ggf. von der Verwaltung vertraulich zu behandeln sind (z. B. geschützte Handelsnamen, vertrauliche Rezepturen).

Ich versichere, dass ich die Angaben wahrheitsgemäß nach bestem Wissen und Gewissen gemacht habe. Mit der Speicherung der Antragsangaben einschließlich etwaiger sich aus den beigefügten Unterlagen ergebenden Informationen durch die bearbeitenden Behörden bin ich einverstanden. Ich erkläre mich auch bereit, auf Verlangen der bearbeitenden Behörden eine Übersetzung beigefügter Unterlagen in die deutsche Sprache zu liefern.

Ort **Datum** **Unterschrift**

Ihr Geschäftszeichen

0310/2 Antrag auf Erteilung einer unverbindlichen Zolltarifauskunft für Umsatzsteuerzwecke (uvZTA) **(01/2010)**

12.5 Anhang 5

Die wichtigsten Rechte und Pflichten von Käufer und Verkäufer

Diese Darstellung dient lediglich als Übersicht. Die genauen Inhalte der einzelnen Klauseln und deren Interpretationen sollten in jedem Fall vor der vertraglichen Verwendung geprüft werden.

	Export-frei-ma-chung	Import-frei-ma-chung	Trans-port-vertrag	Lieferort	Gefahr-übergang	Kosten-übergang	Transport-versiche-rung	Trans port-mittel
EXW	K	K	K	Werk des V	Lieferort			Alle
FCA	V	K	K	Ort der Übergabe an Frachtführer	Lieferort			Alle
CPT	V	K	V	Ort der Übergabe an ersten Frachtführer	Lieferort	Bestim-mungsort		Alle
CIP	V	K	V	Ort der Übergabe an ersten Frachtführer	Lieferort	Bestim-mungsort	V (Mindest-deckung)	Alle
DAT	V	K	V	Terminal im Be-stimmungshafen oder am Bestim-mungsort	Terminal im Bestim-mungshafen oder am Bestimmungsort			Alle
DAP	V	K	V	Bestimmungsort	Bestimmungsort			Alle
DDP	V	V	V	Bestimmungsort	Bestimmungsort			Alle
FAS	V	K	K	Längsseite Schiff im Verschiffungshafen	Lieferort			Schiff
FOB	V	K	K	Schiff im Verschif-fungshafen	an Bord des Schiffes			Schiff
CFR	V	K	V	Schiff im Verschif-fungshafen	an Bord des Schiffes	Bestim-mungsha-fen		Schiff
CIF	V	K	V	Schiff im Verschif-fungshafen	an Bord des Schiffes	Bestim-mungsha-fen	V (Mindest-deckung)	Schiff

Stand November 2012

12.6 Anhang 6

BUNDESREPUBLIK DEUTSCHLAND

ANTRAG AUF ERTEILUNG EINER VERBINDLICHEN URSPRUNGSAUSKUNFT (VUA)

1. Antragsteller (Name und Anschrift)

Telefon-Nr.: ______

Fax-Nr.: ______

E-Mail-Adresse: ______

EORI-Nr.: ______

Für Eintragungen der Behörden

Registriernummer: ______

Ort der Antragstellung: ______

Eingangsdatum: Jahr ______ Monat ______ Tag ______

Als Bild erfassen: Ja ☐ Anzahl ______ Nein ☐

Datum der Erteilung: Jahr ______ Monat ______ Tag ______

Zuständiger Beamter: ______

Warenmuster zurückgesandt: ☐

2. Berechtigter (Name und Anschrift)

Telefon-Nr.: ______

Fax-Nr.: ______

EORI-Nr.: ______

Wichtiger Hinweis

Mit seiner Unterschrift übernimmt der Antragsteller die Haftung für die Richtigkeit und Vollständigkeit der Angaben auf diesem Vordruck und den ggf. beigefügten Zusatzblättern. Der Antragsteller erteilt die Zustimmung, dass die mitgeteilten Angaben in einer öffentlich zugänglichen Datenbank der Kommission gespeichert werden (zu vetraulichen Angaben siehe Feld 12). Die in Deutschland geltenden Vorschriften über den Datenschutz sind jedoch neben Artikel 15 des Zollkodex anwendbar. Der Antragsteller erteilt die Zusage, auf Ersuchen der Zollbehörde eine Übersetzung der ggf. beigefügten Unterlagen in die deutsche Sprache zu liefern.

3. Zollagent (Empfänger) **oder Vertreter** (Name und Anschrift)

Telefon-Nr.: ______

Fax-Nr.: ______

EORI-Nr.: ______

4. Neuerteilung einer VUA

Nur ausfüllen, wenn Sie die Neuerteilung einer VUA beantragen.

VUA-Nummer: ______

Gültig seit: Jahr ______ Monat ______ Tag ______

5. Antrag auf Erteilung einer verbindlichen Ursprungsauskunft (VUA) gem. Artikel 12 Zollkodex (ZK) i. V. m.

Artikel 22 ZK ☐ (nichtpräferenzieller Ursprung)

oder

Artikel 27 ZK ☐ (Präferenzursprung)
im Warenverkehr der Gemeinschaft mit ______

(Zutreffendes bitte ankreuzen)

Hinweise

Die Industrie- und Handelskammern erteilen zum Zwecke der Ausstellung von Ursprungsnachweisen verbindliche Auskünfte nach Artikel 12 des ZK über die Feststellung des nichtpräferenziellen Ursprungs (Artikel 22 ZK) für Waren, die in der Europäischen Gemeinschaft vollständig gewonnen oder hergestellt oder be- oder verarbeitet werden. Dies gilt nicht für Waren, für die gemeinsame Marktorganisationen bestehen, nach denen die Gewährung von Leistungen von der Bestimmung des Ursprungs abhängig ist (§ 6 Abs. 9 Zollverwaltungsgesetz).

Im Falle von Artikel 27 ZK: Angabe der den Ein- oder Ausfuhrvorgang betreffenden Länder, der Ländergruppen oder Gebiete, mit denen die Gemeinschaft ein Abkommen geschlossen hat, in dem eine Zollpräferenzbehandlung vorgesehen ist bzw. gegenüber denen die Gemeinschaft einseitig Zollpräferenzmaßnahmen erlassen hat.

Ein Antrag auf Erteilung einer VUA darf sich nur auf eine Art von Waren und ursprungsverleihende Umstände beziehen.

6. Zolltarifliche Einreihung der Ware

7. Gegebenenfalls Ab-Werk-Preis der Ware

8. Detaillierte Beschreibung der Ware
(gegebenenfalls Angabe der Zusammensetzung der Ware bzw. der zur Bestimmung ihrer Zusammensetzung angewandten Untersuchungsmethoden)

(Bitte Zusatzblatt benutzen, falls dieses Feld nicht ausreicht)

0305/1 Antrag auf Erteilung einer verbindlichen Ursprungsauskunft (VUA) **(11/2011)**

9. Beschreibung der eingesetzten Vormaterialien jeweils mit Angabe des Ursprungs, der Einreihung und des Wertes			
eingesetztes Vormaterial	**Ursprungsland**	**zolltarifliche Einreihung**	**Wert**
(Bitte Zusatzblatt benutzen, falls dieses Feld nicht ausreicht)			

10. Angabe der die Ursprungsbestimmung ermöglichenden Voraussetzungen; insbesondere ist anzugeben, welche Ursprungsregel genau angewandt wurde und welcher Ursprung in Betracht gezogen wird; Umstände, mit denen die jeweiligen Voraussetzungen erfüllt wurden (Vorschriften über den Wechsel der Tarifposition, die Wertsteigerung, die Beschreibung der Be- oder Verarbeitung, sonstige einschlägige Regeln)

(Bitte Zusatzblatt benutzen, falls dieses Feld nicht ausreicht)

11. Gegebenenfalls Bereitstellung - in Form von Anhängen - von Mustern oder Proben, Lichtbildern, Plänen, Katalogen und anderen Unterlagen über die Zusammensetzung der Ware und ihre Vormaterialien, zur Veranschaulichung des angewandten Herstellungs- bzw. Be- oder Verarbeitungsverfahrens

Welche Unterlagen haben Sie Ihrem Antrag beigefügt? (Zutreffendes bitte ankreuzen)

Muster oder Proben ☐ Lichtbilder ☐ Pläne ☐ Kataloge ☐ andere Unterlagen ☐

Sollen die Muster oder Proben zurückgesandt werden? (Zutreffendes bitte ankreuzen)

Ja ☐ Nein ☐

0305/2 Antrag auf Erteilung einer verbindlichen Ursprungsauskunft (VUA) **(11/2011)**

12. Hinweis des Antragstellers, welche Angaben vertraulich zu behandeln sind, unabhängig davon, ob diese Angaben die Öffentlichkeit oder die Verwaltung betreffen

13. Angabe des Antragstellers, ob seines Wissens in der Gemeinschaft bereits eine verbindliche Zolltarifauskunft (VZTA) oder eine verbindliche Ursprungsauskunft für eine in Feld 8 genannte gleiche oder gleichartige Ware beantragt oder erteilt wurde

Haben Sie bei einer Zollbehörde, den Industrie- und Handelskammern oder einem anderen Mitgliedstaat bereits eine VZTA oder VUA für eine gleiche oder gleichartige Ware beantragt oder erhalten oder ist Ihnen bekannt, ob anderen Berechtigten für eine gleiche oder gleichartige Ware bereits eine VZTA oder VUA erteilt worden ist?

Nein ☐

Ja ☐ falls ja, machen Sie bitte Angaben zu folgenden Punkten und fügen sie ggf. Ablichtungen der VZTA oder VUA bei:

Land der Antragstellung: ________	Land der Antragstellung: ________
Ort der Antragstellung: ________	Ort der Antragstellung: ________
Datum des Antrags: Jahr ______ Monat ____ Tag ____	Datum des Antrags: Jahr ______ Monat ____ Tag ____
VZTA-Nummer: ________	VZTA-Nummer: ________
VUA-Nummer: ________	VUA-Nummer: ________

(Zutreffendes bitte ankreuzen; bitte Zusatzblatt benutzen, falls dieses Feld nicht ausreicht)

14. Angabe des Antragstellers, ob seines Wissens in der Gemeinschaft bereits eine verbindliche Zolltarifauskunft oder eine verbindliche Ursprungsauskunft für ein in Feld 9 genanntes gleiches oder gleichartiges Vormaterial beantragt oder erteilt wurde

Haben Sie bei einer Zollbehörde, den Industrie- und Handelskammern oder einem anderen Mitgliedstaat bereits eine VZTA oder VUA für ein gleiches oder gleichartiges Vormaterial beantragt oder erhalten oder ist Ihnen bekannt, ob anderen Berechtigten für ein gleiches oder gleichartiges Vormaterial bereits eine VZTA oder VUA erteilt worden ist?

Nein ☐

Ja ☐ falls ja, machen Sie bitte Angaben zu folgenden Punkten und fügen sie ggf. Ablichtungen der VZTA oder VUA bei:

Land der Antragstellung: ________	Land der Antragstellung: ________
Ort der Antragstellung: ________	Ort der Antragstellung: ________
Datum des Antrags: Jahr ______ Monat ____ Tag ____	Datum des Antrags: Jahr ______ Monat ____ Tag ____
VZTA-Nummer: ________	VZTA-Nummer: ________
VUA-Nummer: ________	VUA-Nummer: ________

(Zutreffendes bitte ankreuzen; bitte Zusatzblatt benutzen, falls dieses Feld nicht ausreicht)

15. Datum, Name und Unterschrift

Ihr Zeichen: ________

Datum: Jahr ______ Monat ____ Tag ____

Name und Unterschrift: ________

Für Eintragungen der Behörden

Antrag auf Erteilung einer verbindlichen Ursprungsauskunft (VUA)

Nachfolgend erhalten Sie Hinweise zum Ausfüllen des Antrags auf Erteilung einer VUA. Bitte lesen Sie die Hinweise aufmerksam durch, bevor Sie den Antrag ausfüllen.

1. Allgemeine Hinweise zum Ausfüllen des Vordrucks finden Sie ab Seite 6.

2. Verbindliche Ursprungsauskünfte werden gemäß - der jeweils gültigen Fassung - der Verordnung (EWG) Nr. 2913/92 des Rates vom 12. Oktober 1992 und der Verordnung (EWG) Nr. 2454/93 der Kommission vom 2. Juli 1993 erteilt. Kopien dieser Verordnungen erhalten Sie beim Amt für amtliche Veröffentlichungen der Europäischen Gemeinschaften, Rue Mercier 2, L-2985 LUXEMBURG, oder bei den Verkaufsagenturen in den Mitgliedstaaten oder im Internet unter http://www.zoll.de.

3. Eine VUA darf nur im Zusammenhang mit einem tatsächlich vorgesehenen Ein- oder Ausführvorgang beantragt werden. Eine VUA ist für jede Zollstelle in der Europäischen Gemeinschaft bindend. Sie gilt ab dem Tag der Erteilung und ist auf zurückliegende Ein- oder Ausfuhrvorgänge **nicht** anwendbar. Eine VUA ist höchstens 3 Jahre gültig. Die Veröffentlichung von Verordnungen der Kommission oder die Annahme von der Gemeinschaft geschlossener Abkommen können dazu führen, dass eine VUA vor Ablauf von 3 Jahren ungültig wird. Sie können die Neuerteilung bei der Industrie- und Handelskammer (IHK) oder bei dem Hauptzollamt Hannover, Waterloostraße 5, 30169 Hannover beantragen, die Ihnen die ungültig gewordene Auskunft erteilt hat. Benutzen Sie auch hierzu den Antrag auf Erteilung einer VUA.

4. Für jede Warenart und ursprungsverleihende Umstände ist ein gesonderter Antrag zu stellen. Der Antrag kann in der Bundesrepublik Deutschland bei den für die Erteilung zuständigen und nachstehend genannten Dienststellen gestellt werden.

   a) Im Fall von Art. 22 ZK (nichtpräferenzieller Ursprung):

   - bei der zuständigen Industrie- und Handelskammer
     Die Industrie- und Handelskammern erteilen zum Zwecke der Ausstellung von Ursprungsnachweisen verbindliche Auskünfte nach Artikel 12 des ZK über die Feststellung des nichtpräferenziellen Ursprungs (Art. 22 ZK) für Waren, die in der Europäischen Gemeinschaft vollständig gewonnen oder hergestellt oder be- oder verarbeitet werden. Dies gilt nicht für Waren, für die gemeinsame Marktorganisationen bestehen, nach denen die Gewährung von Leistungen von der Bestimmung des Ursprungs abhängig ist (§ 6 Abs. 9 Zollverwaltungsgesetz).
     Welche IHK für Sie zuständig ist, lässt sich u. a. über das Internet feststellen. Die Internetadresse lautet: http://www.dihk.de.

   b) Im Fall von Art. 22 ZK (nichtpräferenzieller Ursprung):
   nur wenn die letzte Be- oder Verarbeitung außerhalb der EG stattgefunden hat oder es sich um Waren handelt für die gemeinsame Marktorganisationen bestehen, nach denen die Gewährung von Leistungen von der Bestimmung des Ursprungs abhängig ist,

   und

   im Fall von Art 27 ZK (Präferenzursprung):
   - bei dem Hauptzollamt Hannover, Waterloostraße 5, 30169 Hannover.

5. Sollte der Antrag bei einer nicht zuständigen Behörde oder Dienststelle eingehen, wird der Antrag an die zuständige Behörde oder Dienststelle weitergeleitet. Über die Weiterleitung werden Sie in Kenntnis gesetzt.

6. Jedem Antrag sind, soweit möglich, Muster oder Proben der zu beurteilenden Ware in ausreichender Menge beizufügen. Ist dies wegen der besonderen Beschaffenheit der Ware wie Größe, Gewicht, Verderblichkeit, Wert oder dergleichen nicht angebracht, sind Abbildungen, Prospekte oder so genaue Beschreibungen vorzulegen, dass die Auskunft danach erteilt werden kann.

7. Die Erteilung einer VUA ist gebührenfrei. Bestimmte den Behörden entstandene Kosten für Analysen, Untersuchungen, Sachverständigengutachten für Warenmuster oder die Rücksendung dieser Muster können dem Antragsteller jedoch in Rechung gestellt werden. Ein Versand mit Paketdiensten oder eine Beförderung durch einen Spediteur ist nur möglich, wenn der Empfänger die Kosten übernimmt.

   Weiterhin ist zu bedenken, dass die Waren ggf. bei der Untersuchung verbraucht, beschädigt oder sogar zerstört werden können. Ein Schadenersatzanspruch entsteht dadurch nicht.

8. Eine VUA darf nur vom Berechtigten verwendet werden.

9. Auf Verlangen ist eine Übersetzung der beigefügten Unterlagen in die Amtssprache(n) des betreffenden Mitgliedstaats beizubringen.

10. Wenn der Antrag falsche oder unvollständige Angaben enthält, kann die auf solchen Angaben beruhende VUA zurückgenommen werden.

11. Die VUA ist binnen 150 Tagen nach Annahme des Antrags zu erteilen. Die Frist von 150 Tagen beginnt zu dem Zeitpunkt zu laufen, in dem die Behörde über alle Angaben verfügt, die zur Stellungnahme erforderlich sind; sie teilt dem Antragsteller mit, wann sein Antrag eingetroffen ist und ab wann der Lauf der genannten Frist beginnt.

12. **Die VUA ersetzt nicht ein ggf. beim Ex- oder Import erforderliches Ursprungszeugnis, Präferenzpapier oder eine Lieferantenerklärung.**

ALLGEMEINE HINWEISE ZUM AUSFÜLLEN DES VORDRUCKS

FELD 1: Antragsteller (Name und Anschrift)

Für die Zwecke der VUA bedeutet Antragsteller die Person, die bei den Behörden eine verbindliche Ursprungsauskunft beantragt oder in deren Namen sie beantragt wird.

Antragsteller kann z. B. eine Firma, eine beauftragte Spedition oder eine Privatperson sein.

Zur EORI-Nummer: Bitte geben Sie ggf. die Ihnen von den Zollbehörden zugeteilte Identifikationsnummer an.
Sollte noch keine EORI-Nummer erteilt worden sein, können Sie diese mit dem Antragsvordruck 0870 (im Internet unter www.zoll.de abrufbar) vom Informations- und Wissensmanagement Zoll, Postfach 10 07 61, 01077 Dresden, erhalten.

FELD 2: Berechtigter (Name und Anschrift)

Für die Zwecke der VUA bedeutet *Berechtigter* die Person, der die verbindliche Ursprungsauskunft erteilt wird.
In diesem Feld ist daher die Adresse, Telefon- und Faxnummer sowie ggf. die EORI-Nummer desjenigen anzugeben, auf dessen Namen die VUA erteilt werden soll und der diese Auskunft für Ein- oder Ausfuhrvorgänge verwenden will.
Ist der Berechtigte mit dem Antragsteller identisch, kann auf Feld 1 verwiesen werden.
Hat der Berechtigte seinen Sitz im Ausland, sollte möglichst ein Empfangsbevollmächtigter mit Adresse in der Bundesrepublik Deutschland in Feld 3 angegeben werden.

FELD 3: Zollagent oder Vertreter (Name und Anschrift)

Bitte ausfüllen, wenn Sie einen Zollagenten oder Vertreter benennen wollen, der die VUA bei der Einfuhr/Ausfuhr im Namen des Berechtigten vorlegt; ansonsten offen lassen.

FELD 4: Neuerteilung einer VUA

Eine VUA ist derzeit 3 Jahre gültig. Bitte ausfüllen, wenn die Gültigkeitsdauer einer Ihnen erteilten VUA abgelaufen ist oder in Kürze ablaufen wird und Sie die Erneuerung der ungültig gewordenen VUA wünschen; ansonsten offen lassen.

VUA-Nummer (Feld 2 der Auskunft): Bitte die Nummer der VUA angeben, deren Erneuerung gewünscht wird. Die ersten beiden Zeichen stehen für den ISO-Code des Landes, in dem die VUA erteilt wurde, die übrigen Zeichen für die von den zuständigen Behörden vergebene Nummer.
Gültig seit (Feld 3 der Auskunft): Bitte geben Sie das Datum der Erteilung aus Feld 3 der VUA an.

FELD 5: Antrag auf Erteilung einer VUA gem. Art. 12 Zollkodex (ZK) i. V. m. Art. 22 oder Art. 27 ZK

Kreuzen Sie bitte an, ob Sie eine VUA gem. Art. 22 oder Art. 27 ZK beantragen.

Im Falle von Art. 27 ZK geben Sie bitte die den Ein- oder Ausfuhrvorgang betreffenden Länder, die Ländergruppen oder die Gebiete an, mit denen die Gemeinschaft ein Abkommen geschlossen hat, in dem eine Zollpräferenzbehandlung vorgesehen ist bzw. gegenüber denen die Gemeinschaft einseitig Zollpräferenzmaßnahmen erlassen hat.

Die Präferenzregelungen der EU sind u.a. unter www.zoll.de in der Datenbank Warenursprung und Präferenzen online (WuP-online) veröffentlicht.

Ein Antrag auf Erteilung einer VUA darf sich nur auf eine Art von Waren und ursprungsverleihende Umstände beziehen.

FELD 6: Zolltarifliche Einreihung der Ware

Bitte geben Sie die Position/Unterposition/Codenummer an, in die die Ware eingereiht wird. Es sind mindestens die ersten 4 Stellen der bis zu 11-stelligen vollständigen Codenummer anzugeben.

Die zolltarifliche Einreihung basiert auf dem Harmonisierten System zur Bezeichnung und Codierung der Waren (HS). Der Zolltarif der Europäischen Gemeinschaft baut auf der Nomenklatur des Harmonisierten Systems (HS) auf und wird durch Erweiterung der HS-Codes (6-stellig) um zwei Stellen zur Kombinierten Nomenklatur (KN; 8-stellig). Zur Berücksichtigung besonderer zolltariflicher Maßnahmen wird die KN um weitere zwei Stellen zum Integrierten Zolltarif (TARIC; 10-stellig) ergänzt. Für nationale Unterscheidungen kann der zehnstellige TARIC-Code um eine bis zu vier Stellen erweitert werden. In der Bundesrepublik Deutschland wird für nationale Unterscheidungen eine Stelle verwendet und dadurch die so genannte vollständige Codenummer (11-stellig) gebildet.

Aufgrund der Revision des Harmonisierten Systems (HS) jeweils zum 1. Januar 2007 und 1. Januar 2012 sind verschiedene Waren ab diesen Zeitpunkten in andere Positionen oder Kapitel des HS einzureihen. Die Ursprungsregeln (Verarbeitungslisten) sind jedoch teilweise noch nicht angepasst worden. Sind das Erzeugnis oder auch Vormaterialien davon betroffen, so ist die Einreihung im Hinblick auf die Ursprungsregeln des jeweiligen Präferenzabkommens zu prüfen und ggf. entsprechend zu ändern.

FELD 7: Gegebenenfalls Ab-Werk-Preis der Ware

Bitte geben Sie den Ab-Werk-Preis der Ware an, falls dieser für die Feststellung des Ursprungs der Ware notwendig ist.

Der Begriff "Ab-Werk-Preis" ist der Preis der Ware ab Werk, der dem Hersteller gezahlt wird, in dessen Unternehmen die letzte Be- oder Verarbeitung durchgeführt worden ist, sofern dieser Preis den Wert aller verwendeten Vormaterialien umfasst, abzüglich aller inländischen Abgaben, die erstattet werden oder erstattet werden können, wenn das hergestellte Erzeugnis ausgeführt wird.

FELD 8: Detaillierte Beschreibung der Ware (ggf. Angabe der Zusammensetzung der Ware bzw. der zur Bestimmung ihrer Zusammensetzung angewandten Untersuchungsmethoden)

Bitte geben Sie eine genaue Warenbeschreibung an, die das Erkennen der Waren und deren Einreihung in die Zollnomenklatur ermöglicht. Machen Sie genaue Angaben zur Zusammensetzung der Waren und ggf. zu den zur Bestimmung der Zusammensetzung angewandten Untersuchungsmethoden, sofern die Einreihung bzw. Feststellung des Ursprungs von der Zusammensetzung abhängt. Vertrauliche Angaben sind in Feld 12 zu machen.

Benennen Sie bitte z. B. die Bestandteile, das Herstellungsverfahren, den Verwendungszweck und die handelsübliche Bezeichnung. Angaben zur Artikel- oder Modellnummer sind zur Identifikation der Ware hilfreich. Bei Warenzusammenstellungen beschreiben Sie bitte die Aufmachung oder Verpackung und geben Sie die Wertanteile an.

FELD 9: Beschreibung der eingesetzten Vormaterialien jeweils mit Angabe des Ursprungs, der Einreihung und des Wertes

Bitte geben Sie alle Vormaterialien jeweils mit Angabe des Ursprungs an, die zur Herstellung der Ware verwendet werden. Falls der Ursprung der Vormaterialien nicht bekannt ist oder nicht nachgewiesen werden kann, reicht im Fall von Art. 27 ZK die Angabe "Drittland" aus.

Bitte geben Sie die zolltarifliche Einreihung der Vormaterialien an, falls diese für die Feststellung des Ursprungs der Ware notwendig ist; beachten Sie hierzu die Ausführungen zu Feld 6.

Bitte geben Sie den Wert der Vormaterialien an, falls dieser für die Feststellung des Ursprungs der Ware notwendig ist. Der Wert der "Vormaterialien ohne Ursprungseigenschaft" ist in der Regel der Zollwert der verwendeten Vormaterialien zum Zeitpunkt der Einfuhr oder, wenn dieser nicht bekannt ist und nicht festgestellt werden kann, der erste feststellbare Preis, der für die Vormaterialien gezahlt wird. Wenn der Wert von verwendeten "Vormaterialien mit Ursprungseigenschaft" bestimmt werden muss, gelten die vorgenannten Ausführungen sinngemäß.

FELD 10: Angabe der die Ursprungsbestimmung ermöglichenden Voraussetzungen; insbesondere ist anzugeben, welche Ursprungsregel genau angewandt wurde und welcher Ursprung in Betracht gezogen wird; Umstände, mit denen die jeweiligen Voraussetzungen erfüllt wurden (Vorschriften über den Wechsel der Tarifposition, die Wertsteigerung, die Beschreibung der Be- oder Verarbeitung, sonstige einschlägige Regeln)

Bitte gehen Sie ausführlich auf die o. a. Punkte ein.

FELD 11: Gegebenenfalls Bereitstellung - in Form von Anhängen - von Mustern oder Proben, Lichtbildern, Plänen, Katalogen und anderen Unterlagen über die Zusammensetzung der Ware und ihre Vormaterialien, zur Veranschaulichung des angewandten Herstellungs- bzw. Be- oder Verarbeitungsverfahrens

Bitte geben Sie durch Ankreuzen des entsprechenden Kästchens an, welche Unterlagen Sie dem Antrag beifügen, die den Behörden bei der Bearbeitung dieses Antrages nützlich sein könnten. In der Regel ist die Vorlage von Warenmustern oder Proben erforderlich. Bei den anderen Unterlagen kann es sich u. a. um Nachweise (z. B.: Kopien von Lieferantenerklärungen, EUR. 1, Ursprungszeugnissen) zum Ursprung von Vormaterialien handeln, die nicht im eigenen Betrieb hergestellt wurden, soweit diese zum Zeitpunkt der Antragstellung bereits vorhanden sind.

Geben Sie ggf. auch an, wie mit den Warenmustern oder Proben anschließend verfahren werden soll.

FELD 12: Hinweis des Antragstellers, welche Angaben vertraulich zu behandeln sind, unabhängig davon, ob diese Angaben die Öffentlichkeit oder die Verwaltung betreffen

Bitte geben Sie hier ggf. die Einzelheiten an, die vertraulich behandelt werden sollen wie Warenzeichen, Modellnummern, Zusammensetzung der Ware sowie die für deren Bestimmung verwendeten Untersuchungsmethoden; Handelsbezeichnung u.s.w. Hier kann auch darauf hingewiesen werden, dass Ergebnisse einer ggf. von der ZPLA durchgeführten Untersuchung als vertraulich einzustufen sind.

Als vertraulich werden auch ohne Ihren Hinweis folgende Angaben behandelt:
Berechtigter; Ab-Werk-Preis; Vormaterialien mit Angabe des Ursprungs; der zolltariflichen Einreihung und des Wertes; Beschreibung des Herstellungs- bzw. Be- oder Verarbeitungsverfahrens.

FELD 13: Angabe des Antragstellers, ob seines Wissens in der Gemeinschaft bereits eine verbindliche Zolltarifauskunft (VZTA) oder eine verbindliche Ursprungsauskunft für eine in Feld 8 genannte gleiche oder gleichartige Ware beantragt oder erteilt wurde

Bitte machen Sie hier Angaben zu anderen VZTA- oder VUA-Anträgen, die der Berechtigte oder andere Berechtigte für eine gleiche oder gleichartige Ware bei einer Zollbehörde, den Industrie- und Handelskammern oder in einem anderen Mitgliedstaat gestellt haben, sowie zu VZTA oder VUA, die ihm oder anderen bereits für eine gleiche oder gleichartige Ware erteilt worden sind.

FELD 14: Angabe des Antragstellers, ob seines Wissens in der Gemeinschaft bereits eine verbindliche Zolltarifauskunft oder eine verbindliche Ursprungsauskunft für ein in Feld 9 genanntes gleiches oder gleichartiges Vormaterial beantragt oder erteilt wurde

Bitte machen Sie hier Angaben zu anderen VZTA- oder VUA-Anträgen, die der Berechtigte oder andere Berechtigte für ein gleiches oder gleichartiges Vormaterial bei einer Zollbehörde, den Industrie- und Handelskammern oder in einem anderen Mitgliedstaat gestellt haben, sowie zu VZTA oder VUA, die ihm oder anderen bereits für ein gleiches oder gleichartiges Vormaterial erteilt worden sind.

FELD 15: Datum, Name und Unterschrift

Bitte den Antrag nach Prüfung auf Richtigkeit und Vollständigkeit datieren und unter Angabe Ihres Namens unterschreiben.

12.7 Anhang 7

WARENVERKEHRSBESCHEINIGUNG

1. **Ausführer** (Name, vollständige Anschrift, Staat)

EUR. 1 Nr. X

Vor dem Ausfüllen Anmerkungen auf der Rückseite beachten

2. **Bescheinigung für den Präferenzverkehr zwischen**

der

Europäischen Wirtschaftsgemeinschaft

und

dem in Feld 5 genannten Staat

3. **Empfänger** (Name, vollständige Anschrift, Staat)
(Ausfüllung freigestellt)

4. Ursprungsland[3]

5. Bestimmungsstaat

6. **Angaben über die Beförderung** (Ausfüllung freigestellt)

7. Bemerkungen

8. Laufende Nr.; Zeichen, Nummern, Anzahl und Art der Packstücke[1]; Warenbezeichnung

9. Rohgewicht (kg) oder andere Maße (l, m^3, usw.)

10. Rechnungen (Ausfüllung freigestellt)

11. **SICHTVERMERK DER ZOLLBEHÖRDE**
Die Richtigkeit der Erklärung wird bescheinigt.
Ausfuhrpapier (Ausfuhranmeldung):[2]

We-Nr. ....

vom

Zollbehörde: ....

Ausstellender Staat: ....**Österreich**..........

Stempel

....
(Ort und Datum)

....
(Unterschrift)

12. **ERKLÄRUNG DES AUSFÜHRERS**
Der Unterzeichner erkärt, dass die vorgenannten Waren die Voraussetzungen erfüllen, um diese Bescheinigung zu erlangen.

....
(Ort und Datum)

....
(Unterschrift)

1) Bei unverpackten Waren ist die Anzahl der Gegenstände oder „lose geschüttet" anzugeben.
2) Nur auszufüllen, wenn nach den internen Rechtsvorschriften des Ausfuhrstaates oder -gebietes erforderlich.
3) Als Ursprungsstaat gilt der Staat, die Staatengruppe oder das Gebiet, als dessen bzw. deren Ursprungswaren die Waren gelten.

Lager-Nr.: 1011-EUR 1 Verlag J.A. Kitzler, A-1011 Wien, Uraniastraße 4, Tel. 01/713 53 34, Fax 01/713 53 34 85 Internet: www.verlag-kitzler.at, e-mail: office@verlag-kitzler.at 2001 1014-Bu Bewilligung BMF erteilt

Erklärung des Ausführers

Der Unterzeichner, Ausführer der auf der Vorderseite beschriebenen Waren

ERKLÄRT, dass die Waren die Voraussetzungen erfüllen, um die beigefügte Bescheinigung zu erlangen;

BESCHREIBT, den Sachverhalt, aufgrund dessen diese Waren die vorgenannten Voraussetzungen erfüllen, wie folgt:

....

....

....

☐ Die Ware wurde im Rahmen einer aktiven Veredelung hergestellt; die Ausstellung der Warenverkehrsbescheinigung wird dem für dieses Verfahren zuständigen Zollamt (Überwachungsstelle) angezeigt werden [1].

☐ Die Ware stammt aus dem freien Verkehr.

LEGT folgende Nachweise vor [2]

....

....

....

....

VERPFLICHTET SICH, auf Verlangen der zuständigen Behörden alle zusätzlichen Nachweise zu erbringen, die für die Ausstellung der beigefügten Bescheinigung erforderlich sind, und gegebenenfalls jede Kontrolle seiner Buchführung und der Herstellungsbedingungen für die obengenannten Waren zu dulden;

BEANTRAGT die Ausstellung der beigefügten Bescheinigung für diese Waren.

....

(Ort und Datum) (Unterschrift)

Anmerkungen

Im Warenverkehr nach den Zollpräferenzmaßnahmen der EG ist die Warenverkehrsbescheinigung als formeller Nachweis eine wichtige Unterlage für die Anwendung der Zollbegünstigungen im Bestimmungsland. Sie kann nur für „Ursprungserzeugnisse" im Sinne der jeweiligen Zollpräferenzmaßnahmen ausgestellt werden; für einige Zollpräferenzmaßnahmen darf zusätzlich keine Zollrückvergütung in Anspruch genommen werden. Diese Vorschriften sind genau zu prüfen, bevor ein Antrag auf Erteilung einer Warenverkehrsbescheinigung gestellt wird.

Füllen Sie die Warenverkehrsbescheinigung vollständig, genau und lesbar aus. Beachten Sie folgende Vorschriften sorgfältig:

- **Wird das Formular handschriftlich ausgefüllt, hat dies mit Tinte oder Kugelschreiber und in Druckbuchstaben zu erfolgen.**
- **Radierungen und Überschreibungen sind unzulässig.**
- **Erweist sich eine Änderung als notwendig, so ist die irrtümliche Eintragung zu streichen und die richtige Eintragung hinzuzufügen. Solche Berichtigungen müssen – sofern es sich nicht um einen „ermächtigten Ausführer" handelt – stets vom Zollamt, das die Bescheinigung erteilt, bestätigt werden.**
- **Jeder Warenposten muss mit einer laufenden Nummer versehen werden.**
- **Die Beschreibung der Waren soll so genau wie möglich erfolgen, verwenden Sie tunlichst denselben Wortlaut wie in der Rechnung; es wird empfohlen, die Nummer der Rechnung in Feld 10 anzuführen. Angaben allgemeiner Natur können im Einfuhrland zu Schwierigkeiten führen.**
- **Die Warenposten sind ohne Zwischenraum einzutragen.**
- **Unmittelbar nach dem letzten eingetragenen Warenposten ist ein waagrechter Schlussstrich zu ziehen; der nicht ausgefüllte Teil dieses Feldes ist durchzustreichen.**
- **Im Feld 9 ist nur die Menge der von der Warenverkehrsbescheinigung erfassten Ursprungserzeugnisse anzugeben (nach Tunlichkeit das Rohgewicht).**

Die Warenverkehrsbescheinigung (nicht jedoch der Antrag) kann auch in einer anderen Sprache als Deutsch ausgefüllt werden, wenn diese im Bestimmungsland zugelassen ist.

Es wird darauf aufmerksam gemacht, dass unrichtige oder falsche Angaben in der Warenverkehrsbescheinigung Strafen nach sich ziehen können.

1) Zutreffendes Feld ankreuzen
2) Zum Beispiel: Produktionsaufzeichnungen, Rechnungen, Einfuhrpapiere, Lieferantenerklärungen oder in anderen Vertragsparteien ausgestellte Ursprungsnachweise.

12.8 Anhang 8

1. Goods consigned from (Exporter's business name, address, country)

Reference No

GENERALIZED SYSTEM OF PREFERENCES

CERTIFICATE OF ORIGIN

(Combined declaration and certificate)

FORM A

Issued in ....
(country)

See notes overleaf

2. Goods consigned to (Consignee's name, address, country)

3. Means of transport and route (as far as known)

4. For official use

5. Item number	**6.** Marks and numbers of packages	**7.** Number and kind of packages, description of goods	**8.** Origin criterion (see Notes overleaf)	**9.** Gross weight or other quantity	**10.** Number and date of invoices

11. Certification

It is hereby certified, on the basis of control carried out, that the declaration by the exporter is correct.

....
Place and date, signature and stamp of certifying authority

12. Declaration by the exporter

The undersigned hereby declares that the above details and statements are correct; that all the goods were produced in

....
(country)

and that they comply with the origin requirements specified for those goods in the Generalized System of Preferences for goods exported to

....
(importing country)

....
Place and date, signature of authorized signatory

NOTES (2013)

I. Countries which accept Form A for the purposes of the Generalized System of Preferences (GSP):

Australia*	European Union:	France	Netherlands
Belarus	Austria	Germany	Poland
Canada	Belgium	Greece	Portugal
Iceland	Bulgaria	Hungary	Romania
Japan	Croatia	Ireland	Slovakia
New Zealand**	Cyprus	Italy	Slovenia
Norway	Czech Republic	Latvia	Spain
Russian Federation	Denmark	Lithuania	Sweden
Switzerland including Liechtenstein***	Estonia	Luxembourg	United Kingdom
Turkey	Finland	Malta	
United States of America****			

Full details of the conditions covering admission to the GSP in these countries are obtainable from the designated authorities in the exporting preference-receiving countries or from the customs authorities of the preference-giving countries listed above. An information note is also obtainable from the UNCTAD secretariat.

II. General conditions

To qualify for preference, products must:

(a) fall within a description of products eligible for preference in the country of destination. The description entered on the form must be sufficiently detailed to enable the products to be identified by the customs officer examining them;

(b) comply with the rules of origin of the country of destination. Each article in a consignment must qualify separately in its own right; and,

(c) comply with the consignment conditions specified by the country of destination. In general, products must be consigned direct from the country of exportation to the country of destination but most preference-giving countries accept passage through intermediate countries subject to certain conditions. (For Australia, direct consignment is not necessary).

III. Entries to be made in Box 8

Preference products must either be wholly obtained in accordance with the rules of the country of destination or sufficiently worked or processed to fulfil the requirements of that country's origin rules.

(a) Products wholly obtained: for export to all countries listed in Section I, enter the letter "P" in Box 8 (for Australia and New Zealand Box 8 may be left blank).

(b) Products sufficiently worked or processed: for export to the countries specified below, the entry in Box 8 should be as follows:

(1) United States of America: for single country shipments, enter the letter "Y" in Box 8, for shipments from recognized associations of counties, enter the letter "Z", followed by the sum of the cost or value of the domestic materials and the direct cost of processing, expressed as a percentage of the ex-factory price of the exported products; (example "Y" 35% or "Z" 35%).

(2) Canada: for products which meet origin criteria from working or processing in more than one eligible least developed country, enter letter "G" in Box 8; otherwise "F".

(3) Iceland, the European Union, Japan, Norway, Switzerland including Liechtenstein, and Turkey; enter the letter "W" in Box 8 followed by the Harmonized Commodity Description and coding system (Harmonized System) heading at the 4-digit level of the exported product (example "W" 96.18).

(4) Russian Federation: for products which include value added in the exporting preference-receiving country, enter the letter "Y" in Box 8 followed by the value of imported materials and components expressed as a percentage of the fob price of the exported products (example "Y" 45%); for products obtained in a preference-receiving country and worked or processed in one or more other such countries, enter "Pk".

(5) Australia and New Zealand: completion of Box 8 is not required. It is sufficient that a declaration be properly made in Box 12.

---

* For Australia, the main requirement is the exporter's declaration on the normal commercial invoice. Form A, accompanied by the normal commercial invoice, is an acceptable alternative, but official certification is not required.

** Official certification is not required.

*** The Principality of Liechtenstein forms, pursuant to the Treaty of 29 March 1923, a customs union with Switzerland.

**** The United States does not require GSP Form A. A declaration setting forth all pertinent detailed information concerning the production or manufacture of the merchandise is considered sufficient only if requested by the district collector of Customs.

12.9 Anhang 9

WARENVERKEHRSBESCHEINIGUNG

1. Ausführer (Name, vollständige Anschrift, Staat)

A.TR. Nr. **A 0000**

2. Frachtpapier (Ausfüllung freigestellt)
Nr. ______ vom ______

3. Empfänger (Name, vollständige Anschrift, Staat) (Ausfüllung freigestellt)

4.
ASSOZIATION
zwischen der
EUROPÄISCHEN GEMEINSCHAFT
und der
TÜRKEI

5. Ausfuhrstaat

6. Bestimmungsstaat [1]

7. Angaben über die Beförderung (Ausfüllung freigestellt)

8. Bemerkungen

9. Laufende Nr.

10. Zeichen, Nummern, Anzahl und Art der Packstücke (bei lose geschütteten Waren je nach Fall Name des Schiffes, Waggon- oder Kraftwagennummer); Warenbezeichnung

11. Rohmasse (kg) oder andere Maßeinheit (hl, m³, usw.)

12. SICHTVERMERK DER ZOLLSTELLE
Die Richtigkeit der Erklärung wird bescheinigt.
Ausfuhrpapier [2]:
Art/Muster ______ Nr. ______
Zollstelle: ______
Ausstellender Staat: ______
______
______
(Ort und Datum) ______

Stempel

______
(Unterschrift)

13. ERKLÄRUNG DES AUSFÜHRERS
Der Unterzeichner erklärt, dass die vorgenannten Waren die Voraussetzungen erfüllen, um diese Bescheinigung zu erlangen.

______
(Ort und Datum)

______
(Unterschrift)

[2] Nur auszufüllen, wenn im Ausfuhrstaat erforderlich.

12.10 Anhang 10

1 Absender - *Consignor - Expéditeur-Expedidor*

L

ORIGINAL

EUROPÄISCHE GEMEINSCHAFT
EUROPEAN COMMUNITY - COMMUNAUTE EUROPEENNE - COMUNIDAD EUROPEA

2 Empfänger - *Consignee - Destinataire - Destinatario*

URSPRUNGSZEUGNIS
CERTIFICATE OF ORIGIN - CERTIFICAT D'ORIGINE - CERTIFICADO DE ORIGEN

3 Ursprungsland - *country of origin - Pays d'origine – País de origen*

4 Angaben über die Beförderung - *means of transport - expédition - expedición*

5 Bemerkungen - *remarks - observations - observaciones*

6 Laufende Nummer; Zeichen, Nummern, Anzahl und Art der Packstücke; Warenbezeichnung *Item number; marks, numbers, number and kind of packages; description of goods* *N° o'odre; marques, numéros, nombre et nature des colis; désignation des marchandises* *N° de orden; marcas, numeración, número y naturaleza de los bultos; descripción de las mercancías*	7 Menge Quantity *Quantité* *Cantidad*

8 DIE UNTERZEICHNENDE STELLE BESCHEINIGT, DASS DIE OBEN BEZEICHNETEN WAREN IHREN URSPRUNG IN DEM IN FELD 3 GENANNTEN LAND HABEN
The undersigned authority certifies that the goods described above originate in the country shown in box 3 / L'autorité soussignée certifie que les marchandises désignées ci-dessus sont originaires du pays figurant dans la case No. 3 / La autoridad infrascrita certifica que las mercancías abajo mencionadas son originarias del país que figura en la casilla no. 3

Ort und Datum der Ausstellung; Bezeichnung, Unterschrift und Stempel der zuständigen Stelle / *Place and date of issue; name signature and stamp of competent authority / Lieu et date de délivrance; designation, signature et cachet de l'autorité competente / Lugar y fecha de expedición, designación, firma y sello de la autoridad competente*

12.11 Anhang 11

Zutreffendes ist anzukreuzen [X] oder auszufüllen (VSF Z 09 14 Abs. 4)

1. **Antragsteller** (Name / Firmenbezeichnung, Anschrift, Bearbeiter/Ansprechpartner, Telefonnr., E-Mail)

Eingangsstempel

2. EORI-Nummer

Beachten Sie bitte die Hinweise und Erläuterungen auf der Rückseite.

Antrag auf Bewilligung eines laufenden Zahlungsaufschubs

☐ **für eigene Abgabenschulden** ☐ **für fremde Abgabenschulden**

mit Sicherheitsleistung

☐ **für Einfuhrabgaben** ☐ **Einfuhrabgaben - ohne EUSt -**

ohne Sicherheitsleistung

☐ **für Einfuhrumsatzsteuer** ☐ **Energiesteuer** (VSt-Code ....)

3. Zuständiges Finanzamt, Steuernummer

4. Name / Firmenbezeichnung der Niederlassung (Ansprechpartner A-BIN, Anschrift, Bearbeiter, Telefon)

5. Inländischer Empfangsbevollmächtigter (Name, Anschrift)

6. Benötigte Aufschubnehmerausweise je Aufschubkonto (Anzahl)

7. Bei laufendem Zahlungsaufschub mit Sicherheitsleistung
Aufschubsumme (EUR) Art der Sicherheit (z. B. Bankbürgschaft)

Erklärungen und Anträge

8. Ich werde den Zahlungsaufschub ohne Sicherheitsleistung nur in Anspruch nehmen, wenn die zu entrichtende Einfuhrumsatzsteuer gemäß § 15 Abs. 1 Nr. 2 Umsatzsteuergesetz in voller Höhe als Vorsteuer abgezogen werden kann.

Bei Zahlung für fremde Abgabenschulden

9. Jeder von mir abgegebene Aufschubantrag enthält meinen Antrag, die entstehende aufschiebbare Abgabenschuld des jeweils vertretenen Schuldners in Höhe der erstmaligen Berechnung auf mein Aufschubkonto anzuschreiben.

Ich verpflichte mich damit unwiderruflich, die jeweils angeschriebenen Beträge spätestens zum Fälligkeitstag für die Abgabenschuldner zu entrichten. Mir ist bekannt, dass für die rechtzeitige Zahlung der Eingang der Beträge bei der Bundeskasse Trier maßgebend ist. Bei verspäteter Zahlung werde ich Verzugszinsen gem. §§ 286, 288 BGB entrichten, die wie Säumniszuschläge gem. Art. 232 VO (EWG) Nr. 2913/92 (Zollkodex) i.V.m. § 240 Abgabenordnung berechnet werden.

Es ist mir bekannt, dass jeder von mir gestellte Aufschubantrag stets unter dem Vorbehalt angenommen wird, dass die von mir geleistete Sicherheit ausreicht und auch fremde Abgabenschulden sichert.

Ich werde den Aufschubantrag in jedem Einzelfall wie folgt abgeben:

- Eintragung des Kennzeichens "F" und meiner Aufschubkonto-Nummer in die Zollanmeldung (Feld 48 des Einheitspapiers, bei mündlicher Zollanmeldung auf dem für die Zollstelle bestimmten Exemplar des Berechnungsbogens, z .B. Vordruck 0468) und Unterschrift dieses Antrags durch eine im Aufschubnehmerausweis berechtigte Person.
- Bei Nutzung des IT-Verfahrens ATLAS werde ich den Aufschubantrag nach Maßgabe der entsprechenden Verfahrensanweisung abgeben.

Zahlung im SEPA-Lastschriftverfahren

10. ☐ Ich möchte die aufgeschobenen Abgabenbeträge im SEPA-Lastschriftverfahren entrichten.

11. Ort, Datum, Unterschrift

Anlagen

☐ Auszug aus dem Handels- oder Genossenschaftsregister oder Kopie der Gewerbeanmeldung

☐ Bürgschaftsurkunde (Vordruck 3711)

Aufschubnehmerausweis (Vordruck 0582)

0580 Antrag auf Bewilligung eines laufenden Zahlungsaufschubs **(2012)**

Hinweise und Erläuterungen

1. Der Antrag ist bei dem für die Bewilligung eines Zahlungsaufschubs zuständigen Hauptzollamt zu stellen. Welches Hauptzollamt für Ihren Firmensitz zuständig ist sowie dessen genaue Anschrift erfragen Sie bitte bei dem für Sie örtlich zuständigen Hauptzollamt.
2. Es empfiehlt sich, den Antrag mit dem zuständigen Sachbearbeiter des Hauptzollamts zu besprechen.
3. Beachten Sie bitte die zu den einzelnen Feldern gegebenen Erläuterungen. Auf das Merkblatt "Laufender Zahlungsaufschub" (Vordruck 0586) wird hingewiesen.
4. Für die Aufschubart "Energiesteuer - ohne Sicherheitsleistung" ist der Steuersatz in Form des Verbrauchsteuercodes anzugeben, für den der Zahlungsaufschub bewilligt werden soll. Soll Zahlungsaufschub für verschiedene Steuersätze bewilligt werden, sind alle betreffenden Verbrauchsteuercodes anzugeben.
5. Reicht der Platz im Vordruck nicht aus, bitte Anlagen verwenden.
6. Der Aufschubnehmerausweis (Vordruck 0582) ist nur auf der Rückseite auszufüllen und zu unterschreiben.
7. Werden gleichzeitig mehrere Arten des Zahlungsaufschubs beantragt, ist für jede Aufschubart ein Mehrstück des Antrags beizufügen.
8. Für die zweite und jede weitere Ausfertigung eines Aufschubnehmerausweises wird eine Gebühr erhoben (§ 8 Abs. 2 Zollkostenverordnung).

Zu Feld

(2) "Die EORI-Nummer ist gem. Art. 1 Nr. 16 ZK-DVO eine in der Europäischen Union von den zuständigen Behörden vergebene einzige Nummer, die zur Identifizierung von Wirtschaftsbeteiligten und ggf. anderen Personen gegenüber den Zollbehörden dient.
Aufschubnehmer müssen sich gem. Art. 1 Nr. 12 ZK-DVO und Art. 4l Abs. 1 ZK-DVO registrieren lassen.
Weitere Hinweise zur EORI-Nummer unter "www.zoll.de

(5) Von Antragstellern, die nicht im deutschen Teil des Zollgebiets der Gemeinschaft ansässig sind, ist ein im Inland ansässiger Empfangsbevollmächtigter zu benennen, dem die im Zusammenhang mit dem Zahlungsaufschub ergehenden Verwaltungsakte bekanntgegeben werden

(7) Die Aufschubsumme hat der Höhe der Abgaben zu entsprechen, die Sie während des eineinhalbmonatigen Aufschubzeitraums aufschieben möchten.

Soll Sicherheit durch Bankbürgschaft geleistet werden, ist der Vordruck 3711 zu verwenden. Bei Zahlungsaufschub für fremde Abgabenschulden muss die Sicherheit auch diese Schulden absichern.

(11) Ist der Antragsteller im Handels- oder Genossenschaftsregister eingetragen, ist dem Antrag ein beglaubigter Auszug nach dem neuesten Stand beizufügen; ggf. ist eine Kopie der Gewerbeanmeldung vorzulegen.

Hinweis nach § 4 Abs. 3 Bundesdatenschutzgesetz

Diesen Antrag stellen Sie freiwillig. Die verlangten Angaben sind insbesondere nach Artikel 224 Verordnung (EWG) Nr. 2913/92 (Zollkodex) für eine sachgerechte Entscheidung erforderlich.

12.12 Anhang 12

Zutreffendes ist angekreuzt [x] oder ausgefüllt	(VSF Z 81 01 Abs. 22)
Ersatzbeleg für den Vorsteuerabzug **(Abzug der Einfuhrumsatzsteuer als Vorsteuer)**	**Hinweis** Die Felder 1 bis 9 sind vom Antragsteller auszufüllen.

1.	Zu Einfuhrabgabenbescheid (Nummer, Datum, ggf. Position)
2.	Zeitpunkt (ggf. Zeitraum) des Entstehens der Einfuhrumsatzsteuer
3.	Anmelder/Zollschuldner (Name oder Firma, Anschrift)
4.	Vorsteuerabzugsberechtigter (Name oder Firma, Anschrift)
5.	Eingeführte Gegenstände (Bezeichnung), Menge (Maßeinheit)
6.	Bemessungsgrundlage für die Einfuhr (§ 11 UStG) EUR
7.	Einfuhrumsatzsteuerbetrag EUR
	EUR in Buchstaben
8.	☐ Dieser Betrag ist entrichtet.
9.	Dieser Betrag ist aufgrund ☐ des Zahlungsaufschubs ☐ eines vereinfachten Verfahrens spätestens bis zum 16. Tag des auf die Entstehung folgenden Monats zu entrichten.
10.	Der im Feld 1 bezeichnete Zollbeleg/Einfuhrabgabenbescheid wurde hinsichtlich des im Feld 7 angegebenen Einfuhrumsatzsteuerbetrags für den Vorsteuerabzug ungültig gemacht.
11.	Zollstelle, Datum, Dienststempel

0484 Ersatzbeleg für den Vorsteuerabzug **(2008)**

12.13 Anhang 13

Zutreffendes ist anzukreuzen [X] oder auszufüllen

Original

Europäische Gemeinschaft

Hinweis
Berücksichtigen Sie bitte beim Ausfüllen dieses Vordrucks das zugehörige Merkblatt (Vordruck 0210).

Antrag
auf Bewilligung eines Zollverfahrens mit wirtschaftlicher Bedeutung/ einer Überführung in den zollrechtlich freien Verkehr zur besonderen Verwendung

1. Antragsteller

Raum für zollamtliche Vermerke

1A. EORI-Nummer

1B. Rechtsform des Antragstellers; Art der gewerblichen Tätigkeit

1C. Steuerlicher Beauftragter (Name, Anschrift)

1D. Zuständiges Finanzamt, Steuernummer

1E. Auskünfte über mein Unternehmen können erteilen (Bezeichnung der Einrichtung - z. B. Industrie- und Handelskammer oder Geldinstitut -, Anschrift)

1F. Bereits erteilte Bewilligungen oder Zulassungen (Art, Zollstelle, Datum, Bewilligungs-/Zulassungsnummer/Geschäftszeichen)

1G. Vorsteuerabzug

☐ Ich bin hinsichtlich der zu lagernden / in den zollrechtlich freien Verkehr zu überführenden Waren zum vollen Vorsteuerabzug berechtigt.

☐ Die Waren werden ausschließlich für Unternehmen zum Vorsteuerabzug Berechtigter eingeführt.

2. Zollverfahren	**3. Art des Antrags**	4. Zusatzblätter

5. Ort und Art der Buchhaltung/Aufzeichnungen

5A.

☐ Es werden regelmäßig Abschlüsse gemacht.

Geschäftsjahr; Zeitpunkt der Inventur

letzte Außenprüfung (Zoll)

6. Geltungsdauer der Bewilligung

a

b

7. Waren, die in das Zollverfahren übergeführt werden sollen

KN-Code	**Warenbezeichnung**	**Menge**	**Wert**

☐ siehe Anlage

8. Veredelungserzeugnisse oder Umwandlungserzeugnisse

KN-Code	Warenbezeichnung	Ausbeutesatz

☐ siehe Anlage

0212 Antrag auf Bewilligung eines Zollverfahrens mit wirtschaftlicher Bedeutung/einer besonderen Verwendung **(2013)**

9. Einzelheiten der geplanten Vorgänge

☐ siehe Anlage

10. Wirtschaftliche Voraussetzungen

☐ siehe Anlage

10A. Wirtschaftliche Voraussetzungen bei Zolllagern

Die Waren sollen

☐ zum ungewissen Verkauf eingeführt werden. ☐ wiederausgeführt werden.

nach Lagerung im Zolllager übergeführt werden

☐ in den zollrechtlich freien Verkehr. in folgendes Verfahren

Sonstige Gründe für die Lagerung

☐ siehe Anlage

Durchschnittliche Lagerdauer (bei Überführung der Waren in den zollrechtlich freien Verkehr)

11. Zollstellen

a **Zollstellen für die Überführung in das Verfahren**

☐ siehe Anlage

b

☐ siehe Anlage

c **Überwachungszollstelle**

☐ siehe Anlage

12. Nämlichkeitsmittel	**13. Frist für die Beendigung (in Monaten)**
14. Vereinfachte Verfahren a b	**15. Beförderung**

15A.

☐ Ich beabsichtige, Waren des Anhangs 44c Zollkodex-Durchführungsverordnung zu befördern.

16. Zusätzliche Angaben

☐ siehe Anlage

16A. Ich versichere, dass ich die Angaben nach bestem Wissen und Gewissen richtig und vollständig gemacht habe. Ich bin damit einverstanden, dass Auskünfte bei den im Feld 1E angegebenen Einrichtungen eingeholt werden; ggf. entstehende Kosten werde ich übernehmen.

17. Datum, Name, Unterschrift

Anlagen

2 Mehrstücke des Antrags

___ Betriebserklärungen

___ Zeichnungen und Beschreibungen der Betriebsanlagen

☐ Registerauszug ☐ Bestellung eines steuerlichen Beauftragten

Sonstige

12.14 Anhang 14

Antrag auf Gestellung einer Ausfuhrsendung außerhalb des Amtsplatzes
(§ 12 Abs. 4 Außenwirtschaftsverordnung)

In

☐ meinen Geschäftsräumen ☐ meiner Wohnung

Ort, Straße, Hausnummer, Gebäudeteil

werden

am (Datum)	von (Uhrzeit)	bis (Uhrzeit)

folgende Waren (Art)

verpackt oder verladen.

Ich bitte zuzulassen, dass die Waren am vorgenannten Ort gestellt werden.
Mir ist bekannt, dass die Ausfuhrsendung erst nach Ablauf der angegebenen Zeit, nach Zollbeschau oder mit Zustimmung der Zollstelle vom angegebenen Ort entfernt werden darf.

Firmenstempel und Unterschrift

Hinweise

1. **Dieser Antrag ist bei der Ausfuhrzollstelle mit der Ausfuhranmeldung abzugeben, wenn die Ausfuhrsendung nicht unmittelbar bei der Zollstelle gestellt wird.**
2. **Der Antrag ist rechtzeitig, spätestens zwei Stunden vor Dienstschluss der Ausfuhrzollstelle am Tag vor Beginn des Verpackens oder bei offen zu verladenen Waren, vor Beginn des Verladens anzugeben. Unter "Verladen" ist nicht das speditionsmäßige, sondern das werkmäßige Verladen von Waren, die nicht besonders verpackt werden (z. B. das lose Verladen von Massengütern) zu verstehen.**
3. **Die Zollstelle kann für die Abfertigung außerhalb des Amtsplatzes Kosten erheben.**

0765 Antrag auf Gestellung einer Ausfuhrsendung außerhalb des Amtsplatzes **(2013)**

12.15 Anhang 15

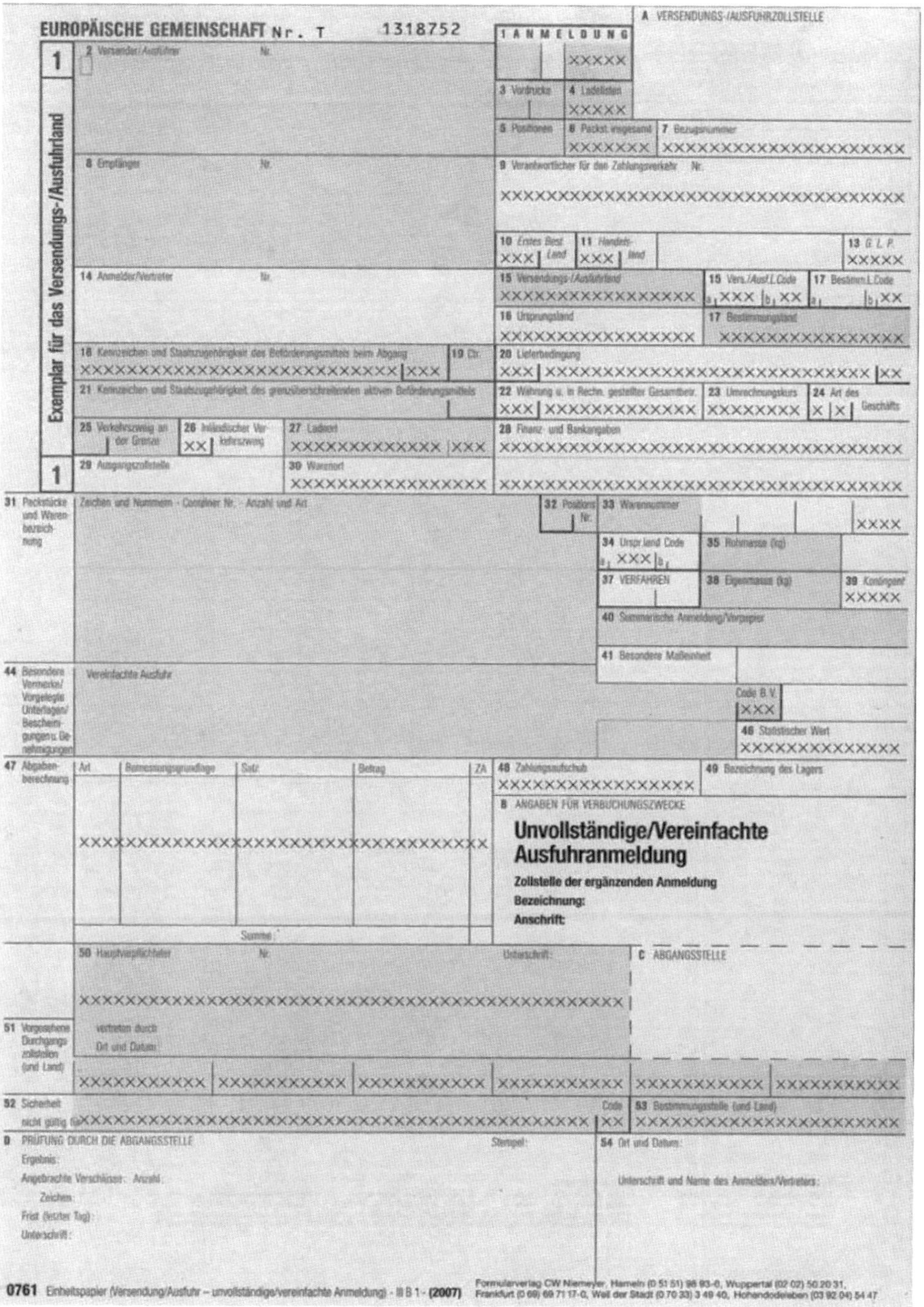

EUROPÄISCHE GEMEINSCHAFT Nr. T 1318752

A VERSENDUNGS-/AUSFUHRZOLLSTELLE

1 ANMELDUNG

1 Exemplar für das Versendungs-/Ausfuhrland

2 Versender/Ausführer Nr.

3 Vordrucke
4 Ladelisten

5 Positionen
6 Packst. insgesamt
7 Bezugsnummer

8 Empfänger Nr.

9 Verantwortlicher für den Zahlungsverkehr Nr.

10 Erstes Best. Land
11 Handels-land
13 G.L.P.

14 Anmelder/Vertreter Nr.

15 Versendungs-/Ausfuhrland
15 Vers./Ausf.L.Code
17 Bestimm.L.Code

16 Ursprungsland
17 Bestimmungsland

18 Kennzeichen und Staatszugehörigkeit des Beförderungsmittels beim Abgang
19 Ctr.
20 Lieferbedingung

21 Kennzeichen und Staatszugehörigkeit des grenzüberschreitenden aktiven Beförderungsmittels
22 Währung u. in Rechn. gestellter Gesamtbetr.
23 Umrechnungskurs
24 Art des Geschäfts

25 Verkehrszweig an der Grenze
26 Inländischer Verkehrszweig
27 Ladeort
28 Finanz- und Bankangaben

29 Ausgangszollstelle
30 Warenort

31 Packstücke und Warenbezeichnung
Zeichen und Nummern - Container Nr. - Anzahl und Art
32 Position Nr.
33 Warennummer
34 Urspr.land Code
35 Rohmasse (kg)
37 VERFAHREN
38 Eigenmasse (kg)
39 Kontingent
40 Summarische Anmeldung/Vorpapier
41 Besondere Maßeinheit

44 Besondere Vermerke/ Vorgelegte Unterlagen/ Bescheinigungen u. Genehmigungen
Vereinfachte Ausfuhr
Code B.V.
46 Statistischer Wert

47 Abgabenberechnung
Art | Bemessungsgrundlage | Satz | Betrag | ZA
Summe:

48 Zahlungsaufschub
49 Bezeichnung des Lagers

B ANGABEN FÜR VERBUCHUNGSZWECKE

Unvollständige/Vereinfachte Ausfuhranmeldung

Zollstelle der ergänzenden Anmeldung
Bezeichnung:
Anschrift:

50 Hauptverpflichteter Nr.
Unterschrift:
vertreten durch
Ort und Datum:

C ABGANGSSTELLE

51 Vorgesehene Durchgangszollstellen (und Land)

52 Sicherheit nicht gültig für
Code
53 Bestimmungsstelle (und Land)

D PRÜFUNG DURCH DIE ABGANGSSTELLE
Stempel:
Ergebnis:
Angebrachte Verschlüsse: Anzahl:
Zeichen:
Frist (letzter Tag):
Unterschrift:

54 Ort und Datum:
Unterschrift und Name des Anmelders/Vertreters:

0761 Einheitspapier (Versendung/Ausfuhr – unvollständige/vereinfachte Anmeldung) - III B 1 - (2007)

Formularverlag CW Niemeyer, Hameln (0 51 51) 98 93-0, Wuppertal (02 02) 50 20 31, Frankfurt (0 69) 69 71 17-0, Weil der Stadt (0 70 33) 3 49 40, Hohendodeleben (03 92 04) 54 47

12.16 Anhang 16

Antrag auf Bewilligung als zugelassener Ausführer
gemäß Artikel 283 ff. der Zollkodex-Durchführungsverordnung bei der Ausfuhr von Waren unter Inanspruchnahme des elektronischen Ausfuhrsystems ATLAS-Ausfuhr

Zutreffendes ist anzukreuzen [X] oder auszufüllen

Original

1 Antragsteller
(Name, Anschrift, Rechtsform, Handelsregisternummer)

Raum für zollamtliche Vermerke

Wichtige Hinweise:
Wenn Ihr Unternehmen bereits als Zugelassener Wirtschaftsbeteiligter zertifiziert ist, brauchen die mit (*) gekennzeichneten Felder nicht ausgefüllt zu werden.
Zu den eingekreisten Feldern sind die in der Anlage beigefügten Hinweise und Erläuterungen zu beachten.

(1a) Identifikationsnummer des Unternehmens (EORI Nummer)

1b Referenznummer (Geschäftszeichen)

1c Ansprechpartner (*) (Telefon, Telefax, E-Mail)

(1d) Antragstellung
- ☐ im eigenen Namen und auf eigene Rechnung (Ausführer)
- ☐ im fremden Namen und für fremde Rechnung als direkter Vertreter
- ☐ im eigenen Namen und für fremde Rechnung als indirekter Vertreter (Anmelder)
- ☐ als direkter Vertreter in der Eigenschaft als Subunternehmer

2 Vereinfachtes Verfahren: Zugelassener Ausführer für
- ☐ Ausfuhr
- ☐ Wiederausfuhr

3 Art der Bewilligung (Code eintragen) ☐ bei (2): Bewilligungsnummer ☐

(1) erstmaliger Antrag auf Bewilligung (außer einzige Bewilligung)
(2) Antrag auf Änderung oder Erneuerung der Bewilligung (geben Sie auch die entsprechende Bewilligungsnummer an)
(3) erstmaliger Antrag auf einzige Bewilligung

4a Zugelassener Wirtschaftsbeteiligter (AEO)
- ☐ JA Nr. ☐
- ☐ NEIN

4b Bewilligung(en) für Zollverfahren, für die vereinfachte Verfahren genutzt werden (*)

Art	Zulassungsnummer	Ablaufdatum (falls befristet)

☐ siehe Anlage

5 Hauptbuchhaltung (*)

(5a) Ort der Hauptbuchhaltung (genaue Anschrift)

(5b) Art der Hauptbuchhaltung

6 Zusatzblätter

0850 (IT) Antrag "Zugelassener Ausführer" **(2013)**

Antrag auf Bewilligung als zugelassener Ausführer

Blatt 2 (Zusatzblatt Ausfuhr)

Original

(7) Für das Verfahren relevante Aufzeichnungen

7a Ort, an dem die Aufzeichnungen geführt und die Unterlagen aufbewahrt werden

☐ zentral an meinem Geschäftssitz (gemäß Feld 1)

☐ zentral an einem anderen Ort (bitte genaue Anschrift - siehe Anlage)

☐ dezentral an folgenden Orten (bitte genaue Anschriften - siehe Anlage)

(7b) Art der Aufzeichnungen

Ich verpflichte mich, Aufzeichnungen elektronisch zu speichern und/oder Unterlagen zu führen, die es der Zollverwaltung erlauben, die Warenbewegungen zu kontrollieren und die Einhaltung der Ausfuhrverbote und Ausfuhrbeschränkungen und sonstiger Vorschriften über die Ausfuhr von Waren zu prüfen.

☐ Durch Speicherung der Versendungsbezugsnummern (MRN-Ausfuhr) der abgegebenen Ausfuhranmeldungen, einschließlich der dazugehörigen Angaben der Buchführungsunterlagen (Rechnungs-, Auftrags- oder Kommisionsnummern, o.ä.) in meinem Buchführungssystem (Art. 287 Abs. 1 i.V.m. Art. 283 und Art. 253c i.V.m. Art. 14i Zollkodex-Durchführungsverordnung).

Ich verpflichte mich, die elektronischen Aufzeichnungen zur Verfügung zu halten und auf Verlangen und nach Vorgabe der Zollverwaltung automatisiert auszuwerten oder zur Auswertung auf einem maschinell verwertbaren Datenträger zur Verfügung zu stellen (Hinweis auf Art. 14, 16 VO (EWG) Nr. 2913/92 (Zollkodex), § 23 Abs. 4 Außenwirtschaftsgesetz).

☐ Durch Sammlung und gesonderte Ablage von Kopien/Mehrstücken der ausgestellten Ausfuhrbegleitdokumente mit anliegenden Rechnungskopien und Angabe einer Referenznummer (Rechnungs-, Auftrags- oder Kommissionsnummer, o.ä.) zur kaufmännischen Finanzbuchhaltung / zum Warenwirtschaftssystem. Dadurch entfällt die Verpflichtung zur elektronischen Speicherung der Nummern der ausgestellten Ausfuhrbegleitdokumente.

(7c) Nur bei Antragstellung in direkter oder indirekter Vertretung laut Feld 1d des Antrags:

☐ Ich beabsichtige, für die in den beiliegenden Zustimmungserklärungen genannten Ausführer in Vertretung tätig zu werden.

Mir ist bekannt, dass mir in der Bewilligung auferlegt wird, für jeden Ausführer getrennte Aufzeichnungen / Unterlagen zu führen. Anzahl der als Anlage beigefügten Zustimmungserklärungen

____

8 Art der Waren und Bestimmungsländer

(8a) Warenbezeichnung mit Warennummer des Wvz-AHStat

Warennummer	Bezeichnung

☐ Siehe Anlage "Warenaufstellung" (CD-ROM oder per E-Mail)

(8b) Geschätzte Gesamtmenge (in Tonnen)	(8c) Geschätzte Anzahl der Sendungen	(8d) Geschätzte Gesamtbetrag (in T€)

Antrag auf Bewilligung als zugelassener Ausführer

Blatt 3 (Zusatzblatt Ausfuhr)

Original

8e Bestimmungsländer

☐ Siehe Anlage "Bestimmungsländer"

(9) Für folgende der im Feld 8 bezeichneten Waren ist

a) die Ausfuhr allgemein genehmigt oder

b) eine Sammelausfuhrgenehmigung erteilt.

☐ siehe Anlage "genehmigungspflichtige Waren"

Mir ist bekannt, dass ich im Rahmen des vereinfachten Verfahrens als Zugelassener Ausführer nur genehmigungsfreie und lizenzfreie Waren ausführen darf, sowie Waren, für die eine Sammelausfuhrgenehmigung vorliegt, auf der es keiner zollamtlichen Abschreibung bedarf und Waren, deren Ausfuhr allgemein genehmigt ist.

10 Ich beantrage die Zulassung des Verpackens oder Verladens der Waren zur Ausfuhr an folgenden Orten und Zeiten

Mitgliedstaat	Anschrift	Verpackungs-/Verladezeiten	zuständige Ausfuhrzollstelle bzw. COL-Nr.

☐ Fortsetzung siehe Anlage

11 Ausfuhrzollstelle

bei zentraler Abgabe der ergänzenden elektronischen Zollanmeldung (Zollstelle am Geschäftssitz mit Name und Anschrift oder COL)

12 Zusatzangaben zur Einzigen Bewilligung

Mir ist bekannt, dass ich im Rahmen der einzigen Bewilligung nur genehmigungs- und lizenzfreie Waren ausführen darf. Mir ist auch bekannt, dass die Wiederausfuhr von Nichtgemeinschaftswaren im Rahmen der einzigen Bewilligung nicht zulässig ist, wenn das vorangegangene Zollverfahren mit wirtschaftlicher Bedeutung in Deutschland abgerechnet wird.

☐ siehe Anlage

Antrag auf Bewilligung als zugelassener Ausführer

Blatt 4 (Zusatzblatt Ausfuhr)

Original

13 Überwachungsstelle, Verantwortlichkeiten

13a Gegebenenfalls Überwachungsstelle

13b Verantwortlichkeiten

Auf Leitungs- oder Kontrollebene ist verantwortlich

für die innerbetriebliche Organisation einschließlich der Exportkontrolle/der Einhaltung von Ausfuhrbeschränkungen

☐ siehe Anlage

Als Ausfuhrverantwortlicher ist gegenüber dem Bundesamt für Wirtschaft und Ausfuhrkontrolle benannt (*)

☐ siehe Anlage

Auf Arbeitsebene ist verantwortlich

für Zollangelegenheiten allgemein, insbesondere für die ordnungsgemäße Erstellung von Zollanmeldungen und die Führung von Anschreibungen/Aufzeichnungen

☐ siehe Anlage

für alle Abläufe und Pflichten im Zusammenhang mit dem IT-Verfahren ATLAS-Ausfuhr

☐ siehe Anlage

14 Zusätzliche Informationen

14a Zuständiges Finanzamt/Steuernummer

14b Betriebsgegenstand

14c Wirtschaftszweig /Branchenschlüssel

Antrag auf Bewilligung als zugelassener Ausführer

Blatt 5 (Zusatzblatt Ausfuhr)

Original

(14d) Ausfallverfahren

Mir ist bekannt, dass die Regelungen der Verfahrensanweisung ATLAS über das Ausfallverfahren in der jeweils gültigen Fassung zu beachten sind, wenn die Ausfuhranmeldung aufgrund technischer Störungen nicht übermittelt bzw. bearbeitet werden kann.

Ich verpflichte mich, im Rahmen der innerbetrieblichen Organisation ein geeignetes Konzept für den Störfall auf der Basis der Regelungen der Verfahrensanweisung ATLAS bereit zu halten.

(15) Zusätzliche zweckdienliche Angaben

16 Ich versichere, dass ich die Angaben wahrheitsgemäß nach bestem Wissen und Gewissen gemacht habe.

Mir ist bekannt, dass ich für die Teilnahme am elektronischen Ausfuhrverfahren neben den gesetzlichen Grundlagen (u.a. Zollkodex, Zollkodex-Durchführungsverordnung, Zollverwaltungsgesetz, Zollverordnung, Außenwirtschaftsgesetz und Außenwirtschaftsverordnung) auch die Vorgaben der Verfahrensanweisung ATLAS nach § 8a ZollV und des EDIFACT-Implementierungshandbuchs in der jeweils geltenden Fassung zu beachten habe.

Ich bin damit einverstanden, dass alle Informationen mit den Zollbehörden der anderen beteiligten Mitgliedstaaten und der Kommission ausgetauscht werden können.

☐ Ich bin mit der Veröffentlichung der nichtvertraulichen Angaben dieses Antrags einverstanden.

☐ Ich bin mit der Veröffentlichung der nichtvertraulichen Angaben dieses Antrags nicht einverstanden.

Anlagen

☐ Anlage ____________________

☐ Anlage ____________________

☐ Anlage ____________________

☐ Anlage ____________________

____

(Ort, Datum, Unterschrift und Name)

12.17 Anhang 17

Zutreffendes ankreuzen [X] oder ausfüllen

(VSF A 06 12)

1.	Ausführer (Name, Anschrift, Telefon, Fax, E-Mail)	Eingangsstempel des für den Ausführer zuständigen Hauptzollamts
(2.)	EORI-Nummer	Vor dem Ausfüllen bitte die Hinweise und Erläuterungen auf Seite 2 beachten.

Zustimmungserklärung

des Ausführers bei direkter oder indirekter Vertretung durch einen zugelassenen Ausführer nach Artikel 283 ff. ZK-DVO

Blatt 1 - Für den Vertreter (Inhaber der Bewilligung)

3.	Rechtsform des Ausführers	
4.	Firmenleitung (Name, Anschrift)	
5.	Zuständiges Finanzamt	Steuernummer
(6.)	Art der gewerblichen Tätigkeit, Betriebsgegenstand	Branchenschlüssel
(7.)	Art der kaufmännischen Buchführung mit Angabe des Systems Art des Zugriffs des Vertreters auf die Buchführung des Ausführers ☐ Es besteht ein direkter Zugriff auf die Buchführung. Dieser wird folgendermaßen gewährleistet: ☐ ggf. Anlage ☐ Es werden sämtliche Unterlagen zur Überprüfung der Abwicklung eines Ausfuhrvorgangs vorgehalten.	
(8.)	Ort der Hauptbuchhaltung (genaue Anschrift)	
9.	Auskünfte über mein Unternehmen können erteilen (Bezeichnung der Einrichtung - z. B. Industrie- und Handelskammer-, Anschrift)	
(10.)	Bereits zugelassene zollrechtliche Vereinfachungen bei der Ausfuhr von Waren (Art, Zollstelle, Datum, Geschäftszeichen/Bewilligungsnummer)	
11.	Ich habe die in Feld 12 genannte Person bevollmächtigt, meine Ausfuhrsendungen im Rahmen ihrer Bewilligung für den Zugelassenen Ausführer in das Ausfuhrverfahren zu überführen:	
(12.)	Vertreter/Inhaber der Bewilligung (Name oder Firma, Anschrift, Bewilligungsnummer des Verfahrens "Zugelassener Ausführer")	
(13.)	Art der Vertretung ☐ direkt (in fremdem Namen und für fremde Rechnung) ☐ indirekt (im eigenen Namen und für fremde Rechnung)	
14.	Ich versichere, dass ich die Angaben nach bestem Wissen und Gewissen richtig und vollständig gemacht habe. Ich bin damit einverstanden, dass Auskünfte bei den im Feld 9 angegebenen Einrichtungen eingeholt werden können; ggf. entstehende Kosten werde ich übernehmen. **Ich erkläre, dass ich unabhängig von der Bevollmächtigung eines Vertreters stets eigenverantwortlich die Zulässigkeit der Ausfuhr nach außenwirtschaftsrechtlichen Vorschriften und im Hinblick auf sonstige Verbote und Beschränkungen prüfe.**	
15.	Datum, Unterschrift	**Anlagen:**

0853/1 Zustimmungserklärung im Verfahren "Zugelassener Ausführer" III B 3 **(2011)**

Hinweise und Erläuterungen

1. Sollen Waren in Vertretung im Verfahren des Zugelassenen Ausführers in das Ausfuhrverfahren überführt werden, so muss nicht nur der Vertreter, sondern auch der Ausführer die Anforderungen an das Buchführungssystem erfüllen, um den Zollbehörden die Durchführung geeigneter Zollkontrollen zu ermöglichen. Auf den direkten Zugriff auf die Buchführung des Ausführers kann grundsätzlich nicht verzichtet werden, da nur hier die ordnungsgemäße Abwicklung des Ausfuhrgeschäfts unter Beachtung der einschlägigen Ausfuhrbestimmungen geprüft werden kann. Mit diesem Vordruck erklärt der vertretene Ausführer hierzu seine Zustimmung.

2. Die Erklärung ist bei dem Hauptzollamt einzureichen, in dessen Bezirk der vertretene Ausführer seine Hauptbuchhaltung hat.

3. Beantworten Sie bitte alle Fragen umfassend und genau; die Bearbeitung Ihres Antrags wird dadurch beschleunigt.

Zu Feld

2. Die EORI-Nummer ist eine auf einer europäischen Datenbank registrierte Identifikationsnummer des Wirtschaftsbeteiligten (EORI Economic Operators Registration and Identification System). Sie ist beim Informations- und Wissensmanagement Zoll (IWM), Postfach 10 07 61, 01077 Dresden mit Vordruck 0870 (vgl. Servicebereich „Formulare & Merkblätter" unter www.zoll.de) zu beantragen. Weitere Informationen zu EORI sind ebenfalls unter www.zoll.de abrufbar.

6. Geben Sie hier bitte die Haupttätigkeit Ihrer Unternehmung an. Der Branchenschlüssel ist der Veröffentlichung "Klassifikation der Wirtschaftszweige" des Statistischen Bundesamts zu entnehmen und kann unter http://www.destatis.de abgefragt werden.

7. Ist ein direkter Zugriff des Vertreters auf die Buchführung des Ausführers nicht möglich, muss der Vertreter sämtliche Unterlagen zur Überprüfung der Abwicklung des Ausfuhrvorgangs vorhalten. Außerdem muss zwischen den Aufzeichnungen des Vertreters und der Buchführung des Ausführers durch Angabe einer Referenznummer (z. B. Rechnungs-, Auftrags-, Kommissionsnummer) ein unmittelbarer Bezug herstellbar sein.

8. Hier ist der Ort einzutragen, an dem die Buchführung überwiegend erfolgt (Hauptbuchhaltung).

10. Soweit Ihnen das Verfahren des Zugelassenen Ausführers und/oder das Verfahren des Vertrauenswürdigen Ausführers bewilligt wurde, geben Sie hier jeweils die Kennnummer der Bewilligung an.

12. Geben Sie hier die Bewilligungsnummer des Vertreters an, soweit diesem bereits eine Bewilligung "Zugelassener Ausführer" erteilt worden ist.

13. Erläuterungen zur Art der Stellvertretung und zu den damit verbundenen Verantwortlichkeiten sind unter http://www.zoll.de/DE/Fachthemen/Zoelle/Zollanmeldung/Vertretung/Vertretung_node.html abrufbar.

14. Die Verantwortlichkeiten für die Prüfung der Zulässigkeit der Ausfuhr ergeben sich aus dem Feld 15b der Bewilligung zum Verfahren des Zugelassenen Ausführers.

Hinweis nach § 4 Abs. 3 Bundesdatenschutzgesetz

Die Angaben in diesem Vordruck machen Sie freiwillig. Sie sind insbesondere nach Artikel 76 VO (EWG) Nr. 2913/92 (Zollkodex) für eine sachgerechte Entscheidung erforderlich.

Vermerke der Zollstellen

	Zuständiges Hauptzollamt des Ausführers (Bezeichnung)		
1.	Gegen die vorgesehene Abwicklung der Warenausfuhren im Verfahren des Zugelassenen Ausführers im Rahmen des angegebenen Vertretungsverhältnisses bestehen keine Bedenken. Die Voraussetzungen hinsichtlich des Zugriffs auf die Buchführung des Ver- tretenen nach Artikel 284 ZK-DVO i. V. m. VSF A 06 12 sind erfüllt.		
2.	Sonstiges		
3.	Ort, Datum, Unterschrift, Dienststempelabdruck		
	Bewilligungshauptzollamt des Vertreters (Bezeichnung)		
1.	Die beteiligten Zollstellen sind unterrichtet worden.	Gültig ab	Bewilligungsnummer
2.	Sonstiges		
3.	Ort, Datum, Unterschrift, Dienststempelabdruck		

0853/2 Zustimmungserklärung im Verfahren "Zugelassener Ausführer" III B 3 **(2011)**

Zutreffendes ankreuzen [X] oder ausfüllen

(VSF A 06 12)

1.	Ausführer (Name, Anschrift, Telefon, Fax, E-Mail)	Eingangsstempel des für den Ausführer zuständigen Hauptzollamts
(2.)	EORI-Nummer	Vor dem Ausfüllen bitte die Hinweise und Erläuterungen auf Seite 2 beachten.

Zustimmungserklärung

des Ausführers bei direkter oder indirekter Vertretung durch einen zugelassenen Ausführer nach Artikel 283 ff. ZK-DVO

Blatt 2 - Für das Bewilligungshauptzollamt (Hauptzollamt des Vertreters)

3.	Rechtsform des Ausführers	
4.	Firmenleitung (Name, Anschrift)	
5.	Zuständiges Finanzamt	Steuernummer
(6.)	Art der gewerblichen Tätigkeit, Betriebsgegenstand	Branchenschlüssel
(7.)	Art der kaufmännischen Buchführung mit Angabe des Systems Art des Zugriffs des Vertreters auf die Buchführung des Ausführers ☐ Es besteht ein direkter Zugriff auf die Buchführung. Dieser wird folgendermaßen gewährleistet: ☐ ggf. Anlage ☐ Es werden sämtliche Unterlagen zur Überprüfung der Abwicklung eines Ausfuhrvorgangs vorgehalten.	
(8.)	Ort der Hauptbuchhaltung (genaue Anschrift)	
9.	Auskünfte über mein Unternehmen können erteilen (Bezeichnung der Einrichtung - z. B. Industrie- und Handelskammer-, Anschrift)	
(10)	Bereits zugelassene zollrechtliche Vereinfachungen bei der Ausfuhr von Waren (Art, Zollstelle, Datum, Geschäftszeichen/Bewilligungsnummer)	
11.	Ich habe die in Feld 12 genannte Person bevollmächtigt, meine Ausfuhrsendungen im Rahmen ihrer Bewilligung für den Zugelassenen Ausführer in das Ausfuhrverfahren zu überführen:	
(12)	Vertreter/Inhaber der Bewilligung (Name oder Firma, Anschrift, Bewilligungsnummer des Verfahrens "Zugelassener Ausführer")	
(13)	Art der Vertretung ☐ direkt (in fremdem Namen und für fremde Rechnung) ☐ indirekt (im eigenen Namen und für fremde Rechnung)	
14.	Ich versichere, dass ich die Angaben nach bestem Wissen und Gewissen richtig und vollständig gemacht habe. Ich bin damit einverstanden, dass Auskünfte bei den im Feld 9 angegebenen Einrichtungen eingeholt werden können; ggf. entstehende Kosten werde ich übernehmen. **Ich erkläre, dass ich unabhängig von der Bevollmächtigung eines Vertreters stets eigenverantwortlich die Zulässigkeit der Ausfuhr nach außenwirtschaftsrechtlichen Vorschriften und im Hinblick auf sonstige Verbote und Beschränkungen prüfe.**	
15.	Datum, Unterschrift	**Anlagen:**

0853/3 Zustimmungserklärung im Verfahren "Zugelassener Ausführer" III B 3 **(2011)**

Hinweise und Erläuterungen

1. Sollen Waren in Vertretung im Verfahren des Zugelassenen Ausführers in das Ausfuhrverfahren überführt werden, so muss nicht nur der Vertreter, sondern auch der Ausführer die Anforderungen an das Buchführungssystem erfüllen, um den Zollbehörden die Durchführung geeigneter Zollkontrollen zu ermöglichen. Auf den direkten Zugriff auf die Buchführung des Ausführers kann grundsätzlich nicht verzichtet werden, da nur hier die ordnungsgemäße Abwicklung des Ausfuhrgeschäfts unter Beachtung der einschlägigen Ausfuhrbestimmungen geprüft werden kann. Mit diesem Vordruck erklärt der vertretene Ausführer hierzu seine Zustimmung.

2. Die Erklärung ist bei dem Hauptzollamt einzureichen, in dessen Bezirk der vertretene Ausführer seine Hauptbuchhaltung hat.

3. Beantworten Sie bitte alle Fragen umfassend und genau; die Bearbeitung Ihres Antrags wird dadurch beschleunigt.

Zu Feld

2. Die EORI-Nummer ist eine auf einer europäischen Datenbank registrierte Identifikationsnummer des Wirtschaftsbeteiligten (EORI Economic Operators Registration and Identification System). Sie ist beim Informations- und Wissensmanagement Zoll (IWM), Postfach 10 07 61, 01077 Dresden mit Vordruck 0870 (vgl. Servicebereich „Formulare & Merkblätter" unter www.zoll.de) zu beantragen. Weitere Informationen zu EORI sind ebenfalls unter www.zoll.de abrufbar.

6. Geben Sie hier bitte die Haupttätigkeit Ihrer Unternehmung an. Der Branchenschlüssel ist der Veröffentlichung "Klassifikation der Wirtschaftszweige" des Statistischen Bundesamts zu entnehmen und kann unter http://www.destatis.de abgefragt werden.

7. Ist ein direkter Zugriff des Vertreters auf die Buchführung des Ausführers nicht möglich, muss der Vertreter sämtliche Unterlagen zur Überprüfung der Abwicklung des Ausfuhrvorgangs vorhalten. Außerdem muss zwischen den Aufzeichnungen des Vertreters und der Buchführung des Ausführers durch Angabe einer Referenznummer (z. B. Rechnungs-, Auftrags-, Kommissionsnummer) ein unmittelbarer Bezug herstellbar sein.

8. Hier ist der Ort einzutragen, an dem die Buchführung überwiegend erfolgt (Hauptbuchhaltung).

10. Soweit Ihnen das Verfahren des Zugelassenen Ausführers und/oder das Verfahren des Vertrauenswürdigen Ausführers bewilligt wurde, geben Sie hier jeweils die Kennnummer der Bewilligung an.

12. Geben Sie hier die Bewilligungsnummer des Vertreters an, soweit diesem bereits eine Bewilligung "Zugelassener Ausführer" erteilt worden ist.

13. Erläuterungen zur Art der Stellvertretung und zu den damit verbundenen Verantwortlichkeiten sind unter http://www.zoll.de/DE/Fachthemen/Zoelle/Zollanmeldung/Vertretung/Vertretung_node.html abrufbar.

14. Die Verantwortlichkeiten für die Prüfung der Zulässigkeit der Ausfuhr ergeben sich aus dem Feld 15b der Bewilligung zum Verfahren des Zugelassenen Ausführers.

Hinweis nach § 4 Abs. 3 Bundesdatenschutzgesetz

Die Angaben in diesem Vordruck machen Sie freiwillig. Sie sind insbesondere nach Artikel 76 VO (EWG) Nr. 2913/92 (Zollkodex) für eine sachgerechte Entscheidung erforderlich.

Vermerke der Zollstellen

	Zuständiges Hauptzollamt des Ausführers (Bezeichnung)		
1.	Gegen die vorgesehene Abwicklung der Warenausfuhren im Verfahren des Zugelassenen Ausführers im Rahmen des angegebenen Vertretungsverhältnisses bestehen keine Bedenken. Die Voraussetzungen hinsichtlich des Zugriffs auf die Buchführung des Ver- tretenen nach Artikel 284 ZK-DVO i. V. m. VSF A 06 12 sind erfüllt.		
2.	Sonstiges		
3.	Ort, Datum, Unterschrift, Dienststempelabdruck		
	Bewilligungshauptzollamt des Vertreters (Bezeichnung)		
1.	Die beteiligten Zollstellen sind unterrichtet worden.	Gültig ab	Bewilligungsnummer
2.	Sonstiges		
3.	Ort, Datum, Unterschrift, Dienststempelabdruck		

0853/4 Zustimmungserklärung im Verfahren "Zugelassener Ausführer" III B 3 **(2011)**

Zutreffendes ankreuzen [X] oder ausfüllen

(VSF A 06 12)

1.	Ausführer (Name, Anschrift, Telefon, Fax, E-Mail)	Eingangsstempel des für den Ausführer zuständigen Hauptzollamts
(2.)	EORI-Nummer	Vor dem Ausfüllen bitte die Hinweise und Erläuterungen auf Seite 2 beachten.

Zustimmungserklärung

des Ausführers bei direkter oder indirekter Vertretung durch einen zugelassenen Ausführer nach Artikel 283 ff. ZK-DVO

Blatt 3 - Für den Vertretenen (Ausführer)

3. Rechtsform des Ausführers

4. Firmenleitung (Name, Anschrift)

5. Zuständiges Finanzamt — Steuernummer

(6.) Art der gewerblichen Tätigkeit, Betriebsgegenstand — Branchenschlüssel

(7.) Art der kaufmännischen Buchführung mit Angabe des Systems

Art des Zugriffs des Vertreters auf die Buchführung des Ausführers

☐ Es besteht ein direkter Zugriff auf die Buchführung. Dieser wird folgendermaßen gewährleistet:

☐ ggf. Anlage

☐ Es werden sämtliche Unterlagen zur Überprüfung der Abwicklung eines Ausfuhrvorgangs vorgehalten.

(8.) Ort der Hauptbuchhaltung (genaue Anschrift)

9. Auskünfte über mein Unternehmen können erteilen (Bezeichnung der Einrichtung - z. B. Industrie- und Handelskammer-, Anschrift)

(10.) Bereits zugelassene zollrechtliche Vereinfachungen bei der Ausfuhr von Waren (Art, Zollstelle, Datum, Geschäftszeichen/Bewilligungsnummer)

11. Ich habe die in Feld 12 genannte Person bevollmächtigt, meine Ausfuhrsendungen im Rahmen ihrer Bewilligung für den Zugelassenen Ausführer in das Ausfuhrverfahren zu überführen:

(12.) Vertreter/Inhaber der Bewilligung (Name oder Firma, Anschrift, Bewilligungsnummer des Verfahrens "Zugelassener Ausführer")

(13.) Art der Vertretung

☐ direkt (in fremdem Namen und für fremde Rechnung) ☐ indirekt (im eigenen Namen und für fremde Rechnung)

14. Ich versichere, dass ich die Angaben nach bestem Wissen und Gewissen richtig und vollständig gemacht habe. Ich bin damit einverstanden, dass Auskünfte bei den im Feld 9 angegebenen Einrichtungen eingeholt werden können; ggf. entstehende Kosten werde ich übernehmen.
Ich erkläre, dass ich unabhängig von der Bevollmächtigung eines Vertreters stets eigenverantwortlich die Zulässigkeit der Ausfuhr nach außenwirtschaftsrechtlichen Vorschriften und im Hinblick auf sonstige Verbote und Beschränkungen prüfe.

15. Datum, Unterschrift — **Anlagen:**

0853/5 Zustimmungserklärung im Verfahren "Zugelassener Ausführer" III B 3 **(2011)**

Hinweise und Erläuterungen

1. Sollen Waren in Vertretung im Verfahren des Zugelassenen Ausführers in das Ausfuhrverfahren überführt werden, so muss nicht nur der Vertreter, sondern auch der Ausführer die Anforderungen an das Buchführungssystem erfüllen, um den Zollbehörden die Durchführung geeigneter Zollkontrollen zu ermöglichen. Auf den direkten Zugriff auf die Buchführung des Ausführers kann grundsätzlich nicht verzichtet werden, da nur hier die ordnungsgemäße Abwicklung des Ausfuhrgeschäfts unter Beachtung der einschlägigen Ausfuhrbestimmungen geprüft werden kann. Mit diesem Vordruck erklärt der vertretene Ausführer hierzu seine Zustimmung.

2. Die Erklärung ist bei dem Hauptzollamt einzureichen, in dessen Bezirk der vertretene Ausführer seine Hauptbuchhaltung hat.

3. Beantworten Sie bitte alle Fragen umfassend und genau; die Bearbeitung Ihres Antrags wird dadurch beschleunigt.

Zu Feld

2. Die EORI-Nummer ist eine auf einer europäischen Datenbank registrierte Identifikationsnummer des Wirtschaftsbeteiligten (EORI Economic Operators Registration and Identification System). Sie ist beim Informations- und Wissensmanagement Zoll (IWM), Postfach 10 07 61, 01077 Dresden mit Vordruck 0870 (vgl. Servicebereich „Formulare & Merkblätter" unter www.zoll.de) zu beantragen. Weitere Informationen zu EORI sind ebenfalls unter www.zoll.de abrufbar.

6. Geben Sie hier bitte die Haupttätigkeit Ihrer Unternehmung an. Der Branchenschlüssel ist der Veröffentlichung "Klassifikation der Wirtschaftszweige" des Statistischen Bundesamts zu entnehmen und kann unter http://www.destatis.de abgefragt werden.

7. Ist ein direkter Zugriff des Vertreters auf die Buchführung des Ausführers nicht möglich, muss der Vertreter sämtliche Unterlagen zur Überprüfung der Abwicklung des Ausfuhrvorgangs vorhalten. Außerdem muss zwischen den Aufzeichnungen des Vertreters und der Buchführung des Ausführers durch Angabe einer Referenznummer (z. B. Rechnungs-, Auftrags-, Kommissionsnummer) ein unmittelbarer Bezug herstellbar sein.

8. Hier ist der Ort einzutragen, an dem die Buchführung überwiegend erfolgt (Hauptbuchhaltung).

10. Soweit Ihnen das Verfahren des Zugelassenen Ausführers und/oder das Verfahren des Vertrauenswürdigen Ausführers bewilligt wurde, geben Sie hier jeweils die Kennnummer der Bewilligung an.

12. Geben Sie hier die Bewilligungsnummer des Vertreters an, soweit diesem bereits eine Bewilligung "Zugelassener Ausführer" erteilt worden ist.

13. Erläuterungen zur Art der Stellvertretung und zu den damit verbundenen Verantwortlichkeiten sind unter http://www.zoll.de/DE/Fachthemen/Zoelle/Zollanmeldung/Vertretung/Vertretung_node.html abrufbar.

14. Die Verantwortlichkeiten für die Prüfung der Zulässigkeit der Ausfuhr ergeben sich aus dem Feld 15b der Bewilligung zum Verfahren des Zugelassenen Ausführers.

Hinweis nach § 4 Abs. 3 Bundesdatenschutzgesetz

Die Angaben in diesem Vordruck machen Sie freiwillig. Sie sind insbesondere nach Artikel 76 VO (EWG) Nr. 2913/92 (Zollkodex) für eine sachgerechte Entscheidung erforderlich.

Vermerke der Zollstellen

	Zuständiges Hauptzollamt des Ausführers (Bezeichnung)		
1.	Gegen die vorgesehene Abwicklung der Warenausfuhren im Verfahren des Zugelassenen Ausführers im Rahmen des angegebenen Vertretungsverhältnisses bestehen keine Bedenken. Die Voraussetzungen hinsichtlich des Zugriffs auf die Buchführung des Ver- tretenen nach Artikel 284 ZK-DVO i. V. m. VSF A 06 12 sind erfüllt.		
2.	Sonstiges		
3.	Ort, Datum, Unterschrift, Dienststempelabdruck		
	Bewilligungshauptzollamt des Vertreters (Bezeichnung)		
1.	Die beteiligten Zollstellen sind unterrichtet worden.	Gültig ab	Bewilligungsnummer
2.	Sonstiges		
3.	Ort, Datum, Unterschrift, Dienststempelabdruck		

Zutreffendes ankreuzen [X] oder ausfüllen

(VSF A 06 12)

1.	Ausführer (Name, Anschrift, Telefon, Fax, E-Mail)	Eingangsstempel des für den Ausführer zuständigen Hauptzollamts
(2.)	EORI-Nummer	Vor dem Ausfüllen bitte die Hinweise und Erläuterungen auf Seite 2 beachten.

Zustimmungserklärung

des Ausführers bei direkter oder indirekter Vertretung durch einen zugelassenen Ausführer nach Artikel 283 ff. ZK-DVO

Blatt 4 - Für das Hauptzollamt des Ausführers

3.	Rechtsform des Ausführers	
4.	Firmenleitung (Name, Anschrift)	
5.	Zuständiges Finanzamt	Steuernummer
(6.)	Art der gewerblichen Tätigkeit, Betriebsgegenstand	Branchenschlüssel
(7.)	Art der kaufmännischen Buchführung mit Angabe des Systems Art des Zugriffs des Vertreters auf die Buchführung des Ausführers ☐ Es besteht ein direkter Zugriff auf die Buchführung. Dieser wird folgendermaßen gewährleistet: ☐ ggf. Anlage ☐ Es werden sämtliche Unterlagen zur Überprüfung der Abwicklung eines Ausfuhrvorgangs vorgehalten.	
(8.)	Ort der Hauptbuchhaltung (genaue Anschrift)	
9.	Auskünfte über mein Unternehmen können erteilen (Bezeichnung der Einrichtung - z. B. Industrie- und Handelskammer-, Anschrift)	
(10)	Bereits zugelassene zollrechtliche Vereinfachungen bei der Ausfuhr von Waren (Art, Zollstelle, Datum, Geschäftszeichen/Bewilligungsnummer)	
11.	Ich habe die in Feld 12 genannte Person bevollmächtigt, meine Ausfuhrsendungen im Rahmen ihrer Bewilligung für den Zugelassenen Ausführer in das Ausfuhrverfahren zu überführen:	
(12)	Vertreter/Inhaber der Bewilligung (Name oder Firma, Anschrift, Bewilligungsnummer des Verfahrens "Zugelassener Ausführer")	
(13)	Art der Vertretung ☐ direkt (in fremdem Namen und für fremde Rechnung) ☐ indirekt (im eigenen Namen und für fremde Rechnung)	
14.	Ich versichere, dass ich die Angaben nach bestem Wissen und Gewissen richtig und vollständig gemacht habe. Ich bin damit einverstanden, dass Auskünfte bei den im Feld 9 angegebenen Einrichtungen eingeholt werden können; ggf. entstehende Kosten werde ich übernehmen. **Ich erkläre, dass ich unabhängig von der Bevollmächtigung eines Vertreters stets eigenverantwortlich die Zulässigkeit der Ausfuhr nach außenwirtschaftsrechtlichen Vorschriften und im Hinblick auf sonstige Verbote und Beschränkungen prüfe.**	
15.	Datum, Unterschrift	**Anlagen:**

0853/7 Zustimmungserklärung im Verfahren "Zugelassener Ausführer" III B 3 **(2011)**

Hinweise und Erläuterungen

1. Sollen Waren in Vertretung im Verfahren des Zugelassenen Ausführers in das Ausfuhrverfahren überführt werden, so muss nicht nur der Vertreter, sondern auch der Ausführer die Anforderungen an das Buchführungssystem erfüllen, um den Zollbehörden die Durchführung geeigneter Zollkontrollen zu ermöglichen. Auf den direkten Zugriff auf die Buchführung des Ausführers kann grundsätzlich nicht verzichtet werden, da nur hier die ordnungsgemäße Abwicklung des Ausfuhrgeschäfts unter Beachtung der einschlägigen Ausfuhrbestimmungen geprüft werden kann. Mit diesem Vordruck erklärt der vertretene Ausführer hierzu seine Zustimmung.

2. Die Erklärung ist bei dem Hauptzollamt einzureichen, in dessen Bezirk der vertretene Ausführer seine Hauptbuchhaltung hat.

3. Beantworten Sie bitte alle Fragen umfassend und genau; die Bearbeitung Ihres Antrags wird dadurch beschleunigt.

Zu Feld

2. Die EORI-Nummer ist eine auf einer europäischen Datenbank registrierte Identifikationsnummer des Wirtschaftsbeteiligten (EORI Economic Operators Registration and Identification System). Sie ist beim Informations- und Wissensmanagement Zoll (IWM), Postfach 10 07 61, 01077 Dresden mit Vordruck 0870 (vgl. Servicebereich „Formulare & Merkblätter" unter www.zoll.de) zu beantragen. Weitere Informationen zu EORI sind ebenfalls unter www.zoll.de abrufbar.

6. Geben Sie hier bitte die Haupttätigkeit Ihrer Unternehmung an. Der Branchenschlüssel ist der Veröffentlichung "Klassifikation der Wirtschaftszweige" des Statistischen Bundesamts zu entnehmen und kann unter http://www.destatis.de abgefragt werden.

7. Ist ein direkter Zugriff des Vertreters auf die Buchführung des Ausführers nicht möglich, muss der Vertreter sämtliche Unterlagen zur Überprüfung der Abwicklung des Ausfuhrvorgangs vorhalten. Außerdem muss zwischen den Aufzeichnungen des Vertreters und der Buchführung des Ausführers durch Angabe einer Referenznummer (z. B. Rechnungs-, Auftrags-, Kommissionsnummer) ein unmittelbarer Bezug herstellbar sein.

8. Hier ist der Ort einzutragen, an dem die Buchführung überwiegend erfolgt (Hauptbuchhaltung).

10. Soweit Ihnen das Verfahren des Zugelassenen Ausführers und/oder das Verfahren des Vertrauenswürdigen Ausführers bewilligt wurde, geben Sie hier jeweils die Kennnummer der Bewilligung an.

12. Geben Sie hier die Bewilligungsnummer des Vertreters an, soweit diesem bereits eine Bewilligung "Zugelassener Ausführer" erteilt worden ist.

13. Erläuterungen zur Art der Stellvertretung und zu den damit verbundenen Verantwortlichkeiten sind unter http://www.zoll.de/DE/Fachthemen/Zoelle/Zollanmeldung/Vertretung/Vertretung_node.html abrufbar.

14. Die Verantwortlichkeiten für die Prüfung der Zulässigkeit der Ausfuhr ergeben sich aus dem Feld 15b der Bewilligung zum Verfahren des Zugelassenen Ausführers.

Hinweis nach § 4 Abs. 3 Bundesdatenschutzgesetz

Die Angaben in diesem Vordruck machen Sie freiwillig. Sie sind insbesondere nach Artikel 76 VO (EWG) Nr. 2913/92 (Zollkodex) für eine sachgerechte Entscheidung erforderlich.

Vermerke der Zollstellen

	Zuständiges Hauptzollamt des Ausführers (Bezeichnung)		
1.	Gegen die vorgesehene Abwicklung der Warenausfuhren im Verfahren des Zugelassenen Ausführers im Rahmen des angegebenen Vertretungsverhältnisses bestehen keine Bedenken. Die Voraussetzungen hinsichtlich des Zugriffs auf die Buchführung des Ver- tretenen nach Artikel 284 ZK-DVO i. V. m. VSF A 06 12 sind erfüllt.		
2.	Sonstiges		
3.	Ort, Datum, Unterschrift, Dienststempelabdruck		
	Bewilligungshauptzollamt des Vertreters (Bezeichnung)		
1.	Die beteiligten Zollstellen sind unterrichtet worden.	Gültig ab	Bewilligungsnummer
2.	Sonstiges		
3.	Ort, Datum, Unterschrift, Dienststempelabdruck		

0853/8 Zustimmungserklärung im Verfahren "Zugelassener Ausführer" III B 3 **(2011)**

12.18 Anhang 18

EUROPÄISCHE GEMEINSCHAFT

Ausfuhrbegleitdokument

VERFAHREN (1): EX | A | Bes. Umst. (S32)

MRN 14DE405500000394E4

Vordrucke (3): 1 | 1

Anm. Sich. (S00)

Versender/Ausführer (2) Nr.

UHDE
Friedrich-Uhde-Str. 15
44141 Dortmund

A Ausfuhrzollstelle

Ausstellungsdatum:

Empfänger (8) Nr.

HANS
IM GLÜCK
630073 NOWOSIBIRSK
RU

Positionen (5)	Packst. insgesamt (6)	Bezugsnummer (7)
1	1	Feeilke

Beförderungskosten, Code für die Zahlungshinweise (S29)	Vers./Ausf.L. Code (15)	Bestimm.L. Code (17)
Z	a| DE	a| RU

Code für die zu durchfahrenden Länder (S13)

DE, RU

Anmelder/Vertreter (14) Nr. DE2293951, DE2805944

[1] UHDE
Friedrich-Uhde-Str. 15
44141 Dortmund

[2] STAHLKONTOR HAHN
Borsigstr. 2
40880 Ratingen
DE

Vertreter der Person, die summ. Anm. abgibt (14b)

Kennzeichen des Beförderungsmittels beim Abgang (18)

BOOT

Warenort (30)

Verkehrszweig an der Grenze (25)	Rohmasse (kg) (35)
10	100

Ausgangszollstelle (29)	Nummer des Zollverschlusses (S28) Anzahl
DE004851	

Packstücke und Warenbezeichnung (31)

Zeichen und Nummern - Container Nr. - Anzahl und Art

rdtzui

1 CS, Kiste ("Case") 11

Siehe Liste der Positionen

E PRÜFUNG DURCH DIE ZOLLSTELLE

Ergebnis:

Frist (letzter Tag):

K PRÜFUNG DURCH DIE AUSGANGSSTELLE

Ankunftsdatum:

Prüfung der Verschlüsse:

Bemerkungen:

12.19 Anhang 19

WARENVERKEHRSBESCHEINIGUNG

1. Ausführer/Exporteur (Name, vollständige Anschrift, Staat)

EUR-MED NR. **A** 025604

Vor dem Ausfüllen Anmerkungen auf der Rückseite beachten

2. Bescheinigung für den Präferenzverkehr zwischen

und

(Angabe der betreffenden Staaten, Staatengruppen oder Gebiete)

3. Empfänger (Name, vollständige Anschrift, Staat) (Ausfüllung freigestellt)

4. Staat, Staatengruppe oder Gebiet, als dessen bzw. deren Ursprungswaren die Waren gelten

5. Bestimmungsstaat, -staatengruppe oder -gebiete

6. Angaben über die Beförderung (Ausfüllung freigestellt)

7. Bemerkungen

☐ **Cumulation applied with** ____________
(Name des Landes/der Länder)

☐ **No cumulation applied.**

(Zutreffendes Feld ankreuzen.)

8. Laufende Nr.; Zeichen, Nummern, Anzahl und Art der Packstücke [1]**; Warenbezeichnung**

9. Rohgewicht (kg) oder andere Maße (l, m³, usw.)

10. Rechnungen (Ausfüllung freigestellt)

11. SICHTVERMERK DER ZOLLBEHÖRDE

Die Richtigkeit der Erklärung wird bescheinigt

Ausfuhrpapier: [2]

Art/Muster ____________ Nr. ____________

vom ____________

Zollbehörde ____________

Ausstellender/s Staat/Gebiet ____________

Bundesrepublik Deutschland

(Ort und Datum)

(Unterschrift)

Stempel

12. ERKLÄRUNG DES AUSFÜHRERS/ EXPORTEURS

Der Unterzeichner erklärt, dass die vorgenannten Waren die Voraussetzungen erfüllen, um diese Bescheinigung zu erlangen.

(Ort und Datum)

(Unterschrift)

1) Bei unverpackten Waren ist die Anzahl der Gegenstände oder „lose geschüttet" anzugeben.

2) in der **Bundesrepublik Deutschland** vom Ausführer auszufüllen.

12.20 Anhang 20

WEISSE FELDER BITTE MIT SCHREIBMASCHINE AUSFÜLLEN

GRAUE FELDER WERDEN VOM BAFA AUSGEFÜLLT!

(Firmenstempel)

Zoll-Nr. 1)	
Datum des Antrages	
Laufende Nr.	

Bundesamt für Wirtschaft
und Ausfuhrkontrolle (BAFA)
Postfach 5160
65726 Eschborn

Sachbearbeiter	
Telefon	

Datum des Einganges im BAFA	
Eingangsdatum Referat / Referatsbezeichnung	
Sachbearbeiter BAFA	

Wir

Firmenname	
Abteilung	
Postfach oder Straße	
Postleitzahl / Ort	

stellen hiermit einen Antrag auf Erteilung einer

Auskunft zur Güterliste

für die auf der Rückseite und den Anlagen A, B 2) aufgeführten Güter.

Der Antrag wird auf der Grundlage des Anhangs I zur EG-VO Nr. 1334/2000 und/oder des Teils I der Ausfuhrliste (**Anlage AL zur Außenwirtschaftsverordnung**) in der jeweils gültigen Fassung 3) gestellt. Wir haben die zutreffenden stat. Warennummern aus dem gültigen Warenverzeichnis für die Außenhandelsstatistik 4) verwandt und den Gütern zugeordnet.

Uns ist bekannt, daß Auskünfte zur Güterliste eine Gültigkeitsdauer von 12 Monaten besitzen 5).

Wir versichern, daß die Angaben auf der Rückseite und den Anlagen A, B 2) vollständig und richtig sind und daß das beigefügte Prospektmaterial den aufgelisteten und zur Ausfuhr bestimmten Gütern entspricht.

Ferner versichern wir, daß wir vor Antragstellung die Güter an Hand der o.g. Listen vorgeprüft und nur solche Güter in den Antrag aufgenommen haben, bei denen nach eingehender Prüfung Zweifel in bezug auf die Ausfuhrgenehmigungspflicht bestehen (keine eindeutig freien und keine eindeutig pflichtigen Güter).

Weiterhin versichern wir, daß für die Güter, die Gegenstand dieses Antrages sind, noch kein Antrag auf Erteilung einer Auskunft zur Güterliste (früher: Negativbescheinigung) bzw. Ausfuhrgenehmigung gestellt worden ist, der vom BAFA abgelehnt wurde.

(Ort / Datum)	(rechtverbindliche Unterschrift)	(rechtverbindliche Unterschrift)

Fußnoten bitte beachten!!

1) Bitte geben Sie unbedingt Ihre Zoll-Nr. an, **nur so ist eine rasche Bearbeitung Ihres Antrages sichergestellt.**
Sollte Ihnen keine Zoll-Nr. zugeteilt sein, kann diese Angabe entfallen. Die Zoll-Nr. wird dann durch das BAFA angefordert.
Bitte beachten Sie, daß die Zoll-Nr. EDV-mäßig für die Adresse der Antragsteller steht und nichts mit den auf der Rückseite bzw. den Anlagen A und B genannten Warennummern gemein hat (zu letzterem siehe Fußnote 4).

2) Unzutreffendes bitte streichen.

3) Die jeweils gültigen Listen erhalten Sie bei der Bundesanzeiger Verlagsgesellschaft mbH, Postfach 10 05 34, 50445 Köln, Tel: 0221 / 2 02 90, beim Köhler Verlag Minden - Frankfurt/M - Hamburg - Bonn - Leipzig - Berlin und zum Teil auch bei den Industrie- und Handelskammern.

4) Warenverzeichnis für die Außenhandelsstatistik, jährlich herausgegeben vom Statistischen Bundesamt in Wiesbaden, Metzler-Poeschel Verlag, Postfach 1152, 72125 Kusterdingen,. Tel: 07071 / 93 530. Ggf. werden vom Statistischen Bundesamt in Wiesbaden Sammelnummern für ganze Anlagen vergeben; bei Fragen zu den stat. Warennummern rufen Sie bitte beim Statistischen Bundesamt in Wiesbaden, Tel: 0611/751, an.

5) Verlängerungen erfolgen nur auf eine schriftliche Anforderung unter Angabe der Bearbeitungsnummer. Dabei ist zu erklären, daß sich die technische Leistungsfähigkeit der Produkte seit der Erstbeantragung nicht geändert hat. Das BAFA stellt dafür Standardvordrucke zur Verfügung.

GRAUE FELDER WERDEN VOM BUNDESAMT FÜR WIRTSCHAFT UND AUSFUHRKONTROLLE (BAFA) AUSGEFÜLLT

Stat. Warennummer (achtstellig)	Exakte Warenbezeichnung *)	Hersteller der Ware	Typ/Modell/Programmname	Kenn-zeichnung	Paraphe Datum

*) Bitte unbedingt detailliertes technisches Datenmaterial in 2-facher Ausfertigung – zum Beispiel in Form von Prospekten – beifügen; das Antragsformular ohne Anschreiben nur einfach!! Sollte eine Zeile zur Spezifizierung nicht ausreichen so können auch mehrere Zeilen benutzt werden; bitte stellen Sie die stat. Warennummer, den Hersteller und die Typenangabe immer in die jeweils 1. Zeile ein; insoweit kann das Formular für die Beantragung von einer Ware bzw. bis zu zehn Waren benutzt werden. Sollen mehr Waren beantragt werden, so benutzen Sie bitte zusätzlich die Anlagen A/B.

12.21 Anhang 21

ANTRAG AUF AUSFUHR-/VERBRINGUNGSGENEHMIGUNG Stand: 01.01.2001

0

Antrag

1. Ausführer (Adresse)

Zollnummer DE

2. Antragsnummer DE / 3027251

3a. Antragsdatum

AG

4a. Ansprechpartner b. Antragsteller

Tel.-Nr.

Telefax

5. Empfänger (Adresse)

6a.
Bundesamt für Wirtschaft
und Ausfuhrkontrolle (BAFA)
Frankfurter Str. 29–35
65760 Eschborn

Hinweis:
Die Angaben in diesem Antrag werden aufgrund von § 17 AWV erhoben. Die Antragsdaten dürfen gem. § 45 Außenwirtschaftsgesetz vom BAFA gespeichert und an andere Behörden übermittelt werden, soweit dies zur Verfolgung der in §§ 5 oder 7 Abs. 1 AWG angegebenen Zwecke oder zur Verhütung oder zur Verfolgung von Straftaten erforderlich ist.

7. Agent/Vertreter (Adresse) (falls nicht identisch mit Ausführer)

Zollnummer DE

6b. Anzahl beigefügter Anlagenblätter | IC / EVE | §§ 5c / 5d | technische Datenblätter | KWKG-Genehmigung | Sonstige

8. Ursprungsland (falls bekannt) — Ländercode

9. Herkunftsland (falls bekannt) — Ländercode

10. Endverwender (falls nicht identisch mit Empfänger/Adresse)

11. Mitgliedstaat, in dem sich die Güter befinden oder befinden werden — Ländercode

12. Mitgliedstaat, in dem die Ausfuhranmeldung abgegeben werden soll — Ländercode

13. Endbestimmungsland — Ländercode

0

14. Güterbeschreibung — lfd. Nr.

15. Warencode

16. AL-Position

17. Währung und Wert

18. Menge

14. Güterbeschreibung — lfd. Nr.

15. Warencode

16. AL-Position

17. Währung und Wert

18. Menge

19. Endverwendung

20. Datum des Vertrages

21. Ausfuhrart

22. zusätzl. Warenblätter

23. Zusatzinformationen

23a. Gesamtwert

23b. Art der beantragten Genehmigung

23c. Auftragsnummer/Aktenzeichen des Antragstellers

24. Haben Sie Kenntnis, dass die Güter für eine Zweckbestimmung im Sinne des Artikels 4 Absatz 1 (Verwendung für Massenvernichtungswaffen und Flugkörper für derartige Waffen), Absatz 2 (Verwendung für konventionelle Rüstung in Embargoländern) oder Absatz 3 (Verwendung für illegal ausgeführte Rüstungsgüter) EG-Verordnung 1334/2000 bestimmt sind?
(Falls ja, bitte Beschreibung auf gesondertem Blatt)

Ja ○
Nein ○

25. Ich (Wir), der (die) in Feld 1 genannte(n) Antragsteller, beantrage(n) als Ausführer/Verbringer eine Genehmigung für die Ausfuhr/Verbringung der in dem Antrag konkretisierten Güter (Ware[n], Software und Technologie).
Ich (Wir) versichere(n), dass alle in diesem Antrag nebst Anlagen gemachten Angaben unter Beachtung der Ausfüllanleitung zu diesem Antrag richtig, vollständig und wahrheitsgemäß angegeben wurden. Alle Fragen wurden nach bestem Wissen wahrheitsgemäß beantwortet. Ich (Wir) erkläre(n), dass ich (wir) für das beantragte Ausfuhr-/Verbringungsgeschäft in keinem anderen Mitgliedstaat der Europäischen Union eine Genehmigung beantragt habe(n).

Unterschrift des Antragstellers / Bevollmächtigten

Firmenstempel

3027251

12.22 Anhang 22

(1) – (30) A remplir par l'expéditeur / Vom Absender auszufüllen

[X] Désigner par une croix ce qui convient – Zutreffendes ankreuzen (Cases – Felder 20, 22, 23, 30, 52, 58)

Nonobstant toute clause contraire, le transport des marchandises est soumis aux Règles uniformes CIM. Sont en outre applicables les conditions générales de transport du transporteur. Die Beförderung von Gütern unterliegt auch bei einer gegenteiligen Abmachung den Einheitlichen Rechtsvorschriften CIM. Ausserdem sind die Allgemeinen Beförderungsbedingungen des Beförderers anwendbar.

Sauf convention contraire, l'acheminement des wagons vides est soumis aux Règles uniformes CUV. Sont en outre applicables les conditions contractuelles topiques de l'entreprise de transport ferroviaire. Die Beförderung von Leerwagen unterliegt unter Vorbehalt gegenteiliger Abmachung den Einheitlichen Rechtsvorschriften CUV. Im Übrigen gelten die einschlägigen Vertragsbedingungen des Eisenbahnverkehrsunternehmens.

(30) **Lettre de voiture CIM / Frachtbrief CIM** [ ] **Lettre wagon CUV / Wagenbrief CUV** [ ]

(40) (41) (42) (43) (44) (45) (46) (47)

Point – Punkt 6, 7, 8

(1) Expéditeur (nom, adresse) – Absender (Name, Anschrift)
Signature / Unterschrift
N° TVA / MWSt.-Nr.

(2)
(3)
E-Mail
Tel.
Fax

(7) Déclarations de l'expéditeur / Erklärungen des Absenders

(8) Référence expéditeur – Absender Referenz

(4) Destinataire (nom, adresse, pays) / Empfänger (Name, Anschrift, Land)
N° TVA / MWSt.-Nr.

(5)
(6)
E-Mail
Tel.
Fax

(9) Annexes – Beilagen

(10) Lieu de livraison / Ablieferungsort
Gare – Bahnhof
Pays – Land

(11)
(12)

(16) Prise en charge / Übernahme — mois – jour – heure / Monat – Tag – Stunde
Lieu – Ort

(17)

(13) Conditions commerciales – Kommerzielle Bedingungen

(14)

(18) Wagon N° – Wagen Nr.

(19) Parcours – Strecke — Facturation transit / Transitfakturierung — par – durch

(15) Informations pour le destinataire – Vermerke für den Empfänger

(20) **Paiement des frais / Zahlung der Kosten** — y compris – einschliesslich — jusqu'à – bis
[ ] Franco de port / Franko Fracht
[ ] Incoterms

(21) Désignation de la marchandise / Bezeichnung des Gutes

(22) Transport exceptionnel / Aussergewöhnliche Sendung — oui / ja [ ]

(23) RID oui / ja [ ]

(24) NHM Code

(25) Masse

(26) Déclaration de valeur / Wert des Gutes — Monnaie

(27) Intérêt à la livraison / Interesse an der Lieferung — Währung

(28) Remboursement / Nachnahme — Monnaie

(99) Indications douanières / Zollamtliche Vermerke

(48) Vérification / Überprüfung
par – durch

A / B / C: (70) Parcours / Strecke (71) (72) (73) (74) (75) (76) (77) (78) (79) Frais / Gebühren

(49) Code d'affranchissement / Frankaturcode

(50) Itinéraires – Leitungswege

(51) Opérations douanières – Zollbehandlung

(52) Bulletin d'affranchissement / Frankaturrechnung — oui / ja [ ] — renvoyé / zurückgesandt — mois – jour / Monat – Tag

(53) Avis d'encaissement N° / Nachnahmebegleitschein Nr. — renvoyé / zurückgesandt — mois – jour / Monat – Tag

(54) Procès-verbal N° / Tatbestandsaufnahme Nr. — établi par / erstellt durch — mois – jour / Monat – Tag

(55) Prolongation du délai de livraison – Lieferfristverlängerung
Code — du – von — au – bis — lieu – Ort

(56) Déclarations du transporteur – Erklärungen des Beförderers

(57) **Autres transporteurs – Andere Beförderer**
Nom, adresse – Name, Anschrift — Parcours – Strecke — Qualité / Eigenschaft

(58) a) Transporteur contractuel – Vertraglicher Beförderer
Signature – Unterschrift
b) Procédure simplifiée de transit ferroviaire / Vereinfachtes Eisenbahnversandverfahren — oui / ja [ ]
Code principal obligé / Code Hauptverpflichteter

(59) Date d'arrivée – Ankunftsdatum
Arrivage N° – Empfangs-Nr.

Original **1**

(60) Mise à disposition / Bereitgestellt — mois – jour – heure / Monat – Tag – Stunde

(61) Quittance du destinataire / Empfangsbescheinigung
Date, signature – Datum, Unterschrift

(62) **Identification de l'envoi / Sendungs-Identifikation** — Pays – Land — Gare – Bahnhof — Entreprise / Unternehmen — Exp. N° / Versand Nr.

(29) Lieu et date d'établissement – Ort und Datum der Ausstellung

12.23 Anhang 23

1 Absender (Name, Anschrift, Land)
Expéditeur (nom, adresse, pays)

Internationaler Frachtbrief
Lettre de Voiture International

Diese Beförderung unterliegt trotz einer gegenteiligen Abmachung den Bestimmungen des Übereinkommens über den Beförderungsvertrag im Internationalen Straßengüterverkehr (CMR).

Ce transport est soumis, nonobstant toute clause contraire, à la Convention relative au contrat de transport international de marchandises par route (CMR).

2 Empfänger (Name, Anschrift, Land)
Destinaytaire (nom, adresse, pays)

16 Frachtführer (Name, Anschrift, Land)
Transporteur (nom, adresse, pays)

3 Auslieferungsort des Gutes
Lieu prêvu pour la livraison de la merchandise
Ort/Lieu
Land/Pays
Datum/Date

17 Nachfolgende Frachtführer (Name, Anschrift, Land)
Transporteur successifs (nom, adresse, pays)

4 Ort und Tag der Übernahme des Gutes
Lieu e date de la prise en charge de la merchandise
Ort/Lieu
Land/Pays
Datum/Date

18 Vorbehalte und Bemerkungen der Frachtführer
Reserves et observations des transporteurs

5 Beigefügte Dokumente
Documents annexés

6 Kennzeichen u. Nr. Marques et numêros	7 Anz. der Packst. Nombre des Colis	8 Art der Verpck. Mode d'emballage	9 Bezeichnung des Gutes* Nature de la marchandise*	10 Statistik-Nr. No statistique	11 Bruttogew. i. kg Poids brut. kg	12 Umfang m³ Cubage m³
Klasse / Classe	Ziffer / Chiffre	Buchstabe / Lettre	(ADR) / (ADR)			

CMR

13 Anweisungen des Absenders (Zoll- und sonstige amtliche Behandlung)
Instructions de l'expediteur (formalitês douaniêres et autres)

15 Frachtzahlunganweisungen
Prescription d'affranchissement
Frei
Franco
Unfrei
Non franco

20 Besondere Vereinbarungen
Conventions particuliêres

21 Ausgefertigt in
Etabilie à

am
le

22

Unterschrift und Stempel des Absenders
(Signature et timbre de l'expediteur)

23

Unterschrift und Stempel des Frachtführers
(Signature et timbre du transporteur)

Amtl. Kennzeichen		Nutzlast in kg
Kfz		
Anhänger		

24 Gut empfangen Date.......................................
Réception des marchandises

Unterschrift und Stempel des Empfängers
(Signature et timbre du destinataire)

Benutze Gen.-Nr. ☐ National ☐ Bilateral ☐ EG ☐ CEMT

*Bei gefährlichen Gütern ist, außer der eventuellen Bescheinigung, auf der letzten Linie der Rubrik anzugeben: die Klasse, die Ziffer sowie gegebenenfalls der Buchstabe *En
cas de marchandises dfangêreuses indiquer, autre la certification éven

12.24 Anhang 24

Anlage 4 zum Umsatzsteuer-Anwendungserlass (zu Abschnitt 6a.5)

Name/Firma und Anschrift des Spediteurs oder Frachtführers (Straße, Hausnummer, Postleitzahl, Ort)		Name/Firma und Anschrift des liefernden Unternehmers (Straße, Hausnummer, Postleitzahl, Ort)

Bescheinigung für Umsatzsteuerzwecke bei der Versendung/Beförderung durch einen Spediteur oder Frachtführer in das übrige Gemeinschaftsgebiet (§ 17a Abs. 3 Satz 1 Nr. 1 Buchstabe b UStDV) – Spediteurbescheinigung

An
Firma/Herrn/Frau

____
(Name)

____
(Straße)

in ______________________________
(PLZ, Sitz/Wohnort)

Ich bestätige hiermit, dass mir am ______________

____

von Ihnen/von der Firma/von Herrn/von Frau [1] ______________

______________ in ______________
(Straße) (PLZ, Sitz/Wohnort)

die folgenden Gegenstände übergeben/übersandt[1] worden sind:

Menge und handelsübliche Bezeichnung der Gegenstände
(bei Fahrzeugen zusätzlich die Fahrzeug-Identifikationsnummer)

____

Ich habe die Gegenstände auftragsgemäß

im ______________________________
(Monat und Jahr des Erhalts der Gegenstände durch den Empfänger)

nach ______________________________
(EU-Mitgliedstaat und Ort)

an ______________________________
(Name des Empfängers der Lieferung)

versendet/befördert[1].

____

Der Auftrag ist mir von

____

______________ in ______________
(Straße) (PLZ, Sitz/Wohnort)

erteilt worden. Ich versichere, die Angaben in dieser Bescheinigung aufgrund von Geschäftsunterlagen gemacht zu haben, die im Gemeinschaftsgebiet nachgeprüft werden können.

1) Nichtzutreffendes bitte streichen

____
(Datum, Unterschrift)

12.25 Anhang 25

Anlage 3 zum BMF-Schreiben vom 17. Januar 2000
– IV D 2 – S 7134 – 02/00 –

______________________ (Firma/Name)

______________________ (Ort) (Datum)

______________________ (Straße)

______________________ (PLZ, Sitz/Wohnort)

Bescheinigung
für Umsatzsteuerzwecke in Bearbeitungs- und Verarbeitungsfällen
bei der Beförderung / Versendung in das Ausland nach der Bearbeitung oder Verarbeitung
durch einen Beauftragten des Abnehmers oder Auftraggebers
(§§ 11 und 17 b UStDV, Abschnitt 134 Abs. 1 UStR)

An
Firma / Herrn / Frau [1)]

____

______________________ (Straße)

in ______________________ (PLZ, Sitz/Wohnort)

Ich bestätige hiermit, dass mir
am ______________________

von der Firma ______________________ in ______________________

die folgenden Gegenstände übergeben/übersandt [1)] worden sind:

Packstücke			Menge und handelsübliche Bezeichnung der Gegenstände
Zahl	**Verpackungsart**	**Zeichen und Nummern**	

I. Bearbeitungen oder Verarbeitungen vor der Beförderung / Versendung in das Ausland
(einschließlich der Werkleistungen im Sinne des § 3 Abs. 10 UStG)

Ich habe die bezeichneten Gegenstände auf Grund des Auftrags der Firma ______________________ (Abnehmer oder Auftraggeber)

______________________ vom ______________________

a) wie folgt bearbeitet oder verarbeitet: ______________________

____

____

____

b) mit den folgenden von mir selbst zu liefernden Gegenständen

Menge	Handelsübliche Bezeichnung

wie folgt bearbeitet oder verarbeitet: ______________________________

____

[2] ______________________________

II. Beförderung / Versendung in das Ausland

Nach der Bearbeitung oder Verarbeitung sind die folgenden Gegenstände am ______________
(Tag der Beförderung oder Versendung)

nach ______________________________
(Ort im Ausland)

an ______________________________
(Empfänger oder Verfügungsberechtigter)

befördert/versandt worden:

Packstücke			Menge und handelsübliche Bezeichnung der Gegenstände
Zahl	Verpackungsart	Zeichen und Nummern	

Die Gegenstände sind auf folgende Weise in das Ausland gelangt: [1]

a) Ich habe die Gegenstände mit eigenem Fahrzeug in das Ausland befördert.

b) Ich habe die Gegenstände durch die Firma ______________________________
(z.B. Spediteur, Frachtführer)

in ______________________________ in das Ausland versandt.
(Firmensitz)

c) Ich habe die Gegenstände am ______________________________

an die Firma ______________________________
(Abnehmer oder Auftraggeber, Beauftragter des Abnehmers oder Auftraggebers)

zur Beförderung / Versendung übergeben/übersandt.

Ich versichere, dass ich die Angaben nach bestem Wissen und Gewissen auf Grund meiner Geschäftsunterlagen gemacht habe, die im Gemeinschaftsgebiet nachprüfbar sind.

____
(Unterschrift)

12.26 Anhang 26

Ausfuhr- und Abnehmerbescheinigung für Umsatzsteuerzwecke bei Ausfuhren im nichtkommerziellen Reiseverkehr (§ 6 Abs. 3 a UStG)

(§ 17 UStDV, Abschnitt 6.11 UStAE)

	Angaben des Unternehmers (Zutreffendes bitte ankreuzen [X]) **Dieser Abschnitt ist leserlich auszufüllen (möglichst in Maschinenschrift oder Druckschrift) und durch Unterschrift zu bestätigen.**				
1	**Name/Firma und Anschrift des liefernden Unternehmers (Straße, Hausnummer, Postleitzahl, Ort)**	2	**Angaben zur Identität des Abnehmers:** **– Bitte Hinweise auf der Rückseite beachten –** **Name, Vorname des Abnehmers im Drittland** **Anschrift: Land, Wohnort, Straße, Hausnummer**		
			Pass- bzw. Ausweisnummer:		
3	**Gelieferte Gegenstände (oder Hinweis auf beigefügte Rechnungen oder Kassenzettel):** Für die Angabe der Gegenstände ist die handelsübliche Bezeichnung zu verwenden. Handelsübliche Sammelbezeichnungen reichen aus (z.B. Waschmittel), nicht dagegen Bezeichnungen allgemeiner Art (z.B. Geschenkartikel) oder die Verwendung nicht allgemein verständlicher Abkürzungen. Wird auf beigefügte Rechnungen oder Kassenzettel verwiesen, muss sich die handelsübliche Bezeichnung der Gegenstände aus diesen Belegen ergeben.		☐ **Kaufpreis** (einschl. Umsatzsteuer) ☐ **Entgelt** (Kaufpreis abzüglich Umsatzsteuer)		
4	**Menge**	**Handelsübliche Warenbezeichnung**		**EUR**	**Ct**
5					
6					
7					
8					
9		Summe:			
10	**EURO-Betrag aus Nr. 9 in Buchstaben wiederholen.**				
	Sonstiges (z. B. Angaben zu einer Umsatzsteuererstattung)				
11 12	**Ort, Datum, Unterschrift des liefernden Unternehmers oder seines Bevollmächtigten**				
B	**Bestätigungen der Grenzzollstelle/Customs certification/Certificat des douanes** **Kann die Abfertigung zur Ausfuhr für keinen Gegenstand bestätigt werden, erteilt die Grenzzollstelle auch keine Abnehmerbestätigung.**				
13	Die in Nr. 4 bis 8 bezeichneten Gegenstände wurden/The products specified under Nos. 4 - 8/Les biens indiqués ci-dessus de 4 à 8 – mit Ausnahme der in Nr. ________ bezeichneten Gegenstände – (except those listed under No. ________ /à l'exception des biens figurant sous ________) zur Ausfuhr abgefertigt (have been cleared for export/visés pour l'exportation).				
14	Die Angaben über den Namen und die Anschrift des Abnehmers (Nr. 2) stimmen mit den Eintragungen in dem vorgelegten Reisepass oder sonstigen Grenzübertrittspapier des Ausführers überein. Identity and address of foreign buyer (No. 2) are identical to those on passport or travel document. Les indications ci-dessus concernant le nom et l'adresse du destinataire (no. 2) correspondent aux renseignements inscrits sur le passeport/la pièce d'identité présenté(e) par l'exportateur. **Anmerkung:** **Können die Angaben nicht bestätigt werden, ist das Feld 14 durchzustreichen.**				
15	**Bemerkungen/Remarks/Remarques (Nr. 1 - 14)**				
16	**Ort, Datum, Dienststempel/** **Place, Date, Official Stamp/** **Lieu, date, cachet du service**				

C	**In Ausnahmefällen:** **Bestätigung einer amtlichen Stelle der Bundesrepublik Deutschland im Bestimmungsland** (Zutreffendes bitte ankreuzen [X]) **Die Bestätigungen in diesem Abschnitt werden nur erteilt, soweit es dem Abnehmer nicht möglich war, die Bestätigungen der Grenzzollstelle (Nr. 13 und/oder 14) zu erlangen. Hat die Grenzzollstelle in diesen Fällen die Ausfuhr nicht bestätigt und kann auch die amtliche Stelle die Ausfuhr nicht bestätigen, erteilt diese Stelle auch keine Abnehmerbestätigung.**
17	☐ Die Ausfuhr der in Nr. 4 bis 8 bezeichneten Gegenstände kann nicht bestätigt werden. Ort, Datum, Unterschrift, Dienstsiegel
18	☐ Die Ausfuhr der in Nr. 4 bis 8 bezeichneten Gegenstände **innerhalb der Dreimonatsfrist** wird – mit Ausnahme der in Nr. ____________ bezeichneten Gegenstände – (ggfs. streichen) bestätigt.
19	Die Angaben in Nr. 2 ☐ werden bestätigt. ☐ Sie stimmen mit den Eintragungen in dem vorgelegten Reisepass/sonstigen Grenzübertrittspapier überein. ☐ Ihre Richtigkeit ist auf andere Weise festgestellt worden. ☐ können nicht bestätigt werden.
20	Eintragungen im Bescheinigungsregister: lfd. Nr. ________________/Jahr ________
21	Bemerkungen (zu Nr. 1 bis 12 sowie 17 bis 19)
22	Ort, Datum, Unterschrift, Dienstsiegel

12.27 Anhang 27

Anlage 1 zum BMF-Schreiben vom 1. Juni 2006
– IV A 6 – S 7134 – 22/06 –

EUROPÄISCHE GEMEINSCHAFT

A

2 Versender/Ausführer — Nr. DE2293951
UHDE
Friedrich-Uhde-Str. 15
44141 Dortmund

1 VERFAHREN: EX | a

MRN 06DE405500000394E4

3 Vordrucke: 1 | 3
4 Ladelisten
5 Positionen: 1
6 Packst. insgesamt: 1
7 Bezugsnummer: Feeilke
9 Verantwortlicher für den Zahlungsverkehr

8 Empfänger — Nr.
HANS
IM GLÜCK
55220 HUHUHN
DE

10 Erstes Best. Land
11 Handels- Land
12 Angaben zum Wert
13 G. L. P.
15 Versendungs-/Ausfuhrland: DE
15 Vers./Ausf. L. Code: a| b|
17 Bestimm. L. Code: a| AD b|

14 Anmelder/Vertreter — Nr. DE2293951, DE280594
[1] UHDE
Friedrich-Uhde-Str. 15
44141 Dortmund

[2] STAHLKONTOR HAHN
Borsigstr. 2
40880 Ratingen
DE

16 Ursprungsland
17 Bestimmungsland: Andorra
20 Lieferbedingung: XXX | qwertzui
22 Währung u. in Rechn. gestellter Gesamtbetr.: ANG | 0,00
23 Umrechnungskurs
24 Art des Geschäfts: 9 | 9
28 Finanz- und Bankangaben

18 Kennzeichen und Staatszugehörigkeit des Beförderungsmittels beim Abgang: BOOT
19 Ctr.: 0
21 Kennzeichen und Staatszugehörigkeit des grenzüberschreitenden aktiven Beförderungsmittel: Seeschiff,10 | AD
25 Verkehrszweig an der Grenze: 10
26 Inländischer Verkehrszweig: 10
27 Ladeort
29 Ausgangszollstelle: DE004851
30 Warenort

A

31 Packstücke und Warenbezeichnung — Zeichen und Nummern - Container Nr. - Anzahl und Art

Siehe Liste der Positionen

32 Positions-Nr.
33 Warennummer
34 Urspr.land Code: a| b|
35 Rohmasse (kg): 500
36 Präferenz
37 VERFAHREN
38 Eigenmasse (kg)
39 Kontingent
40 Summarische Anmeldung/Vorpapier
41 Besondere Maßeinheit
42 Artikelpreis
43 B.M Code
44 Besondere Vermerke/ Vorgelegte Unterlagen/ Bescheinig. u. Genehmig.
Code B.V
45 Berichtigung
46 Statistischer Wert: 12.123

Ausgangsvermerk

D PRÜFUNG DURCH DIE ZOLLSTELLE
Ergebnis:
Angebrachte Verschlüsse: Anzahl:
Zeichen:
Frist (letzter Tag):
Unterschrift:

Stempel:

C Ausgangszollstelle

Art. 796b Abs. 2 ZK-DVO (neu)

Anlage 1 zum BMF-Schreiben vom 1. Juni 2006
– IV A 6 – S 7134 – 22/06 –

- 2 -

Liste der Positionen			
Blatt	**A**	2	3

Datum: 25.04.2006

MRN 06DE40550000394E4

Positions-Nr. (32)	Packstück Zeichen / Nr. (31.1) / Ausgangszollstelle	Packstück Anzahl / Art (31.2) / Ausgangsdatum	Container Nr. (31.3)	Warenbezeichnung (31.4)
Verfahren (1/3)	Warennummer (33)	Statistischer Wert (46)	Urspr.land Code (34)	Summarische Anmeldung/Vorpapier (40)
Versendungs- / *Ausfuhrland* (15)	Besondere Maßeinheit (41)	Rohmasse (kg) (35)	Eigenmasse (kg) (38)	Besondere Vermerke / Vorgelegte Unterlagen / Bescheinigungen und Genehmigungen (44)
1	11 DE004851	1 CS, Kiste ("Case") 25.04.2006		rdtzui
1000	04070090	12.123	08	
DE	123,000	100	100	

Art. 796b Abs. 2 ZK-DVO (neu)

Anlage 1 zum BMF-Schreiben vom 1. Juni 2006
– IV A 6 – S 7134 – 22/06 –

- 3 -

Liste der Abweichungen			
Blatt	A	3	3

Datum: 25.04.2006

keine Abweichungen

DE004055
Hauptzollamt Lörrach
Zollamt Weil am Rhein-Autobahn
Autobahn

79576 Weil am Rhein

MRN 06DE405500000394E4

12.28 Anhang 28

Normabkürzung	Normtitel	Verkündungsstand, letzte Änderung	Normgeber
[VO (EWG) 2454/93]	[Zollkodex-Durchführungsverordnung]	Verkündungsstand: 02.10.2014in Kraft ab: 14.09.2014	EU

Anhang 72 [1]

Liste der üblichen Behandlungen nach Artikel 531 und Artikel 809

Sofern nichts anderes festgelegt ist, führt keine der folgenden Behandlungen zu einem anderen achtstelligen KN-Code.

Die nachstehend aufgeführten üblichen Behandlungen werden nicht bewilligt, wenn die Zollbehörden der Auffassung sind, dass diese Vorgänge geeignet sind, das Betrugsrisiko zu erhöhen.

- *1.*Lüften, Ausbreiten, Trocknen, Entstauben, einfache Reinigungsvorgänge, Ausbessern von Verpackungen, Ausbessern nach Transport- und Lagerschäden, sofern es sich um einfache Maßnahmen handelt, Anbringen und Entfernen einer schützenden Umhüllung für den Transport;
- *2.*Zusammensetzen der Waren nach dem Transport;
- *3.*Einlagerung, Probenahme, Sortieren, Sieben, mechanisches Klären und Wiegen der Waren;
- *4.*Entfernen von beschädigten oder kontaminierten Bestandteilen;
- *5.*Konservieren durch Pasteurisieren, Sterilisieren, Bestrahlen oder Zusatz von Konservierungsmitteln;
- *6.*Schädlingsbekämpfung;
- *7.*Rostschutzbehandlung;
- *8.*Behandlung
  - –durch einfaches Erhöhen der Temperatur, ohne weitere Behandlung, auch wenn dies mit einem physikalischen Abtrennungsprozess verbunden ist; oder
  - –durch einfache Temperatursenkung;

  auch wenn diese Behandlung zu einem anderen achtstelligen KN-Code führt.

- *9.*Behandlung von Textilien gegen Elektrostatik, Glätten und Bügeln von Textilien;
- *10.*Behandlungen, die folgende Tätigkeiten umfassen:
  - –Entstielen und/oder Entsteinen von Früchten, Zerkleinern oder Zerschlagen von getrockneten Früchten oder Gemüse, Rehydratation von Früchten; oder
  - –Dehydratisierung von Früchten, auch wenn diese Behandlung zu einem anderen achtstelligen KN-Code führt.
- *11.*Entsalzen, Waschen und Crouponieren;
- *12.*Hinzufügen von Waren beziehungsweise Hinzufügen oder Austauschen von Zubehörteilen, sofern dieses Hinzufügen oder Austauschen ein relativ unerheblicher Vorgang ist oder dazu dient, die Übereinstimmung mit technischen Normen zu gewährleisten, und die Art der ursprünglichen Waren nicht verändert und deren Leistung nicht verbessert wird, auch wenn diese Behandlung dazu führt, dass für die hinzugefügten oder ausgetauschten Waren ein anderer achtstelliger KN-Code angewendet wird;

- *13.*Verdünnen oder Konzentrieren von Flüssigkeiten ohne weitere Behandlung, auch wenn dies mit einem physikalischen Abtrennungsprozess verbunden ist, und diese Behandlung zu einem anderen achtstelligen KN-Code führt;
- *14.*Vermischen von gleichartigen Waren unterschiedlicher Qualität, um eine gleichbleibende Qualität oder eine vom Käufer verlangte Qualität herzustellen, sofern dies die Art der Waren nicht verändert;
- *14a.*Vermischen von Gas- oder Heizölen, die keinen Biodiesel enthalten, mit Biodiesel enthaltenden Gas- oder Heizölen, die beide zu Kapitel 27 der KN gehören, um eine gleichbleibende oder eine vom Kunden verlangte Qualität herzustellen, sofern dies die Art der Waren nicht verändert, auch wenn diese Behandlung zu einem anderen achtstelligen KN-Code führt;
- *14b.*Vermischen von Gas- oder Heizöl mit Biodiesel, wobei die gewonnene Mischung weniger als 0,5 Volumenprozent Biodiesel enthält, und Vermischen von Biodiesel mit Gas- oder Heizöl, wobei die gewonnene Mischung weniger als 0,5 Volumenprozent Gas- oder Heizöl enthält;
- *15.*Aufteilen oder Zuschneiden von Waren, sofern es sich um einfache Vorgänge handelt;
- *16.*Verpacken, Auspacken, Umpacken, Umfüllen und einfaches Umladen in Behälter, auch wenn diese Behandlungen dazu führen, dass ein anderer achtstelliger KN-Code anzuwenden ist; Anbringen, Entfernen und Ändern von Warenzeichen, Siegeln, Etiketten, Preisschildern oder anderen ähnlichen Unterscheidungsmerkmalen;
- *17.*Testen, Einstellen und Herstellen der Betriebsfertigkeit von Maschinen, Apparaten und Fahrzeugen, insbesondere zur Kontrolle der Übereinstimmung mit technischen Normen, sofern es sich nur um einfache Vorgänge handelt.
- *18.*Mattieren von Rohrformstücken zur Vorbereitung der Waren für bestimmte Märkte.
- *19.*andere als die vorgenannten üblichen Behandlungen, die darauf gerichtet sind, das Aussehen oder die Absetzbarkeit der Einfuhrwaren zu verbessern oder sie für den Vertrieb oder Wiederverkauf vorzubereiten, sofern diese Vorgänge weder die Art der ursprünglichen Waren verändern noch ihre Leistung verbessern. Etwaige durch die üblichen Behandlungen entstehende Kosten oder Wertzuwächse sind bei der Berechnung der Einfuhrabgaben nicht zu berücksichtigen, wenn der Anmelder zufrieden stellende Nachweise für diese Kosten vorlegt. In Bezug auf die bei den Vorgängen verwendeten Nichtgemeinschaftswaren jedoch sind Zollwert, Beschaffenheit und Ursprung bei der Berechnung der Einfuhrabgaben zu berücksichtigen.

---

[1] Anhänge 67–103 ersetzt durch Anhänge 67–77 mWv 1. 7. 2001 durch VO v. 4. 5. 2001 (ABl. Nr. L 141 S. 1); Anh. 72 geänd. mWv 13. 6. 2005 durch VO v. 10. 6. 2005 (ABl. Nr. L 148 S. 5); geänd. mWv 1. 1. 2012 durch VO v. 26. 11. 2012 (ABl. Nr. L 327 S. 18).

12.29 Anhang 29

Normabkürzung	Normtitel	Verkündungsstand, letzte Änderung	Normgeber
[VO (EWG) 2454/93]	[Zollkodex-Durchführungsverordnung]	Verkündungsstand: 02.10.2014in Kraft ab: 14.09.2014	EU

Anhang 67 [1] Vordrucke für Anträge und Bewilligungen (Artikel 253b, 253c, 253h, 253l, 292, 293, 497 und 505)

Allgemeine Hinweise

- *1.*Das Layout der Muster ist nicht bindend; z.B. können die Mitgliedstaaten anstelle von Feldern Vordrucke mit einer Zeilenstruktur vorsehen, oder die Felder können, falls erforderlich, vergrößert werden.

  Die laufenden Nummern und der dazugehörige Text sind jedoch verbindlich.

- *2.*Die Mitgliedstaaten können Felder oder Zeilen für innerstaatliche Zwecke vorsehen. Diese Felder oder Zeilen sind durch eine Zahl und einen Großbuchstaben zu kennzeichnen (z.B. 5 A).
- *3.*Felder, die mit einer laufenden Nummer im Fettdruck versehen sind, müssen grundsätzlich ausgefüllt werden. Ausnahmen sind im Merkblatt angegeben. Die Zollverwaltungen können vorsehen, dass Feld 5 nur dann ausgefüllt werden muss, wenn eine einzige Bewilligung beantragt wird.
- *4.*Die Anlage des Merkblattes enthält die in Anhang 70 vorgesehenen Codes für die wirtschaftlichen Voraussetzungen einer aktiven Veredelung.

Antrag auf Bewilligung von vereinfachten Verfahren

Original

1. Antragsteller nichtvertraulich	Raum für zollamtliche Vermerke
1.a. Identifikationsnummer des Beteiligten	**1.b. Referenznummer**

1.c. Kontaktstelle

1.d. Abgabe von Anmeldungen
- ☐ im eigenen Namen und auf eigene Rechnung
- ☐ als direkter Vertreter
- ☐ als indirekter Vertreter

2. Vereinfachtes Verfahren nicht vertraulich

a. ☐ Anschreibeverfahren
- ☐ Einfuhr
  - ☐ Überführung in den zollrechtlich freien Verkehr
  - ☐ Zolllager
  - ☐ aktive Veredelung
  - ☐ vorübergehende Verwendung
  - ☐ Überführung in den zollrechtlich freien Verkehr zur besonderen Verwendung
  - ☐ Umwandlungsverfahren
- ☐ Ausfuhr
  - ☐ Ausfuhr
  - ☐ Wiederausfuhr
  - ☐ Ausfuhr zur passiven Veredelung

b. ☐ Vereinfachtes Anmeldeverfahren
- ☐ Einfuhr
  - ☐ Überführung in den zollrechtlich freien Verkehr
  - ☐ Zolllager
  - ☐ aktive Veredelung
  - ☐ vorübergehende Verwendung
  - ☐ Überführung in den zollrechtlich freien Verkehr zur besonderen Verwendung
  - ☐ Umwandlungsverfahren
- ☐ Ausfuhr
  - ☐ Ausfuhr
  - ☐ Wiederausfuhr
  - ☐ Ausfuhr zur passiven Veredelung

3. Art der Bewilligung (Code): ☐

4.a. Zugelassener Wirtschaftsbeteiligter (AEO)
- ☐ JA Nr. ______
- ☐ NEIN

4.b. Bewilligung(en) für Zollverfahren, für die vereinfachte Verfahren genutzt werden sollen

Art	Referenznummer	Ende der Geltungsdauer

5. Hauptbuchhaltung

5.a. Ort der Hauptbuchhaltung

5.b. Art der Hauptbuchhaltung

6. Zusatzblätter

Antrag auf Bewilligung eines vereinfachten Verfahrens
Zusatzblatt - EINFUHR

Original

7. Für das Verfahren relevante Aufzeichnungen

7.a. Ort, an dem die Aufzeichnungen geführt werden

7.b. Art der Aufzeichnungen

7.c. sonstige zweckdienliche Informationen

8. Art der Waren

8.a. KN-Code / Kapitel der KN	Warenbezeichnung

8.b. Geschätzte Gesamtmenge	8.c. Geschätzte Anzahl der Vorgänge
8.d. Geschätzter Gesamtzollwert	8.e. Durchschnittlicher Zollbetrag

8.f. Umrechnungskurs

☐ Ich beantrage, gemäß Artikel 172 ZK-DVO den Umrechnungskurs anzuwenden, der am ersten Tag des Zeitraums anwendbar ist, auf den sich die Anmeldung bezieht.

9. Zollverfahren nichtvertraulich

10. Bewilligter Warenort / Zollstelle (Anschreibeverfahren)

a. MS	b. Ort (Name und Anschrift)	c. zuständige Zollstelle (Name und Anschrift)

11. Einfuhrzollstelle (vereinfachte Anmeldung)

a. MS	b. Zollstelle (Name und Anschrift)

12. In die einzige Bewilligung einbezogene Unternehmen nichtvertraulich

a. MS	b. Unternehmen (Name und Anschrift)

13. Gegebenenfalls Überwachungsstelle

14. Art der vereinfachten Anmeldung

☐ Einheitspapier

☐ Elektronische Anmeldung

☐ Handelspapier oder sonstiges Verwaltungspapier
bitte genau angeben

15. Zusätzliche zweckdienliche Angaben

16. Ich bin damit einverstanden, dass alle Informationen mit den Zollbehörden der anderen beteiligten Mitgliedstaaten und der Kommission ausgetauscht werden können.

☐ Ich bin mit der Veröffentlichung der nichtvertraulichen Angaben dieses Antrags einverstanden.

☐ Ich bin mit der Veröffentlichung der nichtvertraulichen Angaben dieses Antrags nicht einverstanden.

Ort und Datum **Unterschrift und Name**

Antrag auf Bewilligung eines vereinfachten Verfahrens
Zusatzblatt - AUSFUHR

Original

7. Für das Verfahren relevante Aufzeichnungen

7.a. Ort, an dem die Aufzeichnungen geführt werden

7.b. Art der Aufzeichnungen

7.c. Sonstige zweckdienliche Informationen

8. Art der Waren

8.a. KN-Code / Kapitel der KN	Warenbezeichnung

8.b. Geschätzte Gesamtmenge	8.c. Geschätzte Anzahl der Vorgänge

8.d. Geschätzter Gesamtbetrag

9. Zollverfahren nichtvertraulich

10. Bewilligter Warenort / Zollstelle (Anschreibeverfahren)

a. MS	b. Ort (Name und Anschrift)	c. zuständige Zollstelle (Name und Anschrift)

11. Ausfuhrzollstelle (vereinfachte Anmeldung)

a. MS	b. Zollstelle (Name und Anschrift)

12. In die einzige Bewilligung einbezogene Unternehmen nichtvertraulich

a. MS	b.Unternehmen (Name und Anschrift)

13. Gegebenenfalls Überwachungsstelle

14. Art der vereinfachten Anmeldung

- ☐ Einheitspapier
- ☐ Elektronische Anmeldung
- ☐ Handelspapier oder sonstiges Verwaltungspapier
  bitte genau angeben

15. Zusätzliche zweckdienliche Angaben

16. Ich bin damit einverstanden, dass alle Informationen mit den Zollbehörden der anderen beteiligten Mitgliedstaaten und der Kommission ausgetauscht werden können.

- ☐ Ich bin mit der Veröffentlichung der nichtvertraulichen Angaben dieses Antrags einverstanden.
- ☐ Ich bin mit der Veröffentlichung der nichtvertraulichen Angaben dieses Antrags nicht einverstanden.

Ort und Datum **Unterschrift und Name**

Bewilligung von vereinfachten Verfahren

Original

1. Bewilligungsinhaber

Nr.

....
Bewilligung Nr.

Erteilende Behörde

1.a. Dieser Bescheid bezieht sich auf Ihren Antrag vom ....

Referenznummer ....

1.b. Der Bewilligungsinhaber handelt ☐ im eigenen Namen und auf eigene Rechnung

☐ als indirekter Vertreter ☐ als indirekter Vertreter

2. Vereinfachtes Verfahren

a. ☐ Anschreibeverfahren

- ☐ Einfuhr
  - ☐ Überführung in den zollrechtlich freien Verkehr
  - ☐ Zolllagerverfahren
  - ☐ aktive Veredelung
  - ☐ vorübergehende Verwendung
  - ☐ Überführung in den zollrechtlich freien Verkehr zur besonderen Verwendung
  - ☐ Umwandlungsverfahren
- ☐ Ausfuhr
  - ☐ Ausfuhr
  - ☐ Wiederausfuhr
  - ☐ Ausfuhr zur passiven Veredelung

b. ☐ vereinfachtes Anmeldeverfahren

- ☐ Einfuhr
  - ☐ Überführung in den zollrechtlich freien Verkehr
  - ☐ Zolllagerverfahren
  - ☐ aktive Veredelung
  - ☐ vorübergehende Verwendung
  - ☐ Überführung in den zollrechtlich freien Verkehr zur besonderen Verwendung
  - ☐ Umwandlungsverfahren
- ☐ Ausfuhr
  - ☐ Ausfuhr
  - ☐ Wiederausfuhr
  - ☐ Ausfuhr zur passiven Veredelung

3. Art der Bewilligung (Code): ☐

4. Art und Bezugsnummer der Bewilligung(en), für die das (die) vereinfachte(n) Verfahren genutzt wird (werden)

Art	Referenznummer

5. Hauptbuchhaltung

5.a. Ort der Hauptbuchhaltung

5.b. Art der Hauptbuchhaltung

6. Zusatzblätter

Bewilligung eines vereinfachten Verfahrens
Zusatzblatt - EINFUHR

....
Bewilligungsnummer

Original

7. Für das Verfahren relevante Aufzeichnungen

7.a. Ort, an dem die Aufzeichnungen geführt werden

7.b. Art der Aufzeichnungen

8. Art der Waren

8.a. KN-Code / Kapitel	Warenbezeichnung

8.b. Geschätzte Gesamtmenge	8.c. Geschätzte Anzahl der Vorgänge
8.d. Geschätzter Gesamtzollwert	8.e. Durchschnittlicher Zollbetrag

8.f. Umrechnungskurs

☐ Die in ausländischer Währung angegebenen Rechnungsbeträge müssen mit dem Umrechnungskurs umgerechnet werden, der am ersten Tag des Zeitraums anwendbar ist, auf den sich die Zollanmeldung bezieht.

9. Zollverfahren

10. Bewilligte(r) Warenort(e) / Zollstelle(n) (Anschreibeverfahren)

a. MS.	b. Ort (Name und Anschrift)	c. zuständige Zollstelle (Name und Anschrift)

11. Einfuhrzollstelle (vereinfachtes Verfahren)

a. MS.	b. Zollstelle (Name und Anschrift)

12. In der einzigen Bewilligung genannte Unternehmen

a. MS	b. Unternehmen (Name und Anschrift)

13. Überwachungsstelle

14. Art der vereinfachten Anmeldung

☐ Einheitspapier
☐ Elektronische Anmeldung
☐ Handelspapier oder sonstiges Verwaltungspapier
bitte genau angeben

15. Zusätzliche zweckdienliche Angaben

Ort und Datum	Unterschrift und Name	Stempel

Bewilligung eines vereinfachten Verfahrens
Zusatzblatt - AUSFUHR

....
Bewilligung Nr.

Original

7. Für das Verfahren relevante Aufzeichnungen

7.a. Ort, an dem die Aufzeichnungen geführt werden

7.b. Art der Aufzeichnungen

8. Art der Waren

8.a. KN-Code / Kapitel der KN	Warenbezeichnung

8.b. Geschätzte Gesamtmenge	8.c. Geschätzte Anzahl der Vorgänge

8.d. Geschätzter Gesamtbetrag

9. Zollverfahren

10. Bewilligte(r) Warenort(e) / Zollstelle(n) (Anschreibeverfahren)

a. MS	b. Ort (Name und Anschrift)	c. zuständige Zollstelle (Name und Anschrift)

11. Ausfuhrzollstelle (vereinfachte Anmeldung)

a. MS	b. Zollstelle (Name und Anschrift)

12. In die einzige Bewilligung einbezogene Unternehmen

a. MS	b. Unternehmen (Name und Anschrift)

13. Überwachungsstelle

14. Art der vereinfachten Anmeldung

- ☐ Einheitspapier
- ☐ Elektronische Anmeldung
- ☐ Handelspapier oder sonstiges Verwaltungspapier
  bitte genau angeben

15. Zusätzliche zweckdienliche Angaben

16. Ort und Datum	**Unterschrift und Name**	**Stempel**

EUROPÄISCHE GEMEINSCHAFT

MUSTER

Antrag auf Bewilligung eines Zollverfahrens mit wirtschaftlicher Bedeutung/einer Überführung in den zollrechtlich freien Verkehr zur besonderen Verwendung

Hinweis: Berücksichtigen Sie bitte beim Ausfüllen dieses Vordruckes das zugehörige Merkblatt.

Original

1 **Antragsteller**	Raum für zollamtliche Vermerke

2 **Zollverfahren**	3 **Art des Antrags**	4 Zusatzblätter

5 **Ort und Art der Buchhaltung/Aufzeichnungen**

6 **Geltungsdauer der Bewilligung**

a		b	

7 **Waren, die in das Zollverfahren übergeführt werden sollen**

KN-Code	Warenbezeichnung	Menge	Wert

8 Veredelungserzeugnisse oder Umwandlungserzeugnisse

KN-Code	Warenbezeichnung	Ausbeutesatz

9 **Einzelheiten der geplanten Vorgänge**

10 **Wirtschaftliche Voraussetzungen**

11 **Zollstelle(n) für die**

a	**Überführung in das Zollverfahren**
b	**Beendigung des Zollverfahrens**
c	Überwachungszollstelle(n)

12 **Nämlichkeitsmittel**	13 **Frist für die Beendigung (in Monaten)**	14 Vereinfachte Verfahren a | b	15 Beförderung

16 Zusätzliche Angaben

17

Unterschrift: .... **Datum:** ....

Name: ....

EUROPÄISCHE GEMEINSCHAFT

MUSTER

Antrag auf Bewilligung eines Zolllagers oder des Zolllagerverfahrens bei einem Zolllager des Typs E

Zusatzblatt

Original

18 **Typ des Zolllagers**

19 **Zolllager oder Lagereinrichtungen (Typ E)**

20 Frist/Datum für die Vorlage des Verzeichnisses der Lagerbestände

21 Satz für Verluste

22 Lagerung der nicht in das Zolllagerverfahren übergeführten Waren

KN-Code	Warenbezeichnung	Warengruppe/Zollverfahren

23 Übliche Behandlungen

24 Vorübergehendes Entfernen. Zweck:

25 Zusätzliche Angaben

26

Unterschrift: .... **Datum:** ....

Name: ....

EUROPÄISCHE GEMEINSCHAFT

MUSTER

Antrag auf Bewilligung einer aktiven Veredelung

Zusatzblatt

Original

18 Ersatzwaren

KN-Code	Warenbezeichnung

19 Vorzeitige Ausfuhr

20 Überführung in den zollrechtlich freien Verkehr ohne Zollanmeldung?

21 Zusätzliche Angaben

22

Unterschrift: .... Datum: ....

Name: ....

EUROPÄISCHE GEMEINSCHAFT

MUSTER

Antrag auf Bewilligung einer passiven Veredelung

Zusatzblatt

Original

18 Verfahren

19 Ersatzerzeugnisse

KN-Code	Warenbezeichnung

20 Artikel 147 Absatz 2 Zollkodex?

21 Artikel 586 Absatz 2?

22 Zusätzliche Angaben

23

Unterschrift: .... Datum: ....

Name: ....

EUROPÄISCHE GEMEINSCHAFT

MUSTER

Bewilligung eines Zollverfahrens mit wirtschaftlicher Bedeutung/einer Überführung in den zollrechtlich freien Verkehr zur besonderen Verwendung

DE ....
(Bewilligungsnummer)

Original

1 **Bewilligungsinhaber**

Bewilligende Behörde

1a **Dieser Bescheid bezieht sich auf Ihren Antrag vom**

Bezugsnr.:

2 **Zollverfahren**	3 **Art der Bewilligung**	4 Zusatzblätter

5 **Ort und Art der Buchhaltung/Aufzeichnungen**

6 **Geltungsdauer der Bewilligung**

a | b

7 **Waren, die in das Zollverfahren übergeführt werden dürfen:**

KN-Code	Warenbezeichnung	Menge	Wert

8 **Veredelungserzeugnisse oder Umwandlungserzeugnisse**

KN-Code	Warenbezeichnung	Ausbeutesatz

9 **Einzelheiten der geplanten Vorgänge:**

10 **Wirtschaftliche Voraussetzungen:**

11 **Zollstelle(n) für die**

a	**Überführung in das Zollverfahren:**
b	**Beendigung des Zollverfahrens:**
c	**Überwachungszollstelle(n):**

12 **Nämlichkeitsmittel**	13 **Frist für die Beendigung (in Monaten)**	14 Vereinfachte Verfahren a | b	15 Beförderung

16 Zusätzliche Angaben/Auflagen (z. B. verlangte Sicherheiten)

17

Datum: **Unterschrift:** **Dienststempel**

Name:

EUROPÄISCHE GEMEINSCHAFT

MUSTER

Bewilligung eines Zolllagers oder des Zolllagerverfahrens in einem Zolllager des Typs E

Zusatzblatt

DE ....
(Bewilligungsnummer)

Original

18 **Typ des Zolllagers**	Zolllager-Identifikationsnummer	
19 **Zolllager oder Lagereinrichtungen (Typ E)**		
20 **Frist für die Vorlage des Verzeichnisses der Lagerbestände**		
21 Satz für Verluste		
22 Lagerung der nicht in das Zolllagerverfahren übergeführten Waren		
KN-Code	Warenbezeichnung	Warengruppe/Zollverfahren
23 Übliche Behandlungen		
24 Vorübergehendes Entfernen. Zweck:		
25 Zusätzliche Angaben		
26 **Datum:**	**Unterschrift:** **Name:**	**Dienststempel**

EUROPÄISCHE GEMEINSCHAFT

MUSTER

Bewilligung einer aktiven Veredelung

Zusatzblatt

DE ....
(Bewilligungsnummer)

Original

18 Ersatzwaren

KN-Code	Warenbezeichnung

19 Vorzeitige Ausfuhr

20 Überführung in den zollrechtlich freien Verkehr ohne Zollanmeldung

21 Zusätzliche Angaben

22

Datum:

Unterschrift:

Name:

Dienststempel

EUROPÄISCHE GEMEINSCHAFT

MUSTER

Bewilligung einer passiven Veredelung

Zusatzblatt

DE ....
(Bewilligungsnummer)

Original

18 Verfahren	
19 Ersatzerzeugnisse	
KN-Code	Warenbezeichnung
20 Artikel 147 Absatz 2 Zollkodex	
21 Artikel 586 Absatz 2	
22 Zusätzliche Angaben	
23 **Datum:**	**Unterschrift:** **Name:** **Dienststempel**

MERKBLATT

Titel I

Anmerkungen zu den einzelnen Feldern des Antragvordrucks

Allgemeiner Hinweis:

Die Verweise beziehen sich – sofern nicht anders angegeben – auf die Durchführungsvorschriften zum Zollkodex.

1 Antragsteller

Anzugeben sind Name und Anschrift des Antragstellers. Der Antragsteller ist die Person, der eine Bewilligung erteilt werden soll.

2 Zollverfahren

Anzugeben ist, in welches oder welche Zollverfahren die im Feld 7 bezeichneten Waren übergeführt werden sollen. Folgende Zollverfahren stehen zur Auswahl:

- –Überführung in den zollrechtlich freien Verkehr zur besonderen Verwendung
- –Zolllagerverfahren
- –Aktive Veredelung – Nichterhebungsverfahren
- –Aktive Veredelung – Verfahren der Zollrückvergütung
- –Umwandlungsverfahren
- –Vorübergehende Verwendung
- –Passive Veredelung
- Passive Veredelung

- Anmerkung:
- Sofern der Antragsteller einen Antrag auf Bewilligung mehrerer Zollverfahren stellt (integrierte Bewilligung) und der Vordruck den Anforderungen nicht genügt (z.B., weil die Waren, die in die Zollverfahren übergeführt werden sollen, nicht für jedes Zollverfahren die gleichen sind), sollten getrennte Vordrucke verwenden[2] werden.

3 Art des Antrags

In diesem Feld ist die Art des Antrags unter Verwendung wenigstens eines der folgenden Codes einzutragen:

1 = erstmaliger Antrag

2 = Antrag auf Änderung oder Erneuerung der Bewilligung (geben Sie auch die entsprechende Bewilligungsnummer an)

3 = Antrag auf eine einzige Bewilligung

4 = Antrag auf eine Anschlussbewilligung (aktive Veredelung)

4 Zusatzblätter

Anzugeben ist die Anzahl der dem Antrag beigefügten Zusatzblätter.

- Anmerkung:
- Zusatzblätter sind für folgende Zollverfahren vorgesehen:

  Zolllagerverfahren, aktive Veredelung (sofern erforderlich) und passive Veredelung (sofern erforderlich)

5 Ort und Art der Buchhaltung/Aufzeichnungen

Anzugeben ist der Ort der Buchhaltung. Das ist der Ort, an dem sich die Geschäfts-, Steuer oder sonstige Buchhaltung des Antragstellers befindet bzw. die für seine Rechnung geführten

Bücher befinden. Geben Sie die genaue Art der Buchhaltung und Einzelheiten zum verwendeten System an.

Geben Sie außerdem die Art der Aufzeichnungen/Bestandsaufzeichnungen an, die für das Zollverfahren verwendet werden soll. Aufzeichnungen sind Unterlagen, gleich auf welchem Träger, die alle von den Zollbehörden für die Überwachung und Kontrolle des Zollverfahrens benötigten Angaben und technischen Einzelheiten enthalten.

- Anmerkung:
- Wird die Bewilligung eines Zolllagers des Typs B beantragt, ist Feld 5 nicht auszufüllen.

  Im Fall der vorübergehenden Verwendung ist Feld 5 nur auf Verlangen der Zollbehörden auszufüllen.

  Im Fall eines Antrags auf Erteilung einer einzigen Bewilligung sind Ort und Art der Hauptbuchhaltung anzugeben.

6 Geltungsdauer der Bewilligung			
a		b	

In Feld 6a ist das Datum anzugeben, an dem die Bewilligung wirksam werden soll (Tag, Monat, Jahr). Grundsätzlich wird die Bewilligung frühestens mit dem Tag ihrer Erteilung wirksam. In diesem Fall bitte eintragen: „Tag der Erteilung". Das Datum, an dem die Geltungsdauer enden soll, kann in Feld 6b vorgeschlagen werden.

7 Waren, die in das Zollverfahren übergeführt werden sollen			
KN-Code	Warenbezeichnung	Menge	Wert

- –KN-Code

  Nach Maßgabe der Kombinierten Nomenklatur auszufüllen (KN-Code = 8 Stellen).

- –Warenbezeichnung

  Unter Warenbezeichnung ist die handelsübliche Bezeichnung und/oder technische Bezeichnung der Ware zu verstehen.

- –Menge

  Anzugeben ist die voraussichtliche Menge an Waren, die in das Zollverfahren übergeführt werden sollen.

- –Wert

  Anzugeben ist der voraussichtliche Wert der Waren, die in das Zollverfahren übergeführt werden sollen, in Euro oder einer anderen Währung.

  - Anmerkungen:

- Besondere Verwendung
  - *1*.Gilt der Antrag für Waren, die nicht unter den nachfolgenden Absatz fallen, so tragen Sie im Unterfeld „KN-Code" – sofern zutreffend – den Taric-Code (10 oder 14 Stellen) ein.
  - *2*.Bezieht sich der Antrag auf Waren, die unter die besonderen Bestimmungen (Teil A und B) der einführenden Vorschriften zur Kombinierten Nomenklatur fallen (Waren für bestimmte Arten von Wasserfahrzeugen und für Bohr- oder Förderplattformen/zivile Luftfahrzeuge und für zivile Luftfahrzeuge bestimmte Waren) ist die Angabe des KN-Codes nicht erforderlich. Der Antragsteller kann in diesem Fall im Unterfeld „Warenbezeichnung" zum Beispiel angeben: „Zivile Luftfahrzeuge und Teile davon/besondere Bestimmungen (Teil B) der KN". Angaben zum KN-Code, zur Menge und zum Wert sind dann ebenfalls nicht erforderlich.
- Zolllagerverfahren
- Betrifft der Antrag eine Vielzahl verschiedener Waren, so kann in dem Unterfeld KN-Code „Verschiedene" eingetragen werden. In diesem Fall ist die Art der zu lagernden Waren in dem Unterfeld „Warenbezeichnung" anzugeben. Angaben zum KN-Code, zur Menge und zum Wert sind nicht erforderlich.
- Aktive und passive Veredelung
- KN-Code: Der vierstellige Code reicht aus. Jedoch ist der achtstellige Code immer dann anzugeben, wenn
  - –Ersatzwaren verwendet werden oder das Verfahrens[3] des Standardaustauschs angewendet wird,
  - –Artikel 586 Absatz 2 Anwendung findet,
  - –die wirtschaftlichen Voraussetzungen durch die Codes 01, 10, 11, 31 oder 99 gekennzeichnet werden,
  - –in Artikel 1 der Verordnung (EG) Nr. 1255/1999 genannte Milch und Milcherzeugnisse betroffen sind und Code 30 angegeben wird im Zusammenhang mit den unter den Unterteilungen 2, 5 und 7 dieses Codes genannten Fällen, oder
  - –die Zollbehörden dies nach Artikel 499 Absatz 1 verlangen.
- Warenbezeichnung: Die handelsübliche und/oder technische Bezeichnung muss so klar und genau formuliert sein, dass über den Antrag entschieden werden kann. Wenn Sie die Absicht haben, Ersatzwaren zu verwenden oder das Verfahren des Standardaustauschs anzuwenden, geben Sie Einzelheiten über die Handelsqualität und die technischen Merkmale der Waren an.
- Menge: Bei der aktiven Veredelung brauchen hier keine Angaben gemacht zu werden, wenn für die wirtschaftlichen Voraussetzungen der Code 30 benutzt wird und sofern keine Ersatzwaren verwendet werden sollen. Bei Veredelung von Hartweizen zu Teigwaren sowie im Fall der obligatorischen Angabe des achtstelligen KN-Codes bei Milch und Milcherzeugnissen ist jedoch die Menge immer anzugeben.
- Wert: Diese Angabe kann unter denselben Voraussetzungen entfallen wie die Mengenangabe, es sei denn, der Antragsteller beabsichtigt vom Code 30 (Geringfügigkeitswert) Gebrauch zu machen.

8 Veredelungserzeugnisse oder Umwandlungserzeugnisse		
KN-Code	Warenbezeichnung	Ausbeutesatz

Allgemeiner Hinweis:

Machen Sie genaue Angaben zu allen Veredelungserzeugnissen, die aus den Veredelungsvorgängen hervorgehen, unter Kennzeichnung der Hauptveredelungserzeugnisse durch HVE und der Nebenveredelungserzeugnisse durch NVE.

KN-Code und Warenbezeichnung:

Siehe Erläuterungen zu Feld 7.

Ausbeutesatz:

Anzugeben ist der voraussichtliche Ausbeutesatz oder die Methode seiner Berechnung. Im Fall von pauschalen Ausbeutesätzen verweisen Sie auf Anhang 69 und geben die entsprechende laufende Nummer an.

9 Einzelheiten der geplanten Vorgänge

Beschreiben Sie, welchen Vorgängen die Waren im Rahmen des Zollverfahrens unterzogen werden sollen (z.B. die einzelnen Vorgänge im Rahmen einer Lohnveredelung oder die Art der üblichen Behandlungen). Geben Sie auch die entsprechenden Orte an.

Werden in Feld 2 mehrere Zollverfahren angegeben, so muss aus der Beschreibung auch hervorgehen, ob die Waren wahlweise oder nacheinander in diese Verfahren übergeführt werden sollen.

Sind mehrere Zollverwaltungen betroffen, so ist neben der Ortsangabe auch der entsprechende Mitgliedstaat anzugeben.

- Anmerkung:
- Im Fall der Überführung in den zollrechtlich freien Verkehr zur besonderen Verwendung sind die beabsichtigte Zweckbestimmung und der Ort, an dem die Waren dem vorgeschriebenen Verwendungszweck zugeführt werden sollen, anzugeben.

Gegebenenfalls sind auch die Namen, Anschriften und Funktionen von anderen Wirtschaftsbeteiligten anzugeben.

Bei einer geplanten Übertragung der Rechte und Pflichten (Artikel 82 Absatz 2 und Artikel 90 des Zollkodex) sind in Feld 9 – soweit möglich – Angaben zum Übernehmer zu machen.

10 Wirtschaftliche Voraussetzungen

Der Antragsteller hat das Vorliegen der wirtschaftlichen Voraussetzungen zu begründen.

Und zwar insbesondere bei Inanspruchnahme

- –des Zolllagerverfahrens, indem er nachweist, dass ein wirtschaftliches Bedürfnis für die Lagerung besteht;
- –der aktiven Veredelung, indem er für jeden der in Feld 7 angegebenen KN-Codes mindestens einen der in der Anlage aufgeführten zweistelligen Codes angibt;

- –des Umwandlungsverfahrens, indem er nachweist, dass die Nutzung von nichtgemeinschaftlichen Beschaffungsquellen die Aufnahme oder Beibehaltung von Umwandlungstätigkeiten in der Gemeinschaft ermöglicht.
    - Anmerkung:
        - –Bei einer Überführung in den zollrechtlich freien Verkehr zur besonderen Verwendung ist Feld 10 nicht auszufüllen.
        - –Bei der vorübergehenden Verwendung ist es erforderlich, den oder die Artikel anzugeben, aufgrund deren die Bewilligung erteilt werden soll, und Angaben zum Eigentümer der in Feld 7 aufgeführten Waren zu machen.
        - –Im Fall der passiven Veredelung braucht Feld 10 nur ausgefüllt zu werden, wenn die Zollbehörden dies gemäß Artikel 585 Absatz 1 für erforderlich halten.

11 Zollstelle(n) für die	
a	Überführung in das Zollverfahren
b	Beendigung des Zollverfahrens
c	Überwachungszollstelle(n)

Anzugeben sind die gewünschten Zollstellen.

- Anmerkung:
- Bei Überführung in den zollrechtlich freien Verkehr zur besonderen Verwendung ist Feld 11b nicht auszufüllen.

12 Nämlichkeitsmittel

In Feld 12 sind die vorgesehenen Nämlichkeitsmittel unter Verwendung der folgenden Codes anzugeben:

1 = Serien- oder Teilenummer

2 = Zollplomben, Siegel, Stempel, selbstklebende Plaketten u. ä.

3 = Informationsblatt INF

4 = Probenentnahme, Zeichnungen oder technische Beschreibungen

5 = Durchführung von Analysen

6 = Auskunftsblatt gemäß Anhang 104 (nur bei passiver Veredelung möglich)

7 = Sonstige Nämlichkeitsmittel (zu erläutern im Feld 16 „Zusätzliche Angaben")

8 = ohne Nämlichkeitssicherung gemäß Artikel 139 zweiter Unterabsatz des Zollkodex (nur bei vorübergehender Verwendung möglich).

- Anmerkung:

- Bei aktiver Veredelung mit Ersatzwaren, passiver Veredelung im Verfahren des Standardaustauschs oder Anwendung des Artikels 586 Absatz 2 wird nicht Feld 12, sondern Feld 18 des Zusatzblatts „aktive Veredelung“ bzw. Feld 19 oder 21 des Zusatzblatts „passive Veredelung“ ausgefüllt.
- Im Fall des Zolllagerverfahrens muss dieses Feld nur bei Waren mit Vorfinanzierung oder auf Verlangen der Zollbehörden ausgefüllt werden.

13 Frist für die Beendigung (in Monaten)

Anzugeben ist der Zeitraum, der voraussichtlich für die Durchführung der Vorgänge im Rahmen des jeweiligen in Feld 2 beantragten Zollverfahrens benötigt wird. Der Zeitraum beginnt mit der Überführung der Waren in das Zollverfahren. Er endet, wenn die Waren oder Erzeugnisse eine zulässige neue zollrechtliche Bestimmung erhalten haben, gegebenenfalls zur Beantragung der Erstattung der Einfuhrabgaben nach aktiver Veredelung (Verfahren der Zollrückvergütung) oder zur Inanspruchnahme der vollständigen oder teilweisen Befreiung von den Einfuhrabgaben bei Überführung in den zollrechtlich freien Verkehr nach passiver Veredelung.

- Anmerkung:
  -
    - –Bei der Überführung in den zollrechtlich freien Verkehr zur besonderen Verwendung ist der Zeitraum anzugeben, der benötigt wird, um die Waren dem besonderen Verwendungszweck zuzuführen bzw. einem anderen Bewilligungsinhaber zu übertragen.
    - –Beim Zolllagerverfahren ist der Zeitraum unbegrenzt, daher keine Frist eintragen.
    - –Für die aktive Veredelung: Läuft die Frist für die Beendigung für alle innerhalb eines gegebenen Zeitraums in das Verfahren übergeführten Waren an einem bestimmten Zeitpunkt ab, so kann die Bewilligung vorsehen, dass die Frist für die Beendigung automatisch für alle noch im Verfahren befindlichen Waren an diesem Zeitpunkt verlängert wird. Sofern diese Vereinfachung gewünscht wird, ist einzutragen: „Artikel 542 Absatz 2“ und im Feld 16 sind die Einzelheiten anzugeben.

14 Vereinfachte Verfahren			
a		b	

Feld 14a:

Sofern beabsichtigt ist, bei der Überführung der Waren ein vereinfachtes Verfahren in Anspruch zu nehmen, ist wenigstens einer der folgenden Codes zu verwenden:

1 = Unvollständige Zollanmeldung (Artikel 253 Absatz 1)

2 = Vereinfachtes Anmeldeverfahren (Artikel 253 Absatz 2)

3 = Anschreibeverfahren nach Gestellung (Artikel 253 Absatz 3)

4 = Anschreibeverfahren mit Gestellungsbefreiung (Artikel 253 Absatz 3)

Feld 14b:

Sofern beabsichtigt ist, bei der Beendigung ein vereinfachtes Verfahren in Anspruch zu nehmen, ist wenigstens einer der folgenden Codes zu verwenden:

Siehe Codes für Feld 14a.

- Anmerkung:
- Im Fall der Überführung in den zollrechtlich freien Verkehr zur besonderen Verwendung ist Feld 14b nicht auszufüllen.

15 Beförderung

Sollen die Waren oder Erzeugnisse befördert werden, geben Sie die Förmlichkeiten für die Beförderung mithilfe der folgenden Codes an:

1 = ohne Förmlichkeiten zwischen den verschiedenen in der beantragten Bewilligung angegebenen Orten

2 = Beförderung von der Zollstelle für die Überführung in das Zollverfahren zum Betrieb des Antragstellers oder Wirtschaftsbeteiligten oder zum Ort ihrer Verwendung oder Verarbeitung im Rahmen der Zollanmeldung zur Überführung in das Zollverfahren

3 = Beförderung zur Ausgangszollstelle im Hinblick auf die Wiederausfuhr im Rahmen des Zollverfahrens

4 = Beförderung von einem Inhaber zum anderen gemäß Anhang 68

- Anmerkung:
- Geben Sie in Feld 16 das gewünschte Verfahren an.

5 = Kontrollexemplar T 5 (nur bei Überführung in den zollrechtlich freien Verkehr zur besonderen Verwendung)

6 = sonstige Unterlagen (nur bei Überführung in den zollrechtlich freien Verkehr zur besonderen Verwendung; Einzelheiten zu den Unterlagen sind in Feld 16 anzugeben).

- Anmerkung:
- Eine Beförderung ist nicht möglich, wenn es sich beim Abgangs- oder Ankunftsort der Waren um ein Zolllager des Typs B handelt.

16 Zusätzliche Angaben

Feld für alle sonstigen zweckdienlich erscheinenden Angaben.

17	
Unterschrift	Datum ....
Name	

Bei Verwendung eines Zusatzblatts stattdessen darauf nur das entsprechende Feld (22, 23 oder 26) ausfüllen.

Titel II

Anmerkungen zu den einzelnen Feldern der Zusatzblätter zum Antragsvordrucks[4]

Zusatzblatt „Zolllagerverfahren"

18 Typ des Zolllagers

Anzugeben ist einer der folgenden Typen:

A, B, C, D oder E.

19 Zolllager oder Lagereinrichtungen (Typ E)

Anzugeben ist der genaue Ort, der als Zolllager benutzt werden soll oder – im Fall eines Zolllagers des Typs E – der als Lagereinrichtung genutzt werden soll.

20 Frist/Datum für die Vorlage des Verzeichnisses der Lagerbestände

Sie können einen Vorschlag zur Frist oder zum Datum für die Vorlage des Verzeichnisses der Lagerbestände machen.

21 Satz für Verluste

Gegebenenfalls sind Angaben über den Satz der Verluste zu machen.

22 Lagerung der nicht in das Zolllagerverfahren übergeführten Waren		
KN-Code	Warenbezeichnung	Warengruppe/Zollverfahren

KN-Code und Warenbezeichnung

Wenn eine gemeinsame Lagerung beabsichtigt ist, bitte den achtstelligen KN-Code, die Handelsqualität und technischen Merkmale der Waren angeben. In allen anderen Fällen ist die Handelsbezeichnung und/oder technische Bezeichnung ausreichend; sind von der Lagerung der nicht in das Zolllagerverfahren übergeführten Waren eine Reihe verschiedener Waren betroffen, kann in dem Unterfeld „KN-Code" der Vermerk „Verschiedene" eingetragen werden. In diesem Fall ist die Art der zu lagernden Waren in dem Unterfeld „Warenbezeichnung" anzugeben.

Warengruppe/Zollverfahren

In der Spalte „Warengruppe/Zollverfahren" ist wenigstens einer der entsprechenden Codes anzugeben:

1 = landwirtschaftliche Gemeinschaftswaren

2 = gewerbliche Gemeinschaftswaren

3 = landwirtschaftliche Nichtgemeinschaftswaren

4 = gewerbliche Nichtgemeinschaftswaren

Geben Sie – sofern zutreffend – auch an, in welchem Zollverfahren sich die Waren befinden.

23 Übliche Behandlungen

Auszufüllen, wenn übliche Behandlungen geplant sind.

24 Vorübergehendes Entfernen. Zweck

Auszufüllen, wenn ein vorübergehendes Entfernen geplant ist.

25 Zusätzliche Angaben

Hier sind alle sonstigen Angaben zu vermerken, die im Hinblick auf die Felder 18 bis 24 für zweckmäßig erachtet werden.

Zusatzblatt „Aktive Veredelung“

18 Ersatzwaren	
KN-Code	Warenbezeichnung

Wenn Ersatzwaren verwendet werden sollen, sind deren achtstelliger KN-Code, deren Handelsqualität sowie deren technische Merkmale anzugeben, damit die Zollbehörden die Einfuhrwaren mit den Ersatzwaren vergleichen können. Die für Feld 12 vorgesehenen Codes können verwendet werden, um unterstützende Maßnahmen vorzuschlagen, die für diesen Vergleich hilfreich sein könnten. Befinden sich die Ersatzwaren auf einer höheren Verarbeitungsstufe als die Einfuhrwaren, sind in Feld 21 die entsprechenden Angaben zu machen.

19 Vorzeitige Ausfuhr

Wird das Verfahren der vorzeitigen Ausfuhr in Anspruch genommen, so ist die Frist anzugeben, innerhalb deren die Nichtgemeinschaftswaren zur Überführung in das Verfahren angemeldet werden sollen; dabei ist die für die Beschaffung der Waren sowie für ihre Beförderung in die Gemeinschaft notwendige Zeit zu berücksichtigen.

20 Überführung in den zollrechtlich freien Verkehr ohne Zollanmeldung?

Sollen Veredelungserzeugnisse oder unveränderte Waren formlos in den zollrechtlich freien Verkehr übergeführt werden, bitte „Ja“ eintragen.

21 Zusätzliche Angaben

Hier sind alle sonstigen Angaben zu vermerken, die im Hinblick auf die Felder 18 bis 20 für zweckmäßig erachtet werden.

Zusatzblatt „Passive Veredelung“

18 Verfahren

Bitte wenigstens einen der entsprechenden Codes für das gewünschte Verfahren angeben:

1 = Verfahren des Standardaustauschs ohne vorzeitige Einfuhr

2 = Verfahren des Standardaustauschs mit vorzeitiger Einfuhr

19 Ersatzerzeugnisse	
KN-Code	Warenbezeichnung

Soll das Verfahren des Standardaustauschs in Anspruch genommen werden (nur möglich im Fall der Ausbesserung), sind der achtstellige KN-Code der Ersatzerzeugnisse, deren Handelsqualität sowie technischen Merkmale anzugeben, um den Zollbehörden einen Vergleich zwischen den Waren der vorübergehenden Ausfuhr und den Ersatzerzeugnissen zu ermöglichen. Die für Feld 12 vorgesehenen Codes können verwendet werden, um unterstützende Maßnahmen vorzuschlagen, die für diesen Vergleich hilfreich sein könnten.

20 Artikel 147 Absatz 2 Zollkodex?

Wenn es sich bei dem Antragsteller nicht um die Person handelt, die die Veredelungsvorgänge durchführen lässt, kann die Bewilligung gemäß Artikel 147 Absatz 2 des Zollkodex erteilt werden (nur für Ursprungswaren der Gemeinschaft). Tragen Sie in Feld 20 „JA“ ein und machen Sie die entsprechenden Angaben.

21 Artikel 586 Absatz 2

Erlaubt es die Art der Veredelungsvorgänge nicht festzustellen, ob die Veredelungserzeugnisse aus den Waren der vorübergehenden Ausfuhr hergestellt wurden, kann in besonders begründeten Fällen die Bewilligung dennoch erteilt werden, wenn der Antragsteller die erforderliche Gewähr bietet, dass die für die Veredelungsvorgänge verwendeten Waren zum selben achtstelligen KN-Code gehören und die gleiche Handelsqualität und technischen Merkmale wie die Waren der vorübergehenden Ausfuhr besitzen. Die für Feld 12 vorgesehenen Codes können verwendet werden, um unterstützende Maßnahmen vorzuschlagen, die für diesen Zweck hilfreich sein könnten. Wird eine solche Bewilligung beantragt, bitte in Feld 21 „JA“ eintragen und die entsprechenden Angaben machen.

22 Zusätzliche Angaben

Hier sind alle sonstigen Angaben zu vermerken, die im Hinblick auf die Felder 18 bis 21 für zweckmäßig erachtet werden.

Anlage

(Codes gemäß Anhang 70 für die wirtschaftlichen Voraussetzungen einer aktiven Veredelung)

---

[1] Anhänge 67–103 ersetzt durch Anhänge 67–77 mWv 1. 7. 2001 durch VO v. 4. 5. 2001 (ABl. Nr. L 141 S. 1); Anh. 67 geänd. mWv 1. 6. 2003 durch VO v. 21. 5. 2003 (ABl. Nr. L 134 S. 1); geänd. mWv 1. 1. 2009 durch VO v. 17. 11. 2008 (ABl. Nr. L 329 S. 1).

[2] Richtig wohl: „verwendet".

[3] Richtig wohl: „Verfahren".

[4] Richtig wohl: „Antragsvordruck".

12.30 Anhang 30

Anlage zu Absatz 207 der DV Ausfuhrverfahren EVSF A 0610, Erläuterungen der Kommission zu den Listen der „begründeten" bzw. „nicht begründeten Fälle" im Sinne des Art. 791 Abs. 1 ZK-DVO

Liste A
(Begründete Fälle)

Allgemeines: Ein begründeter Fall ist gegeben, wenn infolge unvorhersehbarer Umstände die Anwendung der allgemeinen Regel des Artikels 161 Abs. 5 ZK vom Ausführer wirtschaftlich unvernünftige Anstrengungen verlangen würde.

1.

Wenn Waren an einen Bestimmungsort in der Gemeinschaft gesandt werden, nach der Abfahrt vom Beladeort jedoch infolge einer Vertragsänderung ausgeführt werden müssen, so kann die Ausfuhranmeldung durch die Zollstelle angenommen werden, über die die Waren das Zollgebiet der Gemeinschaft verlassen.

2.

Legt ein Ausführer im Rahmen des Anschreibeverfahrens der Ausgangszollstelle erstmalig ein Verwaltungs- oder Handelspapier, das das Exemplar Nummer 3 des Einheitspapiers ersetzt, vor, und die Ausgangszollstelle kann dieses nicht annehmen, so kann bei einer anderen Zollstelle eine neue Ausfuhranmeldung vorgelegt werden.

3.

Im Falle der Anwendung von Artikel 793a Abs. 5 Unterabs. 2 und 3 ZK-DVO kann die Ausfuhranmeldung für die von der Ausgangszollstelle festgestellte nicht ungewöhnliche oder nicht missbräuchliche Mehrmenge bzw. für die tatsächlich gestellten Waren von dieser Zollstelle angenommen werden, sofern die Anwendung der geltenden Bestimmungen dadurch nicht beeinträchtigt wird.

4.

Befindet sich die für die Kontrolle des Geschäftssitzes des Ausführers zuständige Zollstelle in einer solchen Entfernung vom Geschäftssitz und in einer solchen Richtung, dass die Anwendung des Artikels 161 Abs. 5 ZK unwirtschaftlich wäre, so kann die Anmeldung von der ersten Zollstelle angenommen werden, die am Weg vom Geschäftssitz zu dem Ort liegt, an dem die Waren das Zollgebiet der Gemeinschaft verlassen.

Liste B
(Fälle, in denen keine ordnungsgemäß gerechtfertigten Gründe vorliegen)

Allgemeines: In einer Situation, die vorhersehbar war oder in der der Exporteur keine wirtschaftlich unvernünftige Anstrengung unternehmen muss, um die Formalitäten bei der Zollstelle gemäß Artikel 161 Abs. 5 ZK zu erfüllen, liegen keine ordnungsgemäß gerechtfertigten Gründe vor.

Wird die Ausfuhranmeldung von einer anderen Zollstelle als der normalerweise zuständigen Zollstelle angenommen und werden dadurch die Möglichkeiten für die Beschau der Waren durch die Zollbehörden beispielsweise wegen ihrer Verpackung oder Verladung beeinträchtigt, so können keine ordnungsgemäß gerechtfertigten Gründe geltend gemacht werden.

1.

Die Tatsache, einen beträchtlichen finanziellen Vorteil zu haben, indem die Ausfuhranmeldung in einem anderen Mitgliedstaat als dem seines Unternehmens vorgelegt wird (für Waren mit einer landwirtschaftlichen Rückerstattung) stellt keinen ordnungsgemäß gerechtfertigten Grund dar.

2.

Wenn Gebrauchtwagen an mehreren Orten in einem Mitgliedstaat auf einen Lastwagen geladen werden, um in einen anderen Mitgliedstaat transportiert zu werden, von wo aus die Fahrzeuge exportiert werden, liegen keine ordnungsgemäß gerechtfertigten Gründe vor und die Ausfuhranmeldung muss bei der Zollstelle vorgelegt werden, wo das letzte Kraftfahrzeug der Lieferung auf den Lastwagen geladen wird.

3.

Die Tatsache, dass die gemäß den Regeln in Artikel 161 Abs. 5 ZK zuständige Zollstelle zum Zeitpunkt der Abfahrt der Waren geschlossen ist, stellt keinen ordnungsgemäß gerechtfertigten Grund dar, weil der Exporteur seine Planung unter Berücksichtigung der normalen Dienststunden der Zollbehörden durchführen muss.

4.

Die Tatsache, dass der Ausführer seine Waren ab Werk verkauft und dass der ausländische Käufer den Transport der Ware übernimmt, gibt Letzterem oder dem Speditionsunternehmen, das ihn vertritt, nicht das Recht, über den Ort der Zollabfertigung zu entscheiden. Dies ist kein hinreichend begründeter Fall.

5.

Die bloße Tatsache, dass der Ausführer/Anmelder in einem anderen Mitgliedstaat ansässig ist und dass die Waren über einen großen Teil des Zollgebiets der Gemeinschaft befördert werden, stellt keinen ordnungsgemäß gerechtfertigten Grund dar.

6.

Will ein Ausführer verhindern, dass sein Lieferant in der Gemeinschaft die Endbestimmung der Waren erfährt, und bringt die Beförderung der Waren zu seinem Geschäftssitz höhere Transport- und sonstige Kosten mit sich, so müsste er einen in dem Mitgliedstaat des Lieferanten ansässigen Händler einschalten. Die Beförderung der Waren von dem Geschäftssitz des Lieferanten bis zu einer Zollstelle, wo die Anmeldung erfolgt, kann nicht als ordnungsgemäß gerechtfertigter Grund akzeptiert werden (Beispiel: Eine Sendung aus Italien wird nach Passieren der deutsch-schweizerischen Grenze zur Ausfuhr angemeldet).

7.

Sammellagerungen von zur Ausfuhr bestimmten, bereits vorher seefest verpackten Waren in Speditions- und Umschlagsbetrieben, die vom Ausführer bei verschiedenen Lieferanten (keine Subunternehmer gemäß Artikel 789 ZK-DVO) geordert wurden, ohne den Geschäftssitz des Ausführers zu berühren. Ein Ausnahmefall nach Artikel 791 Abs. 1 ZK-DVO ist nicht gegeben, da die Situation für den Ausführer nicht unvorhersehbar war. Die Lösung dieses Problems bestände darin, dass derjenige, der die Waren sammelt, die Endverpackung vornimmt.

Printed by Printforce, the Netherlands